高等院校法学教材

GUOJI SHANGFA

国际商法

陈慧芳　陈笑影　编著

上海大学出版社

图书在版编目(CIP)数据

国际商法/陈慧芳，陈笑影编著. —上海：上海大学出版社，2014.7

ISBN 978-7-5671-1326-8

Ⅰ.①国… Ⅱ.①陈… ②陈… Ⅲ.①国际商法-高等学校-教材 Ⅳ.①D996.1

中国版本图书馆CIP数据核字(2014)第121202号

责任编辑 张 景

封面设计 柯国富

技术编辑 章 斐

国际商法

陈慧芳 陈笑影 编著

上海大学出版社出版发行

(上海市上大路99号 邮政编码200444)

(http://www.shangdapress.com 发行热线021—66135112)

出版人：郭纯生

*

南京展望文化发展有限公司排版

上海华教印务有限公司印刷 各地新华书店经销

开本787×960 1/16 印张29.25 字数524千

2014年6月第1版 2014年6月第1次印刷

ISBN 978-7-5671-1326-8/D·154 定价：48.00元

前　　言

随着经济全球化趋势的不断推进，我国的经济改革也进入了深水区。面对日益频繁的国际商事交易活动中出现的摩擦，培养懂经济、懂管理、懂法律的复合型人才，以利于我国顺利开展国际商事交易，并提升我国的竞争力，对经济类、管理类等非法学专业的院校开设国际商法课程就显得非常必要。

本书是结合作者多年来教学科研以及法律事务实践的经验和成果，根据高校经济管理类学生的专业特点，以国际商事组织法、代理法、合同法、国际货物买卖法、产品责任法、票据法、国际货物运输与保险法、国际知识产权法、GATT 和 WTO 规则及国际商事仲裁法等为主要内容而编撰而成的。

在编写过程中，本书力求充分介绍国内外商法领域最新的法律、法规及相关的国际公约及国际惯例的内容与发展变化，包括国际商法领域中的新问题；同时在体例上，力求理论和实际相结合的方法。每章内容都包括教学要求、教学内容、案例分析及思考练习题，突出培养学生运用理论知识解决实际问题的能力。本书撰稿分工如下：陈慧芳担任第二、三、七、八、十章的编写工作；陈笑影担任第一、四、五、六、九章的编写工作。

本书可适合高等院校经济管理类、理工类等非法学专业的学生使用，同时也可供从事国际商务工作的人员及法律工作者学习参考。

本书在编撰的过程中得到了上海大学出版社的鼎力相助，在此深表感谢！

由于我们的学识有限，谬误疏漏在所难免，谨祈读者们赐教匡正。

作　者

2014 年 4 月

目　　录

第一章　国际商法导论

教学要求

本章的目的在于使初次接触国际商法的学生能够对国际商法有一个框架性的了解。通过学习，了解国际商法的概念、国际商法的历史发展以及国际商法的渊源；知道法域、法系的概念区别，世界两大主要法系大陆法系和英美法系的基本特征；同时对中国涉外商事法律制度的产生和发展、基本原则、渊源等方面有所了解，并注意国际交往中法律适用问题的意义。

第一节　国际商法的概念和渊源

一、国际商法的概念

国际商法是调整国际商事组织在国际商事活动中所形成的各种关系的法律规范、规则的总称。首先，在“国际商法”这一概念中，“国际”(international)一词的含义包括但并不着重于“国家与国家之间”的意思，而着重于“跨越国界”(transnational)的意思；其次，国际商事主体是指在国际商事关系中依法可以享有国际商事权利和承担国际商事义务的当事人。具体包括：① 自然人。各国法和国际条约一般都承认具有权利能力和行为能力的自然人可以以自己的名义参与国际商事交易，从而成为国际商事主体。如我国宪法和外商投资企业法都明确规定，允许外国的个人在中国投资，同中国的企业或其他经济组织进行各种形式的经济合作。② 具有法人资格的公司、企业(特别是跨国公司)以及其他非法人商事组织(如合伙企业)显然是重要的国际商事主体。③ 国际组织特别是第二次世界大战后涌现的全球性或区域性国际经济组织也是国际商事关系中的重要主体。世界银行、国际货币基金组织(IMF)、世界贸易组织(WTO)等全球性经济组织以及欧洲联盟(EU)、亚太经合组织(APEC)、北美自由贸易协定(NAFTA)等区域性经济组织不仅参与制定或促成制定有关调整国际商事关系的行为规范,有时还直接与其他国际商事主体签订国际商事合同,参与国际商事交易。④ 国家。国家是国际商事法律规范的参与制定者,又是本国涉外商事法律的制定者。此外,国家也会在一定情况下参与国际商事交易(如政府间贷款或在国际债券市场上发行政府债券等),因而国家是一种特殊的国际商事主体。由此可见,今天的国际商事主体已不再局限于传统的自然人、公司、企业,而是包括了更多的主体。

再来看国际商法调整的对象——国际商事交易。传统的国际商事交易是以有形商品(货物)的买卖为核心内容的,但在当代社会,随着经济的飞速发展和全球化程度的不断提高,国际商事交易不论在其交易对象还是交易方式上都有了很大发展。从交易对象来看,除了国际货物买卖有了巨大发展外,技术、资金、劳务的国际流动也日趋频繁,在国际经济交往中的重要性也日趋提高。从交易方式来看,除了买卖这一传统方式外,还出现了很多新型的交易方式,如国际技术转让、国际投资、国际合作生产、国际融资、国际工程承包、国际租赁等。由此可见,当今的国际商事交易早已突破了传统的国际货物买卖的范畴,而是深入到技术贸易、服务贸易、投资和金融等众多经济领域。正因如此,当今的国际商法也早已突破传统范畴,而发展成一个涉及面极广、包含内容极为丰富的法律规范体系。国际贸易法(包括货物贸易、技术贸易、服务贸易)、国际商事合同法、国际商事组织法、国际代理法、国际产品责任法、国际票据法、海商法、国际投资法、国际金融法等都可纳入国际商法的范畴。显然,将内容如此丰富的国际商法全部纳入一本篇幅有限的书中加以介绍是十分困难的,甚至是无法做到的。故本书只选择其中最基础的内容(包括商事组织、商事合同、商事代理、产品责任、货物买卖、工业产权法及国际商事争议解决等)等加以阐述和介绍。

二、国际商法的历史发展

商法是随着商品经济的产生和发展而产生和发展起来的。有学者考证,早在公元前一千八百多年的《汉穆拉比法典》就有商事交易方面的法律规定。但通说在古代罗马法中出现调整商事关系的法律应为国际商法的萌芽阶段,尽管当时还没有专门的商事法。在已经有《市民法》之后,公元前 242 年,罗马元老院颁布《万民法》,相当于我们现在所说的“涉外民事法”,具有国际性;欧洲中世纪的“商人法”

(law merchant)是商法发展的第二阶段(商人习惯法阶段)。这种“商人法”最初出现在意大利,后来随世界贸易中心转移至大西洋沿岸而波及法国、西班牙、荷兰、德国及英国。其主要内容包括合同、两合公司、海上运输与保险、汇票、破产程序等,其典型特征是国际性(它不局限于在一国使用)和自治性(它是商人间的习惯约束规则,它的解释和运用不是由一般法院的专职法官来进行,而是由商人自己组成的法庭来执法)。17 世纪以后,随着欧洲中央集权国家的强大,欧洲各国便以立法的形式调整各种商事关系,从而使商法成为本国的国内法而失去其原有的国际性特征。法国在路易十四时期颁布了《商事条例》(1673 年)和《海商条例》(1681 年);德国当时的成文商事法有:《普鲁士海商法》(1727 年)、《普鲁士票据法》(1751 年)、《普鲁士保险法》(1776 年)等。此外,其他欧洲国家也制定了商事法,当然,这些国家最初的商事法也是通过认可商人习惯法的形式形成的,甚至有些国家法律中有关商业的规则沿袭了德、法两国的商事法。

19 世纪以后,随着欧洲资产阶级革命的成功,社会关系发生了根本的变革。为保护资本主义商品经济关系、推动商事活动,欧洲大陆国家相继开始了大规模的法典制定活动。1807 年,法国在其《陆上商事条例》和《海事条例》的基础上率先制定了统一的《法国商法典》,开创了大陆法系国家民商分立体例的先河。随后,《法国商法典》所创立的“民商分立”立法体例为欧洲许多国家所吸收。1861 年,德国仿效法国,于《民法典》之外制定了《德国普通商法典》(也称德国旧商法),1897 年,又在修订旧商法典的基础上颁布了《德国商法典》,这部新商法典对后来许多大陆法系国家的商法也颇具影响。日本则在 1899 年制定了独立的商法典。应当指出的是,法、德、日等国虽采取民商分立原则,但是对商事活动而言,民法典和商法典是一般法与特别法的关系,商法典中没有规定的事项仍须适用民法典所确定的一般原则。此外,随着商事活动的发展,大陆法国家也制定了不少单行的商事法规,作为对商法典的补充。这些大多具有近代资本主义法律特征的有关商事国内立法为国际商法历史发展的第三阶段(民商法阶段)。

在英美法国家,商法的历史发展有其不同于大陆法的特色。英美法国家在传统上采取判例法制度,19 世纪以后,才开始制定一些单行的商事法规,以补判例之阙。因此这些国家的商法体系是以商事判例加单行商事法规为其特色的,在英美法国家,没有大陆法意义上的商法典。

总的来说,20 世纪以前,商法基本上局限于国内法,由此产生的法律分歧和冲突阻碍了国际商事活动的进一步发展,因此,自 19 世纪末、20 世纪初开始,一些政府间或民间的国际组织便致力于商法的国际化和统一,而且取得了很大的成果。

一些重要的国际商事公约和国际商事惯例相继问世,如《保护工业产权的巴黎公约》(1883 年)、《关于解决国家与他国国民间投资争端公约》、《联合国国际货物销售合同公约》、《2000 年国际贸易术语解释通则》等,商法的国际化和统一趋势在加强。我们把 19 世纪末、20 世纪初至今的阶段作为国际商法发展的第四个阶段(国际商法统一化阶段)。

应该看到,由于世界各国经济发展的不平衡以及历史、文化等方面的差异,国际商法的统一化进程也会碰到不少困难。

三、国际商法的渊源

所谓法律渊源是指法的各种具体表现形式,也称法律形式。就国际商法而言,其渊源主要有三个,即国际商事条约、国际商事惯例及各国有关的国内商事法。

(一) 国际商事条约

作为国际商事主体的国家和国际组织缔结的调整国际商事活动的条约或公约是国际商法的重要渊源。目前,这方面的国际条约数量不少,总体上可分为三大类:第一类是调整国际商事活动的实体规范,如 1980 年的《联合国国际货物销售合同公约》、1978 年的《联合国海上货物运输公约》(汉堡规则)、1980 年的《联合国国际货物多式联运公约》等,此类实体法规范在国际商事条约中占了大多数;第二类国际商事条约是属于程序法规范,如 1905 年的《国际民事诉讼程序公约》、1958 年的《关于承认和执行外国仲裁裁决公约》、1976 年的《联合国国际贸易法委员会仲裁规则》等;第三类是调整国际商事活动的冲突法公约,如 1973 年海牙《代理法律适用公约》等。

(二) 国际商事惯例

国际商事惯例是统一的国际商法的另一个重要渊源,但是与国际商事条约不同的是,它不是由国家或政府间国际组织缔结的,而是在国际商事活动长期实践的基础上逐渐形成和发展起来的。在其形成和发展的初期,它一般尚未正式成文,后来随着实践的积累和为了更利于实践,一些国际性民间组织便把其中比较定型的行为规范和行为准则,分门别类,编纂成文,供当事人选择使用。如国际商会编纂的《国际贸易术语解释通则》、《跟单信用证统一惯例》、《托收统一规则》;国际海事委员会编纂的《约克—安特卫普规则》(共同海损理算规则)等。尽管这些商事惯例严格说来并不是法律,不具有法律的普遍约束力,但各国一般都允许双方当事人在国际商事活动中有选择使用国际商事惯例的自由。一旦当事人在合同中采用了某项惯例,该惯例对双方当事人就具有约束力。

(三) 各国国内商事法

尽管目前国际上有大量的国际商事条约和国际商事惯例,但这些条约和惯例并不能包括国际商事交易所有领域中的一切问题,而且对某一问题,即使现有条约或惯例中已有规定,该条约或惯例也未必会被所有国家和地区一致参加或承认。因此,在不少场合下,国际商事纠纷还得借助法律冲突规则的指引,适用有关国家的商法来处理。因此,各国国内商事法仍然是国际商法的重要补充。这种国内商事法,在大陆法和英美法国家有不同的表现形式,关于这一点,将在第二节作详细介绍。

第二节 法域与法律体系

一、法域与法律体系的概述

(一) 法域

所谓法域,是指特定国家或地区所实施的法律制度。世界上一共大约有 320 个法域。法域和民族国家不同,现在世界上大约有 193 个主权国家,其中东帝汶和黑山是最新独立的国家。很多民族国家拥有多个法域,美国有 51 个法域,英国有 7 个。

判断一个地区是否构成独立法域的标准,在于当地法律是否具有值得单独调查的充分独特性。当然这是程度的问题。一些法域在基本原则上完全不同,例如厄瓜多尔与澳大利亚昆士兰州;另一些法域则很类似,例如法国法系、英国法系和美国法系内部的很多国家。这种相似性在大型联邦制国家(如加拿大和美国)更加明显,当然这些法域通常仍然具有足够的差异性,需要区别对待。就我们讨论的内容讲,澳大利亚基本上可以算作统一的法域,瑞士各省和巴西各州之间的差异也非常小,因此这两个国家都被视为单一法域。有时候一些国家(比如中国大陆、俄罗斯和阿联酋)虽然可能拥有多个法域,但出于种种原因仍被视为单一法域。

(二) 法系

所谓法系,是指比较法学家按照法的历史传统和形式上的某些特征,对世界各国法律体系所作的分类。从历史角度来看,世界上 320 个法域中大多数法域的法律都建立在几个西欧国家法律的基础上。这些法域可以归入三大主要法系:

1. 英美法系

最初产生于英国,包括世界上 45%的法域。这个总数因为算上了美国、加拿大和澳大利亚的各个法域才会显著增加，如果这三个国家都只算作一个法域，那么英美法系的规模就与法国法系相当。

2. 法国法系

最初产生于法国，包括世界上25%强的法域。

3. 德国法系

最初主要产生于德国，并且在荷兰、奥地利和瑞士获得重大发展，包括世界上10%左右的法域。

剩下的法系可分为：① 混合法系（5%），例如海峡群岛；② 伊斯兰法系（3%），例如沙特阿拉伯；③ 不完整的新型法系（6%），例如越南；④ 未归类的法域（2%），例如南极地区。

如果我们用更加概括的方式进行梳理，不仅把美国、加拿大和澳大利亚视为单一法域，而且把大陆法/英美法混合法系和新型法系按照各自的主要特征进行重新归类，那么总体情况就是：英美法系占30%，法国法系占30%，德国法系占30%，剩下的法系占10%。

中国的法学家习惯将法国法系与德国法系合为一个法系，称为大陆法系。这样，当今世界法系中最具代表性的即两大法系：大陆法系与英美法系。

法国学者在其《当代世界主要法律体系》一书中将世界各国法律归纳为七个法律体系。其中，最具代表性和影响的法律体系无疑为大陆法系和英美法系。这两大法系各具特点，在不少方面存在分歧。这种分歧不可避免地会影响到其国内商事法，因为一国国内商事法是一国法律体系的有机组成部分，它不可能脱离一国的法律体系而孤立地存在。目前来说，各国国内商事法仍是国际商法的重要补充，不少国际商事纠纷还得援引有关国家的国内商事法来处理，既然这种国内商事法不可避免地反映该国法律体系上的特征，因此，我们在学习和研究国际商法时，有必要了解西方两大主要法系即大陆法系和英美法系的基本特征，这将有助于我们更好地理解有关国家的国内商事法。

二、两大主要的法律体系

（一）大陆法系(Civil Law Family)

1. 大陆法系概述

大陆法系又称罗马法系、成文法系、民法法系或罗马—日耳曼法系（因为它的历史渊源是罗马法和日耳曼法，此外还有教会法、商法和城市法），是资本主义国家中历史悠久、分布广泛、影响深远的法系。它以欧洲大陆的法国和德国为代表，在罗马法的基础上，融合其他法律成分，逐渐发展为世界性的法律体系。在大陆法系内部，各个国家和地区的法律制度的情况不尽相同，大体上有两个分支——以法国民法典为代表的拉丁分支和以德国民法典为代表的日耳曼分支。

除了这两个国家之外，许多欧洲大陆的国家，如瑞士、意大利、比利时、卢森堡、荷兰、西班牙、葡萄牙等国，均属大陆法系。此外，整个拉丁美洲、非洲的一部分、近东的一些国家也属于大陆法系，日本也引入了大陆法。值得一提的是，在属于英美法系的国家中，某些国家的个别地区，如美国的路易斯安那州和加拿大的魁北克省，也属于大陆法的范围。

资产阶级革命取得胜利，西欧许多国家的资本主义制度确立并巩固以后，适应资本主义经济、政治、文化的发展以及国家之间的交往，这些国家的法律制度相互间的联系和共同特征获得进一步发展。首先在法国，以资产阶级革命为动力，在古典自然法学和理性主义思潮的指导下，在罗马法的直接影响下，开创了制定有完整体系的成文法的模式。法国法典成为欧洲大陆各国建立自己的法律制度的楷模，标志着近代意义上大陆法系的模式的确立。随后在德国，在继承罗马法、研究和吸收法国立法经验的基础上，制定了一系列法典。德国法典成为资本主义从自由经济到垄断经济发展的时代的典型代表。

由于以法国和德国为代表的大陆法系适应了整个资本主义社会的需要，并且由于它采用了严格的成文法形式易于传播，所以19世纪、20世纪后，大陆法系越过欧洲，传遍世界。

2. 大陆法系的基本特点

大陆法系的一个特点是强调成文法的作用。它在结构上强调系统化、条理化、法典化和逻辑性。它所采取的方法是运用几个大的法律范畴把各种法律规则分门别类归纳在一起。这种结构上的特点，在法学和立法上都有所反映。

(1) 大陆法各国都把全部法律分为公法和私法两大部分。公法一般是指与国家状况有关的法律，包括宪法、行政法、刑法、诉讼法和国际公法。私法一般是指与个人利益有关的法律，包括民法和商法等。大陆法各国在这些法律领域中都使用相同的法律制度和法律概念，所以尽管各国的语言不同，但它们的法律词汇可以准确地互相对译，掌握了一个大陆法国家的法律，再了解其他大陆法国家的法律，就比较容易。

(2) 大陆法各国都主张编纂法典。法国资产阶级革命胜利后，曾先后颁发了五部法典：《民法典》、《民事诉讼法典》、《商法典》、《刑法典》和《刑事诉讼法典》。其他大陆法国家也制定了类似的法典，但各国在法典的编制体例上却不完全相同。

就民商法而言，有些大陆法国家将民法与商法分别编成两部独立的法典，即采用民商分立的编制体例。法国、德国、日本等国采用这种体例。但也有大陆法国把商法并入民法典中，作为民法典的一个组成部分，即采取民商合一的编制体例。如意大利就只有民法典，瑞士只有债务法典，这两个国家都没有制定商法典，而是把有关商法的内容编入各自的民法典或债务法典之中。这里需要注意的是，“民商分立”也好，“民商合一”也好，这只是大陆法国家在法典编制体例上的区别，民法和商法在大陆法国家仍是两个不同的法律部门。

在法律的历史渊源上，大陆法系是在罗马法的直接影响下发展起来的，大陆法系不仅继承了罗马法成文法典的传统，而且采纳了罗马法的体系、概念和术语。如《法国民法典》以《法学阶梯》为蓝本，《德国民法典》以《学说汇纂》为模式。

大陆法系国家是成文法国家，法律是大陆法的主要渊源。大陆法系国家的法律包括宪法、法典、法典以外的法律和条例等。判例在大陆法国家原则上不作为法的正式渊源。一个判决只对被判处的案件有效，对日后法院判决同类案件并无约束力，这是大陆法和英美法在法的渊源上的一个主要区别。但是，我们也应看到，近几十年来，判例实际上在大陆法国家日益受到重视，尤其是最高法院对法律未作出规定的问题所作的判决，对下级法院具有非常重要的意义，而且下级法院的法官为避免所作判决被上级法院否定的风险，也往往愿意效仿上级法院的同类案件的判决，因此，尽管大陆法国家是成文法国家，判例的作用也是不能忽视的。

在法律形式上，大陆法系国家一般不存在判例法，对重要的部门法制定了法典，并辅之以单行法规，构成较为完整的成文法体系。资产阶级启蒙思想家鼓吹的自然法思想和理性主义是大陆法系国家实行法典化的原因之一，1791 年法国宪法中的“人权宣言”就明确宣布，每个人的自然权利只有成文法才能加以确定。以法国革命为代表的欧洲大陆国家的资产阶级革命的彻底性，在法律上的表现就是开展大规模的法典化运动。立法与司法的严格区分，要求法典必须完整、清晰、逻辑严密。法典一经颁行，法官必须忠实执行，同类问题的旧法即丧失效力。法典化的成文法体系包括：宪法、行政法、民法、商法、刑法、民事诉讼法、刑事诉讼法。

在法官的作用上，大陆法系要求法官遵从法律明文办理案件，没有立法权。大陆法系国家的立法和司法分工明确，强调制定法的权威，制定法的效力优先于其他法律渊源，而且将全部法律划分为公法和私法两类，法律体系完整，概念明确。法官只能严格执行法律规定，不得擅自创造法律、违背立法精神。

大陆法系一般采取法院系统的双轨制，重视实体法与程序法的区分。大陆法系一般采用普通法院与行政法院分离的双轨制，法官经考试后由政府任命，严格区分实体法与程序法，一般采用纠问式诉讼方式。

在法律推理形式和方法上，采取演绎法。由于司法权受到重大限制，法律只能由代议制的立法机关制定，法官只能运用既定的法律判案，因此，在大陆法系国家，法官的作用在于从现存的法律规定中找到适用的法律条款，将其与事实相联系，推论出必然的结果。

（二）英美法系(Englo-American Law Family)

1. 英美法系概述

英美法系也称普通法系(Common Law Family)，这一法系以英国和美国为代表（故称英美法系），在法的结构和法的渊源上都具有不同于大陆法的特征。

英美法系是指以英国中世纪以来的法律，特别是以它的普通法为基础，发展起来的法律制度的体系。普通法是与衡平法、教会法、习惯法和制定法相对应的概念，由于其中的普通法对整个法律制度的影响最大，所以，英美法系又称为普通法系。美国的法律源于英国传统，但从19世纪后期开始独立发展，已经对世界的法律产生了很大的影响。英美法系的分布范围主要包括英国（苏格兰除外）、美国（路易丝安那州除外）、加拿大（魁北克除外）、澳大利亚、新西兰、印度、巴基斯坦、新加坡、南非等国和中国香港特别行政区。英国法传统的传播主要是通过殖民扩展实现的。

2. 英美法系的主要特点

(1) 在法律的思维方式和运作方式上，英美法系运用的是区别技术(distinguishing technique)。这一方法的模式可以归纳为：① 运用归纳方法对前例中的法律事实进行归纳；② 运用归纳方法对待判案例的法律事实进行归纳；③ 将两个案例中的法律事实划分为实质性事实和非实质性事实；④ 运用比较的方法分析两个案例中的实质性事实是否相同或相似；⑤ 找出前例中所包含的规则或原则；⑥ 如果两个案例中的实质性要件相同或相似，则根据遵循先例的原则，先例中包含的规则或原则可以适用于待判案例。因此，在对待先例的问题上有三种做法：① 遵循先例。一般来讲，下级法院应当遵循上级法院的判例，上诉法院还要遵循自己以前的判例；② 推翻先例。在美国的联邦最高法院和各州最高法院有权推翻自己以前的判决；③ 避开先例。主要适用于下级法院不愿适用某一先例但又不愿公开推翻它时，可以以前后两个案例在实质性事实上存在区别为由而避开这一先例。

(2) 在法律的渊源、形式上，判例法占有重要地位。从传统上讲，英美法系的判例法占主导地位。但从19世纪到现在，其制定法也不断增加。但是制定法仍然受判例法解释的制约。判例法一般是指高级法院的判决中所确立的法律原则或规则。这种原则或规则对以后的判决具有约束力或影响力。判例法也是成文法，由于这些规则是法官在审理案件时创立的，因此，又称为法官法(judge-made law)。

除了判例法之外，英美法系国家还有一定数量的制定法。同时还有一些法典，如美国的统一商法典、美国宪法等，但和大陆法系比较起来，它的制定法和法典还是很少的，而且对法律制度的影响远没有判例法大。

在判例法和制定法的关系上，是一种相互作用、相互制约的关系：制定法可以改变判例法，同时，制定法在适用的过程中，通过法官的解释，判例法又可以修正制定法。如果这种解释过分偏离了立法者的意图，又会被立法者以制定法的形式予以改变。

(3) 在法律的分类方面，英美法系没有严格的部门法概念，即没有系统性、逻辑性很强的法律分类，英美法的法律分类比较偏重实用，其原因有以下几点：① 英美法系从一开始就十分重视令状和诉讼的形式，这种诉讼形式的划分本身就缺乏逻辑性和系统性，因此就阻碍了英国法学家对法律分类的科学研究；② 英美法系重判例法，而反对法典编纂。判例法偏重实践经验，而忽视抽象的概括和理论探讨；③ 英美法系在法院的设置上分为普通法院和衡平法院。普通法和衡平法的划分从政治的角度看是国会和国王争夺权利的表现，从法律技术的角度看是衡平法对普通法缺陷的修改和补充。衡平法是以普通法为基础的，它的说明价值在于指出了一般正义和个别正义的冲突和矛盾，而没有普通法院和行政法院的区分。因此，对涉及政治权力的案件和普通私人案件在处理时没有明显的区分。这也阻碍了对法律的分类，尤其是难以形成公法和私法观念；④ 在英美法系的发展过程中，起主要推动作用的是法官和律师，而且其教育方式也是以学徒制为主，这就决定了他们更加关心具体案件，而轻视抽象理论意义上的法律分类。另外，像前面所提到的，英美法系有悠久的划分普通法和衡平法的传统，尽管在他们那里目前已经没有普通法法院和衡平法院的划分，但普通法和衡平法的区分仍然保留到现在。

(4) 在法学教育方面，英美法系主要是美国将法学教育定位于职业教育，学生入学前已取得一个学士学位，教学方法是判例教学法，重视培养学生的实际操作能力，毕业后授予法律博士学位(J. D)，而且各学校有较大的自主权，不受教育行政机关的制约。在英国，大学的法学教育和大陆法系有些相似，也偏重于系统讲授，但大学毕业从事律师职业前要经过律师学院或律师协会的培训，而这时的教育主要是职业教育，仍然受学徒制教育传统的影响。

（三）两大法系的发展趋势

如前所述，大陆法系和英美法系在法的结构和法的渊源上均具有不同的特征，但从发展的趋势来看，两者差别正逐渐缩小。正如前文所指出的那样，在大陆法系国家，判例的作用日益受到重视，而在英美法系国家，成文法更是已成为法的重要渊源，这无疑表明了两大法系有彼此靠近的趋势。其实这种趋势不仅体现在形式上，也体现在法的具体内容上。就商法而言，大陆法系商法和英美法系商法相互借鉴和吸收的例子就不少。例如，德国1937年的股份公司法就率先突破了大陆法系公司法固守的法定资本制，而吸收英美法系公司法授权资本制的经验。此后，日本、法国等一些大陆法国家的公司法也采用了这一经验。另一方面，英美法系国家公司法也注重吸收大陆法系公司法的经验。例如，按照传统的英美公司法，公司行为不能超越公司章程所规定的经营目的，但法、德等一批大陆法国家公司法并无严格的越权原则的规定。随着社会经济活动的日益发达，严格的越权原则已逐渐不适应商事活动的需要，也不利于对善意第三人的保护。于是，美国吸收大陆法的经验，率先修改了其越权原则。随后，加拿大、英国等一些英美法国家的公司法都对传统的"越权原则"作了修正。由此可见，尽管大陆法和英美法代表了两个不同的法系，但它们并不是毫不相干、互不影响的关系。相反，随着国际贸易和国际投资的发展，随着现代市场经济日益呈现出全球化、一体化的要求，两大法系在很多方面的分歧正逐步缩小。

当然，我们也应该看到，两大法系由于历史和传统的不同所形成的巨大分歧，尽管目前在缩小，但短期内并不会完全消除。两大法系并未统一，并未汇合成单一的西方法系。在法的渊源上，英美法系成文法的作用虽在提高，但目前判例法仍是法的重要渊源；大陆法系国家判例虽日益受到重视，但其作用显然无法与成文法相提并论。在法的具体内容上，两大法系亦有诸多分歧（本书以后的章节会对两大法系在商法上的分歧作具体介绍）。因此，至少在未来较长时间内，西方法系仍可分为大陆法系和英美法系。

第三节　中国涉外商事法律制度

一、中国涉外商事法律制度的形成和发展

涉外商事法律制度，是一国用以调整涉外商事交易中所发生的各种涉外商事关系的法律规范的总称。中华人民共和国成立以后，我国的涉外商事法律制度的

建立经历了一个曲折而复杂的历史过程。在新中国成立后的近三十年间，由于历史的原因，我国实行的是较为封闭的经济模式。在国内计划经济体制下，对外贸易由国家垄断，个人、企业以及其他实体无独立的对外经营权，协调国际经济活动主要是依靠政策而非法律。在国际上，以美国为首的西方国家又对我国实行经济封锁，在国内，又长期盛行“左”倾思潮和法律虚无主义，国际、国内诸种历史条件的限制使得我国在相当长一段时间内没有也不可能有系统的涉外商事法律制度。

中共十一届三中全会以后，我国确立了改革开放的基本国策，随着对外开放政策的实施和外向型经济的发展，我国涉外商事交易活动空前活跃，调整涉外商事交易的各种法律、法规应运而生。1979 年，我国颁布了新中国成立后第一部利用外资的法律——《中华人民共和国中外合资经营企业法》，之后，又相继颁布了一系列有关进出口贸易、技术引进、金融保险、经济仲裁等方面的法律、法规。此外，我国还积极参加双边和多边国际条约，其中包括《联合国国际货物销售合同公约》、《解决国家和他国国民间投资争端公约》、《保护工业产权巴黎公约》、《承认及执行外国仲裁裁决公约》等一批重要的国际条约，这使得我国涉外商事法律制度与国际商事法律制度的衔接日益紧密，对推动我国涉外商事交易的发展有重要作用。1995 年世界贸易组织(WTO)的诞生，是当今世界经济贸易领域里的一件大事。世贸组织在国际商事方面的规则，不仅涉及货物贸易领域，还扩大到服务贸易领域、知识产权领域以及与贸易有关的投资措施领域。我国已于 2001 年 12 月 11 日正式加入 WTO，WTO 的各项规则已对我国发生效力。作为 WTO 的成员国，我国要承担各种相关的国际义务，这对我国的涉外商事法律制度已经而且必将继续发生重大影响。它要求我们进一步完善我国的涉外商事法律制度，为涉外商事交易的发展提供更好的法律环境。

二、中国涉外商事法律制度的基本原则

涉外商事法律制度的基本原则，是我国涉外商事立法、司法应当遵守的基本准则，也是我国自然人、法人及其他实体参与涉外商事交易所应当遵守的基本准则。它具体包括：

(一) 尊重国家主权、维护国家利益原则

尊重国家主权，维护国家利益，是我国一切对外交往活动必须遵循的基本原则，这一原则当然也适用于涉外商事活动。尊重国家主权要求国与国在经济交往中，要相互尊重对方的经济自主，不得以任何手段控制、操纵他国的经济命脉，尊重国家主权也要求从事国际经济活动的当事人要遵守所在国及其本国法律的管辖。

维护国家利益,要求当事人在从事涉外商事交易时,应当维护本国的经济利益,而不能以损害国家利益、民族利益为代价来满足自己的私利。

（二）平等互利原则

坚持平等互利要求国与国之间应在法律地位平等的基础上,进行互惠互利的经济往来与合作;坚持平等互利也要求自然人、法人及其他实体在从事涉外商事交易时,要体现彼此权利与义务的对等,要在充分尊重彼此意愿和切实保障各方合法利益的基础上开展业务活动。

（三）信守国际条约原则

国际社会缔结的各种双边、多边商事条约和公约是调整缔约国之间商事关系的基本法律规范,是缔约国的有关法人和自然人从事涉外商事活动必须遵循的基本原则。我国涉外商事法律坚持信守国际条约的原则,凡我国缔结或参加的国际条约同我国法律有不同规定的,适用国际条约的规定,但我国已声明保留的条款除外。

（四）尊重国际惯例原则

国际惯例是国际商事交往实践中衍生出来的、被普遍接受的规范,其在国际商事关系中的作用已被各国普遍承认。但我国的某些涉外商事立法与国际惯例尚有差距,从而成为引起中外当事人商事纠纷的一个重要原因。尊重国际惯例要求我们进一步完善我国的涉外商事立法,使之尽可能地与国际惯例接轨;尊重国际惯例也要求我们在处理我国涉外商事立法没有明确规定的问题时,应按国际惯例来处理,以减少执法中的摩擦和冲突。

三、中国涉外商法的渊源

中国涉外商法的渊源,既包括国际渊源,又包括国内渊源。

（一）国际法渊源

我国缔结或参加的国际商事条约是我国涉外商法的重要渊源。如前所述,我国已参加了《联合国国际货物销售合同公约》、《解决国家和他国国民间投资争端公约》、《保护工业产权巴黎公约》、《承认及执行外国仲裁裁决公约》等一批重要的多边国际商事条约。此外,我国还与世界许多国家与地区签订了贸易协定、保护投资协定、避免双重征税协定等双边国际商事协定。这些多边或双边的国际商事条约、协定是我国当事人在参与涉外商事活动时所必须遵循的行为规范(我国已声明保留的条款除外),是我国涉外商法的一个不可忽视的渊源。

（二）国内法渊源

因受经济发展水平等多种因素的制约，我国目前还无法做到对涉外商事活动和国内商事活动完全同等对待，我国制定的有关涉外商事方面的法律、法规就成为我国涉外商法的主要渊源，其内容主要涉及下列几方面：① 有关对外贸易方面，主要有《对外贸易法》、《进口货物许可证制度暂行条例》、《进出口商品检验法》、《反倾销条例》等。值得注意的是，自 1999 年 10 月 1 日起，我国原先的一部有关进出口贸易的重要法律——《涉外经济合同法》被废止，取而代之的是一部新的、统一的《合同法》，但《合同法》仍有一些关于涉外合同的特别条款；② 有关利用外资方面，主要有《中外合资经营企业法》、《中外合作经营企业法》、《外商独资企业法》等；③ 有关知识产权保护方面，主要有《商标法》、《专利法》、《著作权法》、《计算机软件保护条例》等；④ 有关涉外税收方面，主要有《进出口关税条例》、《外商投资企业出口退税问题的通知》等；⑤ 有关海商方面，主要有《海商法》、《海上交通安全法》等；⑥ 有关金融方面，主要有《中央银行法》、《商业银行法》、《外资金融机构管理条例》、《外汇管理条例》、《境内机构对外担保管理办法》等；⑦ 有关商事仲裁方面，主要有《仲裁法》、《民事诉讼法》、《中国国际经济贸易仲裁委员会仲裁规则》、《中国海事仲裁委员会仲裁规则》等。

案例分析

[案情]

原告：韩国××航运有限公司（以下简称韩国公司）

被告：希腊××海运有限公司（以下简称希腊公司）

1990 年 7 月初，希腊公司委托韩国公司为其所属的“太阳升”轮在韩国仁川港的船务代理。“太阳升”轮于同月 22 日至 9 月 5 日靠泊仁川港期间，韩国公司委托某船务代理有限公司办理了船务代理事务。在办理代理事务中，韩国公司为“太阳升”轮垫付了在港发生的费用共计 68 513.49 美元。希腊公司于 8 月 13 日向韩国公司支付了 35 000 美元，1991 年 6 月 25 日支付了 15 000 美元，尚欠 18 513.49 美元。1992 年 8 月 17 日，韩国公司为保全其代理费用请求权，申请海事法院在中国防城港扣押了希腊公司的“太阳升”轮，并为此而支付扣船申请费 187.93 美元，产生追索欠款费用 4 872.88 美元。希腊公司在“太阳升”轮被扣押后，向海事法院提供了 30 000 美元的担保。8 月 27 日，“太阳升”轮被解除了扣押。

韩国公司于1992年9月10日向海事法院提起诉讼，请求判令希腊公司支付拖欠的代理费18 513.49美元及利息，以及扣船申请费和律师费等费用11 784.80美元。

希腊公司答辩认为：因韩国公司转委托代理造成其船舶滞期的损失，应由韩国公司承担赔偿责任，并认为韩国公司请求的利息损失和律师费等额外费用缺乏事实和法律依据。请求驳回韩国公司的无理请求。

[法律依据]

《中华人民共和国民法通则》（以下简称《民法通则》）第一百四十五条："涉外合同的当事人可以选择处理合同争议所适用的法律，法律另有规定的除外。涉外合同的当事人没有选择的，适用与合同有最密切联系的国家的法律。"

[法律运用及处理结果]

海事法院认为：本案双方当事人均为外国法人，所涉及的船务代理协议在韩国签订和履行。根据国际私法的法律适用原则，应适用与其有最密切联系的韩国法律。但由于双方当事人均没有提供证明韩国有关法律的有效证据，法院亦无法查明，故本案应适用中华人民共和国法律。根据中华人民共和国法律，韩国公司和希腊公司之间的委托代理协议有效，双方均应依约履行。韩国公司履行了船舶代理的义务，有权要求希腊公司支付为其垫付的有关费用。希腊公司应依约支付韩国公司垫付的费用和合理报酬，及其利息损失。韩国公司为保全其代理费用的请求权，在中国申请扣押"太阳升"轮，由此产生的扣船申请费以及有关法律服务费用，属于实际损失，也应由希腊公司赔偿。希腊公司提出因韩国公司转代理造成其船舶产生滞期费损失，但没有提出索赔请求和提供有关证据，故不予支持。依据《民法通则》第一百一十一条、第一百一十二条第一款和一百四十五条的规定，海事法院作出判决：

(1) 希腊公司偿付韩国公司垫付的费用和代理劳务费18 513.49美元及其利息。

(2) 希腊公司偿付韩国公司的扣船申请费和为追偿欠款支付的费用5 060.81美元。

判决后，双方当事人均没有上诉。

[值得注意的问题]

本案是一个国际商事纠纷，特别应注意这类纠纷的法律适用问题。

根据涉外民事关系的法律适用原则，除法律另有规定外，涉外合同的当事人可以协商选择处理合同争议所适用的法律；合同双方当事人没有选择的，适用与合同有最密切联系的国家的法律。这里所指的与合同有最密切联系的国家的法律，一般以合同的缔结地、履行地、标的物所在地或受理合同争议的法院地等为联结因素。本案中，韩国公司和希腊公司在委托代理协议中没有就处理合同争议的法律作出约定，因而处理合同争议的法律应根据最密切联系原则确定。由于本案合同的缔结地和履行地均在韩国，因而与本案合同联系最密切的法律是韩国法。但由于韩国公司和希腊公司均未就韩国的有关法律规范提供有效的证据，法院通过其他途径也未能查明，因而本案争议应适用法院地法即我国法律处理。

（案例来源：http://www.110.com/ziliao/article-38336.html）

【本章思考题】

1. 如何理解国际商法的概念？
2. 何谓国际商法的渊源？国际商法有哪些渊源？
3. 国际商法经历了哪些发展阶段？各阶段的主要特点是什么？
4. 大陆法系和英美法系在法的结构和法的渊源上有哪些区别？

第二章　国际商事代理法

教学要求

在现代社会，随着社会分工的不断深入和专业化程度的不断提高，代理人的角色在国际商事活动中起到了越来越重要的作用，因此代理制度也得到了很大的发展，国际商事代理法也因而成为国际商法的重要组成部分。本章通过学习代理的概念、代理权如何产生、代理权在什么情况下终止以及代理人与被代理人之间的法律关系等诸多知识点，使得学生对代理这个行为在国际商事活动中法律地位有一个了解，并且在今后从事国际商事活动中能够灵活应用。

第一节　代理的概念与形式

代理，是商品经济发展的产物。在现代社会，随着社会分工的不断深入和专业化程度的不断提高，代理制度得到了很大的发展并且日趋重要。就经济生活而言，无论是在国内经济生活还是在国际经济生活中，代理制度都得到了普遍的应用。例如，在国际贸易中，许多业务都是通过各类代理人来完成的，如普通代理人、保险代理人、运输代理人、经纪人等，离开了这些代理人，国际贸易就无法顺利进行。另一方面，就法律制度而言，各国有关代理的立法也日趋发达和完善。但是由于各国社会制度、经济发展的速度以及历史条件的不同，各国对代理的法律制度的规定也有所不同。

一、代理的概念

不同国家对代理概念的理解是不同的，因此对代理的概念，我们分别就大陆法、英美法和我国的规定分别加以阐述。

（一）大陆法中的代理

大陆法的代理制度是建立在区别论的理论基础之上的，所谓区别论，其最主要的特征是把委任与授权区别开来。委任是指委托人与代理人之间的合同，它调整的是本人(principal)(委托人、被代理人)与代理人(agent)之间的内部关系；授权则是指代理人代表委托人与第三人签订合同的权利，它调整的是本人和代理人与第三人之间的外部关系。与此相适应，大陆法中代理概念的一个重要特征就是十分强调代理人在实施代理行为时必须以本人的名义行事，即强调代理人在对外进行民事活动时必须表明自己的代理人身份。尽管大陆法各国对代理概念的表述有所不同，但在对代理人须以本人的名义为法律行为这一特征的强调上，则是基本一致的。例如，《德国民法典》第 184 条第一款规定："代理人于代理权限内，以被代理人名义所为的意思表示，直接为被代理人和对被代理人发生效力。"《日本民法典》第 99 条第一款规定："代理人于其权限内明示为本人而进行的意思表示，直接对本人发生效力。"

（二）英美法中的代理

代理是指代理人(agent)按照被代理人(principal)的授权，代表被代理人同第三人订立合同或作其他的法律行为，由此而产生的权利与义务直接对被代理人发生效力。

当一个人被委托代表另一个人与第三者进行交易时，便可能由此产生代理。委以任务的人，或者是明示委托的，或者是默示委托的，叫做委托人。被委托的人叫做代理人。在委托人和代理人之间，通过一个代理协议，由代理人代表委托人与第三人订立的一个合同，合同的法律后果是委托人和第三人之间成立合同关系，而代理人完全退出局外。因此代理人使委托人和第三人之间建立了合同的相互关系，设定了权利和义务，如同委托人本人签订了合同一样。普通法中的代理是建立在把本人与代理人等同的基础之上，不论代理人是以委托人的名义还是以自己的名义行为，在英美法中均可被视作代理。美国《法律重述·代理(第二次)》第 1 条第一款的规定："代理是当事人明示同意由一方当事人遵照他方当事人的指示，并代表他为一定行为的信托性关系。"这一概念并不像德国法那样强调代理人须以本人的名义行事。

普通法中典型的代理人包括合伙人以及公司的董事经理。

（三）我国《民法通则》中的代理

《民法通则》第六十三条规定："公民、法人可以通过代理人实施民事法律行为。

代理人在代理权限内，以被代理人的名义实施民事法律行为，被代理人对代理人的代理行为承担民事责任”，从而以立法的形式界定了代理的概念。这一概念表明，我国民法上所说的代理，代理人必须以被代理人的名义实施民事法律行为。换言之，如果代理人以自己的名义为民事法律行为，则按《民法通则》就不能被视作代理，因而行为的后果只能由行为人自己承担。这样，我国民法上所说的代理仅指直接代理，而不包括大陆法中所说的间接代理或英美法中所说的不公开本人身份的代理。代理人必须在代理权限内以独立意思表示实施民事行为，其行为必须是具有法律意义的行为，所产生的法律后果直接由被代理人承担。

二、代理的形式

（一）雇佣关系

在雇佣关系中，雇主是被代理人，可以控制被雇佣者在履行代理时的行动，被雇佣者不仅指体力雇佣者，也包括技术工作人员以及行政人员。雇主不仅要对被雇佣者代理中所产生的合同义务负责，而且在很多情况下还要对被雇佣者在代理中的侵权行为负责。

多年来，雇佣关系中的替代责任的有关法律不得不适应情况以求解决日益复杂的雇佣类型。起初，这不过是一个控制问题，即雇主要对被雇佣者所犯的侵权行为负责，因为雇主不仅可指使被雇佣者应该做什么，而且还可以命令他应该按什么样的方式去做。

在存在雇佣关系的过程中，受雇人不管是否得到授权，或者甚至被明示禁止，其发生的侵权行为，雇主都应对之负责。“存在雇佣关系的过程”包括为了实现其受雇的职能的一系列工作中一切行为在内。

（二）被代理人—独立合同人关系

在这种关系中，被代理人无权控制独立合同人履行代理时的行动，只对独立合同人在代理中所产生的合同义务负责，不对其在代理中的侵权行为负责。独立合同人主要指运输代理人、广告代理人以及银行等。

检验到底是雇佣关系还是被代理人—独立合同人关系的检验标准主要是：雇主对其受雇人的控制范围，受雇人在雇主的组织机构中所起的作用；以及受雇人在业务中自己负责的程度。如果受雇人的工作牵涉专门技术，或专门的知识或业务专长，而雇主可能对之一无所知，因此，他不可能对其具体做法进行控制。如某公司雇了 A 为接待员，他就是被雇佣者，他们之间的关系是雇佣关系；在另一方面，若某公司雇了 A 为独立的非雇员式的销售代理人，专卖公司的产品，他就是独立合同人。

雇主对独立承包人所犯的侵权行为不负责任的法则，也有几种例外情况：

(1) 在本人雇佣下，独立承包人去做本身不合法的事情时，他不仅要为行为的后果负责，而且要为承包人在做这件事的过程中的过失负责。

(2) 如本人负有做不得委托他人代做之事的责任时(普通法的、成文法的或合同性的)，而他却雇佣独立承包人来做这件事，那么，如果该承包人未能做或者做得不适当，本人都得为之负责。

(3) 如果承包人被雇来执行一项异常危险的工作，应需采取预防措施时，雇主就有责任保证采取这些预防措施，以保护在预见范围内的那些人，不能把这一自己所应负的责任推卸到独立承包人身上。

第二节 代理权的产生

关于代理权产生的原因，大陆法、英美法和我国的法律对此都有不同的规定，现分别介绍如下：

一、大陆法

根据大陆法国家法律的规定，代理人以被代理人名义进行法律行为的资格和权限即代理权一般可以通过两个途径获得：

(一) 委托代理权

委托代理权是基于被代理人的授权而获得代理权，因是本人的意思表示而发生的，故又称为意定代理权。本人对代理人授予代理权限的法律行为称为授权行为。根据《德国民法典》的规定，被代理人是通过其无形式限制但需有相对人的意思表示而赋予代理人以委托代理权的，被代理人的授权意思表示具有以下特征：① 该意思表示必须是一种有相对人的意思表示，这种相对人可以是被授权人，即代理人，也可以是代理关系中的第三人。② 授予委托代理权的意思表示原则上无形式上的要求，但在一些特殊情况下，法律规定赋予委托代理权的意思表示必须采取特定的形式。《德国民法典》第 1945 条第三款规定，代理人代理进行拒绝继承的意思表示时，需提交经过鉴证的代理权证书。

(二) 法定代理权

法定代理权是指当被代理人在事实上或法律上不能为法律行为时，由法律直接规定赋予他人代为进行法律行为的代理权。法定代理权的产生主要有以下几种原因：① 由于特定当事人之间的身份关系而由法律直接规定而享有代理权，如父母对未成年子女的法定代理权；② 根据法院的指定而取得代理权，如法院指定的法人清算人的代理权；③ 因私人的选任而取得代理权，如亲属选任的未成年人的监护人的代理权；④ 法人董事的代理人资格。公司法人本身不能进行活动，它必须通过代理人来处理各种业务。公司的董事是公司的代理人，而且是公司法人的第一位的代理人，因为他还有权指定另外的代理人。在德国公司法中，公司董事的这种第一位代理人的权利是由法律来加以规定的。

二、英美法

在英美法国家，代理人和本人之间的代理关系可以基于以下几种原因产生：

（一）明示代理

明示代理，即被代理人以明示的方式指定某人为代理人的代理。代理协议的成立并不要求特定形式，既可以采用口头方式，也可以采用书面方式，即使代理人需要以书面方式同第三人订立合同，但被代理人仍然可以采用口头方式授予代理权，除非被代理人要求代理人用签字蜡封的方式替他同第三人订立合同，例如委托代理人购置不动产，才需要采用签字蜡封的形式授予代理权。这种要式的授权文书叫做“授权书”。英国 1971 年授权书法（The Power of Attorney Act）对此有专门的规定。

（二）默示代理

默示代理，是指从当事人在某一特定场合的行为或从当事人之间的某种关系中，可以推定当事人之间存在真实有效的代理关系。明示代理是涉及雇佣关系的正常业务及被代理人——独立合同人关系中的明示部分，那么暗示代理就是指除明示代理以外的因双方存在的关系或特别的行为而产生的代理，如 A 与 B 是夫妻关系，B 在外面用 A 的信用卡买东西，A 就应付款，除非 A 告诉店主不要以信用卡形式卖东西给他妻子。一般情况下，法律可以推定有夫妻关系的妻子通常有处理家务的责任，妻子有权把家务必需品的欠账算在丈夫名下，这种必需品的定义与适用于未成年的合同相同。

如在里奥德诉葛内斯·斯密斯公司案（1912 年）中，被告指派一公司职员从事了几项业务外事项，即帮助客户转让财产，后来这个职员使客户大受损失，这一客户告了被告，法院认为，这个职员受被告指派从事非业务事项，这就是从被告的指派行动中获得了默示代理权，故被告应对客户负责。

根据英美等国关于合伙的规定，合伙人之间实行相互代理原则，任一合伙人依合伙经营方式订立的合同对其他合伙人均有默示代理效力。

（三）无可否定的代理

即使没有明示的委任，但如果委托人的行为显然表明代理人是被授权可代表他行事的，那么委托人同样将由于代理人签订的合同而受到约束。这叫做“无可否定的代理”。1863 年，在波尔诉利斯克一案中，克兰沃思高等法官曾说过：“……如果一个人的行动使另一个人相信他已委任某人为他的代理人，而且他本人也知道，此某人准备凭借这个信念去行事的话，除非他即时提出异议，否则，以后一般地，他就不容争辩地应被认为由于自己的放任不得再否认其代理权，虽然事实上确不存在代理的关系。”

如在宾劳诺玛发展公司诉法妮新织造有限公司案（1971 年）中，被告公司一秘书，以公司名义租了辆车子，但用于办私事，被告认为秘书租车私用，非公司业务，拒绝付款。法院认为，公司秘书有默示的合理权限为公司目的订车，原告只认秘书为被告的代理人，故公司应付款，至于私用问题，只能由公司内部处理。

如果被代理人虽限制了代理人的权限，但未能通知第三人，且表面上代理人的权利若是合理的，被代理人仍然要受合同的约束。

如在伍特诉弗兰戚克案（1893 年）中，A 是被告酒吧的经理，被告已禁止 A 用信用卡买香烟，但 A 仍然在原告处用信用卡买了香烟，被告想以已禁止 A 用信用卡买香烟为由拒绝付款。法院认为：A 作为被告酒吧的经理，按常规有权以被告的信用卡买香烟，原告只认 A 为被告的代理人，至于禁止之事，原告并不知晓，故被告应付款。

（四）客观必需的代理

客观必需的代理权是在一个人受委托照管、托运另一个人的财产，为了保存这种财产而必须采取某种行动时产生的。在这种情况下，虽然受委托管理、托运财产的人并没有得到采取这种行动的明示的授权，但由于客观情况的需要得视为具有此种授权。这种情况发生于承运货物处于紧急状态中，或发生意外事故后，承运人为这些货物订立了合同的场合。这种合同对货主是有效的，虽然运货人是在未经货主明示授权下行事的，只要他这样做是出于善意并对货主来说是最为有利的，法律就应认为他具有默示的必要代理权，但承运人应能证明订立这个合同确属需要，而且实际上当时不可能与货主取得联系。

行使这种代理权必须具备以下三个条件：

(1) 行使这种代理权是实际上和商业上所必需的；

(2) 代理人在行使这种权力前无法同委托人取得联系以得到委托人的指示；

(3) 代理人所采取的措施必须是善意的，并且必须考虑到所有有关各方当事人的利益。

如在斯佩内葛诉威斯特铁路公司案(1921 年)中，铁路公司替原告运一批西红柿到 A 地，由于铁路工人罢工，西红柿被堵在半路上，眼看西红柿将腐烂，铁路公司于是就地卖掉了。法院认为：虽然铁路公司是出于善意的、保护原告的利益，但当时是可以通知原告的，在可以联系而未联系的情况下私自处理他人货物，不能算是具有客观必需的代理权，被告败诉。

(五) 追认的代理

委托人可以追认一个合同，假如这个合同是由一个代理人代表他签订的，而在签订时，该代理人并无明示或默示的代理权。追认意味着追溯到原来合同成立之时，委托人将受整个合同的拘束，不能只选择其中对他有利的那一部分。

要使委托人在这种情况下负担责任，必须确定以下各点：

(1) 代理人宣称合同不是为他自己，而是代表他的委托人签订的。这通常意味着委托人的名字必须曾被提及。但如果实际上可以辨别出委托人，也就可以了。如果代理人在表面上是为他自己签订合同，而实际上也未经委托人授权为之代理时，那么委托人以后不得追认这个合同。

(2) 合同本身有效，并是可以被追认的。一个订立时即是无效的合同，则不得予以追认。

(3) 合同只能由订立该合同时已经指出姓名的被代理人或可以确定姓名的被代理人来追认。

(4) 追认该合同的被代理人必须是在代理人订立合同时已经取得法律人格的人，这项条件主要是针对法人而言的，因为根据英美法例，如代理人替尚未成立的公司订立合同，日后即使该公司经过注册成为法人，但该公司不能追认这个合同。

(5) 被代理人在追认该合同时必须了解其主要内容。

三、我国的法律规定

我国《民法通则》将代理产生的原因分为三种：

(一) 委托代理

委托代理是基于被代理人的授权行为而产生的。所谓授权行为，是指被代理人对代理人授予代理权的行为。在实践中，授权行为常常与某种基础法律关系相结合，包括委托合同关系、合伙合同关系、劳动合同关系以及企业内部组织关系等。

（二）法定代理

法定代理是基于法律规定而产生的。根据《民法通则》第十六条的规定，未成年人的父母因具有监护人身份而成为未成年人的代理人，其监护人的身份是依据法律规定产生代理权的根据。

（三）指定代理

指定代理是基于人民法院或者其他机关的指定而产生的。根据《民法通则》第二十一条的规定，人民法院为失踪人所指定的财产代管人，在不损害失踪人利益的范围内享有指定代理权。

第三节 无权代理

一、无权代理的概述

无权代理，是指代理人在不享有代理权的情况下进行的代理行为，其产生主要有以下几种情形：

(1) 未得到本人的授权；

(2) 超出授权范围行事的代理；

(3) 代理权消灭后的代理；

(4) 授权行为无效。

二、无权代理的种类

无权代理可分为不发生本人责任的无权代理和发生本人责任的无权代理。在前一种情况下，本人无须对无权代理人的行为承担责任，这通常被称为狭义的无权代理；但这种无权代理行为，也不是绝对地不能对本人发生效力，因为本人可以对它加以追认。如果本人没有追认，则这种狭义的无权代理行为对本人是没有约束力的。而在后一种情况下，本人就无权代理人的代理行为应负授权人的责任，这通常被称为表见代理。

（一）狭义的无权代理

狭义的无权代理，是指行为人完全没有代理权而以他人名义实施法律行为。这里行为人既没有代理权，也没有令人相信其有代理权的事实和理由，完全无根据地以他人名义为法律行为。依各国法的规定，这种狭义的无权代理行为，非经本人追认，对本人没有任何约束力。如果善意的第三人由于无权代理人的行为而遭损失，该无权代理人应对善意的第三人负责。这里所谓“善意”是指第三人不知道该代理人是无权代理而言。如果第三人明知代理人没有代理权而与之订立合同，则属于咎由自取，法律不予保护。

大陆法认为狭义的无权代理行为在经本人追认以前，其效力处于不确定的状态。在这种情况下，大陆法有两种处理办法：① 由第三人向本人发出催告，要求本人在一定时间内答复是否予以追认；② 允许第三人在本人追认以前，撤回他与无权代理人所订立的合同。

关于无权代理人的责任内容，大陆法各国有不同的规定：① 赔偿责任说。即主张狭义的无权代理人应对善意第三人负赔偿责任，如《法国民法典》和《瑞士债务法典》即采用此说。② 选择权说。即主张当狭义的无权代理人以他人名义订立合同时，如本人拒绝追认，则善意的第三人既可以要求无权代理人赔偿损失，也可以要求其履行合同，由第三人在两者当中选择其一，如《德国民法典》即采用此说。

英美法系把大陆法上的狭义无权代理称为违反有代理权的默示担保（breach of implied warranty of authority）。依英美法的解释，当代理人同第三人订立合同时，代理人对第三人有一项默示的担保，即保证他是有代理权的。如果某人声称自己是别人的代理人，但实际上并没有得到本人的授权，或者是超出了他的授权范围行事，则与其订立合同的第三人就可以以其违反有代理权的默示担保为由对其提起诉讼，而该无权代理人必须对第三人承担责任。

（二）表见代理

1. 表见代理的含义

表见代理，是指代理人并不具有本人的明示或默示授权，但因本人的言行使第三人有合理根据认为存在授权，则该代理人有关行为的法律后果仍由本人承担的代理。表见代理既然属于无权代理，本来是不应对本人发生效力的。但是，如果本人的言行造成善意第三人的信赖；换言之，如果由于本人的作为或不作为制造了代理权存在的表象，并引起善意第三人的信赖，那么，本人就须对代理人的行为负责。由此可见，在一定条件下使本人承担无权代理的后果，其目的是为了保护善意第三人的利益，从而促进社会的交易安全。

表见代理不同于明示授权产生的代理，后者是本人明确（口头或书面）委托代理人实施某一行为，而前者则是指本人的言行使第三人有理由相信存在代理关系，但这种代理关系事实上是不存在的。表见代理也不同于默示授权产生的代理。表见代理的概念关心的是第三人有无合理的根据相信存在代理权；默示授权则不是对第三人而是对代理人而言的。表见代理与追认的代理也有区别，追认是本人事后对无权代理的一种认可，它是基于本人的意思表示而产生的，是本人行使权利的表现；表见代理的产生则不取决于本人的选择，它是法律为保护善意第三人所创立的一种制度。

2. 表见代理的成立要件

(1) 客观上必须存在使第三人相信行为人有代理权的事实依据。在萨默斯诉索蒙(Summers V Solomon)案中，被告曾雇佣一名经理经营一家珠宝商店，并定期为该经理从原告处订购的用在该商店转卖的珠宝付款。该经理辞职后，继续以被告的名义从原告处订购珠宝，并携珠宝潜逃。法院判决认为被告应对该经理拿走的珠宝承担付款责任，理由是他通过自己过去的行为使原告相信该经理享有利用其信用的权利，而且他没有通知原告该权利已经终止。

(2) 相对第三人必须是善意且无过失的。所谓"善意且无过失"是指第三人不知道与之交往的代理人实际上是无权代理，而且对于这种不知，第三人并无过错。因此，如果第三人明知代理人是无权代理却仍与之为法律行为，显然不能要求本人负表见代理之责。不仅如此，即使第三人非故意但因过失应当知道而不知，与无权代理人实施法律行为，亦同样不能要求本人负表见代理之责。例如，第三人以往从未掌握代理人有代理权的事实，现仅凭无权代理人伪造的授权委托书就相信其有代理权，则不能使本人负表见代理的责任。

(三) 表见代理的效力

表见代理对本人的效力表现为本人须对无权代理人的有关行为承担法律后果，而不能以代理人是无权代理为由对抗善意第三人。在本人向第三人承担责任后，本人可以向无权代理人行使追偿权，以弥补自己的损失。但如果本人也有一定的过失，如授权不明、明知他人以其名义为代理行为而不否认等，则应根据双方过失程度来分担责任。

第四节 代理的终止

如同所有的合同一样，代理关系得根据双方协议而终止，或为其中一方所撤销。采用什么方式终止，要根据代理关系的环境而定。如果代理人是受委托订立一个特定的交易合同，那么代理关系在交易合同成立之时即自动终止。但如果代理关系产生连续的有约束力的义务时，那么要求终止代理关系的一方需要发出合理的先期的通知。

代理关系可由于法律的作用而终止，如因发生某些情况而使它成为非法，或因合同当事人一方死亡、精神失常或者破产而终止。

一、代理关系终止的原因

（一）根据法律终止代理关系

1. 本人死亡、破产或丧失行为能力

根据某些大陆法国家民商法的规定，上述情况只适用于民法上的代理权，至于商法上的代理权，则不因本人的死亡或丧失行为能力而消灭。

2. 代理人死亡、破产或丧失行为能力

根据各国的法律，代理人死亡、破产或丧失行为能力，不论其民事上的代理权还是商事上的代理权均终止。如代理人在其委托人死亡以后与他人订立合同，依默示的应保证有代理权的原则，他应承担法律责任。虽然精神失常的情况可以使代理合同无效，但如果是在委托人神志清醒的情况下授权的，而代理人与第三者签订合同时尚未知悉他的委托人有了精神病，那么委托人对合同可能要负法律责任。如果委托人有破产行为，只要在发生破产行为后三个月内申请破产并被宣告破产，代理关系即行终止。但是如果代理人和第三者在订立合同时不知有破产行为，那么，他们的权益是不受影响的。

3. 履行不可能或嗣后违法

根据各国法律规定，当代理标的物毁损或消灭时，因代理目的无法实现，代理关系因这种不可能事故而终止。

此外，如果法律的改变使代理行为成为非法，代理关系便告终止。

（二）根据当事人的行为终止代理关系

1. 代理目的实现

代理目的实现，是指代理任务被全面完成。

2. 代理期限届满

如本人和代理人约定了代理期限，且一方或双方当事人不愿意再延长的，则代理期限届满代理关系即告终止。

3. 本人和代理人协议终止他们之间的代理关系

按照合同法的基本原则，合同是可以通过双方当事人之间的协议而加以解除的。因此，不论代理合同有没有规定代理目的或代理期限，也不论代理目的是否实现、代理期限是否届满，本人和代理人均可以通过协议方式终止他们之间的代理关系。

4. 代理人或本人单方终止代理关系

各国法律原则上都允许代理人辞去代理权或本人撤回代理权，但无论大陆法国家还是英美法国家，对本人单方面撤回代理权都有一定的限制。例如，有些大陆法国家（如法国、德国等）为了保护商业代理人的利益，在法律上规定，本人在终止代理合同时，必须在相当长的时间以前通知代理人。而根据英美法的判例，如果代理权的授予是与代理人的佣金以外的利益结合在一起的，本人就不能单方面撤回代理权。如甲为清偿对乙的欠款，便指定乙为代理人代其收取房租，在这种情况下，乙的代理权是与其对甲的债款利益结合在一起的，在该债款清偿完毕之前，甲不能单方面终止乙的代理权。

二、代理关系终止的法律后果

（一）本人和代理人之间的法律后果

一方面，代理关系终止以后，代理人就没有代理权，如该代理人仍继续从事代理活动，即属于无权代理，应按无权代理的法律规定处理；另一方面，如果代理关系的终止是由于本人不恰当地撤回代理权，则本人应承担违约责任，赔偿代理人因此遭受的损失。

（二）对于第三人的法律后果

本人撤回代理权或终止代理合同，对第三人是否有效，主要取决于第三人是否知情。如果第三人不知且不应知代理权被终止，两大法系国家皆规定，第三人仍可合理地认为代理权的存在，有关的交易对本人仍有拘束力。

第五节　代理的法律关系

一、本人与代理人之间的法律关系

本人与代理人之间的法律关系，主要体现在法律对本人和代理人的权利和义务的原则性规定上。

（一）代理人的义务

1. 代理人应亲自行使代理权

在通常情况下，代理人应亲自行使代理权，不得任意转托他人代理。在法定代理中，代理人与被代理人之间多为亲属关系或者监护关系，应亲自行使代理权，不得任意转托他人；在指定代理中，代理人更加应当亲自行使代理权。

2. 合适注意的义务

代理人应该对被代理人委托的财产和事务给予合适注意，若代理人对应合适注意的义务没注意而使被代理人的利益受到了损失，他应对被代理人负赔偿责任。

3. 服从的义务

代理人应服从被代理人合法的指令，若代理人未服从被代理人合法指令而使被代理人利益受到了损失，他应对被代理人负赔偿责任。

4. 忠实的义务

忠实的义务在受托信任义务中是一种较为复杂的义务，它涉及三个方面的责任：

(1) 不与被代理人竞争。如果某公司生产计算机，雇了A为销售代理人，A就不能同时成立计算机公司销售计算机以和雇用他的公司竞争。

马里兰钢铁有限公司诉明特纳案(1978年)中，原告雇了被告从事废旧钢铁的买卖交易，当生意兴隆时，被告与公司另一职员准备也成立一个类似的钢铁公司并在业余时间积极准备，后两人辞职，并于1年后正式成立了一家个钢铁公司。原告认为被告在任职期间不忠实，所以应赔偿损失，并要求法院禁止被告开业。法院认为：被告在任期内并未开类似的公司与被代理人竞争，业务时间的准备是合理的，辞职1年后才开业，也不违反商业信誉原则，故不涉及不忠实的问题，原告败诉。

(2) 不密谋私利。代理人不得谋取超出其被代理人付给他的佣金或酬金以外的任何私利。如果代理人接受了贿赂，被代理人有权向代理人索还，并有权不经事先通知而解除代理关系，或撤销该代理人同第三人订立的合同，或拒绝付代理人在受贿交易上的佣金，被代理人还可以对受贿的代理人和行贿的第三人起诉，要求他们赔偿由于行贿受贿订立合同而使他遭受的损失，即使代理人在接受贿赂或图谋私利时，并未因此而影响他们所作的判断，也没有使被代理人遭受损失，但被代理人仍然可以行使上述权利。

(3) 不泄露商业机密。代理人不得泄露他在代理业务中所获得的保密情报和资料，代理人在代理协议有效期间或代理协议终止之后，都不得把代理过程中所获的保密情报或资料向第三者泄露。否则，本人有权要求代理人赔偿损失。

5. 申报账目的义务

代理人有义务对一切代理交易保持正确的账目，并应根据代理合同的规定或在被代理人提出要求时向被代理人申报账目，代理人为被代理人收取的一切款项须全部交给被代理人。

6. 通知的义务

代理人应把代理过程中的一切真实重要的事实通知被代理人，以便被代理人作出进一步判断。

（二）本人的义务

1. 支付佣金的义务

此为本人最主要的一项义务。但具体而言，本人究竟在何种情况下应当支付佣金，在何种情况下可以不付佣金，则是一个相当复杂的问题，代理合同应尽量对此作出详细的约定。因为有时法律对此并无规定，或者，各国法在具体规定上存在分歧。下列问题是当事人在商订佣金条款时，需要特别加以注意的：第一，本人不经代理人的介绍，直接同代理人代理地区的第三人订立买卖合同时，本人是否应对代理人照付佣金。对此，大陆法中不少国家规定：如果代理合同无相反约定，则代理人对其代理地区内的客户与本人达成的一切交易，无论其是否经由代理人之手，代理人都有权要求支付佣金。而根据英美法院的判例，则需区分代理人在本人与第三人交易中的作用来决定代理人应否得到佣金。如果本人与第三人达成的交易是代理人努力的结果，代理人就有权得到佣金；反之，则无权索取佣金。但这些法律规则可以根据双方的协议或行业习惯而改变，特别是在指定地区的独家代理协议中，时常约定代理人对所有来自代理地区的订货单都可以获得佣金。第二，代理人介绍的买主再次向本人订货时，本人是否应支付佣金。这主要取决于代理合同的约定。关于代理合同被终止以后，代理人介绍的买主再次向本人订货，本人是否应支付佣金的问题，大陆法和英美法的处理有所不同。根据《德国商法典》的规定，代理商对于代理合同终止后所达成的交易，在下列情况下享有佣金请求权：① 代理商曾参与该项交易的洽谈与准备工作；② 该项交易主要是归因于代理商的活动而达成的；③ 该项交易是在代理合同终止后的合理期间内达成的。而根据英美法院的判例，如果代理合同没有规定期限，只要本人在合同终止后接到买方的再次订货，仍须向代理人支付佣金；但如果代理合同规定了期限，则在期限届满合同终止后，本人就无须就代理人介绍的客户同自己达成的交易向代理人支付佣金。进一步说，即使是在代理人对再次订货有权要求佣金的情况下，代理人也只能要求对再次订货的佣金损失给予金钱补偿，而不能要求取得未来每次订货的佣金。

2. 偿还代理人因履行代理义务而产生的费用的义务

代理人因履行代理义务而产生的各种费用，有些是属于代理人的正常业务支出，对这些费用，除合同另有规定外，代理人一般不能要求本人偿还。但有些费用是代理人因执行本人指示的任务而额外支出的，对此代理人有权请求本人补偿。

3. 让代理人检查核对账目的义务

有些大陆法国家的法律规定，代理人有权查对本人的账目，以便核对本人付给他的佣金是否正确。

二、本人、代理人同第三人的法律关系

按照代理关系的一般原则，代理人是代表本人同第三人为法律行为的，代理行为一旦完成，其法律后果直接归属于本人，应由本人和第三人之间相互主张权利和承担义务，代理人和第三人之间不产生实质上的权利和义务关系。但是，当代理人未以本人的名义与第三人订约，代理人是否仍然与第三人不产生法律关系，抑或代理人是否应当对第三人有一种特别的责任呢？

（一）代理人未以本人名义订约时，本人及代理人与第三人的关系

对这一问题的处理，大陆法、英美法和我国的法律有不同的标准和做法。

1. 大陆法的标准和做法

大陆法依代理人是以代表的身份还是以他自己个人的身份同第三人订立合同为标准，将代理分为直接代理和间接代理。

直接代理是指代理人以代表的身份，即以本人的名义同第三人订立合同，合同的权利和义务直接归属于本人，代理人一般不对合同承担个人责任。间接代理则是指代理人尽管是为了本人的利益，但却是以代理人自己的名义同第三人订立合同，该合同的法律后果不能直接及于本人，而必须先由代理人承担，然后通过另外一个合同转移给本人。换言之，根据大陆法，如果代理人未以本人名义订约，则本人和第三人没有直接的合同关系，本人不能直接对第三人主张权利，只有当代理人把他在合同中的权利和义务转让给本人之后，本人才能对第三人主张权利。

2. 英美法的标准和做法

英美法没有直接代理与间接代理的概念，而是将代理分为代表“公开的本人”(disclosed principal)和代表“不公开的本人”(undisclosed principal)两种情况。

(1) 公开的本人。代理人代表公开的本人为法律行为的情况同大陆法所称的直接代理基本相同。它既包括代理人在订约时已指出本人的姓名或名称，也包括虽未指出本人的姓名，但代理人在订约时已公开表明自己代理人身份的代理。对此，英美法的原则是：代理人所订合同被认为是本人与第三人之间的合同，本人应对合同负责，而代理人原则上对该合同不承担个人责任。在1923年宇宙汽轮航行公司诉杰姆斯公司案中，原告船主与被告公司订有一项租船合同。根据该合同，被告公司为承租人，但在合同签名处则注明，该公司仅作为代理人订约。此后原告船

主因还船延迟而提起滞期费求偿。法庭判决,尽管被告公司在合同中被规定为承租人,但由于该公司是作为代理人订立合同,故对该合同不承担个人责任。

(2) 不公开的本人。如果代理人虽然得到本人的授权,但他在同第三人订约时根本不披露有代理关系一事,即既不披露有本人的存在,更不指出本人是谁,这种本人即为不公开的本人。当代理人为不公开的本人与第三人订约时首先代理人应对所订合同承担法律上的责任,因为他在交易时根本没有披露代理关系的存在,这样他实际上就把自己置于当事人的地位,所以他应对所订合同负责。在这一点上,英美法和大陆法并无分歧,但在不公开的本人是否能就代理人所订合同直接取得权利和承担义务这一问题上,英美法则采取了与大陆法截然不同的做法。如前所述,当代理人以自己的名义与第三人订约时(大陆法称之为间接代理),本人不能直接向第三人主张合同权利,而必须经过两个合同关系(即代理人与第三人的合同以及代理人与本人间转让权利和义务的合同),才能使间接代理关系中的本人向第三人主张权利。与此相反,英美法中未公开的本人原则上仅凭代理人与第三人间的一个合同就可以直接与第三人发生法律关系,具体的方式可以有:① 不公开的本人有权介入合同并直接对第三人行使请求权或在必要时对第三人起诉。如果本人行使了介入权,他就必须对第三人承担合同的义务。② 第三人在发现了不公开的本人之后,即享有选择权。他可以选择代理人或本人履行合同,也可以在该合同的基础上对其中任何一方起诉。但这种选择是不可改变的,一旦作出选择,该第三人便不能再改变主意而起诉另一方。

总之,无论是本人行使介入权还是第三人行使选择权,在英美法中通过代理人与第三人间的一个合同,便可以使本人与第三人间发生直接的法律关系,而不像大陆法那样需要有两个合同。这是英美法同大陆法的一个重要区别,也是英美代理制度的一个重要特点。它简化了交易手续,对交易的各方当事人均有利,也许正因为如此,我国现行《合同法》也吸收了英美法的这一做法。

3. 我国的法律规定的标准和做法

(1) 自动介入权。《合同法》第四百零二条规定:“受托人以自己的名义,在委托人的授权范围内与第三人订立的合同,第三人在订立合同时知道受托人与委托人之间的代理关系的,该合同直接约束委托人和第三人,但有确切证据证明该合同只约束受托人和第三人的除外。”

(2) 委托人的介入权。根据《合同法》,当受托人以自己的名义与第三人订立合同时,如果第三人不知道受托人与委托人之间的代理关系,委托人可以行使介入权。即如果受托人因第三人的原因对委托人不履行义务,受托人应当向委托人披露第三人，委托人因此可以行使受托人对第三人的权利。但委托人的介入权也有一定的限制，即第三人与受托人订立合同时知道该委托人就不会订立合同的情况下，委托人就不能行使介入权。

(3) 第三人的选择权。受托人因委托人的原因对第三人不履行义务，受托人应当向第三人披露委托人，第三人因此可以选择受托人或者委托人作为相对人主张其权利，但第三人不得变更选定的相对人。

（二）承担特别责任的代理人与第三人的关系

如前所述，在通常情况下，代理人在授权范围内以本人名义同第三人订立合同后，即退居合同之外，他对第三人不负个人责任；如果第三人不履行合同，代理人对本人也不承担个人责任，这是各国代理制度的一般原则。但是在国际贸易实践中，本人和第三人分处两国，他们对于彼此的资信能力和经营作风都不太了解，而对与他们常有往来的代理人则往往比较熟悉，从而双方对于代理人的信任往往多于对交易对方的信任，因此，他们有时会要求代理人对他们承担个人责任，以确保交易的安全，这种代理人就成为承担特别责任的代理人。承担特别责任的代理人可以分为对本人承担特别责任的代理人和对第三人承担特别责任的代理人两大类。例如，信用担保代理人就是一种对本人承担特别责任的代理人，其特别责任在于：如果他所介绍的买方（第三人）不付货款，则他要赔偿本人由此遭受的损失。不过，由于许多国家现已设立了由政府经营的出口信贷保险机构，专门办理承担国外买主无清偿能力的保险业务，这种信用担保代理人的作用已逐步被取代。与对本人承担特别责任的代理人相比，对第三人承担特别责任的代理人种类更多，在国际贸易中的作用也更大，现简要介绍其中主要的几种。

1. 保付代理人

保付代理人（confirming agent）的业务主要是代表国外的买方（本人），向本国的卖方（第三人）订货，并在国外买方的订单上加上保付代理人自己的保证，由他担保国外的买方将履行合同。如果国外的买方不履行合同或拒付货款，保付代理人对本国卖方（第三人）承担支付货款的特别责任。如果在合同履行前，国外买方（本人）无正当理由取消订单，保付代理人仍须对本国卖方（第三人）支付货款，但它付清货款后，有权要求国外买方（本人）偿还其所付款项，有时还可要求损害赔偿。例如：原告系英国一家制造商，于 1957 年 5 月收到澳大利亚代理人交来澳大利亚进口商订购衬衣材料的订单。订单的条件是由被告——伦敦的一家保付商行——"保付并付款"。保付商行随即向制造商（原告）订了衬衣材料。在交货日期前，澳大利亚进口商因经济衰退取消了订单，英国保付商行拒绝收货，于是引起诉讼。法院判决是造成的一切损失均应由保付商行所承担。

2. 保兑银行

保兑银行(confirming bank)是应开证行的请求,对开证行开出的不可撤销信用证再加保兑的银行。在国际贸易中,当事人普遍采用商业信用证的方式来支付货款,但有时卖方对国外某些开立信用证的中小银行也不太放心,于是便要求该开证行对其开立的信用证取得其他银行的保兑。该信用证一经保兑,在开证行、保兑行和卖方之间便产生这样一种法律关系:开证行是委托人(本人),保兑行是代理人,卖方是受益人(第三人)。由于保兑行作为代理人在开证行的不可撤销的信用证上加上了他自己的保证,他就必须据此对受益的第三人承担付款或议付的特别责任,而且这种责任是第一位的。即受益的第三人不必向开证行要求付款,等开证行拒付后再找保兑行,而是可以首先向保兑行要求付款或议付。保兑行作出议付后,即使开证行无理拒付或倒闭,它也不能向受益的第三人追索。

3. 运输代理人

运输代理人(forwarding agent)的业务种类繁多,涉及的法律关系也很复杂,在此无意作详细分析,只想指出:根据有些国家运输行业的惯例,如果运输代理人受客户(本人)的委托,向轮船公司预订舱位,他们自己须向轮船公司(第三人)负责。如果客户(本人)届时未装运货物,使轮船空舱航行,则代理人必须对第三人(轮船公司)承担责任,即向后者支付空舱费。

4. 保险经纪人

按照保险行业的惯例,国际贸易中进口人或出口人在投保货运保险时,一般不直接同保险人(如保险公司)订立保险合同,而是委托保险经纪人(insurance broker)代为办理。根据有些国家如《英国海上保险法》的规定,凡海上保险合同由经纪人替被保险人(即本人)签订时,经纪人须对保险人(第三人)就保险费直接负责。换言之,保险经纪人对保险人即第三人要承担不同于一般保险人的特别责任,即如果被保险人(本人)不交纳保险费,保险经纪人就必须直接向保险人交纳该保险费。

上述各种对第三人承担特别责任的代理人,既不同于传统意义上的直接代理人,也不同于间接代理人。与传统意义的直接代理人相比,后者对第三人一般不承担个人责任。但是它也不同于间接代理人。尽管两者在代理人对第三人承担个人责任方面具有相似之处,但间接代理人是以自己的名义来进行代理活动的,而承担特别责任的代理人在为代理行为时是以代表的身份出现的,而且一般代表着公开姓名的本人。由此可见,承担特别责任的代理人与传统概念上的代理人有很大不同,它的出现表明传统的代理理论应随着经济实践的需要而不断调整和发展。

第六节 外贸代理制中的法律问题

一、外贸代理制中心法律问题概述

根据我国《合同法》的规定，委托合同是委托人和受托人约定，由受托人处理委托人事务的合同。关于委托合同双方当事人之间的权利和义务，合同法的规定与其他国家有关法律大体相同，在此不赘述。在我国外贸代理制中，大量的是外贸公司接受无外贸经营权的企业的委托，以外贸公司自己的名义，作为买卖合同的一方同外商签订进出口合同。对于这种情况，《合同法》第四百零二条、四百零三条作了专门的规定。

根据《合同法》第四百零二条，受托人以自己的名义，在委托人的授权范围内与第三人订立合同，第三人在订立合同时知道受托人与委托人之间存在代理关系的，则该合同直接约束委托人和第三人。该条还规定，如果有确切证据证明该合同只约束受托人和第三人时，则该合同不能直接约束委托人。这一条款对外贸公司有很大意义。在实践中，国内的委托企业常常与外方当事人先谈判合同的条件，然后再找到外贸企业，委托外贸企业对外签订进出口合同。在这种情况下，外方当事人清楚地知道外贸公司只是国内企业的外贸代理人。在外贸公司完成委托事务后，如双方发生争议，根据《合同法》第四百零二条的规定，委托人或第三人一般应直接进行协商或提起诉讼、仲裁，外贸公司则可以以此作为抗辩理由，不再承担合同责任。

二、外贸代理制中心法律后果

根据《合同法》第四百零三条规定，当受托人以自己的名义与第三人订立合同，而第三人不知道受托人与委托人之间的代理关系时，其后果分为以下几种情况：

(1) 当受托人因第三人的原因对委托人不履行义务时，即受托人对于未能履行对委托人的义务没有过错时，受托人应向委托人披露第三人，由委托人直接行使受托人对第三人的权利。但是，在第三人与受托人订立合同时，如第三人知道该委托人就不会订立合同的话，则委托人不得直接对第三人行使权利。

(2) 当受托人因委托人的原因对第三人未能履行合同时，受托人应当向第三人披露委托人。在这种情况下，第三人拥有选择权，可以选择受托人主张权利，或者选择委托人主张权利。但是，第三人一旦作出了选择，便不得变更选定的相对人。

例如，一旦他选择受托人主张权利，那么即使他在对受托人的诉讼中败诉，或者虽胜诉，但未能得到实际履行，他也不能重新对委托人提起诉讼。可以看出，合同法的这一规定在很大程度上借鉴了英美法中关于未被披露本人的代理的法律制度。

案例分析

［案情］

某外运公司接受某货主的委托，代办一批焦炭出口。外运公司将货物装到货轮上，承运人天远公司的代理人签发了运费预付提单。货物抵达目的港后，承运人的代理称没有收到运费，并通过曼谷警察扣留了货物，要求外运公司确认并支付运费。为减少损失，外运公司被迫承认欠付运费、出具保函，并支付了部分运费 11 万美元。于是，承运人放货。此后，承运人的代理人又通过扣留上述货物的出口核销单和出口退税单迫使外运公司支付余下的运费 20 多万美元。

［问题］

外运公司的付费是否合理?

［法律规定］

《中华人民共和国民法通则》第六十三条，规定："代理人在代理权限内，以被代理人的名义实施民事法律行为。被代理人对代理人的代理行为，承担民事责任。"

［法律运用和处理结果］

在本案中，作为货主代理人的外运公司将货物装上船后就已经完成了作为代理人的职责。承运人未收到运费应直接向货主（提单所载明的托运人）主张权利。外运公司与承运人之间没有任何合同关系，更没有付款义务。

（案例来源：http://wenku. baidu. com/view/621f475c3b3567ec102d8a53. html）

【本章思考题】

1. 什么是表见代理？其成立条件是什么？如何理解表见代理制度的意义？
2. 如何理解代理关系终止的法律后果？
3. 代理人对本人负有哪些义务？

第三章　国际商事组织法

教学要求

商事组织法，是规范各类商事组织的法律规范，是商事法的重要组成部分。本章从商事法的角度，通过介绍合伙、无限公司、两合公司以及有限公司这几种国际通行的商事组织的设立、内部关系、组织机构以及解散、清算等内容，使得学生能够明白各国不同的商事组织法的规定，以及各种不同国际商事组织之间的商事交易行为。

第一节　商事组织和商事组织法

一、商事组织的概念和种类

（一）商事组织的概念

商事组织，也称商事企业，是指能够以自己的名义从事经营，以盈利为目的的经济组织。

人类社会的发展离不开生产活动，而人类的生产劳动总是在一定的组织形式下进行的。商事组织是一定社会条件下人们从事生产劳动的组织方式。商事组织的概念包括以下几个具体含义：

1. 商事组织是独立的经济组织

从法律上说，这里提到的商事组织，是以商事主体身份出现的、以自己的名义从事营业的团体或个人。商事组织必须从事营业，并且在从事营业时以自己的名义而不是以他人的名义，同时应该自己享有权利和承担义务，所以商事组织是独立的经济组织。

2. 商事组织是以营利为目的的

商事组织的目的是营利，营业则是达到营利目的的手段。所谓营利，是指商事组织以获取利润并将所获利润分给其成员（投资者）为目的。为此，商事组织必须从事营业活动，而不能以单纯的管理活动作为其主要的活动。

3. 商事组织是商人的组织表现

在西方资本主义国家有无业不商之说，凡是从事法律允许的商事行为的人即是商人。商事组织实际上是从组织的角度来看商人这一事物，是商人的组织表现。独资、合伙和公司这三种商事组织形式，是商自然人和商法人的具体反映。

（二）商事组织的种类

商事组织有各种组织形式，不同形式的商事组织在法律地位、设立程序、组织机构、投资者的利益与责任、业务执行权利的分配、资金的筹措以及税收等方面是不同的。了解并且选择适当的商事企业组织形式，对于投资者期望利益和实现投资事业的发展，具有重要的现实意义。

1. 个人企业

个人企业(individual proprietorship)即独资经营企业，是由一名出资者单独出资并从事经营管理的企业。从法律性质来说，个人企业不是法人，不具有独立的法人资格，它的财产与出资人的个人财产是相通的，出资人就是企业的所有人，他以个人的全部财产对企业的债务负责。出资人对企业的经营管理拥有控制权。尽管个人企业有时聘用经理或其他职员，但经营的最高决策权仍属于出资人。出资人有权决定企业的停业、关闭等事项。

2. 合伙

合伙(partnership)是两个或两个以上的合伙人为经营共同事业、共同投资、共享利润及共担风险而组成的企业。

3. 公司

公司(Corporation)是依公司法的规定设立的，以营利为目的的商事组织。其中股东是否以股份为限承担有限责任，又可将公司分为有限公司和无限公司。以股份为限承担有限责任的公司又可分为有限责任公司和股份有限公司。

二、商事组织法的概念

商事组织法，是调整各类商事组织的设立和活动的法律规范的总称。在有商法的国家，商事组织法是商法的组成部分。我国虽然没有形式意义上的商法(《商典法》)，但在现行立法中包含了丰富的商法内容，实质意义上的商法是存在的。鉴于我国目前的商事立法从体系到内容尚有许多不足，因此本书的叙述将以我国现行立法的范围，来介绍各国商事组织法的内容。

第二节 合伙企业法

一、合伙的定义及产生

合伙是一种古老的人类群体活动的表现形式。这种经营方式早在公元前2300年古巴比伦的《汉谟拉比法典》就有规定。在古罗马时代，合伙便已成为一种相当成熟的个人联合体由法律固定下来。在16世纪末，合伙得到了英美法的认可。在1776年，随着美国的独立，合伙法律制度成为美国法律的一部分。在19世纪初，合伙已经成为美国商事组织的重要形式。合伙制度之所以具有经久不衰的生命力，其根本原因就在于它顺应了商品生产者由独资经营走向联合经营的必然趋势。即使在法人制度普遍推行的今天，合伙形式仍因其自身的优点而能够广泛存在，并在社会经济生活中发挥着不可替代的重要作用。现代各国法律大多有关于合伙的规定。例如，《法国民法典》第1832条规定："合伙乃是两人或数人约定以其财产或技艺共集一处，以便分享由此产生的利益及自经营所得利益的契约。"《德国民法典》第705条规定："根据合伙契约，各合伙人互相负有义务，以由契约规定的方式促进达成共同事业的目的，尤其是提供约定的出资。"《英国合伙法》第1条规定：合伙是"以营利为目的而从事业务活动的个人之间所建立的持续性的关系"。《美国统一合伙法》第6条规定："合伙是两个或更多的人作为共有人为营利进行营业的团体。"在我国，2007年6月1日起施行《中华人民共和国合伙企业法》(以下简称《合伙企业法》)，该法第二条对合伙的定义做了阐述："合伙企业，是指自然人、法人和其他组织依照本法在中国境内设立的普通合伙企业和有限合伙企业。"

二、合伙的特征

从以上概念看，合伙是一种有契约约束的组织形式，所以从契约和组织的角度，合伙具有以下特征：

(1) 合伙以合伙契约为基础，是通过合伙契约来建立合伙人之间的合作关系。

(2) 合伙契约的标的是共同经营。经营就是一切通过向社会提供物质产品或服务以获取利润的经营活动。

(3) 合伙人之间共同出资、合伙经营、共享盈利、共担风险，相互之间承担连带无限责任。

(4) 合伙人之间存在受托信任关系。每个合伙人都有权对内经营合伙事务，对外代表合伙进行交易。每个合伙人都是其他合伙人的代理人，合伙是建立在合伙人之间高度信任基础上的一种关系，一旦失去信任就意味着合伙的解体。

(5) 合伙可以注册登记，可以起商号(字号)，可以有自己固定的营业场所，并可以商号的名义对外进行交易活动。

(6) 合伙可能长期存在下去，而不全是临时性的契约关系。

(7) 合伙财产相对独立，通常认为合伙财产的性质是共同共有。在未经合伙清算之前，合伙人不能请求分割合伙财产。合伙人的债权人也不能代位行使合伙人的权利。

(8) 合伙企业一般不具有法人资格(法国、荷兰、比利时除外)，因此合伙企业的债权人可以起诉合伙企业，也可以起诉合伙人。

三、各国合伙企业法

16 世纪开始，西欧各国相继建立了资本主义制度，经济得以迅速发展。但直到 19 世纪初，合伙仍是最常见的企业形式。其中在 18 世纪、19 世纪，合伙法律逐渐完善规范。1804 年的《法国民法典》和 1807 年的《法国商法典》分别规定了民事合伙和商事合伙。德国也仿效法国在《德国民法典》和《德国商法典》中规定了民事合伙及其变体。英国合伙法是普通法的产物，其基本规则大部分形成于 18 世纪和 19 世纪，1865 年英国制定了《合伙法修正案》，1890 年制定《英国合伙法》，1907 年借鉴法国的无限公司制度制定《英国有限合伙法》。美国的合伙立法相对要晚一些，1914 年美国全国州法统一委员会颁布了《统一合伙法》，1994 年进行修订。1916 年又通过了《统一有限合伙法》，该法在 1985 年进行了修订。上述两个法律文本颁布后，被除路易斯安那州以外的所有的州采用。

我国《合伙企业法》已由中华人民共和国第十届全国人民代表大会常务委员会第二十三次会议于 2006 年 8 月 27 日修订通过，自 2007 年 6 月 1 日起施行。《合伙企业法》是由国家立法机关或者其他有权机关依法制定的、调整合伙企业合伙关系的各种法律关系的总称。

四、普通合伙

(一) 普通合伙的概念

普通合伙，是指由两个以上的人根据协议，互约出资，经营公共事业，并对合伙债务承担无限连带责任的社会组织。在美国,《统一合伙法》(RUPA,1994)对普通合伙的定义是:"两个或两个以上的人以营利为目的、对合伙财产进行经营而形成的社团,如非为依公司法、独资企业法、非营利性企业法等设立,则视为在当事人之间形成合伙关系,无论当事人是否有此意向。"即凡未登记为其他企业的人合的、营利性组织便推定为合伙企业,无论当事人是否有设立合伙的意思表示,也无须履行任何特定的成立手续。我国的《合伙企业法》第二条第二款规定:"普通合伙企业由普通合伙人组成,合伙人对合伙企业债务承担无限连带责任。"普通合伙是常见的合伙形式,如果未加"有限"的限制词,通常说的合伙是指普通合伙,而且通常称"合伙"。普通合伙企业是属于营利性普通合伙。

(二) 普通合伙的成立条件

1. 有两个以上合伙人

英美法规定,合伙人可以是自然人、法人或其他社会团体,条件是必须有经营行为且必须以营利为目的,仅仅共同拥有财产或非营利性组织不视为合伙法律关系。在法国普通合伙被视为是法人,在德国合伙确实享有特定的自身权利和义务,法律赋予合伙法律上与法人相似的地位。而我国《合伙法》规定,合伙人为自然人的,应当具有完全民事行为能力。

2. 有合伙协议

美国《统一合伙法》(1994 年) 规定,合伙协议不一定要书面的,口头也可以。如果当事人之间约定按比例分配毛收入而非净利润,合伙关系不成立。

法德等国与我国《合伙企业法》第十八条规定类似,合伙协议应当是书面的,必须载明下列事项:① 合伙企业的名称和主要经营场所的地点;② 合伙目的和合伙经营范围;③ 合伙人的姓名或者名称、住所;④ 合伙人的出资方式、数额和缴付期限;⑤ 利润分配、亏损分担方式;⑥ 合伙事务的执行;⑦ 入伙与退伙;⑧ 争议解决办法;⑨ 合伙企业的解散与清算;⑩ 违约责任。《民法通则意见》第五十条规定,当事人之间没有书面合伙协议,又未经工商行政管理核准登记,但具备合伙的其他条件,又有两个以上无利害关系人证明有口头协议的,人民法院可以认定为合伙关系。

英国 1890 年《合伙企业法》规定,合伙协议是合伙人共同拟定的,所有合伙人应当受到约束。但是如果合伙协议没有覆盖到的范围,就按照 1890 年《合伙企业法》的规定去做。比如,合伙人之间没有就如何对合伙盈利和亏损的分配进行协议,那么就按照 1890 年《合伙企业法》的规定平等分享和承担。

3. 有合伙人认缴或者实际缴付的出资

法国《民法典》第 1843 条规定："合伙人，如应以其技艺投资时，应将其因作为投资标的活动产生的一切利益，归于合伙。"德国《民法典》第 706 条规定："合伙人的出资也可以是提供劳务。"我国《合伙企业法》第十六条规定："合伙人可以用货币、实物、知识产权、土地使用权或者其他财产权利出资，也可以用劳务出资。合伙人以实物、知识产权、土地使用权或者其他财产权利出资，需要评估作价的，可以由全体合伙人协商确定，也可以由全体合伙人委托法定评估机构评估。合伙人以劳务出资的，其评估办法由全体合伙人协商确定，并在合伙协议中载明。"因为合伙人对合伙债务承担无限连带责任，所以法律对合伙成立没有最低资本的要求，对出资的时间也没有限制，而是由合伙人协商确定。

合伙人违反约定，迟延出资的应当承担迟延责任，因此而给其他合伙损失的，应当赔偿损失。

4. 有合伙企业的名称和生产经营场所

合伙企业的名称应当标明"普通合伙"字样，以便于与合伙企业交易的人，了解该合伙的类型及合伙人对合伙债务承担的责任。

（三）普通合伙财产的性质和保全

1. 合伙财产的性质

合伙财产一般由三部分组成：① 合伙人的出资，包括货币、实物、知识产权、土地使用权或者其他财产权利出资，合伙人将其出资转移给合伙后，就与其个人的财产相分离，而成为合伙财产。② 合伙从事经营活动取得的财产。③ 依法从其他渠道取得的财产，例如接受赠与的财产。合伙财产的性质就是合伙财产归属问题，根据我国《合伙企业法》的有关规定，可以认为合伙企业的财产属于合伙人共同共有。共有是指两个以上的人对同一物享有所有权。共有属于所有权概念中的概念，合伙财产不限于所有权，还有土地使用权、知识产权等。因此，说合伙的性质是共同共有，包括准共同共有。美国《统一合伙法》第 6 条规定，合伙财产为全体合伙人的共同共有财产。但是英国《1890 年合伙法》第 20 条第 3 款规定：合伙人共同共有不一定是合伙企业财产。例如，某商行的合伙人以其共同所有的房地产为抵押借贷款项，并在房地产上增建厂房，由于抵押地产仅为当事人共有，增建的厂房不属于合伙财产。德、法两国民法系大陆法系国家民法的典范，其关于合伙财产的规定有相似之处。如均规定合伙财产的支配权由合伙人自己行使；根据法律，合伙人投入合伙企业的财产以及由此产生的收益为合伙人共有，这种共有只是归合伙企业支配，并非重新形成一个新的所有权主体。

合伙财产一般也具有三个用途：① 合伙财产全部用于合伙企业的经营；② 当合伙企业进入清算阶段时，合伙企业的财产首先用于清偿合伙企业在经营过程中欠债权人的债务；③ 合伙企业的财产可以用于对合伙人分红。在清算后有多余的，可以按照合伙企业的协议或者法律的规定分配给合伙人。

2. 合伙财产的保全

合伙财产属于合伙人共同共有，不属于合伙单独所有，在涉及合伙财产权与合伙人财产权关系上，需要对合伙人的财产权适当限制，保全合伙财产，以维护合伙事业。

(1) 分割合伙财产的限制：

美国《统一合伙法》第 21 条规定，如果财产的取得是该合伙人在与合伙竞争、未经授权的情况下或者该合伙人负有为合伙的利益取得此项财产的义务的情况下，那么他就可以被推定为是以推定托管人的身份拥有此项财产。该条同时规定每一个合伙成员都具有受托人的身份。

英国《1890 年合伙法》第 23 条第 1 款规定，除法院对合伙企业执行裁判外不得对合伙财产实施强制执行。在一般情况下，合伙财产用于合伙债务的清偿，不用于清偿合伙人个人的债务。

德国民法典严格限定了合伙人对合伙企业财产的处分权，该法第 719 条规定："合伙人不得处分其合伙财产的份额；也不得处分属于合伙财产的个别物件的份额；合伙人无权请求分割合伙财产。"

我国《合伙企业法》第二十一条规定，合伙人在合伙企业清算前，不得请求分割合伙企业的财产(不包括退伙的情况在内)，合伙人在合伙企业清算前私自转移或者处分合伙企业财产的，合伙企业不得以此对抗善意的第三人。

(2) 财产份额转让与财产出质的限制：

美国《统一合伙法》第 25 条规定：合伙人仅在为合伙目的的情况下有权占有合伙的具体财产。而且合伙人在具体合伙财产上的权利通常是不可转让的。德国民法典规定，对于合伙企业的股权，如契约没有特殊规定，一方转让股份须经其他合伙人同意，同等条件下，其他合伙人享有优先权。我国《合伙企业法》第二十二条、第二十五条分别规定，除合伙协议另有约定外，合伙人向合伙人以外的人转让其在合伙企业中的全部或者部分财产份额时，须经其他合伙人一致同意。合伙人以其在合伙企业中的财产份额出质的，须经其他合伙人一致同意。

(3) 合伙债权抵销与合伙人的债权人代位权的限制：

德国民法典规定，属于合伙财产的债权，其债务人不得以之与其对个别合伙人享有的债权抵消。我国《合伙企业法》第四十一条规定，合伙人发生与合伙企业无关的债务，相关债权人不得以其债权抵销其对合伙企业的债务；合伙人的债权人也不得代位行使合伙人在合伙企业中的权利。德国、英国和我国都有禁止合伙人的债权人扣押合伙企业财产的规定。德国《民法典》第725条规定：合伙人中的一人的债权人，就该合伙人在合伙财产中的份额实行扣押者，如果债务证书非单纯为临时执行时，该债权人可以不遵照先期通知期限对合伙为声明退伙。英国法、意大利民法典对此亦有规定。我国《合伙企业法》第四十二条第一款规定，合伙人个人财产不足清偿其个人债务时，债权人只能依法请求人民法院强制执行该合伙人在合伙企业中的财产份额用于清偿。"只能"两字，从法律上限定了债权人的代位求偿权。

（四）普通合伙的内部关系

1. 合伙人的权利

合伙的内部关系，是指合伙成员之间的权利与义务的关系。总的来说，合伙人的权利有：

(1) 分享利润的权利。每个合伙人均有根据合伙合同规定的比例取得利润的权利。若合伙合同未有规定，按英、美、德等国合伙法规定，合伙人应平均分配利润，而不考虑合伙人出资的多少。法律则规定应按合伙人的出资比例分享利润。

(2) 参与经营管理的权利。除非合伙合同有相反的规定，每个合伙人在正常的业务范围内有权相互代理。

(3) 获得补偿的权利。合伙人在处理合伙组织的正常业务中所作的支出有权从合伙组织中获得补偿，但除合同另有规定者外，任何合伙人不得为其在合伙组织中的劳务要求报酬。

(4) 监督和检查账目的权利。每一合伙人都有权了解、查询有关合伙经营的各种情况，负责日常业务的合伙人不得拒绝。

2. 合伙人的义务

合伙人的义务主要有以下几项：

(1) 缴纳出资义务。合伙人有义务按合同规定的时间、数额、方式缴纳出资。

(2) 忠实义务。每个合伙人在处理合伙组织的义务时，须对其他合伙人负"绝对真实"之责，向其他合伙人提供合伙组织的真实账目和一切情况，不得私自以合伙组织的名义与自己订合同，也不得经营与合伙组织相竞争的事业；否则，由此所赚的利润须归合伙组织。

(3) 谨慎和注意义务。参与经营管理的合伙人在执行合伙事务时，必须谨慎小心，如因其失职而给合伙企业造成损失，其他合伙人有权请求赔偿。

(4) 不得随意转让出资的义务。合伙人未经其他合伙人同意不得将其在合伙中的出资及各项权利转给第三人。

(五) 普通合伙的外部关系

合伙的外部关系,是指合伙组织与第三人的关系。各国一般规定,每个合伙人在企业所从事的业务范围内,都有权作为合伙企业与其他合伙人的代理人。这种合伙人间的相互代理规则决定了合伙企业同第三人的关系有以下特点:

(1) 每个合伙人有执行合伙企业通常业务中所作的行为,对合伙企业和其他合伙人都具有拘束力。除非该合伙人无权处理该项事务,且与其进行交易的第三人也知道其未得到授权。

(2) 合伙人间若对某一合伙人的权利有所限制,不得用以对抗不知情的第三人。

(3) 合伙人在从事正常的合伙业务中所作的侵权行为,应由合伙企业承担责任。承担责任后,合伙企业有权要求由于故意或疏忽的有关合伙人赔偿企业由此遭受的损失。

(4) 新合伙人对参与合伙之间合伙组织所负的债务不承担任何责任,对已退出合伙组织的原合伙人而言,若日后发生的债务是在其退伙之前的交易结果,则他仍需对债权人负责,若该债务与其退伙之间的交易无关,且使第三人知道他已不是合伙人,则他对退伙后第三人的债务不承担任何责任。

(六) 普通合伙损益的分配与合伙债务的承担

1. 合伙损益的分配

英美法和大陆法对合伙利润的分配、亏损的分担有约定和法定两种办法。我国《合伙企业法》第三十三条规定,有合伙协议的按合伙协议办理;合伙协议未约定或者约定不明确的,由合伙人协商决定。但是,合伙协议不得约定将全部利润分配给部分合伙人或者由部分合伙人承担全部亏损。合伙协议未约定或者约定不明确,又协商不成的,根据法律规定办理,即由合伙人按照实缴出资比例分配、分担;无法确定比例的,由合伙人平均分配、分担。损益分配的时间由合伙人约定。

2. 合伙债务的承担与清偿

合伙人同时负担有合伙债务和合伙人个人债务时,如果合伙财产不足以清偿合伙债务,而合伙人个人财产也不足以清偿合伙人个人债务时,就存在是否优先清偿合伙债务或合伙人个人债务的冲突。英美法采用双重优先权原则,是指合伙人个人的债权人优先于合伙的债权人从合伙人的个人财产中得到满足,合伙债权人优先于合伙人个人的债权人从合伙财产中得到满足。即,合伙财产优先用于清偿合伙债务,个人财产优先用于清偿个人债务。双重优先权原则是英美合伙法中的一条著名的衡平法原则，它首创于1715年的英国，当时，英国衡平法院法官考伯勋爵在审理克劳德案时确立了该原则，该案判决认为："由于共同财产或合伙财产优先用于清偿合伙的一切债务；并且，由于在所有共同债务清偿前，单独债权人不得涉足共同财产，那么同理，在单独债务清偿以前，合伙债权人也不能就其在合伙财产中未受清偿的部分，要求用单独财产清偿。"美国的《联邦破产法》和《统一合伙法》都规定了双重优先权原则，把合伙债务和合伙人个人债务置于平等的清偿顺序，同等地受到清偿。

如果优先清偿合伙债务，则合伙债权人可就合伙财产优先受偿，并可就合伙财产不足清偿部分，与合伙人个人的债权人就合伙人的其他个人财产共同受偿。这种立法例的结果是，合伙的债权人得到最有利的保护，而合伙人个人的债权人得到的保护力度就相对要弱一些。如果优先清偿合伙人个人债务，则刚好反过来。当然，由于合伙人个人债务优先受偿不利于保护合伙的债权人，从而损害合伙的信誉，影响合伙制度的价值，实践中几乎没有哪个国家是采用合伙人个人债务优先受偿这种立法模式的，通常与合伙债务优先清偿相对立的是双重优先权原则。

我国《民法通则》没有明确这个问题，但1990年《最高人民法院关于审理联营合同若干问题的解答》中规定："联营体是合伙组织的，可先以联营体的财产清偿联营债务，联营体的财产不足以抵债的，由联营各方按照联营合同约定的债务承担比例清偿。"《合伙企业法》则更为明确地规定：合伙企业对其债务，应先以其全部财产进行清偿。合伙企业财产不足清偿到期债务的，各合伙人应当承担无限连带责任。合伙人个人财产不足清偿其个人所负债务的，该合伙人只能以其从合伙企业中分得的收益用于清偿；债权人也可以依法请求人民法院强制执行该合伙人人在合伙企业中的财产份额用于清偿。当然，这两个规定都是侧重于保护合伙的债权人利益，只明确了合伙财产优先用于清偿合伙债务，未明确合伙人个人财产优先用于清偿合伙人个人债务。考虑到债权的平等性及利益的平衡，采用双重优先权应当是更为明智的选择，我国的合伙立法还有待于进一步明确。

（七）入伙、退伙

1. 入伙

(1) 入伙的概念和程序。入伙是指非合伙人加入已成立的合伙，而取得合伙人资格的行为。合伙企业接纳新合伙人，除合伙协议另有约定外，应当经全体合伙人一致同意，并依法订立书面入伙协议。订立入伙协议书时，原合伙人应当将合伙企业的经营状况和财务状况如实地告诉准备入伙的人，以便其决定是否入伙。

(2) 入伙的效力。入伙人与原合伙人依法签订入伙协议书后即取得合伙人的资格。入伙的新合伙人与原合伙人享有同等的权利，承担同样的责任。入伙协议另有约定的；从其约定。那么新入伙的合伙人对入伙前的合伙债务是否要承担无限连带责任？《合伙企业法》第四十四条第二款规定："新合伙人对入伙前合伙企业的债务承担无限连带责任。"这是强制性规定。这样规定主要是为了保护债权人的利益，可以避免合伙人串通用推迟入伙日期的办法，逃避债务。但是英国1890年《合伙法》规定，新入伙人不对入伙前合伙的债务承担责任。

2. 退伙

(1) 退伙的概念和事由。退伙是合伙人在合伙存续期间退出合伙组织、消灭合伙人资格的行为。英国1890年《合伙法》规定退伙的事由有：责令退伙和自愿退伙两种。责令退伙中，除非合伙协议有明确约定，否则多数合伙人不能责令一个合伙人退伙。自愿退伙中如果合伙协议中没有约定合伙存续期间的，合伙人可以随时通知其他合伙人表示退伙；如何合伙没有书面协议属于事实合伙的，自愿退伙的合伙人书面签署退伙通知即可。我国《合伙企业法》根据退伙的原因不同，可将退伙的事由分为自愿退伙、除名退伙和法定退伙。自愿退伙指合伙人依约定或单方面向其他合伙人声明退伙。除名退伙是指当某合伙人出现除名事由时，经全体合伙人一致同意，将合伙人开除，而使其丧失合伙人资格。除名退伙又称强制退伙。法定退伙是指基于法律的事由而退火。

(2) 退伙的效力。各国合伙法都规定，如果退伙，退伙人的合伙人资格丧失；对退伙人的财产份额，由合伙协议或者全体合伙人决定，可以退还货币，也可以退还实物；合伙人退伙时，合伙企业财产少于合伙企业债务的，退伙人应当依照其应分担的比例分担亏损。但是退伙人对基于退伙前的原因发生的合伙企业的债务，仍然承担无限责任。

五、有限合伙

(一) 有限合伙的概念与特征

1. 有限合伙的概念

有限合伙，是由1人以上的无限责任的合伙人与1人以上的有限责任合伙人所组成，其无限责任合伙人对企业的债务承担无限连带责任，有限责任合伙人对合伙的债务以其出资额为限承担责任。

美国法上的有限合伙(limited partnership)是指由两名或两名以上的根据本州法律规定成立的，拥有一名或一名以上普通合伙(general partner)和一名或一名以上的有限合伙人(limited partner)的合伙。

英国法上的有限合伙人是指不参加合伙业务经营管理，只对自己出资部分负有限责任的合伙人，其对合伙企业的债务，仅以出资额为限，负有限责任。

在德国，有限合伙也是一种为了从事商业活动而成立的合伙。它在一个共同的商号之下运作，它包括一个或者更多的有限合伙人，并且至少有一个普通合伙人。其中有限合伙人对合伙承担的责任，仅限于其出资的特定数额。而普通合伙人的责任是对合伙的债务承担全部个人责任。

2. 有限合伙的特征

(1) 有限合伙是由无限责任合伙人与有限责任合伙人所组成。它的股东系二元化，无限责任合伙人至少有 1 人，有限责任合伙人至少有 1 人，多则不加限制。如果只剩下一种类型的合伙人，有限合伙就告解散。

(2) 有限责任与无限责任相结合，以无限责任为主。有限合伙的主要特征是，在一个合伙企业中，普通合伙人对合伙的债务承担无限连带责任，有限合伙人对合伙的债务承担有限责任。这种合伙形式保留了普通合伙中合伙人责任的特点；借鉴了有限责任公司股东承担有限责任的优点。与有限责任公司相比，普通合伙人直接经营管理合伙事务，组织结构和组成简单，操作灵活。与普通合伙相比，有限合伙人对合伙债务承担有限责任，有利于吸引投资。通常有限合伙主要适用于从事高科技项目的风险投资，也适用于一般中小企业。有限合伙的有利之处在于，有负无限责任的合伙人以取得外界的信任，又可吸收有限责任的合伙人扩大公司的资金。它是拥有信誉和能力的无限责任合伙人与拥有资金的有限责任合伙人的结合，比普通的合伙企业容易募集资本。而且企业的业务全由无限责任合伙人执行，仍可保持合伙企业经营效果较好的优势。但有限合伙的稳定性不如普通合伙企业，其有限责任合伙人虽责任较轻，却无权参与企业经营，企业的业务为无限责任股东所操纵，有限责任合伙人要转让其出资额受到较大限制。因此，这使得有些愿意出资的人宁可与无限责任合伙人订立利润分享契约，向其借贷资本，而不愿作为有限责任合伙人，冒可能承担无限责任的风险。

(3) 有限合伙人不参与合伙事务的处理。作为有限合伙人对合伙债务承担有限责任的对价，有限合伙人不具有管理合伙事务的权利。有限合伙事务的管理权应由普通合伙人行使，而且也只有普通合伙人有权代表全体合伙人约束合伙组织。有限合伙人只有对合伙事务的检查监督权。当有限合伙人参与合伙事务的经营管理时，就应对合伙债务承担无限责任。

(4) 有限合伙属非法人团体。除了美国以外，大多数国家的有限合伙的合伙人局限于自然人，承担有限责任的公司大陆法系概念中的“法人”不参与合伙。

(二) 有限合伙的设立

有限合伙的设立程序,大体上与普通合伙相同,区别在于:

1. 有限合伙的组成

有限合伙的合伙人由 2 个以上 50 个以下的合伙人组成。其中至少有 1 个普通合伙人。这样规定是为了防止有人利用有限合伙企业形式进行非法集资活动,体现合伙企业人合性的特性,并为今后的实践留有必要的空间。

2. 有限合伙的协议

有限合伙的协议中,应包括以下内容:

(1) 普通合伙人和有限合伙人的姓名或者名称、住所;

(2) 执行事务合伙人应具备的条件和选择程序;

(3) 执行事务合伙人权限与违约处理办法;

(4) 执行事务合伙人的除名条件和更换程序;

(5) 有限合伙人入伙、退伙的条件、程序以及相关责任;

(6) 有限合伙人和普通合伙人相互转变程序。

3. 有限合伙的名称

有限合伙名称中应当标明“有限合伙”字样。

4. 有限合伙人的出资

美国有限合伙人的出资必须是现款和财产,不得以劳务为出资;我国《合伙企业法》第六十四条、六十五条规定:“有限合伙人可以用货币、实物、知识产权、土地使用权或者其他财产权利作价出资。有限合伙人不得以劳务出资。”“有限合伙人应当按照合伙协议的约定按期足额缴纳出资;未按期足额缴纳的,应当承担补缴义务,并对其他合伙人承担违约责任。”有限合伙人不得以劳务出资,这主要是因为有限合伙人对合伙的债务承担有限责任,如果以劳务出资,就会造成其出资和责任界限不易确定的状态,不利于保护债权人。在有限合伙中,普通合伙人的出资往往很少,如果有限合伙人不能按期足额缴纳出资,合伙事业就不能正常运营。

(三) 有限合伙的内部关系

1. 业务的执行

有限合伙由普通合伙人执行合伙事务,对外代表有限合伙。有限合伙由普通合伙人执行合伙事务时,应当遵循普通合伙的合伙人执行事务的规定,由普通合伙人协议决定。

为了激励合伙事务执行人的积极性,有限合伙协议可以确定给予合伙事务执行人一定的报酬及报酬提取方式。

有限合伙人对合伙的债务承担有限责任,无权执行合伙事务,这是权利与义务的对等。如果有限合伙人参与执行合伙事务,就要承担无限责任。

在有限合伙中有限合伙人享有相应的权利,行使其权利的行为不属于执行合伙事务。

2. 竞业的限制

普通合伙人,其竞业的限制适用合伙企业的规定。有限责任合伙人则不受此限制。有限责任合伙人对企业仅有监督权,对内既不能执行业务,对外又不能代表合伙企业,不存在利用职权为自己或为他人谋利益而损害合伙企业利益的可能。所以,有限责任合伙人可以为自己或为他人经营与合伙企业相同的业务,也可以成为其他公司的股东。我国《合伙企业法》第七十条、七十一条规定:"有限合伙人可以同本有限合伙企业进行交易;但是,合伙协议另有约定的除外。""有限合伙人可以自营或者同他人合作经营与本有限合伙企业相竞争的业务;但是,合伙协议另有约定的除外。"

3. 出资的转让

普通合伙人,其出资转让受到限制。有限合伙人可以按照合伙协议的约定向合伙人以外的人转让其在有限合伙企业中的财产份额,但各国都规定应当提前通知其他合伙人。

4. 盈余的分配

在美国,有限合伙人不参与有限合伙企业的经营管理,只是按照出资额分享利润,承担亏损。《合伙企业法》第七十九条规定:"作为有限合伙人的自然人在有限合伙企业存续期间丧失民事行为能力的,其他合伙人不得因此要求其退伙。"这是有限合伙的特点决定的。在有限合伙中,特别是在风险投资领域,普通合伙人往往是具有高水平和丰富经验的人,他们对合伙债务承担无限责任,而入伙的资金往往比较少。由于风险投资的回报期长,在较长的时期内没有收益,而普通合伙人可以依照合伙协议的约定取得执行事务的报酬。因此;在合伙协议中可以约定,当有利润可分配时,在若干年内,将利润全部分配给有限合伙人。这样做,可以平衡普通合伙人与有限合伙人之间的利益,调动双方的积极性。因此,合伙企业法规定合伙企业不得将全部利润分配给部分合伙人,当然合伙协议另有约定的除外。

(四) 有限合伙的外部关系

1. 企业的代表

在有限合伙企业中,代表企业的权利只属于普通合伙人,即无限责任的合伙人。法国《商事公司法》第 28 条规定,有限责任股东不得从事任何对外的经营活动，即使根据一项委托，也不得从事此类活动。我国《合伙企业法》第七十六条第一款规定：“第三人有理由相信有限合伙人为普通合伙人并与其交易的，该有限合伙人对该笔交易承担与普通合伙人同样的责任。有限合伙人未经授权以有限合伙企业名义与他人进行交易，给有限合伙企业或者其他合伙人造成损失的，该有限合伙人应当承担赔偿责任。”在学理上对此称为表见合伙。表见合伙主要为了保护合伙的债权人，第三人要求有限合伙人对合伙的债务承担无限连带责任是合理的。

2. 合伙人的责任

无限责任合伙人对有限合伙的债务负连带无限责任。有限责任合伙人对合伙的债务，仅以其出资额为限负责，对合伙的债权人并不直接负责。新入伙的有限合伙人对入伙前有限合伙企业的债务，以其认缴的出资额为限承担责任。

（五）有限合伙人的入伙和退伙

1. 有限合伙人的入伙

有限合伙人的入伙基本上与普通合伙一致，只是在对入伙前的债务承担的责任上有区别。

2. 有限合伙人的退伙

有限合伙退伙与普通合伙的退伙的主要区别在：

(1) 作为有限合伙人的自然人在有限合伙存续期间丧失民事行为能力的，其他合伙人不得因此要求其退伙。这是因为有限合伙人不执行合伙事务，有限合伙人丧失行为能力对合伙事业没有实质性影响。而且，有限合伙一般投资回报期很长，要求丧失行为能力者退伙，就不能取得合伙的收益，因而不够公平。如果合伙协议约定有限合伙人丧失行为能力为退伙事由，从其约定。

(2) 作为有限合伙人的自然人死亡、被依法宣告死亡或者作为有限合伙人的法人及其他组织终止时，其继承人或者权利承受人可以依法取得该有限合伙人在有限合伙企业中的资格。这是因为有限合伙人不执行合伙事务，有限合伙人的出资转让给有限合伙以外的人，对有限合伙事务没有实质性影响。这样处理既可减少因退伙而进行结算的麻烦，又能维护有限合伙财产的稳定。

有限合伙人退伙后，对基于其退伙前的原因发生的有限合伙债务，以其退伙时从有限合伙中取回的财产承担责任。这与普通合伙的合伙人退伙不同，普通合伙的合伙人退伙对基于退伙前的原因发生的合伙债务承担无限连带责任。

六、合伙的解散与清算

合伙企业的解散可分为依据解散和自愿解散两种。

（一）自愿解散

自愿解散，是指合伙企业依合伙人之间的协议而解散。因其本身是基于协议而成立的，故法律允许当事人再以协议解散。

（二）依法解散

依法解散，是指合伙企业依法律的有关规定而宣告解散。这种类型的解散大体有以下几种情况：① 合伙人中的一人死亡，退出或破产；② 因发生某种情况，致使合伙企业所从事的业务成为非法，如发生了战争，合伙人之一成了敌国公民等；③ 某合伙人精神失常，长期不能履行其职责，或因行为失当使企业遭受重大损失，或因企业经营失败难以继续维持。

无论以哪种方式解散合伙组织，合伙人都应对合伙财产进行清算。如果合伙组织的财产不足以清偿合伙组织的债务时，合伙人须承担连带无限责任。但若清偿了所有债务之后仍有剩余，则所有合伙人都有权参与企业财产分配。

第三节　无限公司和两合公司

一、无限公司

（一）无限公司的概念

无限公司，又称无限责任公司，是指两人以上的股东出资组成，对公司的债务负连带无限清偿责任的公司。

（二）无限公司的特征

(1) 无限公司至少由两人以上的股东组成。无限公司成立后，如果股东仅剩 1 人时，公司就应解散，或成为独资企业。至于股东最多可达多少人数，各国公司法规定不同。英国公司法规定经营银行业务者，股东人数不得超过 10 人。在美国、德国、日本、瑞士及法国，对于股东人数，法律都不作最高额的限制。

(2) 股东必须是自然人，公司不能作为无限公司的股东。如果允许负有有限责任的公司充任无限公司的股东，无异免除其无限责任，与无限公司性质相违。如果允许负无限责任的公司充任另一无限公司的股东，则必然出现法律关系的混乱，对第三人和社会经济正常运行不利。

(3) 无限公司股东对公司的债务负无限清偿责任。如果公司资金不足以清偿所有债务时，股东要以自己全部的个人财产来支付公司所欠的债务，对公司的债权人负责。

(4) 无限公司的全体股东对公司的债务负连带责任。这是指所有股东共同对公司债务负责,而且每个股东承担着偿付他们共同承担的全部债务的责任。当公司资产不足以清偿债务时,公司债权人可以对公司的所有股东、部分股东或一位股东请求偿还全部债务,而不管该股东出资多少。因此,任何一个股东都负有清偿公司全部债务的责任。

(5) 无限公司的性质具有纯粹人合性,是典型的"人合公司"。公司的信用主要建筑在股东本人身上,而不在公司的资本,在股东之间建立彼此信任、同舟共济的关系是公司存在与发展的重要条件。因此,股东姓名是登记的必要事项。

(6) 无限公司在许多国家都认为是营利的社团法人,如法国、意大利、比利时、日本等。但也有的国家不认其为法人。如英美法等把无限公司作为合伙企业。

(三) 无限公司的设立

无限公司的设立,由两个以上即将成为股东的人制定章程,进行登记而设立。这里包括三个条件:

(1) 有两个以上即将成为股东的人。

(2) 制定章程。章程必须记载无限公司名称、营业范围、股东姓名和住所、资本总额及各股东的出资额、盈亏分配的比例或标准。

(3) 进行登记。各国公司法都规定了无限公司的申请登记制度。登记是一种公示制度,目的在于使与公司往来交易的第三人能了解公司章程规定的事项。

上述条件必须同时具备,缺少其中任何一个条件,无限公司都不能成立。但无限公司的成立无须发起人,股东在公司成立时不必立即出资,登记手续不复杂,无限公司的成立比较容易。

(四) 股东出资

无限公司的股东,都须履行出资的义务。其出资义务的范围,按照公司章程的规定,一般分为三类:

(1) 财产出资。以现金出资最为普遍,其他财产如厂房、土地、机器、设备、知识产权、商业秘密等也可出资。

(2) 劳务出资。股东以脑力上或体力上的劳动作为出资形式。例如,以专门技术为公司服务,用善于经营的人来管理公司。

(3) 信用出资。股东以其在社会上的名望供公司使用,如在某项交易中使用其姓名,或他为公司提供某种担保。这种信用可以吸引顾客,通融资金,为公司获得种种有形无形的利益。

无限公司各股东的出资,不向外募集发行。

（五）无限公司的业务执行

无限公司的股东都有执行业务的权利，而负其义务。全体股东制定章程时可明确由1名股东或数名股东执行业务，没有明确时即为所有股东执行业务。

无限公司的业务执行人就是公司执行业务的机关。业务执行人对外代表公司。如果业务执行人是全体股东，章程又没有另外规定，应按每个股东有一同等的表决权计算，而不是按出资额比例确定表决权。这就是说，取决于全体股东的过半数。其他不执行业务的股东享有的监察权，有权询问公司的营业状况，查阅财务文件、账簿及各种报表。如发现经营不当或违法行为，他们可提出意见予以纠正。

无限公司的股东对于公司营业情况非常了解，为了防止股东利用公司的商业秘密，损害本公司利益，各国公司法都规定了股东的竞业禁止的服务。所谓竞业禁止，是指特定地位的人不得对其所服务的营业从事具有营业竞争性质的行为。例如，公司经营食品业，那么自己不得再经营食品业，或者不得为亲朋好友经营食品业，以免损害本公司其他股东的利益。但如果其他股东对他的竞争营业不表示异议，法律也不强行禁止。

如果无限公司的股东违反竞争禁止的规定，该股东应当赔偿公司因此所受的损失。公司也可以行使归入权，将该股东经营的业务视为公司所为，而把经营该业务的所得利益归入公司，公司还可以据此将该股东除名。

（六）无限公司的盈亏分配

无限公司一般每年年终结账，如果公司财产净额超过股东出资总额，其超过部分就是盈余，反之，不及部分就是亏损。只有在公司没有亏损的情况下才可以分配盈余。如果公司历年亏损，即使当年营业获得利益，但财产净额仍不及原有资本总额，还是不能分配盈余。这是为了充实公司的资本，防止虚假的分配，以保护债权人的利益，巩固公司的基础。

至于分配盈余的比例或标准，一般是在公司章程中作出规定。各国公司法对分配盈余的规定不尽相同。有的国家如法国、日本等规定，盈亏按各人出资的比例而定；有的国家如英国、美国、瑞士等规定，不论各人出资多少，盈亏平均分配；也有的国家如德国把这两种标准结合起来，先将盈余按各人出资比例，如有余额或亏损，再按人数平均分配。当然，一般只有在公司章程未就分配比例或标准作出规定时，才施行法律规定的办法。

（七）无限公司的入股和退股

入股是指公司成立后，新加入的股本。入股行为是一种契约行为，公司需要增加新股东，而新股东有入股的愿望，双方意思表示一致，才能产生入股契约。入股与共同设立而取得股东权不同，共同设立取得股东权是在公司成立以前。

无限公司要增加新股东，必须经过全体股东同意和改变章程，这是因为增加新股东涉及每一个股东的切身利益，股东姓名和资本总额是无限公司章程必须记载的事项。新入股的股东对于他未加入公司之前的公司债务也要负责。

退股是指在公司存续期间，股东将其全部出资收回或转让，而与公司脱离关系，丧失其股东权的行为。有的公司法规定，除章程另有规定外，无限公司的股东可以在每营业年度结束时退股，但应在退股前6个月向公司提出书面申请，以便于公司能够有半年的时间从容地安排自己的营业，归还股东出资时也较容易计算。股东死亡，如果章程未规定由继承人继承股东权，则必须退股。

股东退股时要与公司析产，析产时应以退股时的公司财产状况为标准。退股股东对于退股前的公司债务，仍须在退股后一定时期内负连带无限责任，对于退股后的公司债务，则不负责。

（八）无限公司的解散

无限公司的解散是指消灭其法人人格的一种程序。解散的原因有下列几种：

(1) 因公司章程所规定的解散事由出现。例如，章程规定本公司自设立登记核准之日起满15年解散；

(2) 公司所营事业已成就或不能成就。例如，石油公司，石油为其经营的事业，如所钻油田，石油已采掘净尽，就是事业已成就；或者毫无所得，就是事业不能成就；

(3) 股东全体同意。股东全体是公司最高权力机构，只要不违反法律，全体股东同意就可解散公司；

(4) 股东几经变更而不足法定最低人数。无限公司由股东两人以上而设立，如股东仅剩1人，当然解散；

(5) 与其他公司合并；

(6) 破产。公司被宣告破产，依据法律规定，不能继续营业，公司解散；

(7) 由政府行政主管机关命令或法律根据股东之申请而为解散之裁定。

除上述合并原因外，无限公司解散后必须进行清算，并在一定时间内，如15天，向政府行政主管机关申请解散登记，经主管机关核准后，在该公司的所在地公告。

无限公司解散清算后并不立即结束其责任。一些国家法律还规定，股东的连带无限责任自解散登记后若干年内，才能消灭。这样可以确保债权人的合法利益。

二、两合公司

（一）两合公司的特征

两合公司是由1人以上的无限责任股东与1人以上的有限责任股东所组成，其无限责任股东对公司债务负连带无限责任，有限责任股东对公司债务以其出资额为限负责的公司。其特征如下：

(1) 两合公司是由无限责任股东与有限责任股东所组成。它的股东系二元化，所以称为两合公司。无限责任股东至少有1人，有限责任股东至少有1人，多则不加限制。如果只剩下一种股东，两合公司即告解散或变更为另一种公司。

(2) 两合公司兼有限公司和无限公司的特点，但以无限公司的特点为主。

(3) 两合公司的法律地位与无限公司基本相同。

在法律规定上，除对有限责任股东有特别规定外，一般准用或适用无限公司的规定。承认无限公司为法人的国家，同样也承认两合公司是法人，而不承认无限公司是法人的国家，也不承认两合公司是法人。

（二）两合公司的利弊

两合公司的有利之处在于，有负无限责任的股东以取得外界的信任，又可吸收有限责任的股东扩大公司的资金。它是拥有信誉和能力的无限责任股东与拥有资金的有限责任股东的结合，比无限公司容易募集资本。而且公司业务全由无限责任股东执行，仍可保持无限公司经营效果较好的优势。

但两合公司的稳定性不如无限公司，其有限责任股东虽责任较轻，却无权参与公司经营，公司业务为无限责任股东所操纵，有限责任股东要转让其出资额受到较大限制。有的国家，如：法国明文规定，有限责任股东不能经营管理公司的业务及对外代表公司，否则将承担无限责任。因此，这使得有些愿意出资的人宁可与无限责任股东订立利润分享契约，向其借贷资本，而不愿作为有限责任股东冒可能承担无限责任的风险。

（三）两合公司的设立

两合公司的设立程序，大体上与无限公司相同，区别在于：

(1) 两合公司的股东至少要有1人是无限责任股东，1人是有限责任股东。同时，无限责任股东只能是自然人，不能是其他公司，但有限责任股东可以是其他公司。

(2) 两合公司章程的记载事项除与无限公司相同的部分外，还应包括以下内容：① 各股东所负责任的区别；② 有限责任股东的出资标的、数额及其估价标准；

③ 两种股东关于盈余分配的比例。

(3) 两合公司向政府行政主管机关申请设立登记,与无限公司不同的是,它不是由所有股东,而只是由其中的全体无限责任股东提出申请。

(四) 两合公司的内部关系

两合公司的内部关系大致与无限公司相同,这里仅就其与无限公司的不同之处,分述如下:

1. 股东的出资

无限责任股东的出资,可分为资金、劳务或信用。有限责任股东的出资,仅以资金为限,不得执行公司业务及对外代表公司,其劳务也不是公司所需要,所以,有限责任股东不得以信用或劳务抵作出资。

2. 业务的执行

两合公司的业务执行机关是无限责任股东,不选任董事,而有限责任股东不能执行业务。两合公司可委托经理人,有限责任股东可以被委任为经理人,以经理人的身份,在经理人的权限范围内执行业务。经理人的人选须由无限责任股东的多数才可委任。

全体无限责任股东都有执行业务的权利,但也可以由公司章程规定,由其中数人执行业务。有限责任股东虽无执行业务的权利,但对公司的业务活动有一定的监察权。在公司每一营业年度终结时,有权查阅公司的账目、业务及财产情况。

3. 竞业的限制

两合公司的无限责任股东,其竞业的限制适用无限公司的规定。有限责任股东则不受此限制。有限责任股东对公司仅有监督权,对内既不能执行业务,对外又不能代表公司,不存在利用职权为自己或为他人谋利益而损害公司利益的可能。所以,有限责任股东可以为自己或为他人经营与本公司相同的业务,也可以成为其他公司的股东。

4. 出资的转让

无限责任股东,其出资转让受到限制。有限责任股东,其出资转让也受到限制。这是由于有限责任股东对外虽不负责任,但对内与无限责任股东之间仍基于个人相互信赖关系,所以不能自由转让其出资,否则会使无限责任股东减少其对公司业务的兴趣,影响公司的发展。有的国家规定,无限责任股东转让其出资,应经其他所有股东(包括有限责任股东)的同意,有限责任股东转让其出资应经所有无限责任股东的同意。如日本就如是规定。有的国家规定更严,在法国无论是无限责任股东还是有限责任股东转让他们的出资,都须经全体股东同意,但允许公司章程作些例外规定。

5. 章程的变更

两合公司章程的变更，须经全体股东同意，包括无限责任股东和有限责任股东。因为章程变更关系到公司全体股东的利益。

6. 盈余的分配

两合公司的盈余分配也适用无限公司的规定，即公司在没有弥补亏损之前，不得分配盈余。至于盈余分配的比例或标准，可在公司章程中作出规定。

(五) 公司的外部关系

1. 公司的代表

在两合公司，其代表公司的权利，只属于无限责任股东。公司的法定代表人只能由无限责任股东担任。无限责任股东都有代表公司的权力，但公司也可以章程特定代表公司的股东。代表公司股东对公司业务上的一切事务有代表的权力。公司对股东代表权所加的限制，对与之进行交易的善意第三人没有法律效力。代表公司的股东如为自己或他人与公司进行买卖、借贷或其他法律行为时，不得同时为公司的代表。但向公司清偿债务时，不在此限。

2. 股东的责任

无限责任股东对公司债务负连带无限责任。有限责任股东对公司债务，仅以其出资额为限负责，对公司债权人并不直接负责。如果有限责任股东的行为可能使第三人误其为公司的无限责任股东或公司代表人时，则须就其行为对善意第三人负无限责任股东的责任，以保护交易的安全。例如：出示名片、自称无限责任股东，代表公司向人借款，此种行为足以令人误信为无限责任股东。

(六) 两合公司的变更和解散

两合公司的有限责任股东全体退股时，如果无限责任股东在 2 人以上者，可以一致同意变更其组织为无限公司。但不得变更为有限公司，否则对公司的债权人不利。如果有限责任股东愿意变更为无限责任股东而又经全体股东一致同意，可将两合公司变更为无限公司。

两合公司的解散除与无限公司相同的解散原因外，两合公司解散的特殊原因是：全体无限责任股东或全体有限责任股东退股。但如果一种股东全部退出后马上吸收新的该种股东，那么公司仍可继续存在，只需要办理相应的组织变更手续，包括修改公司章程。

两合公司的清算，由全体无限责任股东担任，但无限责任股东也可以多数同意，另行选任和解任清算人，既可选任股东以外的人，也可选任有限责任股东。

除两合公司外,国外还有股份两合公司。股份两合公司是由无限责任股东和有限责任股东组成的,资本分为股份的公司。有限责任股东以认购股份的方式出资。由于这种公司实用性很小,现在已属于一种淘汰了的公司形式。日本已于1950年废除了这种公司。法国和德国虽在公司法中规定有股份两合公司,但实际上这种公司的数量很少。

第四节 公 司

一、公司和法人资格

(一) 公司的定义

公司一般是指依法设立的,全部资本由股东出资,以营利为目的的法人企业。公司的概念产生于19世纪中期,但在此之前,就已存在现代公司的前身。从17世纪起,英国就产生的是特许公司。当时随着世界船舶贸易的发展,特许的股份公司产生了。股份公司是一个通过英国王室特许产生的,有着复杂形式的合伙企业。特许状通常授予其在特定贸易中的垄断权。这种公司虽然也具有独立的法律身份,但是除非特许状有特殊规定,这种企业的成员没有任何形式的有限责任。随着股份公司的发展,股票交易也日益增多。到18世纪前期,股票成为一些公司投机的手段。大量公司都是通过购买其他已消亡的公司的特许状成立的。许多有欺诈目的的公司被起诉,英国议会也开始试图控制公司形式的滥用。

随着公司作为商业媒介的衰落,19世纪兴起了大量依据议会的个体法产生的非公司企业。这些企业的成员以股份公司成员的方式向企业投资,并对其享有股份。但是企业的资本和财产不是由企业作为一个独立的法律实体持有的,而是由托管人持有的,他可以为企业的利益起诉或应诉。因此,非公司企业的成员不享有有限责任,其自由转让股份的权利也是有疑问的。英国1844年的股份公司法对股份公司作出严格的规定,并没有赋予公司有限责任。因为那时有限责任被视为小资产企业运用公司形式损害债权人和公众投资者的手段。

尽管对小企业有限责任的授予有严格的限制,英国1855年公布的有限责任法还是对一定条件的企业允许其享有有限责任。有限责任的产生,鼓励了公司的产生和成长,这对国家经济是极为重要的。

(二) 法人资格

法人组织由若干人组成,其构成的目的是在于使它成为一个人为的法人,在任何特定的时间，都不同于和独立于作为其构成成员的自然人。它用自己的名称进行活动，有能证明其自主行为的公章，并可以用它自己的名义像一个普通人那样起诉应诉。但是，它与普通自然人不同的是，后者迟早会死亡，而法人团体则可以通过不断依序继承，永远存在。

一个法人组织既可以是一个单独的法人组织，也可以是一个集合体的法人组织。单独法人组织是指在任何特定时间只有单独一名成员的法人组织，该"组合"具有连续性。一个集合体的法人组织则由若干人同时联合组成，从法律上看，他们形成了一个独任的人。

关于公司的法人独立人格，在诉萨洛蒙有限公司的案例中解释得很清楚。在该案中，萨洛蒙把他拥有的一家鞋店卖给了由他本人组成的公司，卖价为 3 万英镑。作为企业转让的部分对价，他的妻子、女儿和四个儿子每人认购了一份 1 英镑的股份，而萨洛蒙则认购了两万份 1 英镑的股份。与买价之间的差额则通过以公司的名义向萨洛蒙发行 1 万英镑的公司债券来补足，这就使他对公司的资产有抵押权。在出盘过程中并没有发现欺骗行为，然而由于制鞋行业历次罢工的影响，该公司终于歇业。那时公司的资产价值 6 000 英镑，而欠萨洛蒙以外的债权人的债务达 7 000 英镑。无担保的债权人声称，萨洛蒙和该公司是同一人，因此公司不可能欠他 1 万英镑债券，公司财产应用来清偿他们的债务。初级法院认为，该公司只是萨洛蒙的代理人，萨洛蒙应该代其赔偿损失。这一判决被上议院驳回。上议院认为，从法律角度上来看，该公司一经注册，就成了一个与萨洛蒙没有关系的和独立的人，而不是它的代理人。虽然萨洛蒙是公司几乎所有股份的持有者，但他也是一个有债券作为担保的债权人，作为这样的债权人他有权比无担保的债权人优先得到偿付。他取得了公司能付出的 6 000 英镑，其他债权人则分文未得。

因此，公司的法人资格应当被理解为，在法律上，公司是一个独立的人，完全不同于公司组织章程中的认股人。公司并不是认股人的代理人或他们的受托人，认股人也不是公司的负责成员，除了对《公司法》上所规定的范围和方式承担责任外，不以任何方式承担责任。

（三）公司的面纱的揭开

在很多情况下，由于公司独立法人人格地位的运用，使得公司和股东完全独立分开。这样可能会导致有些股东利用公司独立法人人格的性质，利用公司从事欺诈活动。在这样的情况下，就要揭开将公司和股东分开的那层面纱，不仅公司要承担责任，而且股东也要承担责任。

对于何时能够揭开公司的面纱问题，普通法中对此有特别的规定：

(1) 除了有限责任公司或担保有限公司,其他公司如果在少于两个股东的情况下经营超过 6 个月,那么该公司在这段时间内的股东和知道公司在少于两个股东的情况下经营的其他人,应当在前述规定的时段内对公司的债务承担共同连带责任。

(2) 当股份有限公司的董事在未获得公司登记机关的交易许可证即与他人从事交易时,该证书确认公司满足了注册条件,如果公司从对方要求的日期起,在 21 天内无法达到要求,相关的董事可能要对该交易负个人责任。

(3) 如果公司的工作人员或其他人为公司的利益在任何交易单据、本票、签署文件、支票或货物、金钱的订单上签字或授权他人签字,而没有正确和完整地写明公司的名称,该工作人员或可能被授权的人应对文件上的内容负个人责任,除非公司同意免除其责任。该条款在司法中严格运用的结果是,当公司的工作人员在法律文书中没有正确地书写公司的名称时,他可能不能以该文书在任何程度上都没有造成其接受者对公司真实身份的混淆为理由,而试图免除法律规定对其施加的责任。

尽管法院在某些情况下会揭开公司面纱,但要对法院的这种权力行使的正当理由进行分类却相当困难。对此一种可能的解释是,法院试图通过运用衡平法则来揭开公司面纱,即法院会在这样做公正合理的时候才去揭开公司面纱。这种公平的标准可以分为以下几类:

一是在国家紧急情况下:当国家处于战争状态或政治经济的其他冲突较为严重时,法院可以揭开公司面纱以防止本国的公司付钱给敌国公司。

二是在欺诈或虚假案件中:当公司成立的潜在动机是为了让其股东否认与第三方已存在的债务,或促使了其他的欺诈行为,在这种情况下,法院可能会承认公司的存在,但可能揭开公司面纱以防止某些人利用欺诈和虚假行为逃避责任。

三是公司之间是一个经济实体:如果一群公司,分别看来好像都具有独立的法律地位,但实际上都是在一个控股公司的控制下运作的,那么附属公司的面纱会被揭开,从而导致这群公司成为一个经济实体结果。为了确定一群公司实际上是一个经济实体,必须证明控股公司对附属公司实质和几乎绝对的控制,这种控制在某些情况下甚于对附属公司享有的多数表决权。控股公司必须至少能决定附属公司的整个经营决策,这样法院才能让其作为一个经济实体的理由正当化。

四是公司之间是代理关系:如果控股公司和附属公司之间存在代理关系,则附属公司被认为是这样一个实体:它明显地或可推定地被控股公司所控制,并被授权为了控股公司的商业利益进行经营。不同于单一经济实体的是,代理关系的确认不会导致公司面纱的揭开。控股公司和附属公司仍是独立的法律体，但控股公司应对附属公司的行为负责。

我们应当注意的是，法院在揭开公司面纱的时候所依据的上述情况实际上是依照衡平法的思想防止不公正地保留公司形式。许多法官认为，法院揭开公司面纱的权力应当被视为是自由裁量的权力，而不仅仅是在特定和专门情境下运用的工具。可见，衡平法的思想在法官的司法判决中占有很重要的地位，而法条的规定只是他们判决的参考。但是公平正义思想作为一种方法的运用依赖于法官对案件的个人主观判断，因此它使得法律具有不确定的一面。

我国《公司法》第二十条规定："公司股东应当遵守法律、行政法规和公司章程，依法行使股东权利，不得滥用股东权利损害公司或者其他股东的利益；不得滥用公司法人独立地位和股东有限责任损害公司债权人的利益。公司股东滥用股东权利给公司或者其他股东造成损失的，应当依法承担赔偿责任。公司股东滥用公司法人独立地位和股东有限责任，逃避债务，严重损害公司债权人利益的，应当对公司债务承担连带责任。"这条规定了什么时候可以让股东承担责任。

二、公司的类型

公司按照有限责任和无限责任为标准，可以将公司划分为有限公司和无限公司。其中有限公司又可以分为以股份为限承担有限责任的有限公司和以保证的数额为限的有限责任公司。而以股份为限的有限责任公司又可分为有限责任公司和股份有限公司。

（一）无限公司

无限公司是一个独立的法律主体并具有公司的特征，但其成员不享有有限责任，因此在许多方面，它跟合伙企业有相似之处。但是与合伙企业不同，无限公司的债权人一般不能起诉其成员要求其偿还债务。要想迫使其成员对公司的债务负责，债权人就有必要提起公司终止之诉。在公司终止程序中，其成员按照公司章程或公司备忘录对公司的资产出资。如果章程或备忘录中没有关于出资的规定，则其成员应平摊出资份额；如果个别成员无法达到出资的要求，其他成员有义务替他出资。

（二）保证有限公司

保证有限公司是指公司的备忘录规定了公司的一部分成员在公司终止时有义务对公司债务负固定额度（保证数额）的清偿。公司成员的这种责任不能改变，而且会随着其成员关系的存在一直继续，甚至在某些情况下，如在成员离开公司一年之内公司发生清算，则公司成员仍要承担这种责任。最适合采用这种形式的是具有慈善公益目的的公司，因为其收益不会作为分红分配下去，也就是说公司正常情况下是没有股东的。其成员的资金被存储起来，在公司清算时可能被用于偿付债务。与股份公司不同的是，来自保证公司成员的保证金不是公司的财产，因此不能用于偿还或保证公司任何债务。

(三) 有限责任公司

这种形式的公司是很多中小企业选择的方式。这种公司是以股东的出资额和公司所有的资本为限承担有限责任。有限责任公司，在英国称为 limited liability company，在美国称为 close corporation，在西欧称为 private company，是西方企业家和我国企业家采用较多的一种公司形式。

关于有限责任公司的定义，各国的公司法大多有明确的规定，有些虽然不同，但基本含义无多大差别。如联邦德国《有限责任公司法》规定“有限责任公司可按本法规定的任何合法目的，由 1 人或数人设立”。日本《有限公司法》规定“本法所谓有限公司，系指依本法的，以商行或其他营利行为为业的社团”。我国台湾地区的《公司法》则规定，有限公司是指由 5 人以上，21 人以下股东所组成，股东以其出资额为限对公司负责任的公司。我国《公司法》第三条规定“有限责任公司的股东以其认缴的出资额为限对公司承担有限责任”，公司以其全部资产对其债务承担责任的企业法人。

对上述概念，可以从以下两个方面来理解有限责任公司的特征：

1. 有限责任公司由一定人数的股东组成

关于有限责任公司的股东人数，各国法律有不同的规定。有的国家规定了最低、最高人数限制，如法国、比利时规定一般为 2—50 人，我国《公司法》规定，有限责任公司由 1 人以上股东共同出资设立。有的国家规定了股东的最高人数限制，如日本、英国均规定不得超过 50 人。还有少数国家，如德国对股东的人数没有限制。

另外，我国有一种特殊的有限责任公司，就是国有独资公司。国有独资公司是指国家授权投资的机构或者国家授权的部门单独投资设立的有限责任公司。这种公司的股东只有 1 个。

2. 有限责任公司的股东负有限责任

有限责任公司股东仅以其出资额作为承担风险、履行义务的基础。一旦公司破产，公司的资产不足以抵偿公司的债务时，债权人无权向公司股东要求偿还债务的不足部分，我国《公司法》第三条对此有明确规定。少数国家有限责任公司股东在一些特殊情况下，还可能承担出资股份以外的财产责任，如德国有限责任公司股东的填补出资的义务等。

（四）股份有限公司

股份有限公司，是指由一定人数的股东组成，全部资本平均划分成若干股份，股东以其所认购的股份为限对公司承担责任，公司以其全部财产对公司承担责任的公司。这类公司在承担有限责任方面和有限责任公司一致。但是股份有限公司可以向公众发行债券和股票，并且可以在证券市场上买卖公司的股票和债券。因此，股份有限公司具有以下基本特征：

1. 股份有限公司由法律规定的一定人数的股东组成

公司都应有数个股东组成，这是由公司的社团法人属性决定的。股份有限公司因其可以面向社会公开募集股份的特点，公司法规定了股份有限公司的股东人数应有一定下限。也就是说，股东人数不足法定数目时，股份有限公司不得设立。所以，有符合法定人数的股东是股份有限公司设立的条件之一。各国公司法对股份有限公司股东最低人数的规定不尽相同，法国和日本为 7 人，意大利为 2 人，德国为 5 人，我国为 2 人。

2. 股份有限公司的全部资本划分为等额的股份

公司都必须有一定数额的资本，这也是由公司的社团法人属性决定的。这里所说的公司资本，是指由公司股东的出资所构成的公司资本之和。其他类型的公司如无限责任公司和有限责任公司等，其最初的公司资本也是由股东出资构成的，从某种意义上说，这类公司的资本分为若干股，但是各股之间通常并不等额，习惯上将每个股东的出资额称为一股。而股份有限公司的全部资本不仅要划分成股份形式，而且划分而成的股份所代表的金额必须相等，也就是将公司的全部资本划分为等额的股份。

3. 股东以其所持股份为限对公司承担责任

股份有限公司的股东不对公司债权人承担责任，只对公司承担责任，而且仅以其所持的股份对公司承担责任，称为“股份有限责任”。

4. 公司以其全部资产对公司的债务承担责任

股份有限公司承担债务清偿的责任是有限的，即以公司的全部资产为限。公司的全部资产是股份有限公司承担债务清偿责任的限度，若公司全部资产不足以清偿公司债务的，股东个人财产不需用以清偿。这是股份有限公司与无限责任公司的重要区别。

我国《公司法》第二条规定：“本法所称公司是指依照本法在中国境内设立的有

限责任公司和股份有限公司。”这就是说，我国《公司法》只规定了两类公司：有限责任公司与股份有限公司。由于此条法律规定并没有禁止其他公司的形式，如无限责任公司、两合公司等其他的公司形态，只是除有限责任公司与股份有限公司外，其他公司形式并不适合用《公司法》调整。

至于有限公司的组织形式的优点在于：

(1) 公司的组织形式能使企业的所有者按其意愿出售其商誉；或者无须亲自管理企业，但同时却能保留股份的所有权和在企业中保留控制利益权。它能使雇员变成股东。

(2) 由于公司具有独立法人人格，因此：① 公司具有永恒的连续性，一般来说，只有歇业才能使它终止存在。② 公司的财产同股东的财产完全独立分开。股东的变化不会干扰公司的结构。③ 公司作为法人可以起诉和应诉。因此它可以对欠债的任何一名公司股东起诉。④ 公司可以用它自己的名义订立合同，从而承担合同的责任。⑤ 一家公司的股份可以在公司条例限定的范围内自由转让。

(3) 有限公司股东的责任只限于他持有股份的面额为限。

三、公司的成立

(一) 公司成立的文件

公司股东的全部出资经法定的验资机构验资后，由全体股东指定的代表人向公司登记机关申请设立登记。申请时，须提交下列文件：① 登记申请书；② 公司章程；③ 验资证明；④ 公司的经营范围须经国家批准时，应附批准文件。

(二) 公司的发起人

公司的发起人对一个新的公司实体的产生有重要意义。为了确定一个人作为公司的发起人的地位，一般是以这个人对公司的成立作出了基本的贡献为标准的。这种贡献可以是实质的，例如参与商用不动产购买的谈判，或者狭义一点的，这个人可能通过组织对公司董事的任命而被视人发起人。

发起人不能被看作公司的代理人或托管人，但是法院通常认为，发起人应对其滥用权利的行为负责，所以他应当遵守受信义务，并且在公司发起过程中的任何个人利益完整地披露，也就是将其是否因公司的发起而获利的信息披露出来。发起人对个人利益的披露必须是向公司做出的。如果发起人没有披露其因签订与发起公司有关的合同所获的利益，则该有效合同变为无效。对发起人施加的受信义务源于保护公众投资者的利益的考虑。

在公司成立前，发起人通常要为了设立中的公司的未来利益签订一些协议。

但是公司在成立之前不存在独立的法律地位，因此公司不受以其名义或为其利益签订的合同的约束。即使公司成立后，它也不能以明示或默示的方式溯及既往地认可或采纳以其名义或为其利益订立的合同。公司要想从其设立中的合同获得利益的唯一方法就是，与设立中合同的另一方签订一个新的合同。

那么发起人为公司利益订立了合同，他是否可以以自己的名义就该合同起诉或应诉呢？对于公司成立前为了公司的利益签订的合同，由于公司还未成立，因此在公司获得独立法律人格之前，发起人以公司名义实施的行为，公司对此不负责任，行为人应对此承担共同连带责任，但公司同意承担责任除外。

对发起人的规定，股份有限公司还有特别的规定。

由于股份有限公司是一种开放性公司，其股东人数众多，因此，股份有限公司的设立不可能由全体股东来共同完成，而只能由其中的一些人来承担公司筹办事务，并对公司的设立负有责任，这些人就是发起人。发起人并被公司章程载明以及在公司章程上签名。

各国公司的发起人最低数额有一定的限制，一般是规定发起人不得低于多少人，或规定只能在多少人以上。如：英国、法国、日本、比利时为 7 人，德国为 5 人。美国各州规定不一，大多数州要求至少 3 人。此外，规定发起人必须有行为能力，自然人和法人、本国人和外国人，在当地居住的人和不在当地居住的人都可作为发起人。但有的国家公司法规定，发起人必须是本国人，如瑞典。

股份有限公司的设立方式按照首期发行的股份是否向社会公众公开募集而分为发起设立和募集设立两种。

1. 发起设立

发起设立是指由发起人自己把公司首期发行的股份全部认足，即行设立公司，而不再向社会公众招募股份。一般程序分为：

(1) 认足股份。发起人认足首期发行的全部股份或部分股份。

(2) 缴纳股款。由发起人按其认股额缴款，股款的缴纳，一般是现金，也可以公司所需的财产出资，如：实物、工业产权等，但不得以劳务或信用抵作股款。

(3) 选举董事会和监事会。发起人缴足股款后，选任董事和监事，组成董事会和监事会。

(4) 设立登记。董事会依照法定程序向政府主管机关申请设立登记，一经核准，取得执照，就标志着公司设立行为的结束和公司的成立。

我国《公司法》第七十六条、第七十七条规定了发起设立的程序：① 经过国务院授权的部门或省级人民政府的批准；② 依法制定公司章程；③ 发起人应当书面认足公司章程规定的其认购的股份;④ 发起人缴纳出资;⑤ 选举公司董事会和监事会;⑥ 申请设立登记并予公告。

2. 募集设立

募集是由发起人认足首期发行股份的一部分,其余的公开向社会公众募集。这有利于弥补因发起人资金有限而创立公司困难的不足。由于向社会募集股份不仅直接关系到股东的利益,而且对资金流向、产业结构等会产生一定的影响,因此,法律对公司的募集设立规定了严格的审批程序。

(1) 发起人先认足部分股份。为了防止发起人自已没有经济能力或经济能力太弱,只有利用他人资本办公司,各国公司法一般都规定了发起人必须认购的最低股份比例,如:规定不得低于股份总数的1/4。

(2) 制定招股说明书。这是说明公司股份发行的有关事宜指导公众购买公司股份的规范性文件。发起人须以公开募集之前制定招股说明书,以使社会公众了解发起人和将要设立的公司的情况。

(3) 报主管机关审核。发起人在向社会公众公开募集股份前,一般须向国家主管机关报关有关文件,如:公司章程、招股说明书、发起人姓名或者名称、发起人认购的股份数及其验资证明等。在国家主管机关审核批准之后,方能募集股份。

(4) 公告、认股与缴款。发起人向社会公开募集股份,必须公告招股说明书,邀约公众认购股份。同时,要制作好认股书,认股人要在认股书上填写所认股数、金额、住所,并签名、盖章。认股人按照所认股数缴纳股款。收款方式一般是由公司委托银行或其他机构代为办理。

各国公司法对发起设立和募集设立的采用有所不同,有的国家,如:德国只规定了发起设立这一种方式;大多数国家,如:法国、意大利、瑞士、荷兰等,都规定采用两种方式。

股份有限公司首期发行的股份全部认缴完毕,即可开始建立公司的管理机关,如:选举董事、监事等。募集设立时管理机关的建立是通过创立大会进行的,创立大会是公司设立过程中由认股人所组成的决议机关。创立大会由发起人召集,通知全体认股人参加。创立大会除选举董事、监事外,还审议筹办情况的报告,通过公司章程,对公司的设立费用进行审核,对发起人用于抵作股份款的财产的作价进行审核,如果发生不可抗力或者经营条件发生重大变化直接影响公司设立的,可以作出不设立公司的决议。

(三) 公司的名称

公司名称也是公司设立过程中涉及的内容之一。公司名称应当在公司的备忘录中载明，该名称在注册时不能同注册公司索引中的名称相同或相似。当一新设立的公司的名称同已成立的公司的名称相同或相似时，会被要求重新设定公司名称，否则会被认为构成侵权中的假冒行为。

公司的营业执照一旦颁发，公司在法律上就成立了。已经获得营业执照的公司被允许从执照上记载的日期起作为注册公司开始营业，并进行公告。

（四）公司的注册资本

为了防止滥设有限责任公司，公司法对有限责任公司注册资本总额有最低限制。如法国公司法规定，不得少于2万法郎，澳大利亚公司法规定不得少于10万元澳元，日本规定不得少于10万日元。我国目前采用的是认缴制，没有最低限制。对公司设立时股东是否应缴足出资的问题，各国法律规定不尽相同。如：意大利规定股东可仅缴纳其出资额的30%，德国是25%，以后分期缴纳，直至缴清。根据我国最新《公司法》第二十六条规定，我国有限责任公司的注册资本从实缴制变为认缴制。有限责任公司的注册资本为在公司登记机关登记的全体股东认缴的出资额。而日本、法国等国家则规定，公司设立时，股东应缴足出资，不得分期缴纳。这样的规定是为了保证公司有足够的资本进行正常营业，也是为了保证整个国民经济的健康发展。有限责任公司股东出资的标的一般以财产为限，不得以劳务和信用出资。但英美法国家允许用劳务出资。一般财产出资的方式，以货币现金为主，还可以是土地、厂房、机器、设备、工业产权和商业秘密。公司章程应规定这些非现金的财产的种类、数量、价格和估价标准。股东缴足出资后，公司应发给股东证明其出资的证书，即股单。股单必须载明下列事项：① 公司名称；② 公司成立的时间；③ 股东的姓名和名称；④ 股东出资方式及出资额；⑤ 发给股单的年月日；⑥ 股单由全体董事签名，公司盖章。有限责任公司的股单不像股份有限公司发行的股票，股票可以自由转让，而股单的转让受到公司法的严格限制。有限责任公司经公司登记机关核准登记后，正式成立，并取得法人资格。

四、公司章程

公司章程是公司的根本大法。它规定了公司的性质、宗旨、经营范围等重大事项。设立股份有限公司首先要制定公司章程，为公司的设立和活动提供一个基本的行为规范。公司章程的基本内容包含了公司和各种重要事项，以利于国家主管机关的审批，也利于其他公司和企业对该公司的了解。公司法对股份有限公司的章程所记载的重要事项都有明确具体的要求。这些重要事项通常可分为绝对必要记载事项，相对必要记载事项和任意记载事项。

(一) 绝对必要记载事项

绝对必要记载事项是公司法规定章程必须予以记载的事项,否则就不发生章程效力,也不能登记。绝对必要事项主要有以下几项:

(1) 公司的名称,名称可以自由选用,但必须标明"股份有限公司"字样。

(2) 公司的目的与经营范围,以表明所要从事的各项业务。

(3) 公司股份总数、每股金额和注册资本。股份总数与每股金额的乘积为股份资本总额。

(4) 发行溢额股份时,其股份总数及其溢价额。

(5) 公司所在地,即办理注册登记的机构所在地,以确定公司法人的国籍。

(6) 发起人的姓名、住所。

(7) 公司的通知和公告办法。

(8) 董事的人数及其任期;董事会的职权和议事规则。

(9) 监事的人数及其任期;监事会的职权和议事规则。

(10) 公司存在期限。公司可以是永久性的,也可以是有期限的。

(11) 订立章程的年、月、日。

(二) 相对必要记载事项

相对必要记载事项须记载于章程才具有法律效力,如不记载,则不发生法律效力,也不影响章程本身的法律效力。各国公司法规定的相对必要记载事项主要有:

(1) 分公司的设立;

(2) 股东的权利和义务;

(3) 董事会的召集;

(4) 股份的种类与各种特别股的权利义务;

(5) 分次发行股份者,规定于公司设立时发行的数额;

(6) 发起人所受的特别利益及受益者的姓名;

(7) 解散的事由;

(8) 分派股息红利的方法。

(三) 任意记载事项

除上述两种事项外,有必要的,也可以在章程中记载其他事项,是为任意记载事项。任意记载事项,虽无限制,但不得违反法律、法令和社会公共秩序及善良风俗。任意事项一旦记载,即具有法律效力,如予以变更,还须履行变更章程的程序,方为合法。

任意记载事项通常为关于股款缴纳的方法,股东会召集的时间与地点,股份的过户转让手续等事项。

五、公司的组织机构

（一）股份有限公司的组织机构

股份有限公司是一种具有权利能力和行为能力的社团法人组织，其自身不能活动，其意思表示和行为的实行，必须通过自然人组成的机构去做，并由机构形成法律的意志，对公司实行内部管理和对外代表公司，这个机构就是公司的机关。

股份有限公司的机关由股东会、董事会、监事会三部分组成。股东会作为最高权力机关，董事会作为行政机关，监事会作为监察机关，这一机构调协的意图在于使三个机关相互制约，相互促进。但是，实际情况表明，立法者的意图并未完全实现。最突出的一个问题是，股东对公司经营日益淡漠，与公司联系也越来越松散，在这种状况下，股东会的作用远远没有达到预期效果。而监事会，由于受选任方法及人才的限制，其监察也不免流于形式。对于这种情况，各国的立法者采取了疏而不阻的方针，从20世纪50年代起，各国商事立法就大大加强董事会的权限，缩小股东会和监事会的权限，加速公司所有权与经营权的分离，让有丰富知识与经验的专家来管理公司，这对发展公司业务起了积极作用。

1. 股东大会

股东大会是由公司全体股东所组成的公司最高权力机关。股东大会处于这样的法律地位，是因为公司本身由股东出资而组成的，股东是公司实质上的所有者，是公司权力最终的来源。由于股东不可能直接参与公司事务管理，需要由股东会来表达股东的意愿，体现股权，因此股东会在公司的诸机关中处于最基础的地位，其他机关都直接来自股东会。

股东大会的性质是公司权力机关，不仅表现在它有权决定公司最重要的事项，还表现在它只是依照全体股东的决议形成一种意见，因而它只是公司的议事机关而不是执行机关，对内不执行业务，对外不代表公司。公司法规定的这种议行分立的制度，保证了公司所有权与经营管理权的分离，有利于董事会有效地经营管理公司业务。

（1）股东大会的形式。股东会行使权力只能通过会议形式进行。股东大会会议分为股东常会和股东临时会两种：① 股东常会。股东常会，又称普通股东会，是指股份有限公司每年必须召开一次的股东会。各国公司法对此规定相同，旨在保证股东会能切实有效地履行其职责，保护股东合法权益，监督公司的各项活动。但股东会也不能召开过频，否则要耗费大量人力、物力和财力。考虑到公司经营的短期计划一般以一年为期，因此，每年举行一次股东会是合适的。我国《公司法》第一百条规定："股东大会应当每年召开一次年会。"一般应在每年会计年度终结后6个月或更短的日期内召开。② 股东临时会。股东临时会，又称特别股东会，是指在必要时召开的股东会。所谓必要，由股东会的召集人根据公司事务的需要而认定，或由公司有明文规定。召集股东临时会的目的，是为了在两次股东常会之间讨论决定公司的一些重大决策问题。我国《公司法》第一百条规定："有下列情形之一的，应当在两个月内召开临时股东大会：(一) 董事人数不足本法规定人数或者公司章程规定的人数的三分之二时；(二) 公司未弥补的亏损达实收股本总额的三分之一时；(三) 单独或者合计持有公司百分之十以上股份的股东请求时；(四) 董事会认为必要时；(五) 监事会提议召开时；(六) 公司章程规定的其他情形。"

(2) 股东大会的职权。股东大会作为公司的最高权力机关，它行使一些根本性、对公司有着全局性影响的权力。根据各国公司法的规定，它行使的主要职权有：① 批准公司年度报告、资产负债表、损益表以及其他会计表；② 选任和解任董事；③ 决定股息分配方案；④ 增减公司的资本；⑤ 修改公司的章程；⑥ 决定公司的合并或解散。⑦ 作出公司转让、受让重大资产或者对外提供担保等事项的决议。

(3) 股东大会的召开。股东大会召开以前，公司必须向全体股东发出通知，以便全体股东能及时地参加股东会行使自己的权利，对无记名股份的股东，采用在有关报刊上发布公告的方式通知。对记名股份的股东，除公告外，还应发书面通知。

股东行使权力、表达意愿的主要方式，是在股东大会上进行表决，通过决议。股东会决议时每一股有一票表决权。一股一票是公司股权平等的体现。公司是经济组织，公司股东以其投资额对公司负责，投资额越多，责任越大，与之相适应，也应当享有更多的权利。一股一票制，是相对于一人一票制的，如果在公司中实行一人一票制，就会损害大股东的利益，使大股东承担风险大，享有的权利小，这显然是不合理的。但是，为了防止拥有大量股份的股东操纵表决，压制小股东，有的国家公司在一股一票上的原则基础上，还对股东的表决权作了例外的限制，如规定拥有股份数额超过5%以上时，其超额部分以八折或五折计算；又如受托代理他人表决时，此种代理的表决权，亦不得超过股份总数表决权的一定比例。

股东会一般要在达到法定人数时才能开会。如：美国规定须有全体股东的50%出席，法国规定只要有代表股本总值25%的股东出席即可。而也有的国家没有对召开股东会的法定人数提出要求，只要股东会合法召集和按规定程序召开就属有效，如：我国。股东会的决议必须由出席会议的股东所持表决权的半数以上通过,这是各国惯例。如果所作的决议涉及公司全局性的问题,对股东的利益有密切联系,如:公司合并、分立或解散等特别决议,则必须经出席会议的股东所持表决权的三分之二以上通过。

2. 董事会

董事会是股份有限公司的执行机关,对外代表公司,对内负责公司的整个生产经营活动和行政管理。公司的所有内外事务和业务都在董事会的领导下进行。各国公司法对董事会的一些最基本规定如下。

(1) 董事会的产生。董事会是由数个董事所组成,董事是由股东在股东会上选举产生。董事可以是自然人,也可以是法人,法人充当公司董事,必须指定一名有行为能力的自然人作为代理人。

各国公司法对董事的人数有不同的规定。一般来讲,董事会人数太少,容易独裁,危害广大股东有利益。人数太多,机构臃肿,办事效率较低。因此,各国公司法对董事人数的规定弹性较大,一般只规定最高和最低人数,具体人数由各公司根据自己的具体情况在章程中自行决定,但董事人数必须是奇数,以免董事会对决议形成僵局。如:我国股份有限公司董事会的组成人数为5—19人,法国为3—12人。

对董事的资格,一般要求董事有经营管理才能,能公正、诚实地履行自己的职责。至于董事是否必须为公司股东,各国公司法有不同规定。一些国家规定董事必须是公司股东,这样使董事处于与公司利益休戚与共的地位,自然就能一心一意为公司尽力。但这样规定也有缺点,主要是使公司无法广揽人才,影响公司的经营与发展。因此,另一些国家,特别是在大陆法系国家中,公司法对董事是否必须由股东担任的问题不作硬性规定,即非股东也可以担任公司董事。我国公司法也是如此规定。

董事的任期都有限制,各国规定的期限不一,长的有五六年,短的有一二年。董事随时可以辞职,也可以连选连任。董事有不称职或其他违反法律或章程的时,如:严重玩忽职守,失去管理能力等,可以由股东会予以罢免。

(2) 董事会的职权。董事会职权除公司法和章程规定应由股东会行使的权利外,其他事项均可由董事会决定。一般来说,主要有以下几项:① 负责召集股东会,并向股东会报告工作;② 执行股东会的决议;③ 决定公司经营计划;④ 董事长、常务董事的选任;⑤ 公司经理的任免;⑥ 决定公司内部管理机构的设置;⑦ 制定公司的基本管理制度。⑧ 制定公司的年度财务预算方案、决算方案;⑨ 制定公司的利润分配方案和弥补亏损方案;⑩ 制定公司增减注册资本以及发行公司债券方案;⑪ 制定公司合并、分立、解散、变更公司形式的方案。

(3) 董事会的决议。董事会作为股份有限公司的常设机关以及股东会的执行机关,负责公司经营活动的指挥和管理,代表公司对各种业务事项作出意思表示或决策,以及组织实施和执行这些决策。因此,董事会必须定期或不定期地召开董事会会议,以作出决策并予以组织实施和执行。

董事会会议的举行,大多数国家的公司法都规定须有半数以上的董事出席,董事会会议方为有效。董事会作出决议,必须经出席董事的过半数通过。有的国家的公司法还规定,对于某些特别决议事项,必须由三分之二以上的董事出席,政治家的国家规定,与决议有特别利害关系的董事不能参加表决。

3. 监事会

监事会是对公司的经营管理实施监督的机关。其性质因国家的不同而不尽相同,大致有三种不同情况:

(1) 对公司业务管理活动实施监督的机关。公司的业务管理主要是由董事会和经理等管理人员来执行的。因此,监事会监督的对象主是董事会和经理的业务活动,也包括对财会事务的监督。监事会不参与公司业务决策和具体管理,对外也不能代表公司。日本公司法规定的监察人属于这种性质。

(2) 对公司财务会计业务方面进行监督的机关。英国股份公司设立的查账员即为这种。由于股东不管理公司业务,对公司的账簿也很少接触,为了保护他们的利益,设立专职的公司查账员对公司的资产负债表、损益表等进行审核,然后向股东会报告。严格来说,这种"查账员"只是一种类似于监事会的机关。

(3) 监督公司业务管理活动并可以参与决策管理的机关。德国设立的监察委员会即为这种性质。这种监事会可以任命董事会成员,召开股东会,决定公司的决策,检查公司的财务报表等。

监事会成员一般由股东会选任。监事一般须为股东,但也可以有一定比例的公司职工担任。对监事会人数,各国规定不一,一般为 3 人以上。监事可以连选连任,可以辞职,也可以被股东会以多数票表决罢免。

监事会负责对董事、经理、副经理及财务负责人的业务活动进行监督,董事、经理、副经理及财务负责人不得兼任监事。否则,监事会的监察职能就会落空,监事会形同虚设。

(二) 有限责任公司的组织机构

1. 股东会

(1) 有限责任公司的股东。有限责任公司的股东,即认缴有限公司股本、承担公司亏损责任,并享有相应权利的人。多数国家法律都规定,有限责任公司的股东可以是法人,也可以是自然人。我国《有限责任公司规范意见》规定,除国家有禁止或限制的特别规定外,有权代表国家投资的政府部门或机构、企业法人、具有法人资格的事业单位和社会团体、自然人均可以成为有限责任公司的股东。

① 股东的权利。有限责任公司股东在公司中享有权利的大小,取决于其投资额,即其拥有的出资比例的大小。有限责任公司股东的权利可分为自益权和共益权两种。

自益权即股东因出资而享有从公司得到经济利益的权利。自益权主要包括获取红利的权利和公司解散时分配剩余财产的权利。自益权是股东投资的主要目的,它是股东的主要权利。

共益权即股东因出资而享有的参与公司经营管理与监督的权利。其表现为:

第一,有限责任公司的股东享有经营管理公司的权利。有限责任公司股东经营管理权介于无限责任公司和股份有限公司股东的经营管理权之间。无限责任公司股东的经营管理权是当然的,这既是一种权利,也是一种义务。股份有限公司股东享受经营管理权的可能性却很小,尤其无记名股票持有者,更不可享有经营管理权。而有限责任公司股东的经营管理权则既是可能的,又是可享受,也可不享受的。股东有权了解公司经营状况和财务状况,可以参加或推选代表参加股东会,也可选举或被选举为董事会成员。股东就是通过参加股东会和董事会,对公司重大事务进行表决,从而参与公司经营管理的。

第二,有限责任公司的股东享有监督权。股东可选举和被选举为公司监事会的成员,可以通过监事会列席董事会议,对董事会的决议和董事长、公司经理的决定提出质询并要求答复。有限责任公司的账簿一般是不对外公开的,但对公司的股东却不能保密与封锁,股东可以查阅公司的账簿,检查公司的经营与财务状况。股东还可以通过股东会罢免不称职的董事等。

第三,有限责任公司的股东享有表决权。这种表决权一般是指股东会上对股东会决议事项参与表决的权利。股东会是公司最高权力机构,决议的事项比较多,也比较重要。因此,表决权是股东共益权的中心内容。至于表决权如何享受,则要根据股东的出资情况来定。一般来说,表决权是“一股一权”制,即每一等额出资为一表决权。我国《公司法》第四十二条规定股东会成员按其出资比例行使表决权。

第四,有限责任公司的股东享有股东会议的召集权。一般来说,股东会议是由董事召集或按公司规定定期召开的。但如果股东认为有必要,可以邀集一定数量股东来召集股东会。

此外,股东还有转让出资的权利,有些国家(包含我国)还规定股东有优先购买其他股东转让的出资的权利和优先认购公司新增的注册资本的权利。股东还有权享受公司章程规定的其他权利。

② 股东的义务有四项：

第一，有限责任公司股东有缴纳所认缴的出资的义务。缴纳出资，这是股东最起码的义务。由于各国经济制度的区别，各国对于如何履行出资的法律规定也是不同的。

在缴纳期限问题上，日本、法国和我国的台湾公司法都要求一次全额缴纳。以保证公司资本的充实。其他有些国家则允许分期缴纳，但第一次缴纳的出资不得低于总额的一定比例，其余应同此规定在一定期限内(一般不超过1年)缴清。我国公司法采用认缴制，股东在其认缴的范围内承担责任。股东不按照规定缴纳出资的，应当向已足额缴纳出资的股东承担违约责任。

关于股东的出资方式，不能像无限公司那样以信用作为出资，但也不以货币为限，可以用货币，也可以用实物等。我国《公司法》第二十七条规定，股东可以用货币出资，也可以用实物、工业产权、非专利技术、土地使用权等作价出资。另外，股东出资的实物、工业产权、非专利技术或者土地使用权，应当委托具有资格的资产评估机构进行资产评估，数额不大的，可以由股东各方按照国家有关规定确定它们的作价。对于用固定资产出资的，国有资产的评估结果应当由国有资产管理部门核资、确认。

股东出资以后，公司应当签发证明股东已缴纳出资额的出资证明书，这种证明书称为股单。在证明股东对公司享有股权上，股单与股份有限公司的股票具有同样的性质，但股单是一种不能自由流通的证券，它转让的程序比股票转让复杂，出资证明书应当载明公司的名称；公司登记的日期；公司注册资本总额；股东名称或姓名及其认缴的出资额；有关机构的验资情况；该股东已缴纳的出资额和出资日期；出资证明书核发日期以及公司的签章。

第二，有限责任公司的股东有填补出资的义务。这是西方有些国家的公司法的规定。填补出资往往发生在一些比较特殊的情况下，如公司设立时实物出资作价过多，股东应负缴纳不足额的责任；股东因某种原因不能缴纳出资，其他股东对该股东不能缴纳负连带填补责任等。我国《公司法》对此没有规定。

第三，有限责任公司股东有承担公司债务的义务。股东承担债务仅以其出资额为限，如其出资不足以抵偿债务，债权人无权要求股东进一步偿还公司债务。

第四，股东还应履行公司章程所规定的其他义务。

(2) 有限责任公司的股东会。

股东会的设立：有限责任公司可以设立股东会，也可以不设立股东会。我国国有独资公司和中外合资合作的有限责任公司，都不设立股东会，但除此之外的有限责任公司一般应设股东会。公司设立股东会的，股东会由全体股东组成，是公司的权力机构。从理论上讲，有限责任公司的股东会与股份有限公司的股东会的性质、权限、作用差不多。但是由于股份有限公司的股东很多，而且分布面很广，因此召集股东大会很困难，也不便于它行使职权；而有限责任公司的股东较少，召开会议较容易，行使职权也较方便，因此有限责任公司的股东会比股份有限公司的股东大会重要。在不设股东会有限责任公司里，董事会是企业的最高权力机构。

股东会的职权：我国《公司法》第三十八条规定股东会行使下列职权：① 决定公司的经营方针和投资计划；② 选举和更换非由职工代表担任的董事，决定有关董事的报酬事项；③ 审议批准董事会的报告。④ 审议批准监事会或监事的报告。⑤ 审议批准公司的年度财务预算方案、决算方案。⑥ 审议批准公司的利润分配方案和弥补亏损方案。⑦ 对公司增加或减少注册资本作出决议。⑧ 对公司债券发行作出决议。⑨ 对公司合并、分立、变更公司形式、解散和清算等事项作出决议。⑩ 修改公司章程。⑪ 公司章程规定的其他职权。

股东会的会议：股东会是股东行使权利的机关。但它对外并不代表公司，对内并不执行业务，因此不是公司的常设机关。股东行使权利通过股东会议的形式，有限责任公司股东会可召开定期会议或临时会议。定期会议是按照公司章程的规定召开的。西方各国有限责任公司一般一年召开一次股东会，决定股息方案，审查批准公司年度报告、资产负债表、损益表、任免公司董事、审计员等。定期股东会的召集人，有的国家规定为董事，有的国家规定为管理董事，也有的国家规定为董事长。召集人应于会议召开前一周或前半月通知各股东。股东会的临时会议则可由一定数量的董事、股东或监事会提议召开。为了避免少数人将不成熟的意见提出来作为召开股东会议的理由，西方各国规定临时股东会召开可有三种办法：一是董事会集体通过决议或董事会签署书面同意书后由董事会召开；二是由法定的持有一定数目股权的股东召开；三是法院根据自己的决议或任何一个董事、股东的申请，视情况要求公司召开股东大会。我国《公司法》第三十九条规定，代表十分之一以上表决权的股东，三分之一以上董事或监事同意，可以召开临时股东会。临时股东会由董事长或其他董事主持。西方国家公司法还规定参加股东会的股东必须达到一定的法定人数，通过的决议才能生效。

股东会的决议：股东会的决议分为普通决议和特别决议两种。普通决议成立的条件比较简单，有的国家规定只代表资本过半数的股东同意即可，有的国家规定要资本和股本均过半数才可成立。特别决议成立的条件就较严格，有的国家规定要资本四分之三以上的股东同意或全体股东四分之三以上同意才能通过。我国《公司法》第四十三条规定，关于公司增加或减少注册资本，公司分立、合并、解散或者变更形式的决议，以及关于修改章程的决议是特别决议，必须经代表三分之二以上表决权以上的股东通过。其他决议的表决程序，则由公司章程规定。我国的国有独资公司，不设立股东会。由国家授权投资的机构或者国家授权的部门，授权公司董事会行使股东会的部分职权，决定公司的重大事项。但是，公司的合并、分立、解散、增减资本和发行公司债券，必须由国家授权投资的机构或者国家授权的部门决定。

2. 董事会和经理

(1) 有限责任公司的董事会。

如前所述，股东会是有限责任公司的权力机构。但由于股东会涉及人较多，难以直接行使管理权，因此还需要相应的机构对公司进行直接的领导和管理。这一机构就是董事会。在设立股东会的公司，董事会是股东会的执行机构，在不设股东会的公司，董事会则是权力机构。随着经济发展，越来越要求公司机构集中、高效，董事会的作用越来越增强，而股东会的职能则在逐渐削弱。

董事会的产生、人数和任期：

在设立股东会的公司，董事由股东会选举和罢免；在不设股东会的公司，董事由股东委派。有的国家公司法规定董事由公司章程规定。我国《公司法》第四十四条规定："两个以上的国有企业或者其他两个以上的国有投资主体投资设立的有限责任公司，其董事会成员中应当有公司职工代表。董事会中的职工代表由公司职工民主选举产生。"国有独资公司和董事会成员，由国家授权投资的机构或者国家授权的部门按照董事会的任期委派或者更换。国有独资公司董事会中也应有职工代表，也由公司职工民主选举产生。

董事会成员的人数，是关系到董事会办事效率的大事，人数太少，容易独裁，于股东利益不利；人数太多，形成决议较困难，办事效率太低。因此，各国公司法一般只规定董事会的最高和最低人数。西方有些国家规定，资本额较小的有限责任公司，只要董事 1 人，不设董事会；资本额较大的公司则设有 3 名以上的董事组成董事会。我国《公司法》第四十四条规定有限责任公司董事会的成员为 3—13 人，那些股东人数较少和规模较小的有限责任公司，可以只设 1 名执行董事，不设董事会。

关于董事的任期，各国法规规定不一样，一般为 3—5 年，也有的国家不作具体规定，可以终身担任。我国《中外合资经营企业法》规定合资企业董事的任期为 4

年。我国《公司法》第四十五条规定有限责任公司董事的任期由公司章程规定,但每届任期不得超过 3 年,可以连任。

董事会的职权：我国《公司法》第四十六条规定:"董事会对股东会负责,行使下列职权:(一) 负责召集股东会,并向股东会报告工作;(二) 执行股东会的决议;(三) 决定公司的经营计划和投资方案;(四) 制定公司的年度财务预算方案、决算方案;(五) 制定公司的利润分配方案和弥补亏损方案;(六) 制定公司增加或者减少注册资本的方案以及发行公司债券的方案;(七) 制定公司合并、分立、解散或者变更公司形式的方案;(八) 决定公司内部管理机构的设置;(九) 决定聘任或者解聘公司经理及其报酬事项,并根据经理提名决定聘任或者解聘公司副经理、财务负责人及其报酬事项;(十) 制定公司的基本管理制度;(十一) 公司章程规定的其他职权。"

董事会议：董事会对公司的领导权和决策权是通过董事会议实现的。董事会议也分为定期会议和临时会议两种。定期会议一般半年或一年召开一次,由法律或公司章程规定。临时会议则由经理或一定数量的董事提议召开。我国《公司法》第三十九条规定有三分之一的董事提议,可召开临时董事会议。

董事会议由董事长主持,董事长因特殊原因不能履行该项职责时,可委托其他董事主持。

董事会的决议要生效必须符合一定的条件。西方各国往往规定：第一,参加会议的董事一定要达到法定人数,如董事总数的三分之一。第二,出席会议的董事多数通过决议。我国《公司法》规定,有限责任公司董事会的议事方式和表决程序,主要由公司章程规定。

董事长：

董事长是有限责任公司的法定代表人,在不设董事会的有限责任公司,执行董事为法定代表人。我国《有限责任公司规范意见》规定,在董事长不能出任公司法定代表人时,由公司章程作出规定。

董事长由董事会选举和罢免。有限责任公司在董事长之下可设副董事长,副董事长协助董事长工作,当董事长不能履行职务时,可代行董事长职权。副董事长也是由董事会选举产生。我国《公司法》第六十七条规定,国有独资公司的董事长、副董事长,都是由国家授权投资的机构或者国家授权的部门从董事会成员中指定。

董事长的职权主要有召集和主持股东会、董事会议;检查股东会、董事会决议的实施情况;在董事会闭会期间对公司主要业务活动给予指导以及公司章程规定的其他职权。

(2) 有限责任公司的经理。

有限责任公司聘任经理负责公司的日常经营管理工作,经理主要行使下列职权:组织实施股东会、董事会决议;组织实施公司的发展规划、生产经营计划;提出公司年度财务预决算方案和利润分配方案;决定公司副经理以下职工的奖励和处分;列席董事会议;公司章程规定的其他职权。

公司经理的产生和任免一般由股东会和董事会认定,也有由公司章程直接规定的。我国《公司法》第四十九条规定,有限责任公司的经理由董事会聘任或解聘。由于经理从事的工作专业化程度较高,非一般人能胜任,故各国公司法一般都规定可以不从股东中产生。有限责任公司的经理也可由董事长兼任。

经理下设副经理,副经理协助经理工作,在决定公司日常经营管理工作时,经理应当同副经理协商。公司下设分支机构或业务部门的,还可设置分支机构和部门经理。这时公司经理即为总经理。

(3) 董事长和经理的任职资格。

董事和经理都必须是具有行为能力的自然人,有的国家还规定了董事必须是股东。我国《公司法》第一百四十六条规定有下列情形之一的,不能担任有限责任公司的董事和经理:因犯有贪污、贿赂、侵占财产、挪用财产罪或者破坏社会经济秩序罪,被判处刑罚,执行期满未逾 5 年的,或者因犯罪被剥夺政治权利,执行期未满 5 年的;担任因经营不善破产清算的公司、企业的董事或者厂长、经理,并对该公司、企业破产负有个人责任的,自该公司、企业破产清算完结之日起未逾 3 年的;担任因违法被吊销营业执照的公司、企业的法定代表人,并负有个人责任的,自该公司、企业被吊销营业执照之日起未逾 3 年的;个人所负数额较大的债务到期未清偿的。此外,国家公务员也不能兼任有限责任公司的董事和经理。

董事和经理应该遵守公司章程,认真执行业务,维护公司利益,不得利用在公司的地位和职权为自己谋取私利。董事和经理也不得在公司外从事与本公司竞争或者损害公司利益的活动。我国《公司法》在这方面规定很具体,如,董事和经理不得利用职权收受贿赂或者其他非法收入,不得侵占公司的财产;不得挪用公司资金或者将公司资金借贷给他人;不得将公司资产以其个名义或者以其他个人名义开立账户存储;不得以公司资产为本公司的股东或者其他个人债务提供担保;不得自营或者为他人经营与其所任职公司同类的营业或者从事损害本公司利益的活动。从事上述营业或者活动的,所得收入归公司所有;董事、经理除公司章程规定或者股东会同意,不得同本公司订立合同或者进行交易;除依照法律规定或者经股东会同意外,不得泄露公司秘密;董事、经理执行公司职务时违反法律、行政法规或者公司章程的规定，给公司造成损害的，应当承担赔偿责任。

3. 监事会、监事

(1) 监事会的产生。

监事会是公司经营活动的监察机构。西方各国对公司监察机构的称呼有所不同，有的称为监察人或会计监察人，有的称为监察委员会。各国对监察机构设置与否大致有三种意见。第一，监察机构为有限责任公司必设机构。如日本《公司法》第三十三条规定："有限责任公司得依章程设置监察人一人或数人。"第二，监察机构为有限责任公司的任意设置机构，即可设置，也可不设置，法律不作强制性规定。第三，监察机构在一般的中小有限责任公司为可以任意设置，但在具有一定规模的有限责任公司则必须设立。如德国规定，小型或中等有限责任公司可以但并非必须设立监事会。雇员超过500人的有限责任公司必须有监事会。奥地利公司法规定，小型或中型的有限责任公司可以设立监事会，凡符合下列条件之一的有限公司必须设立监事会：股份资本超过20万奥地利先令，公司成员在50人以上；雇员在300人以上；有限责任公司本身是控股公司，或者公司雇员300人以上并在一个公司集团中处于支配地位。

我国《公司法》第五十一条规定，经营规模较大的有限责任公司，设立监事会其成员不得少于3人；股东人数较少和规模较小的，可以设1—2名监事。

关于监察机构的人选，西方各国多数规定由公司章程指定或由股东会选任。还有的国家规定必须由股东担任。我国规定监事会成员不得少于3人(含3人)，监事会由股东代表和适当比例的公司职工代表组成，具体比例由公司章程规定。监事会中的职工代表由公司职工民主选举产生。我国《公司法》还规定监事的任职资格同于董事、经理的资格，公司的董事、高级管理人员不得兼任监事。

(2) 监事会的职权。

监事会作为监察机构，其职权是广泛的。我国《公司法》第五十三条规定监事会或监事的职权有：检查公司财务；对董事、经理执行公司职务时违反法律、法规或者公司章程的行为进行监督；当董事和经理损害公司的利益时，要求董事和经理予以纠正；提议召开临时股东会；公司章程规定的其他职权。监事还能列席董事会议。

为了促使监事会有效地履行职责，我国《有限责任公司规范意见》还规定监事会应当按期向股东会议全体股东和全体职工报告工作。

监事会行使职权，主要也是通过作出决议的方式来体现的。因此，监事会应定期或不定期的召开监事会议。监事会议的决议必须经多数监事同意才能作出。监事不履行监督义务，致使公司遭受重大经济损失的，选举他们的机构有权罢免其职务。

六、公司的股本和债券

（一）资本

股份有限公司的资本，指公司成立时，由章程所确定，由股东投资构成的财产总额。它是公司开展业务的物质基础、是公司对债权人的最低信用担保，也是衡量公司信用的标准。

对于资本的概念，必须弄清楚三个专用名称：注册资本、发行资本、实收资本。

1. 注册资本

又称核定资本或名义资本。这是指公司登记成立时章程中所确定的，并由公司登记机关登记注册的财产总额。注册资本不得随意改变，如需增减，必须严格依照法律的规定进行。注册资本通常被称为公司资本。

2. 发行资本

这是指公司实际上已向股东发行的股份总额。由于注册资本限制了发行资本范围，因此，发行资本不会超过注册资本。

3. 实收资本

这是指公司通过发行股份实际收到财产总额。由于每一股东并不一次缴清全部股款，因此，实收资本又不会超过发行资本。

（二）股份

1. 股份的特点

股份是公司资本的构成单位，是股东权利义务的表现。它具有以下几个特征：

（1）平等性。股份有限责任的股份每一股的金额都是相等的，每一股份所包含的权利义务也是相等的。股东对公司的权利义务的大小与其拥有公司股份的多少成正比关系。

（2）有限责任性。股东对公司所负的责任仅以其拥有的股份为限。

（3）证券性。股份以股票作为载体。股票是股份的外在表现形式，是股东享有股权的凭证和依据。股票存在的意义是股份财产的证券化，即股份有限公司资本的实物形态和价值形态发生分离，并具有了各自独立存在和运行的性质。股份采取股票这种证券形式既表示股东的权利义务，又便于股份的流通。

（4）转让性。股份可以自由流通是与股票的有价证券性分不开的。由于股票可以在证券市场上自由流通，股份的转让也就无须征得公司机关以及公司其他股东的同意。

(5) 稳定性。股份一经认定,除公司最终没有成立的情况下可以撤回外,认股人不得要求退股。股份投资是不能抽回的,股东只能通过收取股利或转让股份来收回投资。而当股份发行转让时,只是更换股东而已,并不影响公司的资本。因此,股份是一种稳定的投资。

由上可见,股份有限公司的股份不仅是作为公司资本的构成要素而存在,而且也构成股份有限公司的特征和运行机制的核心内容。离开了股份,股份有限公司的功能和意义便无从谈起。

2. 股份发行

股份的发行,是指股份有限公司或设立中的股份有限公司为了筹集公司资本,出售和分配股份的法律行为。根据发行的不同阶段,股份发行可为两种: 一是设立发行,在设立公司的过程中为筹集组建公司所需资本而发行股份的行为;二是新股发行,在公司成立后之后再向社会募集股份的发行。就设立中的公司而言,发行股份是为了达到其设立公司所要求的法定资本,就已成立的公司而言,则是为了扩充其资本。

股份发行是一个股份出售与分配的过程。出售是对社会公众而言的,任何人要想成为公司的股东,就必须购买该公司发行的股份。分配是对于公司原有的股东而言的,公司成立后为扩大资本而发行股份时,原有股东有优先购买权。因此,公司为增资发行股份除了可以向社会公众进行出售外,还可以分配的形式向股东配股,扩大公司股东所持的股份。

3. 股票及其种类

股票是股份有限公司签发的证明股东所持股份的凭证,表现了股东法律地位或股东的要式有价证券。

股票与股份是密切联系的。股份是股票的实质内容,股票是股份的证券形式。如果没有股份的存在,股票就成为毫无价值和意义的东西。但是,由于股票具有证券性质,因而它不仅仅是股份的表现形式,还在于它代表着股份运动的一种方式,即价值运动方式。因此,股票具有相对独立性。

股票相对独立的性质主要是通过它的有价证券的运动方式体现出来: 第一,股票对应的实物具有不特定性。每一股票并不是直接指向公司的某一特定财产,从而股票的转让并不影响公司实物财产的整体性;第二,股票的价格具有不确定性。股票在市场上交易时,其交易价格往往不等于它的票面值。股票价格的涨落,不仅取决于公司的经营状况,而且还要受到国内外形势、自然环境、人们的心理等因素的影响,有时这些因素甚至在价格上起着决定作用。这反映了作为股份价值运动方式的股票越来越远离公司实物财产的发展趋向。

股票作为一种要式有价证券,须具备一定的形式要件才能产生法律效力。各国公司法对于股票上应当记载的事项,有严格规定。如果股票记载的事项不真实或不符合法律规定,股票就无效,股份有限公司或者其主要负责人员将承担相应的法律责任。票据应当载明的主要事项有:① 公司名称;② 公司成立的时间;③ 股票种类、票面金额及代表的股份数;④ 股票的编号;⑤ 股票发行的时间;⑥ 股票由董事长签名,公司盖章。

公司可以发行不同种类的股票,不同种类的股票上的法律权利也是不同的。股票上的法律权利可以分为:股息分配权(rights as to dividend payments)、表决权、在公司减少资本或清算时请求返还资本的权利。

股票主要分为下列几种:

(1) 延期付息股(deferred management/founders' shares),是配售给公司创设人的股息要延期支付的股票,即股息的支付要在其他股东之后。这种股票现在已经很少有了。

(2) 雇员股(employee shares),是公司配售给公司的雇员以鼓励对公司持股的股票。公司通过施行雇员持股计划(employees' share scheme),促进对公司忠诚的现有员工、前任员工或这些员工的亲属的利益,从而提高员工的忠诚度和积极性。

(3) 普通股(ordinary shares/equity shares),是指那些没有特殊权利的股票。公司在章程授权的情况下,可以发行不同类型的普通股,包括无表决权股(non-voting shares)、限制表决权股(shares with limited voting rights)和提高表决权股(shares with enhanced voting shares)。

(4) 优先股(preference shares),是指具有特定优先权利的股票。优先股最普遍的特征是比其他股东享有优先分配股息的权利。但是除此之外,公司还可以发行可转换优先股,公司股东可以选择将这种股票转换为普通股。优先股股东的表决权通常受到限制,因此股东只能在以下情况才有权行使表决权:股息未按期支付或预定的对优先股的法律权利的变更提前。优先分配股息权(preferential right to dividend payment)是优先股的股东可能有权获得固定利率的股息,或者有权在获得固定利率股息的同时参与对公司的利润的分配。后者被称为"参与优先股"(participating preference share)。优先请求返还股本权(preferential rights to capital assets):在公司清算或资本减少时,公司的优先股股东按照公司章程可能有权要求公司返还其出资，或有权参与公司剩余资产的分配。

公司可以变更特定种类股票上附加的权利。什么是股票权利的变更？即变更公司章程对某一阶层的股东权利的规定，或加入新的类似规定，可以被视作是股权的变更。如果这些权利的消灭也视为是权利的变更。但股权的消灭不总能被看作是权利的变更。一般来说，以下两种情况都属于股权的变更：① 将一种股票转换为另一种不同的股票，例如，公司将普通股转换为优先股的提议；② 公司变更特定种类股票上的表决权、分红权或资本返还请求权。

如果公司要变更特定股票上的权利(class right)，一般公司会召开变更股权的会议必须有符合法定人数的股东(或其代理人)出席。在决定是否要变更特定阶层的股权时，这一阶层的股东应当为了本阶层的整体利益以善意的(bona fide)方式表决。当这一阶层的股东召开单独会议决定了变更股权时，该阶层的少数股东如果反对这一决定，可以由持股的少数股东向法院提出异议，最终由法院来决定是支持还是否决。

公司股票的发行可分为以下几种方式：① 股票增发(rights issue)。公司发行新股必须要遵循优先购买权的规定，即新股应当先出售给公司现有的成员而不是非公司成员。如果公司的员工被授权或允许故意违反这一规则，那么这些员工应当对那些享有优先购买权的成员承担共同连带赔偿责任。② 折价发行(issue at a discount)。除了某些特殊情况外，公司不得以低于股票面额的价格发行股票；购买者也不能折价买入股票，否则还须向公司支付差价的部分。③ 溢价发行(issue at a premium)。公司可以以高于股票面额的价格发行股票，溢价的部分列入特定的账户，这种账户被称为"溢价股账户"(share premium account)。④ 红利股(a bonus issue)。公司用准备金(reserve fund)支付红利股的价格，而将红利股分配给公司的现有股东。⑤ 赎回股(redeemable shares)。公司现在发行的股票，在未来的某个赎回日将由公司从股东手中赎回。公司发行这种股票通常是为了增加短期的资本金。公司发行赎回股应当依照公司章程的有关规定。虽然公司或股东可以选择在规定的赎回日之前就赎回股票，但公司不得超过赎回日赎回。

(三) 公司债

1. 公司债的特征

公司债是公司依照法定条件和程序，通过发行有价证券的方式，向社会公众募集资金所产生的债务。它的表现形式就是公司债券，即公司为筹集资金而公开举债的一种债务契约证书。

公司债与股份，虽然都表现为有价证券，可流通转让，都是筹集资金的手段，但公司债纯属债权，而股份则表现为股东的权利义务，两者性质不同。

2. 公司债的种类

公司债根据不同的标准，可以有不同的分类：

(1) 根据公司债券上是否记载债权姓名为标准，可分为记名公司债和无记名公司债。

(2) 根据公司债的还本付息是否有担保为标准，可分为有抵押公司债和无抵押公司债。

(3) 根据公司债是否可兑换为公司的股份为标准，可分为转换公司债和非转换公司债。

(4) 根据公司债是否按原定利率支付利息，可分为普通公司债和参加公司债。

七、公司的盈余分配

公司盈余是公司当年的税后利润，即当年盈利中扣除一切税额之后剩余的部分。公司盈余不能随意分配，只是在弥补历年的亏损，保持公司资本充实的基础上，才能提取公积金和支付股利。

各国一般将公积金分为法定公积金和任意公积金。

(一) 法定公积金

它是指依据法律规定而强制提取的公积金。依其来源不同，还可将其分为：

1. 资本公积金

资本公积金指直接由资本或资产以及其他原因所形成的公积金。它一般是投资一部分或具有其他资本的性质，主要来源于股票溢价发行的溢价款，资产估价增值所获得的估价增值所获得的估价溢额，接收赠予财产的所得额等。

2. 法定盈余公积金

法定盈余公积金指公司在弥补亏损后，分配股息前，按法定比例有税后利润中提取的公积金。各国对此规定的比例不一致。例如，德国、法国、瑞士规定提取率为盈余的5%，直至达到资本总额的10%为止。

法定公积金的主要用途是弥补亏损和转增股本。由于法定盈余公积金是经常性的，而资本公积金是非经常性的，故应先使用法定盈余公积金弥补亏损。在转增资本时，应经股东会决议，按股东原有股份比例发给新股或增加每股面值且要有一定的留存。

(二) 任意公积金

它是指自由提取的公积金。它不受公司法强制性规定的限制，用途一经确定，即转为专用资金，非股东会决议，不得挪作他用。

八、股份有限公司的合并、分立、解散和清算

（一）合并

公司的合并是指两个以上的公司依公司法所规定的程序，通过订立合同的形式合并成一个公司的行为。

公司合并一般分为两种形式：

第一种形式是两个以上的公司中，一个公司存续，其他公司解散，存续的公司称吸收解散的公司，这种合并称为吸收合并，在美国又叫兼并(take over)。

第二种形式是两个以上的公司中，各个公司都解散，另外组建一个新公司，这种合并称为新设合并，在美国又叫联合(consolidation)。

公司合并不仅涉及公司的主体资格变化，更重要的是公司权利义务、债权债务的清理。因为公司的合并必然引起公司资产负债的变化，从而影响公司对其债务的清偿，所以公司合并时必须通知债权人，并取得债权人的承认，债权人要求清偿债务或提供担保的，公司必须满足其要求。

公司合并后，因合并而未经清算即解散的公司、因合并而消灭的公司，其资产包括所有动产、不动产、工业产权和其债权债务，全部由存续公司或新设公司承继，变为存续公司或新设公司的资产、债权和债务，由其行使这些资产的所有权，享有这些债权，并负责清偿这些债务。

公司的合并，不仅对公司的债权人产生重大影响，也会对公司的股东、经营管理人员及雇员产生重大影响，属于公司重大事项的变更。因此，有权作出该重大事项变更决定的机构只能是公司的最高权力机关——股东会。

公司合并的程序，一般先由同意合并的各个公司的董事就合并的条件进行磋商，达成合并合同，再经各公司股东会议表决批准。合并公司一经各公司股东会批准，应在限定时间内到政府主管部门登记。同时，存续公司应进行变更登记注册，新设公司应当进行设立登记注册，被解散的公司应进行解散登记。只有在有关政府主管部门登记注册后，公司合并才正式生效。

（二）分立

公司分立，其财产作相应的分割，所欠的债务按协议由分立后的公司承担。

公司合并和分立，都应通知债权人。我国《公司法》第一百八十五条规定，公司不论合并还是分立，都应在作出合并或分立决议之日起10日内通知债权人，并于30日内在报纸上公告。债权人自接到通知书30日内，未接到通知书的自第一次

公告之日起 90 日内,有权要求公司清偿全部或者提供相应的担保。不清偿债务或者不提供相应的担保的,公司不得合并或分立。

原经批准成立的有限责任公司,分立也应经主管部门批准。分立出来的新公司应进行设立登记。

(三) 解散

公司的解散是使公司法人资格消灭的法律行为。各国公司法对公司解散的原因都有具体规定。根据公司解散是否为公司自主决定,可将解散的原因分为任意解散原因和强制解散原因。

任意解散原因是指由公司自主决定解散的各种原因,强制解散原因是使公司不得不解散的原因。下列六种原因中,前四种为任意解散原因,后两项为强制解散原因:

(1) 公司章程规定的营业期限届满,或者公司章程规定的其他解散事由出现;

(2) 公司据以设立的宗旨业已完成,或根本无法实现;

(3) 股东会决议解散;

(4) 因公司合并或者分立需要解散的;

(5) 公司破产;

(6) 政府主管部门下令解散。

(四) 清算

清算是指公司在解散过程中,了结公司债务,并在股东间分配公司剩余资产,最终消灭公司法人资格的一种法律行为。

一般来说,公司解散应成立清算组进行清算,但并非所有的公司解散都要进行清算。因公司合并或分立导致公司解散的,可以不进行清算。因为公司合并或分立虽然导致公司的解散,但解散公司的权利义务被存续公司或新设公司承继,这与其他情况下解散后无人承担其权利义务有别。

清算组由股东会确定其人选,可由董事、股东担任清算人,也可根据债权人的要求,由法院指派清算人。由上述清算人组成清算组,在清算期间行使下列职权:

(1) 清理公司财产,分别编制资产负债表和财产清单,并送交各股东查阅;

(2) 通知或者公告债权人;

(3) 处理与清算有关的公司未了结的业务;

(4) 收回公司债权;

(5) 偿还公司债务;

(6) 处理公司清偿债务后的剩余财产;

(7) 代表公司参与民事诉讼活动。

清算人在清算期间依法行使上述职权,同时也履行相应的义务,以便清算工作能顺利地进行。清算人应当忠于职守,依法履行清算义务,不得利用职权收受贿赂或者其他非法收入,不得侵占公司财产。如果清算人因故意或重大过失而给公司或债权人造成损失的,公司的股东和债权人有权要求清算人承担赔偿责任。

清算人在清算期间的报酬以及业务工作中的一切费用,优先从公司的剩余财产中取得。清算结束后,应尽快制成清算报告书,提交股东会请求承认。股东会承认后,清算人即可解除责任,清算程序也告终结。

九、外国公司

各国公司法最后一般都有关于外国公司的规定,应该说这一新的内容是整个公司法不可缺少的组成部分。

(一) 外国公司的概述

对于什么是外国公司,各国由于确定公司国籍的依据不同,自有不同的理解。各国法律采用不同的确定公司国籍的依据,对外国公司自然就规定了不同的定义。各国法律所采用的确定公司国籍的依据主要有:股东国籍说、主要营业所在地说;股份认购说;公司所在地说、注册登记所在地说等。上述依据以注册登记所在地说最为通行。这不仅在于许多国家,如:美国、英国、日本的公司法有明确的规定,而且见诸许多国家的著名案例中,并逐渐在国际商事法律领域内得到确立。

所谓注册登记所在地说,是指把公司依何国的法律登记设立作为判断公司国籍的标准。因此,凡根据外国公司法,在外国注册登记而设立的公司即为外国公司。

实际上,在本国境内设立的所谓"外国公司"只是该外国公司在本公司设立的分支机构。这种分支机构对其国外的总公司来说,称为国外分公司,对其业务活动所在地国家来说,则简称为外国公司。

一般来说,各国对外国公司在其境内开办分支机构进行有关的业务活动都持许可的态度。但外国公司设立分支机构必须得到所在国的批准,并办理必要的登记注册手续。经批准设立的外国公司的分支机构在办理了登记注册手续后,始可营业。例如:美国特拉华州公司法规定,一个外国公司只有在向该州的州务卿递交50美元的申请费并在州务卿办公室备案,该公司的任何分支机构和代理人才能在该州从事任何商事交易活动。

（二）外国公司的进入

外国公司进入本国进行商事活动，必须完成一定的法律手续。一般来说，必须在本国设立办事处或分公司，以便取得营业执照。在这方面，虽然总的原则都是一致的，但各国的具体规定是有一定差别的。

按照我国《公司法》的规定，外国公司要获准在我国从事商事活动，必须是具有下述要素：

(1) 外国公司在中国境内设立分支机构，必须向中国主管机关提出申请，并提交其公司章程，所属国的公司登记证书等有关文件，经批准后，向公司登记机关依法办理登记，领取营业执照。

(2) 外国公司在中国境内设立分支机构，必须在中国境内指定负责该分支机构的代表人或者代理人，并向该分支机构拨付与其所从事经营活动相适应的资金。

(3) 外国公司的分支机构应当在其名称中注册该外国公司的国籍及责任形式。

(4) 外国公司属于外国法人，其在中国境内设立的分支机构不具有中国法人资格。外国公司对其分支机构在中国境内进行经营活动承担民事责任。

(5) 外国公司分支机构在中国境内从事业务活动，必须遵守中国的法律，不得损害中国的社会公共利益，其合法权益受中国法律保护。

（三）外国公司的撤销和清算

1. 外国公司的撤销

各国公司法对外国公司撤销的规定，一般分为两种情况：第一种情况是由于被强制吊销营业执照而被迫撤销；第二种情况是外国公司主动撤销其在外国的分支机构。

本国政府主管机关或法院强令外国公司撤销其在本国的分支机构，一般都是由于外国公司严重违反东道国的法律和社会公共利益。如：日本商法规定，设置营业所以违法为目的进行营业者，或外国公司的代表人及其他在营业所执行业务的人，有超越法令所定的公司权限或滥用职权的行为，虽经法务大臣以书面警告，仍不改正等情况，法院可根据法务大臣、股东、债权人及其他利害关系人的请求，命令关闭外国公司的营业所。

外国公司无意在东道国国内继续营业，或者业已完成了在东道国从事营业活动的预定目标，需要转移营业地，应当向东道国主管机关申请撤销其在东道国设立的分支机构，撤销营业执照和有关文件、证件，停止一切经营活动，并进行债权债务的清理。

2. 外国公司的清算

外国公司一经准许撤销，应将其在东道国境内的分支机构所生之债权债务，清算了结，所有清算未了的债务，仍由该外国公司清偿。

根据我国《公司法》的规定，外国公司撤销其在中国境内的分支机构时，必须依法清偿债务，按照公司法有关公司清算程序的规定进行清算。未清偿债务之前，不得将其分支机构的财产移至中国境外。

如果外国公司不履行清算程序，不清偿其债务擅自移出或处分财产，除采取必要的财产冻结、查封和扣押等财产保全措施外，还要追究其总公司的连带责任，以充分保障债权人的利益。

案例分析

[案情1] 纽本诉玛斯本案(1984年)

原告(纽本)与克瑞金签订一份合同，购买约克车行建造的布德莱号汽车，原告付清全款后，克瑞金没有交货就失踪了。

原告纽本认为：克瑞金与被告(玛斯本)是合伙人，被告曾向约克车行无息投入85 000美元，并以给布德莱号汽车购买元件和其他设备的方式参与了经营，原告到约克车行时，如逢克瑞金不在便总是与被告打交道，被告还从汽车销售中取得利润。

被告辩称：其所投入的85 000美元属“贷款”，取得汽车销售款是“贷款”的偿还和购买部件等劳务的报酬。

[问题]

(1) 被告所投入的85 000美元属“贷款”还是合伙人的入股资金?

(2) 被告取得汽车销售款是“贷款”的偿还和购买部件等劳务的报酬还是合伙收入?

[法律依据]

美国《统一合伙法》第7条：“认定合伙存在的规则在认定一合伙是否存在时，下列规则应予以适用：除第16条的规定外，彼此不是合伙人的人对第三人而言，不是合伙人。同租凭、普通租赁、完全租赁、共同财产、普通财产或者部分所有本身不构成合伙，不论共有人是否分享使用该财产所产生的利益。分享毛利本身不构成合伙，不论分享该利润的人对产生该利润的财产是否享有共同或普通权利或利益。某人因获得某一商业利益的一份而开出的收条，构成他作为该商业的一个合伙人的初步证据，但是如果该利益以下列报酬的形式获得则不能得出上述推论：分期或其他方式的偿还债务，作为某一雇员的工资或支付给某一地主的租金，支付给某一已故合伙人的遗孀或代表的养老金，作为某一贷款的利息，即使其金额随该商业的盈利情况的变化而变化，因善意出售该商业或其他财产所得的以分期付款或其他方式表现的对价。”

[法律运用及处理结果]

(1) 本案中被告投入的85 000美元如果是“贷款”的话，应当与克瑞金有一份协议，会规定还款的时间或者贷款的期限。在本案中，显然被告无法提供这样的证据；

(2) 一般而言，劳务报酬是需要定时定量支付的，而不会在公司的盈利中取得利润作为报酬。而本案中法院查明的事实是，原告到约克车行时，如逢克瑞金不在便总是与被告打交道，被告还从汽车销售中取得利润。故被告认为取得汽车销售款是“贷款”的偿还和购买部件等劳务的报酬显然站不住脚。

基于以上两点，被告应被视为克瑞金的合伙人。因为合伙是两个或更多的人作为共有人为营利进行营业的团体，被告与克瑞金共同经营着这个车行，并从中赢利，故双方构成合伙关系。法院最后判决被告败诉。

[案情2] 凯肯诉就业保障委员会案(1971年)

由于两名曾在原告凯肯理发店工作的理发师失业未获补偿，被告特拉华州就业保障委员会便对原告进行了罚款。原告不服，诉称：失业的两名理发师并非雇员而是其合伙人，他们所订合伙协议的第一段即明确要建立合伙组织，并且已登记为合伙企业，他们还按章缴纳联邦合伙税。

经查明：① 原告所称“合伙”协议第二段虽规定了原告提供理发桌椅、水电供给和技术，两名理发师提供理发工具，但同时规定在解散时这些东西各归提供者；② “合伙协议”第二段仅规定了原告与两名理发师的收入分配方式，未规定共负企业亏损；③ 该协议第四段规定合伙的一切政策皆由原告制定；④ 协议第五段规定了理发师的工作时间与节假日；⑤ 日常事务中总是由原告和所有的供给者打交道，如购买技术许可、办理保险，并只以自己的名义出租理发店中的财产。

[问题]

双方对原告与两名理发师签订的协议的性质是否属合伙协议发生争议。

[法律依据]

《统一合伙法》第18条规定，合伙财产于解散时只有全部清偿了债务后才可分配给各个合伙人；合伙人有经营决策权以及执行合伙事务的权利。

《统一合伙法》第7条规定，领取工资的雇佣关系，不构成合伙关系。

[法律运用及处理结果]

由于法院查明的原告与两名理发师的协议中有五项(以上所列)，均对原告不利，法院判决原告败诉。原因分析：

(1)项违反了合伙法财产运用的规定：合伙财产于解散时只有全部清偿了债务后才可分配给各个合伙人；

(2)项实属支付工资方式，不能构成合伙关系；

(3)项表明理发师无经营决策权，非合伙人；

(4)项违反合伙协议的通常做法；

(5)项证明两名理发师无执行合伙事务的权利。

(案例来源：百度文库—国际商事组织法案例评析)

【本章思考题】

1. 简述合伙的特征。
2. 简述合伙人的权利和义务。
3. 简述英美法双重优先权原则。
4. 简述两合公司与合伙的区别。
5. 简述股份有限公司的组织机构。
6. 简述有限公司的组织机构。
7. 简述股份有限公司与有限公司的区别。
8. 何为外国公司？

第四章　国际商事合同法律制度

教学要求

国际商事合同是民事合同的一种。通过对本章内容的学习，力求使学习者对合同的概念、法律性质，合同法的基本原则，合同的订立、变更、履行、违约救济等方面的基本法律原理及各国法律对相关内容的不同规定等有清楚的理解；同时注意到国际商事合同的法律适用及对具体实践中法律的选择问题。本章大量案例的呈现，将加深学习者对相关原理的理解与掌握。

第一节　国际商事合同法概述

一、国际商事合同的概念

合同是指当事人之间设立、变更、终止民事权利义务关系的协议。当然，世界各国对合同所下的定义并不完全相同。我国《合同法》第二条规定，“本法所称合同是平等主体自然人、法人、其他组织之间设立、变更、终止民事权利义务关系的协议。”德国法律把合同作为一种法律行为，“依法律行为设定债务关系或变更法律关系的内容者，除法律另有规定外，应依当事人之间的合同。”法国法律则把合同视为一种合意，“合同是一人或数人对另一人或数人承担给付某物、作或不作某事的义务的一种合意。”英美法国家对合同所下定义时更多强调合同的实质在于当事人所作出的许诺(promise)，而不是达成协议的事实。合同是许诺的交换。例如，美国《合同法重述》认为：“合同是一个许诺或一系列许诺，对于违反这种许诺，法律给予救济，或者法律以某种方式承认履行这种许诺乃是一项义务。”

尽管各国对合同所作的定义有所差异，但一般都认同合同是当事人就私法问题达成一致意见这一实质。合同是当事人之间进行的民事法律行为，这个意义上讲，我们从以下法律特征对合同加以理解：

（一）合同属于法律行为

民法上，凡是能引起民事法律关系发生、变更或消灭的客观事实，称为法律事实。而法律事实依其与人的意志是否有关，分为自然事件和行为。合同是具有行为能力的人在自己意识的支配下的活动，因而属于一种法律行为。

（二）合同属于合法行为

人的行为依其是否符合法律规定，分为合法行为和非法行为。非法行为和合法行为均能引起民事法律关系的发生。但只有合法行为引起民事法律关系的发生，才受法律的保护。合同是由当事人依照法律的规定进行的行为，其法律后果符合行为人的意愿，因而属于合法行为。违法订立的合同在法律上不被承认。

（三）合同属于双方民事法律行为

民事法律行为，是依其意思表示的内容发生法律效果的行为，其实质在于它是以意思表示为要素的行为。合同是民事主体旨在设立、变更或终止民事权利义务关系的行为，以当事人的意思表示为基础，属于民事法律行为。而民事法律行为依其意思表示的多少，分为单方行为、双方行为和多方行为。合同属于双方法律行为，通常双方当事人的意思表示达成一致即合意，合同即告成立。这是合同的基本法律特征。

商事合同是合同的一种，指当事人因商事关系通过协商就其相互之间的民事权利义务达成的一致协议。那么，什么是“商事”性质关系？对于“商事”的含义，联合国于1985年通过的《国际商事仲裁示范法》的解释是：“商事这个术语应给予广义的解释，它包括所有商事性质关系所发生的争议，不问是否为契约性质。商事关系包括但不仅仅限于下述交易事项：任何提供或交换商品或服务的交易；销售协议；商业代理；租赁；建筑工程；咨询、许可投资和金融；银行；保险代理；勘探协议或特许；合资企业或其他形式的工业商业合作；空中、海上、铁路或公路的货运或客运。”国际商事合同具有上述一般合同的基本法律特征。

相应地，国际商事合同是指含有“国际性”因素的商事合同。对于国际商事合同这一概念中的“国际”这一含义，借鉴联合国《国际商事仲裁示范法》有关国际商事仲裁关于“国际性”的解释，“商事合同”如有下列情况即为国际性的：① 商事合同的当事各方在缔结协议时，他们的营业地点位于不同的国家；② 商事关系义务的主要部分要在当事一方营业地点所在国之外履行；③ 双方当事人已明确约定商事协议的标的与一个以上的国家有联系。由此可见，确定仲裁的“国际”性，不仅可以根据当事人的国籍是否不同，当事人的营业的、住所处于不同的国家、仲裁地的涉外性等，都可以用于确定商事合同的“国际”性。

二、商事合同法的渊源

法学理论上所称的法的渊源指法律规范的表现形式。合同法是有关合同的法律规范的总称。商事合同法的渊源主要包括各国国内合同立法及判例、涉及国际商事合同的国际条约、有关国际惯例。以下对此作简要阐述：

（一）各国国内合同立法、判例

1. 资本主义国家合同法体例

资本主义国家法律体系最主要的代表为两大法系，即大陆法系和英美法系。这两大法系在合同法的形成、编制体例以及某些具体的法律原则方面，有其不同的特点。

大陆法系国家的合同法是以成文法的形式出现的，它们的合同法包含在民法典或债务法典中。大陆法国家将合同视为债的一种。法国《民法典》把合同有关的规范编入该法典的第三卷第三编，称为“合同或合意之债的一般规定”，该卷再在其后各编中进一步对各种具体合同加以规定。德国《民法典》第二编是“债务关系法”，对因合同而产生的债关系、债的消灭、债权让与、债务承担等作了规定，在债务关系一章中具体规定了各种合同，如买卖、互易、赠与、租赁、借贷、承揽、委托、合伙、保证等 18 种。

英美法系国家，有关合同的法律原则包含在以法院判例形式发展起来的普通法(common law)中，一般没有一套系统的、成文的合同法。但是，英美法国家也有一些有关合同的单行法规，如英国的《货物买卖法》，美国的《统一商法典》等，但它们只是对货物买卖合同及其他一些有关的商事交易合同当事人的权利义务作具体规定，至于合同法的许多基本原则，仍须按照判例法所确定的规则来处理。需要加以说明的是，1932 年，美国法学会完成了《对合同法的重新表述》(简称“合同法重述”)(The Restatement of The Law of Contracts)。它按照撰写人的共同意见阐述了合同法的基本原则。虽然《合同法重述》本身并不构成合同法的一部分，但由于其重要地位，许多法官与律师在合同纠纷案中经常将其引以为指导。

2. 我国的合同法

我国从 20 世纪 80 年代起，先后颁布了一些有关合同的法律，包括 1981 年颁布的《经济合同法》(1993 年修订)、1985 年《涉外经济合同法》、1986 年《民法通则》,以上三项法律构成我国合同法的重要框架。此外,我国还颁布了一些专门对某种特定类型的合同作出规定的单行法规,如《中外合资经营企业法》、《技术合同法》、《引进技术合同管理条例》、《保险法》等,分别对中外合资经营企业合同、技术引进合同、技术合同、保险合同等作出某些具体的规定。

1999 年,我国颁布实施一部统一的《中华人民共和国合同法》,可称为我国的合同法典。根据该法附则规定,自《合同法》1999 年 10 月 1 日施行起,原《经济合同法》、《涉外经济合同法》、《技术合同法》同时废止。可以说该法作为我国合同法的基本法,将在我国社会和经济生活中有着重大的作用和影响。它也将成为国际商事合同法中的重要组成部分。

(二)有关国际商事合同的国际条约与惯例

有关商事合同的国际条约,主要有 1964 年《关于国际货物销售合同成立的统一法公约》、1970 年《关于旅游合同国际公约》、1980 年《联合国国际货物买卖合同公约》等。

其中以 1980 年《联合国国际货物买卖合同公约》最为著名,该公约虽然只适用于国际货物买卖合同,但它所确立的合同的有关规则,对其他类型的合同也有示范作用。

有关商事合同的国际惯例中,最著名应是《国际商事合同通则》,该《通则》由罗马国际统一私法协会于 1994 年完成。该通则的目标是要制定一套可以在世界范围内作用的均衡的规则体系,而不论在它们被适用国家的法律传统和政治经济条件如何。在正式的文本中,《通则》有意避免使用任何现存法律体系的特定术语。而对每一条款所作的系统注释也避免参照各个国家法律来解释所采纳的解决办法,这一事实本身也体现出《通则》的国际性。

《通则》的前言(通则的目的)表明:通则旨在为国际商事合同制定一般规则。在当事人一致同意其合同受《通则》管辖时,适用《通则》。如果当事人同意其合同受"法律的一般原则"、"商事规则"或类似的措辞所指定的规则管辖时,亦可适用《通则》。《通则》可用于解释或补充国际统一法的文件。也可作为国内和国际立法的范本。

三、国际商事合同的法律适用

(一)国际商事合同法律适用的一般规则

因国际商事合同所具有的国际性,国际商事合同可能涉及不同国家的法律或有关国际公约、国际惯例的适用。根据国际私法的基本原理,国际商事合同法律适用所要解决的是该类合同的准据法(applicable law)问题,即用来确定国际商事合同当事人权利义务关系的具体实体法规范问题。对于如何确定国际商事合同所应适用的法律,国际上一般采用的规则是:

(1) 作为“契约自由”原则的体现,由国际商事合同的双方当事人协商选择合同所应适用的国家的法律。当事人可以通过在合同中制定“法律选择条款”(choice of law clause),来确定其合同所应适用的法律,以此作为确定他们之间权利义务的法律依据。当事人的这种自行选择权亦称为“意思自治”原则。

(2) 如果当事人没有制定“法律选择条款”来确定其合同所应适用的法律的,则在当事人履行合同义务发生纠纷时,由审理纠纷的有关法院或仲裁机构依据“冲突规范”来确定合同所应适用的国家的法律。所谓“冲突规范”(conflict rules)是指由国内法或国际条约规定的,指明某一涉外民事法律关系应适用何种法律的规范,因此,它又叫法律适用规范(rules of application of law)或法律选择规范(choice of law rules)。比如,“合同之成立依合同之签订地法”就是一条冲突规范,这意味着,如果合同当事人在合同是否有效成立问题上发生争议,而当事人又没有制定“法律选择条款”,无法根据某个确定的法律规范确定该合同到底是否有效成立,那么,受理纠纷的有关法院或仲裁机构可依据上述“冲突规范”,依合同的签订地国家的法律来判断该合同是否有效成立。

(二) 我国关于涉外商事合同法律适用问题的规定

我国有关法律、法规及司法解释对于涉外合同法律适用问题的规定实行的基本原则是以“意思自治”原则为主、以“最密切联系原则”为补充。我国《民法通则》、《合同法》、《海商法》、《民事诉讼法》等以及最高人民法院《关于贯彻执行〈民法通则〉若干问题的意见(试行)》(下称《意见》)、《关于适用〈涉外经济合同法〉若干问题的解答》(下称《解答》)都对涉外合同法律的适用问题作出了相应的规定。其主要内容为:

(1) 当事人可自行选择涉外合同所应适用的法律。我国《民法通则》第一百四十五条规定:“涉外合同的当事人可以选择处理合同争议所适用的法律,法律另有规定的除外。”《海商法》第二百六十九条、《合同法》第一百二十六条也采用了类似的规定。这说明,我国关于涉外合同法律适用问题规定的首要原则是当事人“意思自治”。

关于当事人选择法律的时间和范围,《解答》采用了相当宽松和灵活的规定,指出当事人在订立合同时,或者在发生争议后,甚至在人民法院受理案件后开庭审理前,都可以作出选择;当事人所选择的法律,可以是中国法,也可以是外国法。所选择的法律应为现行的实体法，不包括程序法和冲突规范。从我国法律的规定看，并没有要求所选择的法律与合同或当事人有客观的联系。

对于法律选择的方式，《解答》明确规定必须是明示的，从而排除了默示选择的方式。当事人选择法律的适用范围，根据《解答》的规定，凡是双方当事人对合同是否成立、合同成立的时间、合同内容的解释、合同的履行、违约的责任以及合同的变更、中止、转让、解除、终止等发生的争议，均为选择的准据法的适用范围。

我国《涉外经济合同法》第五条第二款和《中外合资企业法实施条例》第十五条通过强制性规定对法律选择进行必要的限制。前者规定，在中华人民共和国境内履行的中外合资经营企业、中外合作经营企业、中外合作勘探开发自然资源合同，适用中华人民共和国法律。《合同法》颁布生效后，《涉外经济合同法》已被废止，但《合同法》第一百二十六条第二款作了与原《涉外经济合同法》第五条第二款相同的规定。后者规定，中外合资经营企业合同的订立、效力、解释、执行及其争议的解决，均应适用中国的法律。

(2) 当事人没有选择的，适用与合同有最密切联系的国家的法律。我国《民法通则》第一百四十五条同时还规定："……涉外合同当事人没有选择的，适用与合同有最密切联系的国家的法律。"根据《解答》的规定，按照最密切联系原则确定的准据法也是指现行的实体法，而不包括冲突法和程序法。同时，《解答》还以特征性履行方法确定若干种涉外合同通常应适用的法律。如，对于国际货物买卖合同，《解答》规定：适用合同订立时卖方营业所所在地的法律。如果合同是在买方营业所所在地谈判并订立的，或者合同明确规定卖方须在买方营业所所在地履行交货义务的，则适用合同订立时买方营业所所在地的法律。

《解答》还规定，合同明显地与另一国家或者地区的法律有更密切的关系时，人民法院应以另一国家或者地区的法律作为处理合同争议的依据。

《解答》还指出，在应适用的法律为外国法时，如果其适用违反我国法律的基本原则和我国的社会公共利益的，不予适用，而适用中国法律。

(3) 我国法律的规定同我国参加的国际公约的规定不一致的，适用国际公约的规定，但我国声明保留的除外。如果根据涉外合同当事人的选择或者根据最密切联系原则确定，某涉外合同本来应适用我国的法律，但是，我国法律的有关规定同我国参加的国际公约的规定不一致的，则适用国际公约的规定。这表明我国对所参加的国际条约的尊重。但如果我国参加的国际公约的相关规定属于我国参加该国际公约时明确提出保留的，则仍适用我国法律的有关规定。如，我国是《联合国国际货物买卖合同公约》的成员国。但我国在参加该公约时对公约第 11 条的内容作了保留。公约第 11 条规定“买卖合同无须以书面订立或书面证明,在形式方面也不受任何其他条件的限制。买卖合同可以用包括人证在内的任何方法证明”。也就是说根据公约规定,国际货物买卖合同无论采用口头方式、书面方式或其他形式都是有效的。我国在核准加入公约时,对此条提出了保留,即我国有关当事人在订立国际货物买卖合同时,必须采用书面形式,该书面形式是指“合同书、信件和数据电文(包括电报、电传、传真、电子数据和电子邮件)等可以有形地表现所记载内容的形式”。

第四,我国法律没有规定的,适用国际惯例。如果根据涉外合同当事人的选择或者根据最密切联系原则,某涉外合同本来应适用我国的法律,但我国法律没有对争议事项作出明确规定的,则可以适用有关的国际惯例。我国《民法通则》第一百四十二条第三款规定:“中华人民共和国法律和中华人民共和国缔结或者参加的国际条约没有规定的,可以适用国际惯例。”根据这一规定,在处理涉外民事案件时,如果我国法律和我国缔结或者参加的国际条约均未作规定,我国人民法院和涉外仲裁机构可以适用有关的国际惯例。

四、国际商事合同的一般法律原则

商事合同形成民事法律关系,属于私法关系,自然要遵循私法的一般原则。有关国家的国内立法、判例、国际条约及国际惯例大多确定了合同的一般法律原则,以下作简要阐述:

(一) 契约自由原则

契约自由原则是资产阶级民法的一个极其重要的支柱。契约自由原则也叫契约自治,意思自治。这个原则典型地表现在法国《民法典》第 1134 条:“依法成立的契约,在缔结契约的当事人间有相当于法律的效力。”意大利《民法典》第 1322 条规定:“双方当事人得在法律规定和行为规范的范围内自由地确定契约的内容。”《国际商事合同通则》第 1.1 条规定:“当事人有权自由订立合同并确定合同的内容”;第 3.2 条规定:“合同仅由双方的协议订立、修改或终止,除此之外别无其他要求。”

我国《合同法》第四条也明确规定:“当事人依法享有自愿订立合同的权利,任何单位和个人不得非法干预。”

由此我们可以确认,契约自由原则应包含以下几个方面的含义:一是意思自治,当事人在不妨碍他人行使权利的基础上,有权利根据自己的自愿决定是否订立合同或者变更终止合同。二是有权根据自己的意愿选择相对人订立合同。三是有权在法律许可范围内选择采用何种合同形式订立合同。对于当事人订立合同的自由,任何人都不得非法干预,即不能强迫当事人订立、变更或终止合同。

从法理上讲,法律规范分为强制性规范和任意性规范,强制性规范是不允许当事人通过约定排除其适用的规范,而任意性规范则允许当事人约定排除其适用,即只有当事人对有关问题未加以特别约定时,任意性规定才得以适用,这就是说,有关合同的立法规定,除个别的外,应当是任意性的规范。当事人可以遵从,也可以不遵从。例如《联合国国际货物买卖合同公约》的大多数条款都是任意性条款,如果当事人在合同中的约定与公约的规定不一致,就应依据合同约定处理合同中的有关问题,而不是依公约的规定。我国《民法通则》、《合同法》也一般尊重当事人的约定。这也是契约自由原则的体现。

当然,契约自由原则仍然受到一定的限制。我国《合同法》第七条即规定:"当事人订立、履行合同,应当遵守法律、行政法规,尊重社会公德,不得扰乱社会经济秩序,损害社会公共利益。"意大利《民法典》第 1322 条规定:双方当事人亦得缔结未纳入特别规范规定类型的契约,但是以后在实现法律保护的利益为限。日本《民法典》第 1 条规定:私权应服从公共福利,不得滥用权力。上述法律规定可知,契约自由原则首先要受合法性、公共利益原则的限制。此外,随着社会经济生活的发展,以规范化为特征的标准合同的大量存在,使契约自由原则无论形式上还是本质上都受到一定程度的限制。

(二) 诚实信用原则

诚实信用既是道德规范,也是法律原则。它是指合同当事人在订立合同、行使权利和履行合同义务时,应当为对方当事人承担善意、诚实、信用的责任,保证不向对方做欺诈、蒙骗、损害对方利益的行为。有关国家的法律都对此加以确认。《法国民法典》第 1134 条规定,契约应以诚信方式履行;意大利《民法典》第 1175 条规定,债务人与债权人应当依诚实信用原则进行活动;日本《民法典》第 1 条亦规定:行使权利及履行义务时,应恪守信义,诚实进行。我国《合同法》第六条规定:"当事人行使权利、履行义务应当遵循诚实信用原则。"

由于调整国际商事合同的制定法相对较少,诚信原则更受到特别重视,如《国际商事合同通则》第一条即规定:"每一个当事人在国际贸易交易中依诚实信用原则和公平交易原则行事。当事人各方不得排除或限制此项义务。"

诚实信用作为一项法律原则,具有对合同法律规定予以补充的特性。具体来说,司法机关在适用法律时,如果没有相应具体法律规定时,可以根据这一原则作出司法解释,从而解决法律适用问题。

（三）公平交易原则

公平是在一定社会的经济、政治、文化和思想意识形态基础上形成的社会道德行为准则、价值观念。法律虽然和道德属于不同的行为规范，但法律一般都以道德价值准则为自己的内容。在合同法中，规范人们交易行为时仍然包含道德规范，其中最重要的交易道德规范就是公平，并且作为合同法的基本原则。该原则要求合同双方当事人应平等互利，不能在另一方当事人不同意的情况下获得不合理的利益，或者履行不合理的义务。它要求人们在设定权利和义务时应按照公平原则，不能将权利集中于一方当事人，而将主要义务集中于另一方当事人。双方当事人在合同发生纠纷时，有权按照公平原则请求司法机关给予法律保护，司法机关也应按照公平原则处理合同纠纷。对于显失公平的合同，当事人有权请求法院予以撤销。对于当事人约定不明确的合同纠纷，法院应当根据公平原则进行裁判。因此，公平原则可以在没有法律规定时补充法律之不足。

我国《合同法》第五条规定："当事人应当遵循公平原则确定各方的权利和义务。"该法第五十四条规定："下列合同，当事人一方有权请求人民法院或仲裁机构变更或者撤销：……（二）在订立合同时显失公平的。……"

英美法系国家为补救普通法对当事人利益救济的不足，建立有衡平法制度，以实现法律的公平正义。美国法庭发展了衡平法的对"极为不公正的合同"(unconscionable contracts)的处理原则。这一原则是以公共政策为基础的。在这一原则下，美国法庭可以拒绝对"极不公正的合同"的强制实施。《合同法重述》(第二版)也规定，法庭可以拒绝对"极为不公正的合同"或对其中的某些条款加以强制实施。

《国际商事合同通则》第一条第七款将公平交易原则与前述的诚实信用原则并列为该通则的最基本的原则，在该通则的不同章节有大量的规定都直接或间接地适用公平交易原则，并强调"当事人各方不得排除或限制此项义务"，也即要求每一当事人必须遵循这一原则行事。例如：在一份关于供应和安装某一特殊生产线的合同中有这样一条规定：卖方A就该生产线的技术所作的任何改进，A均有义务告知买方B。一年后，B了解到有一项重要的技术改进未得到A的通知。对此A不能以这种事实为自己开脱，即：A不再负责这种特定型号生产线的生产，生产已转由A的全资附属公司C承担。A这样做违背了公平交易的原则，因为A为了规避对于B的合同义务，特定设立一个独立的实体C，由C来承担这种生产，此举有违诚实信用原则。

（四）合同必须信守原则

合同必须信守原则意在依法成立的合同对当事人具有法律约束力，当事人必须按照合同的约定履行义务，否则将承担违约责任。任何一方当事人不得擅自变更或解除合同。

信守合同原则各国立法都加以强调。法国《民法典》第1134条规定："依法订立的契约，对于缔约当事人双方具有相当于法律的效力。……仅得由双方当事人相互的同意，或者根据法律许可的原因，始得取消。"意大利《民法典》第1372条对此更作强调："契约在当事人之间具有法律强制力。该效力只有因相互同意或者法律认可的原因而解除。"

英美法国家对合同信守原则亦明确肯定，"对于本法范围内的任何合同或义务，当事人均须以善意作出履行或寻求强制执行"。（美国统一商法典第1—203条）

《国际商事合同通则》也将这一原则作为合同的基本原则，该通则第1条第3款规定：有效订立的合同对当事人均有约束力。当事人仅能根据合同条款或通过协议或根据通则的规定修改或终止合同。

我国《合同法》第八条也强调了这一原则的重要性："依法成立的合同，对当事人具有法律约束力。当事人应当按照约定履行自己的义务，不得擅自变更或解除合同。依法成立的合同，受法律保护。"

可以说，商业活动经常是一个制定合同、履行合同的过程。因此对信守合同的强调无论如何也不为过。如果对依法成立的合同可以随意改变或废除，对社会经济秩序的打击何其之大。对这一原则的进一步适用及阐释，本书其后有关合同履行、违约责任部分将继续强调。

案例分析

［案情］

原告（日本）A株式会社、被告（中国）B公司，案由为国际私人借贷合同纠纷。1998年3月24日，原告与被告采取先由被告在中国青岛签字盖章后由原告在日本签字盖章的方式共同签订一份借款合同，约定：被告因购买船舶的需要，向原告请求借款，原告同意借给被告50万美元，汇往被告西雅图账户，年利率为固定利率8%，借款期限为一年，自借款之日起按周年计算，一次还清本金和利息。合同签订后，原告按合同约定将50万美元从中国香港汇往被告在美国西雅图的代表处账户。本案借款合同项下50万美元未通过国务院确定的政府部门、国务院外汇管理部门批准的金融机构和企业按照国家有关规定办理外汇借款，该笔外债也未到外汇管理部门登记。被告曾分别从中国银行纽约分行、美国西雅图按照原告指令汇付利息12万美元。

按照法院地冲突规范的援引，合同纠纷适用最密切联系原则，但对于哪些连接点与合同有最密切联系，我国的立法没有给予回答，只是最高人民法院曾于1987年在对涉外经济合同法若干问题的解答中列举了最密切联系原则在13种涉外合同中的具体运用，并规定："合同明显与另一国家或者地区的法律具有更密切的关系，人民法院应以另一国家或者地区的法律作为处理合同争议的依据"，该司法解释因统一合同法的实施而与涉外经济合同法一起被废止。

[问题]

本案作为涉外商事案件，其审理应适用何种法律？

涉外合同纠纷是涉外民商事纠纷的主要类型之一，最密切联系原则已成为涉外民商事诉讼最重要的冲突规范，因此，如何理解并在司法实践中运用最密切联系原则这一冲突规范是摆在涉外民商事审判法官面前的一个重要课题。

[法律依据]

《民法通则》第一百四十五条："涉外合同的当事人可以选择处理合同争议所适用的法律，法律另有规定的除外。涉外合同的当事人没有选择的，适用与合同有最密切联系的国家的法律。"

[法律运用及处理结果]

目前，通常采用"特征履行"作为运用最密切联系原则的主要方法。它要求法院根据合同的特殊性质，以何方履行的义务最能体现合同的特性来决定合同的准据法。特征履行在立法和实践中需要解决两个关键性问题：一是确定合同特征履行标准，即依据什么标准来判定哪一方的义务履行为特征性履行；二是确定合同特征履行的场所，即在确定了特征履行方之后，又要在空间上寻找一个连接点，以最终确定合同的准据法。

在上述案例中，国际借贷合同的当事人分属中、日两个国家，合同签订地在日本，贷款人发放贷款的行为在中国香港，借款人使用借款的行为地和归还利息的行为地均在美国，如此众多的连接点，如何确定最密切联系地？

(1) 国际私人借贷合同特征履行的标准。笔者认为，分析认定特征履行标准，应重在履行。无论何种合同，其权利义务应通过履行来体现合同目的，也只有通过履行才能得以实现。该案中，贷款人的主要义务就是发放贷款，而且贷款地并非贷款人所在地，贷款人完成贷款义务后，尽管其仍有监督贷款按约定用途使用，出现风险提前行使收回贷款等权利，但贷款一经发放，贷款人实际上即原则丧失了对贷款的控制。借款人对借款的使用、贷款人收取利息并按期收回本金等实现双方利益的合同目的，最能体现借贷合同的特征。而借款人对借款的使用、贷款人收取利息并按期收回本金合同目的的实现，完全有赖于借款人的行为。本案中，借款人履行合同的行为发生在双方当事国之外的第三国，该第三国是否就是特征履行地？其实不然，应当看到，借款人使用借款并归还利息的行为均受其意思表示所支配，其作出意思表示的机关所在地才是真正的最密切联系地，而且原告提起诉讼的目的是以被告财产偿还借款，借款人一般担保财产所在地即作出意思表示的法人成立地、主事务所（管理中心）所在地、营业中心地构成本案特征履行地，因此确认借款人所属国为与国际私人借贷合同有最密切联系的地点，据此确定准据法。

(2) 根据每一合同的特殊性，综合考察合同目的和社会功能的实现。本案借款人为中国法人，中华人民共和国对经常性国际支付和转移不予限制，但对包括各类贷款在内的资本项目外汇实行批准、登记制度是我国一项基本金融制度，关系到国家收支平衡、国民经济健康发展和金融安全。借款人不遵守国家外汇管制、保持国际收支平衡的经济制度，擅自对外借款。如果对此类借款，中国法官适用了不采取外汇管制的国家的法律，将破坏和动摇本国经济金融制度，在经济全球化加剧的背景下，在已处相对劣势的情况下，发展中国家的经济命脉和经济安全将面临严峻挑战。因此，不应当拘泥于已形成的惯常的做法和认识，应把握个案的特殊性和合同所实现的社会功能。如果一味地简单适用公共秩序保留制度，一则一起普通的国际私人借贷合同纠纷，尚不具备根本危害内国利益的程度；二则将动摇外国投资者对内国的司法信念，有可能引发国家间经济争端。通过对特征履行标准的阐释、认定，运用最密切联系原则，适用借款人所属国法，对合同作出无效的认定，可维护借款人所属国利益，同时按照无效合同处理原则，除返还本金外，对导致合同无效具有过错的借款人仍负有赔偿利息损失的责任，可避免损害贷款人利益。

(3) 充分发挥法院地这一重要连接点在本案中的作用。法院地法系指处理涉外民商事案件的法院所在地的法律，主要用于解决涉外民商事诉讼程序方面的问题，在某些场合下也用来解决实体法方面的法律冲突问题。在涉外民商事诉讼中，尤其是原告为外国当事人针对内国当事人在内国法院提起诉讼的情况下，原告在选择管辖法院时，左右其选择决定的一个重要内容就是法律适用问题。而法官最为熟悉的是法院地法，如果原告认为应当适用其本国法或第三国法律时，则必然产生外国法的查明问题。由于受到外国法内容的查明制度的限制，无法查明外国法的情况下将直接导致或者以法院地法取代应该适用的外国法，或者驳回当事人的诉讼请求或抗辩。面对如此风险，原告在选择管辖法院时，往往作出利益衡量和判断，一旦选择在被告属人国提起诉讼，就已做好适用法院地法的准备。因此，法官在涉外合同纠纷的审理过程中，在双方当事人未选择法律时，在以最密切联系原则为一般法律适用原则的前提下，应当综合考察、分析包括法院地等在内的各种连接点，最终确定准据法。

[值得注意的问题]

对本案法律适用问题，还有一种观点认为，可以直接援引《最高人民法院关于贯彻执行〈中华人民共和国民法通则〉若干问题的意见(试行)》第一百九十四条，该条规定："当事人规避我国强制性或者禁止性法律规范的行为，不发生适用外国法律的效力"，以达到排除外国法的适用而适用中国法的目的。笔者认为，该条司法解释不能适用于本案，理由主要是，该条司法解释是国际私法中法律规避制度在立法层面上的反映，而构成国际私法上的法律规避，从主观上讲，当事人必须出于故意；从行为表现上讲，当事人规避法律是通过有意改变或制造某种连接点来实现的。也就是说，因当事人规避法律而不适用外国法，法院强调的是当事人避开内国法的欺诈行为。而本案中，既看不出当事人之间有规避中国法律的故意，也无法认定当事人有诈欺行为，所以不构成法律规避。

(案例来源：http://www.110.com/ziliao/article-138336.html)

第二节 合同的成立

合同的成立，是指合同各方当事人基于合意，协商一致，达成对双方都有法律约束力的协议。广义的"合同成立"既包括当事人达成协议的过程，还包括协议有效构成这一实质内容。狭义的"合同成立"则仅指当事人达成协议的过程(即指合同的"订立")。各国的立法对合同的有效成立，都要求具备一定的条件，即合同有效成立的要件，包括：① 当事人必须具有订立合同的能力(即订约能力)；② 当事人之间通过要约与承诺达成协议，承诺与要约相一致；③ 合同必须有对价(consideration)或合法的约因(cause)；④ 合同内容合法；⑤ 合同符合法律规定的形式要求；⑥ 当事人的意思表示其实。本节以下对这些要件作分别介绍。

一、当事人的订约能力

合同是双方当事人的民事法律行为。民事法律行为具有法律效力的一个前提是行为人具有相应的民事权利能力和行为能力，就订立合同而言，即必须当事人具有订立合同的权利能力和行为能力，也称订约能力。我国《合同法》第九条规定："当事人订立合同，应当具有相应的民事权利能力和民事行为能力。"

所谓民事权利能力，是法律赋予民事主体从事民事活动，享受民事权利和承担民事义务的资格，民事权利能力是民事主体取得具体民事权利和承担具体民事义务的前提或可能性。就合同而言，民事权利能力就是指法律赋予当事人可以订立合同的资格。要订合同，必须首先法律认可当事人有订合同的资格。自然人的民事权利能力是广泛的，一般不加限制，而法人订立合同，则往往会受权利能力上的限制，比如某法人注册登记时被授予的经营范围不包括房地产开发经营，则该法人就不能与其他人订立有关房地产开发经营方面的合同，即法律上不认可它具有房地产开发经营方面的资格(权利能力)。

另一方面，即便法律确定当事人具有民事权利能力，但这只是一种能性，当事人必须具有通过一定的行为，使其变为现实的资格，即具体地享受民事权利，承担民事义务。这就是民事行为能力。所谓民事行为能力，即指当事人通过自己的行为取得民事权利和设定并承担义务的能力。这种能力也是由法律确认的。当事人是否具有独立从事民事活动的能力，是由法律确认的，而不是按当事人的意愿确定的。

对自然人，其民事行为能力与自然人的年龄和智力状态相联系，因为民事行为能力以意思能力为基础，而这又是在智力发育正常情况下，须达到一定年龄后才完全具备的。法理上讲，民事行为意味着要承担相应的义务、责任，而是否要求行为人承担相应的义务、责任，要看行为人对自己的行为的意义、后果是否有清醒的认识，即是否具有行为能力。

按照我国法律分类，民事行为能力分为三种：

(一) 完全民事行为能力

法律赋予当事人可以独立进行民事法律行为，是完全民事行为能力人。根据我国《民法通则》第十一条规定：在我国，年满18周岁，智力正常的人是完全民事行为能力人。而16周岁以上不满18周岁的人，如果能够以自己的劳动取得收入，并能维持当地群众一般生活水平的，法律推定其为完全民事行为能力人。具有完全民事行为能力的人，所订立的合同，具有法律效力。

(二) 限制民事行为能力

是指法律赋予自然人享有的不完全的民事行为能力。

依《民法通则》第十二条和第十三条的规定,10 周岁以上的未成年人以及不能完全辨认自己行为的精神病人是限制民事行为能力人。根据最高人民法院《关于贯彻执行〈中华人民共和国民法通则〉若干问题的意见(试行)》第三条规定:“10 周岁以上的未成年人进行的民事活动是否与其年龄、智力状况相适应,可以从行为与本人生活相关联的程度、本人的智力能否理解其行为,并预见相应的行为后果,以及行为标的数额等方面认定。”一般说,为满足其日常生活需要且数额不大的行为(如购买日常学习用具、公园门票等)和接受以自己的行为所取得的人身权利和财产权利(如参加儿童画展并获奖励等)及只享受权利而不承担义务的行为(如接受赠与等)是与这部分人的年龄和智力相适应的行为。限制民事行为能力人签订数额较大的经济合同行为则被认为不具效力。

(三) 无民事行为能力

指当事人不具有以自己的行为取得民事权利,承担民事义务的能力。无民事行为能力的人称为无民事行为能力人。在我国有两种:一是不满 10 周岁的未成年人;二是不能辨认自己行为的精神病人。这二种人或者由于年龄太小,还没有民法上的意思能力,不能正确判断其行为性质和后果,或者缺乏对事物的判断能力和自我保护能力,法律不赋予其行为能力,禁止他们独立从事民事活动(如签订商事合同),其所需要进行的民事活动由其法定代理人代为进行。

法人和其他社会组织的民事行为能力与其民事权利能力在范围上具有一致性,根据其组织的章程和国家法律和行政法规的规定取得民事行为能力。

根据我国《合同法》的规定,如果公民、法人或其他组织不具有相应的民事权利能力和民事行为能力,即他们就不具有签订合同的主体资格,其签订的合同也不具有法律约束力。

当然,具有民事权利能力和民事行为能力的当事人,有权利依法律规定将自己拥有的签订合同的权利,通过委托方式由代理人行使。

世界其他国家的法律对于当事人的订约能力也有规定。依据德国《民法典》第 104 条规定,凡有下列情况之一者,即属于无行为能力人:① 未满 7 岁的儿童;② 处于精神错乱状态,不能自由决定意志,而且按其性质此种状态并非暂时者;③ 因患精神病被宣布为禁治产者。上列无行为能力人所作的意思表示无效。他们不能订立有法律效力的合同。而 7 岁以上的未成年人作为限制行为能力人,未经其法定代理人的同意所订立的合同,必须经法定代理人追认才能生效。

法国法律把订约当事人的行为能力作为合同有效成立的必要条件，如果当事人没有订立合同的能力，其所签订的合同即不产生法律效力。据法国《民法典》第1124条规定，无订立合同能力的人包括：① 未解除亲权的未成年人；② 受法律保护的成年人，包括官能衰退者和因挥霍浪费、游手好闲以致陷入贫困者。

根据英美法，未成年人、精神病患者、酗酒者，都属于缺乏订约能力的人，对于他们所订合同，根据不同情况，可能产生三种不同结果：具有拘束力，可以撤销及无效。

二、要约与承诺

具有订约能力的当事人订立合同是通过意思表示，通过协商达成一致意见进行的，这种意思表示的过程，法律上称为要约与承诺的过程。一般来说一方承诺与对方的要约相一致，即可构成有法律效力的合同。我国《合同法》第十三条规定："当事人订立合同，采取要约、承诺的方式。"《国际商事合同通则》第2条第1款的表达为：合同可通过对要约的承诺或通过当事人的能力充分表明其合意的行为而成立。

（一）要约

1. 要约的概念

要约(offer)是一方当事人以订立合同为目的而发出的意思表示，发出要约的人称要约人(offeror)。要约的相对人(受领人)称为受要约人(offeree)。我国《合同法》第十四条规定："要约是希望和他人订立合同的意思表示，该意思表示应当符合下列规定：(一) 内容具体确定；(二) 表明经受要约人承诺，要约人即受该意思表示约束。"

德国《民法典》第145条规定：向他方要约订立契约者，因要约而受拘束，但预先声明不受拘束者不在此限。

《联合国国际货物销售合同公约》第14条对要约所下的定义更加具体：向一个或一个以上特定的人提出的订立合同的建议，如果十分确定并表明要约人在得到接受时承受约束的意旨，即构成要约。一个建议如果写明货物并且明示或暗示地规定数量和价格或规定如何确定数量和价格，即为十分确定。

《国际商事合同通则》第2条第2款的要约定义为：一项订立合同的建议，如果十分确定，并且表明要约人在得到承诺时受其约束的意旨，即构成要约。

2. 要约的构成要件

构成一项有效要约，要具备一定的要件，包括：

(1) 要约应当是由特定的要约人发出的意思表示。一般来说,向他人发出要约的要约人是特定的,因为要约人的目的希望他人同自己订立合同,如果要约人不特定,受要约人就无法回复要约人,合同的订立就无法实现。特定的要约人可以是自然人,也可以是法人和法律规定的其他组织;可以是本人,也可以是代理人。

(2) 要约是向一个或一个以上特定或不特定受要约人发出的意思表示。我们认为,受约人可以是特定的,也可以是不特定的,如某一制药厂向其多个客户发出的请求客户购买其新产品的意思表示,是要约;而在某无人售票车上,公交公司在车上作出乘车人投币一元方能乘车,并保证将投币人送到目的地的规定,同样算是要约。这一要约实际上是对不特定的乘车人发出的。任何不特定的乘车人只要投币一元,即是承诺,无人售票车就有义务将乘客送往目的地。

对于受约人是否必须是特定的这一点,各国法律规定是有差异的。如在北欧国家,法律明确规定不是向特定人发出的不是要约;《国际货物买卖合同公约》第14条第2款的规定表明,不是向一个或一个以上的特定的人提出的建议不是要约。而只能视为邀请对方向他提出要约。而英美法的一些判例认为,向不特定的人发出广告,如果其文字表达的意思明确、肯定,表明广告人愿受其内容的约束,只可以构成一项"允诺",就可以视为要约。如在英国的"卡利尔诉卡布利克公司"案中,被告是一种新发明的名叫"喷气球"药(Smoking ball)的制药公司。被告通过广告大力宣扬该新药对治疗流行性感冒有奇效,并宣称愿意向任何根据该新药的使用说明书使用喷气球后又患上流行性感冒的人支付100英镑的赔款。为证明其诚意,被告还声称,他曾在某开户银行存入1 000英镑,准备支付可能的赔款。本案原告按照说明使用该新药,但又得了流行性感冒,为此,她诉求得到100英镑的赔款。被告在法庭上辩称其原先的允诺是向不特定的社会公众发布的广告,不是一项要约,因而拒绝支付赔款。被告的要求最终被法庭拒绝,法庭随即判令被告必须支付赔款。这项判决表明,特定的广告,可视为一项要约。"悬赏广告"(reward)被普遍认为属于要约。

(3) 表明要约人愿意按照要约中所提出的条件同对方订约的意旨。如果意思表示的目的不是订立合同,则不构成要约。例如:某A和某B分别是甲厂和乙厂的法定代表人,一日,A写信给B,谈到甲厂将在半年后上一个新项目,届时将用30万元向乙厂订购一套设备,并希望到时乙厂能够送货上门,帮助调试设备。B接信后立即回信,表示完全没有问题,一切均按A的意思办。半年后,A调走,甲厂的新项目未获批准。但是,乙厂却将设备送货上门,甲厂拒收,其理由是该厂从未与乙厂签订过购买该设备的合同。乙厂认为,A的来信是要约,B的回信是承诺,故合同已经成立。法院判决乙厂败诉。该案的关键是看A的信是否是一项要约。A给B去信的目的并不是为了与乙厂订立合同,而是向B通报信息,准备在半年后上新项目后向乙厂订购设备;同时,A的信也没有明确作出如果乙厂接受要约后,甲厂将受要约约束的意思表示。因此,A的去信还不具有要约的性质。

关于要约要件,法律上要区别要约和要约的邀请(invitation for offer)。要约邀请是旨在引诱对方向自己发出要约的意思表示。我国《合同法》第十五条规定:"要约邀请是希望他人向自己发出要约的意思表示。寄送的价目表、拍卖公告、招标公告、投股说明书、商业广告等要约邀请。商业广告的内容符合要约规定的,视为要约。"要约邀请与要约的根本区别在于:要约人发出要约后,受要约人只要承诺,合同即告成立,要约人就要受自己要约的约束。故要约是一种能导致合同关系产生的法律行为。而要约邀请则不同,当事人向他人发出要约邀请后,如果他人愿意接受要约邀请,按当事人在要约邀请中提出的要求作出具体而明确的意思表示,这种意思表示只能是要约邀请接受者向要约邀请发出者发出的正式要约。因此,要约邀请是一种事实行为,它不能导致合同关系的产生,而只能诱导他人向自己发出要约。

(4) 内容明确、肯定。所谓要约内容明确、肯定,即意思表示不应抽象笼统、模糊不清。而应具体确定,只要受要约人接受该意思表示后就能够导致合同成立。一般理解是,作为要约的意思表示应包括拟将签订的合同的主要条件,如《国际货物买卖合同公约》规定:"一个建议如果写明货物并且明示或暗示地规定数量和价格或规定如何确定数量和价格,即为十分确定"足以构成一项要约。

对于要约的内容明确、肯定性的要求,有关规定往往是宽容的,关键是看当事人是否有意达成一个有约束力的协议。罗马国际统一私法协会的注释是:"一项要约是否合乎要求不能以一般性条款来确定。即使重要条款,诸如对所交付的商品或所提供的服务的准确描述、价格、履约时间或地点等,在要约中可能尚未确定,也不判定该要约是不确定的。所有这些取决于要约人是否发出要约;受要约人是否承诺;当事人是否有意达成一个有约束力的协议"如果情况表明当事人有意达成协议,则空缺的主要条款可根据合同的性质、目的和当事人间存在的习惯以及诚实信用、公平合理的原则加以确定。例如:A已连续多年续展与B的合同,由B为A的计算机提供技术服务。A又设立了一个办公室,用的是同一型号的计算机,且要求B为其新计算机也提供同样的服务。B承诺了。尽管A的要约没有规定协议的所有条款,但因为空缺的条款可以从已经成为该当事人之间习惯做法的先前合同中沿用,因此该合同成立。

按照美国《统一商法典》第 2—204 条的规定，即使在买卖合同中对某一项或某几项条款没有作出规定，但是，只要当事人间确有订约意思，并有合理的确定依据给予相应的补救，则合同仍然可以成立。

3. 要约的法律效力

要约的法律效力，也称要约的拘束力，包含两个方面：其一是要约对要约人的效力。法学理论上称其为“要约的形式拘束力”，是指要约生效后，在其存续期间不得变更或撤回的效力。其目的在于保护相对人的利益，维护交易的安全。其二是对受要约人的效力。理论上称其为“要约的实质拘束力”，是指要约经受要约人承诺，合同即告成立的效力。要约生效后，受要约人即获得承诺的权利。受要约人一旦承诺，合同即成立，要约人与受要约人共同成为合同的当事人。

实务上，要约的法律效力首先涉及的是要约的生效问题，也即要约在什么情况下产生约束力，主要是要约到达受要约人后，受要约人作出承诺之前要约对人的约束力，这一约束力主要表现为要约人无权撤回自己的要约，无权撤销法律规定不能撤销的要约。

要约生效一般应包括三个方面：要约的生效时间，要约的生效地点，要约约束的对象。其中，要约的生效时间最为关键。《国际商事合同通则》第 2 条第 3 款规定：要约于送达受要约人时生效。我国《合同法》第十六条第一款也规定：“要约到达受要约人时生效。”为适应现今电子商务的需要，我国《合同法》第十六条进一步规定：“采用数据电文形式订立合同，收件人指定特定系统接收数据电文的，该数据电文进入该特定系统的时间，视为到达时间；未指定特定系统的，该数据电文进入收件人的任何系统的首次时间，视为到达时间。”由上述规定可知：要约到达受要约人，一是要约人或其代理人的送达。二是要约人通过邮政邮件的方式送达；三是要约人通过数据电文的方式（电传、电报、电子邮件等）送达。在法律意义上，只要要约一到达受要约人，受要约人承诺期限开始计算。如果受要约人在承诺期限内作出承诺，要约人应当受自己要约的约束；如果受要约人在承诺期限之外对要约作出承诺，要约失效，合同不能成立。

这就说明要约的拘束力有其存续期间（即前述的承诺期限）。要约于到达受要约人时生效，其存续期间有约定期间和法定期间两种。前者依意思自治原则，要约的存续期间由要约人自定（如要约中规定“请于××日前回复”），要约在约定的期限内生效。后者是依法律规定确定的期间。法定期间因要约发出的方式不同而不同：以对话方式进行的要约，受要约人须及时承诺；以非对话方式进行的要约，应以可期待承诺到达的合理期间为其存续期间。该合同期间通常包括要约到达受要约人的必要期间、受要约人考虑承诺与否的必要期间及承诺到达要约人所需的必需期间。

要约的法律效力有关的另一个问题是要约的撤回与撤销问题。

要约的撤回(withdrawal of offer),是指要约人所作出的收回自己要约的行为。要约的撤回要具有法律效力,其撤回要约的通知必须在要约人发出的要约到达受要约人之前到达受要约人,或者同时到达受要约人,否则,不发生撤回要约效果。

我国《合同法》第十七条规定:“要约可以撤回。撤回要约的通知应当在要约到达受要约人之前或者与要约同时到达受要约人。”《国际货物买卖合同公约》第15条第2款及《国际商事合同通则》第2条第4款都规定:一项要约即使是不可撤销的,也可以撤回,如果撤回通知在要约送达受要约人之前或与要约同时送达受要约人。

国际统一私法协会对此的说明是:在要约生效前,要约人可以自由地改变想法,可以根本不打算达成协议,或是以一个新的要约代替原来的要约,而不论原来的要约是否为不可撤销的。但唯一的前提是,要约人已改变的想法必须于要约送达受要约人之前或同时通到受要约人。我们认为,这也正是契约自由原则的体现。

至于要约送达受要约人之后,要约人可否取消要约的法律效力,各国的规定则有所分歧。这就是要约的撤销(revocation of offer)问题。要约的撤销是指要约生效后,受要约人承诺前,要约人向受要约人作出的取消要约效力的行为。它与要约的撤回的区别在于:首先,从行为发生的时间看,要约的撤回是要约发出之后、生效之前的民事行为;要约的撤销是要约生效之后、承诺作出之前的民事行为。其次,从行为对象的性质来看,撤回的要约是没有生效的要约,而撤销的要约是已经生效的要约。再者,从行为的目的来看,撤回要约是阻止要约效力的发生,而撤销要约是使生效的要约失去效力。

英美普通法认为,不论要约是否已经送达受要约人,要约人在受要约人作出承诺前任何时候都可以撤销要约或变更要约的内容,即使他在要约中已规定了有效期限亦如此,他可不受这项期限的约束,随时将其要约撤销。因此要约原则上对要约人没有拘束力。这基于英美法的一个理论:要约只是一项允诺,要使允诺人受其约束,必须或者允诺人得到相对人给予的某种“对价”(Consideration),或者允诺采取了法律要求的签字蜡封(Signed and Sealed)的特殊形式做成。英美法的这一规则原理与现代商业活动已不相适应。因为这种做法对受要约人是缺乏应有保障的。为此,美国《统一商法典》对上述规则已作了改变:“商人以经签署的、书面形式做出的货物买卖要约,若有保证维持其效力条款,在言明的期限内,即使无对价也不得撤销;若未言明期限,在合理时间内不得撤销;但是无论如何,不得撤销的期限都不超过3个月。"

大陆法系国家虽不完全否定要约人对要约的撤销行为,但在立法上的特点在于对要约的撤销加以严格的限制。如意大利《民法典》第1329条规定:如果要约人在确定期间内被要约所约束,则要约的撤销没有效力。如果撤销通知之前,承诺人已善意地开始履行,则要约人要补偿承诺人因开始履行所支出的费用和遭受的损失。日本《民法典》第521条规定:定有承诺期间而进行的契约要约,不得撤销。第524条规定:未定承诺期间而向隔地人进行的要约,要约人于接受承诺通知的相当期间内,不得撤销其要约。

国际条约、惯例鉴于两大法系的分歧,对要约是否可撤销,确定一项规则(撤销条件)、两项例外(不得撤销的情形):① 规则:在合同成立之前,要约得予撤销,但撤销通知须于受要约人发出承诺之前送达受要约人(《国际货物买卖合同公约》第16条第1款,《国际商事合同通则》第2条第4款第1项)。② 两项例外,在下列情况下,要约不得撤销:一是要约写明承诺的期限,或者以其他方式表明要约是不可撤销的;二是受要约人有理由信赖该项要约是不可撤销的,而且受要约人已依赖该要约行事(《国际货物买卖合同公约》第16条第2款,《国际商事合同通则》第2条第4款第2项)。对上述例外说明如下:如果要约人在要约中表示"我们坚持我们的要约直到收到贵方的回复"这就可以表明该要约是不可撤销的默示表示。第二项例外源于前面提到的合同的"诚实信用和公平交易"原则。例如:为合作参与一个指定项目的投标,A让B在规定期限内提出要约。B提出了一个要约,对此要约,A在计算投标价格时予以了信赖。在要约期限届满前,A已投标,但B却通知A,声称不愿意再遵守其要约。因为A在投标时信赖了B的要约,因此该要约在期限届满前不可以撤销。

4. 要约的消灭

要约的消灭,指要约丧失其法律效力,要约人和受要约人均不再受其拘束。要约因下列情形而消灭:

(1) 要约因要约人撤销失效。

(2) 承诺期限届满,受要约人未作出承诺,要约消灭。

(3) 要约因某种法律事实的出现而失效。如当事人发出要约后即死亡,或失去行为能力,企业、公司破产等。

(4) 要约因受要约人拒绝而失效。拒绝要约是指受要约人把拒绝交易的意思表示通知要约人的行为。《国际商事合同通则》第2条第5款规定：一项要约于拒绝通知送达要约人时终止。《国际货物买卖合同公约》第17条规定：一项要约，即使是不可撤销的，于拒绝通知送达要约人时终止。

(5) 受要约人对要约的内容作出实质性的改变，则要约也失效。《国际商事合同通则》把这种情况也视作拒绝，默示的拒绝。受要约人虽然对要约作出一个答复，但却对要约作了某些添加、限制或其他的修改，实质上即拒绝了要约人的要约，法律上等于是受要约人向要约人发出的一项反要约(Counter-offer)，此时原要约消灭。

所谓实质性改变，我国《合同法》第十三条给予明确的解释："有关合同标的、数量、质量、价款或者报酬、履行期限、履行地点和方式、违约责任和解决争议方法等的变更，是对要约内容的实质性变更。"

应加以注意的是，按国际统一私法协会对《国际商事合同通则》的说明，如果受要约人的答复仅仅是询问要约的条款是否有选择余地(如"价格有没有降低的可能?"或"能否提前几天交货?")，在正常情况下，该答复不足以证明受要约人拒绝承诺。

(二) 承诺

1. 承诺的概念

承诺(acceptance)是指受要约人为成立合同而同意接受要约的意思表示。要约一经承诺，合同即告成立。

《国际货物买卖合同公约》、《国际商事合同通则》对承诺的定义为：受要约人作出声明或以其他行为表示同意一项要约，即构成承诺。缄默或不行为本身不构成承诺。可见，承诺必须是明示的行为或声明，默示不作为不构成承诺。如在美国爱达荷州最高法院审理的"柯蒂兹公司诉梅森"案中，梅森打电话给柯蒂兹公司，了解该公司在当地的一家报纸上所作的广告的内容。在电话中，梅森与受雇于这家公司的谷物经销商鲍勃进行交谈，鲍勃把当时的小麦市场价格和与柯蒂兹公司订立合同的程序告诉了梅森。梅森表示可能会与柯蒂兹公司签订合同。在询问了梅森种的小麦的面积之后，鲍勃起草了一个合同。几周以后，梅森收到一份经鲍勃签字的合同确认书。当发现交货数量是9 000蒲式耳时，他认为自己交不出这么多小麦，于是决定不与柯蒂兹公司签合同。此后，他就把这事儿扔到脑后了。后来，当柯蒂兹公司派人来要求他履行合同时，遭到梅森的拒绝，他回答说，他从没有认为自己与该公司订立了一个合同。

柯蒂兹公司寄来的合同确认书的结尾部分有一个条款规定，对该确认书予以保留，而不就其中的不妥之处提出异议，等于承认和接受了这个合同。柯蒂兹公司据此认为，梅森默示地确认了这个合同，因而要求梅森支付 4 140 美元，作为违反合同的损害赔偿。法院没有支持柯蒂兹公司的诉讼请求。

由该案的判决可知，受要约人在收到要约之后保持沉默，等于对要约的拒绝，即使要约中加入了要求受要约人对要约作出回答的条款也不例外。沉默不构成承诺。

2. 承诺的构成要件

一项有效的承诺应该符合一定的条件，包括：

(1) 承诺必须由受要约人或其代理人作出。除此以外的第三人，即使知道要约的内容，也不能作出承诺。承诺的意思表示应以通知的方式作出，但当事人约定或交易习惯允许通过行为作出承诺的除外。我国《合同法》规定："承诺应当以通知的方式作出，但根据交易习惯或者要约表明可以通过行为作出承诺的除外。"《国际货物买卖合同公约》第 18 条第 3 款规定："但是，如果根据该项要约或依照当事人之间确立的习惯做法或惯例，受要约人可以做出某种行为，例如与发运货物或支付价款有关的行为，来表示同意，而无须向发价人发出通知，则承诺于该项行为做出时生效"。

(2) 承诺须于承诺期间内作出。这里的承诺期间也称承诺期限，即受要约人作承诺的有效期限内，与后面论及的承诺的生效时间是不同的概念。在有效期内作出的承诺，该承诺有效。有效期限的承诺一般有两种：有承诺期限的承诺和合理期限的承诺，前者指要约人在要约中规定的允许或要求受要约人答复的期限内的承诺，后者通常指要约中没有明确规定情况下的"合理期间"内的承诺。《国际商事合同通则》规定："要约必须在要约人规定的时间内承诺；或者如果未规定时间，应在考虑了交易的具体情况，包括要约人所使用的通讯方法的快捷程度的一段合理的时间内作出承诺。对口头要约必须立即作出承诺，除非情况另有表明。"(第 2.7 条)这与《国际货物买卖合同公约》的规定是一致的。

要约人可以规定受要约人承诺的限期。只要规定了准确的日期，就不会发生特别的问题。例如规定"如你方愿意交易，请不要迟于 3 月 1 日作出承诺"，受要约人的承诺哪怕的确在 3 月 1 日当天到达要约人处，承诺就算有效，合同成立。但如果要约人仅规定了期限(例如"你方须在 10 天内承诺本要约")，那么，期限何时起计算，其间节假日如何计算，或者期限何时届满，这些方面都可能发生问题。对这些问题的解决，《国际商事合同通则》的规定是：① 要约人在电报或信件内规定的期间，应从电报被交发的时刻或从信件中载明的发信日期起算。如信上未载明发信日期，则从信封上所载日期起算。要约人以快速通讯方法规定的承诺期间，从要约送达受要约人时起算。② 在计算承诺期间时，此期间内正式假日或非营业日应计算在内。但是，如果承诺通知在承诺期间的最后一天未能送达要约人地址，因为该天在要约人营业地是正式假日或非营业日，则承诺期间应顺延至下一个营业日。

我国《合同法》第二十四条、《国际货物买卖合同公约》第20条作了与上述《通则》相类同的规定。

如果要约人没有规定承诺期限，受要约人须在"依照常情可期待得到承诺的期间内"或"合理的时间内"承诺这种情况下衡量受要约人是否在有效期限内承诺，要考虑"交易的具体情况，包括要约人所使用的通讯方法的快捷程度"或者"根据事务的性质或根据惯例在通常所需的必要时间内"（意大利《民法典》第1326条）等因素。

应注意的是一，如果受要约人不是通过声明，而是通过做出某一行为来表示同意（承诺），该行为必须在规定的期限内完成。

如果受要约人未在要约规定的时间内（或合理时间内）进行承诺，即构成法律上的"逾期承诺"(late acceptance)。"逾期的承诺"无效，要约人可不予理会。依德国《民法典》规定：逾期的承诺，视为新要约。我国《合同法》第二十八条也规定："受要约人超过承诺期限发出承诺的，除要约人及时通知受要约人该承诺有效的除外，为新要约。"可见作为一个通则，受要约人逾期作出的承诺不再具有法律效力。

不过，如以前所述，合同规则大多属任意性规范，而非强制性规范，当事人的意愿可得到最大限度的尊重。如果要约人认可，逾期的承诺也可有效，前提是"要约人及时通知"受要约人。《国际商事合同通则》也规定："逾期承诺仍应具有承诺的效力，如果要约人毫不延迟地告知受要约人该承诺具有效力或就该承诺的效力发出通知。"

如果要约人接受逾期承诺，则在一项逾期的承诺送达要约人时，而不是在要约人通知受要约人其认为该逾期承诺有效时，合同视为成立。例如：甲指定3月31日为承诺其要约的最后期限。乙的承诺于4月3日送达甲。甲仍然对该合同有兴趣，愿意接受乙的逾期承诺，并且立即通知了乙。虽然该通知是在4月5日才送达乙，但合同于4月3日成立。

另有一种情况，按有关规则，受要约人的承诺虽然逾期，但仍属有效的承诺，除非要约人立即表示异议。这种情况即：受要约人在承诺期限内发出承诺，按照通常情形能够及时到达要约人，但因其他原因承诺到达要约人时超过承诺期限。这种情况下"除要约人及时通知受要约人因承诺超过期限不接受该承诺的以外，该承诺有效”(我国《合同法》第二十九条)。

《国际货物买卖合同公约》第 21 条第 2 款规定:“如果载有逾期承诺的信件或其他书面文件表明,它是在传递正常、能及时送达要约人的情况下寄发的,则该项逾期承诺具有承诺的效力,除非要约人毫不延迟地用口头或书面通知受要约人,他也认为其要约已经失效。”

这一规则的理由是:如受要约人已及时答复,只是因为不可预料的传递延迟导致承诺逾期送达,则受要约人对能够及时送达承诺的信赖应该得到保护,其结果是逾期承诺视为有效,除非要约人毫不延迟地拒绝。例如:A 指定 3 月 31 日为承诺其要约的最后期限。B 知道信件经由航空传递 A 需 3 天时间,B 于 3 月 25 日发出了载有承诺的信件。由于 A 的国家邮政部门罢工,信封上盖有邮寄日期的信件 4 月 3 日才到。B 的承诺虽然逾期了,但仍有效,除非 A 毫不延迟地拒绝。

适用上述规则应当具备以下几个条件:首先,受要约人发出的承诺应当是在承诺期限内。如果超过承诺期限才发出承诺,当然地属于无效承诺,除非要约人立即认可。其次,受要约人发出的承诺到达要约人时已经超过承诺期限。如果仍在期限内,则该承诺毫无疑问是有效承诺。再次,受要约人发出的承诺按通常情形是能够按期到达要约人的,没有按时到达是因为其他非因其主观过错的原因造成的,如邮路中断等。

如果符合上述三个条件,要约人可用两种方法进行处理。一种是消极方式,也就是不通知受要约人拒受逾期承诺,此时承诺为有效;另一种是积极方式,即及时通知受要约人,因承诺逾期而不接受该承诺,则该承诺无效。要约人如要拒绝承诺,一定要履行该及时通知的义务。如要约人不通知或怠于通知,承诺便自然生效,合同成立。德国《民法典》第 149 条第 2 款规定:“要约人怠于为前项通知后,其承诺视为未曾迟到。”也就是说,对于受要约人及时发出的承诺,因其他情况没有及时送达的,要约人对这一事实没有及时通知受要约人的,法律推定其没有逾期。

(3) 承诺与要约的内容一致。合同是当事人之间协商一致达成的协议。因此,承诺应当与要约的内容相一致。如果受要约人在承诺中将要约的内容加以添加、限制或者其他变更,即为对要约的拒绝,是一项反要约,不能发生承诺的效力。例如:1978 年 2 月 20 日,被告寄给原告一份报价单,其中写道:印第安纳石灰公司愿向路德特克工程公司提供 70 000 吨石灰石,每吨价格为 10.15 美元。本价格包括运费。货物将在 1978 年到 1979 年间发运。1978 年 6 月 1 日,原告(路德特克公司)向被告发出一份购买 70 000 吨石灰石的订单。原告在这份订单中要求被告从 1978 年 6 月 24 日开始发货,每天发 1 500 吨。按这一要求,货物应在 1978 年

11 月运完。由于种种原因,被告未能在这一期限内发运完这批货。实际上,原告收到最后一批货的时间是 1979 年。

原告向法院起诉,称被告未能在合同规定的期限内履行合同义务,要求被告赔偿由于延误了原告从事的工程建设而导致的 797 700 美元的损失。

法院判决,被告在 2 月 20 日寄出的报价的信件是一个向原告出售石灰的要约,原告发出的订单是对该要约的承诺。原告向被告提出的在特定期限内完成交运的要求“实质性地改变了”该要约。因此,双方并没有就交运进度达成协议。被告是在合理的期限内交运这批货物的,因而并没有违反合同。

法院的判决表明,原告 6 月 1 日的发函,不是有效的承诺,因为它改变了货物的交运期限。

根据有关规则,受要约人的承诺不具承诺的效力,必须受要约人对要约内容作出“实质性的改变”。我国《合同法》对此有准确的解释:“有关合同标的、数量、质量、价款或者报酬、履行期限、履行地点和方式、违约责任和解决争议方法等的变更,是对要约内容的实质性变更。”这一解释规定与《国际货物买卖合同公约》第 19 条第 3 款的规定是一致的,不过后者针对的仅是国际货物买卖合同罢了。

不过,承诺对要约内容作出非实质性变更的,除要约人及时反对或者要约表明承诺不得对要约的内容作出任何变更的以外,该承诺有效,合同内容以承诺的内容为准。如《国际商事合同通则》第 2 章第 2.11 条规定:“对要约意在表示承诺但载有添加或不同条件的答复,如果所载的添加或不同条件没有实质性地改变要约的条件,那么,除非要约人毫不迟延地表示拒绝这些不符,则此答复仍构成承诺。如果要约人不作出拒绝,则合同的条款应以该项要约的条款以及承诺通知中所载的变更为准。”这一规定与《国际货物买卖合同公约》第 19 条第 2 款的规定相同。

英美法对承诺实施“镜像原则”(mirror image rule),即承诺必须是要约的折射,不得与要约有任何偏差,否则,不能构成有效的承诺。但是后来的美国《统一商法典》有了改变。该法典第 2—207 条规定:在合理时间内寄送的承诺表示或确认书,只要确定并且及时,即使与原要约或原同意的条款有所不同或对其有所补充,仍具有承诺的效力,除非承诺中明确规定,以要约人同意这些不同的条款为承诺的生效条件。

实务上,对于承诺是否对原要约进行“实质性”改变,除法有明文规定(如我国《合同法》第三十条的规定)外,须视每一交易的具体情况而定。对此问题应予考虑的一个重要因素是,变更条款或差异条款在有关的贸易领域须是常用的,而不能出乎要约人的意料之外。例如:A 向 B 订购一台机器,准备在其房屋基地上调试。

在接受订单时，B声明接受要约的条款，但增加了B希望参加调试机器的条款。该添加条款不是对要约的“实质性”变更，因此它将作为合同内容的一部分，除非A毫不延迟地拒绝。

(4) 承诺方式必须符合要约规定的要求。如前所述，承诺的方式一般是通知，但也可以通过行为进行承诺(如果根据交易习惯或要约许可的话)。如果要约对承诺方式有规定的，则以不符合要约规定的方式进行的承诺无效。

如意大利《民法典》第1326条规定：“当要约人对承诺要求特定形式时，如果承诺以不同于要求的形式发出，则该承诺无效。”这表明，要约如要求允诺，单以履约行为做出的接受，不能构成承诺；要约如要求作出履约行为，仅允诺即将履约，也不足以构成承诺。要约人要求的承诺方式如果是履约行为，履约行为已经开始的事实，通常无须传递给要约人。

例如：在水门休伦机械公司诉沃勒案中，被告向原告订购一台农用机械，要约要求立即供货。原告收到订单两天后将机器交运，但未将此事通知被告。机器交运两天后，原告收到了被告撤销要约的电报。被告辩称，要约意在要求原告作出允诺，发运机器这一事实本身不能构成对要约的承诺。鉴于上述理由，被告在原告作出承诺之前即已撤销了要约。法院认为，要约人要求的是以履约行为作出承诺，而不是要求允诺履约。机器一经交运，要约即被承诺。

如果要约没有对承诺方式作出特定要求，则受要约人可以采用任何合理的方式作出承诺。这一规则摒弃了过去机械的承诺规则。比如，过去要求传递承诺必须使用与要约完全相同的方式，用电报传递的要约，一定要用电报传递承诺。

对于要约没有特别要求，受要约人只要采用合理方式接受即构成有效承诺这一新规则，已为当今大多数立法所认可。《联合国国际货物买卖合同公约》第18条第1款即规定：受要约人声明或做出其他行为表示同意一项要约，即为承诺。

《国际商事合同通则》第2.6条第3项规定：如果根据要约本身，或依照当事人之间建立的习惯做法或依照惯例，受要约人可以通过做出某些行为来表示同意，而无须向要约人发出通知，则承诺于做出行为时生效。

美国《统一商法典》第2—206条第1款第1项也灵活规定受要约人接受要约的方式：“要求订立合同的要约，应解释为邀请以当时情况下任何合理的方式和通过任何媒介作出承诺。”

不过，上述情况下，为对要约人体现公平，受要约人以履行行为进行承诺，应该在履约行为开始之后的合理时间内，明确无误地将其承诺通知要约人。否则，要约人可将其要约视为被承诺之前已经失效"即使受要约人已依要约要求开始履约,且此行为也系构成承诺的合理方式,但要约人在合理时间内如果未收到承诺通知,要约人可将其要约视为被承诺前已经失效"(《统一商法典》第2—206条第2款)。

例如:为建立一个数据库,A要求B拟出一份专门计划。在未给A发出承诺通知的情况下,B开始草拟计划,并在完成后要求A根据要约中所开列的条件付款。此时,B无权要求付款,因为B从未通知A,他对要约的所谓"承诺"没有生效。

3. 承诺的生效

承诺何时起生效,是一个重大问题。因为按各国法律承诺一旦生效,合同即告成立,当事人即要承担合同的权利义务。在这个问题上,有关国家的法律规定存在明显的分歧,主要分歧在于有的实行"投邮生效原则",(mail-box rule),有的实行"到达生效原则"(received the letter of acceptance)。分述如下:

英美法一般认为,凡以信件、电报作出承诺时,承诺的函电一经投邮、拍发立即生效,合同即告成立。只要受要约人把载有承诺内容的信件投入邮筒或把电报交到电报局发出,承诺即于此生效。这即所谓的"投邮生效原则"按这一原则,即使承诺的函电在传递过程中遗失或延误,但只要受要约人能证明他已在函电上写明了收件人的姓名、地址,付足了邮资并交到了邮电局,合同仍可有效成立。这一规则的理论依据在于,英美法认为,如果要约人是通过邮电局向受要约人发出要约,他就等于默示地指定了邮电局作为他接收承诺通知的代理人。所以,一旦受要约人把承诺的函电交到了邮电局,就如同交到要约人一样,承诺当时发生效力,合同视在当时成立。

大陆法系国家多采用"到达生效原则",即受要约人的承诺通知到达要约人时,承诺始生效,合同告成立。如意大利《民法典》第1326条规定:"当发出要约的人接到另一方的承诺时,契约成立。"

《国际货物买卖合同公约》也采纳"到达生效原则",该公约第18条第2款规定:承诺要约于表示同意的通知送达要约人时生效。

《国际商事合同通则》同样采用"到达生效原则":"对一项要约的承诺于同意的表示送达要约人时生效。"(第2.6条第2款)

确定"到达生效原则"的理由在于:由受要约人承担传递的风险比由要约人承担更合理,因为是由前者选择通讯方式,他知道该方式是否容易出现特别的风险或延误,他应该能采取最有效的措施以确保承诺送达目的地。

此外,如果受要约人采用通知以外的其他合理方式如通过行为进行承诺的,则在该行为作出时承诺即生效。如《国际商事合同通则》第2.6条第3款,"如果根据要约本身,或依照当事人之间建立的习惯做法或依照惯例,受要约人可以通过做出某行为来表示同意,而无须向要约人发出通知,则承诺于做出该行为时生效”。《国际货物买卖合同公约》第 18 条第 3 款的规定也体现这一规则,对这一规则,我们可以回到前述的“水门休伦机械公司诉沃勒”案加以充分体会。

4. 承诺的撤回

承诺撤回,指受要约人阻止承诺发生法律效力的意思表示。承诺一旦被受要约人撤回,该承诺就丧失导致合同成立的法律效力。

按英美法“投邮生效原则”,由于承诺的函电一经投邮就立即生效,因此,受要约人发出承诺通知后,就不能撤回承诺。

但是大多数大陆法国家法则,以及有关国际公约、惯例是允许受要约人撤回承诺的。例如,意大利《民法典》第 1328 条规定:“承诺得被撤回,但撤回的通知要在承诺之前送达要约人。”

《国际货物买卖合同公约》第 22 条规定:承诺得于撤回,如果撤回通知于承诺原应生效之前或同时送达要约人。

承诺撤回的基本条件是:受要约人应当在承诺生效之前将撤回的通知送达要约人,或者使该通知与承诺同时到达要约人。

应加以注意的是,如果受要约人是以履行行为的方式进行承诺的,则行为一经作出,承诺效力产生,是不能撤回的。

三、对价与约因

(一) 对价的概念

在英美法系国家,作为一般原则,对价(consideration)是合同成立的必备条件之一。甚至有这样的说法:在大陆法中合同成立的要素是要约和承诺,而在英美法中合同成立的要素有三个:要约、承诺和对价。英美普通法把合同分为两类:一类是签字蜡封的合同,这种合同是由当事人签字、加盖印鉴并把它交给对方而做成,其有效性完全是由于它的形式,而不要求任何对价。另一类是简式合同,包括口头合同和非以签字蜡封形式做成的一般书面合同,这类合同必须要有对价,否则就没有拘束力。

那么,什么是“对价”呢?其含义往往显得抽象难懂。按英国高等法院的解释,对价指“合同一方得到的权利、利益、利润或好处,或者是他方当事人克制自己不行使某项权利或遭受某项损失或承担某项义务。”稍通俗地讲,对价是受允诺人(promisee)为使允诺人(promisor)的诺言(promise)对允诺人产生法律的约束力而向允诺人提供的，与诺言相对应的报偿。或者说，“对价”是一方用以换取对方兑现其允诺的“代价”。根据英美法理论，合同从本质上说是一种交易，是允诺(promise)的交换。一般情况下，仅仅由一方当事人履行义务的协议因缺乏对价，在法律上没有约束力。当今，这一理论已经在很大程度上被修改。

（二）对价的法律规则

根据英美法规则，一项有效的对价应符合以下要求：

1. 对价必须来自受允诺人

这是指只有某项允诺付出了对价的人，才能要求强制执行此项允诺。因此，在前述案例中，A对B许诺，如果B肯出100元钱，他将会把自己的手表交给C，如果B支付了100元，A却拒绝把手表交给C，则C不能起诉A要求法院强令履行向C交付手表的许诺。因为作为对A的许诺的对价来自B而不是来自C，C并没有提供任何对价。

2. 对价必须是合法的

凡以法律所禁止、不予认可的东西作为对价则无效。由于作为对价的标的，如贩卖海洛因的合同，是违法的，因此这种合同无效。

3. 对价须是待履行的对价或已履行的对价，而不能是过去的对价

所谓待履行的对价(executory consideration)，是指双方当事人允诺在将来履行的对价，双方作出允诺时，履约行为均未实施。例如：甲乙某年5月签订一项协议，如甲在第三季度为乙提供一项服务，乙将支付款项若干，该协议中，甲提供服务和乙支付服务费均在将来实施，都属于待履行的对价，是有效的对价。

所谓已履行的对价(executed consideration)，是指当事人中的一方以其作为要约或承诺的行为，已经全部完成了他依据合同所承担的义务，只待对方履行其义务。例如，卖方主动向买方发货，当买方接收货物时，买卖合同告成立，买方有支付合理价金的义务。

所谓过去的对价(past consideration)，指一方在对方作出允诺之前已履行了某行为，这不能作为对方后来作出允诺的对价，即过去作过的事不能作为现在允诺的对价，这种允诺是没有强制拘束力的，因为它是受诺人自愿提供的，而不是应诺言人的要求而提供的。在这种情况下，诺言人可以收回其诺言。

例如：某甲是乙公司的高级职员。某年5月份，甲获得为期三周的带薪休假。甲计划将这段休假时间用于去欧洲旅游。在法国巴黎观光期间，甲结识一新客户，经他的促成，该客户与乙公司达成一笔交易。甲结束休假回公司后，这项交易已完成，且使公司获利10万美元。某甲回公司上班的第一天，乙公司董事长丙对甲大

为激赏，许诺要给甲一笔1万美元的奖赏，但过后甲去支领这1万美元奖金时遭到拒绝。甲起诉公司，要求公司履行支付1万美元奖金的许诺。法院没有支持要求判令公司支付这1万美元的诉求，理由是当丙许诺奖励时，甲为公司促成获利交易的行为已在公司董事长许诺给予奖励之前已经完成，属过去的对价。“过去的对价不是对价”(past consideration is no consideration)。这种对价不能构成以后获取报酬的依据。

但是，允诺人在对价为过去的对价时取消其诺言要受到一项限制：当允诺人对受诺人负有道德上的义务时，他不能以对价是过去的对价为理由，收回其诺言。

例如：1925年，原告受雇于一家木材公司。一天，原告在公司的锯木厂清理木材。当他把楼上摆放的一堆圆木一根根掀落到楼下时，突然发现麦克戈文从楼下经过，他已搬动的一根圆木如果落下去，将恰好砸在麦克戈文的身上，使其受到致命的伤害。为了救麦克戈文，原告紧紧抱住圆木的一端，使其下落的方向改变。结果麦克戈文得救了，原告却跌到楼下，造成终身残疾，丧失劳动能力。为了报答原告，麦克戈文答应每两周付给原告15美元直到原告去世为止，以维持其生活。这笔钱从1925年9月付到1934年1月麦克戈文去世。以后，麦克戈文的继承人拒绝付这笔钱。于是，原告当即对该继承人提起诉讼。被告辩称，麦克戈文关于按期支付给原告抚恤金的诺言没有对价，或至多也是过去的对价。原告反驳说，他挽救了麦克戈文的生命，或至少使其免受严重伤害。这对于麦氏是一种实质性的利益，比任何经济上的帮助都更有价值。由于得到这样的利益，麦氏在道德上负有对原告进行赔偿的义务。法院判决，一项确定的原则是：当诺言人收到一项实质性的利益时，一种道德上的义务就成为使一个事后作出的给付金钱的许诺产生约束力的充分的对价。

4. 法律或职责上的义务不能作为对价

凡属履行法律上的义务，不能作为受益的对价。例如：某甲店铺失火，他紧急声明，如果谁扑火抢救出店内价值10万美元的数十台电脑，愿赏金1万美元。某消防队员乙奋勇扑救搬出电脑。法院认为，这是乙法律上的责任，不足以作为受赏的对价。

另外，如果行为属于工作的职责，也不能作为有效对价。例如：一艘货轮在航行途中遭遇狂风恶浪，四处无任何救援船只。轮船有倾覆危险，经一番努力仍未摆脱危险，这时船长宣布：如果最终能使船货运抵目的地，将给每个水手加薪500美元，随后，水手们再作拼死抢救，终于保住船货并运抵目的港。水手要求兑现加薪诺言，遭船主拒绝，遂起诉到法院。法院判决，船长的允诺无效。船员加薪要求缺乏有效对价,因为水手竭尽全力完成航运任务,是在履行他们工作职责。他们本已获得劳动报酬,抢救船货这一职责义务不构成额外加薪的对价。

5. 对价必须有价值,但不必等值

合同必须有对价,但无须等价。当事人付出的对价,是否与允诺人允诺等值,法律并不强求。英国一则判决表明:"凡属对价是否充分问题,应由双方当事人在订约时自行考虑决定,而不应在谋求强制执行时由法院来决定。如果法院在审理有关合同的案件时,对于对价是否充分的问题,都一一都进行查究,法院将不胜其烦。"

一个典型案例说明了这个规则:一个独居老太,拥有一处庄园。因年老体弱,生活自理不便,而她的晚辈亲戚不愿照料她。老太通过报纸广告招聘一乡村姑娘为女佣。该女佣服侍老太十分周到。老太甚为感激,便有意在自己去世后将庄园送给女佣,但又担心届时亲戚找女佣麻烦。律师建议老太将庄园卖给女佣,最后双方立下买卖庄园契约:女佣继续服侍老太,并每年支付 1 英镑购买款,直至老太去世止。五年后老太去世,女佣支付了最后一期款项(总共五英镑)。老太的继承人为剥夺女佣对庄园拥有产权,起诉到法院,认为这笔买卖无效。法院判定这笔买卖合同有效。女佣支付五英镑便是对价,因而合同成立。

当然,如果对价的不充分,是因为一方的欺诈或错误造成的,另一方当事人可以请求给予衡平法(equity)上的救济,撤销合同。

英美法关于对价的上述规则有些已与现代资本主义社会经济生活需要不相适应,因此,在英国,其"法律修订委员会"自 1934 年以来也着手开始对对价学说进行修改工作。美国《统一商法典》、《合同法重述》也已经制定了一些新的规则,如规定:某些合同,即使缺乏对价,也有法律约束效力。

(三) 约因

大陆法国家通常将法律行为分为有因行为和无因行为。债权契约通常都是有因行为。合同(契约)是法律行为的一种,且归类为债的一种,即合同而形成的权利义务作为债权债务看待。契约中的原因即约因(cause)是罗马法的概念,法国民法典继续使用了这一概念。"无原因的债,基于错误原因或不法原因的债,不发生任何效力"(法国《民法典》第 1131 条)。

按某些大陆法国家规则,合同的有效成立,应考察成立合同的约因。按法国著名学者贾毕当在他的名著《债务原因论》的定义:"原因是契约当事人负担义务所希望达到的目的"因此可以理解合同的约因即合同当事人产生合同债务所追求的直接的目的。

法理上，约因与动机(motives)有所不同。动机是每个人订立合同时的具体目的，依每个人而不同；约因则是法律上的目的，一定的契约，原因常是相同的。如货物买卖合同，买主订立合同的约因就是要获得标的物，而其动机可能是为了自用，也可能是为了赠送他人。法律声追究的是约因。

根据上述法国《民法典》第1131条规定，任何债(当然包括合同)的产生都必须有约因，否则就不发生效力。如果约因为法律所禁止，或约因违反善良风俗或公共秩序，此种约因即属不法约因，也不发生任何效力(法国《民法典》1133条)。

意大利民法同样强调合同有效成立必须约因合法。按意大利《民法典》第1343、1344条规定，如约因为法律所禁止，或违反善良风俗或公共秩序，或构成规避适用强制性规范的手段时，系不法约因，合同无效。

与法国法律有所不同的是，意大利《民法典》在契约约因的规定方面还涉及当事人的订约动机。该法典第1345条规定："当双方当事人确定缔结契约仅是为了双方共同的不法动机，则该契约是不法的。"例如，合同的双方当事人通过订立合作协议，达到少交税的目的，这其实就是不法动机的合同，因而是无效的。

不过，德国、瑞士、日本等大陆法国家的民法典中，在有关合同成立的章目里都不再采用约因这个概念。它们不以约因作为合同成立的必备条件。

四、合同的形式

(一) 合同的形式的概念

合同的形式(formality)指的是当事人达成协议的方式，也即订立合同的方式。

(二) 合同的分类

合同可以分为要式合同和不要式合同。要式合同是指必须按照法定的形式或手续订立的合同，通常是书面协议。不要式合同是法律上不要求按特定的形式订立的合同，通常指口头或为一定的行为达成协议。在合各国的立法和司法实践中，要式合同的作用有两种：

(1) 要素原则，也就是成立要件原则。按这种原则，没有法律规定的书面形式，契约就不能成立，因而也就无效。例如，法国《民法典》第931条规定："一切生前赠与行为应以通常契约的方式，在公证人前作成之；且应在公证人处留存契约的原本，否则赠与契约无效。"

(2) 证据原则，也就是没有书面形式就不能证明契约的存在，但不引起契约无效的后果。没有书面形式时，不能以证人为证，但不排除可以用其他书面证据等来证明契约的存在。英美大多数采取这项原则，但这项原则也只适用于简单契约，而不是正式契约。例如美国统一商法典规定：契约金额在500美元以上的，需用书面形式，如没有书面形式时，仍然有效。但正式契约如果不按法律规定的形式订立时就是无效契约(见以后的详述)。

(三) 有关合同形式的规定

现代各国在合同形式问题上，大多采取"不要式原则"(principle of informality)，只对少数合同才要求必须按照法律规定的特定形式来订立。关于各国有关合同形式的规定分述如下：

1. 法国法规定

按法国《民法典》的规定：赠与合同、夫妻财产制合同、设立抵押权合同等个数几种合同，须以公证人的文书作为合同有效成立的形式要件。

对于其他合同，法定形式只起证据作用，用于证明合同的存在及其内容，除了法律规定的形式以外，法院不接受其他形式的证据。如根据法国《民法典》第1341条的规定，如果价额在50新法郎以上的合同没有采用公证人证书或私证书的形式，合同并非无效，但不能以证人作为证据。缺乏证书证据，法院将不予强制执行。

商事合同则是一个例外。依法国法，商事合同为不要式合同，口头与书面形式均有效，且任何证据方式都可以使用，以此适应现代商业活动的需要。

2. 德国法规定

德国《民法典》在总则中规定：不依法律规定方式的法律行为无效。如法律规定须用书面方式时，必须由书面作成人亲自签名，或用指印而由法院或公证人认证。如合同没有按照法定形式办理，说明当事人缺乏严肃认真的订约意思，合同即归于无效，而不问当事人能否提出证据证明合同的存在，这是德国法与法国法的不同之处。

德国法对不同类型的合同所应采取的形式分别作出具体规定，如赠与合同，应作公证文书；转移土地所有权合同，除书面订约外，还要求在土地登记部门登记才能生效等。

3. 英美法的规定

英美法通常把合同分为正式合同(contract under seal)与简式合同(simple contract)两类。有关法律对这两类合同形式要求有所不同：

(1) 正式合同。这种合同有效的唯一根据是符合形式要求。对这种合同提出争议的理由只能是形式上的缺陷、伪造或暴力胁迫，而不是当事人一方的同意或没有对价。法律对这种合同的书面形式有特殊的要求：必须由有关当事人一方亲自笔书并签字，然后加盖本人印章，并交付对方保存，也可以交付第三人等待规定的条件到来时交给对方当事人。之所以作这样严格的形式规定，“这是英国法传统的保守主义影响的结果，也是由于英国法中没有大陆法的民事证书公开登记的制度，正式契约正是为了弥补此种不足”①。按英国法律，下列合同应依正式合同形式订立：① 一切给予对方利益，但没有因此而得到对价的法律行为，因为普通法准则只给予有对价的契约以保护；② 一切有关转让土地或其他不动产、转让土地或不动产物权的行为；③ 一切转让英国船只或轮船公司股份的行为；④ 非实行经济活动的公司所订立的契约；⑤ 如果章程有规定，某些公司转让股份的行为。

美国大多数州已经废止了签字蜡封的合同（正式合同）。按这些州的法律，即使合同采用了签字蜡封的形式，但是如果没有对价，合同仍然无效。《合同法重述》（1932 年）也规定：蜡封作为唯一的理由并不能使一个合同产生约束力，除非当事人之间的交易是公平的（第 366 条）。尽管《合同法重述》主要反映了学者的观点，并无强制的约束力，不过其对美国的司法实践有着重大的影响。

（2）简式合同。简式合同是指必须要有对价支持的合同，但不等于完全是不要式的合同。这种合同可以用口头订立，也可以用书面订立，任由当事人自由选择合同所使用的形式。但也有一些简式合同依法必须以书面形式订立，其作用有的是作为合同有效成立的条件，有的作为证据上的要求，这视合同的性质而定。

按英国法例，以下几种简式合同是必须以书面形式做成的，否则合同无效或者不能强制执行：① 汇票与本票；② 海上保险合同；③ 债务承认；④ 卖方继续保持占有的动产权益转让合同。

有的合同则要求以书面文件或备忘录作为证据。根据英国的诈欺法（Statute of Frauds）的规定，有五种合同必须以书面形式作成，并由承担义务一方当事人签字才能作为证据，否则不得向法院起诉（但不是该合同无效，如当事人自愿执行，合同仍有效）。

《诈欺法》的主要目的是防止欺诈，该法通过的当时（1677 年），英国法律则采纳了把相互之间的许诺作为产生合同义务的基础这一原则，而当时法院的诉讼程序以及关于证据的各项法则还未充分发展到能操纵合同法的完善的程度。后来随着证据法和法院诉讼程序都日趋完善、合理了，同时诈欺法本身可导致一些漏洞（比如有的被告借口没有书面形式为由，逃避其依口头协议所承担的义务）。因此，有关合同书面形式要求的法律已作了大大的修改。现在，《诈欺法》规定有效保留的只剩下第四章中的一部分，即规定担保合同必须用书面证明。1925 年的《财产

---

① 参见江平：《西方国家民商法概要》，法律出版社 1984 年版，第 95 页。

法》规定，地产买卖仍要有书面证明；1929 年的《债权人法》要求债务人与债权人签署载有贷款合同所有条款的记录或备忘录，若与法规不符，则该合同便不可履行。

其后的 1965 年《分期付款买卖法》仍要求信贷买卖合同或价值不足两千英镑的分期付款买卖合同应以书面形式订立，并载有合同的最重要的条款，并由双方当事人签字。

美国几乎所有的州都制定了自己的《诈欺法》，且一般要求下列合同必须以书面形式作为证据：不动产买卖合同、从订约时起不能在一年之内履行的合同、为他人担保债务的合同、价金超过 500 美元的货物买卖合同。

《统一商法典》第 2—201 条也规定：价款达到或超过 500 美元的货物买卖合同，如果没有充分的书面材料足以证明当事人之间订有销售合同，且这些书面材料未被申请强制实施一方或其授权代理人、经纪人签署，不得通过诉讼或抗辩而强制实施。不能因为书面材料对商定条款的记载有所疏漏或偏差而失去合同效力。但强制实施的货物数量，不得超出书面材料载明的范围。

但依该法典第 2—201 条第 3 款规定，下列情况下合同虽缺乏书面材料证明，仍具有强制实施效力：① 货物系为买方专门制造，卖方在正常业务中不宜将这些货物销售给他人，在收到毁约通知前有合理情况表明这些货物确系为买方准备，并且已经开始实质性的生产或已承担了履约义务；或者② 被申请强制实施一方在其诉讼文书、证词或在法庭上以其他形式承认销售合同确已订立。这种情况下，可以强制实施的有关货物数量不得超出承认的范围；或者③ 有关货物的价款已支付并收讫，或者货物已交付并接受(第 2—206 条)。

4.《国际货物买卖合同公约》对合同形式的规定

国际货物买卖合同公约对合同形式，原则上不加以限制。当事人采用口头方式还是书面方式，都不影响合同的效力，也不影响证据力。该公约第 11 条规定：买卖合同无须以书面订立或证明，在形式方面不受任何其他条件的限制。买卖合同可以用包括证言在内的任何方法证明。

但公约考虑到某些国家立法规定有合同必须以书面形式订立的要求这一状况，允许公约成员国对第 11 条提出声明，予以保留：如果订约当事人的任何一方营业所处于作出保留声明的缔约国内，则第 11 条的规定将不予适用。

5. 中国法律关于合同形式的规定

我国《民法通则》第五十条规定："民事法律行为可以采取书面形式、口头形式或者其他形式。法律规定用特殊形式的，应当依照法律规定。"这一规定显示，对民事法律行为的口头的、书面的、公证的、鉴证的、公告的和默示的种种形式，只要法律没有特别的要求，是完全允许的当事人来协商决定的。

我国《合同法》对于合同形式，适应国际惯例，没有采纳“要素原则”，即对合同的有效成立，没有再强制性要求必须以书面形式达成协议为要件，而是与《民法通则》基本精神相一致，允许当事人自行决定法律行为(包括订约)的形式。如《合同法》第三十六条规定：“法律、行政法规规定或者当事人约定采用书面形式订立合同，当事人未采用书面形式但一方已经履行主要义务，对方接受的，该合同成立。”按该规定，法律、行政法规规定或者当事人约定应当采用书面形式订立合同，当事人未采用书面形式的，合同未必不成立，其成立只须具备两个条件：一是一方当事人已经履行主要义务，二是对方接受当事人履行义务。上述两个条件如同时具备，合同成立。在此种情况下，接受履行的一方，应当按照已履行义务一方当事人要求，履行本方应当履行的义务，不能采用书面形式为由提出抗辩。否则，要承担违约责任。

上述规定是对应当采用书面合同形式的灵活处理。当事人既然已经选择了不采用书面合同的形式，又履行了自己应当履行的义务，对方又承认这种履行，那法律应当尊重当事人的选择。同时，法律、行政法规之所以规定某些合同应当采取书面合同形式，是因为书面合同具有较高的证明力。当出现合同纠纷时，当事人容易举证，并使裁判机关能查明事实，分清是非，及时解决纠纷。如果当事人以自己的履行行为明确表示自己愿意及时履行合同义务，那么，过分强调合同的书面形式是没有必要的。

五、合同内容的合法性问题

我们在以前有关合同法原则中专门提到“契约自由”原则，但随着近代各国政府对社会经济生活的干预、介入的增多，例如用行政手段规定契约的订立和条件；有些物资供应受到国家限制，国家对对外贸易、外汇、投资证券交易、价格、工资及劳动关系等许多方面都有强制性规定，这些都使契约自由原则受到一定限制。几乎所有国家对当事人订立合同都确立了合法性要求，规定凡是违反法律、违反善良风俗与公共秩序的合同一律无效。分述如下：

(一) 英美法系的规定

英美法认为契约就是适格的双方因契约的对价而订立的约定，一方负有履行或不履行一定行为的义务，以实现有价值而合法的目的。因此契约的有效要件中除前述的当事人有订约能力、有对价等外，还要求契约的目的与效力必须合法。合同(契约)的合法性包括：

1. 不违反公共政策

违反公共政策的合同是无效的。违反公共政策是指损害公众利益、违背某些成文法所规定的政策或目标,或旨在妨碍公众健康、安全、道德以及一般社会福利的情况。违反公共政策的合同,通常包括限制贸易的合同、限制竞争的合同、限制价格合同、妨碍司法,规避法院管辖权的合同等。对这些合同违法性的判定根据普通法、某些成文法确立的规则加以判定。例如:原告是被告公司的一个房客。一天晚上,当她顺着通往她租的公寓的楼梯往下走时,由于那里没装电灯,她从楼梯摔下,受了伤。她向法院起诉,要求被告就其疏忽承担赔偿责任。被告辩称,原告签署的租赁合同中包括了一个免责条款:"无论是出租人还是其他代理人,都不应对承租人,他的家庭、客人、雇员或进入该住房或该住房所属的建筑物的任何其他人所受到的任何伤害承担责任。"

该案的判决表明:在一个居住用房租约中加入的在因房屋及辅助设施的维修或管理不善而造成房客人身伤害的情况下免除房主责任的条款是无效的,因为该条款与判例法的原则所体现的公共政策相抵触。

由于公共政策概念具有宽泛、灵活的特点,因此在解释、适用上往往产生分歧。在1892年英吉尔一案中,几个航运公司联合起来,表示要对他们的中国茶叶贸易的运费打折扣收取,其着眼点是阻止原告(一个与之竞争的航运公司)在该项贸易中获得立足之地。各被告之间达成的协议很清楚是限制贸易竞争的合同。依美国《谢尔曼反托拉斯法》被告将败诉,但审理该案的英国法院所作的判决却是原告败诉。法院判决的理由是:在贸易竞争中不可能规定,什么是可以容许的行为的标准。本案各被告的联合折扣收费协议,尚不足以构成非法协议。

2. 不违反社会公认的道德标准

有违社会公认的道德标准的合同即属不道德合同,如法院予以承认将会引起正常人的愤慨。例如,父母作出的对孩子放弃管理权利的协议是无效的。

但是,由于人们对道德标准的解释会有所不同,因而对于某合同是否因其不道德而无效,各国也会有不同的看法。例如:在英国,尽管婚姻关系实际上已经破裂,但夫妇之间达成的在将来分居的协议仍是无效的。而这种协议在其他国家则会有不同的对待。

3. 不违反法律、行政法规的强制性规定

目的在于犯罪的协议是非法协议,例如以谋杀、抢劫、纵火、盗窃、暴行和斗殴为目的的协议。同样,以侵犯第三人构成民事违法为目的的欺诈、诬陷、侵占的协议。另外,赌博合同、放高利贷合同、对敌贸易合同等,因其违反法律的强制性规定而无效。

（二）大陆法系的规定

大陆法系国家通常在民法典中以明文规定，对合同的合法性加以确定。依大陆法系国家法律，构成合同非法的情况大体有两种：一是交易的标的物是法律不允许进行交易的物品，如德国《民法典》第 306 条规定："以不能的给付为标的契约，无效。"违法标的有毒品和其他违禁品等。另一种是合同的约因不合法，如法国《民法典》第 1131 条规定："无原因的债，基于错误原因或不清原因的债，不发生效力。"又在其 1133 条解释："如原因为法律所禁止，或原因违反善良风俗或公共秩序时，此种原因为不清原因。"意大利《民法典》第 1343 条的解释是："当与强制性规定，公序良俗相抵触时即是不清原因。"不法原因即约因不合法，由此达成的合同无效。

上述的善良风俗、公共秩序或公序良俗都属于伦理道德或政治范畴，要由法院根据每一个案例的具体情形作判定，法官有很大的自由裁量权。

（三）中国法律的规定

我国《合同法》第五十二条规定："有下列情形之一的，合同无效：（一）一方以欺诈、胁迫的手段订立合同，损害国家利益；（二）恶意串通，损害国家、集体或者第三人利益；（三）以合法形式掩盖非法目的；（四）损害社会公共利益；（五）违反法律、行政法规的强制性规定。"

需要说明的是，出现上述规定情形的是无效合同，即因不符合或者违反法律要求，不能发生当事人预期的法律后果，不能得到法律的承认和保护，不能对当事人产生法律约束力的合同。它与不成立的合同是有区别的。不成立的合同指的是当事人没有按规定进行要约和承诺，或者未在合同书上签字或盖章，也没有履行合同主要义务的合同。

六、当事人意思表示的真实性

有效成立的合同应是当事人意思表示一致的产物，必须是当事人真实意愿的合意情形下达成协议。凡是需要表现意思的行为都要具备两个有效条件：一是要有意思能力，也就是正常的推理及判断能力，否则表现出来的意思就无效；二是所表现出来的意思与真实意思一致，否则，表现出的意思也可能无效。意思与意思表示不一致的，称意思表示瑕疵(insufficiency of will)，也即意思表示不真实，当事人可以提出要求撤销，从而使合同无效。法律上要求合同必须意思表示真实正是前述的"契约自由原则"的体现。以下，对不能反映、体现当事人真实意思的情形说明如下：

（一）错误(error or mistake)

错误指合同当事人对于构成他们之间交易基础的事实在认识上发生的不一致性。各国法律都承认，在一定条件下，这种错误可以使受到不利影响的一方获得使合同归于无效的权利。

1. 大陆法系的规定

意大利《民法典》第1427条规定："因错误、被胁迫或者被诈欺而同意缔结的当事人，根据下列规定得主张契约的撤销。"其中因"错误"得撤销合同的条件是"当错误是本质性的并为缔约另一方可识别时"(第1428条)。那么，什么样的错误是"本质性"的呢？本质性错误包括：① 涉及契约性质或者标的物时。比如，将借贷关系当成赠与关系，就是契约性质上的错误。② 涉及交付标的物的同一性或者根据一般标准或有关情况应当由合同确认的同一标的物的质量时。这是指交易标的物的种类、质量认定方面的错误。③ 涉及由缔约方确认他方缔约人的身份或基本情况时。这是指对缔约当事人认定的错误。比如，误将B当成意欲缔约的A。④ 涉及构成唯一或主要原因的法律错误时。这是缔约目的方面发生差错。

法国《民法典》第1109条规定："如同意系因错误、胁迫或诈欺的结果，不得认为同意已有效成立。"关于错误，该法典第1110条规定：错误，仅在涉及契约标的物的本质时，始构成无效的原因。导致合同不成立的错误有两类：① 涉及标的物本质(性质)的错误。所谓"本质"性的错误，法国学者和法官理解为"基本品质"、"决定性的考虑"或"买方非此不买的品质"等。例如，买方以为他所买的是路易十四时代的家具，但后来发现并非路易十四的古物，他可以主张撤销合同。② 对订约对方当事人认定的错误。如果一方当事人把订约对象当成订约的主要目的，而订约时恰恰在对象上发生错误，那么可以主张合同无效。这样的情况仅限于对方当事人本身具有特别重要意义的合同，如承包合同、雇佣合同或借贷合同等，因为这些合同对方当事人的身份、能力、技能和品格对当事人决定是否同其订约具有重大意义。

德国《民法典》第119条规定："表意人所做的意思表示的内容有错误时，或表意人根本无意为此种内容的意思表示者，如可以认为，表意人若知其情事并合理地考虑其情况而不会做此项意思表示时，表意人得撤销其意思表示。"德国法所强调的是意思表示本身(表意)是否差误。

德国《民法典》规定有三种错误，可以使表意人有权要求撤销契约：① 传达的错误(如错打电报)；② 内容的错误；③ 对人和物的性质的错误。

2. 英美法系的规定

英美法系关于错误对合同效力的影响的基本规则是：单方的错误一般不能导致宣告合同无效。如果无错误的一方不知道也没有理由知道另一方的错误，该合同对错误方仍具有约束力；但当事人双方在某些重大问题上存在共同的错误，使当事人间根本没有达成真正的协议，合同没有实现双方共同的真实意图，则一方可以主张合同无效。

美国《第二次合同法重述》第152条规定：如果当事人双方在合同订立时的错误就是合同赖以订立的基本假定而发生的，该错误对双方同意的对于履行的互换有重大影响，那么受到不利影响的一方便可以使该合同归于无效，除非他已经根据第154条陈述的规则承担了发生这种错误的风险。例如：原告是一个硬币零售商，向被告——一个业余的硬币交易人购买了一枚原以为是1916年在丹佛铸造的1角钱的硬币(事实上此枚硬币并非真品)。原告要求撤销交易合同，被告退还支付的500美元。原告的主张是，双方对于该硬币的真实性认识发生共同错误。原告提供的证据是，硬币上刻有表明丹佛制造的"D"字是伪造的，但被告并没有对此表示过怀疑。该案"合同赖以订立的基本假定"是：该硬币是1916年在丹佛制造的。但事实并非如此，且双方交易时都深信不疑是真品。原告没有在法律上承担这一认识错误导致的风险的理由。因此，原告有权主张解除合同。

3. 中国法律的规定

我国《民法通则》、《合同法》对民事行为(缔约)的"错误"以"重大误解"加以表述。《合同法》第五十四条规定："下列合同，当事人一方有权请求人民法院或者仲裁机构变更或者撤销：(一) 因重大误解订立的……"所谓"重大误解"，指当事人对合同的性质、对方当事人、标的物质量、标的物品种、价金等的误解。该误解直接影响到当事人所应享有的权利和承担的义务，使当事人的行为与自己的真实意思相悖。该误解使得当事人有权请求变更过撤销。如果当事人请求人民法院或仲裁机构变更或撤销，但是人民法院或者仲裁机构尚未作出变更或撤销的裁决之前，或者经过审理未变更或者撤销该合同，该合同仍然有效。

4.《国际商事合同通则》的规定

《国际商事合同通则》对于缔约"错误"的规定富有特色，故引介如下：

《国际商事合同通则》对"错误"的定义是："错误是指在合同订立时已存在的事实或法律所做的不正确的假设。"该定义突出特点是提出了"法律错误"，针对的是现代法律体系日益复杂，在跨国贸易中，当事人可能受不熟悉的外国法律体系的影响，而产生"错误"，作出有悖自己真实意愿的订约行为。这样的定义，体现出《国际商事合同通则》作为一个国际惯例与各国国内立法在立足上的有所不同。

对于出现“错误”的后果,《国际商事合同通则》第 3.5 条第 1 款规定:一方当事人可因错误而宣告合同无效,此错误在订立合同时如此之重大,以至于一个通情达理的人处在与犯错误之当事人在相同情况之下,如果知道事实真相,就会按实质不同的条款订立合同,或根本不会订立合同,并且(a) 另一方当事人犯了相同的错误或造成此错误,或者另一方当事人知道或理应知道错误,但却有悖于公平交易的合理商业标准,使错误方一直处于错误状态之中;或者,(b) 在宣告合同无效时,另一方当事人尚未依其对合同的信赖行事。

根据以上规定,《国际商事合同通则》确立了一方当事人因错误宣告合同无效的基本条件:

(1) 必须是严重错误。错误的严重与否要参照主客观两方面的标准进行衡量,即,在合同在订立时“一个通情达理的人处在与错误方相同的情况下”如果他已知道了事实真相时,将根本不可能订这个合同,或者合同的重要条款(如合同标的的规格、质量、价款等)将与原订条款明显不同,这种情况下,可以认为错误是严重的。当然,对一个具体的合同,是否存在这样的严重错误,在考察当事人的意图和交易具体情况时,应考虑一般的商事标准和有关的惯例,《国际商事合同通则》第四章有关合同的解释所确立的规则也颇具指导意义了。

某些交易中出现的错误,通常并不视为“严重错误”,如关于商品价值、服务、对交易的期望值以及动机方面的错误。甚至有关对方当事人身份或个人品质方面的认识也如此,除非合同的订立本身将此作为追求目标,如所提供的服务要求具备特定的个人资格,或贷款是基于借款人的良好信用,而事实上服务提供者不具有这样的资格,或借款人信用方面有瑕疵,则错误就是严重的了。

(2) 必须另一方(非错误方)与错误方的错误有关联。按《国际商事合同通则》,光是一方对某些合同条款的认识有严重错误本身还不足以构成其主张合同无效的权利。而必须考虑该错误与另一方(非错误方)的关联性:① 应该是另一方也犯了相同的错误,他作为一个“通情达理的人”如处在同样情况下也不会订立合同,即必须是双方都犯了相同的错误,或存在共同的错误,如,当 A 和 B 正在订立一辆赛车的买卖合同时,他们没有也不可能注意到该车已同时被盗。即双方对标的物存在与否都存在错误。这种情况下,合同无效。② 错误方的错误是由另一方当事人造成的。如果错误方的错误订约是由于另一方明示或默示或行为构成的具体意思表示造成的,哪怕是无过失或疏忽而为之,也构成错误方宣告合同无效的权利。如,一个连续供货交易买方根据传言或猜测,认为所购之物在功能和前景方面五年内不会损坏或遭淘汰，并向卖方咨询，卖方对此不置可否，或认可买方的推测，而事实上这样品质推测难以成立。错误方可以宣告合同无效。不过，如果仅仅是广告或谈判中的“言过其实”，只是表达意见而不是对事实的陈述，则不构成“严重错误”。如，房产代理商的铅板上刻着“非常称心如意的住所”，客户据此购房，事后觉得并不“称心如意”，则并不能因此撤销购房合同。③ 另一方当事人知道或理应知道错误方的错误，但却有悖于公共交易的合理商业标准，使错误方一直处在错误状态之中。这种情况下，错误方宣告合同无效必须证实另一方当事人负有告知错误的义务。④ 在宣告合同无效时，另一方当事人尚未依其对合同的信赖行事。

（二）诈欺

诈欺，是指一方当事人故意实施某种欺骗他人的行为，并使他人陷入错误而订立合同。因欺诈而订立的合同无效。下面对各国法律有关诈欺的规定作简要介绍：

1. 大陆法系的规定

法国《民法典》第 1116 条规定：“如当事人一方不实行欺诈手段，他方当事人决不缔结契约者，此种欺诈构成契约无效的原因。诈欺不得推定，而应加以证明。”据此可以判定，依法国法，一方欺诈导致的结果是另一方宣告合同无效，而这种权利的拥有，必须是受欺诈的另一方因欺诈方的欺诈而订立（违背其真实意愿的）合同。受欺诈方宣告合同无效，有义务证明欺诈方有故意欺诈的行为事实。

意大利法律规定的欺诈后果是受欺诈方有权宣告撤销合同。这和法国的规定有所差异。意大利《民法典》第 1439 条的规定是：“在缔约一方实施欺骗致使另一方缔结了在未受欺骗时不会缔结的契约的情况下，诈欺是契约得被撤销的原因。”

如果诈欺并未导致合意的形成，则合同仍有效。但欺诈方仍应承担“恶意缔约”的损害赔偿责任。因为这种缔约的恶意行为会给另一方造成精力、精神及费用上的干扰及损失。意大利《民法典》第 1440 条规定：“如果诈欺不是能够导致合意形成的欺诈，则尽管没有诈欺该契约会根据不同的条件缔结，但是契约有效；不过恶意的缔约人要承担损害赔偿责任。”

意大利法律还有一个特点，如诈欺来自第三人而非缔约对方，被欺骗一方仍有权撤销合同：“当诈欺是第三人所为时，如果涉及缔约人的利益，则契约被撤销”（意大利《民法典》第 1439 条第 2 款）。

这样规定的合理性在于，毕竟因为第三人的诈欺，使当事人的意思表示不真实,合同的内容并不是其真实意愿的体现。不过,这种情况下一方撤销合同是否对另一方利益产生不利影响?为此,同属大陆法系国家的日本法律要求:这种情形下的一方撤销合同,以合同另一方也认知存在第三人的诈欺事实为条件,否则不能撤销合同:“就某人之意思表示,第三人行欺诈时,以相对人知其事实情形为限,得撤销该意思表示。”(日本《民法典》第 96 条第 2 款)

日本《民法典》还进一步规定:因诈欺而进行意思表示之撤销,不得以之对抗善意第三人。

2. 英美法系的规定

英美法系将诈欺称为“不正确表述”,简称“误表”。英国《不正确表述法》把不正确表述分为两种:一种叫非故意的不正确表述(innocent misrepresentation),如果作出不正确表述的人是诚实地相信真有其事而作的表述,即属此种;另一种叫做欺骗性的不正确表述(fraudulent misrepresentation),如果作出不正确表述的人并非出于诚实地相信实有其事而作的,则属于欺骗性的不正确表述。按英国法的解释,这后一种的不正确表述才构成欺诈。而美国法院常常把不正确表述当成欺诈的同义语。

对于欺骗性的不正确表述,英国法律在处理上相当严厉:蒙受欺骗的一方可以要求赔偿损失,并可撤销合同或拒绝履行其合同义务。对于非故意的不正确表述,英国法区别两种情况,一种是非故意但有疏忽(negligence)的不正确表述,另一种是非故意而且没有疏忽的不正确表述。两者的区别主要是:在后一种情况下,蒙受欺骗的一方无权主动要求损害赔偿,而只能由法官或仲裁员根据具体情况酌定是否可以以损害赔偿代替撤销合同。而在前一种情况下,蒙受欺骗的一方有权请求损害赔偿,并可撤销合同,但法官或仲裁员裁定以损害赔偿代替撤销合同。

美国法院的判例表明,以不正确表述(欺诈)起诉的前提是:① 被告对事实作了虚假的说明;② 原告基于对该陈述的信赖而采取了行动;③ 此种虚假说明使原告蒙受了损害。有的州法院对构成诈欺还要求欺诈方有非法获取另一方的合法权益的动机这一要件。

根据美国《第一次合同法重述(1932 年)》第 477 条,当一方通过欺骗另一方而订立合同时,双方之间没有真正的合意存在,因此,受到欺骗的一方可以撤销合同。案例:

当事人双方订立了一个汽车买卖合同。买方收货后发现这辆车曾经碰撞过,因而把汽车送还给卖方,并单方解除了合同。

双方订立的合同中包含这样的表述:“有关这笔买卖的任何其他协议、许诺和理解都不应得到确认”。该合同还使用了“as is”的措辞（中文意思为“依现状”），即汽车的质量以交付的货物为准。买方声称，他原以为他买了一辆从未碰撞过的车，但卖方否认他的代理商曾作过这种保证。卖方还辩称，当事人在合同中使用的放弃其权利要求的措辞，使买方没有理由再主张，他对所谓的欺诈性的不正确说明发生了依赖。买方应受到合同条款约束。

在案件的审理过程中，陪审团对事实的认定是：卖方曾对买方表示过这辆车从来未碰撞过，从而有意地作了不正确表述。法庭认为，如果合同由于事前发生的欺诈而无效，合同中放弃权利主张的条款也就因此而无效，因为从法律上说，当事人之间根本没有合同关系。

还有一个问题，如果当事人仅对某种事实保持沉默，是否构成诈欺？英国普通法认为，单纯沉默原则上不构成诈欺。因为一般来说，合同当事人没有义务把各项事实向对方披露，即使他知道对方忽略了某种事实，或对方可能有某种误会，他也没有义务向对方说明。除非：① 如果在磋商交易中，一方当事人对某种事实所作的说明原来是真的，但后来在签订合同之前发现此项事实已经发生变化，在这种情况下，即使对方没有提出询问，但该当事人也有义务向对方改正其先前所作出的说明。② 对那些属于最大诚信合同（utmost good faith），如保险合同、公司分派股票的合同等，由于通常只有一方当事人了解全部事实真相，故该当事人有义务向对方履行如实披露义务。否则可构成不正确表述的欺诈。

3. 中国法律的规定

我国《民法通则》第五十八条、《合同法》第五十二条都规定，当事人一方以欺诈手段使他人与之订立的合同无效。最高人民法院《关于贯彻执行〈中华人民共和国民法通则〉若干问题的意见（试行）》第六十八条规定：“一方当事人故意告知对方虚假情况，或者故意隐瞒真实情况，诱使对方当事人作出错误意思表示的，可以认定为欺诈行为。”

构成欺诈的要件是：① 欺诈方有欺诈故意。即明知自己告知对方的情况是虚假的且会使对方陷入错误认识，而希望或放任这种结果的发生，即主观上具有恶意。② 欺诈方实施了欺诈行为。即在故意指导下作出的试图使对方相信自己的虚伪陈述的行为。③ 对方因欺诈方的欺诈而陷入对合同内容的错误理解。如果对方因欺诈人提供虚假情况而对合同内容发生错误认识，则欺诈行为实施完毕且产生危害后果。④ 被欺诈方因错误而作出了订立合同的意思表示。只有同时符合这四个要件，才构成因欺诈而订立的合同。

4.《国际商事合同通则》的规定

《国际商事合同通则》第 3.8 条规定:"一方当事人可宣告合同无效,如果其合同的订立是基于对方当事人欺诈性的陈述,包括欺诈性的语言、做法或依据公平交易的合理商业标准,该对方当事人对应予披露的情况欺诈性地未予披露。"

国际统一私法协会对《国际商事合同通则》上述规定作了进一步的诠释:欺诈既可以是对虚假事实的陈述,不论是明示还是默示,也可以是对事实真相的不披露。欺诈与错误的明显区别在于欺诈方陈述或不披露行为本身的性质和目的。在目的上,欺诈行为具有故意性,一方意欲诱导对方犯错误,并因此从对方的损失中获益。基于欺诈行为性质的严重性,他足以构成合同无效的条件。受欺诈方仅受欺诈这一事实本身可以宣告合同无效,不像前述"错误"情况下,当事人宣告合同无效要具备有关前提条件(见前面有关"错误"部分的叙述)。

(三) 胁迫

胁迫一般是指当事人一方以暴力、暴力威胁或其他威胁手段使对方当事人产生恐惧并因此而订立合同的行为。当一方使用胁迫手段迫使另一方接受合同条件时,当事人双方的合意是不真实的。因此,各国法律都认为,在这种情况下订立的合同,受胁迫方可以主张无效或撤销。

1. 大陆法系的规定

法国《民法典》第 1112 条确定了构成胁迫的衡量标准:"如行为的性质足使正常人产生印象并使其担心自己的身体或财产面临重大且现实的危害者,即为胁迫。"胁迫的确定因受胁迫人的性别、年龄及个人的具体情况而不同。

胁迫不仅指针对当事人本身,还包括对其配偶、直系亲属这些利害相关人的威胁:"不仅对于缔约当事人一方进行胁迫,而且对于缔约人的配偶、直系亲属进行胁迫时,胁迫均为契约无效的原因"(法国《民法典》第 1113 条)。

胁迫不仅来自缔约一方,还可以是来自第三人:"对订立契约承担义务的人进行胁迫构成无效的原因,即使胁迫由为其利益订立契约人以外的第三人所为时,亦同"(法国《民法典》第 1111 条)。

不过,单纯的敬畏,不致产生威胁恐怕者不构成胁迫"对父母或其他直系亲属仅心怀敬畏,而未进行胁迫时,不足以撤销契约"(法国《民法典》第 1114 条)。

不过,意大利法律专门提及一种胁迫,即,为取得非法利益,以对受胁迫人或其亲属进行司法指控的威胁。"仅在涉及取得不法利益时,以起诉进行的威胁得是契约撤销的原因"(意大利《民法典》第 1438 条)。例如,在一个案例中,被告作出了保证支付某些汇票款项的许诺,这个许诺是在被告的儿子可能被控告伪造汇票上的背书这种暗示的威胁下作出来的。法院判决被告的许诺无效。

2. 英美法系的规定

英美法认为,胁迫是以征服缔约人心理为目的的而使用暴力或恐吓的行为。对这种行为的检验是看行为是否事实上促使缔约人违反其自由意志而缔约。美国《第一次合同法重述》第 491—495 条规定的胁迫一词的含义是:为使一方同意合同条件而采取人身强制、暴力胁迫或其他非法的威胁手段。美国法院在司法实践中经常将胁迫与压制同时或相互替代使用。

暴力行为可以是人身的伤害,例如:殴打、监禁、剥夺人身自由或非法地扣留财产。欲对个人、对他的财产或他所心爱之物加以伤害的任何恐吓,且上述恐吓置该人于畏惧而行不由己,即构成胁迫。此种情况下订立的合同是不具效力的。

但是,正如P·S·阿蒂亚所指出的:在现代社会中胁迫案件是很少见的,今天人们所发现的是比较阴险和狡诈地施加压力的方式。"施加经济上或商业上的压力几乎完全被普通法忽视了"。在美国,甚至"经济胁迫"这一概念也运用得并不多。"在对案情可作变通解释的情况下,主张合同无效的一方多以显失公平作为依据"。因此,我们将对"显失公平"问题加以更多的说明。

3. 中国法律的规定

我国《民法通则》和《合同法》都规定:当事人受胁迫而订立的合同无效。胁迫行为包括:以将要发生的损害相威胁,可涉及对生命、身体、财产、名誉、自由、健康及信用等方面的损害。胁迫行为还可能是胁迫者以直接面临的损害相威胁,胁迫者通过实施某种不法行为,形成对对方当事人及其亲友的伤害和财产损害的可能,从而迫使对方订立合同。

4.《国际商事合同通则》的规定

《国际商事合同通则》第 3 条第 9 款对胁迫所作的规定为:"一方当事人可宣告合同无效,如果其合同的订立是因另一方当事人的不正当之胁迫,而且在考虑到在各种情况下。该胁迫如此急迫、严重到足以使该方当事人无其他合理选择。尤其是当使一方当事人受到胁迫的行为或不行为本身属非法,或者以其作为手段来获取合同的订立属非法时,均为不正当的胁迫。"

《国际商事合同通则》使用的术语是"不正当的胁迫"表明,《国际商事合同通则》强调当事人得以宣告合同无效的胁迫的"正当性"与否衡量标准。人们对促使合同订立的因素是否胁迫的结果有时是有争议的,但是如果某行为较为明显是违法的,或按公平合理原则它属明显的不正当行为,则有关当事人足以因此主张合同无效。比如,使合同当事人受到的胁迫行为或不作为本身是错误的(如人身攻击),

或使合同当事人受到的胁迫行为本身是合法的但所要达到的目的却是不正当的。上述二种形式的胁迫即属“非法”或“不正当”。例如：A 未偿还 B 的借款。B 威胁要提起返还之诉，而其真实目的却是要想以特别优惠的条件租用 A 的仓库。A 被迫签订了租赁合同。B 要提起返还欠款诉讼本身是合法的，但其要达到的目的（特优价租用仓库）却并不正当（不地道！）。这种情况下，A 有权以受到不正当胁迫为由宣告租赁合同为无效。

《国际商事合同通则》还同时确立了宣告合同无效的另一个条件，即，当事人受到的胁迫必须是急迫的和严重的。胁迫具有如此的急迫性和严重性，以至于受胁迫人除了按对方所提出的条款签合同外，再无其他合理的选择。比如，上述案例中，B 威胁 A 除非当场签订仓库租赁合同，否则马上递交诉状！A 则既无足够的资金偿还欠款，又无任何限期设法筹集资金，只得签下合同。这与下述中国法律中有关“乘人之危”的规定相近。

（四）显失公平与不当影响（grossly unfair or undue influence）

除前述的错误、欺诈、胁迫外，不能体现当事人真实订约意愿的情形，还有一种称为显失公平，也有称不当影响的。基于这种情形所签订的合同，各国法律、判例一般都准许遭受不利的一方可以要求撤销合同或变更合同。

1. 大陆法系的规定

德国《民法典》第 138 条规定，显失公平的法律行为就是“甲方乘乙方的穷迫、轻率或无经验”而实施的法律行为，基于这种情形订立契约，不利方得主张撤销契约。

意大利《民法典》第 1447 条规定：一方当事人出于使自己或者他人摆脱会造成人身严重损害的现实危险的需要且在对方当事人知道的情况下订立的附有不公平条件的契约，得根据承担义务一方的被废除。

我国台湾地区法律一般被认为归属于大陆法系特点，其“民法典”在这个问题上并存使用“乘人之危”和“显失公平”两个概念。台湾地区“民法典”第 74 条规定：法律行为，系乘他人之急迫、轻率或无经验，使其为财产上之给付，或为给付之约定，依当时情形显失公平者，法院得因利害关系人之声请，撤销其法律行为，或减轻其给付。

2. 英美法系的规定

英美衡平法早有“不当影响”这一概念。所谓不当影响，指“一方利用其优越地位、意志、思想或品格，以左右他方意志”，具体表现为：① 利用家庭或朋友的关系；② 利用受害人的心神缺陷；③ 利用经济上的急迫需要。如果如此订立的合同有不公正的地方，即可推定为“不当影响”，蒙受不利的一方可以撤销合同。

现代美国法律更多使用“显失公平”这一概念。《统一商法典》第2—302条第1款规定：如果法院作为法律问题发现合同或合同的任何条款在制定时显失公平，法院可以拒绝强制执行，或仅执行显失公平部分之外的其他条款，或限制显失公平条款的适用以避免显失公平的后果。

当事人对“显失公平”合同有举证义务：“当事人主张或法院认为合同或合同的任何条款有可能为显失公平时，当事方应被给予合理机会来证明订立合同的商业背景及合同的目的和效果，以帮助法院作出决定”（《统一商法典》第2—302条第2款）。例如：1968年，帕特森太太从沃克——托马斯家具公司购买了数件商品。其中包括电视机、吃饭间里用的小型家具等。全部商品的总价值为597.25美元。在以分期付款的方式向该店支付了248.40美元之后，帕特森没有继续付款。于是，该家具公司向法院起诉。帕特森太太在其答辩状中声称，她所支付的款项已经超过了她从该店购买的商品的公平价值，这些商品的定价实在太高，以致这些合同的条件显失公平；因此，这些合同不应得到强制执行。法院坚持认为，决定一个合同是否显失公平要有两个要件：其一，当事人在订立合同时是否作了有意义的选择，包括双方的交易地位是否平等，当事人是否有合理机会理解合同的条件。在案中，帕特森太太与家具店交易地位不存在不平等情况，且她有合理机会理解合同的条件，家具明码标价，她在决定购买前有充分的选择考虑机会。其二，合同条件是否极不公平，是否极不合理地有利于另一方，检验的标准应当是，合同的条件是否“如此的过分，以至于按照当时当地的习俗和商业惯例显得极不公平”，价格过高仅是证明显失公平的一个考虑因素，而应同时考虑当事人在签订合同时是否作了有意义的选择。本司法管辖区从未确定过单纯以价格过高为理由主张显失公平的辩护。因此，初审法院和上诉法院均判定帕特森太太败诉。

但是，另有一个案例，同样是价格过高，法院则作了显失公平的判定：

琼斯是一个社会福利金领取人，他以900美元的价格从一家商店订购一件家用制冷设备。买卖是通过第三方贷款，再由买方分期向第三方偿还贷款进行的。买方需要另行支付计时信贷费、人寿保险及财产保险信贷费，还支付销售税，加上商品本身，买方共要支付1 234.80美元。到发生诉讼时，琼斯共支付了619.88美元。经查，该制冷设备的最高零售价为300美元。法院认为，把一台300美元的商品按900美元价格出售，可以肯定是显失公平了。300美元本身已经包括了合理的利润。而信贷费用一项就比零售价高出100美元以上。对于一个社会福利金领取人，是明显不平等的该价格的受害者，因为贫困，无法一次性支付300美元购买，而分期信贷购买要付 1 234.80 美元！基于上述诸因素判断，该合同显失公平。法院根据《统一商法典》第 2—302 条的规定，作出对该合同的支付条款加以限制的判决：琼斯已付 619.88 美元足够了，余额不必再付。

3. 中国法律的规定

我国《民法通则》第五十九条规定：下列民事行为，一方有权请求人民法院或仲裁机关予以变更或者撤销：① 行为人对行为内容有重大误解的；② 显失公平的。我国《合同法》第 54 条也规定，在订立合同时显失公平的，当事人有权请求变更或撤销。

根据有关司法解释，所谓显失公平，是指一方在紧迫或者缺乏经验的情况下所作出的明显对自己有重大不利的订约行为。其特征在于：此种合同对一方当事人明显不公，另一方获得的利益超过了法律所允许的限度，且受损方是在缺乏经验和紧迫的情况下实施的订约行为。

显失公平情形与我国法律规定的另一种有违当事人意愿的乘人之危情形有所不同。“乘人之危”，指一方当事人利用另一方当事人的某种紧迫需要或处于某种危难的状态，迫使另一方当事人在违背自己真实意思的情况下签订合同的行为，订立合同的结果同样对危难方的利益存在严重的不利。明显的区别在于，乘人之危合同遭受不利的一方对合同的性质后果通常较有清醒的认识，只是迫于危难状态不得已而订约，而不像显失公平合同的订约当事人时常是由于缺乏经验而订约。某种意义上讲，乘人之危合同，获益人主观上有“胁迫”之嫌，而显失公平合同则显然不存在“胁迫”情形。

4.《国际商事合同通则》的规定

《国际商事合同通则》第 3.10 条第 1 项规定了显失公平的后果和确定标准：

如果在订立合同时，合同或其个别条款不合理地对另一方当事人过分有利，则一方当事人宣告该合同或该个别条款无效。

确定显失公平时应考虑的因素包括：

(1) 不公平的谈判地位。指一方当事人不公平地利用了另一方当事人的依赖、经济困境或紧急需要，或是不公平地利用了另一方当事人缺乏远见、无知、无经验或缺乏谈判技巧。

(2) 合同的性质和目的。一个合同的条款对提供的货物或服务存在瑕疵而给予通知规定了一个很短的期限，这时卖方既可能是过分有利也可能不是，主要取决于所涉及的货物或服务的性质。

(3) 其他因素。例如商业或贸易中一般的道德标准。《国际商事合同通则》规定了对显失公平合同的处理原则：① 依有权宣告无效一方当事人的请求，法庭可修改该合同或其条款，以使其符合公平交易的合理的商业标准；② 依收到宣告合同无效通知的一方当事人的请求，法庭亦可修改该合同或该个别条款，条件是该方当事人在收到此项通知之后，并在对方当事人依赖该停止行事之前，立即将其请求通知对方当事人。

七、合同的解释

如前所述，法律行为以意思表示的自愿真实为构成要素。意思表示是否自愿真实，决定着法律行为的效力。合同订立时当事人所使用的语言和文字是意思表示可能与其真实意思不一致。出现这种情况，对其真实意思的判定，直接关系着法律行为的效力，影响到了当事人的利益，当事人在履行合同义务时也因此可能发生争执，这就涉及合同的解释问题。对此问题，各国法律大多制定有关解释原则、规则。

（一）解释合同的原则和规则

在如何解释合同的问题上，合同法学理论上存在两种不同的原则。一种称为“意思主义”(principle of will)。该理论认为，法律之所以赋予意思表示以法律上的效力，毫无疑问是完全建立在反映当事人内在意思的基础上，说到底，外在表示无非是表达内在意思的形式。因此，如果内在意识(intention or will)在外在表示(expression or declaration)有了距离的时候，那就只能以内在意思为准，而不拘泥于其外在表现形式(合同的言辞)。罗马法中的契约制度，就突出体现着这种意思主义的倾向；另一种称为“表示主义”(principle of expression)。这种理论认为，内在意思如果不通过外在表示为人所知，就谈不上法律行为的实施问题。内在意思看不见，摸不着，只能以一般人所能够了解的外在表示所体现出来的内容来作为判定行为人内在意思的客观标准，否则，如果行为人可能随便主张自己的外在表示与内在意思不一致，进而否认自己表达出来的意思的内容，相对人的利益和社会交易的安全就无法保障。法律行为应仅以外在表示的内容而发生法律的效力。因此，只有表示出来的意思才能为解释合同的依据。

后来出现了折衷主义的观点，这种观点认为，如果完全按意思主义的观点来处理问题，无法充分保护相对人的利益，不利于社会交易的安全；而如果完全按表示主义，一旦发生了内在意思与外在表示不一致的情况时，又无法保障表意人的合法权益。所以兼顾表意人的利益和社会交易安全的需要，体现民事法律行为制度的设立宗旨，近代各国已大多采用折衷主义的立法体制；或者以意思主义为原则而以表示主义为例外;或者以表示主义为原则,而以意思主义为例外。以尽可能公平地认定和判别内在意思与外在表示不一致的情形。

1. 大陆法系的规定

法国法律在解释合同方面以意思主义为原则,而以表示主义为例外。法国《民法典》1156 条规定:"解释契约时,应探究缔约当事人的意思,而不拘泥于文字的字面意思。"并规定,如果一项条款可以作两种解释时,应作有效的解释"如一项条款可能有两种意思时,宁可以该条款可能产生某种效果的意思理解该条款,而不该以该条款不能产生任何效果的意思理解该条款"(第 1157 条);文字可能有两种解释时,应采取适合于合同目的的解释;有歧义的文字,应按合同订立地的习惯进行解释:合同的全部条款可以相互解释,以确定某一条款在整体合同中的含义;合同有疑义时,应作不利于债权人而有利于债务人的解释等。除以强调探求当事人真实意愿为原则外,法国法有时也以表示主义为补充,"所订立契约的文字不问如何笼统,契约之标的仅为可推知当事人有意订定的事项"(法国《民法典》第 1163 条)。

德国法采用的也是折衷主义,但有学者认为,德国法系以表示主义为原则,以意思主义为例外。德国《民法典》第 157 条规定,对合同的解释,应当遵循诚实信用原则,并考虑交易上的习惯。德为最高法院认为,当合同有漏洞需要补充时,法官并不是补充当事人的意思,而是补充合同,但德国《民法典》第 133 条又规定,解释意思表示,应探求其真意,不得拘泥于文字。

2. 英美法系的规定

一般认为,英美法在合同解释问题上强调的是合同的文辞,而不是当事人的主观意思,坚持的是表示主义原则。美国《统一商法典》遵从合同解释的一般原则,另一方面在确定合同双方的最初意图时,允许更多地使用外部证据。该法典规定可以从下述三个角度来确定合同的含义:

(1) 交易过程(course of dealing)。指合同双方在此交易之前的先前交往,在一定程度上为解释他们的文字表达方式及行为提供了共同基础;

(2) 履约过程(course of performance)指合同一方一直有机会采取某种行为而且知道这种行为的性质,此外,该方还知道对方一直有机会对此提出抗议(但没有这样做),如此可以推断对方没有反对之意;

(3) 行业惯例(usage of trade)。指的是在某一地方、某一行业、某一贸易活动中常见的行为或做法,由于这种行为或做法的经常性,有理由预期在有争议的这个合同中也看到这种做法或行为。例如:原告是一个建筑工程承包商和建筑商。当一所由原告建造的房屋接近完工时,原告与被告订立了合同,将该房屋出售给被告。根据合同的约定，该房屋的售价为 36 000 美元，其中 3 000 美元应由一个第三人持有，待该工程令人满意地完成时，再把这 3 000 美元付给原告。工程完成之后，被告通知原告说，被告对工程的某些项目仍感到不满意，因而拒绝向原告支付这 3 000 美元。此后，原告按被告的要求对这些项目进行了重新施工。然而，被告对于完成的工作仍然不满意，要求原告对这些项目再作改进。在这一要求被原告拒绝之后被告表示，除非原告的工作能完全地满足被告的要求，否则，被告不会向原告付这笔余款。原告向法院提起诉讼。

法院审理认为，依被告的观点，"令人满意地完成工作"（合同文字约定）这是一个由被告进行选择的问题。除非被告已经感到满意，并且把这种感觉向原告宣布，否则原告无权得到这笔余款。依原告主张，这一措辞仅仅意味着，该工作必须符合在特定的情况下可以被认为是合理的标准。法庭认为，对于本案合同"令人满意"这一措辞作纯主观的理解可能会造成显失公平的结果。受益的一方可能基于某种古怪的念头或反复无常的秉性毫无理由地拒绝承认对另一方的工作已"感到满意"，从而逃脱其应尽的合同义务。显然，为实现公正，应当采用这样一种客观标准，即只要求按照在当地得到承认的标准以一种具有合理的技巧和熟练程度的方式完成工作。按这种标准，对合同的履行只要能得到通情达理和谨慎从事的人认可，也就足够了。原告已经以一种令人满意的方式完成了该合同规定的项目，仅造成相当于 261 美元的瑕疵。这一数额可以由被告那 3 000 美元中扣留。因此，法院判决被告败诉。应支付未付的余款。

这个案件涉及法院如何对合同条款中"令人满意地"完成工作的解释，法院采用的是依行业惯例，以客观标准加以解释的规则。该判决所阐述的规则在《第二次合同法重述》第 228 条得到了完整的表述："如果债务方履行其义务的条件是，他对债权方的履行感到满意，同时，要决定一个通情达理的人处在该债务人的地位是否会感到满意是行得通的，那么，一种被优先采用的解释就是，如果一个通情达理的人处于债务方的地位会感到满意，该条件就发生了。"

3. 中国法律的规定

我国《合同法》第一百五十二条规定了解释合同的基本规则：当事人对合同条款的理解有争议的，应当按照合同所使用的词句，合同的有关条款、合同的目的，交易习惯以及诚实信用原则，确定该条款的真实意思。如果合同文本是采用两种文字订立并约定具有同等效力时，两个合同文本使用的词句在法律上被推定为具有相同含义。各文本使用的词不一致的，应根据合同的目的予以解释。现以国内的一个案例说明。甲、乙、丙三人共同出资办一商店，三人共同签订一合伙协议。协议规定甲出资15万元，乙以房屋作为出资，折价15万元，丙亦出资15万元。协议书写人将乙以房屋“出资”写成“出租”。后来，由于经营困难，乙怕自己的赔进去，便以自己是“出租房屋”为由，要求甲和丙另找房屋经营，并欲收回房屋。甲与丙不同意，认为协议规定风险共担，利益共享，现商店经营遇到困难，乙应同舟共济。至于协议上写成“出租”系笔误。那么，乙提供房屋到底是“出租”还是“出资”？根据以下分析不难认定：其一，合同规定乙有权分得红利1/3，如果乙方是出租则通常不应参与分红；其二，如果甲和丙是向乙承租房屋，没有必要对房屋进行折价，因为折价除对出资具有意义外，对出租房屋是没有多在意义的；其三，合同中没有任何关于租金的约定。故根据对合同的目的，对合同其他相关条款的印证分析，乙应是以房屋出资，“出租”实系笔误。

4.《国际商事合同通则》的规定

按《国际商事合同通则》第4.1条，在解释合同条款的意思时，应首先考虑当事人的共同意图。但是，一旦发生争议，要证明一方当事人所主张的某一特定意思确定是订立合同时双方当事人的共同意图极为困难，在这种情况下，《国际商事合同通则》确立的规则是，在当事人的共同意图如不能确立，合同“应依一个与各方当事人具有同等资格的，通情达理的人处在相同情况下时，对该合同所应有的理解来解释。”这里所参照的是与当事人具有相同语言知识、技能或商务经验的人的合理理解。

如何确定当事人是否有共同意愿？其共同意愿是什么？通情达理的人的理解如何确定？《国际商事合同通则》第403条提出了必须考虑的相关情况：

(1) 当事人之间的初期谈判；

(2) 当事人之间已确立的习惯做法。例如，A和B就向B交付光学镜头订立了一批合同，合同一直是以加拿大元计价。现A向B发出一新要约，提示以“元”计价，但未做进一步的说明，但其意图还是相继续使用加拿大元计价。后B认为A应付款美元若干，双方就计价货币种类发生争议。在没有任何相反的表明时，A的意图应优先予以考虑。因为A和B之间过去的交易习惯一直是以加拿大元计价的；

(3) 合同订立后当事人的行为；

(4) 合同的性质与目的；

(5) 在所涉及交易中，通常赋予合同条款和表述的含义；

(6) 惯例。

例如：A和B订立一份销售一船石油的合同，每桶油价20.5美元。后来，双方当事人未能就所欲使用的油桶型号达成一致，A希望每桶42标准加仑，B则希望每桶 36 英国法定标准加仑。如果没有任何相反的指定，A 的理解优先，因为在国际石油贸易中，以标准加仑计量是惯例。

《国际商事合同通则》第 4.4 条和第 4.5 条规定，合同的条款和表述应根据其所属的整个合同或全部陈述予以解释。对合同各项条款的解释应以使它们全部有效为宗旨，而不是排除其中一些条款的效力。例如：A 是一家商业电视网，B 是一家电影公司。A 和 B 达成一项协议，协议规定 B 定期提供一定数量的影片，由 A 在其电视网下午时间进行播放，但那些影片必须是准予向所有观众播放的。根据合同规定，所提交的影片必须已经通过主管审查委员会的许可审查。A 和 B 对这一条款的意思产生了争议，B 坚持认为该条款仅表示影片必须是已经发行放映的，即使是三级片也没关系；而 A 坚持影片必须是经过分级而准予所有人观看的。按 4.5 条规则，A 的理解是正确的，因为 B 的解释将导致该规定失去效力。

《国际商事合同通则》第 4.6 条确立了对条款提议人不利的规则："如果一方当事人所提出的合同条款含义不清，则应作出对该方当事人不利的解释。"例如：承包商 A 为承揽建筑工程与 B 订立一份合同，合同中有一条规定是由 A 起草的，双方并没有经过深入讨论，该条款规定"对由于承包商或其雇员和代理人的疏忽所造成的所有损失和费用，以及买方由此提出的对于物质财产损失或损害（不指工程），死亡或人身伤害的赔偿请求，承包商均应承担责任并予以赔偿。"A 的一个雇员在下班后操作 B 的设备并使之毁损。A 否认其负有责任，认为上述规定仅适用于其雇员在受雇范围内所有的行为。按《国际商事合同通则》的上述规则，对该合同条款应以不利于 A 的方式解释，A 的雇员在受雇范围之外（下班后）所做的行为造成损害后果，A 也应该承担赔偿责任。

《国际商事合同通则》对合同使用文本确立的解释规则是：如果合同是以两种或两种以上具有相同效力的文字起草的，若这些文本之间存在差异，则应优先根据合同最初起草的文字予以解释。

（二）合同标准条款或格式条款的解释问题

随着现社会经济生活的发展变化，与传统的要约、承诺，再要约、再承诺反复磋商的订约过程不同，标准合同日益成为常见的交易形式。所谓标准合同指一方当事人对另一方当事人（合同条款提供人）事先拟定的合同条款（格式条款或标准条款）只能表示全部同意或不同意的合同，简言之，一方当事人要么从整体上接受合同条件，要么不订立合同。格式合同依格式条款而订，所谓"格式条款"是指当事人为了重复使用而事先拟定，并在订立合同时未与对方协商的条款，它具有以下几个特点：其一，它是一方当事人在未与对方当事人协商的情况下拟定的；其次，格式条款被一方当事人拟定出事后，是为了重复使用，因此，这条款不是针对某一特定的当事人，而是针对不特定的相对人，尽管格式条款是作为要约向对方当事人提出的；再者，格式条款提供人往往在经济上居于强大的优势地位，这使得其可以将预定的合同条款强加于对方，相对人对合同条款只能概括地予以接受或不接受。从某种意义上讲，相对人的意志服从于条款提供人的意志，正因如此，各国法例对这种具有附从性合同的条款提供人作义务性规定或限制，以更好地保护相对弱小的对方的合法权益，以维护法律的公正。同时对格式合同（条款）的解释也规定特别的规则。

1. 大陆法系的规定

大陆法国家对诸如标准合同条款的认定，解释等方面也确立了一些规则，简述如下：

德国法对标准条款或格式条款使用的术语为“一般交易条款”（general condition）。德国《一般交易条款法》第 9 条第 1 款规定：一般交易条款中的约定，违背诚实信用原则，而不合理地不利于条款使用人的合同相对人的，无效。”该规定在于对含有一般交易条款的标准合同的效力，要以诚实信用等原则加以检验。依第 9 条第 2 款，认定不合理的“不利，”的标准有：① 一般交易条款约定与其所排除的法规的基本原则不相符合者；② 一般交易条款的约定限制基于合同的本质而发生的权利、义务，致合同的目的难以达成者。该法第 10 条列举了八种定型化合同条款就是要受合理性检验的条款（灰色条款）。第 11 条则列举了 10 种绝对无效的定型化合同条款（黑色条款）。对于一般交易条款的解释方面，德国法院采用“含糊条款解释规则”，即对意义含糊的条款，作不利于条款制定方当事人的解释：“一般交易条款的内容有疑义时，条款利用者承受的利益”（第 5 条）。

意大利法对标准合同的效力，规定应以接受者的书面认可为前提，意大利《民法典》第 1341 条规定：“被确定的条件有利于准备条件方的对契约责任的限制、解除契约权或者中止契约履行，或者为另一方当事人附加失权期间，限制抗辩权，限制与第三人缔约的自由，默示地延长或续展契约、仲裁条款或不同于法律规定的司法管辖的条款，如果上述情形未以书面形式明确表示同意，则所有这些情形均为无效。”该法典同时规定下述三种情形的格式条款为无效：① 在因经营者的行为或疏忽而造成消费者的死亡或人身伤害时，排除或限制经营者责任的；② 在经营者全部或部分不履行义务或者不适当履行义务的情况下，排除或限制消费者对经营者或他方当事人的诉权者；③ 以条款的形式规定了消费者在缔约前不可能了解的同意范围。

对于格式条款的解释上，意大利法规定：在对条款的意思有疑问时，要作出有利于消费者的解释；当格式条款与补充条款(非格式条款)不一致时，补充条款的适用优先于格式条款。

2. 英美法系的规定

英国立法虽未对标准合同作出界定，但在判例及论著中有法官和学者提出各自对标准合同的观点。著名的国际贸易法专家施米托夫根据 Diplock 法官对标准合同的阐述，将标准合同区分为示范合同格式和定型合同，前者是提供商人和律师起草合同参考时的合同文本格式，后者则指合同条款由一方当事人向另一方当事人提出，除无关紧要的细节外，另一方当事人不得加以改变的合同。对于这种定型合同，英国普通法形成一套较为完备的规则，比如，对标准条款，提供人要求其适当履行提醒相对人注意的义务，对于是否适当履行这一义务，规定可以从文件的外观、提醒注意的方法、提醒注意的清晰程度、提醒注意的时间、相对人的情况等五个方面加以判断。外观方面，载有定型化合同条款的文件必须给人以合同文件的感觉，否则相对人收到该文件后往往不会加以阅读，条款提供人提醒注意的义务就不算充分履行；关于提请注意的方式，一是个别提请注意，既可以口头告之，也可以在文件上记载提醒相对人注意的文字。另一种方式是公开张贴公告提请相对人注意，提请注意的时间必须是在合同订立之前，否则定型化合同条款不能算作合同的有效部分，故条款可致无效，等等。总之，英国法要求标准条款的判定体现诚实信用原则。

英国判例有所谓“系列交易理论”即当事人因多项交易均使用同一内容的特定条款，使当事人产生依赖关系，则除非该条款明确地被排除，否则视为当然订入合同而有效力。在斯帕林有限公司诉布雷德肖案中，被告将 8 桶柳橙汁交原告所雇用的仓库管理员保管，此前双方已有多年同类交易，每次交易都采用相同的交易条款。几个月后，被告收到原告寄来的一张收据，背面印有免责条款，其中一条规定：“免除因仓库营业人，其受雇人、其代理人之故意或过失所致的损失或毁损责任。”被告取回橙汁桶时发现有的桶空了，有的桶滴漏，有的桶被污损，被告为此拒付仓储费，原告起诉，被告反诉。原告据免责条款反驳，被告认为免责条款在合同订立后才由原告提出，故未订入合同。法院经调查后认定，被告常将货物寄放在原告仓库，且每次都有收到类似的收据，被告虽从未阅读，但收据上所载条款已因当事人间的“系列交易”而被订入合同。

当然，英国法规定，定型化合同条款订入合同后还要接受公平性检验，如有不公平条款，则其效力应予否定。1977 年英国制定有《不公平合同条款法》。

美国法对标准条款是否已被吸收入合同的要求比英国更为严格，美国法院公平以标准条款的内容违反公共政策或"不公正"为由，宣告其无效。订入合同的条款必须清楚地载明于合同的书面文件中；对于免责条款，必须"惹人注目"，即书写或印刷的文字必须能引起相对人的注意，如使用大写字母、大写字、斜体字或套印彩色文字等。

3. 中国法律的规定

对于格式条款的解释，我国《合同法》规定以下规则：① 对格式条款的理解发生争议的，应当按照通常理解予以解释。通常理解，包括公理或定义的理解、约定俗成的理解。符合逻辑的理解、行业的特定理解等；② 对格式条款有两种以上解释的，应当作出不利于提供格式条款一方的解释。提供格式条款一方往往处于强者地位，从保护弱者地位，从保护弱者原则出发，应当作出对格式合同提供一方不利的解释，以使提供格式条款一方在拟定条款时，尽可能使条款的内容不产生歧义，避免其随意解释合同条款的可能性；③ 如果所订合同既有格式条款，又有非格式条款，格式条款与非格式条款不一致的，应当采用非格式条款。如前所述，格式条款是提供者单方面拟定的，而非格式条款则是双方当事人协商一致的产物，更体现当事人共同意思。因此，如格式条款和非格式条款规定不一致的，采用非格式条款自然符合合同的本质。例如，某甲以格式合同向某乙供应一批电机，合同规定订约后一个月内交货，后双方在甲方是否在一个月内交货问题上发生争议。甲方认为一个月内货物出厂即算履行了交货义务，出厂后货物风险概不负责。而乙方认为货物送至乙方处才算交货。双方对何为"交货"理解不同，因为甲方为格式合同的提供者，故应以格式条款接受者的乙方理解为准。

4.《国际商事合同通则》的规定

《国际商事合同通则》明确对标准条款定义为：一方为通常和重复使用的目的而预先准备的条款，并在实际使用中未与对方谈判。合同本身所载有的标准条款只有在签署整个合同后才能生效，即其生效以相对人接受为前提，但是如果在当事人之间存在某种习惯做法或惯例时，默示采用标准条款也有效。例如，A 想在伦敦商品交易所购买粮食。B 是交易经纪人。在 A 和 B 订立的合同中，并未表示要采用那些惯常适用于此种交易经纪合同的标准条款。但这些条款可以在该合同中采用，因为这些标准条款对此类交易合同的适用构成了惯例。

《国际商事合同通则》规定了标准条款的"意外条款"规则，即：如果标准条款中某个条款是对方不能合理预见的(即意外条款)，则该条款无效，除非对方明确地表示同意、接受。这样规定的原因在于防止标准条款的提供方过分利用其有利地位，以叵测的意图将某些条款强加于对方当事人。因此，如果对方当事人对其中某些条款的内容、语言和表达方式所产生的效力不能合理预见，则不受此类条款的约束。例如，一项免除或限制提出标准条款一方的合同责任的条款，在特定情况下可以被视为“意外”而无效。

除前述因条款内容构成“意外”之外，标准条款中某些特定条款表述的语言含糊不清，或条款印制所用的字体极小等也可以构成“意外”。例如：A是在汉堡经营商品的一位经销商。A在其与用户的合同中使用了标准条款，其中有一条规定：“汉堡友好仲裁”。在当地的商业界，这一条款通常被理解为：可能发生的争议应提交一种特别仲裁，该仲裁源于当地的特定程序规则进行。在与外国用户订立国际商事合同时，该条款没有效力，因为标准条款作为一个整体虽被接受，但不能理所当然地指望外国用户能够理解其中的准确含义，不论该条款是否已翻译成该用户的本国语言。

《国际商事合同通则》规定：若标准条款与非标准条款发生冲突，以非标准条款为准。

在双方当事人均使用各自的标准条款的情况下，合同通则规定，如果双方对除标准条款以外的条款达成一致，则合同应根据已达成一致的条款以及在实质内容上相同的标准条款订立，除非一方当事人已事先明确表示或事后毫不延迟地通知另一方当事人其不受此合同的约束。即如果当事人仅就标准条款以外的事项达成协议，则合同应根据已商定的条款和实质内容相同的标准条款订立（“意思一致”原则）。例如：A向B订购一台机床，并明确了机床的型号、价格、支付条款以及交货的时间和地点。A所用的订单反面印着A的“一般购买条件。”B接受了，并发出一份承诺，该文件的反面印有B的“一般销售条件”，当A事后试图撤销该交易时，他声称从未订立任何合同，因为对应适用何种标准条款未达成协议。然而，因为双方当事人已就合同的主要条款达成一致，因此根据已商定的条款以及实质内容相同的标准条款，该合同已经成立。当然A或B可以事先或事后毫不延迟地通知对方：因为合同不是依据他自己的标准条款，所以不愿受其约束。

案例分析

[案情]

1986年3月4日，香港某公司（以下简称香港公司）向中国某进出口公司（以下简称进出口公司)发来出售鱼粉买盘,要求当日下午5时前答复。买盘的主要内容如下:秘鲁鱼粉,重8 000公吨,价格条款CIF上海,每公吨483美元,交货期1986年4月至5月,信用证付款等。进出口公司收到买盘以后,于当天作出答复,要求香港公司将每公吨483美元减至每公吨480美元,同时对索赔条款提出了修改意见,并指出以上两点如果同意请速告知即可签约。3月5日,香港公司与进出口公司直接通过电话协商,进出口公司同意接受每公吨483美元的价格,但坚持修改索赔条款,香港公司最后同意了进出口公司的修改意见。3月7日,香港公司在给进出口公司的电传中,重申了买盘的主要内容和电话协商的结果。同日,进出口公司回电传给香港公司,告知该公司部门经理在广交会期间将直接与香港公司签订合同。香港公司据此于3月11日与另一公司签订购买鱼粉的合同。3月22日,香港公司人员在广交会上会见了进出口公司的部门经理,将香港公司已签字的合同文本交给了该部门经理,该经理表示审阅后再签字。3月26日,当香港公司派人去取合同时,进出口公司的部门经理仍未签字。香港公司指使派去的人将进出口公司仍未签字的合同索回。4月2日,香港公司发电传给进出口公司,重申了以前往来电文的内容及双方在广交会上的接触情况,声称如果进出口公司不执行合同,香港公司将对进出口公司提出赔偿要求。进出口公司回电称:合同尚未成立。于是,双方对合同是否成立产生争议,并诉至上海市中级人民法院。

[问题]

本案的合同是否有效成立?

[法律依据]

《联合国国际货物销售合同公约》第96条规定:合同订立,更改或终止,无须以书面为之。我国在核准该公约时,对此作了保留声明。

《中华人民共和国合同法》第十条规定:"当事人订立合同,有书面形式、口头形式和其他形式。"肯定了口头形式的效力与国际通行做法一致。"第三十二条规定:"当事人采用合同书形式订立合同的,自双方当事人签字或盖章时成立。"

[法律运用及处理结果]

本案涉及合同应具备什么形式才能有效成立的问题。关于国际货物买卖合同的形式。各国法律有不同的规定:有的国家承认既可以采取书面的形式,又可以采取口头的形式。而另一些国家认为国际货物买卖合同涉及的标的大,关系复杂,必须采取书面形式,我国就是这样规定的。根据我国的法律,即使双方达成了合意,如果没有双方的签字,合同仍未有效成立。只有在双方签字以后,合同才能有效成立。

近年来,对国际货物买卖合同的形式要求有放宽的趋势。例如,《联合国国际货物销售合同公约》第 96 条规定:合同订立,更改或终止,无须以书面为之。我国在核准该公约时,对此作了保留声明。我国不承认以口头方式成立的合同,因此公约关于合同形式的规定不适用于本案。

该合同由于没有中国公司的签字没有有效成立。法律依据是我国《涉外经济合同法》(现已失效)第 7 条。该条规定:"当事人就合同条款以书面形式达成协议并签字,即为合同成立。通过信件、电报、电传达成协议,一方当事人要求签订确认书的,签订确认书时,方为合同成立。中华人民共和国法律,行政法规规定应当由国家批准的合同,获得批准时方为合同成立。"本案中的合同,中国公司要求签字,香港公司在中国公司尚未签字就索回合同,合同不具备必要的形式要件、因而不能成立。

[值得注意的问题]

本案发生在《中华人民共和国合同法》生效之前,所以依据《中华人民共和国涉外经济合同法》的有关规定处理,但应注意 1999 年 10 月 1 日以后,《涉外经济合同法》失效,所以有关合同是否成立问题,应注意适用现行的《合同法》。

(案例来源:http://edu.21cn.com/sifa/g_77_1051216-1.htm)

第三节 国际商事合同的履行

合同的履行指合同当事人按约定履行其义务,以实现他方的合同权利。合同的履行要求主要由合同当事人在合同中作出规定,法律的规则在这一领域起着一种"补缺"作用,即在当事人没有就某一问题作出约定时,用法律的规定补充当事人的约定,当然法律规定还用于对当事人约定履行过程中发生争议的解决规则。故而,各国法律对合同履行都有针对性地制定相应规则。

一、合同履行的一般规则

各国法律、判例通常确立合同履行的一般原则,这些原则是合同法原则的具体化。就当事人履行合同义务而言,这些一般原则或规则可以解决当事人约定不明或欠缺约定条款的不足,也为司法机关解决合同纠纷时提供依据。我们试归纳以下合同履行的一般规则并加以简述:

(一) 全面履行原则

全面履行原则,是指合同当事人应按照合同约定,全面、适当地履行合同义务。该原则应包含履约的全面性和适当性两个方面的含义。所谓全面性即全面履行,指合同当事人应当履行合同约定或法律规定的全部义务,而不是部分义务,按照合同约定的主体、标的、数量、质量、价款等,在适当的履行期限,履行地点,用适当的履行方式正确全面履行合同义务。

我国《合同法》第六十条第一款的表述为:当事人应当按照约定全面履行自己的义务。上述规定明确规定了全面履行合同义务的原则,任何与合同约定要求不一致的履行,比如交货少、时间延迟等,都有违这一原则,因而要承担违约责任。

法国《民法典》规定,契约不仅对于契约中所载明的事项发生义务,并根据契约的性质,对于公平原则,习惯或法律所赋予此义务的后果发生义务(第 1135 条)。意大利《民法典》也规定,契约不仅在载明的情况下,并且在所有根据法律,或者在没有法律根据对根据惯例和公平的情况均对当事人有约束力(第 1176 条)。这表明,大陆法某些国家,对履行合同义务的全面性、适当性加以规定,即使某些事项合同条款未必载明,当事人也应适当履行,以体现公平原则这一合同法最基本原则。

英美法认为,当事人在订立合同后,必须严格按照合同条款全面履行义务。英国法律将合同条款分为"条件"(condition)和"担保"(Warranty)。前者指构成合同要素的基本条款,当事人必须丝毫不差地按此条款要求履行合同义务,否则另一方有权解除合同并要求损害赔偿;后者指合同要素以外的次要条款(如付款时间),当事人对此类条款的履行有所差池,虽不至促使另一方当事人有权解除合同,但要承担损害赔偿责任。

英美法有关合同履行的适当性要求还体现在"默示担保"的要求上,即某些履约义务虽然未见诸明示的条款约定,但在履约时仍应符合的要求,如"货物买卖合同卖方应尽的有关货物商销性""特定用途"的默示担保。

《国际商事合同通则》的有关规定同样对当事人履行合同义务的全面性、适当性提出要求。《国际商事合同通则》第 6.1.3 条规定:当履行到期时,债权人有权拒绝任何部分履行的请求。对于履行方式,《国际商事合同通则》规定,如果合同义务能一次完成履约,而且情况未有另外的表明,则当事人必须一次履行其全部合同义务,债权人可拒绝接受提前履行。

在这方面,《国际商事合同通则》还有一项特别规定,即当事人有"尽最大努力"的义务。其要求是:如果一方当事人的义务涉及在履行某一项活动中应尽最大努力,则该方当事人应尽一个与其具有同等资格的,通情达理的人在相同的情况下所应尽的义务。这一规定为法官和仲裁员提供了标准，据此可能对当事人是否正确(适当)履行作出评估。例如：

批发商B承诺在合同规定的销售区域内“尽最大努力扩大产品的销售”。但合同并未规定必须完成的最低销售数量。这个规定就设定了一项应尽最大努力的义务，它要求B必须采取各种措施来履约，而这些措施是一个通情达理的人处在相同的情况下(如产品性能，市场特点，公司的地位和经验，竞争对手的压力等)，将会采取的促销手段(做广告、访问消费者，提供优质服务等等)。B并不承诺每年销售数量的特定结果，但应承担作为一个通情达理的人所能做的一切。

(二) 诚实信用原则

订立合同要贯彻诚实作用原则，在履行合同时更要遵循此原则。我国《合同法》第六十条第二款规定：“当事人应当遵循诚实信用原则，根据合同的性质、目的和交易习惯履行通知、协助、保密等义务。”这就要求当事人除诚实守信，以善意的方式全面适当履行合同约定的义务以外，还应当在诚实信用原则的指导下，根据合同的性质、目的和交易习惯履行保证合同约定的权利义务实现的各种相关的附属义务，包括：相互协作和照顾的义务、瑕疵告知义务，使用方法告知义务、重要情势告知义务、忠实保密义务等。

德国《民法典》第242条规定：“债务人应依诚实和信用，并参照交易上的习惯，履行给付。”例如，债务人打算提前交货，应当事先通知债权人，否则突然交货，使债权人无从准备仓栈。这就有违诚实信用原则，债权人可不负受领延迟的责任。

美国《统一商法典》第1—203条规定：“本法典范围内的任何合同或义务都使当事人承担了履行或执行该合同或义务的过程中善意行事的义务”。该法典2—103(1)(b)条在解释这一概念时说：“涉及商人时，‘善意’指事实上的诚实和遵守该行业中有关公平交易的合理商业准则”。衡量是否善意行事的标准是当事人不应有寻求显失公平的利益动机。而是否有这样的动机，决定于特定行业中有关公平交易的合理商业准则，即推定一个通情达理的第三人将会认为是合理的评定标准，而不应决定于该当事人自己如何表白。法院可依善意行事的原则决定当事人是否履行了其应承担的合同义务。举例说明如下：

原被告双方于1968年6月19日签订了一份书面协议：被告将在合同履行期内把其生产的全部面包屑出售给原告，该协议将从1968年6月19日起履行，至1969年6月18日终止，此后，该履行期将自动续展1年，但任何一方均可解除该协议，只要提前6个月用挂号信向另一方发出解除通知。该协议订立后，被告向原告提供了大约250吨面包屑，然而至1969年5月15日，被告停止了面包屑的生产。

据证实，这一经营在经济上不太合算。在停产之后，被告拆除了烤炉，把原来的房子改装成了计算机房，被告曾经几次向原告表示，合同规定的价格如果能从 6 美分 1 磅改成 7 美分 1 磅，被告将恢复生产。

被告声称，该合同并没有要求被告加工面包屑，而只是出售他加工的面包屑；既然在该烤炉转让给他人之后生产停止了，面包都不生产了，也就不可能再有什么面包屑了，因此，按原合同，被告就没有义务继续供应了。

法院认为，合同当事人双方根据他们签订的合同给予了另一方解除合同的权利，其目的显然是，在该交易不像期望那样有利可图的时候，或者出于其他原因，提供给卖方或者买方一个终止他们交易的机会。相应地，此种合同解除的通知也能向通知的接受者提供一个机会，使他能找到另一个销路或材料来源。既然被告没有发出解除合同义务的通知，原告自然会期望他继续善意地履行合同(继续提供面包屑!)，并且只有在善意行事的情况才能解除合同。被告未经事先通知解除合同就停止生产，就很难说是善意的。因此，该案被告的行为显然有违诚实信用履行原则。

《国际商事合同通则》第 5.2 条规定当事人有默示义务。默示义务可以是合同关系中诚实信用原则的结果。例如，A 和 B 就一项合作协议进行谈判后，签订了一项完成某项复杂的可行性研究的协议。该研究对 A 来说是极费时间的。但在还未完成可行性研究之前，B 决定不再执行该合作协议。即使协议中并没有规定如何处理此种情况，但诚实信用原则要求 B 应毫不延迟地将其决定通知 A。

《国际商事合同通则》第 5.3 条规定：每一方当事人应与另一方当事人合作，如果一方当事人在履行其义务时，有理由期待另一方当事人的合作。这一规定也是诚实信用履行原则的体现。合同某种程度也可视为当事人各方合作的共同项目。一方当事人在履行合同义务可以“合理期望”另一方当事人提供协作，另一方当事人也有义务进行必要的协作。

(三) 促进交易履行原则

罗马法有一项规则：与其使合同无效，不如使之有效。这就是促进履行的原则：当事人不能随意以合同条款不全或不明确，而不去履行合同，甚至以此主张合同无效。对此，各国立法，判例及有关国际惯例都有相应的规定。

我国《合同法》第六十一条明确规定：“合同生效后，当事人就质量、价款或者报酬、履行地点等内容没有约定或者约定不明确的，可以协议补充；不能达成补充协议的，按照合同有关条款或者交易习惯确定。”

当事人在订立合同时，应当就合同的主要条款作明确约定，以便合同得以顺利履行。依本条规定，当事人就质量、价款或者报酬、履行地点等内容没有约定或者约定不明确的，应当按照便于交易，利于交易的原则，由当事人达成协议补充；不能达成补充协议的，按照合同有关条款或者交易习惯确定。

德国《民法典》第 242 条规定，债务人应依诚实和信用，并参照交易上的习惯，履行给付。合同当事人对于合同中没约定或约定不明确的内容，应"参照交易上的习惯"履行其义务。

美国《统一商法典》第 1—205 条第 3 款规定：当事方之间的交易过程和当事方所从事之行业或贸易中的行业惯例，使协议条款产生特定含义，并对协议条款起补充或限制作用。这一规定表明，假如合同中有关条款约定不够明确，则"交易过程"和"行业惯例"可以起补充作用，以便当事人切实履行其合同义务。该法典 2—208条第 2 款对履约过程规定为："如果销售合同涉及合同一方反复进行履约活动，另一方也了解这种活动的性质，在有机会提出异议但未提出时，这种被接受或默认的履约过程可用于确定协议内容"。法典对行业惯例的解释为：指在一个地区、一种行业或一类贸易中经常得到遵守的任何交易方式和方法，人们有理由相信这种方式和方法在现行交易中也会得到遵守。例如，根据国际贸易惯例，FOB 交易条件意味着买方通常支付运费。假设某合同规定分 24 批交货，价格条件为"FOB 卖方城市"，此时通常应当由买方交付运费。但该合同卖方在交付前 12 批货物的同时也支付了运费，此后不再支付运费。按上述规定，卖方一次次地交货(12 批)构成"履约过程"，如此一来，他不支付后 12 批货物运费就显得不恰当。但是，卖方可以举证，证明在书面合同订立之后，他又与买方订有口头协议，约定由他支付前 12 批货物的运费，买方则以其他形式的让步作为回报。这样，尽管书面协议对运费由谁支付约定不明，按贸易惯例(FOB 条件交易)，后 12 批货物的运费仍应由买方负担。

《国际商事合同通则》充分强调当事人约定不明对惯例和习惯的应用。《国际商事合同通则》第 1.8 条规定：① 当事人各方应受业已同意的任何惯例和其相互之间已建立的任何习惯做法的约束。② 在特定的有关贸易中合同当事人，应受国际贸易中广泛知悉并惯常遵守的惯例的约束，除非该惯例的适用为不合理。《国际商事合同通则》第 5.2 条也确立了当事人应履行基于"各方当事人之间确立的习惯做法和惯例"的默示义务。例如，某个经纪人在谈成一份租船合同后要求收取应付的佣金。尽管经纪合同未规定何时应支付佣金，但该行业的惯例有可能提供默示条款。例如，按惯例只有在租金已被支付的时候支付佣金，或在租船合同签订之时支付佣金，即不论租金是否被实际支付。如果惯例表明属后一种情况，则租船人就有义务在签订租船合同之时立即支付一笔佣金给经纪人。

二、法定补充履行规则

合同生效后，当事人就质量、价款或报酬、履行地点等内容没有约定或者约定不明的。按前述促进交易履行原则，可由当事人达成补充协议；不能达成补充协议的，按照合同有关条款或者交易习惯确定。如以上述方法仍不能确定的。如何促使当事人履约？各国在此种情况下，以立法规定的方式确立当事人履行合同义务的规则。

（一）大陆法系的规定

意大利《民法典》规定：当以交付确定了种类的物为债的标的物时，债务人应当交付不得低于中等品质的物。这是对合同标的质量标准约定不明时的法律规定。对于履行地点约定不明确者，该法典规定，如果应当给付的地点非由约定或者惯例所确定，并且不能从给付性质或其他情况进行推定，则给付特定物之债应当在债发生时物之所在地履行；给付金钱之债应当在期间届满时债权人住所地履行，如果该住所与债权人在债发生时的住所不一致并对履行构成较重负担，则在提前向债权人进行说明的情况下，债务人有权在自己的住所进行给付；在其他情况下，债务人应当于期间届时在债务人的住所地履行。

对于履行期限，如果当事人约定不明确，意大利法考虑到合同的性质、当事人的意愿等制定法定规则，并赋予法官较大裁量权："如果未确定给付期，则债权人得随时要求履行之。但是，根据惯例或者给付的性质，或者按履行形式或地点，期间的确定是必要的而双方又未对其作出约定，则由法官对期间给予确定。如果履行期间取决于债务人的意愿，则根据具体情况同样可由法官给予确定；如果履行期间取决于债权人的意愿，则履行期间得根据欲履行的债务人的要求而确定。"（意大利《民法典》第1183条）。

关于履行费用，意大利法规定，给付的费用由债务人承担。

（二）英美法系的规定

对于合同履行有关事项，合同约定不明确的，英国的《货物买卖法》、美国的《统一商法典》等，都有明确的规定。

按照英国法，交货地点如果买卖合同没有规定，一般应在卖方的营业地点交货。如果买卖合同的标的物是特定物，而且买卖双方在订约时已经知道该特定物在其他地方者，则应在该特定物的所在地交货；如果合同没有规定交货时间，则卖方应在合理的时间内交货等。

美国《统一商法典》第 2—305 条第 1 款规定了当事人价格不确定时的确认办法：如果当事人确有订立合同的意图，即使价格未定，合同也可以成立。这种情况下，合同价格应为交货时的合理价格，只要是：A，价格未提及；或 B，价格留待当事人协商确定，但未能达成协议；或 C，价格根据双方约定的市场，或者根据第三方或其代理机构确定或记录的其他标准确定，但未能作出确定或记录的。比如，某合同双方约定买卖 3 000 包某一等级的棉花，一个月后交货，价格为交货日新奥尔良棉花交易所同等级棉花的收盘价。假如交货日因台风原因，棉花交易所关闭而没有确定的收盘价，根据该法典，该合同显然有约束力，棉花价格应为交货时的合理价格。

关于履行地点，美国《统一商法典》的规定与英国法规定相同，对于履约时间，该法典同样规定，当事人如果没有约定，即应在合理时间内履行，什么是合理时间？取决于怎样才能构成"可以接受的商业行为，"同时考虑有关合同的种类、客观情况决定的履约性质和方式。例如，订立合同时货物即已实际存在并经特定化，卖方交货的时间即应大大短于货物需专门制造所需的"合理时间"。卖方如果了解买方期待着使用他所购买的货物，也与确定什么是合理时间有关。例如，一合同订约时卖方知道买方打算在夏天用所要买的那辆汽车去野营，所以五月份签订的汽车购销合同，到八月份还未交货就显得过于延迟了。此外，《统一商法典》还对合同约定不明确时的其他事项作了具体规定，如付款的时间和地点（第 2—310 条），特定化方式（第 2—501 条）等，在此不作一一详述了。

（三）中国法律的规定

我国《合同法》第六十二条规定：当事人就有关合同内容约定不明确，依照本法第六十一条规定仍不能确定的，适用下列规定：

(1) 质量要求不明确的，按照国家标准，行业标准履行；没有国家标准、行业标准按通常标准或者符合合同目的的特定标准履行。国家标准是国家承认的技术性法律规范，具有最高效力，其他标准不得与之相矛盾，否则无效。行业标准是某一行业的同行们在实践中总结出来的行业自治技术规则，对同行业的商业、企业都有约束力，同行业的成员应当遵守。如果没有国家标准和行业标准，应当按通常标准履行。通常标准，是行业标准之下的其他质量标准，还有待于在实践中进一步总结，然后再在此基础上逐渐提升，最后制定成行业标准或者国家标准。质量标准的执行顺序是：没有国家标准和行业标准时，按经过批准的企业标准履行，这些标准都没有的，应当按照同类物品，劳务或工作任务的中等质量标准履行。如果欠缺国家标准、行业标准、通常标准、履行合同标的质量标准时，应考虑订立合同的目的适当合理加以履行。

(2) 价款或者报酬不明确的,按照订立合同时履行地的市场价格履行;依法应当执行政府定价或者政府指导价的,按照规定履行。按《合同法》第63条规定,执行政府定价或者政府指导价的,在合同约定的交付期限内政府价格调整时,按照交付时的价格计价。逾期交付标的物品,遇价格上涨时,按照原价格执行;价格下降时,按照新价格执行。逾期提取标的物或者逾期付款的,遇价格上涨时,按照新价格执行时,价格下降时按照原价格执行。

(3) 履行地点不明确,给付货币的,在接受货币一方所在地履行;交付不动产的,在不动产所在地履行;其他标的,在履行义务一方所在地履行。履行地点直接关系到履行的费用和履行的时间,也是判断合同是否得到全面适当履行和分清法律责任的依据。如果当事人在合同中明确约定了合同履行地点的,按约定履行,如果约定不明确的,按上述规则履行。如此,既贯彻了当事人意思自治原则,又保证了当事人合法权益能够得到保障。

(4) 履行期限不明确的,债务人可以随时履行,债权人也可以随时要求履行,但应当给对方必要的准备时间。这样的规定充分体现诚实信用,公平合理原则。

(5) 履行方式不明确的,按照有利于实现合同的目的的方式履行。履行方式是债务人履行义务和债权人接受履行的具体方法。因合同的性质、内容和特点的不同而有所区别。有的合同一次全部履行,有的合同分期分批履行;有的合同债务人直接向债权人交付标的物,也有的合同可以用托运或邮寄方式履行,等等。如果合同对履行方式没有明确约定,当事人应按照有利于实现合同目的的方式履行比如合同对一次全部履行还是分批履行没有明确规定的,一般认为债务人应一次全部履行。

(6) 履行费用的负担不明确的,由履行义务一方负担。履行费用指债务人为履行义务和债权人为接受履行所支付所支出的必要费用。履行费用通常与履行方式相关联,合同应对履行费用由谁负担作出明确约定,如约定不明确的,应由履行义务一方负担。比如,托运交付货物的,对运费、保险费等没有明确约定由谁承担的,一般应由履行交货义务的卖方承担。

(四)《国际商事合同通则》的规定

《国际商事合同通则》对当事人履行合同有关事项约定不明确时如何处理,制定了十分具体、实用的规则,这些规定对处理合同纠纷无疑颇具指导、参考价值。

对于质量标准,《国际商事合同通则》第5.6条规定:如果合同中既未规定而且也无法根据合同确定履行的质量,则一方当事人有义务使其履行质量达到合理的标准,并且不得低于此情况下的平均水平。这平均水平当然根据履约时有关市场的情况及其他有关因素而定。《国际商事合同通则》对平均水平标准加以“合理”性限定,以防止一方当事人在只按市场平均质量水准履行义务,而这种平均水准却又难以在令人满意的情况下声称已适当履行。例如:

X国的A公司组织一次50周年庆典宴会。由于X国的烹饪水平很一般,该公司就从巴黎一家著名餐馆订餐。在这种情况下,所供应食物的质量就不应低于巴黎餐馆的平均水准,如果只达到X国的平均水准,则显然是不合要求的。

对于价格标准,《国际商事合同通则》规定:

(1) 如果合同未规定价格,也无如何确定价格的规定,在没有任何相反的情况下,应视为当事人各方引用在订立合同时可以比较的相关贸易中进行此类履行时一般所应收取的价格,或者,若无此价格,应为一个合理的价格。例如,A接到B的一个订单,要求尽快将一个包裹邮给在北极考察的某个探险队以供其急用,但没有确定价格。与一般国际邮件快递服务不同,这种快递服务没有相应的行业市场价格可比较,A在定价时就应合理地确定价格。

(2) 如果合同的价格应由一方当事人确定,而且此定价又明显地不合理,则不管合同中是否有任何条款的相反规定,均应以一个合理的价格予以代替。某些情况下,合同价格将由当事人中的某一方确定。这种情形经常发生于某些行业,比如服务业。这种价格不容易预先确定,而且履行方还处在可对其履行自行确定价格的有利地位。为了避免可能滥用此权利,通则的此项规定使法官或仲裁员可用一个合理的价格来取代一个明显不合理的价格。尽管当事人已就定价作出规定也如此。

(3) 如果价格应由一个第三人来确定,而该第三人不能或不愿确定该价格,则应采用一个合理的价格。第三人确定价格如交易通过中间商代理进行,如该第三人不能胜任委托(他或她不是所认为的专家)或拒绝做这项工作,则采用一个合理的价格。

(4) 如果确定价格需要参照的因素不存在,或已不再存在或已不可获得,则应取最近似的因素作为替代。在某些情形下,价格是在参考外部因素之后确定的,比较典型的是参照一个已公布的指数或商品交易的行情表。凡是参照的因素不复存在或已不可获得,则应取最接近的相同因素作为替代。例如,建筑合同的价格是与当地政府定期公布的几个指数相关连的,包括“建筑业的官方价格指数”。虽然该官方指数已停止发布,仍需要计算几种分期付款的价格。建筑联合会是一个私营贸易协会,它决定发布一个相似的指数来替代以前的官方指数,在这种情形下,新指数就作为一个替代指数,用于确定合同价格的参照。

对于履约期限,如果合同没有明确规定,依《国际商事合同通则》第 6.1.1 条,当事人履约应在订立合同后的一段合理时间内进行。对于一个未定期限的合同,任何一方当事人可通过在事先一段合理时间内发出通知,终止该合同。

对于履行地,《国际商事合同通则》规定:

(1) 如果合同中既未明确规定履行地,或者依据合同也无法确定履行地,则应按下述地点履行:① 金钱债务在债权人的营业地;② 任何其他义务在当事人自己的营业地。

(2) 当事人应承担在合同订立后因其营业地的改变而给履行增加的费用。

关于履行费用,合同通则规定,每一方当事人应承担其履行义务时所发生的费用。

三、合同履行中的抗辩权

合同可分为双务合同和单务合同。一般来说,大多数合同都是双务合同,也就是说合同各方当事人既享有权利,又负有义务。合同履行中的抗辩权,是指在双方合同中,一方当事人有依法对抗对方要求或者否认对方要求的权利。合同履行中的抗辩权一般包括:

(一) 同时履行抗辩权

同时履行抗辩权,指合同一方当事人,在对方未为对价给付以前或履行不适当时,有权拒绝履行自己一方义务的权利。最简单的例子就是一手交钱一手交货的买卖,对方未付钱,己方不出货。我国《合同法》第六十六条对此的规定为:"当事人互负债务,没有先后履行顺序的,应当同时履行。一方在对方履行之前有权拒绝其履行要求。一方在对方履行债务不符合约定时,有权拒绝其相应的履行要求。"

根据上述条款规定可见,同时履行抗辩权的行使须符合以下要求:① 双方互负的债务,是同一合同所生的债。如果双方当事人的债务不是基于同一合同而发生,即使在事实上有联系,也不得主张该权利。② 双方互负的债务均已届清偿期。如果一方当事人负有先履行的义务即便另一方履行抗辩的权利,但不是同时履行抗辩权。③ 对方未履行或未适当履行债务。一方向对方请求履行债务时,须己方已为履行或提出履行,且履行适当(符合规定要求),否则,对方可行使同时履行抗辩权,拒绝履行其债务。④ 对方的对价给付应当是可能履行的。同时履行抗辩权旨在促使双方同时履行其债务,如果对方的对价给付已不可能,则同时履行之目的落空,行使同时履行抗辩权显然无意义。此种情况则只有追究对方之违约责任了。

德国《民法典》第 320 条也对同时履行抗辩权加以规定:① 因双方契约而负担

债务者，在他方当事人为对待给付之前，得拒绝自己的给付，但自己有先为给付的义务者，不在此限；② 应向数人为给付者，在未为全部对待给付之前，对于对方各个当事人应受领的给付部分得拒绝履行。这一规定表明，如果己方享有对方数人给付对价的权利者，则在对方数人全部履行对价给付之前，对于对方个别当事人的履行要求（即使该个别人已履行其自己部分的给付）也拥有履行抗辩权。③ 他方当事人已为部分给付，依其情形，特别是因迟延部分为无足轻重时，当事人一方如拒绝进行对应给付违背诚实信用原则者，即不得拒绝给付。

意大利《民法典》也规定：在附有对应给付的契约中，缔约的任何一方在他方不履行或者不同时履行自己义务的情况下，得拒绝履行其义务，但是，当事人确定不同履行期间或者依契约性质有不同履行期间的情况除外。然而在拒绝履行将违背诚实信用原则的情况下，不得拒绝履行（意大利《民法典》第 1460 条）。

《国际商事合同通则》规定：如双方当事人能够同时履行，则双方当事人应同时履行其合同义务，除非情况另有表示。当事人各方应同时履行合同义务的，任何一方当事人可在另一方当事人提供履行前拒绝履行。

（二）顺序履行抗辩权

如果当事人的履行义务根据合同约定有先后顺序，在按约定应先履行的一方当事人未履行之前，后履行一方有权拒绝其履行要求，先履行一方履行债务不符合约定的，后履行一方有权拒绝其相应的履行请求的权利，这种权利即顺序履行抗辩权或称先履行抗辩权。

我国《合同法》第六十七条规定："当事人互负债务，有先后履行顺序，先履行一方未履行的，后履行一方有权拒绝其履行要求。先履行一方履行债务不符合约定的，后履行一方有权拒绝其相应的履行要求。"

按上述规定，行使顺序履行抗辩权应具备一定的条件，即：① 合同约定双方互负债务，债务的履行者有先后顺序；② 在合同履行时，发生了应当先履行债务的当事人没有履行债务，或者履行债务不符合约定的法律事实。

行使这一抗辩权的应当是合同约定的后履行债务的当事人。从法理上讲，如果先履行债务的当事人仅部分履行了债务，则后履行债务的当事人有权对没有按约定履行的部分予以拒绝，已经按约定履行的部分，则不应当拒绝；如果先履行债务的当事人的部分履行整体不符合合同要求，后履行债务的当事人有权在整体上拒绝对方的履行请求。例如：A（买方）与 B（卖方）签订一份买卖钢材合同，约定 A 应在合同生效后 10 天内向 B 支付 30％的预付款，B 收到预付款后 5 天内发货至 A 处，A 收到货物验收后即结清余款。B 收到 A 30％预付款后第 3 天即发货至 A

处。A收货后验收，发现钢材不符合合同约定，遂及时通知B同时拒付余款。

《国际商事合同通则》第7.1.3(2)条的规定也属顺序抗辩权情形：凡当事人各方应相继履行合同义务的，后履行的一方当事人可在应先履行的一方当事人完成履行之前拒绝履行。例如：A签约出售2 000吨小麦给B，价格条件为汉堡港CIF价格，以一家德国银行签发的保兑信用证支付货款，A没有义务将这批小麦装船，除非并且直到B根据其合同义务开具了此信用证。

（三）不安抗辩权

不安抗辩权指先履行债务一方当事人在有证据证明后履行债务当事人存在届时将不能履行合同义务的有关情形时，采取相应的防卫性措施的权利。这一权利通常基于法律的有关规定。各国法律对此的规定有所差异。

1. 大陆法系的规定

不安抗辩制度系源于大陆法系的一种法律制度。这里仅以其中两个大陆法国家的法律规定为例：德国《民法典》第321条规定，因双务契约负担债务并应向他方先为给付者，如他方的财产于订约后明显减少，为难为对待给付时，在他方未为对待给付或提出担保之前，得拒绝自己的给付；意大利《民法典》也规定：如果相对方的资产状况发生变化，使应获得的对待给付面临明显的危险，则任何一方得暂停其应当进行的给付（第1461条），可见，意大利法赋予合同的双方当事人均拥有不安抗辩权，不问合同约定履行义务的先后。

2. 英美法系的规定

英美法中没有“不安抗辩权制度”但有所谓的“预期违约”或“预期毁约”规定。预期违约指合同一方在合同规定履行行合同义务的时间到来之前毁弃合同。毁弃合同可以由言论构成，也可以由行为构成。前者指合同一方用语言表明不履行合同义务，后者指合同一方的行为表明他将不履行合同义务。对于预期违约，美国法的规定尤为详细，下面作具体介绍：

美国统一商法典第2—610条规定：合同任何一方在履约义务尚未到期时毁弃合同，如果造成的损失严重损害了合同对另一方的价值，受损方可以：a. 在商业上合理时间内，等待毁约方履行合同义务；或b. 寻求任何形式的违约补救（第2—703条或第2—711条），即使已经通知毁约方他将等待履约和已经催促毁约方撤回毁约；以及c. 在上述任何一种情况下，均可中止履行自己的合同义务。

根据上述规定，假如毁约确已严重损害了合同对另一方的价值，受损方可以作出以下几种选择：

第一，等待履约。一方事前毁约，另一方可能会认为待履约期限实际到来时，毁约方也许会改变主意而履行合同。或者，受损方至少并不打算立即起诉，并且寄希望于毁约方也许还要改变主意。不过，如果受损方决定等待履约，很可能会产生一些其他问题。合同一方得知另一方预期毁约，法律赋予他一项基本义务，即有义务采取必要的措施，以避免增加违约方的损失。因而，如果受损一方等待违约一方履约，就存在着增加违约方损失的可能性。相反，如果当时立即提起诉讼，这种损失是可以避免的，例如，买卖双方于 7 月 1 日订立合同销售货物，交货期是 9 月。卖方于 8 月 1 日将所需货物备妥之后，买方来函表示届时不打算接受货物。其时，这类货物的市场价格迅速下跌，其他经济情况也表明这种货物的市场价格将持续下跌。然而，卖方决定在 9 月 1 日前一直保留货物，希望交货期到达后，买方会接受货物。货物的合同价格是每件 1 元，买方毁约时的市场价格是每件 0.70 元，到 9 月 1 日交货期至，市场价格跌至每件 0.40 元。很明显，法官不会允许卖方以 9 月 1 日的市场价格为基础计算损失，因为如果卖方当时即处理掉货物，他所得到的价款肯定会高于每件 0.40 元。依据法典，允许卖方等待买方履约的时限应是在“商业上的合理时间内”。如果卖方等待履约的时间超出了合理时间，卖方无权对本来可以避免的损失获得赔偿。“实施一项行为所需要的合理时间，应当根据行为的性质、目的和客观情况确定”(第 1—204 条第 2 款)。货物性质、市场情况、行业惯例以及合同当事人先前的交易惯例，都可能成为确定是否属于商业上合理时间的有关因素，上例中卖方等待买方履约，考虑市场上该类货物一直持续下跌的因素，一直等到 9 月份看来就超出了商业上的合理时间。

第二，直接予以补救的权利。受损方有权自由选择，在对方预期毁约之当时，立即寻求补救。例如合同约定卖方向买方出售货物，但买方在交货日期到来之前毁约。卖方可以依据得知买方毁约时同类货物的市场价格与合同价价格之间的差价，立即向买方提起损害赔偿这诉。或者，如果货物已特定于合同项下，卖方可以将货物另行转售，就合同价格与转售价格之间的差价，对买方提起损害赔偿之诉。

第三，中止履约。预期毁约的受损害方，无论是选择等待对方履约，还是选择立即提起违约诉讼，均可以同时中止履行自己的合同义务，例如，如果卖方依据销售合同，正在为买方生产所需货物而买方事前毁约，卖方有权立即停止生产。

如此可见，美国统一商法典规定的对预期违约而导致的中止履约权利的行使有其特别之处：受损方采取中止履约措施之外，可以立即提起损害赔偿之诉，并且，采取中止履约的一方可不必通知对方。这样的规则显然与大陆法国家及中国的规定有所不同。

不过，美国统一商法典第 2—609 条规定的情形，与大陆法及我国法律规定的

"不安抗辩权"制度倒十分相似,该条规定为:"(1) 买卖合同双方均负有义务,不得损害对方抱有的获得己方正常履约的期望。任何一方具有合理依据认为对方不能正常履约时,有权通过书面形式要求对方提供正常履约的适当保证。在获得这种保证之前,可以中止己方履行可能无法获得的,与其相对应的那一部分合同义务,只要这种中止在商业上是合理的。(2) 在商人之间,合同一方提出的依据是否合理,对方提供的保证是否适当,应当根据商业标准确定。(3) 任何一方收到对方具有合理依据的要求之后,如果未能在最长不超过 30 日的合理期限内,根据当时情况提供履约的适当保证,构成毁弃合同。"

这就是说,如果合同一方有"合理依据"认为对方将不能"正常履约"(另一方是否会如约履行合同义务已成为未知数)时,他就可以,① 中止履行自己的合同义务;② 要求对方提供履约的适当保证;③ 如果在合理的期限内没有提供这种保证,可以将对方视为已经违约。那么,什么是对方不能履约的合理依据?从上述规定第(2)款看,在商人之间,如果认为对方不能正常履约,其依据的合理性应当根据商业标准判断,而不是法律标准。这商业标准甚至可以是另外一件与本合同无关的事项。例如,买方拟购入需要立即交货的一些精密配件,与卖方签订了购买合同。稍后,在卖方交货之前,买方获悉卖方向其他同类用户交付的配件是有缺陷的。这样的情况也构成了认为对方不能正常履约的合理依据。

一方具有对方不能正常履约的合理依据,即可要求对方提供适当的履约保证,在这保证得到之前可先中止己方的相应的履约义务。

那么,被认为"不能正常履约"的一方怎样做才能构成"适当的保证"呢?这也须视具体事例的情况而定。"统一商法典"对此要求合同双方都按照诚信原则行事,遵守合理的商业标准,受损一方也不得任意行事或反复无常。法典起草者介绍了"农产品加工公司诉法索拉一案(1920 年)",用于说明要求提供履约保证依据的合理性以及履约保证的适当性:

案例分析

[案情]

买卖双方书面合同约定,卖方向买方出售 500 箱 5 号"马佐拉"(mazola,一种加工后的农产品),发出订单后 60 日内交货,可延期 30 日付款。但如在发票开出后 10 日内付款,可享受 2%的回扣。这些条件均以合同规定的下列条款为准:"在卖方交货前的任何时间内，买方的支付能力如有降低或处于卖方不能满意的状况，卖方有权要求买方用现金支付货款，或作出符合要求的其他履约保证。”

按协议，卖方交付了部分货物，开出发票的日期是1918年11月12日，付款期限可延长至12月12日。11月26日买方要求交付其他尚未交付的货物，但卖方不同意，并要求买方提供付款保证。其理由为：① 在过去的交易中，买方大都是在卖方开出发票后10日内按折扣付款的，这样的付款交易至少占到全部交易的75%，但这次交易却没有这样做。② 卖方听到传言，说买方的经济状况“疲软”(事实并非如此)。买方随即请求其开户银行出具了报告，表明其经济状况良好，并保证依据合同条款按时付款。然而，卖方仍拒绝交付余货。买方于是对已交付的货物拒绝付款，并称卖方违约。双方都上法庭主张自己的权利。

[问题]

本案当事人是否属于违约行为？能不能根据履行抗辩权原理进行处理？

[法律依据]

《国际货物买卖合同公约》第71条第(1)款规定：“如果订立合同后，一方当事人由于下列原因显然将不履行其大部分重要义务，另一方当事人可以中止履行本方义务：(a) 一方履行义务的能力或他的信用有严重缺陷；或(b) 他在准备履行合同或履行合同中的行为显示他将不履行其主要的义务。”

[法律运用及处理结果]

美国法官支持了卖方，认定卖方不予交付余货具有法律上的正当理由，是正当地行使中止履约的法律权利。

基于案件事实，根据统一商法典，该案中的卖方具有认为对方不能正常履约的合理依据(他经济状况不好的传闻及没有像以往交易那样在卖方开发票后10日内付款)，而买方未能按要求提供履约的适当保证，因为如果要求其提供履约保证仅仅基于传闻，买方开户银行的报告即足以构成适当的履约保证，但由于这次买方反常地运用了延期付款条款则有必要作出更进一步的保证。

当然，依统一商法典的规定，合同一方如果在不具备合理依据的情况下中止自己一方的履约，将由他来承担违约责任。

[值得注意的问题]

本案美国法官是根据美国《统一商法典》的有关规定及美国判例法有关预期违约的规则判决的，而不是适用不安抗辩权规则判决的，美国法律中没有履行抗辩权的规定，这是应予注意的。

(案例来源：陈笑影主编《国际贸易法》，上海立信会计出版社，2003年版)

3. 中国法律的规定

我国《合同法》第六十八、六十九条分别规定：应当先履行债务的当事人，有确切证据证明对方有下列情形之一的，可以中止履行：(一) 经营状况严重恶化；(二) 转移财产、抽逃资金，以逃避债务；(三) 丧失商业信誉；(四) 有丧失或者可能丧失履行债务能力的其他情形。当事人没有确切证据中止履行的，应当承担违约责任。"当事人依照本法第六十八条的规定中止履行的，应当立即通知对方，对方提供适当担保时，应当恢复履行。中止履行后，对方在合理期限内未恢复履行能力并且未提供适当担保的，中止履行的一方可以解除合同。"

根据上述规定，先履行债务一方当事人行使不安抗辩权，应符合法定条件：

(1) 后履行债务的一方当事人的履约能力显著降低，有不能履行其义务的现实危险，危及先履行债务一方当事人债权的实现。依法律规定，这种现实危险包括后履行债务一方当事人的经营状况严重恶化(如巨大亏损)，或者恶意转移财产、抽逃资金，以逃避债务，或者丧失者商业信誉，以及其他丧失或者可能丧失履行债务能力的情形。履行能力明显降低应发生在合同成立之后，如果在订约之时即有此种情形存在，先履行债务一方当事人明知此情仍然订约，法律则无对其特别保护之必要。

(2) 先履行债务一方有后履行债务一方当事人履约能力明显降低的确切证据。比如，后者已被法官宣告进入破产诉讼，其账户应其他债权人请求被冻结，等等。如果仅是由于先履行债务一方的臆想，并无后履行债务当事人不能履行其义务的现实危险的客观事实，则不能使之有行使不安抗辩权的权利，否则，如他行使了这种权利行为，应承担违约责任，这样做本身就是破坏交易安全。

(3) 后履行债务一方未提供适当担保，后履行债务一方当事人即便有履约能力明显降低，不能履行义务的危险，但如其提供有适当的担保，则可以抵销此种危险，先履行债务一方当事人的债权不致受损，则不宜行使不安抗辩权。

不安抗辩权的行使方式是"中止履约"，即先履行债务一方当事人暂停己方的先为履行义务，采取这种措施的当事人负有及时通知对方的义务，如果怠于通知，造成合同不能履行，则应承担相应的法律责任，因为及时通知后，履约能力降低的后履行债务一方当事人可以通过及时寻求担保，使合同继续得以履行，而在行使不安抗辩权后，如果后履行债务一方当事人为其履行合同义务提供充分担保的，先履行债务一方当事人就应恢复履行。

按我国法律规定,先履行债务一方当事人在中止履行后,如果在合理期间内对方不能恢复自己的履行能力且又未提供适当担保的,则先履行债务一方当事人有权解除合同,即合同履行由中止履行变为终止履行。

4. 国际公约、国际惯例

《国际货物买卖合同公约》第 71 条第(1)款规定:如果订立合同后,一方当事人由于下列原因显然将不履行其大部分重要义务,另一方当事人可以中止履行本方义务:(a)(1)一方履行义务的能力或他的信用有严重缺陷;或(b)他在准备履行合同或履行合同中的行为显示他将不履行其主要的义务。

采取中止履行措施必须具备的条件是,对方显然将不会履行其大部分重要义务。这主要包括:一是对方当事人的履约能力或信用严重下降,如在订立合同后失去偿付能力或已宣告破产等;二是当事人在准备履行合同或履行合同中的行为已显示他将无法履行其大部分重要义务。此外如果订约后,一方当事人所在国家发生战争或实行封锁禁运,也可认为他将不能履行其大部分重要义务。

根据《国际货物买卖合同公约》第 71 条第(3)款规定,宣告中止履行义务的一方当事人,必须立即通知另一方当事人,如果另一方当事人对履行义务提供了充分的保证,则中止履约方必须继续履行义务。因为中止履行只是暂时停止履行合同,而不是使合同终止。

但是,根据《国际货物买卖合同公约》第 72 条的规定,如果在履行合同的日期到来之前,已明显看出对方当事人将根本违反合同,则另一方当事人不仅有权中止履行合同,而且可以宣告解除合同。

《国际商事合同通则》对中止履行的要求是该方"合理地预料到根本不履行",而他在中止履约的同时可要求对方对履约提供充分保证。什么样的保证才构成充分的保证,这取决于具体的情况。在一些情况下,对方宣布他将履行就是充分的;而另一些情况下,要求第三方提供担保或保证也许是正当的。

例如:只有一个船台的造船商 A 允诺为 B 制造一艘游艇,于 5 月 1 日交付并且不延误。此后不久,B 从 C 处得知 A 已经答应在同一时间为 C 制造一艘游艇。B 有权要求 A 对将按时交付游艇提供一种充分的保证,然后 A 必须对他打算如何履行与 B 的合同,向 B 作出满意的解释(因为,按照常理,以 A 的生产条件,不大可能为 B 和 C 同时建造游艇),否则 B 可以终止合同。

第四节　国际商事合同的违约处理法律制度

一、违约的概念、形式与违约责任原则

（一）违约的概念

合同一旦签订，除非当事人可以依法解除履行义务，否则，合同双方均有履行义务。合同的任何一方，如果没有法律上的正当理由不按约履行自己的全部或部分合同义务，即构成违约，并赋予“受损方”获得一项或几项补救的权利，违约方负有赔偿违约损失的责任。在违约的构成及承担违约责任的前提规则等问题上，各国法例上有着差异。

（二）违约形式

违约的构成形式有各种不同情况，由此，违法一方所承担的违约责任也有所区别。现将各国有关法律规定分别简要介绍：

1. 大陆法系的规定

德国民法典把违约分为“给付不能”和“给付延迟”两类。给付不能是指债务人由于种种原因不可能履行合同义务，而非有可能履行合同而不去履行。而给付不能又分为自始不能和嗣后不能二种。所谓自始不能是指在合同成立时该合同即不可能履行；根据德国民法典第306条规定凡是以不可能履行的东西为合同的标的者。该合同无效。严格意义上讲，这种“给付不能”不属于违约问题，因为合同在法律上已无效，已不存在合同基础上的义务。所谓嗣后不能是指合同成立时，该合同是可能履行的，但在合同成立后，由于出现了阻碍合同履行的情况而使合同不能履行。对于这种给付不能，德国法根据是否有可以归责于债务人的事由，而规定不同的处理办法。

所谓给付延迟是指债务已届履行期，而且是可能履行的，但债务人却没有按期履行其合同义务。对给付延迟，德国法同样区别债务人是否有过失而规定不同的处理办法。非由于债务人的过失而未为给付者，债务人不负迟延责任。

法国民法典以不履行债务和迟延履行债务作为违约的主要表现形式。该法典第1147条规定：债务人对于其不履行债务或迟延履行债务，应负损害赔偿责任。另外，法国法同样承认“不可能时无义务”原则，即以不可能履行的事项为标的者，合同无效。但法国判例则认为，如果债务人在订立合同时已经知道或应该知道他所作的允诺是不可能履行的，债权人得以被侵权为理由请求损害赔偿。

2. 英美法系的规定

英国法将违约的情形区分为违约条件(Breach of Condition)与违反担保(Breach of Warranty)二种,并针对不同的情况给予不同的处置办法。按英国法的解释,凡属合同中的重要条款,称为"条件",如果一方当事人违反了"条件",即违反了合同的主要条款,对方有权解除合同,并可要求损害赔偿。至于哪些合同规定的事项属"条件",这是一个法律问题,由法官根据合同的内容和当事人的意思作出决定。所谓违反担保,是指违反合同的次要条款或随附条款。在违反担保的情况下,蒙受损失的一方不能解除合同,而只能向违约方要求损害赔偿。担保和条件一样有明示与默示之分。前者指双方当事人在合同中明确规定的条件或担保,后者指按照法律或按照解释当事人的意思理解理应包含在合同中的条件或担保。例如,在凭样品的货物买卖中,应包含有卖方所交的整批货物均须与样品相符显的默示条件。

后来英国法院通过判例形成一种新的违约类型,称为"违反中间性条款或无名条款",即有别于"条件"与"担保"的条款。当一方违反这类条款时,另一方是否有权解除合同,须视此种违约的性质及其后果是否严重而定。这样的规则比较符合实际的客观需要。因为按传统的两分法,如果一方违反条件,但仅给另一方造成轻微的损失(甚至根本没有什么损失),另一方仍要求解除合同,这样的处置方法显然不适当。

美国法律现已放弃使用"条件"与"担保"这两个概念,而把违约分为"轻微违约"(minor breach)与"重大违约"(material breach)两类。轻微违约指合同当事人在履约中尽管有一些缺点,但另一方已从中获得该项交易的主要利益了,这种情况下,另一方可以要求赔偿损失,但不能解除合同。重大违约指合同一方没有履行合同或履行有缺陷,致使另一方不能得到该项交易的主要利益。这种情况下,受损的另一方可以解除合同,并同时要求损害赔偿。

3. 中国法律的规定

我国法律有关违约形式主要体现在《民法通则》、《合同法》等的有关规定(尤其是《合同法》第七章的规定)中。归纳起来,我国法律规定所针对的违约种类有:

(1) 全部不履行,即一方当事人对合同中的义务根本没有履行;

(2) 部分不履行。即一方当事人仅履行了合同中的部分义务,没有按照合同约定的数量和要求全部履行完毕;

(3) 履行不适当,当事人履行合同有瑕疵。虽然其履行了义务,但没有按照合同规定的质量和其他有关要求去履行。如,不按合同要求的品种、规格、数量、质量或时间、交付方式等履行义务。

4. 国际公约与国际惯例的规定

《国际货物买卖合同公约》将违约分为"根本违反合同"(Fundamental breach of contract)和一般违反合同两种。如果构成根本违反合同,受损害的一方就有权宣告解除合同,并要求赔偿损失或采取其他救济办法;如果一方违约不构成根本违反合同,仅是一般违约,则受损害的另一方只能要求损害赔偿或采取其他救济办法,而不能撤销合同。

什么是"根本违反合同"? 据该公约第 25 条规定:"如果一方当事人违反合同的结果,使另一方当事人蒙受损害,以至于实际上剥夺了他根据合同有权期待得到的东西,即属于根本违反合同,除非违反合同的一方并不预知会发生这样的结果。"可见,公约衡量是否构成根本违反合同,是看违反合同的后果是否使对方蒙受重大损害。至于损害是否重大,应根据每个案件的具体情况来确定,如违反合同所造成的损失金额的大小,或者对受害方其他活动的影响程度等。但是,如果违反合同一方能够证明,他并没有预见到产生这种严重后果,而且也没有理由会预见到这种严重后果的话,他就可以免于承担根本违反合同的责任。

《国际商事合同通则》并没有采用"违约"这一概念。该合同通则第七章所使用的是"不履行"这一概念,按其 7.1.1 条规定,"不履行系指一方当事人未能履行其在合同项下的任何义务,包括瑕疵履行或延迟履行。"我们理解,合同通则的"不履行"包括完全不履行和所有形式的瑕疵履行(延迟履行即属此瑕疵履行)两种。根据相关当事人是否应承担法律责任,"不履行"又分为"不可免责的不履行"和"可免责的不履行"二种。其中,不可免责的不履行相当于各国法例中的"违约"情形。根据该合同通则第 7.3.1 条的规定,没有得到履行的一方当事人通常有权终止合同而不管该不履行是否可以免责,只要这种不履行本身构成对合同的"根本不履行"(Fundamental non-performance)。例如,X 国的一家公司 A 从 Y 国的 B 公司购买葡萄酒。后来,X 国政府发布禁令禁止从 Y 国进口农产品,尽管 A 对这个障碍不承担责任,B 仍可以终止合同。

(三) 违约责任原则

1. 过错责任原则

大陆法以过错责任作为民事责任的一项基本原则。按该原则,合同债务人只有存在着可以归责于他的过错时,才承担违约责任。就是说,如果仅仅证明债务人没有履行其合同义务,尚不足以要求其承担违约责任,而必须同时证明或推定债务人的行为有某种可以归责于他的过错,才能使其承担违约的责任。德国《民法典》

第 276 条规定：债务人除另有规定外，对故意或过失应负责任。法国《民法典》第 1147 条规定：凡不履行合同是由于不能归责于债务人的外来原因所造成的，债务人即可免除损害赔偿。

英美法没有采用过错责任原则。英美法认为，只要允诺人没有履行其合同义务，即便没有任何过失，也应承担违约责任。

《国际货物买卖合同公约》和《国际商事合同通则》没有规定违约过错承责原则，但在违约处理的某些规定上，还是适当考虑了当事人的主观状态。如前述的根本违反合同，指一方违约的情形相当严重，另一方由此可以解除合同，但如果违约方如能证明对这种严重后果他不能预见或不能合理要求其预见，则不足以构成根本违反合同。这里的"不能预见"或"不能合理要求其预见"实际上就是说明其主观上没有过失。

我国《合同法》第一百零七条规定：当事人一方不履行合同义务或者履行合同义务不符合约定的，应当承担继续履行、采取补救措施或者赔偿损失等违约责任。该规定表明，只要当事人不履行合同义务或者履行合同义务不符合约定的，都应当承担违约责任，而不论当事人是否主观上具有故意或过失。

2. 催告原则

"催告"是指债权人向债务人请求履行合同的通知。催告为大陆法上的一种制度。在合同没有明确规定履行期限的情况，债权人必须先向债务人发出催告通知，然后才能使债务人承担延迟履约的违约责任。如德国民法典规定，债务人于清偿期届至后，经债权人催告而不为给付者，自受催告时起负迟延责任。法国民法典也规定，债务人的迟延责任，须于接到催告或其他类似证书才能成立。大陆法催告制度的意义在于：① 自催告生效之日起，不履约的风险完全由违约一方承担；② 债权人有权就不履行合同请求法律上的救济；③ 从催告送达之日起，开始计算损害赔偿及其利息。关于催告的方式，按德国法，书面或口头均可，法国法则要求以书面作成，并由法警送达债务人。

英美法则并无催告这一制度。因为英美法认为，如果合同规定有履行期限，债务人必须按规定的期限履约；如果合同没有规定履行期限，则应于合理的期间内履行，否则构成违约，债权人无须催告即可提出损害赔偿请求。

《国际货物买卖合同公约》要求是：合同有明确规定的，依规定；合同没有明确规定的，当事人应在合理的时间内履行合同。可见，公约并无催告制度的规定。唯在卖方在履行期到达之时，仍未履约的，买方可以规定一段合理的额外时间，让对方履行其义务。这一规定的实际意义在于为买方日后撤销合同创造条件。根据该公约第49条第1款第6项规定，如果卖方不按买方规定的合理的额外期限内交货，或声明其将不在上述额外期限交货，买方就有权宣告撤销合同。但额外履行的给予不一定是必须和绝对的，因为根据公约的规定，如果一方不按规定期限履约本身即构成根本违反合同，则另一方不必给予额外时间，而可当即宣告撤销合同，并且可同时请求损害赔偿。可见，公约的规定借鉴了大陆法催告制度的做法，但又有所区别。

二、违约救济与违约责任方式

按照各国法律的规定，当一方违约使另一方的权利受到损害时，受损害的一方有权采取正确措施，以维护其合同权益。这种措施在法律上称为违约救济(remedies for breach of contract)。对于违约的处理，我国法律采用的是"违约责任"这一概念。对于哪种违约行为可以采取哪些救济方法，或违约方应承担怎样的违约责任，各国法律的规定并不完全相同。现分别介绍如下：

(一) 依约履行

依约履行，又称实际履行或具体履行，我国《合同法》称其为"继续履行"。顾名思义，这是指当事人一方不履行合同义务或者履行合同义务不符合约定时，另一方当事人可要求其承担继续履行的责任。否则，债权人可以向法院提起诉讼，由司法机关运用国家强制力，使债务人按合同的规定履行其义务。现对各国法律的相关规定介绍如下：

1. 大陆法系的规定

法国《民法典》第1184条规定：双务契约当事人的一方不履行其债务时，债权人有选择之权：或者在合同的履行尚属可能时，请求他方当事人履行合同，或者解除合同并请求损害赔偿。可见，法国法在债务人不履行合同的情况下，赋予债权人在请求实际履行解除合同并要求损害赔偿之间择其一的权利。但是只有在债务人履行合同尚属可能时，债权人才能提起实际履行之诉。对于"作为与不作为之债"，法国法不强调实际履行。法国《民法典》第1142条规定："凡属作为或不作为的债务，在债务人不履行的情形，转变为赔偿损害的责任。"所谓作为与不作为之债，主要是指必须由债务人本人去作某种行为或不作某种行为的债务，例如要演员登台演出或不让其登台演出。法国法认为，强令债务人去做某种行为，无异于将其置于受奴役的地位，不符合"人身自由"原则，因此不会作强令演出的实际履行之判决。通常只针对"给付之债"(obligation to give)实施强制实际履行的裁判。

德国《民法典》第241条规定："债权人根据债务关系，有向债务人请求履行债务的权利。”即债权人可以请求法院判令债务人实际履行合同义务。但实践中，法院只有在债务人履行合同尚属可能时，才会作出实际履行的判决。

2. 英美法系的规定

根据英美法的一般原则，如果支付赔偿均能使蒙受损失的一方得到适当的补偿，法院就不应令当事人实际履行合同。然而，当支付赔偿金不能达到补救目的时，即不能使蒙受损失的一方得到合同被顺利履行时本来可以得到的利益时，法院将考虑采取包括实际履行在内的其他救济方法。即便如此，实际履行也只作为一种例外的救济方法。而且法院对于是否判令实际履行有自由裁量权。

一般来说，当合同涉及某种独一无二的财产或具有特殊价值的财产时，英美法院会考虑作出实际履行的判决。因为对这些类型的交易(如不动产交易)金钱赔偿不能成为对方违反合同的适当救济。例如：被告公司经营着一个谷物仓库，该公司数年前就想将该经营不善的仓库卖掉。1973 年 3 月 4 日，被告与原告塞弗森达成买卖该仓库的协议。当时被告经营的仓库包括一些有形财产：一块从铁路公司租来的土地，一块被告自己的土地，一个容量为 10 万蒲式耳的钢结构建筑物，一个容量为 1 万蒲式耳的谷物仓库及附属储藏设施，一个磨坊，一个容量为 2 万蒲式耳自带烘干设备的谷物仓库，两个储藏楼等。根据协议，购买该仓库的有形财产的价金为 5 万美元。然而被告其后没有交付仓库及附属有形财产。法院认为，本案中的买卖包括对不动产的买卖，还涉及了一种依租赁而特有的权益。此外，该财产作为整体具有的性质以及该买卖的目的也十分重要。这些财产对于在这些财产所在的乡间经营一个谷物仓库是独一无二的，而原告的目的正是要在当地使用这些财产。对他来说，它们在当地拥有的价值是位于不同地点的相似的财产所无法拥有的。为此，法院判令被告实际履行，交付协议交易的仓库、设备及其他财产。

但是，根据英美法院的审判实践，出现下列情况下法院将不作实际履行的裁决：

(1) 凡金钱赔偿已足以充分救济者；

(2) 个人提供劳务的合同；

(3) 法院不能监督其履行的合同，如建筑合同等；

(4) 当事人一方为未成年人的合同；

(5) 如判决实际履行会造成对被告过分苛刻的负担者。

3. 中国法律的规定

我国《民法通则》第一百一十一条规定：“当事人一方不履行合同义务或者履行合同义务不符合约定条件的，另一方有权要求履行或者采取补救措施，并有权要求赔偿损失。”此条规定中的“要求履行”就是指守约方有权要求违约的一方按照合同规定的条件履行其义务，即要求依约履行。

我国《合同法》第一百零七条规定：“当事人一方不履行合同义务或者履行合同义务不符合约定的，应当承担继续履行，采取补救措施或者赔偿损失等违约责任。”该规定明确了“继续履行”是违约方应承担的一种违约责任。它要求违约方应根据受害方的请求，继续按双方在合同中约定的质量、数量、规格和标准以及期限履行合同义务。这种履行要求经人民法院的判决书、调解书和仲裁机构的裁决书确定以后具有强制执行的效力。

我国《合同法》规定的继续履行包括：

(1) 金钱债务违约的继续履行。金钱债务是指当事人履行合同义务时以货币为履行标的的债务。《合同法》第一百零九条规定：“当事人一方未支付价款或者报酬的，对方可以要求支付价款或者报酬。”当事人一方金钱债务违约既包括不支付价款或者报酬，也包括不足额支付价款或报酬。对此种违约，另一方可以直接要求违约方继续严格履行合同义务，也可以申请通过仲裁或诉讼程序强制违约方实际履行交付货币的合同义务。

(2) 非金钱债务违约的继续履行。非金钱债务指合同债务人以完成某项工作或作出某一行为作为合同履行标的的债务，如提供货物、提供劳务、完成工作等。非金钱债务不同于金钱债务，其标的有时具有特定和不可替代性，所以更强调实际履行，以利于实现合同目的。因此，当事人一方如不履行或不适当地履行非金钱债务，对方当事人可以要求违约方继续依约履行，或者诉请人民法院强制其实际履行。但是，依《合同法》的规定，以下情况下不必强制依约履行：① 法律上或事实上不能履行的。此指因消灭债务履行的法律或法律事实的出现，使该合同义务的履行已经成为不可能，如据以履行的合同被撤销、新的法律禁止履行该合同、履行的特定标的物已灭失、履行特定义务的债务人死亡或丧失行为能力等；② 债务的标的不适于强制履行或履行费用过高的。如某甲系一具有独特艺术风格的画家，原约定为某乙绘制一幅标题油画，后他没有完成该创作。法院不宜应某乙的要求强制某甲创作(强制情况下无法保障艺术作品的质量)；③ 债权人在合理期限内未要求履行的。债权人要求债务人实际履行受一定时间的限制，超过合理期间未提出，可视为其放弃自己的债权。合理期限，指法律、行政法规规定的债权人主张其权利的具体时间，例如对产品质量的异议期，超过异议期未提出异议，则表明债权人放弃了要求对方履行的权利，此后再提出履行要求，法律则不予保护。

4. 国际公约与国际惯例

《国际货物买卖合同公约》第28条规定:"如果按照公约的规定,当事人一方有权要求他方履行某项义务,法院没有义务作出判决,要求实际履行此项义务,除非法院依照其本身的法律对不受本公约支配的类似销售合同也会作出实际履行的判决。"公约的此项规定,是为了调和英美法和大陆法在实际履行问题上的分歧。由于两大法系在实际履行问题上分歧较大,公约只好让各个法律体系的国家的法院按其自身的法律来处理这个问题。

《国际商事合同通则》对实际履行问题,区别金钱债务与非金钱债务分别作出规定:

(1) 对于金钱债务。该合同通则第7.2.1条规定,如果有义务付款的一方当事人未履行其付款义务,则另一方当事人可以要求付款。此即允许债权人请求实际履行。该条规定的"要求"即指一方当事人向另一方当事人(债务人)提出,必要时由法庭对这一要求作出的强制履行。

(2) 非金钱债务。依该合同通则第7.2.2条规定,对非金钱债务,原则上债权人有权请求实际履行。但该合同通则规定下列五种情形下,不可以强制实际履行:

① 履行在法律上或事实上不可能。但是,即使不可能实际履行,当事人仍可以采取其他救济措施。

② 实际履行或相关的执行带来不合理的负担或费用。在某种特别情况下,尽管履行仍然可能,但它却可能已变得负担很重以至于要求履行与诚实信用和公平交易的一般原则相违背。例如,一艘油轮因暴风雨沉没,尽管从海底将其打捞上来是可能的,但如果支付的打捞费大大超出货物(原油)本身的价值,则可不要求承运人履行运输合同。

③ 有权要求履行的一方当事人可以合理地从其他渠道获得履行。许多货物和服务属于标准类型,同样的货物和服务可由许多供应商提供。则出于经济上的考虑,有权获得履行的一方当事人可以终止合同,通过另一渠道实现合同目的,而不必要求违约方实际履行。

④ 属于完全人身性质的履行。如果履行具有一种完全的人身性质,强制执行将会妨碍债务人的人身自由。另外,强制执行也往往会削弱履行的质量。并且,对具有人身性质的履行的监督也会带来难以克服的实际困难。

⑤ 有权要求履行的一方当事人在已经知道或理应知道该不履行的一段合理时间内未要求履行。债权人在合理时间内没有提出要求履行,债务人可有权假设债权人不再坚持履行。

对于实际履行的判决，如果违约方不执行的，依《合同通则》第7.2.4条规定，法庭可责令其支付罚金。

而对于得不到实际履行的受损害方当事人，可诉诸任何其他的救济手段（第7.2.5条），如要求损害赔偿、解除合同等。

（二）损害赔偿

合同法上的损害赔偿指违约一方依法律的规定就另一方因其违约而蒙受的损害用金钱进行补偿。各国法律都规定，损害赔偿是对违约的一种救济方法。但在损害赔偿责任的成立、损害赔偿的方法以及损害赔偿额的计算等方面，各国的法律规定各有差异。

1. 损害赔偿责任的规定

（1）大陆法系的规定

按大陆法的观点，损害赔偿责任的成立，须具备以下条件：第一，必须有损害的事实。对于发生损害的事实，一般须由请求赔偿的一方予以证明；第二，违约方须有主观过错。如法国《民法典》第1147条规定，凡债务人不能证明其不履行债务系由于不应归其个人负责的外事原因时，即使在其个人方面并无恶意，债务人对于其不履行或延迟履行债务，应支付损害赔偿。意大利《民法典》也规定：如果债务人不能证明债务的不履行或迟延履行是因不可归责于他的给付不能所导致，则未正确履行应当给付义务的债务人要承担损害赔偿责任。第三，因果关系。即损害是由于债务人应予负责的原因所造成的。具备上述三个条件，违约方才负损害赔偿之责。

（2）英美法系的规定

英美法与大陆法不同。按英美法，只要一方当事人违约不履行合同义务，另一方当事人就可以提起损害赔偿之诉，而不问违约方主观上有无过错，也不以是否发生实际损害为前提。如果违约的结果没有造成实际损害，法院也许不判处违约方支付赔偿金，但债权人可以请求名义上的损害赔偿，即在法律上承认他的合法权益已受到侵犯。

（3）中国法律的规定

我国现行《合同法》规定：一方不履行合同义务或履行合同义务不符合约定的，应当承担继续履行、采取补救措施或者赔偿损失等违约责任。

2. 损害赔偿的形式

广义的损害赔偿形式有回复原状和支付赔偿金两种。各国法律的差异在于，有的是以金钱赔偿为原则，而以回复原状为例外；有的则以回复原状为原则，而以金钱赔偿为例外。

(1) 大陆法系的规定

德国《民法典》对损害赔偿的规定系以回复原状为原则而以金钱赔偿为例外。该法典第249条第1款规定：负损害赔偿责任者，应回复损害发生前的原状。债权人在下述情形下，才可要求金钱赔偿：① 人身伤害或损坏物件；因伤害或损毁物件而应为损害赔时，债权人得请求以金钱代替回复原状。② 债权人规定债务人回复原状的期限届满而未得恢复者。该法典第250条规定：债权人对赔偿义务的回复原状的规定相当期限，并声明在逾越规定期限后债权人得拒绝其回复原状。债务人逾期未为回复原状时，债权人得请求以金钱赔偿其损害；③ 不能回复原状或回复原状已不足以赔偿债权人的损害时，赔偿义务人应以金钱赔偿其损害。

法国法则以金钱赔偿为原则，而以回复原状为例外。法国《民法典》第1142条规定，一切作为或不作为的债务，如债务人不履行时，转变为赔偿损害的责任。规定表明，绝大多数合同义务，如债务人没有依约履行，都可转变为损害赔偿(金钱)之债。

(2) 英美法系的规定

英美法对损害赔偿采取的是金钱赔偿的方式。其理由在于，英美法认为，损害赔偿的目的，是在金钱可能做到的范围内，使权利受到损害的一方处于该项权利得到遵守时同样的地位。

3. 损害赔偿责任范围

损害赔偿责任范围指在发生违约情事后，以金钱赔偿方式进行损害赔偿时，应如何确定损害的范围，根据什么原则认定赔偿的金额。对此，各国法律的规定亦有差异，介绍如下：

(1) 大陆法系的规定

大陆法国家法律一般规定损害赔偿的范围应包括违约所造成的实际损失和可获的利益。如法国《民法典》第1149条规定："对债权人应付的损害赔偿，除下述限制外，一般应包括债权人所受的损失和所失的可获的利益。"德国《民法典》第252条也作如此规定。所谓所受的损失是指合同所规定的利益，由于可归责于债务人的原因，而受到损害，例如应交货而未交货，应付酬而未付酬等等。所谓可获的利益(德国法称"所失利益")，是指如合同如能得以履行，债权人本应能够取得的利益。这种利益是一种预期利益，按德国民法典第252条第2款，"所失利益指依事物通常进行，或依特殊情况，特别是依已采取的措施或准备，可取得预期的利益。"例如某房东已将建造中的房屋预约出租给他人，但因建筑商未按期交付房屋，以致房主不能取得租金,此租金可作为所失利益。

对于上述预期的可得利益损害因通常不如实际损失那样容易确定,理论上有直接与间接之分。对此,法国《民法典》加以限定:"如债务的未履行并非因债务人的欺诈时,债务人仅就订立契约时所预见的损害负赔偿的责任"(第1150条)又规定:"债务虽因债务人的欺诈而未履行时,关于债权人所遭受的损失和已丧失的利益的损害赔偿,仅应以不履行契约而直接发生者为限"(第1151条)。可见,法国法确定损害赔偿范围,区分债务人有无诈欺且以不履约而直接发生的损失为限。

(2) 英美法系的规定

按英美法的原则,由于违反合同而可以主张的赔偿有三种:① 直接的损害赔偿(proximate damages)。这是指违约行为直接地,即作为近因所造成的损失;② 附属的损害赔偿(incidental damages)。这是指违约行为所造成直接损失以外,受损失的一方附带承担的损失,如对货物的保管、运输、检查等所支出的费用;③ 间接的(或后果上的)损害赔偿(consequential damages)。这是指违约行为后果上所造成的损失,它主要是指由于一方违反契约而造成对人身的伤害或财产的损坏,上述三种范围的赔偿仅是概括性的归纳,实际运用中尚要依从某些法律原则。说明如下:

第一,英美法确定损害赔偿的一个原则是,使受损害的一方在经济上处于合同得到履行时他本应处的地位,但赔偿应以该方在合同订立时能够合理地预见到的由该违约造成的损害为限。1854年的哈德利诉巴克森戴尔案是确立这一原则的权威判例:

原告是一个在英国格洛斯特经营磨坊生意的商人,被告在同一地区经营运输业务。一天,磨坊的蒸汽机上的关键部件曲轴突然断裂,磨坊不得不停止工作。因此,必须把那根断裂的曲轴送到位于格林威治的蒸汽机制造厂商那里换回一个新的曲轴。被告告诉原告的雇员,如果能在某一天中午12点钟以前把曲轴送来,那么第二天就可以送到格林威治。第二天中午12点以前,原告将曲轴交付给被告,并支付了2英镑4先令的运费,由于被告的疏忽,原告收到的新曲轴晚了几天,该磨坊的工作因此被耽搁了几天,原告要求被告承担这几天工作可带来的利润。

法院判决承运人(被告)对迟交期间的利润损失不承担赔偿责任。因为原告并未预先告知被告如不能及时把新曲轴送到即将产生利润损失。法官阿尔德松审理该案确立损害赔偿范围的原则为:① 损害赔偿应是可以被公平地和合理地认为是对自然地发生的损害的赔偿,即按照事物发展的通常过程产生于这一违约本身的损害赔偿;② 或者应当是可以被合理地假定,在当事人双方订立合同时已经在他们的预料之中的作为违反该合同的很可能发生的结果的损害的赔偿。上述案例中，由于原告并未预先把迟交新曲轴可能产生的利润损失告知被告，被告也无从合理地预见到会产生这样的结果，他可能会认为原告有备用曲轴，不会因迟交新曲轴而停工，因此，被告对于迟交货所产生的利润的损失不承担责任。

在上述原则前提下，美国法对如何计算损害赔偿作了具体规定：期待权益与依赖权益。使合同当事人实现期待权益是损害赔偿的一般原则，即让因另一方违约而蒙受损失的一方处在另一方履行合同义务时该蒙受损失的一方本应处的地位。比如，汤尼与卡罗签约，汤尼将以每磅 1 美元的价格向卡罗供应一磅鸡蛋。不久，汤尼通知卡罗说他无法如约供应这一磅鸡蛋。这时，市面上一磅鸡蛋的价格是 2 美无，因此卡罗可获的期待权益是市价与合同价之差即 1 美元，汤尼违约，应赔偿 1 美元。所谓依赖权益指，合同一方基于对另一方的诺言的依赖而改变了其地位，当另一方违背了其诺言时，为使依赖的一方恢复到其原有的地位而赋予该方的权益。美国《第二次合同法重述》第 349 条(以依赖权益的依据的损害赔偿)规定：受损害的一方有权依其依赖权益得到赔偿，包括在准备履行或履行合同的过程中支出的费用，减去违约方能够用具有合理的确定性的证据证明的该受损害的一方在合同得到履行时也会蒙受的损失。因此，我们前面提到的附属性损害赔偿与间接的损害赔偿即属于依赖权益范畴。

第二，英美法确立的损害赔偿的另一个原则是：不应让违约方通过违约而获利。美国法院在准许因违约而蒙受损害的一方获得其要求的赔偿之前，一般要求该方证明双方在订立合同时能够预见到该损害是违约的很可能发生的结果。还要考虑的另一个因素是，违约是不是故意的。法院如果发现，违约方曾故意违约，因为该方认为给予一定的赔偿比履行合同更为合算，就可能作出不利于违约方的判决。

第三，英美法有关损害赔偿问题的又一个规则是：当合同的当事人一方违反合同时，受损害的另一方有付出合理的努力减轻因对方违约而引起的损失的义务。《第二次合同法重述》第 336 条规定，当合同当事人一方违约时，另一方负有减轻该违约造成的损失的义务，但法律并不要求另一方在减轻损失时冒过大的风险，付出过多的支出或蒙受过分屈辱。

第四，此外，美国司法判例就损害赔偿还确立一项规则：损害赔偿不应导致经济上的浪费。即，如果采用损害赔偿的一般原则，让因违约而蒙受损失的一方在经济上处于合同得到充分履行时该方本应处的地位，会导致经济上的浪费，就应该放弃这一原则，而代之以一种较为经济的救济方法。这一规则为《第二次合同法重述》所确认。该重述第 348 条规定，违约的受害方可以就完成合同履行的合理开支或弥补瑕疵的合理开支得到赔偿，只要这种开支与该方可能蒙受的损失的价值之间并不是显然不相称的。

(3) 中国法律的规定

我国《合同法》第一百一十三条规定：当事人一方不履行合同义务或者履行合同义务不符合约定，给对方造成损失的，损失赔偿额应相当于因违约所造成的损失，包括合同履行后可以获得的利益，但不得超过违反合同一方订立合同时预见到或应当预见到的因违反合同可能造成的损失。该规定确立了我国法律认定损害赔偿责任范的两项原则：第一，完全赔偿原则。在当事人一方不履行合同义务或者履行合同义务不符合约定情况下，损失赔偿应相当于因违约所造成的实际损失，以及合同如顺利履行后可以获得的利益。按最高法院的司法解释，即不但要赔偿因违约给对方造成的财产的毁损，减少和为减少或消除损失所支出的费用等直接损失，而且还要赔偿对方在合同履行后可以获得的利益，如在国际货物买卖合同中的利润；第二，合理预见原则。这一原则是对前面的完全赔偿原则的一个限制，即并不是对受害方的所有损失都给予赔偿，而是在“合理预见”的基础上确定赔偿总额。具体来说就是赔偿总额不得超过违反合同一方订立合同时预见到或者应当预见到的因违反合同可能给对方造成的损失。此中“应当预见”以客观标准衡量，即任何一个与违约一方具有同等资历的人，在同等情形下所能够作出的预见，如果违约方对某项损失没有或无法合理预见，那么可以认为，他在订立合同时并没有准备对这部分损失承担风险和责任，在客观上，也不能要求他为此付出相应代价，因此，妥善的办法是，在订立合同时，如果一方认为一旦对方违约将会造成非常严重的损失，应当让对方知道这种严重的后果，否则，对方就可能以其在订立合同时不能预见到违约会造成这样严重后果为理由而拒绝承担赔偿责任。

我国《合同法》第 113 条第 2 款对损害赔偿责任有特别的规定：当经营者对消费者提供商品或者服务有欺诈行为时，应依《消费者权益保护法》之规定承担双倍赔偿责任，不适用前述的完全赔偿原则和合理预见原则。这是因为，在当今社会经济生活中，经营者和消费者所处的经济地位不同，消费者通常处于弱者的位置，所以法律对其权益进行特殊的保护。

(4)《国际货物买卖合同公约》的规定

《国际货物买卖合同公约》对损害赔偿责任范围的规定是：“一方当事人违反合同应负责的损害赔偿额，应与另一方当事人因他违反合同即遭受的包括利润在内的损失额相等。但这种损害赔偿不得超过违反合同一方在订立合同时，依照他当时已知道或理应知道的事实和情况，对违反合同预料到或理应预料到的可能损失”。公约上述规定体现的也是完全赔偿原则。

该公约第 77 条还规定了减轻损失原则：“声称另一方违反合同的一方，必须按情况采取合理措施，减轻由另一方违反合同而引起的损失，包括利润方面的损失。如果他不采取这种措施，违反合同一方可以要求从损害赔偿中扣除原应可以减轻的损失数额。”

(5)《国际商事合同通则》的规定

《国际商事合同通则》专列一节就损害赔偿问题作了周到的规定。关于损害赔偿责任范围，该通则首先确立的是完全赔偿原则：它应包括受损害方当事人财产的减少，也包括没有得到债务人支付的债权人必须借款履行其本身义务时发生的债务的增加。显然，直接损失与间接损失均包括在内。同时，应赔偿的损害还可以是非金钱性质的，例如包括肉体或精神上的痛苦，如失去生活的某些愉快，丧失美感、名誉或荣誉的损害等。

根据该通则第 7.4.3 条规定，完全赔偿原则还表明，受损害方就损害赔偿提出要求还包括机会的丧失。

对于完全赔偿原则，《国际商事合同通则》规定的一个限制是：应扣除受损害方当事人由于避免发生的成本或损害而得到的任何收益。例如：A 出租给 B 一台挖掘机，租期两年，月租金 50 000 法国法郎。因没有支付租金，6 个月后合同终止。6 个月后，A 成功以月租金 55 000 法国法郎把同一机器出租给他人，A 从原合同留下的该机器的转租中，一年可多获 60 000 法国法郎，这笔金额不应计算在 B 应支付给 A 的损害赔偿金之内。

《国际商事合同通则》有关损害赔偿责任确立的第二个原则为“合理肯定性”原则。该《通则》第 7.4.3 条规定：赔偿仅适用于根据合理的肯定程度而确立的损害，包括未来损害。对机会损失的赔偿可根据机会发生的可能性程度来确定。凡不能以充分的肯定程度来确定损害赔偿的金额，赔偿金额的确定取决于法庭的自由裁量权。例如，由于旅途延误没有参加比赛的马的主人不能获得全部奖金，尽管这匹马是最有希望获胜的。并且，合理肯定性还要考虑损害的程度，例如：A 将一份投标文件委托 B 公司送交，由于 B 的疏忽，该文件在投标结束后才送到，这种情况下的赔偿数目就取决于 A 的投标书被接受的概率并且需要与那些被接受考虑的申请(中标申请)进行对比，即赔偿将以与 A 应得到的相称的利益来计算。

《国际商事合同通则》有关损害赔偿责任范围确立的第三个重要原则就是“可预见性原则”。该合同通则第 7.4.4 条明确规定：“不履行方当事人仅对在合同订立时他能预见到或理应预见的,可能因其不履行而造成损失承担责任。"对于这一原则我们在前面介绍有关国家相应内容时已作了较多的叙述。不过,提请注意的是这个原则与前述的"合理肯定性"原则是不同的。另外,国际统一法协会对其中什么是"可预见的"这一弹性概念的注解仍是值得充分考虑的。该协会指示,对于"可预见性",应通过考察合同成立的时间和不履行当事人本身的情况来确定。要考察在事情正常进展的过程中以及在合同的特定情形下,一个正常智力的人能够合理地预见到的不履行的后果,以及由合同各方或他们以前的交易提供的信息。

此外,《国际商事合同通则》也确立了受损害方减轻损害义务的原则:"不履行当事人对于损害方当事人所蒙受的本来可以采取合理措施减少的那部分损害,不承担责任。受损害方当事人有权对试图减少损害而发生的一切合理费用要求赔偿。"(第 7.4.8 条)上述规定一般理解起来不易产生歧见,不赘。

(三) 支付违约金

违约金是指当事人在合同中约定的或者法律规定的,一方违约时向对方支付一定数量的货币。各国法律中直接规定违约金数量,比例的很少,但对违约金的性质、支付限制等方面则各显不同。

1. 大陆法系的规定

按德国法,违约金具惩罚违约的性质。德国《民法典》第 339 条规定:"债务人与债权人约定,在其不能履行或不能依适当方式履行时,应支付一定金额作为违约者,在其迟延时,罚其支付违约金。以不作为给付者,于为违反行为时,罚付之。"如果这里仅显示"罚付"的字眼的话,则其第 340 条第 2 款的规定更显其违约金的惩罚违约之性质:债权人因不履行给付而有损害赔偿请求权时,得请求以已取得的违约金代替最低数额的损害赔偿。上述情形不妨碍其主张其他损害。该规定表明,债权人除请求支付违约金外(作最低数额之损害赔偿),尚可以另外主张赔偿。可见,违约金是作为对违约行为的惩罚看待的。

法国法则一般视违约金为预先约定的损害赔偿,不具惩罚性质。法国《民法典》第 1229 条规定:"违约金是对债权人因主债务不履行所受损害的赔偿。"违约金与损害数额的大抵相称的规定,也表明法国法律违约金的不具惩罚性质。

对于法院是否可以对当事人约定的违约金予以增减,现在大陆法的规定大体一致。德国《民法典》第 343 条第 1 款第 1 项规定:罚处违约金的金额过高者,在债务人提出申请时,得以判决减至适当得金额。意大利民法典第 1384 条规定:如果主债务已被部分履行或者如果违约金的数额显然过大,在充分考虑债权人对履行所获利益的情况下,法官得公平地减少违约金。法国《民法典》第 1152 条第 2 款也规定：但如赔偿数额明显过大或过低时，法官得减少或增加原约定得赔偿数额。一切相反的约定应视为未订定。

2. 英美法系的规定

英美法对于当事人在合同中加入的由违约方向受损害方支付一定数额的违约金的条款是否有效，取决于这种违约金是否具有惩罚的性质。一般说，如果这一金额是双方当事人在订约时考虑到作为违约可能引起的损失，即属预先约定的损害赔偿金额，则一方违约时，对方有权取得这一约定的金额；但如果约定的金额过高，大大超出违约所引起的损失，或者带有威胁性质，法院视其为罚金，一律不予承认，受损害方只能按通常的办法请求损害赔偿。根据美国加利福尼亚州立法规定，当合同中有一个违约金条款时，该条款是否具有惩罚的性质并不取决于该条款的措辞，而是取决于损害赔偿金的计算是否的确有困难。也就是说，如果一方违约后确定给对方造成的损失并不极其困难的话，那么当事人事先约定的违约金条款视为是对违约的赔偿金额的约定，法院对这样的约定会加以支持。举例如下：

原、被告签约，原告将向被告购买存在于某种不动产之上的绝对所有权权益和租赁持有权益以及在该不动产上建造的疗养院。买方将 25 000 美元交给中间人，因该协议第 31 条规定，在本协议存续期间，卖方不能把该财产在市场上出售；如果买方不能贯彻本协议，卖方将扣留该 25 000 美元，作为约定的损害赔偿金。后来，买方（原告）没有履行合同义务，被告扣留了该 25 000 美元。原告起诉，要求返还。

法院判决，该协议第 31 条并不是一个有效的违约金条款，而是一个非法的惩罚和没收条款。当事人出示的证据并不能证明，确定实际损害是不现实的或困难的。法院发现，被告因原告违约而受到的实际损失是 9 989.85 美元。最后判决被告向原告支付 15 010.15 美元（25 000—9 989.85）。

然而，根据一些州的判例，当违约是有意的并且可以构成独立的侵权行为时，即使在一项合同的诉讼中，法院也可以令违约方支付惩罚性违约金。

根据《第二次合同法重述》第 355 条的注释介绍，美国的一些州通过了允许在消费者交易中和保险领域判处惩罚性违约金的法律。如《乔治亚州法典》第 56—1206 条规定：如果保险人在投保人提出要求后 60 条内不支付赔偿费，并且这一拒绝是恶意的，保险人除了有义务赔偿投保人的损失外，还必须支付不超过该损失 25%的赔偿费以及全部合理的律师费。

3. 中国法律的规定

我国《合同法》第一百一十四条规定："当事人可以约定一方违约时应当根据违约情况向对方支付一定数额的违约金，也可以约定因违约产生的损失赔偿额的计算方法。约定的违约金低于造成的损失的，当事人可以请求人民法院或者仲裁机构予以增加；约定的违约金过分高于造成的损失的，当事人可以请求人民法院或者仲裁机构予以适当减少。”上述规定表明，我国法律对违约金的性质基本是补偿性质的，即约定违约金系对违约造成损失的补偿，只有在约定的违约金没有过分高于造成的损失时，约定违约金才具有一部分惩罚性质。当事人事先没有可能将违约金数额确定到与违约后造成的损失额完全一致，只要约定金额不“过分”高于损失额，法律将予以支持。

上述规定还表明，如果当事人约定了违约损失赔偿额计算方法的，一方违约，另一方应按约定的方法计算损失赔偿额，不应再要求对方支付违约金。

4.《国际商事合同通则》的规定

《国际商事合同通则》对于违约金的性质不加过分严格的区分，即便当事人约定的违约金具有一定程度的惩罚性，通则也予以承认。之所以这样规定，是促进当事人严格地履行合同义务。

但是，该通则也规定可对约定违约金作必要的调整，如果约定金额大大超过实际损失的话。该通则第 7.4.13 条第 2 款规定：如果约定金额大大超过因不履行以及其他情况造成的损害，则可将该约定金额减少至一个合理的数目，而不考虑任何与此相反的约定。

（四）解除合同

行使解除合同权利一般也作为对违约的一种救济方法，但各国法律在有关解除合同权的产生、解除权的行使等问题的规定上也有所差异，分别介绍如下：

1. 大陆法系的规定

大陆法国家法律一般都承认，合同的一方不履行合同对方有权解除合同。根据法国《民法典》第 1184 条的规定，双务合同当事人一方不履行其所订定的债务时，应视为有解除条件的约定。债权人解除合同，必须向法院提起。但是如果双方当事人在合同中订有明示的解除条款，则无须起诉解除。

意大利《民法典》规定当一方当事人未履行其义务时，另一方当事人拥有在实际履行与解除合同之间二者择一的选择权，并且，如果选择解除合同，仍可以就已造成的损失要求损害赔偿。当然，如果已解除合同，则不能再请求实际履行。按意大利法规定，债务人未履行其义务的，债权人发出履行催告期满而债务人仍未履行的，则合同自然被视为已解除：“一方当事人得向不履行一方发出在适当期间内履行的书面催告通知，在该通知内申明，于所述期间内未履行的，则视为契约是毫无疑问地被解除。”（意大利《民法典》第 1454 条），应注意的是，并非一方当事人的任何不履行都导致另一方的解除合同权。按该法律第1455条规定，如果当事人一方不履行契约，但对另一方当事人的利益并不具重要性，则契约不得被解除。

2. 英美法系的规定

英美法与大陆法有所不同。英国法规定，只有一方当事人违反条件时，对方才可以要求解除合同；如果一方仅是违反担保，对方不能要求解除合同，而只能请求损害赔偿。美国法规定，只有当一方的违约构成重大违约时，对方才可以要求解除合同，如果只是轻微的违约，就只能请求损害赔偿，不能解除合同。英美法当事人解除合同可以以宣告方式进行，毋需经过法院的判决。

对于解除合同的后果英国法与美国法有所不同。英国法认为，因违约导致解除合同，并不是使合同自始无效，而只是导致在解除合同时尚未履行的债务不再履行之效果，但美国法认为，合同的解除使原来订立的合同不复存在，因而双方在经济上恢复到合同订立之前的状态。这意味着，不仅当事人尚未履行的合同义务不必再履行，而且根据合同已获得的利益也应返还给对方。美国法这一规定与大陆法的规定倒基本相同，如德国法第346条规定，在解除合同时，各方当事人互负返还其受领的给付义务。

3. 中国法律的规定

我国《合同法》有关一方违约另一方解除合同的规定包含在该法的第九十四条第二款、第三款和第四款之中。根据规定，一方当事人有以下违约情况的，另一方当事人可以解除合同：① 在履行期届满之前，当事人一方明确表示或者以自己的行为表明不履行主要债务的。此即预期违约情形下的解除合同。② 当事人一方迟延履行主要债务，经催告后在合理期限内仍未履行的；③ 当事人一方迟延履行债务或者有其他违约行为致使不能实现合同目的。即延迟履约或其他违约本身构成严重违约，其严重程度达到了使合同的履行成为不必要或不可能，合同的目的已达不到，再维持合同的效力已无意义，不仅影响订立合同时所期望的经济利益，而且维持合同会继续给另一方造成重大的损害，这种情况下，另一方当事人有权解除合同。

按照我国《合同法》第九十六条的规定，解除合同应书面通知对方。合同解除效力自通知到达对方时产生。对方对此有异议的，可以请求人民法院或者仲裁机构确认解除合同的效力。这样的规定意义在于，法律在赋予解除权人有解除合同权的同时，也赋予了对方当事人以知情权和异议权，以防止和对抗解除权人滥用权利，侵害他人的合法权益。

关于合同解除的法律后果，我国《合同法》第九十七条规定：合同解除后，尚未履行的，终止履行；已经履行的，根据履行情况和合同性质，当事人可以要求恢复原状，采取其他补救措施，并有权要求赔偿损失。这一规定与大陆法国家有关合同解除后果的规定基本相同。

4.《国际货物买卖合同公约》的规定

《国际货物买卖合同公约》赋予当事人解除合同权的前提是，另一方当事人违约构成“根本违反合同”。该公约第72条规定，如果在履行合同日期之前，明显看出一方当事人将根本违反合同，另一方当事人可以宣告合同无效。如果时间允许，打算宣告合同无效的一方当事人必须向另一方当事人发出合理的通知，使他可以对履行义务提供充分保证。如果另一方当事人已声明他将不履行义务，则宣告合同无效就不必再作延时性通知。

5.《国际商事合同通则》的规定

《国际商事合同通则》没有使用“解除合同”这一概念，而代之以终止合同的概念。该通则第7.3.1条规定，合同一方当事人可终止合同，如另一方当事人未履行其合同义务构成对合同的根本不履行。

那么，什么样情况构成“根本不履行”？该通则列出五个考虑因素：① 不履行是否实质性地剥夺了受损害方当事人根据合同有权期待的利益，除非另一方当事人并未预见也不可能合理地预见到此结果；② 对未履行义务的严格遵守是否为合同项下的实质内容；③ 不履行是有意所致还是疏忽所致；④ 不履行是否使受损害方当事人有理由相信，他不能信赖另一方当事人的未来履行；⑤ 若合同终止，不履行方当事人是否将因已准备或已履行而蒙受不相称的损失。

该通则规定，受损害方终止合同必须在合理的时间内向违约方发出终止通知。

关于终止合同的后果，该通则规定，合同的终止解除双方当事人履行和接受未来履行的义务。终止合同时，任何一方当事人可主张返还他所提供的一切，只要该方同时亦返还他所收到的一切……但是若合同的履行已持续了一段时间，并且合同是可分割的，则只能对合同终止生效后的那段期间的履行请求恢复原状，例如：A签约为B的计算机硬件和软件提供5年服务。在正常服务3年后，A因为生病被迫中断服务，于是合同终止。B已支付给A第4年的费用，他可以要求返还该年的预付款，但不得要求返还前3年正常服务所支付的费用。

该通则还规定，终止合同并不排除对不履行要求损害赔偿的权利。

（五）其他救济措施

当事人一方违约的，另一方当事人除了可以采取前述的实际履行、赔偿损失、支付违约金及解除合同等救济措施外，还可以采取一些其他合理救济措施。我国

《民法通则》规定承担民事责任的方式有：停止侵害、排除妨碍、清除危险，返还财产、恢复原状、修理、重作、交换、赔偿损失、支付违约金，消除影响、恢复名誉、赔礼道歉等。这些责任方式有些属于违约责任方式，有的属于侵权责任方式。而违约补救措施通常为恢复原状、修理、重作、交换、退货、减少价款或者报酬等。

按我国《合同法》第一百一十一条规定，对违约责任没有约定或约定不明确的，受害方根据标的性质以及损失的大小，可以合理选择采用要求对方承担修理、更换、重作、退货、减少价款或者报酬等其他救济措施。这些措施的采用针对的是对方履行合同义务与合同规定不相符合的情形。并且，根据《合同法》第一百一十二条规定，受损害方采取了修理、重作等其他救济措施后，还有损失的，还可以要求损害赔偿，如违约方对标的进行了修理，但标的的价值仍然降低，受损害方可以主张损害赔偿。

英美法中有一种其他救济措施为禁令(injunction)，即由法院作出指令，强行执行合同所规定的某项消极性义务，即判令被告不许做某种行为。在某些情况下，禁令的救济作用是实际履行和损害赔偿都无法达到的。例如，某艺员与A剧院签订为期三年的演出合同，许诺在此期间不在其他的剧院演出。但一年后他与B剧团订约演出。在此情况下，法院可据A的请求，颁发禁令，禁止该艺员在B剧团演出。以此来补偿A的损失。

《国际商事合同通则》关于其他救济措施，称为"瑕疵履行的补救"(cure of defective performance)。所谓瑕疵履行，即指合同的履行与合同约定有所差异或不相符。这当然也是违约。对这样违约，按该通则第7.2.3条规定，受损害当事人可以要求修补、替代及降价、排除妨碍等其他救济措施。

三、商事合同的违约免责

如前所述，合同有效成立后，当事人应严格执行，如果不履行合同或履行合同不符合约定的，都要承担违约责任。但是，各国法律一般也都有规定，如果出现某些特殊情况阻碍了当事人履行合同义务，则对于合同的不履行或履行不合约定(如迟延履约)，法律上可不追究不履约当事人的违约责任，即免责。对于免责，各国法律规定在其构成条件、处置方法、法律后果等方面往往有所差异。仅在免责事由上，就有"情势变迁"、"合同落空"与"不可抗力"等不同的理论。分述如下：

(一) 情势变迁

情势变迁(clausula redus sic stantidus)系大陆法术语。情势变迁原则是债法中关于合同之债效力的原则。合同之债成立后，如果出现了非当事人可以预见的情势变化，致使合同之债成立时的基础丧失，法律赋予不利一方当事人可以变更或解除合同的权利并免于承担责任，这符合诚实信用和公平原则。情势变迁原则的理论基础是"情由恒定"学说，即：加入合同的当事人都有这样一个出发点，即合同的存在以一定的、当时存在的情由为前提，如果这些情由发生变化，当事人可以放弃合同或者请求变更合同条款。

因情势变迁当事人不履行合同得以免责的条件一般有：第一，免责情由的外在性。如德国《民法典》第 275 条规定：债务关系发生后，因不可归责于债务人的事由，以致给付不能者，债务人免除给付义务。法国《民法典》第 1147 条规定：凡债务人不能证明其不履行债务系由于不应归其个人负责的外来原因，……应支付损害赔偿。第二，不可预见性。确定预见的不可能，不是根据该债务人的主观条件加以判断，而是根据客观作为标准，即当事人未为预料而且不可能预料；第三，免责情由的无法防止性。即当事人是无法避免的，由此可见，法院对以情势变迁为由要求免除履行的抗辩要求很严格，一般不容易予以接受。

情势变迁原则的确立和适用，其目的在于清除合同因情势变迁而出现的不公平后果。如果通过变更合同的内容能够排除不公平的结果，当事人则应在新的条件下，只将合同的条款加以相应变更，仍维持合同的存在，继续履行合同。特别是对复杂的长期合同，如遇情势变更均简单地予以解除，并不符合当事人的利益。如果通过变更合同内容仍不足以排除不公平的结果，应采取使合同关系终止或消灭的措施。故意大利民法典规定，凡长期之后才能履行的合同或分批履行的合同，如一方提出由于发生非常的、不可预料的事件，致使履行的负担特别沉重时，法院得宣布解除合同。但对这一条有两点限制：第一，如合同订立后所发生的履约困难是属于合同的正常风险，则不能解除合同；第二，对方当事人可建议公平地修改合同而反对解除合同。

（二）合同落空

合同落空（frustration of contract）也称商业落空（commercial frustration），为英美法上的术语，意指在订立合同以后，如果出现了双方当事人事先预料不到的意外事故，致使合同的履行从商业上看来已经成为不可能的事情，则合同当事人得解除履行合同义务并免于承担责任。当然这种意外事件必须严重到足以造成一种根本不同的情势时，才能引起合同落空的结果。也就是说，主张合同落空，必须是订约后情况已完全改变，以致在一个通情达理的人看来，合同的当事人如果事先知道会发生这种变化的话，他们就不会签订合同，或者就会把合同订得不一样了。

总的来说，合同落空的构成条件是：首先，某种客观事件的发生使当事人通过履行合同所谋求的目标不能实现；其次，这一事件的发生是当事人在订立合同时无法预见的。如果当事人双方在订立合同时预料到这种事件可能发生，某一方当事人想在这种事件发生时免除自己承担的特定义务，就必须就这一免责与另一方事先达成协议。据施米托夫《出口贸易——国际贸易的法律与实务》一书介绍，下列情况通常会导致合同落空：

(1) 标的物毁灭。如合同的履行取决于某一特定的人或物的继续存在，而这个人或这件物在合同签订之后已灭失，则合同履行已属不可能，当事人可免除履约义务。例如，一条已租妥的船因发生了不是船东及其员工的疏忽造成的爆炸事故而无法装货，法院对此所作的判决是，该运输合同已落空。

(2) 战争爆发。发生战争，合同当事人如履约会构成对敌贸易(违法)，或者合同履行地点已被敌人占领，则该合同落空。例如，一家波兰公司在第二次世界大战爆发前夕，向英国一家工厂订购一批纺织机，这批机器将按 CIF 格旦尼亚条件交付。不久战争爆发，格旦尼亚被德国占领，英法对德宣战。英国法院判决，由于战争的缘故，该合同已经落空，英国厂商解除交付机器的义务。

(3) 进出口禁令。一项合同在其签订以后也可能由于政府禁止其履行而落空。但并不是每一项政府的禁令都导致合同落空的结果，有时禁令的后果是中止和推迟合同的履行。与此相似的是，有的合同会因当事人未得到政府颁发的进出口许可证和配额而落空，但法院对这样情形的落空要求上将更加严格，一般当事人是很难以许可证或配额未如愿取得而主张免于履约并免责的。

(4) 情况发生根本性的变化。如果在合同订立以后，情况发生如此重大的变化，致使合同失去了基础，则该合同可作为落空论处。但要确定情况发生变化到何种程度才构成落空，往往困难得多。

例如：1903 年是英国新国王爱德华七世登基之年。新国王登基要举行盛大加冕典礼及庆典活动。一外地人 A 来伦敦观礼，他选中了登基典礼游行必经之地的一处民房，与房东 B 约定租用阁楼。该阁楼按平常情况出租的话，租金最多能收取 5 英镑/天，但这次房东表示一天租金 75 英镑。A 预付了 25 镑后外出游览市景。当天晚上广播通知，次日新国王加冕典礼因故取消。A 当天未到租屋住宿，第二天回来要求取消原租约，并收回预付租金 25 镑。房东则坚持 A 必须再付另外的 50 镑约定租金。法院驳回房东 B 的要求，认为该租房合同已告落空。法院认为，A 之所以愿出高于正常租金 10 多倍的金额租房，目的在于观看加冕典礼，这是合同的基础。现加冕典礼取消，合同基础失去，订约目的落空，系情况发生根本变化情形的合同落空，故 A 无义务支付租金。

美国以“合同基础论”作为合同落空的依据。《合同法重述》第288条规定：“凡以任何一方应取得某种预定目标或效力的假设的可能性作为双方订立合同的基础时，如这种目标或效力已经落空或肯定会落空，则对于这种落空没有过失或受落空损害的一方，得解除其履行合同的责任。除非发现当事人另有相反的意思。”司法判例上，美国法院往往区别落空与履行不能的不同。换言之，合同落空仅指履行合同在商业观点上看来实在难以做到，并不一定是事实上不可能履行。

（三）不可抗力

所谓不可抗力(force majure)通常指合同订立以后发生的当事人事先不能预见、无法避免与不可抗拒的意外事件。按照一些国家的法律，发生了这种不可抗力事件，致使合同无法履行，有关当事人即可依据法律或合同的规定免除责任。如我国《合同法》即规定：“因不可抗力不能履行合同的，根据不可抗力的影响，部分或全部免除责任，但法律另有规定的除外。”

常见的不可抗力事件包括两类：一类是自然原因引起的，如台风、地震、水灾等自然灾害；另一类是社会原因引起的事件，如战争及其他类似的军事行动、政府封锁禁运等。订约后发生的某种或某些事件是否构成不可抗力，一般通过以下标准加以衡量：① 它应是在签订合同以后发生的；② 它不是由于任何一方当事人的过失或疏忽所造成的；③ 它是双方当事人所不能控制的，即事件的发生是不能避免、无法抗拒的。

不可抗力事件所导致的法律后果，主要有两种情况：一种是解除合同，一种是延迟履行合同。对此要视意外事件对合同履行的影响而定，也可以由双方当事人在合同中具体加以规定(即签订“不可抗力”条款)。

按我国《合同法》第一百一十八条规定，当事人一方因不可抗力不能履行合同的，应当及时通知对方，以减轻可能给对方造成的损失，并应当在合理期限内提供证明。规定发生不可抗力后要求及时通知对方当事人，是使对方得知因不可抗力造成合同不能履行的实际情况，并根据其具体情况采取相应的措施，以尽量减轻损失。如果当事人一方在不可抗力发生后，没有及时向对方通报有关情况，因而使对方受到损失的，那么该损失不得列入免责范围。同时，遭遇不可抗力的一方还应在合理期限内提供证明，以证明不可抗力事件的确实性。这也为当事人承担何种法律后果奠定法律依据。

由于各国法律对情势变迁或合同落空的解释纷杂不一，如此当事人的权利义务将处于不确定状态。因此，国际上一般多主张当事人宜在合同中订立不可抗力条款，把可能发生的意外事件及其法律后果在合同中预先订明，以此确定当事人的权利义务,减少讼累。

案例分析

[案情]

1987年4月2日,我国某磁带厂与日本某会社签订了一份购销注塑机和机械手的设备进出口合同。总金额为1.74亿日元。合同规定交货时间为日方收到中方支付信用证后4个月内。同年5月4日,中方通知中国银行某分行开出借用证。同年6月8日,日方某会社通知,由于实际供货方(东芝公司)无法供货(因东芝事件,即日本通产省作出的1987年5月21日至1988年5月20日禁止向共产党国家出口东芝机械制品的命令,其背景是日本在1956年成为巴黎统筹委员会的成员,该组织的宗旨是控制西方国家向共产党国家出售高科技的产品),因而自己将无法按约供货。磁带厂认为,日方的行为违反合同,应当赔偿自己的损失。日方某会社认为,政府禁令属于不可抗力范围,合同所涉标的,即注塑机和机械手属于禁令范围之中,故依法可以免责。

[问题]

日方不能供货行为是否是由不可抗力所致?该案应如何处理?为什么?

[法律依据]

我国《合同法》第九十四条:"有下列情形之一的,当事人可以解除合同:(一)因不可抗力致使不能实现合同目的;(二)在履行期限届满之前,当事人一方明确表示或者以自己的行为表明不履行主要债务;(三)当事人一方迟延履行主要债务,经催告后在合理期限内仍未履行;(四)当事人一方迟延履行债务或者有其他违约行为致使不能实现合同目的;(五)法律规定的其他情形。"第一百一十七条:"因不可抗力不能履行合同的,根据不可抗力的影响,部分或者全部免除责任,但法律另有规定的除外。当事人迟延履行后发生不可抗力的,不能免除责任。本法所称不可抗力,是指不能预见、不能避免并不能克服的客观情况。"

[法律运用及处理结果]

本案日本某会社是东芝公司的子公司,其称由于实际供货方(东芝公司)无法供货,(因东芝事件,即日本通产省作出的1987年5月21日至1988年5月20日禁止向共产党国家出口东芝机械制品的命令,其背景是日本在1956年成为巴黎统筹委员会的成员,该组织的宗旨是控制西方国家向共产党国家出售高科技的产品),因而自己将无法按约供货,并对此不应承担违约责任,因为这是“不可抗力”。这种辩解是不成立的！本案双方合同签订在前,日本政府禁令在后,表面上似乎的确是导致合同无法履行的“不可抗力”(政府禁令),但问题是,“东芝事件”实际发生在1982年,日本东芝公司在1982年违反“巴统协定”出售NC机床给苏联,这一将在其后受政府惩罚,作为东芝公司的子公司的某会社对此是明知的,在这种情况下仍然与中国公司订立合同,将可能使合同货物因政府禁令无法交货,对此,某会社辩称“不能预见”是不成立的,既然可以预见,则不符合“不可抗力”的要件,因此,日本某会社对于其不能交货这一根本违约,中国公司可主张解除合同,并要求日本公司赔偿损失。

[值得注意的问题]

本案发生在《中华人民共和国合同法》颁布前,应依据当时的《涉外经济合同法》处理。依《涉外经济合同法》的规定,日本某会社的主张仍然得不到法律的支持,因为,《合同法》和之前的《涉外经济合同法》在不可抗力的定义、要件方面是完全一致的。

(案例来源：广东外语外贸大学 — www3. gdufs. edu. cn)

第五节　合同的消灭

合同的消灭(termination of contract)指合同当事人双方所确立的合同关系的消灭。当事人既可以经一定的法律程序和因一定的法律事实而设立民事权利义务关系,也可因一定的法律事实并经一定的法律程序而消灭相互的民事权利义务关系,即终止合同。因此,我国《合同法》对于合同的消灭使用的是“合同的权利义务终止”这一概念。这和大陆法、英美法系的规定是有所不同的。现将各国有关规定分述如下：

一、大陆法系的规定

如前所述,大陆法系各国将合同作为债的一种,因此大陆法国家把合同的消灭包括在债消灭范畴之内,也因此其法典中也仅就债的消灭作出规定,而没有专就合同的消灭作出规定。大陆法各国除了认为合同的撤销、解除以及履行不可能等,均可作为债的消灭的原因之外,还在民法典或债务法典上对债的消灭的各种原因作了具体的规定。如法国《民法典》第1234条规定,有下列情况之一时,债消灭：

① 清偿;② 更新;③ 自愿免除;④ 抵销;⑤ 混同;⑥ 标的物灭失;⑦ 撤销或解除;⑧ 解除条件成就;⑨ 时效完成。德国《民法典》规定债的消灭原因有清偿、提存、抵销及免除。日本《民法典》的规定为五项,前四项与德国法规定相同,第五项为混同,等等。择要介绍如下:

(一) 清偿

清偿(payment)就是债务已按约定履行,当债权人接受债务人的清偿时,债的关系即消灭。

由合同债务人向债权人履约为清偿自无异议,但大陆法系各国法律原则上也允许债务人以外的第三人向债权人清偿债务。德国《民法典》第 267 条规定,凡给予无须债务人亲自履行者,亦得由第三人履行。但如果由于债的性质必须由债务人亲自履行者,则不能由第三者履行,例如提供个人劳务的特定合同。

清偿标的一般应是合同规定的标的,"借钱还钱,借粮还粮"自为常情。但是如果债权人同意,债务人也可以用规定的标的以外的物品来清偿,同样达成债的消灭效果。例如德国《民法典》第 364 条第 1 款规定:债权人受领他种给付以代原定的给付者,其债的关系消灭。日本民法典也有类似的规定。

另外,大陆法各国法律还对清偿的地点、期间、费用等事项作了规定。

(二) 免除

免除(release)系债权人放弃债权,债为之消灭。免除是否需要债务人的同意才生效,各国法律规定有所不同。日本《民法典》第 519 条规定,债权人对债务人表示免除债务的意思时,其债权消灭。意大利《民法典》第 1236 条规定则有所不同:"债权人免除债务的意思表示通知送达债务人时,发生债的消灭,但是,被通知的债务人在适当期间内不愿接受该意思表示的不在此限。"

按法国法,免除可以针对部分债务人发生效力,这种情况下债务仅部分消灭:"债权人为连带债务人中的一人的利益而以契约免除或解除其债务时,其连带债务人的债务亦被免除或解除,但债权人明示保留其对其他连带债务人的权利者,不在此限。"(法国《民法典》第 1285 条)。

(三) 抵销

抵销(set-off)是指合同当事人双方互负到期债务时,各方以其债权冲抵其债务的清偿,从而使其债务与对方的债务以相等数额相互消灭。抵销是债的消灭的原因之一。大陆法各国债的抵销方式有以下几种:① 约定抵销。即互负债务的双方依合同的约定,将各自债务进行抵销;② 单方意思表示抵销。德国、日本民法典及瑞士债务法典均认为,双方互负债务,任何一方当事人均得以意思表示通知对方进行抵销;③ 法定抵销。法国民法典第290条规定双方互负债务时,“债务人双方虽均无所知,依法律的效力依然可以发生抵销。”

(四) 混同

混同(merger)指合同的权利人和义务人合二为一,也就是说,债权债务同归于一人,某人既享受合同的权利又承担合同的义务。合同双方主体合为一人时,合同关系实际上就不存在了,合同之债也就告消灭。法国《民法典》第1300条规定,如同一人就同一债兼有债权人与债务人的资格时,依法律发生混同,债权债务均归于消灭。意大利《民法典》第1253条也规定,当债权人与债务人合并为一个人时,债务消灭。为债务人提供担保的第三人被解除责任。

但是,在某些特殊情况下,虽然债权债务发生混同,但债的关系并不因此而消灭。日本《民法典》第520条规定,“债权及债务归于一人时,其债权消灭。但是,其债权为第三人权利标的时,不在此限。”例如,某A将其对B的债权,出质于C,成为C的质权的标的,日后即使B继承了A的债权,债权债务已发生混同,但出质的债权并不因此而消灭。这是为保护第三人C的利益。意大利《民法典》第1254条也规定,混同不得损害获得用益权或者债权质押权的第三人的利益。

(五) 提存

提存(deposit)指债务人在义务已到履行期,因债权人无正当理由而拒绝接受其履行,或因债权人的身份地址不明等原因而无法向权利人履行义务的,通过一定的程序将其履行义务的标的物送交有关部门的行为。提存后,债务人免去了自己的义务,其与债权人之间的合同关系即告消灭。德国民法典第372条规定,债权人负受领迟延责任时,债务人得为债权人的利益将应给付的金钱、有价证券、其他权利证书以及贵重物品提存于公共提存所。其他因债权人的原因,或非因债务人的过失而不能确定谁是债权人,以致不能清偿其债务或不能安全清偿者,亦可按此办理。

提存的法律效力有:① 债务人责任免除。标的交提存机关后,债权人不能再向债务人请求清偿。② 风险转移。提存后,标的物的风险即由债权人承担,如发生损坏或灭失,债务人概不负责。③ 费用负担。标的物寄存于提存机关期间所产生的一切费用,均由债权人负担。

债务人提存后,应立即将有关情况通知债权人,否则致债权人蒙受损失,债务人须负赔偿责任。但如债务人无法通知者(如债权人不明),不在此限。

二、英美法系的规定

英美法关于合同消灭的方式包括:

（一）合同因协议而消灭

合同因协议而消灭包括以下情形：① 以新合同替代原合同，则原来的合同的权利义务即告消灭；② 更新合同，通常由至少一个新的当事人参加原合同，原合同权利义务的参加者有变化，如此，原合同告消灭；③ 解除，当事人在合同中约定的解除条件成就，合同告解除；④ 放弃，一方当事人自愿放弃合同权利，因而解除他方的义务。

（二）合同因履行而消灭

合同得以履行，当事人间的权利义务关系消灭。

（三）合同因违约而消灭

由于一方违约，且违约情形严重，使对方取得解除合同的权利，合同解除，当事人间的权利义务关系也告消灭。

（四）履行不能是美国合同法中使当事人被免除履行合同的义务的一种制度。美国《统一商法典》第2—615条对此加以规定。因履行不能免除当事人的履约义务，合同可告消灭。

（五）依法使合同归于消灭

依法律规定使合同归于消灭的情况主要有：① 合并。例如，以内容相同的签字蜡封式的合同取代口头订立的合同，或者合同的权利义务归属同一个人，合同告消灭；② 破产。依破产法规定，合同义务人宣告破产，其合同义务解除；③ 擅自修改书面合同，对方即可解除责任，合同义务消灭。

综上所述，英美法合同消灭通常涉及履行不能、合同变更及合同解除范畴。美国法更多使用的是终止和解除两个概念。这二者都可使合同消灭，但这两个概念又有所区别：合同的解除使原来订立的合同不复存在，因而双方在经济上应恢复到合同订立之前的状态，而合同终止一方面确认了已订立的合同的存在，另一方面使合同自终止之日起不再有效。

三、中国法律的规定

关于合同消灭，我国《合同法》使用的概念是："权利义务终止"，理论上可以合同终止代称之。《合同法》第九十一条规定有以下情形之一的，合同的权利和义务终止：① 债务已经按约定履行；② 合同解除；③ 债务互相抵销；④ 债务人依法将标的物提存；⑤ 债权人免除债务；⑥ 债权债务同归于一人；⑦ 法律规定或者当事人约定终止的其他情形。

上述合同终止的大多数原因在介绍大陆法合同消灭的原因时已提及，在此不作重复。我们仅补充性地对第七种情形（法律规定或者当事人约定终止的其他情形)作个说明。所谓其他情形指前述六种情形以外的其他依法律法规或当事人约定可导致合同终止的情况。一般来说,这些情形至少包括以下几种：① 合同所依据的法律或者国家计划被修改或者国家制定了新的法律,这种情况下继续履行合同就可能违反法律,则当事人可通过解除合同终止权利义务;② 由合同性质和内容决定当事人权利义务的终止。有的合同条款或者合同性质决定专为一方当事人利益而订立的,这样当事人通过放弃自己的利益而解除合同。例如租住公房的人不再需要住房就可以提前终止租赁关系;③ 合同权利义务有严格的人身性质(如演出合同),当该当事人死亡时,该合同即告终止;④ 法律规定的其他情形。例如保险法规定被保险人或者受益人在未发生保险事故的情况下,谎称发生了保险事故,向保险人提出赔偿请求的,保险人有权解除合同,等等。

我国《合同法》第九十二条规定,合同的权利义务终止后,当事人应当遵循诚实信用原则,根据交易习惯履行通知、协助、保密等义务。这表明,合同无论因何种原因终止,依合同约定的权利义务是消灭了,但依诚实信用原则,当事人仍应承担某些特别义务：① 通知义务。合同终止后,当事人应根据具体情况,将有关事项通知对方,例如因提存而终止合同,义务人应将提存的时间、接受提存的机关等情况通知债权人,以不使债权人的利益受损;② 协助义务。为妥善处理合同终止后的各种事务,当事人双方互有协助的必要。例如,承运人依约完成运输任务后,向托运人提供收货人已经收取货物的证明就是一种协助义务;③ 保密义务。当事人不得以任何方式将因订立或履行合同而了解、掌握的对方当事人的商业秘密告诉他人或公之于众,否则要承担损害赔偿责任;④ 其他义务。因交易性质、行业惯例不同及要求,可能因合同终止后产生的其他义务,如提供住宿服务的业主对客人遗留的物品有妥善保管的义务。

案例分析

[案情]

上诉人第一安全人寿保险公司于 1969 年 4 月 24 日向被上诉人的丈夫塞缪尔·E. 基恩出售了一张人寿保险单。该被保险人于 1971 年 1 月 6 日死于心肌梗塞。被上诉人作为受益人把保险单交给该保险公司以便得到赔偿金。该保险单规定,该保险公司对受益人付费的"初步数额"为 8 250 美元,"最终数额"为16 500 美元。上诉人声称,该公司在制作这张保险单时把这两个数字的位置颠倒了。正确的表示应当是：初步数额为 16 500 美元,而最终数额为 8 250 美元。这一错误所导致的后果是,该公司按现有的保险单的规定,要多付给受益人16 500美元。因为保险单规定:如果被保险人在投保后的10年内去世,保险公司应向受益人支付的款项为最终数额的两倍。上诉人要求把这个错误改正过来。基恩太太拒绝这一要求,并向法院起诉,要求强制执行保险单的条款。

上诉人的举证是:该保险公司在制作基恩先生的保险单时填写的工作记录证实,保险单上的最终数额是8 250美元。基恩先生每半年支付的人寿保险费略高于1 000美元,他的年龄是53周岁。按公司的B类表格计算,像他这样的情况,保险单上所载的最终数额应为8 250美元。

法院查明:基恩先生从没有见过前述的工作记录。无法认定基恩先生对公司B类表格的确切理解。

[问题]

保险公司应该支付受益人多少保险金为宜?

[法律依据]

美国《第二次合同法重述》第152条规定:如果当事人双方在合同订立时的错误就是合同赖以订立的基本假定而发生的,该错误对双方同意的对于履行的互换有重大影响,那么受到不利影响的一方便可以使该合同归于无效,除非他已经根据第154条陈述的规则承担了发生这种错误的风险。

[法律运用及处理结果]

本案是一个典型的单方错误案例,即保险人(上诉人)一方的错误,由于无错误的一方不知道也没有理由知道另一方的错误,因此,合同(保险单)仍有效。

上诉法院维持初审判决:基恩太太胜诉。保险公司以发生错误为由改变合同(保险单)的要求不予支持。

[值得注意的问题]

此类案件在不同国家依据不同的法律是会得出不同的判决的,这是应该注意的。

(案例来源:王军《美国合同法判例选评》,中国政法大学出版社1995年版)

【本章思考题】

1. "国际商事合同"的"国际性"与"商事"的含义如何理解?

2. 我国法律对国际商事合同的法律适用问题作怎样的规定？
3. 如何理解合同履行的诚实信用原则？
4. 大陆法中有关合同的“不安抗辩权”与英美法的“预期违约”有何不同？
5. 实施合同违约救济的损害赔偿应掌握哪些法律原则？
6. 英美法的“合同落空”制度如何理解？
7. 案例思考题：

案例一

A与B签订合同，约定A在12月1日以前交付给B100台机床。B应付货款56 000美元。订约后不久，A于7月1日通知B：“因国际市场机床价格上涨，除非你方同意届时支付60 000美元，否则我方不能交货。”B回复A，表示不能同意提价，坚持应按原订合同履行。B于当天(7月1日)咨询了另一供应商C，C表示愿意在12月1日以前供应100台相同机床，价格为59 000美元。B当时未与C订约。至12月1日，A未向B交付机床。B只得在国际市场上以时价64 000美元购买进所需的100台机床，并起诉A，要求A承担B的损失。B的索赔要求中除了高价购进替代物的差价外，还要求A承担B12月1日后临时购买的额外费用3 000美元。

请问，B可否向A索赔？如果可以的话，法院将会支持B的多少索赔数额？为什么？

案例二

重庆某食品加工厂与香港某贸易公司签订食用猪油买卖合同，约定由香港公司提供美国产食用猪油50吨，每吨单价12 000元，由深圳皇岗口岸入关后交货，猪油质量应符合国家食品卫生标准。香港公司将本地产工业猪油改头换面进行分装，贴上美国产食用猪油标签，将这批猪油放在集装箱车里层，又将部分美国原产食用猪油放在集装箱车外层，企图蒙混过关。猪油从深圳入关以后，因无法租到停车场，不能验货，双方商定货到重庆后，再进行检验。集装箱车进入重庆市时，边界卫生检疫站检验发现该批猪油系工业猪油，食品加工厂即与香港公司联系，提出拒绝收货，并要求香港公司速到食品加工厂处理善后事宜。集装箱车开往食品加工厂途中，经过某大桥时，大桥桥梁突然断裂，集装箱车翻入江中，汽车、货物全部损失。香港公司到重庆后，提出工业猪油也有利用价值，现因食品加工厂押运失职导致汽车、货物已全部毁损，不仅不退回货款，反而要求食品加工厂赔偿集装箱车。你认为该案应如何处理？为什么？

（案例来源：广东外语外贸大学 — www3. gdufs. edu. cn)

第五章　国际贸易运输与保险法

教学要求

本章涉及两方面的商事法律制度：国际贸易运输法和国际贸易保险法。通过本章的学习，要求学习者对国际货物运输的主要方式和其特点、有关国际货物运输的法律规则、国际货物运输保险的概念、保险纠纷的处理等有概貌性的了解，在相关的贸易实践中运用国际贸易运输保险规则处理遇到的问题。特别掌握国际海洋运输及运输保险法律制度的基本规则内容。

第一节　国际货物运输概述

一、国际货物运输的概念

国际贸易运输是指通过一种或多种运输方式，把货物从一国(地区)的某一地点运至另一国(地区)的某一地点，国际货物运输是国际贸易的重要组成部分。它与国际货物买卖具有十分密切的联系，但它又可以是独立于国际货物买卖的，两者从属于不同的法律关系范畴。

二、国际货物运输的特征

国际货物运输具有以下几方面的特征：

(1) 国际货物运输的对象——货物要作穿越国境的运行；

(2) 国际货物运输一般都是通过国际货物运输合同来实现的；

(3) 风险较大，因此国际货物运输与国际货物运输保险密切相关；

(4) 在法律适用上，适用的法律主要是国际公约、国际惯例，但往往也受国内海商法、航空运输法、铁路、公路运输法的调整。

在国际货物运输中，涉及的运输方式很多，包括海上运输、公路运输、内河(海)运输、邮政运输、管道运输、铁路运输、航空运输、多式联运等。其中，海上运输是最重要的一种运输方式，这不仅是因为它的运输量大、成本低，而且从历史上看，国际贸易主要是从航海贸易发展起来的，许多有关国际贸易的法律和惯例也是从长期的航海贸易实践中产生的。因此，本章将重点介绍国际海上货物运输规则，并对其他运输方式法律规则作简要介绍。

第二节 国际货物运输主要立法

一、国际海上货物运输主要立法

国际海上货物运输按其经营方式的不同，可分为班轮运输和租船运输两大类。凡承运人承揽运送货物而向托运人收取运费的运输叫班轮运输，在这种运输方式下，运输合同是通过提单表现的。所以，班轮运输又称为提单运输。凡承租人按一定条件以支付租金或运费形式向出租人租用船舶的全部或部分来运输货物的运输叫租船运输。

有关提单运输的国际立法主要有：1924 年的《海牙规则》、1968 年的《维斯比规则》和 1978 年的《汉堡规则》及 2008 年的《鹿特丹规则》，现分别简介如下：

(一)《海牙规则》

1.《海牙规则》的产生及概况

《海牙规则》的全称是《统一提单的若干法律规则的国际公约》。《海牙规则》的产生背景为：至 19 世纪末叶，英国拥有强大的海上商船队，以英国航运资本为代表的船舶所有人，利用当时英国立法上的“契约自由原则”，各自制定海运提单条款，在提单中任意规定许多免责条款，其结果几乎使货主承担货物在海上运输过程中的一切风险，这便引起了当时贸易界的强烈不满；同时，提单是一种可转让的权利凭证，但收货人、银行或受让人往往并无审查提单条款的实际机会，而且提单中所载的复杂繁多的免责条款也影响到提单的自由转让，这些情况的存在，妨碍了各国之间的贸易往来，也给世界航运业带来了不利影响。当时，美国的航运资本势力还比较小，美国出口货物的运输大部分为英国轮船公司所把持，其所使用的提单中所载的许多免责条款，不符合美国进出口商的利益。美国联邦和一些州法院便以

“违反公共利益”为由，否认提单中免除船舶所有人或者其雇佣人员的过失责任的条款的有效性，而只承认“合理的”免责条款。1893年，美国还通过了《哈特法》，规定：如果船舶所有人已经尽到应尽的职责，使船舶适航，则船舶所有人对其在航行或者管理方面的过失所造成的损害或灭失，可不负责任，但对货物的装载、照料和交付等方面的过失，不能免责。

由于英国不愿对其“契约自由原则”加以限制，到第一次世界大战前后，提单条款变得更加复杂，贸易界对提单规范化的要求更为迫切，而航运资本家仍然极力阻挠英国议会的改革立法。为了缓和船方和提单中各利害关系人之间日益尖锐的矛盾，有利于航运业的发展，国际法协会所属的“海上法委员会”于1921年5月17日至20日在海牙召开了由各国航运资本家参加的会议，拟定了《海牙规则草案》。1922年10月9日至11日，“海上法委员会”在伦敦举行会议，对《海牙规则草案》作了若干修改。同年10月17日至26日海上法国际会议在布鲁塞尔举行，与会代表一致同意建议本国政府将《统一提单的若干规则的公约草案》作为拟议中的公约的基础。这个公约草案又于1923年10月由上述海上法国际会议所指派的委员会进行修订，最后欧美几个主要航运国于1924年8月25日在布鲁塞尔进一步召开会议，通过了《海牙规则草案》，订了《关于统一提单的若干法律规则的国际公约》(即《海牙规则》)，对承运人的义务、权利以及豁免作了规定，从而使提单的货方利益在一定范围内得到保障。该公约于1931年生效，至今已有80多个国家和地区承认、采用了该公约。尽管后来先后制定有《维斯比规则》、《汉堡规则》，但是，世界上多数国家，特别是一些主要航运国家，目前仍然主要按照《海牙规则》来办理业务，因此可以说，《海牙规则》是关于提单的最重要的国际公约之一。

2.《海牙规则》的主要内容

《海牙规则》共有16个条款，其中第1到第10条是实体性条款，主要包括以下几个方面的内容：承运人的基本责任与义务；托运人的责任与义务；索赔通知与诉讼时效；承运人的免责范围；承运人对货物灭失或损害的赔偿限额。《海牙规则》第11到第16条是程序条款，规定有关该公约的批准、加入、退出和修改等事项。以下对《海牙规则》的实体性规定内容作一些介绍：

(1) 承运人的基本责任与义务。《海牙规则》第3条第1、2、3款规定承运人的基本义务是：在开航前和开航时克尽职责，履行适航的义务；其次，承运人应该适当而谨慎地装载、搬运、积载、运输、保管、照料和卸载所承运的货物。

(2) 托运人的义务。《海牙规则》第3条第5、6款规定了托运人的基本义务，主要包括：适当地提供运输货物；支付运费和在目的港接受货物。

(3) 承运人享受的豁免。《海牙规则》第 4 条第 2 款规定了承运人拥有的 17 项免责情形,这是《海牙规则》广受批评的地方。这 17 项豁免包括:船长、船员、引水员或者承运人的受雇人,在航行或者管理船舶上的行为疏忽或违约活动;火灾;海上或其他通航水域的灾难、危险和意外事故;天灾;战争行为,等等。

(4) 诉讼时效。《海牙规则》规定收货人提出货损赔偿的起诉权,从货物交付之日或者应交付之日起一年内提出。收货人在卸货时对货物的灭失或损害的一般情况,应在货物接受前或当时用书面通知承运人或者其代理人。如果灭失和损害不显著,当时未发现,则应在卸货后三天内提出。

(5) 承运人对货物灭失或损害的赔偿限额。《海牙规则》第 4 条第 5 款规定:承运人或船舶,对货物或与货物有关的灭失或损害,于每包或每计费单位超过 100 英镑或与其等值的其他货币时,在任何情况下,都不负责,但托运人于装货前已就该项货物的性质和价值提出声明,并已在提单中注明的,不在此限。

在上述限额以外,承运人、船长或承运人的代理人可与托运人议定另一最高限额,该最高限额不得低于上述数额。此即班轮计算运费方法中的从价运费:托运人声报货物价值,支付规定的从价运费。但如果托运人故意谎报货物的性质、价值的,则承运人或船舶对货物或与货物有关的灭失或损害,都不负责赔偿。

(二)《海牙—维斯比规则》

1.《海牙—维斯比规则》的产生及概况

《海牙—维斯比规则》(简称为《维斯比规则》)的全称是《修订 1924 年 8 月 25 日在布鲁塞尔签订的统一提单若干法律规则的国际公约的议定书》。随着国际政治、经济形势的变化和海运技术的日益现代化,1924 年制定的《海牙规则》已不能完全适应形势发展的需要,特别是其中偏袒航运发达国家航运垄断组织利益的条款,越来越受到发展中国家的强烈反对。为了适应现代国际海上货物运输的需要,缓和代表货方利益的发展中国家的不满,从 1960 年代初开始,国际海事委员会就进行了修改海牙规则的准备工作,并成立了小组委员会。1963 年 6 月,小组委员会在瑞典的斯德哥尔摩草拟了一个修改海牙规则的议定书草案,提交给 1967 年 5 月在布鲁塞尔召开的海法外交会议上审议,但当时未能取得一致意见,到 1968 年 2 月再次召开会议,才以 24 票赞成,18 票弃权(无反对票)通过《1968 年布鲁塞尔议定书》。由于会议期间代表们曾参观瑞典哥德兰(Gotland)岛的维斯比城,故又称《海牙—维斯比规则》或《维斯比规则》。该规则于 1977 年 6 月 23 日生效,到目前为止有 16 个国家参加。目前在国际航运界,《海牙—维斯比规则》和《海牙规则》被有关国家运用。不过,由于《海牙—维斯比规则》系对《海牙规则》的补充修改,一国不能单独只适用《海牙—维斯比规则》而排除《海牙规则》，但一国可以只参加《海牙规则》而不参加《海牙—维斯比规则》。

《海牙—维斯比规则》虽然对《海牙规则》中的某些条款作了一些修改，但对一些重要问题，特别是有关承运人的不合理免责条款之类实质性问题，并未作改变。

2.《海牙—维斯比规则》的主要内容

《海牙—维斯比规则》共有条款 17 条，其中第 1 至第 5 条是对《海牙规则》的修改和补充，第 6 至第 17 条是关于加入和退出手续以及解决纠纷等程序性问题的规定。以下将其对《海牙规则》的修改要点简述如下：

(1) 扩大了规则的适用范围。海牙规则仅适用于在任何缔约国所签发的一切提单，而《海牙—维斯比规则》第 5 条则规定："适用于两个不同国家港口之间有关货物运输的每一提单，如果(A) 提单在一个缔约国签发，或(B) 从一个缔约国港口起运，或(C) 提单载有的或由提单证明的合同规定，该合同应受本公约的各项规则或使公约生效的任何国家立法所约束，不论船舶、承运人、托运人或任何其他有关人的国籍如何。"又规定，"本条不应妨碍缔约国将本公约的各项规则适用于未包括在前款中的提单"。显然，比起《海牙规则》，《海牙—维斯比规则》的适用范围扩大了。

(2) 增加"集装箱条款"。由于集装箱运输的发展，一个集装箱内可装有许多不同种类的货物，如果仅作为一件或一单位来计算，在发生灭失或损害时，按照上述限额赔偿，往往很难起到补偿损失的作用。为适应这种实际情况，《海牙—维斯比规则》第 2 条第 3 款规定："如果货物是用集装箱、托盘或类似运输工具集装时，提单中所载明的，装在这种运输工具中的件数或单位数，即应作为本款中提到的件数或单位数时的件数或单位数；除上述情况外，此种运输工具应视为件或单位。"

(3) 提高了最高赔偿限额。《海牙规则》规定承运人的责任限额是每包或每单位 100 英镑，但由于此后半个世纪货币数度贬值，原规定的赔偿限额已失去对货主损失合理补偿的意义。因此，《维斯比规则》第 2 条第 1 款即规定："除非托运人于装货前已就该项货物的性质和价值提出声明，并已载入提单外，不论是承运人或船舶在任何情况下，对该货物所遭受的或与之有关的灭失或损坏，于每包或每单位赔偿超过相当于一万法郎或按灭失或损坏的货物每公斤 30 法郎(按两者之中较高者计算)的，均不负赔偿责任。"并规定，"一个法郎指一个含纯度为 900‰的黄金 65.5 毫克的单位。"按当时(1968 年《维斯比规则》通过之时)的含金量计算，10 000 法郎大致等于 666.67 美元(约 400 英镑)。由此说明，该规则在最高赔偿限额方面，比起原海牙规则是大有提高了。

(三)《汉堡规则》

1.《汉堡规则》的产生及概况

《汉堡规则》的全称是《1978 年联合国海上货物运输公约》。《维斯比规则》虽然对海牙规则作了一些修改，但缺乏实质性的修改，许多国家不满之下，强烈要求建立国际航运新秩序。有鉴于此，联合国贸易和发展会议成立由 33 个国家组成的“国际航运立法工作小组”着手制定新的国际公约。工作组于 1971 年 2 月作出制定新公约的两点意见：首先要明确现行《海牙规则》中许多不明确之点，其次应在承运人和货主之间公平地分配海上货物运输的风险。自 1971 年起，修改工作改由联合国国际贸易法委员会下设的航运立法工作组继续负责。该工作组先后召开了六次会议，于 1976 年 5 月制定了《联合国海上货物运输公约草案》，提交给 1978 年 3 月 6 日至 31 日由联合国主持召开的海上货物运输会议讨论。这是一次全权大会，在德国汉堡举行。会议有 78 个国家参加，由于参加会议的压倒多数为发展中国家，所以新公约顺利通过，且并没有对“草案”作太多的修改。《汉堡规则》于 1992 年 11 月 1 日正式生效，参加该规则的绝大多数为发展中国家。

《汉堡规则》对《海牙规则》和《维斯比规则》中船货双方不合理的权利义务关系进行了修订，对其中含混不清之处加以清除或明确，维护了发展中国家的贸易航运权益，可以说，《汉堡规则》的制定和通过，标志着发展中国家在国际海运方面建立国际经济新秩序的努力取得的一个胜利；它的生效，对国际贸易、航运、保险、银行业务等方面的发展以及有关法规的调整和建设都将产生一定的影响。

2.《汉堡规则》的主要内容

《汉堡规则》共有条款 34 条，与《海牙规则》相比，《汉堡规则》作了较多、较为实质性的修改，主要表现如下：

(1) 进一步扩大了公约的适用范围。《汉堡规则》规定：“本公约的各项规定适用于两个不同国家间的所有海上运输合同，如果：(A) 海上运输合同所规定的装货港位于一个缔约国内，或(B) 海上运输合同所规定的卸货港位于一个缔约国内，或(C) 海上运输合同所规定的备选卸货港之一为实际卸货港，并且该港位于一个缔约国内，或(D) 提单或证明海上运输合同的其他单证是在一个缔约国内签发的，或(E) 提单或证明海上运输合同的其他单证规定，本公约各项规定或实行本公约的任何国家立法，应约束该合同。”根据上述规定，《汉堡规则》可在五种情况下适用，其适用范围比《海牙规则》广泛。

(2) 延长承运人对货物的负责期间。承运人对于货物的负责期间，《海牙规则》规定:"货物运输包括自货物装上船时起,至卸下船止的一段时间。"这一期间习惯上称为"海牙时间"。在实际工作中的理解是"钩至钩"原则,也就是承运人的责任期限应是货物开始装船,吊钩一受力的时间开始,直到货物在目的港卸下船舶脱离吊钩为止。为适应集装箱运输的发展,《汉堡规则》则规定:"承运人对货物的责任期间,包括货物在装货港、运输途中和卸货港在承运人掌管下的期间。"即从承运人接收货物时起直到交付货物为止的整个期间。这实际上是延长了承运人承运货物的责任时间,有利于维护货主的利益。

(3) 扩大了承运人应负的赔偿责任。《海牙规则》规定了承运人可以享受的 17 项免责事项,不利于维护货主的利益。《汉堡规则》废除了这 17 项豁免的规定,而规定:承运人对在承运期间货物发生灭失、损坏以及由于延迟交货所造成的损失负责赔偿,除非他能够举证证明他、他的受雇人和代理人已经为避免事故发生和它的后果已采取了一切所能合理要求的措施。这说明《汉堡规则》废除了原《海牙规则》的航行和管理船舶过失免责,代之以完全的过失责任制,即承运人有过失就要承担责任。承运人对货物的灭失或损坏的赔偿责任,以灭失或损坏货物相当于每件或其他装运单位 835 计算单位(特别提款权)或相当于毛重每公斤 2.5 计算单位的金额为限,以其较高者为准。承运人对延迟交付的赔偿责任,以相当于该延迟货物应付运费的 2.5 倍的金额为限,但不超过海上运输契约中规定的应付运费总额。

《汉堡规则》对所谓件数或其他装运单位的确定,类似《维斯比规则》中有关集装箱条款的规定。

(4) 延长了诉讼时效。《海牙规则》规定货主提出仲裁和诉讼时限为一年,《汉堡规则》则延长为两年。如果在两年期间内没有提出仲裁程序或诉讼程序,即失去时效。时效期自承运人交付货物或部分货物之日起算,如在未交付货物的情况下,则自应交付货物的最后一日起算。时效期间起算的当天,不包括在期间之内。

有关提出仲裁或诉讼的地点,在《海牙规则》中没有具体的规定,而《汉堡规则》则规定了一个管辖范围,原告可以在这个管辖范围内提起仲裁或诉讼。

对租船运输,目前国际上尚未制定统一的国际公约。各国法律一般都允许双方当事人自由商订租船合同的条款,不受有关提单运输的法律或国际公约的管辖。同时,为节省洽谈时间,加速交易的进行,英美法国家航运公会制定出一系列的标准租船合同格式,其中金康(Gencon)航次租船合同格式和波尔的摩(Boltime)定期租船合同格式被广泛采用。一旦当事人采用了这些标准合同格式,就要受其约束。

有关国际货物运输的国内立法方面,随着海上货物运输业的发展,许多国家都专门制定了有关海上(或水上)货物运输的法律规范。美国早在1893年就通过了著名的"哈特法",受其影响,澳大利亚、新西兰等国家纷纷采用其基本原则,制定了海上或水上货物运输法。我国于1992年通过了《中华人民共和国海商法》,并于1993年7月1日起生效。尽管我国没有参加《海牙规则》、《维斯比规则》和《汉堡规则》,但我国海商法有关提单运输的规定,是以《海牙规则》和《维斯比规则》为基础的,并吸收了《汉堡规则》的一些条款。此外,我国海商法对航次租船合同和定期租船合同的规定,分别参照了金康标准合同格式和波尔的摩标准合同格式的有关内容。

(四)《鹿特丹规则》

1.《鹿特丹规则》的产生及概况

2008年12月11日,联合国第63届大会第67次会议通过了联合国贸法会提交的《联合国全程或部分海上国际货物运输合同公约》。此次会议授权2009年9月23日在荷兰鹿特丹举行新公约开放签署仪式,因此该公约又被简称为《鹿特丹规则》。截至2009年10月31日,已有20个国家签署该公约。根据公约的规定,《鹿特丹规则》将在20个国家批准或者加入一年后生效,目前尚没有一个国家批准或加入,该公约尚未生效。

联合国贸法会制定该公约的目的主要是取代现行的三个国际海上货物运输公约——1924年《海牙规则》、1968年《海牙—维斯比规则》和1978年《汉堡规则》,以实现海上货物运输和包括海运区段的国际货物多式联运法律制度的国际统一。

2.《鹿特丹规则》的主要内容

作为国际海上货物运输立法的重大变革,《鹿特丹规则》正吸引着全球海事界的目光。该规则在与船公司密切相关的"承运人责任制度"的有关规定最为特色,介绍如下:

(1) 承运人责任期间的变化。《鹿特丹规则》规定承运人责任期间是"收货—交货",并且不限定接收货物和交付货物的地点。因此,该规则适用于承运人在船边交接货物、港口交接货物、港外交接货物或者"门到门"运输。与《海牙规则》、《海牙—维斯比规则》、我国《海商法》规定的"装货—卸货"和《汉堡规则》规定的"装港—卸港"相比,《鹿特丹规则》扩大了承运人的责任期间。这一承运人责任期间的扩大,一方面将有利于航运业务尤其是国际货物多式联运业务的开展,但同时在一定程度上将增加承运人的责任。

(2) 承运人责任基础与免责的变化。承运人责任基础的规定,在海上货物运输法律中始终处于核心地位,是船货双方最为关注的条款。与现存法律制度比较,

《鹿特丹规则》主要有以下变化：

第一，采用承运人完全过错责任，高于我国《海商法》和《海牙规则》、《海牙—维斯比规则》的不完全过错责任，与《汉堡规则》采用的承运人责任原则相同。

第二，废除了承运人“航海过失”免责和“火灾过失”免责。而《海牙规则》、《海牙—维斯比规则》及我国《海商法》规定承运人对由于船长、船员、引航员或者承运人的其他受雇人在驾驶船舶或者管理船舶中的过失（“航海过失”）和火灾中的过失（“火灾过失”）而导致的货物灭失、损坏或迟延交付免责。

第三，承运人谨慎处理使船舶适航的义务扩展至整个航次期间，而我国《海商法》和《海牙规则》、《海牙—维斯比规则》要求的承运人对船舶的适航义务仅限于在船舶开航前和开航当时。《鹿特丹规则》使承运人对货物的灭失、损坏可以免责的情形大大减少，甚至承运人几乎没有免责的机会，并延长了承运人对船舶适航义务的期间，从而将大大加重承运人的责任，并对航运及海上保险产生如下影响：① 取消航海过失免责，实务中承运人由于很难证明何种货损由于航海过失造成，何种货损是由于海上意外风险造成，使承运人几乎没有免责的机会；② 承运人责任基础的变化势必要对承运人和货物的利害关系人之间划分海运风险做出重要调整，从而将对海上保险业务产生重大影响；③ 虽然承运人对国际海上货物运输中货物灭失、损坏的赔偿责任由船东互保协会承保，但如果适用《鹿特丹规则》，由于承运人责任的加重，将导致保赔保险的保险费大幅度增加，从而增加船公司经营船舶的成本；④ 决定运费水平的关键因素是航运市场运力的供求关系，而非承运人承担的责任大小，因此《鹿特丹规则》不会对海运运费水平产生大的影响。但是，船公司因该规则生效而多付的保险费不见得能通过提高运费来获得补偿，从而会增加船公司经营船舶的成本；⑤ 保赔协会为了规避过大的责任风险，将不会承保船龄大、技术状况差的船舶或者由管理水平不高的公司管理的船舶，而这势必会给这些船舶及公司的生存带来重大影响。

（3）承运人赔偿责任限制提高。《鹿特丹规则》使承运人赔偿责任限制大大提高。①《鹿特丹规则》规定承运人对货物的灭失或损坏的赔偿限额为每件或者每一其他货运单位 875 个特别提款权，比《海商法》和《海牙—维斯比规则》666.67 特别提款权提高 31%，比《汉堡规则》835 特别提款权提高 5%；或货物毛重每公斤赔偿 3 个特别提款权，比我国《海商法》和《海牙—维斯比规则》规定的 2 个特别提款权提高了 50%，比《汉堡规则》2.5 个特别提款权提高了 20%。② 与以往三大公约及我国《海商法》不同，《鹿特丹规则》对承运人赔偿责任的规定并不限于货物灭失或者损坏的情形，也适用于除迟延交付之外的其他情形。③《鹿特丹规则》对承运人丧失责任限制的情形，与现行公约和我国《海商法》相比没有变化。即：经证明，货物的灭失、损坏或者迟延交付是由于承运人的故意或者明知可能造成损失而轻率地作为或者不作为造成的，承运人不得援用限制赔偿责任的规定。

《鹿特丹规则》规定承运人赔偿责任限制适用于违反该公约规定的承运人义务所应负赔偿责任的所有情况（迟延交付除外），使承运人可以适用责任限制的范围有所扩大。但《规则》使承运人对于货物的灭失或者损坏能够援引责任限制的机会将极少，在绝大多数情况下需全部赔偿，从而使传统的国际海上货物运输法律赋予承运人的赔偿责任限制权利几乎不再发挥作用，会大大加重承运人责任。

(4) 货物索赔举证责任的变化。货物索赔的举证责任，是指发生货物灭失、损坏或者迟延交付后，提供证据证明其原因以及责任或免责的责任，《海牙—维斯比规则》和我国《海商法》对此规定不够明确，《汉堡规则》采用了推定承运人有过错的原则。《鹿特丹规则》对船货双方的举证责任分担作了分层次的详细规定，在举证的顺序和内容上构建了“三个推定”的立法框架：① 推定承运人有过失，承运人举证无过失；② 承运人举证免责事项所致，推定其无过失；③ 船舶不适航，推定承运人有过失，承运人举证因果关系或者已谨慎处理。

《鹿特丹规则》规定的举证责任分配，与《海牙规则》、《海牙—维斯比规则》、《汉堡规则》和我国《海商法》相比较，以承运人推定过失为基础，明确了船货双方各自的举证内容与顺序，举证责任分配体系层次分明，具有较好的可操作性，比《汉堡规则》对承运人有利。但《规则》加重了承运人的举证责任，排除了承运人利用举证责任规定不明确可能具有的抗辩利益。

(5) 货物迟延交付的规定。《海牙规则》和《海牙—维斯比规则》没有明确规定迟延交付以及承运人的赔偿责任。《鹿特丹规则》规定，“未在约定时间内在运输合同规定的目的地交付货物，为迟延交付。”这与我国《海商法》的相关规定基本相同，没有像《汉堡规则》采用的“合理时间”标准。而《鹿特丹规则》规定的货物迟延交付责任限额为 2.5 倍运费，这与《汉堡规则》的规定相似。《鹿特丹规则》对货物迟延交付的规定具有可操作性的优点，比《汉堡规则》对承运人有利。因为如果采用“合理时间”标准，对于何为承运人应当将货物运抵目的港的合理时间，很容易产生争议，并且不同的法院可能对该用语作广义解释，造成法律适用的不确定性，从而有损国际立法的统一性目标。

3. 评价与展望

《鹿特丹规则》与我国《海商法》及现在国际上普遍采用的《海牙规则》、《海牙—维斯比规则》相比较，对承运人责任制度的规定有很大的变化，扩大了承运人责任期间，改变了承运人的责任基础，取消了传统的承运人免责事项，提高了承运人责任限额，如果该规则生效，将大大加重承运人的责任，可以预见其对航运业及保险业将会带来重大影响，尤其是对一些经营船龄较大、管理水平不高的中小航运企业带来的冲击。

虽然国际社会对《鹿特丹规则》前景，即是否能够生效，主要航运和贸易国家是否能够批准加入，是否能够在国际上发挥重要作用，存在不同看法，但毋庸置疑的是，《鹿特丹规则》必将引发国际海上货物运输立法的一场革命。该公约一旦生效，将会对船东、港口营运商、货主等各个国际海上货物运输相关方带来重大影响；也将会对船舶和货物保险、共同海损制度等带来影响。该公约即使未能生效，因其代表最新的国际立法趋势，其有关规定也将通过渗透进国内法等途径，对国际海上货物运输产生一定的影响。

二、有关国际公路货物货物运输的立法

公路运输也是国际贸易运输的方式之一，它与铁路运输同为陆上运输的基本运输方式。公路运输具有机动灵活、简捷方便的特点，可以深入到可通公路的各个角落，因此，公路运输在进出口货物运输的集散运转方面，起着重要的作用；另外，公路运输有助于实现“门到门”的运输。当前世界上通行的集装箱运输，其最大的优点是做到“门到门”，便于收、发货人接受、发送货物。但要做到这一点，无论集装箱使用什么工具来运送，进出航空机场、水运港区或铁路车站，都需要公路运输的工具——汽车来配合完成两端的运输任务。

为统一公路运输所使用的单证和承运人的利益和责任，联合国所属欧洲经济委员会于 1956 年 5 月 19 日在日内瓦召开会议，通过了《国际公路货物运输合同公约》，有欧洲 17 个国家参加。该公约共有 12 章 41 条，就公约的适用范围、公路运输承运人责任、合同的签订与履行、索赔和诉讼以及连续承运人履行合同等事项都作了比较详细的规定。

同在 1956 年，在欧洲经济委员会的成员国之间缔结了关于集装箱的关税协定，其参加者有欧洲 21 个国家和欧洲以外的 7 个国家。该协定的宗旨是允许集装箱免税进口，但必须在三个月再出口。在这个协定的基础上，又缔结了《国际公路车辆运输规定》(TRANSPORT INTERNATIONAL ROUTIER，TIR)，允许集装箱的公路运输承运人，如持有 TIR 手册，可在海关签封下中途不受检查，不支付关税，也不提供押金，直接由发运地运到目的地。例如货物由米兰运至美国的芝加哥，在米兰海关检查后加上签封，即可不经检查通过意大利、瑞士、法国、卢森堡、比

利时、荷兰等国到鹿特丹，再运至美国港口中自由通过，直到芝加哥，海关才开箱检验。这样节省在途时间和手续便利国际货物运输进程。这种TIR手册由有关国家政府批准的运输者团体手册由有关国家政府批准的运输者团体发行，但该团体要保证监督其所属企业遵守海关法规及其他规则。TIR协定的正式名称是《根据TIR手册进行国际货物运输的海关公约》，从1960年开始施行。欧洲有23个国家参加。上述协定和公约，是当前国际公路运输主要的国际立法，对今后国际公路运输的发展具有一定的影响。

三、有关国际铁路货物运输的立法

国际铁路货物运输是主要的国际货物陆路运输方式，已有160多年的历史。通常，有关国家通过成立国际铁路合作组织，联合两个或两个以上国家的铁路，按照共同签署的有关协定，共同完成某一批货物的全程运输。与其他运输方式相比，国际铁路货物运输具有运输速度较快、载重量大、不易受气候条件影响等特点，在运输过程中可能遇到的风险也比较少，因此，铁路货物运输在铁路相连的国家之间非常流行。在国际铁路货物运输领域，主要有两个国际公约：

（一）《国际铁路货物运输公约》（简称《国际货约》）

1890年10月在伯尔尼举行的各国铁路代表会议上制定《国际铁路货物运输规则》，并自1893年1月1日生效。该规则在1938年修改时，改称为《国际铁路货物运输公约》，又称为《伯尔尼货运公约》，简称《国际货约》。先后参加的国家有奥地利、法国、希腊、挪威、荷兰、德国、比利时、波兰、匈牙利等。它主要对运输合同的缔结、履行、变更，铁路的责任，索赔与诉讼，赔偿请求的时效，各铁路间的清算，发货人与收货人的权利与责任，承运人的责任等事项作了规定。该公约已经多次修订，在1980年5月于伯尔尼举行的第八次修订会议上，决定将《国际铁路货物运输公约》与《国际铁路旅客和行李运输公约》合并为一个公约。我国目前没有参加这个公约。

（二）国际铁路货物联运协定（简称《国际货协》）

二次世界大战后，国际政治、经济形势发生巨大变化，国际铁路货物联运有了进一步的发展。新中国与前苏联签订了中苏铁路联运协定，决定自1951年4月1日起开办联运。同年11月，当时苏联与东欧七国签订并实行《国际铁路货物联运协定》，简称“国际货协”。我国于1954年1月参加，接着蒙古、朝鲜、越南也参加了该协定。因此，“国际货协”的成员国共有12个。该协定先后经过七次修订，现行有效的是1974年7月1日起生效的文本。关于该协定的主要内容，将在本章第三节作介绍。

四、有关国际航空货物运输的立法

航空运输作为一种现代化的国际贸易货物运输方式，起始于第二次世界大战之后。它不受地面条件的限制，航行便利，运输速度快，货运费时短，且在运输途中受损率小，对于某些急需物资、鲜活商品、易损货物和贵重商品来说，航空运输是一种最适宜的运输方式。在国际航空货物运输领域，较有影响的主要国际公约有以下：

（一）1929 年的《华沙公约》

该公约的全称是《统一国际航空运输某些规则的公约》，1929 年 10 月 19 日在波兰首都华沙签订，故简称《华沙公约》。《华沙公约》规定了以航空运输承运人为一方和以旅客和货物托运人、收货人为另一方的权利义务关系。该公约是国际航空运输领域一个基本性公约。它于 1933 年生效，目前已有 130 多个国家和地区参加了该公约。我国于 1958 年 7 月 20 日宣布参加这一公约。该公约于 1958 年 10 月 18 日对我国生效。

（二）1955 年的《海牙议定书》

该议定书的全称是《修改 1929 年 10 月 12 日在华沙签订的国际航空运输某些规则的公约的议定书》，1955 年签订于海牙，故简称 1955 年《海牙议定书》。该议定书就责任限制、运输单证的项目、航行过失免责及索赔事项等对《华沙公约》进行了修改，使之更好地适应国际航空运输发展的需要。《海牙议定书》于 1963 年生效，目前已有 90 多个成员国。我国在 1975 年 8 月 20 日加入该议定书，并声明公约当然适用于我国的全部领土，包括台湾。《海牙议定书》规定，非《华沙公约》缔约国加入《海牙议定书》，具有加入原《华沙公约》的效力。我国与《华沙公约》的缔约国之间，适用《华沙公约》；与《海牙议定书》的缔约国之间，适用《海牙议定书》。

（三）1961 年的《瓜达拉哈拉公约》。

该公约的全称是《统一非订约承运人所办国际航空运输某些规则以补充华沙公约的公约》，1961 年 9 月订于墨西哥的瓜达拉哈拉，故简称《瓜达拉哈拉公约》。该公约的目的旨在使《华沙公约》中有关承运人的各项规定适用于非运输合同承运人即实际承运人。根据《瓜达拉哈拉公约》的解释，所谓实际承运人，是指订约承运人以外，根据订约承运人授权办理全部或部分运输的人。该公约于 1964 年生效，目前已有 50 多个成员国。我国至今尚未加入该公约。

在上述三个公约中，《华沙公约》是基础，其他两个国际公约只是对《华沙公约》

的修改或补充,但都没有改变《华沙公约》的基本原则。另一方面,三个公约又都是相互独立的国际公约,对每一个国家来说,可以只参加其中的一个公约,也可以同时加入两个或三个公约。关于上述三个公约,特别是《华沙公约》的内容,将在本章第三节介绍。

五、有关国际货物多式联运的立法

国际货物多式联运(International multimodal transport),是指按照多式联运合同,以至少两种不同的运输方式,由多式联运经营人将货物从一国境内接管货物的地点运至另一国境内指定交付货物的地点的一种运输方式。它是随着集装箱货物的成组运输的发展而发展起来的,通常表现为将海上、铁路、航空等多种运输方式中的两种或多种联结起来进行运输,因此具有装卸效率高、运载量大、降低运输成本、简化货运手续等优点,受到托运人和承运人的欢迎,从而促进了国际贸易的发展。

调整国际货物多式联运最主要的国际公约是《联合国国际货物多式联运公约》,1980 年 5 月在联合国贸易与发展会议的主持下制定并通过,我国在公约的最后文件上签了字。该公约是继 1974 年的《联合国班轮公会行动守则公约》和《1978 年联合国海上货物运输公约》后,发展中国家为建立国际经济新秩序的斗争取得的又一成果。《联合国国际货物多式联运公约》将于 30 个国家批准或加入一年后生效。它生效后,将对国际多式联运的发展及变革产生深远的影响。

案例分析

[案情]

1989 年 1 月 11 日,原告中国某面粉公司委托香港某公司在美国购买了 5 250 吨小麦,价值 1 163 358 美元,交由利比里亚某船务公司所有、香港某船运公司经营的"宏大"轮承运。同年 3 月 9 日,原告收到这批货物的两份提单,其上面的首要条款均载明:提单的有效性依照《1936 年美国海上货物运输法》,并受其约束。"宏大"轮是一艘利比里亚籍散装货轮,船级为挪威船级社+/A/。该轮 2 月 12 日在美国华盛顿州温哥华特区港口装载原告的小麦,分别装于第一、三舱。14 日装毕后,开往加拿大温哥华港,加载其他货物于第四舱。17 日,该轮从温哥华港起航,按大圆航法走高纬度航线。开航前,船长收到一份远航建议书,提及在"宏大"轮预定的航线附近很有可能会遇到恶劣气候。2月21日至3月8日，该轮在预定航线上遇到了大风浪，风力5至11级。3月9日驶出风浪区，11日驶抵中国蛇口港。经有关船检、商检部门对“宏大”轮的货舱及货物进行检验，证实：该轮货舱舱盖严重锈蚀并有裂缝，舱盖板水密橡胶衬垫老化、损坏、脱开、变质及通风筒损坏。开舱时，发现在裂缝、舱盖边缘、舱盖板接缝下以及通风筒下的货物水湿、发霉、发热、结团、变质，因而原告对被告提起货损的诉讼。

[问题]

本案当事人发生纠纷，法院或仲裁机构应适用何种法律进行裁判？本案承运人是否应对货损承担责任？

[法律依据]

《1936年美国海上货物运输法》第三条、第四条规定，承运人应在开航前和开航时克尽职责，以便使船舶适航，否则承运人应对因船舶不适航所引起或造成的灭失或损害负责。

[法律运用及处理结果]

关于船舶是否适航问题。本案中，“宏大”轮在开航前和开航时是否适航，直接关系到承运人责任的承担。法院认真听取了原告、被告的陈述和申辩，并委托有关部门对“宏大”轮是否适航等问题进行检验查证，认为：① 被告以“宏大”轮在航行中遭遇不可抗力的海上灾难，要求免责的抗辩不能成立。因为被告开航前明知“宏大”轮该航次所经过的北太平洋高纬度航区，是时为狂风恶浪海域，并在开航前收到的远航建议书中提及“宏大”轮该航次预定的航线附近，可能会遇到恶劣气候，而实际所遇到的风浪亦未超过11级，不构成不可抗力。② 被告提出“宏大”轮在开航前和开航时已克尽职责使船舶适航的理由不能成立。因为，“宏大”轮在开航前和开航时具有的各种有效技术证书，只能作为证明船舶适航的初步证据，要确认船舶是否适航，还要考虑船舶、船员、货舱等设备的技术状况是否能与特定的航线和航区季节情况相适应，亦即“宏大”轮在本航次应当具备在高纬度、狂浪区航行时处于适航的技术状态。然而，“宏大”轮抵蛇口港后，经检验证实，货舱舱盖严重锈蚀且有裂缝，舱盖板水密胶条老化、脱开、变质，通风筒不水密，这种显而易见的不适航状况需要较长的物理、化学变化过程方可形成，并非在本航次中骤然出现。若被告克尽职责，则完成可以避免这种不适航状况。依照《1936年美国海上货物运输法》，被告应对不适航造成的货损负全部责任。

据此，广州海事法院对案件进行调解，当事人双方于1990年7月7日自愿达成调解协议，两被告一次性赔偿原告100万美元。

[值得注意的问题]

本案虽然由中国广州海事法院受理,但适用美国的法律,这是因为:根据我国《民法通则》的规定,确定涉外合同准据法的原则,一是当事人意思自治原则,即当事人可以选择处理合同争议所适用的法律;二是最密切联系原则,即在当事人没有选择处理合同争议所适用的法律的情况下,适用与合同有最密切联系的国家的法律。在本案中,提单签发地、装货港、起运港均在美国,提单上载有适用《1936年美国海上货物运输法》的条款,当事人又一致选择该法作为处理本按的实体法,依照我国《民法通则》第一百四十五条第一款的规定,可以适用该法作为处理本案实体问题的准据法。

(案例来源:http://www.110.com/ziliao/article-38486.html)

第三节 国际海上货物运输法律制度

一、提单法律制度

(一) 提单的定义和法律性质

依《汉堡规则》第1条第7款的规定:提单是指证明海上运输合同和货物已由承运人接管或装船,以及承运人保证凭以交付货物的单据。单据中列有货物应交付由指名人所指定的人,或凭指定,或交付提单持有人的规定,即构成此项保证。提单的法律性质表现为:

1. 提单是托运人和承运人之间订立的货物运输合同的凭证

提单(bill of lading,B/L)是体现承运人与托运人权利、义务关系的基本文件,提单一经签发就对双方发生法律的约束力,成为双方当事人设立和实现海上货物运输关系的依据,因此,提单具有契约的性质。但是,提单本身并不是运输合同,它是承运人一方根据运输合同签发的,只能作为运输合同的一种书面凭证,当运输合同的内容与提单不一致时,应当以运输合同为准。例如:一经营柑橘的托运人在西班牙与承运人签订运输合同,规定承运人应在1947年12月1日在英国提高这种货物的进口税以前把货物运到英国。但实际上船舶首先开到安特卫普港,12月4日才到伦敦。托运人要求承运人赔偿损失。承运人辩称:提单中载有通常的条款,即规定承运人可以任意经过任何航线把货物直接或间接运至目的港。法官判决,运输合同是在提单签发以前缔结的,在合同中已有一项明示担保,承运人不得指望享受在没有该项担保时本应由他享有的自由,该项担保使提单所列条款失效,承运人应赔偿托运人的损失。这一案例可以说明，提单条款与合同规定相违背时，应以合同规定为准，提单只是运输合同存在的证明。

但是，在实际业务中，托运人收到提单后，通常都用背书方式把提单转让给收货人(提单的受让人，通常是货物的买主)。在这种情况下，对提单的受让人与承运人来说，提单就不仅仅是运输合同的证据，而且成为受让人与承运人之间的运输合同。他们之间的权利义务关系应以提单的规定为依据，即使原来的托运人与承运人事先另外有协议，但由于提单的受让人对此一无所知，所以他可不受其约束。

2. 提单是承运人从托运人处收到货物的凭证

提单一经签发，就意味着承运人已按提单上所列的内容收到了货物，承运人或其代理人作为提单的签发人，有义务对提单上所载明的货物负有妥善包管、安全运输，并向收货人交付之责。但是，提单作为货物收据这一点也依其是在托运人手中还是在提单的受让人手中而有所不同：对托运人而言，提单只是承运人已按提单所记载的内容收到货物的初步证据(prima facie evidence)，如果承运人事实上并没有收到货物，或者他所收到的实际货物与提单上的记载不符，他仍然可以提出反驳，证明事实并非如此，因为提单上有关货物的资料都是由托运人填报的，托运人应该知道其所倘若运的货物的实际情况。但对于提单的受让人来说，提单就不仅仅是初步证据，而是最终证据(conclusive evidence)，即承运人不得对受让人否认提单上有关货物资料的记载内容的正确性。因为提单的受让人在受让提单的时候，并没有机会检查货物，而只能够完全凭信赖提单上记载的事项行事。该规则在法律上是为了保障善意第三人的利益，而且也只有这样才有利于提单的转让流通。如果提单上的不正确记载是由于托运人申报不实造成的，承运人可以向托运人要求赔偿，但不得以此对抗善意的提单受让人。

3. 提单是代表货物所有权的物权凭证

提单的持有人能够在货物运输过程中通过处分提单来处分提单项下的货物。按照商业惯例，占有提单，通常就等于占有了货物，而转让提单则通常具有与交货本身同样的效果，托运人可以凭提单向银行议付货款。因此，提单就是货物所有权的象征。由于提单具有物权凭证的作用，在国际贸易中，它可以作为买卖的标的和向银行押汇的担保标的。

作为一种物权凭证，提单赋予持有人占有货物的权利：谁持有提单，谁就有权要求承运人交付提单下的货物，并且，只有持有提单的人方可要求承运人交货；而承运人也只能将提单项下的货物交给持有提单的人(而不问提单持有人权利的来源)，否则，如果承运人将货物交给一个没有持提单的人(哪怕他是该货物的真正所有权人——货物的所有权从法律上讲已经转移于他)，承运人将要承担法律赔偿责任。在"四海通银行诉兰姆布拉"(上诉)案中，英国的卖方兰姆布拉自行车公司将一批自行车零件卖给新加坡的买主，合同约定以托收方式(D/P)结算。当货物已经运达目的地新加坡时，卖方没有向托收银行付款赎取提单，而是请四海通银行为他出具保函，再持买卖合同与保函请求承运人的代理人船长将货物交给他，并表示如果此后发生什么法律麻烦，担保人四海通银行将代承运人承担损失赔偿责任。在这种情况下，船长即将货物予以交付。过后，卖方兰姆布拉公司询问收款情况，托收银行告知说并没有什么买方来付款，提单仍在本银行处，而承运人则表示货物早已交付。该案审理法院判决承运人对兰姆布拉公司承担货款及其他损失的赔偿责任，因为它将提单项下的货物交给一个没有持有提单的人(尽管该人确实的该货物买卖合同的买主)，四海通银行作为担保人对此承担连带责任。

但是，在某些国家，特别是在委内瑞拉和其他一些拉丁美洲国家，收货人可以不用提交提单而取得货物。

(二) 提单的格式和基本内容

提单的格式无统一标准，各轮船公司可自行制定，但一般应载明下列各项内容：① 承运人名称(Carrier)；② 船名和船舶国籍(Vessel and Nationality)；③ 装货地和目的地或中途停靠港地(Ports of Loading and Unloading and of Call)；④ 托运人名称(Shipper)；⑤ 收货人名称(Consignee)；⑥ 货物品名、标志、包装、件数、体积或重量(Description of Goods, Marks, Packages, Numbers, Measurement or Weight)；⑦ 运费和应当付给承运人的其他费用(Freight and Charges)；⑧ 提单签发的日期、地点和份数(Date of signing at ...)；⑨ 承运人或船长签署(Signed by Carrier Master)。上述 9 项内容是提单必须具备的内容，缺少任何一项均不能按提单的法律来衡量权利与义务。在上述 9 项内容中，第①至⑥项由托运人填写。托运人应向承运人保证他所填报的情况的准确性，如因托运人填写不清楚或不正确，以致引起灭失或损害，托运人应负责赔偿承运人的损失。如果承运人怀疑所收到的货物同提单上所填报的情况不符，得在提单上添加批注。第⑦至⑨项的内容一般由承运人填写。

提单的背面印有详细的运输条款，主要是规定承运人与托运人的权利义务。这些条款由各轮船公司自行拟订，内容繁简不一。承运人一般总是力图在提单中列入减免其对所运货物的责任的条款，但如果提单规定适用 1924 年《海牙规则》的话，承运人就不能在提单中排除其按海牙规则所应承担的基本义务，即使承运人在提单中列入了这样的免责条款，按照海牙规则的规定，这类免责条款也是无效的。

我国远洋公司的提单是按国际间通行的格式与提单所必须具备的条件为基础制订的。它的正面内容是以中文和英文并列印刷，背面印有 20 条条款（用英文印刷），说明我国远洋公司对所承运的货物应负的义务和享受的权利。

（三）提单的种类

提单的种类依据不同的划分标准，可分为许多类型：

1. 根据货物是否装船，可分为已装船提单和备运提单

(1) 已装船提单（shipped B/L 或 on board B/L）。是指承运人签发的表明托运货物已经装船的提单，这种提单通常载有船名和装船日期，对托运人和收货人按时收到货物有保障。在一般的国际货物买卖合同中，都规定卖方应提供已装船提单。

(2) 备运提单（received for shipment B/L）。是指承运人收到托运人的货物，但尚未装船时签发的提单。此类提单只表明承运人收到货物，存放于其所控制的仓库等待装运，由于货物尚未装船，何时装运、收货人何时能收到货物难以预料，国际货物买卖合同中的买方一般也不愿意接受。备运提单主要适用于集装箱运输，因集装箱货物实行的是门到门或站到站的交接方式，承运人须在内陆收货站收货，并签发集装箱提单，而此时集装箱货物尚未装船，故只能签发备运提单。备运提单待货物实际装上船后可将提单退给承运人，换取已装船提单，或由承运人在备运提单上加注装船日期和船名，以此转为已装船性质提单。

2. 根据提单收货人的抬头，可分为记名提单和不记名提单和指示提单

(1) 记名提单（straight B/L）。也称收货人抬头提单，是指托运人指定收货人的提单，在提单的收货人一栏内载明特定的收货人。这种提单情况下，承运人只能将货物交给特定的收货人，提单一般不可以流通转让。记名提单由于不具有流通性，在国际贸易中不常使用，一般仅限于个人物品、展览品、贵重物品等货物的运输。

(2) 不记名提单（open B/L）。也称空白提单，是指载明承运人向提单持有人交付货物的提单，在提单的收货人一栏中没有写明具体的收货人，仅注明“持有人”或“交予提单持有人（to bearer）”字样。这类提单是见单交货，谁持有提单谁就有权提取货物。不记名提单无须背书即可转让，流通性强，但一旦提单丢失，风险很大，在国际货物买卖中也较少使用。

(3) 指示提单（order B/L）。是指按提单载明的指示人的指示交付货物的提单，提单的收货人一栏中载明“由某人指示（to order）”或“指示”字样。指示提单的指示人可以是托运人、收货人，也可以是银行。指示提单是一种可转让的提单，指

示人通过背书的方式使之得以流通。如指示人不作任何背书，则意味着指示人保留对货物的处分权。指示提单一方面可以流通，另一方面流通又须指示人的背书，风险较小，所以在现代国际贸易中被广泛使用。

3. 根据提单上有无不良批注，提单可分为清洁提单和不清洁提单

(1) 清洁提单(clean B/L)。是指承运人签发的对货物外表状况未加不良批注的提单，这表明货物已如数装船而且货物的表面状况良好。这里所指的表面状况，是承运人凭目力所能观察到的货物状况，外表状况良好，并不排除货物内部存在的缺陷或其他无法凭借目力发觉的质量问题。

在国际贸易业务中，买方通常要求卖方提供清洁提单。另外，《跟单信用证统一惯例》也规定，除非信用证另有规定，受益人(卖方)只有向银行提供清洁提单才能取得货款。

不过，根据国际航运公会(International Chamber of Shipping)的规定，虽然有下列批注的提单也视为清洁提单：① 不明确表示货物或包装不能令人满意的批注，如"旧箱"、"旧桶"等；② 否认承运人知道货物的内容、重量、容量、质量或技术规格的批注。如，一般提单上引有："重量、尺码、标志、号数、品质、内容和价值是托运人提供的，承运人在装船时并未核对。"虽有这种条款的提单，仍然是清洁提单；③ 强调承运人对于货物或包装性质所引起的风险不负责任的批注。

(2) 不清洁提单(unclean B/L)。是指承运人签发的对货物表面状况或其他方面加有不良批注的提单，说明货物是在表面状况不佳的条件下装船的。承运人在装船时如发现货物或包装表面状况不良，可以在提单上批注："破包"、"污损"、"锈蚀"等，借以限定其自身的责任范围。买方一般不愿接受不清洁提单，银行也不接受，于是就出现了托运人凭保函换取承运人签发清洁提单的通融做法。所谓保函，是指托运人向承运人保证，如因货物残损短缺以及因承运人签发清洁提单而引起的一切损失，托运人将给予承运人以赔偿。

接受保函签发清洁提单，就承运人而言，风险很大。如果所交的货物与提单不符，承运人不能凭保函对收货人拒赔，保函不能约束收货人。而且保函在承运人与托运人之间的效力也是不稳定的。《汉堡规则》第 16 条虽然使保函合法化，但还是规定，保函对收货人无效，如果构成欺诈，承运人不能凭保函件向托运人索赔。何为欺诈，只能由法院裁量。如果遇到信誉不好的托运人，当承运人在目的港承担了清洁提单的责任后，向托运人追偿因凭保函签发清洁提单而导致的赔偿责任时，该托运人拒绝认可的话，承运人就只好自认倒霉了。

4. 根据运输方式,提单可分为直达提单、转船提单、联运提单和联合运输提单

(1) 直达提单(direct B/L)。是指承运人签发的货物自装货港装船运输后,直接运往目的港,中途不得转船的提单。直达提单对于国际货物买卖的双方当事人而言,因为货物不需转船直接运输,买方能够较为准时地收货,风险而较小,故买方常要求卖方提供直达提单。

(2) 转船提单(transhipment B/L)。从起运港载货的船舶不直接驶往目的港,需要在其他港口换船转往目的港的情况下所签发的提单。这类提单会批注"在某港转船"字样。货物在其他港口转船,如不能及时安排接转船只,就会延迟到达目的港的时间,同时也增加了货物受损和遭遇风险的可能性。但某些港口由于挂港船只较少或航次间隔时间过长,在其他港口转船反可加速货物运转时,买方也可同意接受转船条款。

(3) 联运提单(through B/L)。需要经两段后两段以上如海陆、海空或海海等联合运输,所签发的一张包括全程运输的提单,称为联运提单。转船提单也可说是联运提单的一种。

(4) 联合运输提单(combined transport B/L)。由于集装箱运输的发展,一批运输货物的收货地和交货地不一定是起运港和目的港,一般包括两种以上的运输方式,由船公司或其代理人签发的提单,称为联合运输提单。

5. 根据船舶经营的性质,提单可分为班轮提单与租船提单

(1) 班轮提单(liner B/L),是经营班轮运输的船公司或其代理人出具的提单,上列有详细的条款。

(2) 租船提单(charter party B/L),是船方根据租船合同签发的一种提单。提单上批注"根据××租船合同出立"字样,不另列详细条款。因此,这种提单要受到租船合同的约束,不成为一个完整的独立文件,银行或买方在接受这种提单的时候,往往要求卖方提供租船合同副本,以了解提单和租船合同的全部情况。

6. 根据内容的繁简,可分为全式提单和略式提单

(1) 全式提单(long form B/L)是指在提单上列有承运人和托运人权利、义务等详细条款的提单,在实际业务中使用较广。

(2) 略式提单(short form B/L)是指仅保留全式提单正面的必要项目,如船名、货名、标志、件数、重量或体积、装运港、目的港、托运人名称和签单日期等记载,而略去提单背面全部条款的提单,故又称为简式提单。一般提单副本均用这种简式提单。

7. 其他各种提单

除了上述种类的提单外，还有其他一些名称的提单，如：

(1) 分提单(separate B/L)，指同一装货单的一批货物，根据托运人的要求分签两套或两套以上的提单，这种提单称为分提单。

(2) 舱面提单(on deck B/L)，又称甲板货提单。这是货物装在舱面露天甲板上，并用"甲板上"字样注明的一种提单。有些货物如活动物、危险品、体积过大货物只能装在甲板上，在这些货物遭受损害的可能性较大，承运人不愿承担责任(凡不是承运人故意行为造成的均可免责)，在发生共同海损时也不能得到分摊，因此托运人须通过向保险公司加保甲板险以获保障。

(3) 成组提单(groupage B/L)，是运输代理行把几笔交易的货物合并在一起成组托运，由承运人签发的一种提单。这种提单常用于集装箱运输中的拼箱货或各个委托人的零星货物，提单不交给原委托人而交给运输代理行在目的港的代理人。运输代理行对各个委托人则分别签发运输凭据，即所谓"运输代理行提单"(house B/L)，属分提单。

(4) 包裹提单(parcel receipt)，是指以包裹运送方式装船时所签发的提单，适用于少量货物和无商业价值的样品、礼品等。承运人对包裹提单货物的灭失不负赔偿责任。

(5) 交换提单(swich B/L)，指由于贸易上的需要，起运港签发提单后，在中途港另换一套提单，作为该批货物由中途港装运，提单上以中途港为起运港，中途港的关系人作为装货人。在这种情况下，原起运港签发的一套提单称为交换提单。

(6) 电子提单(Electronic B/L)，是指通过电子数据交换系统(Electronic Data Interchange, EDI)传递的有关海上货物运输合同的数据。它在外观上不再是有形的纸质文件，而是一系列按一定的规则组合而成的电子数据。电子提单通过电子数据交换系统传递，使单证的流转在瞬间得以实现，避免了提单晚于船舶到达的现象。又因其凭密码进行流转，有利于防止利用传统提单进行海运欺诈的行为。1990 年 6 月通过的《国际海事委员会电子提单规则》，明确了电子提单的法律适用和电子提单项下货物支配权的转移等问题。该规则规定：拥有货物支配权的买方，可以通过转让这一权利来实现货物的转卖，这说明电子提单有传统提单的流转功能。

二、提单当事人的基本义务和责任

鉴于大多数国家采用《海牙规则》，本书以《海牙规则》为主，并参照《维斯比规则》、《汉堡规则》及我国《海商法》的有关规定，对提单当事人的基本义务和责任加以介绍。

（一）承运人的基本义务和责任

根据《海牙规则》第 3 条第 1、2 款的规定，承运人负有以下两项基本义务和责任：

1. 适航义务

"适航"指船舶适宜于完成海上特定航程并且适宜于载运特定的货物。"适航"要求承运人在开航前和开航时克尽职责，使船舶等各方面都能满足预定航线航行的需要。适航的标准包括以下三点：船舶适于航行；船员配备、船舶装备及船舶供应适当；船舶适货。这三点是适航性的三项法律标准：

(1) 船舶适于航行。是指船舶在船体、构造、性能和设备等方面具备在特定航次中安全航行并能抵御通常出现的海上危险的能力。船舶拥有适航证书，在法律上并不能证明船舶适航；但船舶未备有相应的有效适航证书，则可断定船舶是不适航的。这里所说的适航，着眼于船舶在每一航次开航时的实际航行能力，这往往取决于特定航次的具体情况。例如，在冬季的北大西洋上，八、九级的大风是司空见惯的，因而只能认为是通常危险；但在日本海峡，八、九级的大风在日本海峡是比较罕见的。

(2) 船员配备、船舶装备及船舶供应适当。船员配备适当，是指船舶必须配备足够的合格船员。合格船员的含义有二。一是这些船员必须持有相应的合格证书；二是船员除持有相应的合格证书外，还必须具有相应的工作能力，也就是能够胜任工作。船舶装备适当，是指船舶要适当地备有航海所需要的各种仪器设备及必要的文件如海图等。船舶供应适当，是指船舶在航行中要备有适当的燃料、淡水、粮食、药品及其他供应品。

(3) 船舶适货，是指船舶的货舱、冷藏舱和其他载货处所能适宜和安全地收受、运送和保管约定的货物。为此，承运人必须根据货物特性进行合理的装载和配载；按货物的不同要求，清洗、清扫货舱或熏舱消毒，使货舱清洁、干燥、无毒、无异味、无虫、无鼠。如果装载需要冷藏或通风的货物，应保证冷藏机的温度和通风程度适宜货物的要求。

(4) 适航性的时间。《海牙规则》并不要求承运人在船舶的整个航程中，而只要求其在船舶开航前和开航时克尽职责使船舶适航。"开航前和开航时"指的不是两个时点，而是一个期间，至少是指船舶装货时起到船舶开航时为止的这一期间。显然，规则并不要求在整个航程中都要保证船舶适航，因为海上风险较大，船舶在航行中可能会发生各种意外事故而变得不适航，在这种情况下，除非承运人由于疏忽没有及时采取补救措施，否则承运人可不负责任。

(5) 适航程度。适航有绝对适航和相对适航之分。前者是指只要是因为船舶在开航前和开航时不适航的原因造成的货物灭失或损害，承运人就应当负赔偿责任；后者是指只要承运人在开航前和开航时在使船舶适航方面做到了克尽职责，即使船舶因潜在缺陷导致在开航前和开航时事实上处于不适航状态并因此使货物受损，承运人仍然可以免除赔偿责任。《海牙规则》对承运人规定的是相对适航义务，承运人在已知的或者可合理预见的范围内采取了通常可以采取的合理措施，一般应认定承运人已经做到了克尽职责。做到克尽职责，不仅是对承运人本人的要求，同时也是对承运人的受雇人、代理人的要求。如果因为承运人的受雇人、代理人未能做到克尽职责使船舶适航，造成货物的灭失或损害，承运人仍应负赔偿责任。

只要不适航是由于明显的缺陷(obvious defect)而不是由于潜在的缺陷(latent defect)所造成的，承运人就不能说他已做到克尽职责。同样，货主如以承运人违反克尽职责使船舶适航为由主张权利，也应承担船舶不适航的举证责任，否则，其主张也得不到支持。例如，在英国王座庭海事法院1978年审理的一个案件中，原告货主的5 252包石棉委托被告货轮运往威尼斯。在威尼斯卸货时发现3 182包石棉被海水损坏，原告要求赔偿。法院认为：被告提供的证据能够证明其已克尽职责使船舶适航，而原告没有证据证明船上污水管在航程开始时已堵塞，即无法证明船舶不适航。因此，法院判决被告胜诉。

《维斯比规则》与《汉堡规则》同样对承运人提出适航要求。

我国《海商法》第四十七条规定："承运人在开航前和开航当时，应当谨慎处理，使船舶处于适航状态，妥善配备船员、装备船舶和配备供应品，并使货舱、冷藏舱、冷气舱和其他载货处所适于并能安全收受、载运和保管货物。"本条规定与《海牙规则》第3条第1款的规定是一致的。

2. 适当和谨慎地管理货物

适当和谨慎地(properly and carefully)管理货物的"适当"是从技术方面要求承运人对《海牙规则》所列的装载、搬运、积载、运送、保管、照料和卸载7个工作环节要具备一定的技术知识、技术水平和能力。即指从装货到卸货的各个环节中，承运人的行为应符合有关管理货物的适当要求。例如，承运人由北欧向远东地区运卷筒纸，装货时那里天气寒冷，气温很低。航行途中经过炎热地区，如果船上不注意通风，使舱内温湿度发生急剧变化，卷筒纸会产生大量"货汗"而损坏货物。为此，承运人应适时适当地通风，否则就要对因其管理货物上的过失而造成的货损负赔偿责任。

在应用于具体管货规定时，一般将其作为一个整体来对待，即承运人在从装货开始、运输途中，直至卸货的整个过程中，都必须做到适当和谨慎。

“谨慎”是从责任心方面，要求承运人及其雇用人员尽心尽力作好职责范围内的工作。即要求承运人从装货到卸货的这个过程中都要对货物予以合理的注意。例如，在不能承受重压的货物上堆放其他重物，或者在食品旁放置散发异味的货物，都可以视为承运人未能对货物予以合理的注意。以下将承运人“适当和谨慎地”管理货物的责任分别作简要的说明：

(1) 适当和谨慎地装载货物。承运人应适当和谨慎地把货物装到船上。如果承运人雇用装卸工操作，他应对装卸工疏忽或过失所造成的货损负责。按照海运业务惯例，装货过程一般适用“钩至钩”原则。具体来说，如果使用船上吊钩，装货过程从吊钩钩住货物时开始，海牙规则亦于此时开始适用；如果使用岸上吊杆装船，则从货物起吊越过船舷时起，开始适用海牙规则。

如果托运人自行装船损及自己的货物，承运人没有责任，但如果因此而损及他人的货物，承运人仍须负责。

(2) 适当和谨慎地搬运货物。货物装入船舶以后，承运人应根据货物的具体情况，进行适当的处理，如在装运散装食时，须安装防摇板和通风设备；装运笨重货物时，要预备绳索，将货物绑紧扎牢，以免在途中碰撞受损，等等。如果由于承运人操作管理不当而造成货损，应承担赔偿责任。

(3) 适当和谨慎地积载。这要求承运人对货物在船上的放置要加以合理的注意、处置。承运人必须按照货物的品种、性质和包装等特点，妥善进行堆放。货物有轻有重，有固体、液体、气体等不同的形态，有的怕熏怕热，有的易碎易漏，各具不同的特点，这要求对不同特性的货物的堆放位置和方法有所不同，如：轻物置于重物之上；怕热的货物不能堆放在靠近机舱的地方；怕熏的货物不能与挥发性强的货物装于同一货舱，等等。另外，船长应指挥、监督配载。配载工作通常由装卸工人进行。承运人对船长及装卸工人的疏忽应该负责。

(4) 适当安全地运送货物。如在航行中发生了海损事故，承运人应采取适当措施保护所运载的货物，尽量避免、减少损失，比如，燃起战火，以致航行途中的货物无法开往卸货港卸货，则承运人应负适当和谨慎之责，将货物卸在靠近提单指定的卸货港的另一港口或便于收货人收货的港口等。

承运人还应以合理的速度，按照合理的航线或地理上、习惯上的航线把货物运到目的港交货，不得无故绕航。如果发生了不正当的绕航行为(deviation)，承运人要承担严重的后果。按照英国的法律，船舶不得绕航是运输合同的一项要件，违反这项义务是严重的违约行为，托运人可因此不再受运输合同中任何条款的约束；如果发生绕航行为，承运人不仅要对绕航时所发生的损失负责，而且还要对船舶绕航以前和以后所发生的一切货损负全部的责任，纵使造成货损的原因系在承运人的免责范围之内，承运人也不能要求免责，除非承运人能够证明即使船舶不绕航，也不可避免会发生这种损失，才能免除责任。这种举证是非常困难的。但根据德国法律，承运人只对与绕航行为有因果关系的货损负责任。不过，各国法律和海牙规则规定，如果为了在海上拯救生命或救助财产，或有其他合理的理由(如为了避免船舶发生危险)所作的绕航，均不能认为是违反给规则或违反运输合同的行为，承运人对由此而造成的损失概不负责。

(5) 适当和谨慎地保管、照料货物。如在运输粮食时，必须在舱内通风，以防其发热受损；运送水果者，则要使冷藏舱保持托运人指定的温度等。承运人如果对货物照料不善，应对由此而引起的货损负责。现举例说明：某船在航行中遭遇暴雨，船员将舱盖板关闭，以免雨水漏进货舱损及货物。不久雨过天晴，船员忘记打开舱盖，结果因舱内通风不良造成货损。法院在该案中判决认为：货损是承运人未适当和谨慎地保管和照料货物所致。又如货物在码头装卸时，由于缺乏对货物的看守，货物被窃，则也属于承运人未尽对货物的适当和谨慎地保管照料之责。至于何种货物需要何种特殊的照料，除托运人在托运时已经申明，一般应根据常识加以判断，承运人不具备这类常识，并不能成为免除其没有尽到适当和谨慎地保管照料货物之责的理由。

应注意的是，货损究竟是管货过失所致还是管船过失所造成的，往往发生争议。根据《海牙规则》的规定，如系其保管照料货物的过失所致，承运人应负责任；如果系属其管理船舶过失所致，则承运人可以免责。

(6) 适当和谨慎地卸载货物。所谓卸载，是指将货物卸到码头上。承运人只要适当和谨慎地把货物卸在码头上，便是履行了卸货责任。该卸货责任，按"钩至钩"惯例至货物卸下船舶脱离吊时为止。如果收货人不在船边提货，则承运人有责任将货物卸至卸货港仓库，而承运人的责任仍在卸船时终止；如果船舶抵达目的港后不能直接停靠码头卸货，而须将货物先卸往驳船，再由驳船运往岸边卸货，那么，只有当船上货物卸到驳船上而且驳船准备离开该船驶往码头时，承运人的卸货责任才告终止。在此之前，因承运人在卸货过程中的不适当或不谨慎的行为以致发生货损，承运人仍应负责。

我国《海商法》第四十八条规定："承运人应当妥善地、谨慎地装载、搬移、积载、运输、保管、照料和卸载所运货物。"该规定与《海牙规则》第 3 条第 2 款的规定完全一致。

3. 承运人的责任期间与责任限制

所谓责任期间，是指承运人对货物灭失或损坏负责的时间范围。《海牙规则》规定的承运人的责任期间是从货物装船起至货物卸船止的一段时间，即通常所说的"钩至钩"原则。如果货物的灭失或损坏发生在装船前或卸船后，承托双方可以达成任何协议，但《海牙规则》本身对此未作规定。而提单上列明的装前卸后条款往往规定承运人对装前卸后发生的货物灭失或损坏不负赔偿责任。

《汉堡规则》延长了承运人的责任期间。《汉堡规则》第 4 条第 1 款规定，承运人对货物的责任期间，包括货物在装货港、运输途中和卸货港处于承运人的掌管下的全部期间。货物的灭失或损坏不论发生在哪一段，只要是在处于承运人的掌管期间发生的，承运人就应当负责。可见，《汉堡规则》关于承运人责任期间的规定，与《海牙规则》"钩至钩"的规定相比，是向装货港和卸货港两头延伸了。它适应了集装箱运输的发展，有利于维护货主的利益。

我国《海商法》第四十六条规定了承运人的责任期间。该条规定：承运人对集装箱装运的货物的责任期间，是指从装货港接收货物时起至卸货港交付货物时止，货物处于承运人掌管之下的全部期间。承运人对非集装箱装运的货物的责任期间，是指从货物装上船时起至货物卸下船时止，货物处于承运人掌管之下的全部期间。在承运人的责任期间，货物发生灭失或者损坏，除非另有规定，承运人应当负赔偿责任。由此可见，我国海商法关于承运人责任期间的规定，不同于海牙规则，也不同于汉堡规则。

所谓责任限制，是指对承运人不能免责的原因造成货物的灭失或损坏，承运人也仅在一定范围内承担赔偿责任，也即承运人承担赔偿责任的最高限度。《海牙规则》第 8 条第 5 款规定，在任何情况下每件或每单位货物不得超过 100 英镑，但托运人于装运前已经就该项货物的性质和价值提出声明，并已在提单上注明的不在此限；《维斯比规则》对赔偿责任限额进行了修订，提高到每运费单位或每件 10 000 金法郎或按灭失或受损货物的毛重计，每公斤为 30 金法郎，以两者中较高者为准；《汉堡规则》关于承运人责任限额的规定是，每件或每单位 835 个特别提款权或毛重每公斤 2.5 个特别提款权，以两者中较高者为准；延迟交货的，相当于该延迟交付的货物应付运费的 2.5 倍，但不超过合同中规定的应付运费的总额。

我国《海商法》第五十六条的规定是：承运人对货物灭失或损坏的赔偿限额，按货物件数或其他货运单位计算，每件或每个其他货运单位为 666.67 计算单位（即特别提款权），或者按毛重计，每公斤为 2 计算单位，择两者中较高的为准；延迟交付货物的为延迟交付货物的运费 2 倍；运输合同或提单中规定的限额超过上述限额的，以该合同或提单的规定为准。

4. 承运人的免责事项

根据《海牙规则》关于承运人免责事项的规定，承运人对 17 种情况下所引起的货物损失不负赔偿责任。这 17 种免责事项包括：

（1）船长、船员、引水员或承运人的雇佣人员，在航行或管理船舶中的行为、疏忽或不履行义务（船舶航行及管理过失）（Act, neglect, or default of the master, pilot, or the servants of the carrier in the navigation or the management of the ship）。承运人对船长和船员在开航后船舶操作中的疏忽和过失可以享受免责；船长、船员管理船舶中的行为、疏忽不履行义务是和承运人的管货义务相对应的。对船长、船员管船中的过失，承运人可以免责。但在实践中，管船行为与管货行为的区别，往往不易分清。例如，船员查看货物后，在离开货舱时没有把防水舱盖关好，导致海水进入舱内使货仓内的水泥受损，船东认为是管理船舶中的失误要求免责。又如，由于天气寒冷，燃油舱内燃油结块，为了使燃油顺利燃烧，船员对燃油舱加热，由于疏忽，加热温度过高，导致燃油舱上面货舱中的大豆受热变质，船方可否以管船行为的过失而要求免责？法院在处理这类案件时，主要是根据船长或船员的行为意图或目的来区分是管船行为还是管货行为，由此判断承运人可否免责。在上述第一例情况下，船员进入船舱是去查看货物，而不是去检查货舱，离开时忘记关好舱门导致或损，属于管货中的疏忽；在第二例情况下，燃油舱加热的目的是为了船舶航行的需要，而不是货物的需要，由此船员疏忽加热温度过高导致货损，属于管理船舶中的过失，承运人可以免责；

（2）火灾，但由于承运人的实际过失或私谋所引起的除外（Fire, unless caused by the actual fault or privity of the carrier）。所谓承运人的实际过失，通常仅指承运人自己的过失，不包括承运人的雇佣人员或代理人的过失。如船员抽烟不慎引起火灾，承运人可对由此产生的货损不负责任。所谓“私谋”是指承运人明知故犯。但如火灾是因承运人违反开航时或开航前船舶适航义务或由承运人指使、纵容引起的火灾，则承运人要承担责任；如船上的电线陈旧磨损，因漏电引起火灾；或船上消防用具放置过久以致失效，无法扑灭火灾，在这些情况下，承运人都可能被认定为有“实际过失”。火灾引起的损失，不仅包括火灾本身所造成的损害，还包括救火措施所导致的货损，如引水救火货物被浸湿而遭到的损害；

(3) 海难(perils of sea)。指海上或其他通航水域的灾难、危险和意外事故。本款较天灾是适用范围为广，非由于自然力量造成的灾害也可包括在内。该款中的“灾难、危险和意外事故”并不限于发生在海上，凡船舶可以航行的江、河等均可包括在本免责条款之内。

(4) 天灾(act of god)。天灾一般即指自然灾害。海难和天灾通常有以下两个特征：一是这种危险是承运人在开航前无法预料的；二是该危险是承运人在合理程度内无法避免和抵御的。对于货损索赔，承运人要以发生海难或者天灾主张免责并非易事，如果事故的发生有船舶在开航时即已存在的不适航因素，则承运人往往会败诉。

(5) 战争行为(act of war)。此处之“战争行为”包括的范围较广，不仅包括两国之间正式宣布的战争，还包括尚未断绝外交关系的国家间的敌对行为。国家间的敌对行为是否属于战争，取决于该行为的规模、敌对国的意向以及其他国家对这一冲突的看法。国际海运中，因战争造成的货损，承运人可以免责。

(6) 公敌行为(act of public enemies)。公敌行为指与船旗国为敌的其他国家的敌对行为，其范围比战争行为要窄。如两伊战争期间，伊拉克袭击伊朗的商船，这是战争行为；而如果它袭击日本商船，对日本承运人来说，这是公敌行为，因为日本与伊拉克之间并不存在战争或敌对状态。海盗行为也被视为公敌行为，承运人对于因海盗抢劫造成的货损可以免责。但承运人必须采取合理的措施来防范、避免海盗的侵袭。

(7) 君主、当权者或人民的扣留和管制，或依法扣押(arrest or restraint of princes, rules or people or seizure under legal process)。这事实上就是指政府的依法扣押。如两国政府关系突然恶化，一国政府下令将停靠在该国港口的他国船舶扣押，对因此扣押造成的货损，承运人可以免责。但是如因商务纠纷的索赔人经由法院下令扣押，则此种扣押不能视为政府的依法扣押，这时的承运人不能免责。

(8) 检疫限制(quarantine restrictions)。船舶入港一般须经过检疫，如发现疫情，港口当局根据检疫制度可禁止外来船舶进港卸货或者对船舶采取消毒措施。承运人对此引起的货损不承担责任。

(9) 托运人或货主、其代理人或代表的行为或不行为(act or omission of the shipper or owner of the goods, his agent or representative)。由于托运人或货方的过失而造成的货损，承运人当然无须负责。

(10) 不论由于任何原因所引起的局部或全面罢工、关闭工厂、停工或强制停工(Strikes or lock-outs or stoppage or restraint of labor from whatever cause, whether partial or general)。罢工一般被认为是承运人所不可抗拒的行为。对海运承运人可能产生影响的罢工主要有:装卸港工人的罢工,使承运人无法及时装卸货物而造成货损;二是船上船员的罢工,使苍白航行受阻或货物在航行途中无人照料造成货损。对这两种情况的罢工造成的货损,承运人可以免责。但是,如果罢工是由于承运人的不法过错的,则因此导致的货损承运人不能免责。如,承运人违反雇佣合同,拒不支付船员工资而引起罢工,承运人对此必须负责。

(11) 暴动和骚乱(riots and civil commotions)。如船舶在货物装船时,暴徒冲上船毁坏了货物,不要求承运人对此负责。但如果是承运人有意挑起暴动和骚乱,或未采取合理的措施防范暴动和骚乱,则对由此造成的货损承运人不能免责。

(12) 救助或企图救助海上生命或财产(Saving or attempting to save life or property at sea)。1910 年的《救助公约》第 11 条规定:"对于在海上遭遇生命危险的人,即使是敌人,只要对其船舶、船员和旅客不致造成严重危险,每个船长均须施救。"可见,海上危难救助是一项国际法律义务,为履行此项义务而造成货损,承运人可免责;为救助海上人命或财产而发生的船舶绕航是合理的绕航,如果由此使本船的货物遭到损失,承运人也可主张免责。

(13) 由于货物的固有瑕疵、性质或潜在缺陷引起的体积或重量亏损,或任何其他灭失或损坏(Wastage in bulk or weight or any other loss or damage arising from inherent defect, quality or vice of the goods)。货物的固有瑕疵是指货物固有的或自然的特性,如蒸发、自燃、吸湿等,因此引起的货物损失,承运人可主张免责。不过,实践中往往产生纷争,货损(如货物变质腐烂)究竟起因于货物的固有瑕疵还是船舶的不适货?承运人倾向归责于货物的固有瑕疵,而货方总是极力主张原因在于船舶的不适货。对此,应根据航运实践的习惯做法与案情的具体情况进行判断。

(14) 包装不善(insufficiency of packing)。托运人提供货物的包装不良而导致的货损,当然不由承运人负责。

(15) 标志不清或不当(insufficiency or inadequacy of marks)。货物的唛头不清,可能使承运人交错货物或跑错码头,而在货物上标明唛头是托运人的责任,所以承运人无责。

(16) 虽克尽职责亦不能发现的潜在缺点(Latent defects not discoverable by

due diligence)。这里的“潜在缺点”实际上就是船舶的潜在缺点，即承运人虽克尽职责仍不能发现的缺陷。要求本项免责的承运人应在任何应该检验的时候克尽职责，而不限于“开航前和开航时”，这是它与对承运人的“适航”要求所不同的地方。

(17) 非由于承运人的实际过错或私谋，或者承运人的代理人或雇佣人员的过失或疏忽所引起的其他任何原因，但是要求引用这条免责条款的人应负举证责任(Any other cause arising without the actual fault or privity of the carrier, or without the fault or neglect of the agents or servants of the carrier, ...)。按照《海牙规则》，承运人必须在开航前和开航时克尽职责使船舶适航，并须适当和谨慎地管理货物。在这里，承运人一旦有过失或疏忽，就必须对自己的过失负责。但《海牙规则》又规定，承运人对船舶航行及管理的过失可以免责。可见《海牙规则》规定的承运人的责任基础是不完全过失责任制，这显然有利于承运人而对托运人和收货人有失公平。

《维斯比规则》是对《海牙规则》的修改和补充，但并未触及《海牙规则》的要害问题——维护承运人利益的倾向，也未具体触及承运人的免责事项。

《汉堡规则》对《海牙规则》作了重大修改。在其第 5 条第 1 款中规定：“除非承运人证明，他本人及其雇佣人员或代理人已为避免事故的发生及其后果采取了一切所能合理要求的措施，否则承运人应对货物的灭失、损害或延迟交货造成的损失负赔偿责任，如果引起该项灭失、损害或延迟交货的事故，如同第 4 条所述是在承运人掌握期间所发生的话。”由此可见，《汉堡规则》规定的承运人的责任基础是完全过失责任制，而且适用的是推定过失原则。也就是说，只要货损是承运人的过失行为引起的，承运人就必须负责，而且在货损发生后，首先推定承运人有过失，除非承运人能证明自己或其代理人、雇佣人没有任何过失行为，亦即由承运人负举证责任。但需要注意的是，根据《汉堡规则》，除非索赔人证明火灾是由于承运人、其代理人或雇佣人的过失造成，否则对火灾造成的货损，承运人可以免责，在这里负举证责任的是索赔人。

5. 关于承运人责任的其他规定

(1) 延迟交货的责任。《海牙规则》没有对承运人延迟交货的责任作出规定，而只是规定承运人不能不合理地绕航。《汉堡规则》第 5 条则明确规定承运人对延迟交货应负赔偿责任，而不论延迟交货是由于承运人本人的过失，还是由于他的雇员和代理人的过失所造成。同条第 2 款给延迟交货所下的定义是，如果货物没有在约定的时间内在卸货港交付，或如没有这种约定，没有在一个勤勉的承运人所能合理要求的时间内交付,就是延迟交货。

我国《海商法》第50条规定了承运人对货物延迟交付的责任。该条规定:"货物未能在明确约定的时间内,在约定的卸货港交付的,为延迟交付。"由此可见,我国《海商法》有关承运人延迟交货责任的规定,与《汉堡规则》有很大不同。按照我国海商法,只有在承运人与托运人有明确约定的情况下,承运人才对延迟交货负责。而按照汉堡规则,即使承运人与托运人没有约定,只要在合理的时间内,未在卸货港交付货物,即构成延迟交付。我国海商法虽然没有硬性规定承运人对延迟交付负责,但却支持托运人就此问题与承运人谈判。承运人除因海商法第51条规定的免责原因造成的延迟交付外,应对因承运人的过失致使货物由于延迟交付而灭失或损坏负责。承运人的延迟交付责任,除赔偿货物损失外,还包括经济损失,即因市价下降造成的损失,这些规定与汉堡规则相同。

(2)诉讼时效。诉讼时效期间的长短也体现承运人责任的大小。《海牙规则》规定的诉讼时效为期1年。1年的期限自货物交付之日起算;如货物灭失,则自应交付之日起算。货主如果在规定的诉讼时效期限内没有对承运人提出诉讼,就丧失法律给予他的向承运人请求补偿的权利。《维斯比规则》则作灵活处理,规定诉讼时效经双方当事人同意可以延长。《汉堡规则》则明确将诉讼时效改为2年。汉堡规则第20条第1款规定:"关于货物运输的任何诉讼,如果在2年期间没有提出法律程序或仲裁程序,即失去时效。"诉讼时效期间规定为2年,主要是为了给货主充分的时间作提起诉讼的准备。我国《海商法》第257条第1款规定:"就海上货物运输向承运人要求赔偿的请求权,时效期间为1年,自承运人交付或应当交付货物之日起起算。"可见,我国海商法关于诉讼时效期间的规定与海牙规则相同。

(二)托运人的基本义务和责任

根据《海牙规则》、《汉堡规则》和大多数国家国内法的规定,托运人的基本义务和责任有:

1. 提供约定的货物并对货物情况作正确陈述

按照海牙规则第3条第5款和汉堡规则第17条,托运人应保证所提供货物的标志、号码、数量和重量的正确性;还应保证货物的性质或价值的正确性。托运人应对由于上述资料的不正确造成的损失对承运人负责。我国海商法第66条有相同的规定。

无论按照海牙规则(第4条第6款)或汉堡规则(第13条),托运人托运危险货物,均应将其危险性质通知承运人。如未通知,而承运人又不知其危险性质,托运人应赔偿承运人由于装运危险货物而遭受的损失。我国海商法第68条有类似的规定。

2. 按合同规定及时支付运费和其他费用

运费的支付方法主要有以下几种：① 预付运费，即在装货港装货时或开航前，托运人把运费付给承运人。一般来说，即使发生货物灭失，承运人也不退还预付运费；② 到付运费，即目的港交货时，由收货人支付运费。只要货到目的港，即使已受损坏，收货人仍要支付全部运费，不能因此拒付或减付运费，否则承运人有权留置货物。如果货物没有运到目的港，承运人就无权收到运费；③ 比例运费，即是按货物运送的实际里程与全程之间的比例来计算运费。如果船舶在中途遇难，放弃原定航程，双方当事人可以商定采用这种办法来计付运费。

三、租船合同

租船运输是国际海上货物运输中除了提单运输（班轮运输）之外的又一种重要的运输方式，它是通过租船运输合同来约束和调整当事人之间的权利义务关系的。所谓租船运输合同，是指船舶出租人与船舶承租人订立的，在约定的航程或期间内，为了运输货物，由前者提供船舶的使用，而由后者支付运费或租金的合同。目前，关于租船运输国际上尚无统一适用的国际公约，租船合同争议一般都依船舶的船旗国法或参照有关的航运国际惯例加以解决。

（一）租船合同的分类

按船舶不同的租赁方式，租船合同可分为航次租船合同、定期租船合同和光船租船合同三种。

航次租船合同（voyage charter），又称航程租船合同，是指船舶出租人与承租人达成的将船舶出租给承租人进行特定航次运输的合同。承租人按规定在特定航次间指令船舶装运约定的货物，并按收费率向出租人支付运费。出租人负责船舶管理与航行，在合同规定的范围内为承租人服务。航次租船合同是租船运输中采用较广的一种。

定期租船合同（time charter），是指出租人按一定条件，在一定期限内把船舶出租给承租人使用的合同。出租人继续管理船舶和掌管航行。承租人在约定期间内按照合同自行决定船舶的航次和装运的货物。承租人按租率向出租人支付租金。

光船租船合同（bare-boat charter），是指船舶出租人将光船租给承租人的合同。承租人要自己任命船长和安排船员来管理驾驶船舶，有权在租约规定的范围内自行决定船舶的航次和运送的货物。就性质而论，光船租船合同可以说是财产租赁合同,但由于这种合同也以从事海上货运为目的,所以一般都把它列为租船合同的一种。

（二）航次租船合同

航次租船合同中的船舶出租人要按合同规定的一个航次或几个航次为承租人运输货物,而由承租人支付约定的运费,并负责安排各航次的货物装运。航次租船合同由出租人和承租人事先按一定条件洽订。在航运实践中,有很多形成标准格式的租船合同可供当事人订约时参考,其中影响较大的格式合同有金康合同等。航次租船合同的内容很多,主要包括:

(1) 订立合同双方的名称和国籍。

(2) 船名与船舶的国籍。

(3) 装卸港口的名称和货物的品种及数量。

(4) 装卸货物的时间、滞期费和速遣费。航次租船合同必须明确规定装卸货物的时间,因为航程的距离一经确定,船方就可以根据船速计算出所需的时间。但装卸货物所占用的时间,船方无从掌握,所以合同中对装卸货物的时间必须加以限制,承租人装货或卸货的时间如果超过了规定期限,就应向出租人支付滞期费。同时,为了鼓励承租人尽快装卸,合同中往往约定,如果承租人在约定的装卸时间内提前完成装卸作业因而减少了船舶在港停留时间,出租人应当向承租人支付速遣费。

(5) 出租人的责任。作为出租人的船东应负货物的灭失、损坏或延迟交付之责,但货物的灭失、损坏或延迟交付必须是由以下原因造成的:装载不当或疏忽(由托运人或其雇佣人员或装卸工人自行装舱者除外),或者船东或其经理人员本身未克尽职责使船舶适航并保证配备适当的船员、装备和供应品,或者船东或其经理人员有过失。除此之外,对其他任何原因造成的货物灭失、损坏或延迟交付,即使是由于船长、船员或船东雇佣的其他人员的疏忽或过失造成的,作为出租人的船东都一概不负责任。

(6) 留置权和责任终止条款。该条款有两层含义,即承租人在货物装船并支付预付运费、亏舱费和装货港的船舶滞期费后,可以免除进一步履行租船合同的责任;出租人为了获得运费、亏舱费、滞期费和共同海损分摊,对于其运输的货物享有留置权。承租人在租船合同中规定这一条款的主要目的是避免承担卸货港的滞期费责任,但是,如果出租人无法在卸货港对货物行使留置权或行使留置权受挫,则承租人仍然不能终止责任。1994 年的金康格式已经取消了有关"责任终止"内容的规定。

(7) 解除合同的条件。船舶在装货港开航以前如果发生了下列情况,则双方有权无偿解除合同。如果货物已经装上船,货方又要将货物卸下,支付的费用,由承租人负担。① 船舶被政府征用;② 船舶因为海损事故沉没或损坏严重不能修理;③ 装卸港口被宣布封锁;④ 承租的货物禁止出口或进口;⑤ 双方政府处于交战状态。

除上述主要内容外,航次租船合同的内容还包括绕航条款、运费的支付、互有过失碰撞条款、共同海损条款、仲裁和法律适用条款等等。

(三) 定期租船合同

定期租船合同是按一定的条件,在一定期间内把船舶出租给租船人使用的合同。租船人租进船舶以后,可以用来运送自己的货物,也可以用来经营货物运输业务,承运第三者的货物。

1. 定期租船合同的主要内容

定期租船合同应包括下列内容: ① 订立合同双方当事人的名称和国籍;② 船名及其国籍;③ 载货重量和容量;④ 船用燃料和淡水的数量;⑤ 租金;⑥ 船舶航行速度;⑦ 交船时间和地点与还船时间和地点;⑧ 解决争端的办法。上述八项规定是定期租船合同中所不可缺少的内容,缺少任何一项都可能造成严重后果。除这些内容外,定期租船合同还涉及其他很多内容,其中包括:

(1) 出租人在交船时必须保证船舶的适航性。交船时,出租人应该保证船舶有适航能力,可供承租人立即进行营运。

(2) 出租人应在交船期间内将船交与承租人使用。如果在规定的交船期间内无法交船,应该事先通知承租人说明船舶不能按期到达指定地点的原因,承租人可以决定取消租约或者推迟交船期或改变交船地点。如果承租人因此而解除合同,所遭受的损失由出租人负责。

(3) 船长应服从承租人对船舶的调动。定期租船合同,出租人将经营航运的权利与航线的选择交给承租人,船长和全体船员必须服从承租人的意旨弯靠港口、装卸货物和按承租人指定的航线航行。

(4) 定期租船合同应该限定航行范围,在指定的水域内航行,承租人经营航运业务不能超出航行范围。

(5) 定期租船合同解除的条件。在正常情况下,租期届满时,承租人将船还给出租人,租船合同即告解除。但船舶在租赁中,或在尚未开始租赁前,如发生下列情况,也可以将定期租船合同解除。① 并非因任何一方的错误所造成的事故,双方无须赔偿损失而解除租船合同。如船舶在未履行租船合同之前或者在履行合同由承租人经营的时候，该船舶被船方的政府所征用。② 因为船方的过失，承租人得解除租约，所受到的损失由船方补偿。如租船合同签订之后，船方不能按交船的期间在指定的港口将船交与承租人使用，承租人得解除租约，所受到的损失由船方补偿。③ 因为承租人方面的过失，租船合同由船方解除，承租人应赔偿船方的损失。如承租人不按期给付租金，船方得解除合同，船方因此所受到的损失由承租人补偿。

2. 定期租船合同与航次租船合同的区别

定期租船合同与航次租船合同虽然都称为“租船合同”，但两者有明显的区别：

(1) 航次租船合同中的出租人事实上与提单运输中的承运人处于相同的法律地位，都是承运人，在任何情况下，都应对完成约定航次的运输任务直接负责；但在定期租船合同中，除出租人签发自己的提单外，出租人仅对承租人负责。即使出租人的船舶有可能因运输合同或承租人的其他债务而被扣押，但这并不影响其根据定期租船合同的规定，向承租人追偿其不应承担的责任部分。

(2) 航次租船合同中的出租人给承租人提供船舶的全部或部分舱容，除装卸费或垫舱物料等费用另有约定外，得自负一切费用，在出租人控制和支配下，从事约定的航程；而定期租船合同中的出租人提供给承租人的是整艘船舶，在合同约定的租赁期间内，船舶可在约定的航区内由承租人控制、调配和使用。除出租人承担船舶的维修保养等费用外，其他有关船舶营运的费用得由承租人承担。

(3) 航次租船合同中的出租人收取的是运费，或是包干运费，或是按照货物的数量或重量计算的运费；而定期租船合同中的租金通常是按照船舶载货能力每吨每月计算，或按照船舶每月的租金率计算。

(4) 根据航次租船合同的规定，承租人仅承担在装货港或卸货港超过装卸时间的滞期损失；但在定期租船合同下，除合同约定可停付租金的时间外，不论承租人是否使用船舶，装卸是否发生延迟，承租人都应按规定支付租金。

案例分析

[案情]

原告：韩进海运有限公司(HANJIN SHIPPING COMPANY LTD.)(以下简称韩进海运)。

被告：山东中粮国际仓储运输公司(以下简称山东中粮)。

被告：亚洲货运有限公司(AT CONTAINER LINE LTD.)(以下简称亚洲货运)。

被告：连云港市化工医药保健品进出口公司(连云港医保)。

1998年5月21日，“韩进不来梅”轮(以下简称“韩”轮)船东LACEY NAVIGATION OF LIBERIA(以下简称韩轮船东)与韩进海运签订了“韩”轮的定期租船合同，合同约定，韩进海运租用韩轮船东的“韩”轮为期五年，韩进海运有超期使用60天的选择权。承租人有权装运最多4 000吨的《国际海事组织危险品运输规则》第1、2、3、4、5、6、7、8、9项所列的危险货物，但装运第1、1.2、1.3项下的货物需先取得船东的同意，并保证这些货物根据《国际海事组织危险品运输规则》的规定、建议以及停靠港相关的规定进行标签、包装、装卸、积载。

1999年9月17日，韩进海运与胜利班轮公司签订了舱位分租协议，并于1999年11月30日签署了备忘录，确定由韩进海运根据本协议的条款提供和维护船舶，而不论该船是归其所有或租用，胜利班轮公司使用本协议中约定的舱位；韩进海运应根据本协议赔偿胜利班轮公司的货物和集装箱在韩进海运占有和保管期间发生的灭失或损坏，但胜利班轮公司对韩进海运的索赔应根据《海牙—维斯比规则》来确定。

2000年3月7日，韩进海运与中外运集装箱公司签订了舱位分租协议，确定由韩进海运根据本协议的条款提供和维护船舶，不论该船是归其所有或租用，中外运集装箱公司使用本协议中约定的舱位。韩进海运应按1924年8月25日通过的布鲁塞尔海牙国际规则，包括1968年布鲁塞尔议定书(维斯比规则)的规定，对船舶的适航负责，并根据上述规则的规定享有权利和免责；韩进海运应赔偿中外运集装箱公司因船东和船员故意或疏忽造成的责任和费用，但中外运集装箱公司因货物灭失或损坏向韩进海运的索赔应按照纽约土产格式协会协议的规定来确定。

2000年5月，连云港医保就出口漂白粉事向福星连办出具了海运出口委托书，表明发货人连云港医保，收货人DONAUCHEM KFT，通知方VINYL LTD，800袋漂白粉，英文名称为Lime chlorinated，1×20′半危。

福星连办将此事转委托给青岛轻丰，青岛轻丰又转委托给山东长恒国际货运代理公司(以下简称山东长恒)，山东长恒又转委托给山东中粮。

2000年5月8日，山东中粮致山东韩进(系韩进海运在青岛的代理)函中称：我司所配青岛—布达佩斯1×20′ HJ BREMEN第49航次B/L NO. CTAO2TS5R596因货物特殊，请置水线以下，并远离一切热源。在另一份函中，山东中粮要求订5月10日韩进船，将此货放于隔离舱内，并保证温度不高于50℃。

山东中粮告知山东韩进山东中粮是代理实际发货人(货主)订舱的,山东韩进接受了山东中粮代理货主的订舱。

随后,山东中粮通知韩进海运将韩进不来梅00490 B/L NO. CTAO2TS5R596的出单内容进行更改,具体如下:发货人更改为ASTG CONTAINER LINE LIMITED(亚洲货运)收货人更改为TO THE ORDER OF HOLDER OF B/L NO. ASTGLY200502 ISSUED BY ASTG CONTAINER LINE LIMITED AND HANJIN OB/L.韩进海运签发了5月10日已装船提单,单号为CTAO2TS5R596,记明:货名Lime chlorinated,托运人亚洲货运,收货人TO THE ORDER OF HOLDER OF B/L NO. ASTGLY200502 ISSUED BY ASTG CONTAINER LINE LIMITED AND HANJIN OB/L,通知方VINYL LTD,箱号HJCU8701653,由托运人装箱计数,据说800袋LIME CHLDRINATED装在1×20′集装箱内,目的港代理HANJIN SHIPPING KFT,装货港青岛,卸货港汉堡,交货地布达佩斯。

5月11日,连云港医保给福星连办出具了保函:我司因业务需要,倒签提单8天,倒签至5月2日,我司对倒签提单产生的后果负全部责任。

福星连办的经办人员利用持有亚洲货运空白提单的便利,在未征得亚洲货运同意的情况下,签发了亚洲货运的5月2日已装船提单,该提单上的托运人是连云港医保。

5月30日,山东韩进出具收到17 408.84元运费的发票。

5月31日,青岛轻丰出具发票给福星连办,表明海运费、杂费21 581元。

"韩"轮驶离青岛后,先后在上海、香港、新加坡等挂港,该轮在甲板上面和下面装载了20′和40′集装箱,其中包括根据国际危险品运输规则属于危险品的货物,根据装货港船舶管理方得到的相关资料,编制了危险品清单,并将上述危险品进行了特殊存放。由于被告托运的漂白粉没有告知是危险品,因此韩进海运在装载该货物时未将其作为危险品进行装载,也没有任何特殊标志。

在新加坡港,"韩"轮装载了燃油,其中一部分存放于4号货舱下面和旁边的4号燃油舱。轮机长告知,燃油的温度为35℃,该航次中一直保持该温度。

2000年5月24日02:50时,"韩"轮在北纬07°22′,东经074°40′处,夜班值班船员发现甲板某处起火或冒烟,立即通知了船长。在船长指挥下,调查发现船舶第4舱前部很热,但自动烟感应警报器没有发出警报。在当时的情况下,船长命令拉响火警,警示所有船员。因为4舱内及其舱盖板和舱口围板的温度很高,消防队员不能进入4舱,对火源及其具体位置的调查不能进一步开展。船长经过与船东应急小组商议后,命令向4舱内释放二氧化碳,同时用海水冷却舱盖及舱口围板和保护积载在甲板上的集装箱。03:30时,开始注入二氧化碳,随后封闭该舱的所有开口。二氧化碳很快发生效力,4舱的温度迅速降低。08:00时,开始对该舱进行通风。消防队员接受了必要的告诫后进入了货舱,但他们除了浓烟外,没有看到任何明火。11:30时,4舱的通风道被打开。在得到船东同意后,消防队员继续入舱查找火源,发现在船前部右舷23排07列14层处,一集装箱温度很高,内部可能起火。船方决定在集装箱的顶部开一个洞,以便向箱内洒水,彻底扑灭箱内的火势。14:30时,在集装箱上开洞,发现箱内货物已烧焦,16:35时,通过2根消防水龙带将海水泵入箱内。大约4小时后,位于23/07/14位置的集装箱内的火势被完全扑灭。4舱内的情况明显得到了控制。船长命令对4舱继续观察并开始从压载舱向外泵出消防时注入的海水……

6月7日23:30时,"韩"轮抵汉堡港。6月8日06:30时,"韩"轮靠汉堡港码头,07:00时开始卸货。

在开始从4舱内21排和23排卸箱时发现,在右舷07列,顶层的集装箱明显被烧过,21排往下到底层的集装箱后部明显被烧过,部分底部和箱门被烧严重受损,箱内货物灭失,特别是一个装红色氧化铁的集装箱和21/07/02位置的集装箱内的货物被烧光,只留下底垫板和漂白粉残留物。4舱内的所有其他集装箱都被烟熏变色并且集装箱和舱内留有浓烈刺鼻的气味。

很明显21/07/02位置的集装箱是火源,因为该箱被彻底烧掉,该箱被存放在右舷底部箱堆顶层,邻近4号燃油舱和双层底。经检查得知该箱内装的货物是漂白粉,属于国际危规5.1级危险品,编号1748,易自热自燃物。红色氧化铁也污染了4舱和其他集装箱,4舱内目的港是汉堡、鹿特丹和弗里克斯托的所有货物都受到烟、蒸汽、湿气、热和水的损害,特别是底层集装箱。此外21排、23排在07列的集装箱受到水湿和污染。

位于21/07/02的被烧毁的集装箱目的港为汉堡,该箱被严重烧毁,无法辨认,根据船舶代理人提供的积载计划和船图得知,该箱的箱号为HJCU8701653,装运的货物为800袋漂白粉。另外,装氧化铁的集装箱箱号为SPKU2106234和SPKU2107650,分别装有2 240袋氧化铁。

6月11日,韩进海运委托有关方清洗4舱和集装箱。13日04:10时,158个集装箱重新装船完毕,10:30时,"韩"轮离开汉堡,23:30时,抵达弗里克斯托。14日,汉堡的清洗工作结束。5个底部受损的集装箱被存放在一艘驳船上,另一个集装箱因注水太重,无法吊卸,只能在驳船上扒箱。

经化学检查,白色残留物为次氯酸钙,国际危规中的英文名称为Calcium

Hypochlorite,5.1 级氧化剂,编号 1748. 红褐色残留物为三氧化二铁。

根据火灾专家的进一步调查的结果,表明 4 舱内的火灾是由装于右舷、底部箱堆、双层底(内装有温度较高的重燃油)上的集装箱内所装的袋子包装的次氯酸钙引起,在船员无法察觉危险的情况下,次氯酸钙进入了立即反应的状态。根据最新的研究结果,此种物质装入集装箱后,应严格保证温度在 30℃以下。红色和黄色氧化铁造成的污染是在 4 舱火灾发生后,因融化和冲坏包装带造成的,虽然上述货物可以造成污染,但并不自燃。当水淹没到底层集装箱顶部时,装在集装箱中的次氯酸钙的反应停止了。

目的港为弗里克斯托的集装箱被卸下。4 舱内的 12 个受损集装箱被当地消防队和海关打开。

6 月 15 日 02:00 时,"韩"轮离开弗里克斯托港驶往鹿特丹港,并于 06:30 时到达,4 个因火灾措施而受损的集装箱受到了检验。16 日 02:30 时,"韩"轮离开鹿特丹港。

韩进海运以托运人山东中粮、亚洲货运及实际承运人连云港医保在向原告托运货物时,未明确说明货物是危险品,也未提出严格运输要求;连云港医保作为实际托运人,明知货物为危险品,但未按国际危规及中国的相关法律的要求,使用安全可靠的危险品包装,致使货物自燃起火,发生严重火灾事故,造成火灾和用水灭火引起的货损、雇佣拖轮、救助船、进避难港、聘请检验人、律师及共同海损理算等,使原告遭受了 955 645.32 美元的损失、责任和费用,而以原告的损失、责任和费用为由,于 2001 年 5 月 24 日向青岛海事法院提起诉讼,请求被告连带赔偿1 512 582.46 美元及利息。

在庭审中,原告委托代理人称,之所以其以本人的名义将本次事故引起的所有损失(包括共同海损和单独海损)向被告请求,是因为,相对船东来讲,原告是承租人,也是本航次的经营人,本次事故是由于经营所引起,因此船东的损失应由原告承担;相对中外运集装箱运输公司、胜利班轮公司及各货主而言,原告未尽到适航义务,由此造成的损失其理应承担赔偿责任。

被告山东中粮辩称,山东中粮是一货运代理公司,在本案中只是代理他人向承运人订舱,山东中粮在向韩进海运订舱时,韩进海运明知山东中粮的代理人身份,根据民法通则的规定,代理人代理被代理人进行代理活动,所产生的法律后果应由被代理人承担。故本案韩进海运将山东中粮列为被告属诉讼主体错误,应依法予以驳回。

被告亚洲货运辩称,亚洲货运与原福星船务公司连云港代表处(以下简称福星连办)有业务关系,福星连办是亚洲货运为了连云港口岸国外代理指定货单证操作方便而委托的专门负责该业务的代理人,没有要求福星连办的揽货业务,与亚洲货运没有关系,与亚洲货运所赋予代理人的代理权不相符。为了方便指定代理人在装船后能及时拿到提单,亚洲货运将少量空白提单置于福星连办处,以便必要时经亚洲货运授权后及时签发给上述指定货托运人。

2000 年 5 月上旬,本案所涉货物的实际发货人连云港医保,委托福星连办作货运代理,福星连办转委托天津轻丰货运有限公司青岛分公司(以下简称青岛轻丰)代理,并在该公司订舱。订舱时在托运单上明确的写明 1×20′半危,货名是漂白粉(LIME CHLORINATED)。

青岛轻丰在确认福星连办订舱的传真件上也明确写明,青岛至布达佩斯 1×20′半危,并确认了这票货已订舱的船名航次、提单号、船期,以及海运费等各项费用。同时福星连办在订舱时将货名漂白粉是 5.1 类危险品的情况、国际危规号等全部提供给了青岛轻丰。

货上船后,连云港医保要求倒签提单 8 天,青岛轻丰通知说船公司不同意倒签提单。为了发货人能按信用证要求按期结汇,青岛轻丰提示用代理提单做倒签,船公司提单做电放。在发货人连云港医保给福星连办出具了倒签保函这种情况下,福星连办借用了亚洲货运的提单做倒签,使发货人顺利地结汇。

船开后二十天左右,船公司的提单迟迟未给电放,在这种情况下,福星连办和发货人带现金向青岛轻丰支付了海运费,将韩进提单取回,交给了发货人连云港医保,青岛轻丰也是按已确认的半危品的海运费及港口各项费用收款的。

福星连办在接受发货人连云港医保的委托时,发货人告知这一票货的中文名称是漂白粉,英文名称是 LIME CHLORINATED. 根据发货人连云港医保提供的证据说明英文 BEACHING POWDER 和 LIME CHLORINATED 都叫漂白粉。

时隔一个月左右,青岛方面告知福星连办,承运这票货的船到荷兰鹿特丹附近时该票货自燃,船员消防自救向大舱里喷水,同时其他箱货也受损失。事后了解到山东中粮、中化天津向韩进海运订舱时未说明本票货物系半危品,原告未按半危品受载、照料货物,而发生燃烧。

根据以上事实证明,福星连办已经向青岛轻丰明确说明漂白粉是危险品,同时也说明了本案与亚洲货运出借倒签提单的行为之间并无因果关系。但是本案中所指亚洲货运提单是福星连办在没有经过答辩人同意的情况下,擅自使用亚洲货运提单随便签发予托运人,亚洲货运根本不知道案中所指货运订舱的任何消息及资料,而且也没有听到福星为了上述需求而借用亚洲货运提单的口头或书面申请,很显然所签这种提单,亚洲货运不予认可,是无效的。更何况所签提单不符合亚洲货运的签发提单的规范,即必须盖签单专用章。而案中所指提单没有盖此专用章,而使用校对章代替,还有,亚洲货运规定必须各口岸实际提单签发人签名,而不是代理人可以替亚洲货运的人员签字,这种未经允许的顶替,显然亚洲货运也不能接受和认可。

虽然韩进提单上最终显示 ASTG CONTAINER LTD(亚洲货运)作为托运人,可是纵观案件的整个流程,就会清楚地知道,亚洲货运的名字是在货物已装船后数日,在签发提单时,才仅仅为了倒签的特殊需要,被人别有用心地加以利用,很显然的一个事实和道理,造成事故的原因是肇事者的不负责任的行为所致,与提单上的托运人由连云港医保改为亚洲货运没有因果关系。

被告连云港医保未提供答辩状,当庭辩称,货物包装完全符合国际危规及国内有关危货的规定,在将业务委托给福星公司的时候,已说明危险品,并已付相关费用。事故发生的原因,是韩进海运未按危险品要求进行运输、照料货物,因此,原告应负一定责任,或其他当事人应对此承担责任。

[问题]

本案承运人韩进海运是否未尽适航义务?韩进海运在灭火过程中是否有过失?

[法律依据]

《中华人民共和国海商法》第四十二条关于“托运人”的规定:即“本人或委托他人以本人名义或委托他人为本人与承运人订立海上货物运输合同的人”;《中华人民共和国海商法》第六十八条的规定,“托运人托运危险货物,应当依照有关海上危险货物运输的规定,妥善包装,作出危险品标志和标签,并将其正式名称和性质以及应当采取的预防危害措施书面通知承运人;……托运人对承运人因运输此类货物所受到的损害,应当负赔偿责任。”

[法律运用及处理结果]

经青岛海事法院审理认为,本案是海上货物运输合同纠纷,本案所涉货物是在青岛港装运,原告在本院起诉,根据《中华人民共和国民事诉讼法》和《中华人民共和国海事诉讼特别程序法》的规定,该院对本案有管辖权。

本案涉及的海上货物运输的起运港是青岛,运输关系的形成也在青岛,庭审中各方当事人未对本案的准据法提出自己的主张,也未提出相关的准据法文本,并且原告在起诉书中引用了《中华人民共和国海商法》的有关条款,参照国际惯例,本案应适用中华人民共和国法律。

综观本案事实和当事人在庭审中的辩解,争议焦点如下:各当事人的地位及相互关系,韩进海运是否未尽适航义务,韩进海运是否有过失,各被告应承担什么责任,韩进海运以其自己的名义所享有的针对被告的索赔权包括哪些。

关于当事人的地位及相互关系,法院认为,韩进海运与韩轮船东之间是期租合同关系,韩轮船东是定期租船合同的出租人,韩进海运是定期租船合同的承租人,双方之间的权利义务依照双方签订的定期租船合同的约定处理。韩进海运是本案所涉航次海上货物运输的经营人,相对其签发提单的货方包括被告连云港医保而言,是承运人。山东中粮是货运代理,其职责和义务是代理货主订舱,虽与韩进海运直接发生订舱关系,但不是运输合同的当事方,其代理行为的法律结果由其委托人承担。连云港医保是实际货主,也是实际托运人,符合《中华人民共和国海商法》规定的有关托运人的特征,因而是法律意义上的托运人,其权利义务受法律关于托运人权利义务的调整。亚洲货运在本航次运输中,是在不知情的情况下,被有关实际操作人员将其名字填在托运人栏内,但其并不符合《中华人民共和国海商法》关于托运人的构成要件,所以,就本案而言,亚洲货运不是托运人,亚洲货运与韩进海运之间不存在权利义务关系。由于福星连办、青岛轻丰、山东长恒均不是本案的当事人,又未出庭,因此相互之间的委托内容及实际履行过程得不到证实。

关于韩进海运是否未尽适航义务。韩进海运在接受订舱时获得的货物名称是Lime Chlorinated,而该名称未列入国际违规的危险品的正式名称中,韩进海运不知道该货物是危险品,不能作为韩进海运未克尽职责使船舶适航的理由,而且在货物积载时,考虑了货方的要求,尽管靠近油舱,但满足了水线以下温度不高于50℃的条件,所以相对各货主韩进海运已尽到了适航义务。

关于韩进海运在灭火过程中是否有过失,根据检验报告中检验人对灭火过程的叙述,法院认为,就当时的情况来看,船员采取的措施是得当的,是行之有效的,而且也没有证据表明韩进海运采取了不适当的措施,因此相对货方韩进海运在本次事故中没有过失。

综上所述,山东中粮对本案没有责任,驳回韩进海运对山东中粮的诉讼请求;亚洲货运与本案无关,驳回韩进海运对亚洲货运的诉讼请求;

[值得注意的问题]

本案有一定的复杂性,除确定承运人是否应对货物损失承担责任外,还涉及海洋运输保险,共同海损等问题的处理,本节主要涉及带运输当事人法律责任的认定。

(案例来源:http://www.110.com/ziliao/article-38591.html)

第四节 国际贸易其他运输方式法律制度

一、国际铁路货物运输

在国际贸易货物运输中，铁路运输占有重要的地位。关于铁路货物运输的国际公约主要有两个：一是《国际铁路货物运输公约》（以下简称《国际货约》），二是《国际铁路货物联运协定》（以下简称《国际货协》）。由于我国是《国际货协》的成员国，因此对《国际货协》的若干主要内容简要介绍如下：

（一）运输单证

铁路的运输单证称为运单。按照《国际货协》第6条和第7条的规定，发货人在托运货物的同时，应对每批货物按规定的格式填写运单和运单副本，由发货人签字后向发站提出。在发货人提交全部货物和付清他所负责的一切费用后，发站在运单和运单副本上加盖发站日期戳记，证明货物业已承运。运单一经加盖戳记后，就成为运输合同的凭证。

运单随同货物从始发站至终点站全程附送，最后交给收货人。运单既是铁路承运货物的凭证，也是铁路至终点站向收货人核收运杂费用和点交货物的依据。运单不是物权凭证，不能转让。

发货人应对他在运单中所填报和声明的事项的正确性负责。由于记载和声明事项的不正确、不确切或不完备，以及由于未将应填报事项记入运单相应栏内而发生的一切后果，均由发货人负责。

铁路有权检查发货人在运单中所记载的事项是否正确。但只限于在海关和其他规章有规定的情况下，以及为保证途中行车安全和货物完整时，铁路才得在途中检查货物的内容。发货人还必须将货物在运送途中为履行海关和其他规章所需要的添附文件附在运单上，发货人如未履行此项规定，发站可以拒绝承运货物。铁路没有义务检查发货人在运单上所附的文件是否正确和是否齐全。但由于没有添附文件或文件不齐全、不正确而产生的后果，发货人应对铁路负责。

（二）货物的交付与拒收

及时交付货物是铁路的一项基本义务；按时受领货物是收货人的一项重要义务。但在一定条件下，收货人也可以拒收货物。根据《国际货协》的规定，收货人只有在货物因毁损或腐坏而使质量发生变化，以致部分或全部货物不能按原用途使用时，才能拒绝领取货物。即使运单中所载的货物部分短少时，收货人也不得拒收，应按运单支付全部货款，然后再提出赔偿请求，要求领回未交付的那部分货物的货款。

如果铁路在货物运到期限届满后30天内，未将货物交付收货人或未交由收货人处理时，收货人可不提出证据，即认为货物已经灭失。但如果货物在运到期限届满后4个月内到达的，则到达站应将此事通知收货人，收货人应受领货物，并将铁路所付货物灭失的赔偿款和运费退还铁路。在这种情况下，收货人对铁路逾期交货，以及货物的毁损和部分灭失，仍保留有索赔权。

（三）铁路的责任及免责

根据《国际货协》的规定，按运单承运货物的铁路间，相互负连带责任。而承运货物的铁路应负责完成货物的全程运输，从铁路接受承运货物时起，至到站交付货物时止。向非"国际货协"参加国的国家转运货物的，则负责到按另一种国际铁路货物运输协定的运单办完运送手续时止。在此期间，对于货物运到逾期以及因货物全部或部分灭失或毁损所发生的损失，承运人应负责任。

但根据《国际货协》的规定，由于下列原因而发生的货损，铁路不负赔偿责任：① 由于铁路不能预防和不能消除的情况；② 由于货物的特殊自然性质，以致引起自然损坏、生锈、内部腐坏和类似的结果；③ 由于发货人或收货人装车或卸车的原因所造成；④ 由于发货人或收货人的过失或由于其要求，而不能归咎于铁路；⑤ 由于发送铁路规章允许使用敞车类货车运送货物；⑥ 由于发货人或收货人的货物押运人未采取保证货物完整的必要措施；⑦ 由于容器或包装的缺陷，在承运货物时无法从其外表发现；⑧ 由于发货人用不正确、不确切或不完全的名称托运违禁品；⑨ 由于发货人在托运应按特定条件承运的货物时，使用不正确、不确切或不完全的名称，或未遵守本协定的规定；⑩ 由于货物在规定标准内的途耗。

此外，在发生雪（沙）害、水灾、崩陷和其他自然灾害，或因有关国家政府的指示，致使行车中断或限制的情况下，应免除铁路对未履行运到期限的责任。

（四）索赔与诉讼

《国际货协》第28条规定：① 发货人和收货人有权根据运输合同提出赔偿请求，请求的提出，应附相应证据并注明款额，以书面方式由发货人向发送站提出，或由收货人向到达站提出，同时附送运单或运单副本；② 货物部分灭失、毁损或腐烂时，由发货人或收货人提出，并附送运单及商务记录；③ 货物运到逾期时，由收货人提出，并附送运单；④ 多收运送费用时，由发货人按已交付的款项提出，同时须提交运单副本或发送国国内规章规定的其他文件，也可由收货人按其所交付的运费提出，并附送运单。

铁路在收到赔偿请求之日起 180 天内进行审查,并作出答复。当发货人或收货人的请求得不到满足或答复时,有权向受理赔偿请求的铁路所属国法院提起诉讼。

关于赔偿请求或诉讼时效,按《国际货协》第 30 条的规定,应在 9 个月内提出;但关于货物运到逾期的赔偿请求或诉讼,应在 2 个月内提出。

此外,《国际货协》还对运费的计算和支付、国际铁路货物运输合同的变更、铁路对货物损失的赔偿额等问题作出了具体规定。

二、国际航空货物运输

航空运输是一种现代化的运输方式,在国际航空货物运输领域,主要有三个国际公约,分别是 1929 年《华沙公约》、1955 年《海牙议定书》和 1961 年《瓜达拉哈拉公约》。由于大多数国家加入了《华沙公约》,现以《华沙公约》为主,结合《海牙议定书》的修改和补充,对国际航空货物运输的若干规则简述如下:

(一) 空运单证

1929 年《华沙公约》把空运单证称为空运托运单(Air Consignment Note,简写 ACN)。按照华沙公约的规定,承运人有权要求托运人填写空运托运单,每批货物应填写一套单证,而承运人则应接受托运人填写的空运托运单。每一套托运单应有三份正本,并与货物一起提交承运人。其中,第一份注明"交承运人",由托运人签字;第二份注明"交收货人",由托运人签字后随同货物递送;第三份在货物受载后由承运人签字,交给托运人。托运人还须向承运人提交有关货物运输和通过海关所必须的有关单证,如发票和装箱单等,以便及时办妥海关手续,迅速将货物送到收货人手中。

空运托运单是承运人和托运人订立运输合同的书面证据,也是货物的收据,可作为运费账单、保险证明并供向海关申报之用。但它不同于海运提单,不是货物所有权凭证。尽管华沙公约并不妨碍签发可转让的空运托运单,但在实际业务中,空运单证一般都印有"不可转让"的字样。空运单证之所以不得转让,是因为空运单证本身并不代表所托运货物的价值。

在空运单证方面,1955 年《海牙议定书》对《华沙公约》的修改主要有两处:一是《海牙议定书》把空运单证改称为空运单(Air Waybill,简称 AWB);二是空运单上所须载明的货运资料项目比《华沙公约》的要求有所删减。至于其他内容,均与《华沙公约》有关空运托运单的内容相同。

（二）承运人的责任、责任限额与免责

《华沙公约》规定，空运承运人对货物在空运期间所发生的毁灭、损坏或者遗失承担责任。空运期间指货物在承运人保管的整个期间，包括在航空站内、航空器上，或在航空站外降落的任何地点。

承运人的责任限额为每公斤 250 金法郎，但如果托运人在交运货物时已声明货物的实际价值高于此限额，并支付了附加运费，则损失金额的赔偿不受此限额的限制。

承运人在下列情况下，可要求免责或减轻责任：① 证明自己及其代理人为了避免损失的发生，已经采取一切必要的措施，或不可能采取这种措施时；② 证明损失的发生是出于驾驶上、航空器的操作上或领航上的过失，而自己及其代理人已经采取一切必要的措施以避免损失时；③ 证明损失的发生是由于受害人的过失所引起或造成时。法院可以根据上述情况，免除或减轻承运人的责任。

《海牙议定书》关于承运人的责任、责任限制及免责的规定与《华沙公约》基本相同，但又补充规定，如经证明损失是由于承运人或其代理人或其受雇人的故意或明知而仍漫不经心所致，承运人就无权要求限制或免除其对损失的责任。此外，《海牙议定书》还删去了《华沙公约》关于承运人可以免责的第 2 项规定，即承运人如能证明损失的发生是由于驾驶上、航空器的操作上的一些原因可以免责。

（三）托运人和收货人的基本责任和义务

1. 托运人的责任和义务

托运人的基本责任和义务包括：① 填写航空货运单，并对其所填写的各项内容的正确性负责；② 提供货物以及与货物有关的单证资料；③ 支付规定的各项费用；④ 承担承运人因执行其指示所造成的损失。

2. 收货人的基本责任和义务

货到目的地后，如是运费到付货物，收货人交付规定的费用，履行提货和其他义务。

（四）索赔和诉讼

根据《华沙公约》，托运人（收货人）在收到货物时发现损害的，应立即向承运人提出异议，如托运人（收货人）不能在收到货物时当场发现损害，至迟应于 7 天内向承运人提出异议（《海牙议定书》将其延长至 14 天），属于延误交货的损失至迟必须于 14 天内向承运人提出异议（《海牙议定书》将其延长至 21 天）。

而对于国际航空货物运输的诉讼时效，《华沙公约》规定为 2 年，自货物到达之日或货物应到达之日，或以运输终止之日起算。如逾期，则丧失要求赔偿的权利。

在国际航空货物运输中，如果一批货物是由几个承运人连续承运的，根据《华沙公约》，托运人可以向第一承运人以及发生货物货损那一段的实际承运人索赔或提出诉讼。收货人则有权对最后一段的承运人和发生货损那一段的实际承运人索赔或提出诉讼。全程中各承运人对托运人或收货人负连带责任。

根据《华沙公约》，有关赔偿的诉讼，应该按照原告的选择，在缔约国的领土内，向承运人的住所地，或其总管理处的所在地，或订立合同的机构的所在地，或目的地法院提出。诉讼程序适用法院所在地法。

三、国际货物多式联运

多式联运是一种现代化的货运方式，它把各种不同的运输方式连贯起来，为国际上提供了"门对门"运输的条件。目前，国际上有关多式联运的公约是《联合国国际货物多式联运公约》，尽管该公约尚未生效，但是它代表了许多国家的意愿，也许会成为今后多式联运法律制度发展的方向，因此我们有必要了解该公约的主要内容。

（一）多式联运单据

国际货物多式联运单据是证明多式联运合同及多式联运人接管货物并按合同条款交付货物的单据，它具有以下作用：

(1) 是多式联运合同的证明。尽管在一般情况下，多式联运合同的形式就是多式联运单据，但是，多式联运单据本身并不是合同，只是合同的证明。

(2) 是多式联运经营人接管货物的证明。多式联运单据是多式联运经营人接管货物时签发的，它表明多式联运经营人已从托运人处接管货物。

(3) 是收货人提取货物的凭据，而且多式联运单据还可依发货人的选择，既可作成可转让的单据，也可作成不可转让的单据。可转让的多式联运单据，具有物权凭证的性质和作用。

《多式联运公约》第 8 条规定了多式联运单据的 15 项内容，但根据公约规定，缺少其中一项或数项内容并不影响单据作为多式联运单据的性质。

（二）多式联运经营人的责任

根据《多式联运公约》的规定，多式联运经营人是指本人或通过其代理人与发货人订立多式联运合同的人。

(1) 多式联运经营人的责任性质。多式联运经营人对联运的全程负责，不得以全程或某一阶段委托给其他运输分包人为由推卸责任。

(2) 多式联运经营人的责任期间。自接管货物时起至交付货物时止为联运经营人的责任期间。在此期间内，联运经营人应对货物的灭失、损坏、延迟交货等事故负责，除非联运经营人能证明其本人、受雇人或代理人等为避免事故的发生及其后果已采取了一切所能合理要求的措施。

(3) 多式联运经营人的责任限额。联运人对每包或每货运单位的损害赔偿限额为 920 记账单位(即特别提款权)，或每公斤 2.75 记账单位，以较高者为准；联运如不包括海运或内河运输的为每公斤 8.33 记账单位；延迟交货的，为延迟交货部分应付运费的 2.5 倍，但不超过全部运费总额；如能确定损失发生的区段，而该区段所适用的国际公约或有关国内法有较高赔偿限额规定的，依该公约或国内法规定。

此外，《多式联运公约》还规定，如经证明货物的灭失、损坏或延迟交付是由于联运人或其受雇人或代理人有意造成，或明知可能造成而任意的行为或不行为所引起，则该联运人或其受雇人或代理人无权享受赔偿限额规定的利益。

(三) 索赔与诉讼时效

《多式联运公约》对多式联运索赔的期限规定得很严格。收货人向多式联运经营人提出索赔时，应在收到货物次日起提出；如果货物灭失或损坏不明显的，则收货人应在收到货物的 3—6 天内提出；对于延迟交货的索赔，收货人应在收货之后 60 天内提出；多式联运经营人提出索赔的，应在损失或损坏发生后 90 天内提出，如果未在规定期间提起索赔，则被视为放弃索赔权。

有关多式联运的任何诉讼，其诉讼时效为 2 年，自货物交付之日起或应当交付之日次日起开始计算，但受索赔人可在时效期内以书面声明的形式延长诉讼时效，并且可以多次书面声明，多次延长。有关多式联运的诉讼可以向以下法院提起：被告主要营业所或经营居所所在地；合同签订地；货物接管地或交付地；双方当事人在合同中约定的法院。

案例分析

[案情]

原告(反诉被告、上诉人)：上海某国际货运有限公司(以下简称货运公司)

被告(反诉原告、被上诉人)：宁波某国际贸易有限公司(以下简称贸易公司)

1998 年 3 月 10 日，被告贸易公司与德国中间商 NBL 公司签订了涉案货物销售合同，约定价格条款 CIF 巴西，付款方式电汇，贸易金额 15 800 美元，出运日期

1998年6月30日前。同年6月1日，因最终用户急需货物，NBL公司与被告双方将出运日期提前至6月25日前，价格条款改为CIF巴西圣保罗海空联运，运费总价10 750美元由被告垫付，待货收到后NBL公司再将运费返还被告。

同年6月中、下旬，被告电话委托原告货运公司宁波办事处以海空联运方式出运涉案货物。货物重量2 477千克，海空联运运费为10 750美元。原告接受委托后，签发了空运单。该空运单载明，一程海运由“新东轮”029航次承运，二程空运航班为KE061，航班日期为7月2日，托运人为被告，收货人为涉案贸易另一巴西中间商KETER，运费预付，费率按约定。原告将缮制完毕的涉案空运单正面款传真给被告，背面条款未向被告传真。空运单正面无原告声明代理的印章，被告收到传真件后未提出异议。随后原告以自己名义将货物委托中菲行空运(香港)有限公司(下称中菲行公司)进行多式联运。中菲行公司向原告签发编号为SHA 103932的空运单，载明托运人为原告，收货为原告在巴西的代理人，运费预付，按约定费率，货物重量2 477千克。中菲行公司遂又将货物委托新东轮船公司完成由上海至釜山的一程海运。该海运提单载明，托运人为中菲行公司上海办事处，收货人为大韩航空公司，运费预付，货物重量2 437千克。二程空运由大韩航空公司负责承运该公司空运单载明，托运人为中菲行公司上海办事处，收货人为原告在巴西的代理人，运费根据安排，货物重量2 477千克。涉案货物于同年7月8日完成多式联运，抵达巴西圣保罗机场。但由于货物数量更改未加盖更正章，运费未显示具体金额，货物包装箱上标签号与空运单号码不同，致使物在巴西海关清关时受阻，收货人也因此直至同年9月23日才提到货物。为此，收货人在8月下旬即发函给原告在巴西的代理人提出异议，要求赔偿。9月18日，涉案贸易合同买家NBL公司发传真致被告及案外人波太铜制品有限公司，称整个运输时间比普通海运时间还长，采用海空联运已毫无意义，因而表示拒付涉案运费10 750美元。并要求两家公司赔偿其损失3.5万美元。

1998年7月上旬，涉案货物出运后，原告宁波办事处曾向被告提示过付款，被告以货物迟延交付为由拒付。原告为此扣押了涉案货物的核销单、报关单退税联，造成本案出口货物虽结汇成功但仍无法办理退税手续，产生退税损失人民币10 655.31元。

原告货运公司诉称：原告受被告委托以海空多式联运方式代理运输四托盘铜制家具拉手，由上海港运至巴西圣保罗。原告同时将该批货物交由多式联运经营人KOREAN AIRLINE公司的代理人中菲行空运(香港)有限公司(下称中菲行公司)承运。但被告至今未支付海空联运费。原告诉请判令被告支付运费人民币

88 463.42元,并支付逾期付款违约金。

被告四联国贸辩称:原告系多式联运经营人,非货运代理人。被告拖欠原告运费属实,但由于原告过错,造成被告运费损失,因而拒付。被告四联国贸反诉称:其委托原告海空联运四托盘铜制家具拉手,按约定货物应于 1998 年 7 月 4 日抵达目的地圣保罗,但实际到达时间为 7 月 8 日。而且由于原告在制单和张贴货物标签的错误,导致目的港收货人直至 9 月 23 日才提到货物,给收货人造成经济损失。鉴于收货人急需该批铜拉手,涉案销售合同买方 NBL 公司即与被告改变原合同运输方式,将原定的 CIF 海运改以空运为主的多式联运,约定运费先由被告支付,待 NBL 公司收到货后再转付被告。现由于原告过错造成收货人收到货后,拒绝向被告支付运费。且原告在本次运输过程中还单方扣押被告退税单证,给被告造成退税损失,请求判令原告赔偿运费损失人民币 88 463.42 元及退税损失 10 652.11 元。

原告货运公司对被告的反诉辩称:其是被告的货运代理人,而非多式联运经营人,即使是多式联运经营人,被告亦无权起诉原告。因为收货人未在货物迟延交付之日起 21 日内以书面方式向承运人提出异议,被告无有关收货人提出异议的证据。而被告请求的退税损失与本案非同一案由,应另行向有管辖权的法院起诉。被告并未向原告支付过运费,并不存在运费损失的事实。本案延误事件发生在巴西境内,应按空运单背面条款约定适用《华沙条约》。

[问题]

对本案发生的损失,责任如何划分、确定?可否根据我国的法律对本案进行处理?

[法律依据]

《中华人民共和国海商法》第一百零三条规定:"多式联运经营人对多式联运货物的责任期间,自接收货物时起至交付货物时止。"第一百零四条规定:"多式联运经营人负责履行或者组织履行多式联运合同,并对全程运输负责。多式联运经营人与参加多式联运的各区段承运人,可以就多式联运合同的各区段运输,另以合同约定相互之间的责任。但是,此项合同不得影响多式联运经营人对全程运输所承担的责任。"

[法律运用及处理结果]

一审法院经审理认为:本案系国际多式联运合同纠纷。原告接受被告委托,向被告发出含有海空多式联运内容的空运单传真件,双方对空运单记载内容均未表示异议。原告涉讼后提供了盖有承运人代理印章的空运单,主张其为被告货运代理人,与事实不符,法院不予认可。庭审查明的事实显示,被告当时收到原告空运单传真件上无声明其为承运人代理人的印章。原告提示被告付款项目为海空联运费而非代理费和代垫运费。原告以自己的名义委托中菲行公司实际承运,因而应认定原、被告双方建立的是国际多式联运合同关系,而非货运代理关系。原告与中菲行公司以及中菲行公司与新东轮船公司、大韩航空公司建立的实际承托法律关系,与被告无涉。依照法律规定,原告作为多式联运合同经营人,对多式联运的货物应当承担自接收货物时起至交付货物时止的全部责任。涉案货物于 1998 年 7 月 8 日抵达目的地巴西圣保罗。由于原告的过错,货物数量更改未加盖更正章、运费未写明金额,货物包装箱上标签号与空运单号码不同。造成货物清关受阻,收货人直至 9 月 23 日才提到货物。与被告订有贸易合同的 NBL 公司据此拒绝按约定返还运费。对此,原告应当承担过错责任。按照国际多式联运合同约定,被告应当向原告支付海空联运费。但因原告在合同履行过程中的过错,将会造成被告向原告支付后,无法从 NBL 公司收回相应费用的后果。被告所提出的有关运费的请求,其性质应为通过反诉抵销其向原告支付海空联运费的义务。被告的请求,依法有据,应予确认。原告扣押被告退税单证,缺乏法律依据,对因此而造成的被告的退税损失,应承担法律责任。综上,法院依照《中华人民共和国海商法》第一百零三条、第一百零四条、《中华人民共和国民法通则》第一百一十二条第一款之规定,判决被告贸易公司向原告货运公司支付的海空联运费人民币 88 463.42 元与原告货运公司应当赔偿被告贸易公司的损失人民币 88 463.42 元相互抵销;原告货运公司赔偿被告贸易公司的退税损失人民币 10 652.11 元。原告不服一审判决,提起上诉。双方当事人在二审法院主持下达成调解协议,被上诉人贸易公司自愿支付上诉人货运公司人民币 24 870 元。本案最终调解结案。

[值得注意的问题]

本案为涉外运输案,应特别注意法律的适用问题。如果我国的法律与我国参加的国际公约的规定不一致的,应适用国际公约的规定。

(案例来源:http://www.110.com/ziliao/article-26896.html)

第五节 国际货物运输保险法

一、国际货物运输保险概述

国际货物运输保险系指贸易当事人对进出口货物按照一定的险别向保险人投保,交付保险费,在货物遭遇保险人承保的危险事件时,由保险人对被保险人受到的损失和产生的责任承担赔偿责任的法律关系。在国际贸易中，货物通常需要经过长途运输。在运输过程中，货物可能会遇到各种风险而遭受损失。为了在货物遭受损失时能得到一定的补偿，买卖当事人一般都要向保险公司投保货物运输保险。国际货物运输保险的种类因运输方式的不同可分为国际海上货物运输保险、国际航空货物运输保险、国际陆上货物运输保险等，其中历史最悠久、业务量最大、影响最深远的是海上货物运输保险，航空货物运输保险合同和陆上货物运输保险合同基本上都是参照海上运输保险合同制订的。因此，本章着重介绍有关国际海上货物运输保险的法律制度。

现代意义上的海上货物运输保险始于 14 世纪，最早的海上保险法是 1435 年西班牙巴塞罗纳保险法，大陆法等国家一般都把海上保险作为海商法的重要组成部分，编入商法典内。但是，对现代海上保险影响最大的还是英国，英国《1906 年海上保险法》是世界上影响最大的一部保险法。目前，调整国际货物运输保险的法律主要是各国国内的保险法，国际上尚无统一的国际公约或国际惯例，在发生争议后的法律适用上，一般适用保险人营业所在地国家的法律，如果当事人对法律适用有约定的，可从其约定。

我国海上货物运输保险主要适用 1992 年 11 月 7 日第七届全国人民代表大会常务委员会第二十八次会议通过的《中华人民共和国海商法》，如果《海商法》未作规定，则适用《中华人民共和国保险法》的有关规定。

二、海上货物运输保险合同概述

（一）海上货物运输保险合同的概念及性质

1. 海上货物运输保险合同的概念：

海上货物运输保险合同，是指保险人与投保人签订的，由投保人向保险人支付约定的保险费，在保险标的发生承保范围内的海上风险而遭受损失时，由保险人给被保险人以经济赔偿的合同。海上风险，是指保险人与投保人约定的、与海上航行有关的危险，包括与此相关的发生于内河或陆上的危险。保险中涉及的危险，必须是偶然发生的。

2. 海上货物运输保险合同的性质：

海上货物运输保险合同是一种双务有偿合同，即投保人须按合同约定向保险人支付保险费，而保险人须按合同规定，在约定的保险事故发生时，承担赔偿责任。但与一般的双务有偿合同如买卖合同、运输合同、加工承揽合同等不同，海上货物运输保险合同涉及的并非是商品的交换，也不是一般权利义务的对等关系，而是风险的转移。转移风险是以投保人支付保险费作为代价,而保险人对被保险人的赔偿不仅以投保人支付保险费为前提,而且还取决于保险事故的发生。没有保险事故的发生,保险人是无须履行赔偿义务的,因此这种赔偿是带有偶然性的。

海上货物运输保险合同是一种具有补偿性质的赔偿合同,即合同的订立不是为了盈利,而是为了弥补保险事故造成的损失。因此,被保险人获得的赔偿数额不得超过其实际损失的数额。

(二) 海上货物运输保险合同的当事人、关系人与中介人

1. 当事人

当事人包括保险人(Insurer)与投保人(Applicant)。保险人是指与投保人订立保险合同,收取保险费,并在保险事故发生后负责赔偿的自然人或法人。投保人是指与保险人订立保险合同,并按照保险合同负有支付保险费义务的人。在一般情况下,投保人即是被保险人本人,但有时候,投保人、被保险人并不同一。

2. 关系人

关系人主要是指被保险人(Insured),它是指保险事故在其身上或其财物上发生使其遭受损失,而在保险事故发生后享有保险金请求权的人。被保险人可以是自然人,也可以是法人,但必须是在保险事故发生时遭受损失的人,即是受保险保障的人。在国际货运中,被保险人必须是货物所有人或收货人。

3. 中介人(辅助人)

海上货物运输保险合同较一般合同复杂,具有很强的专业性,需要具有专门技术的人作辅助,以促使合同的订立和履行。这些人被称为中介人(辅助人)。中介人主要有以下三种:① 保险代理人(Agent)。保险代理人是指根据保险人的委托,向保险人收取代理手续费,并在保险人授权的范围内代为办理保险业务的单位或个人。保险代理人的权利,来自代理合同中保险人的授权。保险代理人根据保险人的授权代为办理保险业务的行为,由保险人承担责任。② 保险经纪人(Broker)。保险经纪人是指为被保险人的利益,代被保险人向保险人洽订保险合同,办理投保手续、代缴保费或代为索取赔款等的人。按照英美的保险业务惯例,多数海上保险合同的订立是经由保险经纪人之手。被保险人并不同保险人直接接触,而是委托保险经纪人代他投保。但需要注意的是,保险经纪人虽是被保险人的代理人,其佣金不是向被保险人收取而是向保险人收取。③ 保险公证人(Notary)。保险公证人是指为保险当事人办理保险标的的查勘、鉴定、估损等给予证明的人。他可受保险人或被保险人的委托而进行工作,他的酬金由委托人支付。

三、海上货物运输保险合同的订立

（一）海上货物运输保险合同的订立程序

海上货物运输保险合同的订立，通常由投保人填写投保单，保险人同意后签发保险单或其他保险凭证。投保人依据自己的需要选择险种，填好投保单并交给保险人，保险要约即告完成。保险人若无条件地接受投保人填写的投保单，即为承诺。投保人的要约，一经保险人承诺，保险合同即告成立。

（二）海上货物运输保险合同的形式

合同可以采取书面形式或口头形式，但实际上要证明口头合同的存在有时是很困难的，口头确认保险合同成立的，主张合同成立的一方应当负举证之责。因此，我国《海商法》和英国《1906 年海上保险法》都规定保险人应当及时向被保险人签发保险单或其他保险凭证，并在保险单或其他保险单证中载明当事人双方约定的合同内容。

旨在证明海上货物运输保险合同成立的证据大致可分为以下四种：

1. 投保单

投保单又称要保书，它是投保人向保险人申请订立海上货物运输保险合同的书面要约，投保单须经保险人签章承保，保险合同方告成立。

2. 保险单

保险单简称保单，是保险人与被保险人之间订立保险合同的正式书面证明，但保险合同的成立并非以保险人是否出具保险单为准，只要投保人的要约经保险人承诺，保险合同即告成立。保险单都载有关于保险人的责任范围以及保险人与被保险人的权利义务方面的详细条款，它是保险事故发生后被保险人索赔和保险人理赔的重要凭证和依据。保险单可从不同角度进行分类，主要有以下几种：

(1) 定值保单和不定值保单。定值保单(Valued policy)是指载明保险标的物的约定价值的保险单，不定值保单(Unvalued policy)是指不载明保险标的物的价值，仅订明保险金额的限额，而留待以后再确定其保险价值的保险单。在国际货物运输保险实务中，一般前者使用的较为普遍。

(2) 航程保单和定期保单。航程保单(Voyage policy)是指把保险标的物从某一地点运送到另一地点的保险单，主要用于货物运输的保险；定期保单(Time policy)是指对保险标的物在一定时期内承保的保险单，它多用于船舶保险和运费保险，货运保险中很少采用。

(3) 流动保单和预约保单。流动保单(Floating Policy)又称总保单，它是一种载明保险的总条件，而将船名和其他细节留待以后申报的保险单；预约保单（Open Cover）又称开口保单，它是一种不规定承保货物的总价值，保险人按保单规定的期限自动承保预约保险范围内货物的保险单。由于流动保单和预约保单有许多方便之处，所以它们在国际贸易中使用得相当普遍。

3. 保险凭证

保险凭证又称小保单，是一种简化了的保险单。它不像保险单那样记载保险合同的全部内容，但与保险单具有同等的法律效力。

4. 暂保单

暂保单又称临时保单，它是保险人在正式保险单签发之前出具给被保险人的一种临时保险凭证。暂保单与正式保单具有同等的效力，但它的有效期较短，一般以 30 天为限。保险人正式出具保险单或保险凭证后，或暂保单的有效期届满，暂保单就自动失效。

四、海上货物运输保险合同的主要内容

从各国的法律规定和国际上普遍使用的保险单的条款来看，海上保险合同都必须具备某些主要内容.伦敦保险人协会的海上保险单列明了以下主要内容：被保险人名称、保险期间、保险标的、保险价值、保险金额、保险费、附加条款与保险人签字等。我国《海商法》第 217 条规定海上保险合同主要应包括下列内容：

(1) 保险人名称。

(2) 被保险人名称。

(3) 保险标的(Subject matter insured)。保险标的是指作为保险对象的财产及其有关利益。海上货物运输保险合同的标的包括货物和货物预期利润，其中货物预期利润是单独投保，还是与货物一同投保，须清楚表明。

(4) 保险价值(Valued insured)。保险价值是指保险标的的价值，这一价值可以由保险人与被保险人约定。保险人与被保险人未约定保险价值的，保险价值依照《海商法》第 219 条的有关规定计算。根据规定，货物的保险价值，是保险责任开始时货物在起运地的发票价格或者非贸易商品在起运地的实际价值以及运费和保险费的总和。

(5) 保险金额(Insured amount)。保险金额是指保险人与被保险人约定的保险人赔偿被保险人的最高限额。保险金额不得超过保险价值；超过保险价值的，超过部分无效。

(6) 保险责任(Perils insured against)和除外责任(Perils excepted)。在海上

货物运输保险合同中，保险责任是指保险单上记载的危险发生而造成保险标的损失时，保险人所承担的赔偿责任。它具体规定了保险人所承担的风险范围。海上货运保险种类不同，保险责任也不相同。

(7) 保险期间(Duration of insurance coverage)。保险期间是指保险合同的有效期限。只有在保险期间内发生的保险事故，保险人才承担赔偿责任，故保险期间也称保险责任起讫期限。我国海上货物运输保险大都采用仓至仓的保险期间。

(8) 保险费(Premium)。保险费是指被保险人向保险人支付的费用，作为保险人根据保险合同承担赔偿责任的代价。保险费一般按保险金额的一定比例(保险费率)支付。

五、海上货物运输保险合同的变更、转让和解除

(一) 海上货物运输保险合同的变更

海上货运保险合同一经有效成立，任何一方都不能擅自变更，有关法律尤其严格限制保险人单方变更、解除保险合同。但被保险人有时根据实际情况确需对合同所载的内容进行某些变更，在这种情况下，被保险人必须事先向保险人提出并征得保险人的同意。如我国海洋货物运输保险条款规定："如遇航程变更或发现保险单所载明的货物、船只或航程有遗漏或错误时，被保险人应在获悉后立即通知保险人并在必要时加缴保险费，本保险才继续有效。"

(二) 海上货物运输保险合同的转让

海上货运保险合同的转让是通过转让保险单来实现的。根据各国法及国际贸易的习惯作法，海上货运保险单的转让无须征得保险人的同意。如在CIF合同中，一般都规定卖方有义务向买方提交保险单和提单等装运单据。在这种情况下，卖方在取得保险单和提单之后，通常都是以背书方式把这些单据转让给买方，以履行其合同义务。但这里需要引起我们注意的是，从法律上说卖方转让已保险的货物与转让该项货物的保险单是两码事，不能把它们等同起来。因为保险合同并不是被保险的财产的附属物，不能随货物的转让而当然转让，而必须由被保险人在保险单上以背书表示转让的意思才能产生转让的效力。保险单的受让人有权以自己的名义起诉，并有权在货物遭受承保范围内的损失时，以自己的名义向保险人要求赔偿。

(三) 海上货物运输保险合同的解除

海上货运保险合同的解除，是指在保险合同法律关系有效期限内，当事人依法或依约定提前终止合同效力。根据我国《海商法》的有关规定：① 保险责任开始

前，被保险人可以要求解除合同，但是应当向保险人支付手续费，保险人应当退还保险费。② 被保险人未将重要情况如实告知保险人，保险人有权解除合同。其中如果是属于被保险人故意违反诚实信用原则未如实告知重要情况的，保险人可不退还保险费并对合同解除前发生保险事故造成的损失不负赔偿责任；如果不是由于被保险人的故意未将重要情况如实告知保险人的，保险人有权解除合同或者要求相应增加保险费。③ 保险人和被保险人可以协议解除保险合同。

六、海上保险合同的基本原则

（一）最大诚信原则

诚实信用（Bona fide Good faith）原则起源于罗马法。在罗马法的诚信契约中，债务人不仅要依照契约条款，更重要的是要依照其内心的诚实观念完成契约所规定的义务。保险是典型的信息不对称行为，故诚信在保险合同中尤为重要，较之其在别的民事活动中的要求更高，故又称为“最大诚信原则”（Utmost Good Faith）。这是因为保险人和被保险人签订合同时，往往远离船舶和货物的所在地，保险人对投保财产一般难以作实际查勘，因此特别要求投保人（被保险人）必须高度诚实信用，当然，诚信是相互的，诚信原则也应适用于保险人，但是保险人的诚信义务却很少在各国的海上保险法中明文规定。这些法律的共同特点是仅强调被保险人的诚信义务，具体来说，被保险人的诚信义务，主要就是要求投保人（被保险人）要履行如实告知义务和保证义务。

1. 如实告知

“如实告知”（Disclosure and representation）包含了两方面的内容：

（1）被保险人必须向保险人披露重要事实。

被保险人应于订约前将其所知道或应知道的有关重要情况告知保险人。所谓重要情况，是指影响保险人据以确定保险费率或确定是否同意承保的情况。换言之，被保险人须向保险人告知的事实是指能够影响一个谨慎的保险人考虑是否能接受此项保险，以及能判明所承担的危险程度和影响保险人决定多收或少收保险费的事实。下面的案例可进一步说明这一问题。该案案情如下：玻利维亚政府在与巴西接壤的边界地区围剿叛乱者，曾租用“拉玻利”号货轮取道巴西，沿亚马逊河支流向平叛的政府军运送给养。玻利维亚政府在巴西的经纪商舒尔兹·荷曼罗斯公司代理运输业务，玻政府并委托该公司向被告投保。该代理公司与叛乱者有联系，向叛乱者提供了有关“拉玻利”号货轮的情报。叛乱者中途拦截该船，并造成船货损失。法庭认为，玻利维亚政府及其代理人舒尔兹·荷曼罗斯公司未向保险公司透露叛乱者可能袭击该船的这一事实，因而判决原告败诉。至于对玻政府的代理人舒尔兹·荷曼罗斯公司向叛乱者通风报信这一事实，法庭却不予理会，只认定该代理人代表玻利维亚政府的利益，代理人不披露重要事实的后果应由玻利维亚政府承担。当然，被保险人披露事实的义务也并非漫无边际。对于下列情况，如保险人没有提出询问，被保险人可不予披露，主要包括减少风险的情况、保险人已经知道或推定其已经知道的情况、经保险人声明不必告知的情况以及按照明示或默示的担保条款，无须告知的情况等。

(2) 被保险人所作的陈述必须真实。被保险人在订约前对保险标的所作的重要陈述必须真实，否则保险人有权解除合同。所谓“真实”，就是“基本上正确”，如果陈述和事实之间的误差是非实质性的，并非重大的，则这种陈述不能认为是虚假陈述。违反如实告知义务的法律后果。根据英国海上保险法，不论违反告知义务是否出于被保险人的故意或重大过失，也不论未告知与合同成立间有无因果关系，保险人均可解除合同并对解约前发生的损失不负赔偿责任。而根据我国《海商法》，被保险人违反告知义务的法律后果要视被保险人的主观状态而定，具体而言：① 如果是被保险人故意违反如实告知义务，则保险人有权解除合同，并不退还保险费。合同解除前发生保险事故造成损失的，保险人不负赔偿责任；② 如果不是出于被保险人的故意，即被保险人是由于过失未履行如实告知义务的，即使未告知的重要事实对保险事故的发生并无影响，保险人也有权解除合同或要求相应增加保险费。但对于合同解除前发生保险事故造成的损失，保险人应负赔偿责任；③ 如果未告知或错误告知的重要情况对保险事故的发生有影响，则即使不是出于被保险人的故意，保险人也有权解除合同并对合同解除前发生保险事故造成的损失不负赔偿责任。

2. 保证

“保证”(Warranty)是诚信原则的又一重要内容。海上保险的保证可以分为明示保证和默示保证两种。明示保证应以书面在保险单(或结合在保险单内的其他文件)上载明。默示保证是指未经明示约定而由法律推定应当履行的保证，如航海事业必须合法，船舶应当适航等。

根据英国《1906 年海上保险法》的有关规定，不管保证的内容对风险是否重要，都必须确切照办，被保险人违反了保证就可以使保险人宣告保单无效。我国《海商法》则规定：“被保险人违反合同约定的保证条款时，应当立即书面通知保险人。保险人收到通知后，可以解除合同，也可以要求修改承保条件、增加保险费”。

最后需要说明的是，尽管如实告知和保证都是投保人或被保险人根据最大诚信原则应尽的义务，但两者是有区别的。前者是要求被保险人对影响保险合同的重要事实作出实事求是的陈述和披露，而后者则是要求被保险人必须对其作出的承诺，保证切实履行，严格遵守。例如，被保险人保证船舶开航前需配备 50 名以上的船员，而实际上只配备了 46 名船员，尽管途中又增加了 6 名船员，保险人仍有权以被保险人违反保证而宣告保单无效。

（二）保险利益原则

海上保险合同是赔偿合同，因此被保险人对特定的保险标的必须具有保险利益，保险利益原则(Insurable Interest)是海上保险合同的基本原则之一。各国法均一致认为，如果被保险人不具有保险利益，则保险合同无效。这是为了防止道德危险。因为如果允许没有保险利益的人订立保险合同，则将使保险沦为以他人灾难进行赌博的工具，这是法律所不能允许的。

保险利益又称可保利益，它是指被保险人对保险标的所具有的合法的利害关系。被保险人因保险事故的发生致使保险标的受损，或因保险事故不发生而受益，这种利害关系就是保险利益。在货物保险中，一般货物的所有人对货物具有保险利益，如在 CIF 合同情况下，投保时卖方为货物所有人，他对该货物具有保险利益；但在 FOB 合同情况下，买方自己投保，而货物由卖方交付承运人时，该货物的风险就由买方承担(尽管该货物的所有权根据买卖合同未必转移)，由于货物灭失或损坏的风险已由买方承担，因此 FOB 合同中的买方对货物具有保险利益。

英国的保险单内常加注“无论灭失与否”条款，这一条款可视为保险利益原则的一个例外。这是指即使在投保之前保险标的物已经灭失，但只要被保险人出于善意不知其已灭失，保险合同仍有效；或者即使在订立保险合同时保险标的物已安全到达，但保险人不知其已安全到达，保险合同也应有效。当然如果被保险人明知损失已发生而仍然投保或保险人明知保险标的已安全到达而仍然订约，保险合同无效。“无论灭失与否”条款反映了过去海上运输和通讯不便条件下的特殊情况。就保险利益而言，无论在上述哪种情况下，被保险人对保险标的都已无保险利益，所以说“无论灭失与否”条款是保险利益原则的例外。

（三）赔偿原则

赔偿原则也是海上保险的基本原则之一。根据这一原则，被保险人获得的保险赔偿不能超过其实际损失，即被保险人不得从赔偿中获得利润。当然如果是不足额保险，被保险人只能获得部分赔偿。即被保险人获得的赔偿只能是小于或等于其实际损失，而不能是大于实际损失。

七、国际货物运输保险的承保的风险

保险人承保的风险一般都在保险单中列明,其形式上主要分为两大类,一类是保险单中列举的承保风险,另一类则是以附加条款的形式加保的风险。从法律角度,可划分为以下三类:

(一) 基本风险

保险人承保的基本风险(basic risks)包括海难、火灾、投弃以及船长或船员的不法行为四种,现分别简介如下:

1. 海难

根据英国《1906年海上保险法》定义,所谓海难指:海上偶然发生的意外事件,不包括风浪之正常作用。海难包括自然灾害和意外事故。所谓自然灾害是指由于自然力量所造成的灾害,如暴风雨、雷电、流冰、海啸、地震以及其他类似的灾害;所谓意外事故,是指意外原因所引起的事故,如船舶搁浅、触礁、沉没、碰撞、破船、失踪和其他类似的事故。

2. 火灾

海上保险单一般都把火灾列入承保的范围,但由于引起火灾的原因可能是多方面的,所以说保险人对火灾的保险责任也是有限的。一般来说,由于闪电雷击、船长或船员的过失所引起的火灾以及原因不明的火灾,保险人应负责赔偿;但对于战争行为引起的火灾以及货物固有的自燃特性所引起的火灾,则不在保险单的承保范围之内,除非双方特约加保,保险人可不负赔偿责任。

3. 投弃

投弃是指船舶和货物遇到共同危险,为了船货的共同安全,船方有意地把船舶属具或船上货物抛弃海中所造成的损失。投弃是典型的共同海损牺牲,对于投弃货物所造成的损失,保险人应负责赔偿。

4. 船长或船员的不法行为

船长或船员的不法行为是指船长或船员基于非法目的,故意损害船主或货主的利益,以致船舶或货物遭受损害的行为。对于这种不法行为造成的损失,保险人应负责赔偿。常见的不法行为有:船长、船员合伙走私、恶意弃船、纵火、盗卖船货等。要说明的是,对于船长或船员的不法行为造成的损失,保险人承担赔偿责任的条件是:该类行为必须是船主、承运人所不知情、不纵容情况下发生的。

(二) 特别风险

在国际贸易中,投保人有时为了谋求更充分的保障,可要求保险人在保险单条款本身所承担的一般风险之外，再增加承保某些特殊风险(extraneous risks)。对于这类风险，保险人根据不同情况，可在增收保险费的条件下，特约予以加保：

1. 一般附加险

附加险的种类很多，主要有偷窃提货不着险、淡水雨淋险、短量险、玷污险、渗漏险、碰损破碎险、串味险、受潮受热险、钩损险、包装破裂险以及锈损险等 11 种。以上附加险只能在投保了主要险别(即平安险、水渍险)之后，再行加保，而不能单独投保。

2. 特别附加险

特别附加险与上述一般附加险的区别在于，前者不包括在一切险的范围内，而后者则包括在一切险中，如投保人投保了一切险，就无须加保一般附加险。特别附加保险主要包括战争险、罢工险、交货不到险、舱面货物险、拒收险等。

(三) 除外风险

除外风险(exclusions)是指不属于保险单承保范围的风险，保险人对除外风险不承担赔偿责任。常见的除外风险有以下几种：① 被保险人的恶意行为或过失；② 货物本身特性及潜在瑕疵所造成的损失；③ 货物的自然损耗；④ 虫蛀鼠咬；⑤ 由于运输延迟造成的损失。如，货物由于延迟运抵目的地因货价下跌造成的损失，保险单没有约定赔偿的；或，货物因航期延长而腐烂变质的损失，保险单没有约定赔偿的。

八、承保的损失与费用

保险人承保的损失，从程度上分，可分为全部损失和部分损失。其中的部分损失，从性质上分，又可分为共同海损和单独海损。承保的费用包括损害防止费用和施救费用。现分述如下：

(一) 全部损失

全部损失(total loss)也称全损，全损又可分为实际全损和推定全损。

1. 实际全损

英国《1906 年海上保险法》对实际全损(actual total loss)下的定义是："如果保险标的物被毁灭或受到损坏，失去投保时的品种或丧失到无法复原，即是实际全损。"海上货物保险中，构成实际全损主要有以下几种情况：① 保险标的物毁灭，如货物因着火全部焚毁；② 保险标的物毁损已完全改变性质，不复为原物，不具有原有的使用价值，如水泥受浸泡而变质、水果、鱼类发酵而腐败；③ 丧失保险标的物的所有权，如货物被敌人没收而无回收希望等。

2. 推定全损

英国《1906 年海上保险法》对推定全损(constructive total loss)下的定义是:"如果保险标的因实际全损不可避免而合理地予以放弃,或因不支出超过其价值的费用就不能防止实际全损,即构成推定全损。"海上货物保险中,构成推定全损主要有以下几种情况:① 被保险人因承保的危险丧失对货物的占有权,而且不大可能收复。即使能收复,收复的费用将超过收复后的货物价值;② 修复受损货物的费用和转运到目的港的费用将超过货物到达目的港时的价值等。

在发生推定全损情况下,被保险人必须办理委付才能得到全损赔偿。"委付"是指保险标的发生推定全损时,被保险人将有关保险标的的权利和义务转移给保险人,并要求保险人按照全部损失赔偿。委付不得附带任何条件。

委付是被保险人的单方行为,只有保险人表示接受时,委付才能对保险人发生效力。保险人可以接受委付,也可以不接受委付,但应在合理时间内将其是否接受的决定通知被保险人。委付一经保险人接受,不得撤回。

实际全损与推定全损的主要区别在于:前者是保险标的物毁灭或确实不能复原;而后者是标的物并未灭失,可以救助或修复,但救助费用或修理费用超过标的物的价值。

(二) 部分损失

部分损失(Partial Loss)是指全部损失以外的损失,按其性质可分为共同海损和单独海损。

1. 共同海损

所谓共同海损(general average, G. A.)是指在同一海上航程中,船舶和货物遭遇到共同危险,为了维护船货的共同安全而有意地、合理地采取措施所直接造成的特殊牺牲或支付的特殊费用。

共同海损的成立,必须具备以下条件:

(1) 必须确有危及船货共同安全的危险存在。如果某种危险只危及船舶一方或货物一方的安全,那么,即使作出了特殊的牺牲或费用,也不能作为共同海损处理。例如,船上冷藏设备失灵,将腐烂变质的冻肉抛入海中,这种牺牲与船舶安全无关,不能作为共同海损;并且,危及船货共同安全的危险必须确实存在,而且已经到临头阶段!"危险"不能是想象的"危险"。

(2) 作出的牺牲或费用必须是特殊的。为履行海上货物运输合同而作出的正常牺牲或费用,不属于共同海损。例如,船舶在海洋中航行,收到台风警报消息,船长下令增加马力开动机器,在大风袭来前到达目的港,因此增加了燃料的消耗,这种多消耗的燃料不能认为是共同海损，因为船方有义务把货送到目的港，是完成航程所必需。但如果船舶在航行中遇到大风，在与大风作斗争时船上燃料烧完了，为了共同安全起见，只得把船上所装载的货物作为燃料，此项损失应认为是共同海损。

(3) 牺牲或费用必须是有意的。共同海损的发生必须是人为的、有意识的行为的结果，而不是一种意外的损失。例如，船舶在航行中遇到狂风巨浪的冲击，把甲板上的木材卷入海中，这种损失是由风浪引起的，不是人为的、故意的行为，不能算是共同海损。

(4) 共同海损的措施必须是合理的。共同海损的措施是否合理，应结合当时险情的具体情况而定。例如，当船货遇到共同危险，为了减轻重量必须抛弃部分货物时，所抛弃的货物必须是体重、价低的货物，而不是体轻、价高的货物。前者是合理的，应作为共同海损，后者则是不合理的，不能作为共同海损。再比如，船舶失火，危及船货安全，船长在引水进舱灭火时，也应适当掌握。如火势业已扑灭，仍打水入舱，就是不合理的，因这种不合理的措施而招致的损失，不能认为是共同海损。总之，措施的合理性要求行为人应尽可能以最小的损失换取船货的共同安全。

(5) 共同海损的措施必须有效果。所谓"有效果"，是指采取措施的结果保证了船货的共同安全。如果船方作出了很大牺牲，支付了巨额费用，船货最终仍未能获救，共同海损便不能成立。共同海损是由各受益人按其获救财产的比例共同分摊的，如果财产所有人的财产未能获救，则构成共同海损的基础便随之消失。还须注意的是，这里所说的"获救"，并非是指财产全部获救，即使只有部分财产获救，也不影响共同海损的成立。

共同海损的牺牲或费用，应由船舶、货物或运费三方依最后获救价值的多寡按比例进行分摊，这种分摊叫做共同海损分摊。

2. 单独海损

单独海损(particular average，P. A.)是指共同海以外的部分损失。构成单独海损必须基本以下条件：

(1) 保险标的物单独遭遇风险损失，并非船方、货方共同遇到的危险导致损失。

(2) 单独海损须是由于偶然或意外的保险事故造成的损失，不是人的有意行为造成的损失。单独海损由遭受损失的一方单独承担，不能要求航海中的其他利害关系方共同分摊，保险人对单独海损是否赔偿，须依承保的险别和保险单条款的规定而定。

（三）承保的费用

海上货运保险除保障风险损失外，还保障费用的损失，这些费用主要有：

1. 损害防止费用

损害防止费用(sue and labor expenses)是指被保险人或其代理人为防止将来发生的损失而花销的费用，如为避免航程中遭遇的特大风浪使货物丢失而额外添购绳索加固，这样的开销只要确实必要，其费用由保险人负担。

2. 施救费用

施救费用(salvage charges)包括：① 营救费用，是指在遭遇保险责任范围内的灾害事故时，被保险人或他的代理人、雇佣人员和保险单受让人等为抢救被保险货物，以防止其损失扩大采取措施而支出的费用。保险人对这种费用负责赔偿；② 救助费用，是指被保险货物遭遇保险责任范围内的灾害事故时，由保险人和被保险人以外的第三者采取救助行为而向其支付的报酬费用。

九、保险索赔与理赔

（一）索赔与理赔的概念

保险的索赔是指被保险人在保险事故发生后，根据保险合同，请求保险人赔偿其损失的行为，它是履行国际货运保险合同的一个重要环节；理赔是指保险事故发生后，保险人依被保险人的索赔请求，根据保险合同履行有关保险赔偿责任的行为，它是保险人履行合同义务的一个关键环节，直接关系到被保险人的切身利益，影响着保险人的信誉和保险合同经济补偿职能的发挥。

（二）索赔程序

索赔的主要程序如下：

1. 出险通知

被保险人获悉保险事故发生后，在积极施救的同时，应将保险事故发生的时间、地点、原因及其他有关情况及时通知保险人，并提出索赔请求。

2. 积极施救、整理、防止损失扩大

被保险人应采取必要的措施以防止损失的扩大，保险人对此提出处理意见的，应按保险人的要求办理。所支出的费用可由保险人负责，但以与理赔金额之和不超过该批货物的保险金额为限。

3. 接受检验

保险事故发生后，保险人有义务保护好现场，接受保险人或有关部门的检验，并为之提供方便条件。

4. 提供索赔证明和资料

这些证明和资料主要是指保险单或保险凭证的正本;已支付保险费的凭证;账册、发票、装箱单、运输合同等有关被保险货物的原始单据;保险事故证明及损害结果证明;索赔清单等。

保险索赔的时效一般为两年。

(三) 理赔程序

理赔的主要程序如下:

1. 立案检验、现场查勘

保险人接到出险通知后应及时按险别立案,并派员至出险现场查勘,了解有关情况并做好记录。

2. 责任审核

保险人经过对事实的调查和对各项单据的审查,决定自己应否承担保险责任及承担多大责任,这是理赔中最关键的一步。保险人在审查过程中,应重点审查以下几个方面的问题:

(1) 保险事故是否在保险单的承保范围内。如果保险事故导致了货物的损失,但该保险事故不属于保险单的承保范围,保险人就不予赔偿。例如,保险单中未载明承保附加险,如发生了战争、罢工等意外事故导致货物受损,则对这一部分损失保险人就不予赔偿;

(2) 保险事故与货物损失之间是否存在因果关系。保险事故的表现形式是多种多样的,可能是自然灾害,也可能是意外事故或外来原因。而被保险货物的损失可能是由一个保险事故引起的,也可能是由多个保险事故引起的,其中有的可能属于承保范围,有的则可能不属于承保范围,因此,保险人在处理这类索赔时,就要确定保险事故与货物损失之间是否存在因果关系。如果两者存在因果关系,而且该保险事故又在承保范围之内,保险人才负责予以赔偿,反之则不予赔偿。

在考虑因果关系方面,近因原则(规则)通常加以运用。所谓近因原则(Proximate Cause)是指保险人赔偿责任的有无,要以被保险人的损失与保险人承保的风险有无直接或接近的因果关系为依据。英国《1906 年海上保险法》第 55 条规定:"根据本法规定,除保单另有约定外,由于承保的危险所直接造成的任何损失,保险人承担责任,但根据上述规定,并非由承保危险直接造成的任何损失,保险人不承担责任。"近因原则在理论上并不复杂,但在实际运用中,却颇多争议。因为有时导致保险标的遭受灭失或损坏有好几个原因,其中既有承保范围内的风险,也有非承保范围内的原因,这就往往会在保险人与被保险人之间引起争议。在这种情况下，法院必须根据案件的具体事实，通过缜密的分析，并依据法律的基本原理，查明造成损失的决定性的原因(主要原因——即近因)。

比如，某艘货船已投保一般海险，但未投保战争险。在航行中，沿海灯塔因军事上的需要，被当地政府命令熄灭。船长因无灯塔指示，失去航标，迷失航向，致使该船搁浅，其中一部分货物因搁浅而灭失，另外一部分货物打捞起来后，被当地军事机关没收，并禁止继续打捞，其余物资因此灭失。对造成上述损失的原因及保险人的责任，应作具体分析：① 因船舶搁浅而致的损失，应认为是海难所致的损失。如果认为船舶搁浅是因为失去灯塔航标这个原因造成的，而熄灭灯塔是军事当局的命令，是属于战争险的范畴，因而保险人不负赔偿责任，则是错误的。货物的损失是因为船舶搁浅造成的，灯塔无光并不是损失的主要原因，所以这一部分货物的损失应认为是海难，保险人应负责赔偿。② 被当地政府没收和被当地政府禁止打捞所受的损失，属于战争造成的损失，不能列入海难的损失。因被保险人未投保战争险，保险人对这部分损失不负赔偿责任。(3) 被保险人是否遵守了最大诚信原则。

如果投保人在投保时没有说明投保货物的内在缺陷，或者故意隐瞒情况，保险人可解除合同，不负赔偿责任。若被保险人在提起保险索赔时违反了诚实信用原则，保险人同样有权拒绝赔付。

3. 计算并支付赔款

保险人应在责任审核的基础上，计算出赔款数额，并及时办理付款事宜。关于赔款数额的计算，实践中一般是根据损失的不同情况进行的，具体可分为全部损失的计算和部分损失的计算：① 全部损失的计算。国际货物运输保险一般都是定值保险，定值保单承保的货物如发生保险责任范围内的实际全损或推定全损，不论损失时的实际价值是否高于或低于约定保额，保险人均按约定保额全数赔付；② 部分损失的计算。在货物发生部分损失的情况下，首先要计算出货物的损失率，即损失部分占货物总价值的比率，而后用保险金额与损失率相乘即为保险人应赔付的金额。损失率在发生数量损失的情况下，为遭损货物件数(重量)与承保货物总件数(总重量)之比；在发生质量损失的情况下，损失率为货物完好价值减去受损后价值的差额与货物完好价值之比。例如，一批货物的保险金额为 50 000 美元，运输途中因风险受损，按目的地市价计算实际完好价值为 50 000 美元，受损后的实际价值按目的地市价为 40 000 美元，则我们可以先计算出损失率为 20%，进而得出保险人应赔付的金额为 10 000 美元。

(四) 委付与代位求偿权

委付与代位求偿权是国际货物运输保险索赔与理赔中经常会涉及的两个重要概念,现分别介绍如下:

1. 委付

委付(abandonment)是指保险标的发生推定全损时,被保险人将有关保险标的的权利和义务转移给保险人,并要求保险人按照全部损失赔偿。委付不得附带任何条件。

委付是被保险人的单方行为,只有保险人表示接受时,委付才能对保险人发生效力。保险人可以接受委付,也可以不接受委付,但应在合理时间内将其是否接受的决定通知被保险人。委付一经保险人接受,不得撤回。

委付如为保险人接受,其法律后果是:① 保险人取得委付财产的全部权利和义务;② 保险人应按全部损失赔偿被保险人。委付如果不为保险人接受,其法律后果是:如果保险标的发生推定全损,保险人仍有义务按推定全损赔偿被保险人,但保险标的物的所有权并不因此发生转移,保险标的依然归被保险人所有。

实践中,保险人是否接受委付,取决于保险标的物残存价值与该标的物所附义务所需支付的费用的对比。保险人由于担心接受委付后可能会承担各种不可预见的债务,往往不愿接受委付。在这种情况下,保险人可以放弃对保险标的的权利而赔付全部保险金额,以解除对保险标的的相应义务。

2. 代位求偿权(简称代位权)

代位求偿权(surrogate)是指保险标的发生保险责任范围内的损失是由第三人造成的,被保险人向第三人要求赔偿的权利,自保险人支付赔偿之日起,相应转移给保险人,保险人因此取得的权利称为代位求偿权。例如,保险人向被保险人支付由于船方过失造成的货损以后,被保险人对船舶所有人的求偿权即应转移给保险人,由后者代位行使这一权利。代位求偿的目的,一是在于防止被保险人从保险人处取得赔偿后,再次向第三人求偿,从而得到两次补偿;二是在于防止第三人仅由于与他无关的保险合同而逃脱责任。

代位求偿权的成立,必须具备以下条件:

(1) 发生了保险人承保范围内的保险事故;

(2) 保险事故的发生是由第三人的行为导致的。即事故是因保险人被保险人以外的第三人过错造成的。

(3) 被保险人对第三人有损失赔偿请求权,并且被保险人在保险人行使代位权之前未行使该项权利;

(4) 保险人必须向被保险人支付保险赔偿金后，方可取得代位权。

不论保险标的遭受的是全部损失还是部分损失，只要符合上述条件，保险人就可以取得代位权，但保险人行使代位权要受到以下限制：① 保险人取得的权利不能优于被保险人；② 保险人只能在已赔付被保险人的金额范围内代位行使被保险人的权利，因此如果保险人从第三人处索回的金额超过保险赔偿，则超过部分应退还给被保险人。现举一例说明：在 1962 年约克郡保险公司诉尼斯伯特航运公司一案中，被告尼斯伯特航运公司的一艘船因碰撞致损。原告约克郡保险公司依保险合同向被告赔付 72 000 英镑，然后取得了代位求偿权。原告在加拿大起诉，控告对碰撞负有责任的第三人，并获得一笔加元赔款，可折合 122 700 英镑。原告诉称，追偿所得超出赔付金额的部分并非不当得利，而是货币贬值的结果。第三人赔偿的 122 700 英镑和保险人赔付的 72 000 英镑实际上是等值的。但法院未予同意，判决原告败诉，被保险人应获得两者的差额 50 700 英镑。

代位求偿与委付的不同之处在于：① 代位求偿是保险人的权利，委付则是被保险人的单方行为；② 代位求偿权适用于全部损失和部分损失，委付则只适用于推定全损；③ 代位求偿仅限于向第三人索赔，委付所转让的则是保险标的的全部权利和义务；④ 代位求偿的取得以保险人向被保险人支付赔偿为前提，委付则无此要求。

案例分析

[案情]

中国某外贸进出口公司和其保险人，于 1987 年 9 月 22 日就与“达姆达”轮船东、租船人、卖方间的货物损索赔争议向夏威夷州法院提起诉讼。基本案情是：

中国某外贸进出口公司(以下简称为“原告”)从某国进口价值为 9 673 984 美元纸浆，由卖方通过租船人租用印度籍“达姆达”号散货船承运，于 1984 年 12 月 18 日从该国港口装运起航，首先驶往日本卸铜砂，然后驶往目的港大连。

1985 年 1 月 17 日在火鲁奴奴加油后驶往日本的途中，船方发现三舱冒烟，船长即命船员向舱内灌注部分淡水灭火，但无济于事。于是，又命令船员向舱内泵入大量的海水并决定返回火鲁奴奴港避难。抵达火鲁奴奴后，船方宣布共同海损并委请了英国理算人。由于三舱灌入大量海水，舱内纸浆开始膨胀，危及船舶安全，船方决定将三舱货物卸下并对船舶进行检修，由于舱内纸浆膨胀及港口条件限制，卸货速度很慢,并出现复燃,于是,船方采取在舱内定向爆破的方法以加速卸货速度。该轮在火鲁奴奴耽搁近4个月,卸下大部分残货并对船舶进行了临修后驶往日本。三舱残货分别在火鲁奴奴和日本进行拍卖,原告收回残值416 032美元,原告共损失1 738 967美元。

原告向法院起诉指出:

(1) 根据国际海上安全公约和印度法律等的规定,散装货船必须备有消防设备。被告船东未按照规定为该轮配备消防设备。由于该轮未配备CO_2消防设备,因此该轮不适合装载纸浆,而且该轮有关证书已失效;

(2) 被告明知该轮不适合装载纸浆,却硬同租船人签约承运该批货物,被告也从未进行咨询如何承运纸浆的注意事项。这说明被告未在开航时克尽职责使船舶处于适航状态并适合收受货物;

(3) 正是由于船上未有灭火装置,三舱失火后,船方采取灌注海水的方法灭火,致使货方受重大损失,船东对此有实际过失,因此,其对货损负有不可推卸的赔偿责任;

(4) 被告缺乏防火知识,承运纸浆这类货物事先没有采取任何防火措施,证明该船长是不称职的;

(5) 卖方未按照合同选择适航船舶装运货物,也负有责任。

被告的抗辩理由是:

(1) 根据《海牙规则》承运人对火灾免责,除非能够证实承运人有实际过失或者私谋。此次火灾属人力不可抗拒,应免责;

(2) 关于火灾,原告的消防专家认为是在火鲁奴奴加油时遗留在三舱内的烟头复燃所致火灾,而被告的消防专家坚持火灾原因不明。英、美法院对于火因不明往往判承运人免责;(法院最后也认为火灾烟"不明")

(3) 关于散装船装过纸浆问题,被告称目前国际海运中,散装船装杂货已经是司空见惯,散装船可以承运任何货物。印度政府目前也同意散装船装运纸浆等物资;

(4) 该轮开航前卖方曾经来电征求买方意见是否同意使用该轮,买方回电确认同意该轮承运纸浆;

(5) 被告在火灾发生后,及时采取措施灭火,尽最大努力以减少货损;与此同时,被告的船舶也蒙受重大损失;

(6) 在"达姆达"轮发生火灾事故前5个月,买方曾经进口纸浆,也使用未配备CO_2消防设备的散装船装载,当时买方对此并没有提出异议,也未要求"达姆达"轮配备CO_2消防设备。

[问题]

本案是否构成共同海损？对货物的损失责任应如何确定？

[法律依据]

《中华人民共和国民法通则》第一百一十一条规定："当事人一方不履行合同义务或者履行合同义务不符合约定条件的，另一方有权要求履行或者采取补救措施，并有权要求赔偿损失。"第一百一十二条规定："当事人一方违反合同的赔偿责任，应当相当于另一方因此所受到的损失。"

《中华人民共和国海商法》第一百九十三条规定："共同海损，是指在同一海上航程中，船舶、货物和其他财产遭遇共同危险，为了共同安全，有意地合理地采取措施所直接造成的特殊牺牲、支付的特殊费用。无论在航程中或者在航程结束后发生的船舶或者货物因迟延所造成的损失，包括船期损失和行市损失以及其他间接损失，均不得列入共同海损。"

[法律运用及处理结果]

本案涉及国际货物运输和货物运输保险问题。原告购买的纸浆由卖方通过租船人租用印度籍"达姆达"号散货船承运，为租船运输合同(航次租船合同，Voyage Charter)。该运输投保"一切险"。根据国际租船合同惯例，航次租船合同的船方(承运人)出具提单，并依提单对运输货物货主负责。根据《海牙规则》等国际海洋运输公约，承运人的责任包括：提供适航船舶，对运输的货物尽适当、谨慎照料管理责任。本案中被告船东未按照规定为该轮配备消防设备。由于该轮未配备CO_2消防设备，因此该轮不适合装载纸浆，而且该轮有关证书已失效，这说明被告未在开航时克尽职责使船舶处于适航状态并适合收受货物；被告辩解：买方曾经进口纸浆，也使用未配备CO_2消防设备的散装船装载，当时买方对此并没有提出异议，也未要求"达姆达"轮配备CO_2消防设备。即便有被告辩解的情况，也不能免除被告的过错，因为"适航"是承运人的法律责任。

本案投保"一切险"，火灾属于保险人应承担的基本危险范围，对于原因不明的火灾的损失，保险人应予赔偿，英、美法院对于火因不明的火灾往往免除承运人的赔偿责任。不过，我们认为，被告在发生火灾后，对火灾的处理方法上存在不当之处，则应对保险人赔偿之外的损失承担一定责任。

[值得注意的问题]

注意分析本案时既考虑国际运输方面的法规，同时也要运用保险方面的国际规则，我国《海商法》对这两方面的问题都加以规定。

(案例来源：《涉外保险案例选编》，西南财经大学出版社，1994年版)

【本章思考题】

1. 提单的概念、作用是什么?

2.《海牙规则》、《汉堡规则》和我国《海商法》有关承运人的义务与免责的主要规定各是什么?

3.《国际货协》、《华沙公约》和《多式联运公约》对索赔与诉讼问题分别是如何规定的?

4. 海上货物运输保险合同的基本原则有哪些?

5. 什么是共同海损?共同海损的成立必须具备哪些条件?

6. 我国海上货物运输保险的基本险别有哪些?它们各自的承保范围是什么?

7. 案例分析题:

案例一:

天津某公司于1997年7月12日由天津发运电脑5 000台到广州,预计7月27日货物可以抵达日本。货物启运后,天津公司在因特网上发布电子公告一份,将这批电脑的技术指标、价格、预计到港时间等情况一一公示,7月14日日本某公司在网上获得这一信息后,立即以电子邮件通知天津公司要求转让该批电脑,7月19日,双方在网上就电脑价格等问题达成协议,为了稳妥起见又用传真互致加盖公司公章的确认书。7月29日,货物抵达日本后,日本公司提货时,发现因轮船底舱进水,部分电脑包装有海水浸渍痕迹,影响正常销售。日本公司提出,电脑在运抵日本之前已经进水,据此要求天津公司赔偿因部分电脑不能正常销售造成的损失。

经调查,发现7月20日轮船经过青岛海域时,曾遭受台风侵袭,此事可能是轮船进水的原因。你认为该案应如何处理?为什么?

案例二:

加拿大某纸业公司以CIF大连价格条件、信用证付款方式出口新闻纸,由某保险人承保该批货物。5月10日,保险人签发了保险单。5月11日,加拿大公司租用某船公司的散货船承运,取得船东签发的清洁提单。12日,保险单、提单等全套单据交议付银行议付。15日,船方发现三舱起火,烧毁货物价值1万美元,船长命令船员向船内泵入大量海水灭火。纸浆受水膨胀,危及船货安全,船方在就近港口A港避难,宣布了共同海损,并将三舱货全部卸下。21日到达大连。买方立刻通知保险人货物受损情况，保险人通知买方在A港将残货拍卖。29日，保险人赔付买方单独海损和共同海损分摊后，向船公司起诉，要求承运人赔偿全部损失。承运人主张火灾免责。问：(1) 本案被保险人是买方还是卖方？(2) 买方是否应立即通知保险人货损情况？是否应按保险人指示在A港拍卖残货？买方为拍卖残货而支出的费用应由何方承担？(3) 买方的哪些损失是单独海损？哪些是共同海损？(4) 承运人是否可向保险人主张火灾免责？

第六章　国际知识产权法

教学要求

通过对本章内容的学习，读者可了解知识产权的基本概念、特征、分类，以及有关知识产权的国际公约惯例，中国有关知识产权的法律法规；掌握国际知识产权贸易、国际技术转让的基本特点，从而领会有关专利、商标、秘密技术的实践操作要领。

第一节　知识产权概述

一、知识产权的概念

（一）知识产权的概念

知识产权，亦称智力成果权，指自然人或法人在生产活动、科学研究、文学艺术等领域中从事智力的创造而获得的成果，依法享有的权利。知识产权是一种具有价值和使用价值的无形财产权利，是创造者所拥有的独占的、排他性垄断性的专用权，且具有严格的时间性和地域性。知识产权法律体系涵盖发明、创造形成的有价值、可交易的财产。

作为智慧财产，人的脑力创造成果包括诸如音乐、文学、艺术作品；发明；应用于产业的标记、名称、形象和设计，包括版权、商标、专利、技术诀窍等。根据知识产权法，上述抽象“财产”的拥有者对其创造的作品拥有排他的权利。因此，知识产权是赋予脑力创造者的权利，通常赋予创造者在一定期限内对其创造成果以排他的权利。

（二）知识产权的分类

知识产权分为两大类工业产权与版权两大类。

1. 工业产权

工业产权(industrial property)，是指人们依法对应用于产业的创造发明和显著标记等智力成果，在一定地区和期限内享有的专有权。按照《保护工业产权巴黎公约》的规定，工业产权包括发明、实用新型、外观设计、商标、服务标记、厂商名称、货源标记、原产地名称以及制止不正当竞争的权利。由此可见，工业产权涉及的范围十分广泛。值得注意的是，虽然名为工业产权，但实际上它不仅适用于工业本身，也适用于商业、农业、矿业、采掘业以及一切制成品或天然品，如酒类、谷物、烟叶、水果、牲畜、矿产品、矿泉水、花卉和面粉等的发明创造。

工业产权一般可以分为两类：一类是创造性成果权，其保护对象包括发明、实用新型和外观设计等，一定程度上的创造性是其取得法律保护的必要条件。法律承认发明创造的发明人或者设计人在一定期间享有利用他们各自发明创造的独占权利。这样做是为了鼓励他们把发明创造公开出来，以促进科学技术和经济的发展。

工业产权的另一类是识别性标记权，其保护对象包括商标、服务标志、厂商名称、商品的原产地名称以及与厂商有关的其他显著标记等。这些标记和名称标示了产品或服务的来源和厂商特定人格，可识别性是其基本特征。

2. 版权

版权(copyrights)，指赋予包括文学、艺术和自然科学、社会科学、工程技术等作品创作者的权利，具体包括文字作品；口述作品；音乐、戏剧、曲艺、舞蹈、杂技艺术作品；美术、雕塑作品、建筑作品；摄影作品；电影作品；计算机软件等等。版权涉及的权利包括上述作品的表演权、制作权、录音、广播、电视等音像节目制作权等。

（三）知识产权涵盖的范围

根据世界贸易组织(WTO)《与贸易有关的知识产权协定》(TRIPS)的规定，知识产权的范围包括：

(1) 版权及其相关的权利；

(2) 商标，包括服务商标；

(3) 地理标记；

(4) 工业(产业)设计；

(5) 专利；

(6) 集成电路布图；

(7) 未公开信息，包括商业秘密。

二、知识产权的特征

知识产权属于无形财产权，与有形财产权相比具有以下特征：

（一）独占性

知识产权的独占性也可称为专有性或垄断性。知识产权中的工业产权一经法律确定，即具有排他性，在法定期限内只有权利人才能享有，其他人未经权利人同意均不能使用这种受法律保护的权利，否则就构成侵犯专有权的违法行为，须承担相应的法律责任；其次，在一个国家内，一项相同内容的工业产权只能依法授予一个权利人。就发明而言，一项发明的专利权只能授予一个申请人，一旦某人依法取得了专利权，那么其他人就不能就同样的发明再取得相同的专利权。就商标而言，在同种或类似的商品上不能同时注册两个相同或类似的商标。一旦某一商标注册申请人的商标被核准注册，那么其他人就不能在同种或类似商品上再申请注册相同或相近的商标。

（二）地域性

地域性是指知识产权的地域限制，即一国所确认和保护的知识产权，只在该国范围内有效。除签有国际条约或双边协定外，依一国法律所产生的知识产权对其他国家不产生效力，即知识产权没有域外效力。一国的知识产权要在其他国家获得法律保护，必须依照该国的法律向该国申请并经批准后才能实现。

（三）时间性

知识产权的时间性是指知识产权的时间限制，即知识产权的保护是有一定期限的，这也就是知识产权的有效期。一旦法律规定的期限届满，权利人即丧失其专有权，这些智力成果即成为社会财富，任何人都可以无偿地使用。如多数国家法律规定，专利权的保护期限为 20 年，版权的有效期为创作者的有生之年加死后的 50 年，等等。

案例分析

［案情］

2009 年，某市铁路医院退休安教授写了《糖尿病人如何控制血糖》一书，并与某出版社签订了出版合同，出版 3 000 册，其中 2 500 册由出版社负责销售，500 册给安教授用于赠送他人。出版社的 2 500 册很快销售一空，安教授的 500 册暂存在出版社没有领取。

2010 年 3 月，另一城市举办书市，某出版社将安教授的《糖尿病人如何控制血糖》在书市的图书目录上进行了刊登，该市卫生局向某出版社订购300册，出版社于是将安教授暂存的500册，出售300册给了市卫生局。

2010年6月，安教授到出版社领取图书，才发现只有200册，与出版社交涉，出版社补印了300册交付了安教授。安教授将出版社告到法院。

［问题］

出版社侵犯了作者的物权还是知识产权，是由法院民事庭还是由知识产权庭审理此案。存在两种不同的意见：

一种意见认为，应当适用物权法，由法院的民事庭审理此案。理由是出版社将安教授的300册图书擅自出售给市卫生局的行为，侵犯了安教授的物权。《物权法》规定，物权，是权利人依法对特定的物享有直接支配和排他的权利，包括所有权、用益物权和担保物权。《民法通则》规定，财产所有权是指所有人依法对自己的财产享有占有、使用、收益和处分的权利。侵占国家的、集体的财产或者他人财产的，应当返还财产，不能返还财产的，应当折价赔偿。

第二种意见认为，此案应当适用著作权法，由知识产权庭审理此案。出版社擅自出售安教授图书，侵犯了安教授的物权。出版社补印了300册图书，是在安教授未许可的情况下加印的，其行为同时侵犯了安教授的著作权。《著作权法》规定：著作权包括复制权，即以印刷、复印、拓印、录音、录像、翻录、翻拍等方式将作品制作一份或者多份的权利。未经著作权人许可，复制、发行、表演、放映、广播、汇编、通过信息网络向公众传播其作品的，属于侵权行为。出版社既侵犯了安教授的物权同时又侵犯了安教授的知识产权。

［法律依据］

《中华人民共和国著作权法》第二条规定："中国公民、法人或者其他组织的作品，不论是否发表，依照本法享有著作权。"第三条规定："本法所称的作品，包括以下列形式创作的文学、艺术和自然科学、社会科学、工程技术等作品：（一）文字作品；（二）口述作品；（三）音乐、戏剧、曲艺、舞蹈、杂技艺术作品；（四）美术、建筑作品；（五）摄影作品；（六）电影作品和以类似摄制电影的方法创作的作品；（七）工程设计图、产品设计图、地图、示意图等图形作品和模型作品；（八）计算机软件；（九）法律、行政法规规定的其他作品。"

［法律运用及处理结果］

知识产权具有如下特征：首先，知识产权的客体是不具有物质形态的智力成果。这是知识产权的本质属性，是知识产权区别于物权、债权、人身权和财产继承权等民事权利的首要特征。其次，知识产权的权利主体依法享有独占使用智力成果的权利,他人不得侵犯。从本质上讲,知识产权是一种垄断权。正是由于知识产权权利主体能获得法定垄断利益,才使知识产权制度具有激励功能,促使人们不断开发和创造新的智力成果,推动技术的进步和社会的发展。

知识产权法保护的不是智力成果的载体,而是载体上的信息,载体本身属物权法保护的对象。如达·芬奇的名画《蒙拉妮莎的微笑》,画像中人物形态的构思,受知识产权法的保护,画本身的所有权则由物权法来保护。安教授的《糖尿病人如何控制血糖》一书,书是物,而书中的内容才是安教授的智力成果。出版社擅自出售安教授图书,侵犯了安教授的物权;又补印了300册图书,归还了安教授,侵犯安教授物权的行为已经停止。恰是出版社补印的300册图书,是在安教授未许可的情况下加印的,出版社侵犯安教授知识产权的行为才刚刚开始。

知识产权侵权行为是指未经知识产权权利人许可,又无法律依据,擅自行使知识产权权利人的专有权利或妨碍知识产权权利人正常行使权利等损害知识产权权利人合法权益的行为。就其表现形式而言,知识产权侵权行为主要表现为非法行使权利人的专有权,或非法利用权利人的智力成果,如擅自复制他人作品。

民法通则、物权法、知识产权法都属于民事法律。知识产权法属于民法的特别法。按照特别法优与普通法的原则,应当适用知识产权法。笔者同意第二种意见。该案应当适用著作权法,由法院的知识产权庭审理。

[值得注意的问题]

对于财产型纠纷,特别要区分有形财产还是无形财产纠纷,前者适用物权法处理,后者适用相关的知识产权法处理。

(案例来源:110网 http://www.110.com/ziliao/article-188532.html)

第二节 专利法律制度

一、专利、专利权

一般认为专利有三种含义:一是指专利权;二是指取得了专利权的发明创造;三是指专利文献。

专利权是指国家专利主管机关依法授予专利申请人或其权利继受人在一定期间内对其发明创造享有的专有权。专利权意义在于排除他人未经专利权人同意制造、使用、销售、进口利用其拥有专利权的发明制造的产品。专利权不是在完成发明创造时自动产生的,而是需要申请人向国家专利主管机关提出申请,并经审查批准后方可获得。给予发明人以专利权以便其将发明创造提高社会公众分享。通常,法律授予专利权人有限时期(如申请或获得专利时的20年)的独享权。如同其他财产权利,专利权可以买卖、许可、抵押、转让、放弃等。

二、授予专利权的条件

(一)可获得专利(权)的条件

由于专利是根据各国国内法授予创造发明的人,发明人如何取得专利的条件及如何保护专利权人的独占权利,取决于各国的法律规定。根据多数国家法律规定,一般说,一项发明创造要获得专利(权),应符合如下条件:

(1) 属于可授予专利的对象;可授予专利的发明应属于专利法保护的对象。依有关国家法律规定,一些发明一般不给予专利保护,如科学规律的发现、智力活动的规则等;

(2) 发明具有新颖性(至少在某些方面是新颖的);

(3) 发明必须不是显然易见(美国专利法规定)或包含创新之处(欧洲专利法规定);

(4) 发明必须有客观应用性(美国专利法)或可在产业上应用(欧洲专利法)。

(二)中国专利法的规定

根据《中华人民共和国专利法》(以下简称《专利法》),授予专利权的发明和实用新型,应当具备新颖性、创造性和实用性。

1. 新颖性

所谓新颖性是指该发明或者实用新型不属于现有技术;也没有任何单位或者个人就同样的发明或者实用新型在申请日以前向国务院专利行政部门提出过申请,并记载在申请日以后公布的专利申请文件或者公告的专利文件中。这里所称的现有技术,是指申请日以前在国内外为公众所知的技术。原专利法采用的是"相对新颖性标准",根据这个标准,申请发明、实用新型专利权的发明创造没有在国内外公开发表过,也没有在国内公开使用过或者以其他方式为公众所知即为具备新颖性。因此一些没有公开发表过的技术,虽然在国外已经被公开使用或者已经有相应的产品出售,只要在我国国内还没有公开使用或者没有相应的产品出售,就可以在我国被授予专利权,从而导致我国专利质量不高,既不利于激励自主创新,也妨碍了国外已有技术在我国的应用。为此,新《专利法》引进了绝对新颖性标准,取消了现有技术的地域限制。这一重大修改有利于提高我国专利授权的质量,提高我国的自主创新能力。

为保护专利申请人的利益，我国《专利法》规定：申请专利的发明创造在申请日以前六个月内，有下列情形之一的，不丧失新颖性：① 在中国政府主办或者承认的国际展览会上首次展出的；② 在规定的学术会议或者技术会议上首次发表的；③ 他人未经申请人同意而泄露其内容的。

2. 创造性

创造性是指与现有技术相比，该发明具有突出的实质性特点和显著的进步，该实用新型具有实质性特点和进步。这里所谓"实质性特点"是指申请专利保护的发明或实用新型与现有技术相比有本质性的突破，不是现有技术中类似的或推导的东西，而是创造性构思的结果；所谓"进步"是指申请专利保护的发明或实用新型与现有技术相比在技术上必须有所提高，而不能是一种倒退。将创造性作为授予发明或实用新型授予专利权的条件是十分必要的，因为新颖性要求的是"未被公众所知"，但新颖性无技术上的要求，如果仅以新颖性为标准授予专利权，则不利于科学技术的进步。

3. 实用性

所谓实用性，是指该发明或者实用新型能够制造或者使用，并且能够产生积极效果。换言之，发明或者实用新型作为一种技术方案，在目前技术条件下或者至少在可以预见的将来，应当是可以实现并且是可以重复实现的。将实用性作为授予发明或实用新型授予专利权的条件也是十分必要的，因为它集中体现了发明创造的目的。

三、专利法保护及不保护的对象

（一）专利法保护的对象

各国法律对专利法保护的对象、不予保护的对象都加以规定，以下就我国的有关规定加以说明。我国《专利法》的保护对象是发明创造，具体包括发明、实用新型和外观设计。

1. 发明

所谓发明，是指对产品、方法或者其改进所提出的新的技术方案。发明具有三个特点：一是发明中必须包括创新，也就是说与现有技术相比发明应当是前所未有的，并且有一定的进步或者难度。二是发明必须利用自然规律或者自然现象。发明是一种技术方案，而技术是在利用自然规律或者自然现象的基础上发展起来的各种工艺操作方法或者生产技能以及相应的生产工具、物资设备等，所以说，不利用自然规律或者自然现象的不能称为发明。三是发明应当是具体的技术性方案，它能够实施且有一定的效果，还应当具有重复性。发明分为产品发明、方法发明和改进发明三种形式。在我国,发明专利的保护期自申请日起计算为20年。

2. 实用新型

所谓实用新型,是指对产品的形状、构造或者其结合所提出的适于实用的新的技术方案。与发明相比,实用新型虽然也是一种新的技术方案,但它对创造性的要求比较低,授予专利权的程序比较简单、保护期也比较短。在我国,实用新型专利的保护期自申请日起计算为10年。

3. 外观设计

所谓外观设计,是指对产品的形状、图案或者其结合以及色彩与形状、图案的结合所作出的富有美感并适于工业应用的新设计。外观设计要以产品为基础,离开了具体的产品也就不会存在外观设计;外观设计以产品的形状、图案和色彩等作为要素,它是用来追求美感的,并不以追求实用为目的。在我国,外观设计专利的保护期自申请日起计算为10年。

(二)专利法不予保护的对象

我国专利法不仅明确规定了其保护对象,也明确规定了其不予保护的对象。

1.《专利法》第五条的规定

《专利法》第五条第一款规定:"对违反法律、社会公德或者妨害公共利益的发明创造,不授予专利权。"专利权作为一种依法授予的权利,不保护那些违法的或损害社会公共利益的发明创造是顺理成章的事。值得注意的是,新《专利法》在第五条增加规定了一个条款,即"对违反法律、行政法规的规定获取或者利用遗传资源,并依赖该遗传资源完成的发明创造,不授予专利权"。这一规定第一次将遗传资源保护与专利制度挂钩,具有十分积极的意义:一是有利于鼓励和促进遗传资源方面的发明创造和科学技术的发展,进而有利于保护生物多样性;二是有助于限制非法获取我国遗传资源的生物海盗行为;三是有助于保障利用遗传资源的后续利益分享。

2.《专利法》第二十五条的规定

《专利法》第二十五条规定:"对下列各项,不授予专利权:(一)科学发现;(二)智力活动的规则和方法;(三)疾病的诊断和治疗方法;(四)动物和植物品种;(五)用原子核变换方法获得的物质;(六)对平面印刷品的图案、色彩或者二者的结合作出的主要起标识作用的设计。"这是新增加的规定,有利于提高外观设计专利的质量。此外还须注意对于动植物产品的生产方法,可以依法授予专利权。

四、专利权的取得

专利权不是自动产生的,申请人必须依各国国内法提出申请,并经专利审查部门审批后方可被授予专利权。

申请发明或者实用新型专利的，应当提交请求书、说明书及其摘要和权利要求书等文件。

申请外观设计专利的，应当提交请求书、该外观设计的图片或者照片以及对该外观设计的简要说明等文件。申请人提交的有关图片或者照片应当清楚地显示要求专利保护的产品的外观设计。

专利审查部门将依法对申请文件进行审查，包括：

(1) 初步审查。初步审查也叫形式审查，审查部门审查该申请是否符合专利法关于申请形式的要求，包括：审查专利申请文件是否齐备，格式是否符合规定；审查专利申请是否明显属于不授予专利权的范畴等；

(2) 早期公开。收到发明专利申请后，经初步审查认为符合专利法要求的，自申请日起满一定时间(我国为十八个月)，即行公布。也可以根据申请人的请求早日公布其申请；

(3) 实质审查。实质审查是指依照专利法规定的授予专利权的实质性条件，对专利申请进行审查，主要是审查申请专利的发明是否具备新颖性、创造性和实用性。专利审查部门可以根据申请人随时提出的请求，对其申请进行实质审查；申请人无正当理由逾期不请求实质审查的，该申请即被视为撤回；

(4) 授予专利权。发明专利申请经实质审查没有发现驳回理由的，作出授予发明专利权的决定，发给发明专利证书，同时予以登记和公告。发明专利权自公告之日起生效。

实用新型和外观设计专利的审批程序相对简单。根据专利法，实用新型和外观设计专利申请经初步审查没有发现驳回理由的，作出授予实用新型专利权或者外观设计专利权的决定，发给相应的专利证书，同时予以登记和公告。实用新型专利权和外观设计专利权自公告之日起生效。

五、专利权人的权利与义务

(一) 专利权人的权利

1. 独占实施权

发明和实用新型专利权被授予后，除专利法另有规定的以外，任何单位或者个人未经专利权人许可，都不得实施其专利，即不得为生产经营目的制造、使用、许诺销售、销售、进口其专利产品，或者使用其专利方法以及使用、许诺销售、销售、进口依照该专利方法直接获得的产品。外观设计专利权被授予后，任何单位或者个人未经专利权人许可，都不得实施其专利，即不得为生产经营目的制造、许诺销售、销售、进口其外观设计专利产品。

2. 许可实施权

专利权人有权许可他人实施其专利。根据专利法，任何单位或者个人实施他人专利的，应当与专利权人订立实施许可合同，向专利权人支付专利使用费。被许可人无权允许合同规定以外的任何单位或者个人实施该专利。

3. 转让权

专利申请权和专利权可以转让。依中国专利法，转让专利申请权或者专利权的，当事人应当订立书面合同，并向国务院专利行政部门登记，由国务院专利行政部门予以公告。专利申请权或者专利权的转让自登记之日起生效。中国单位或者个人向外国人、外国企业或者外国其他组织转让专利申请权或者专利权的，应当依照有关法律、行政法规的规定办理手续。

4. 标明专利标识权

专利权人有权在其专利产品或者该产品的包装上标明专利标识。标明专利标识，一方面可以起到广告的作用，有助于产品的销售，另一方面也可以使其他人知道这种产品是受到专利保护的，起到警示作用。

（二）专利权人的义务

专利权人的义务主要是缴纳专利年费。根据专利法，专利权人应当自被授予专利权的当年开始缴纳年费。没有按照规定缴纳年费的，专利权将被提前终止。

六、专利权人的权利期限

各国专利法都对专利权人拥有专利权设有期限限制，这期限从3到26年(包括延长时限)不等。1995年生效的《与贸易有关的知识产权协定》要求：世界贸易组织(WTO)的成员方应对专利给予不少于20年的保护期限。该统一性的20年保护标准将鼓励发明创造人更积极地公布其发明创造。

案例分析

[案情]

2000年8月23日，上诉人田某以上诉人瑞德公司侵犯其外观专利权为由，向被上诉人深圳市专利管理处提出专利调处请求，请求责令上诉人瑞德公司立即停止制造、销售侵犯其专利号为 ZL99335943.4 的“双翻盖万年历”外观设计专利产品的行为；责令上诉人瑞德公司赔偿经济损失；责令上诉人瑞德公司在省级报纸上向请求人公开赔礼道歉，消除影响等。被上诉人深圳市专利管理处受理后，于 2000 年 11 月 30 日召集上诉人田兆胜、瑞德公司调查处理。被上诉人深圳市专利管理处经审查后认定：名称为“双翻盖万年历计算器”专利号：ZL99335943.4 外观设计专利的申请日为 1999 年 10 月 21 日，授权日为 2000 年 6 月 24 日，专利权人为田兆胜，现为有效专利。被控侵权的产品样品与田兆胜所获专利的文献图片相比较，二者的每个视图均相同，因此，二者属相同的外观设计。上诉人瑞德公司曾接受深圳创新电子有限公司的委托，由深圳创新电子有限公司提供零件，于 2000 年 5 月 15 日到 2000 年 7 月 24 日生产并向深圳创新电子有限公司交付了 223 764 个上述产品，其中 2000 年 6 月 25 日到 2000 年 7 月 24 日交付了 99 382 个上述产品。被上诉人深圳市专利管理处认为，上诉人瑞德公司接受他人的委托组装加工一种产品并且收取组装加工的费用，已经构成专利法中的“为生产经营的目的制造”行为，侵权事实成立，应当承担相应的责任。据此，被上诉人深圳市专利管理处根据《中华人民共和国专利法》第十一条、第五十九条第二款、第六十条第一款，《广东省专利保护条例》第二十二条、第三十二条的规定，于 2001 年 8 月 20 日作出 2000 深专调字第 22 号专利纠纷案件调处决定：“一、被请求人瑞德电子深圳有限公司停止组装加工“液压台历”产品的行为；二、被请求人向请求人田兆胜支付人民币 129 196.60 元；三、被请求人在深圳市的一家主要报纸上刊登道歉声明；四、驳回请求人的其他请求。”上诉人瑞德公司不服该调处决定，向深圳市中级人民法院提起行政诉讼。

[问题]

本案专利侵权是否成立?

[法律依据]

《中华人民共和国专利法》第十一条第二款规定：“外观设计专利权被授予后，任何单位或者个人未经专利权人许可，都不得实施其专利，即不得为生产经营目的制造、销售、进口其外观设计专利产品。”

[法律运用及处理结果]

本案认定侵权是否成立的问题。2000 年 8 月 25 日修改的《中华人民共和国专利法》第十一条第二款规定：“外观设计专利权被授予后，任何单位或者个人未经专利权人许可，都不得实施其专利，即不得为生产经营目的制造、销售、进口其外观设计专利产品。”本案被上诉人深圳市专利管理处根据将上诉人瑞德公司生产的侵权产品与上诉人田兆胜即专利权人的专利文献图片和专利产品比较属相同的外观设计的事实，认定上诉人瑞德公司构成专利侵权行为是正确的。上诉人瑞德公司以其组装行为是受人委托，其组装的产品归委托人所有为由，主张其未构成对田兆胜侵权，不符合专利法第十一条的规定。笔者认为，一、二审判决上诉人瑞德公司构成专利侵权是成立的。

广东省高级人民法院终审判决认为，被上诉人深圳市专利管理处根据将上诉人瑞德公司生产的侵权产品与上诉人田兆胜即专利权人的专利文献图片和专利产品比较属相同的外观设计的事实，认定上诉人瑞德公司构成专利侵权行为，认定事实清楚、证据充分，原审判决第一项判决维持2000深专调字第22号专利纠纷案件调处决定的第一项、第四项正确，依法应予维持。上诉人瑞德公司上诉认为一审判决认定该公司对上诉人田兆胜构成侵权没有事实根据，理据不足，不予采纳。

[值得注意的问题]

2001年7月1日起经修正后施行的《中华人民共和国专利法》未授予专利管理部门居间裁决专利侵权赔偿纠纷的职权。在新修改的专利法实施后，专利管理部门仍旧适用原专利法有关处理纠纷程序上的规定行使职权，已丧失了法律依据，也将与人民法院依法审判涉及专利的民事纠纷案件及行政案件发生矛盾。

（案例来源：110找法网，http://www.110.com/ziliao/article-37894.html）

第三节　商标法律制度

一、商标、商标权与商标法

商标是指生产者、经营者为使自己的商品或服务与他人的商品或服务相区别，而使用在商品及其包装上或服务标记上的由文字、图形、字母、数字、三维标志和颜色组合，以及上述要素的组合所构成的一种可视性标志。世界知识产权组织将商标定义为：商标是用来区别某一工业或商业企业或这种企业集团的商品的标志。根据《中华人民共和国商标法》（以下简称《商标法》），商标包括商品商标、服务商标、集体商标和证明商标。商品商标是指商品的生产者、经营者为使自己的商品或与他人的商品相区别而使用在商品及其包装上的标志。服务商标是指提供服务的经营者，为将自己提供的服务与他人提供的服务相区别而使用的标志。集体商标是指以团体、协会或者其他组织名义注册，供该组织成员在商事活动中使用，以表明使用者在该组织中的成员资格的标志。证明商标是指由对某种商品或者服务具有监督能力的组织所控制,而由该组织以外的单位或者个人使用于其商品或者服务,用以证明该商品或者服务的原产地、原料、制造方法、质量或者其他特定品质的标志。

商标权是指商标所有人依法对其注册商标所享有的专有权利。我国《商标法》第三条规定:"经商标局核准注册的商标为注册商标,商标注册人享有商标专用权,受法律保护"。商标权属工业产权范畴,具有工业产权的一般特点,即专有性、地域性和时间性。

商标法是指调整因商标的注册、使用、管理及其保护等发生的各种社会关系的法律规范的总称。在我国,商标法有广义和狭义之分。狭义的商标法仅指《商标法》。广义的商标法除《商标法》外,还包括国家有关法律、行政法规和规章中关于商标的规定,如《商标法实施条例》、《商标评审规则》、《驰名商标认定和保护规定》等。我国参加缔结的有关商标权国际保护方面的条约、协定,经批准公布具有国内法效力的,也属于广义的商标法的范畴。

我国《商标法》是1982年8月通过并于1983年3月1日起施行的。1993年《商标法》进行了第一次修正,2001年10月《商标法》完成了第二次修正。目前,我国再次将商标法的修改列入了立法计划。

二、商标权的取得

(一) 商标权的取得方式

商标权的取得方式可分为原始取得和继受取得。原始取得又称直接取得,即以法律规定为依据,具备了法定条件并经商标主管机关核准直接取得商标权。继受取得,又称传来取得,即商标权的取得不是最初产生的,而是以原商标所有人的商标权及其意志为依据,通过一定的法律事实来实现商标权的转移。传来取得又有两种方式:一种是根据商标转让合同,由受让人从出让人处有偿或无偿地取得商标权;另一种是根据继承程序,由继承人继承被继承人的商标权。

(二) 商标注册的原则

我国商标法对商标权的原始取得采用注册原则,《商标法》第三条规定:"经商标局核准注册的商标为注册商标,商标注册人享有商标专用权,受法律保护。"可见商标注册是取得商标权的法定程序。关于商标注册,我国《商标法》确立了以下原则:

1. 申请在先的原则

申请在先原则又称注册在先原则，是指两个或者两个以上的商标注册申请人，在同一种商品或者类似商品上，以相同或者近似的商标申请注册的，初步审定并公告申请在先的商标；同一天申请的，初步审定并公告使用在先的商标，驳回其他人的申请，不予公告。我国《商标法》在坚持申请在先原则的同时，还强调在先申请的正当性，防止不正当的抢注行为。《商标法》明确规定：申请商标注册不得损害他人现有的在先权利，也不得以不正当手段抢先注册他人已经使用并有一定影响的商标。

2. 自愿注册与强制注册相结合的原则

所谓自愿注册原则，是指商标所有人根据自己的需要和意愿，自行决定是否申请商标注册。商标注册人对该注册商标享有专用权，受法律保护；未经注册的商标也能使用，但使用人不享有商标专用权(驰名商标例外)。所谓强制注册原则，是指国家对生产经营者在某些商品或服务上所使用的商标，规定必须经依法注册才能使用。《商标法》第六条规定："国家规定必须使用注册商标的商品，必须申请商标注册，未经核准注册的，不得在市场销售。"目前，我国规定强制性注册的商标有：人用药品(西药、针剂和中成药)和烟草制品(卷烟、雪茄烟和有包装的烟丝)。

(三) 商标注册的条件

1. 商标注册申请人应具备的条件

自然人、法人或者其他组织对其生产、制造、加工、拣选或经销的商品或者对其提供的服务项目，需要取得商标专用权的，应当向商标注册机构申请商标注册。两个以上的自然人、法人或者其他组织可以共同申请注册同一商标，共同享有和行使该商标的专用权。

2. 申请注册的商标应具备的条件

(1) 申请注册的商标应当具备商标的法定构成要素。英国1994年《商标法》规定，申请注册的商标必须是：具有显著的代表性及能够使申请人的产品与别的商人产品得以区别。任何能够将自然人、法人或者其他组织的商品与他人的商品区别开的可视性标志，包括文字、图形、字母、数字、三维标志和颜色组合，以及上述要素的组合，均可以作为商标申请注册。视觉不能感知的音响、气味等商标不能在我国注册。

(2) 申请注册的商标应当具备显著性。使用商标的目的是为了区别不同人的商品或服务，如果一个商标没有显著性，则无法起到区别的作用，因此申请注册的商标应当具备显著性。商标的显著性可以通过两种途径获得：一是标志本身即具备固有显著性，如立意新颖、设计独特的商标；二是通过使用获得显著性，如直接叙述商品质量等特点的叙述性标志经过使用取得显著特征，并便于识别的，可以作为商标注册。

(3) 申请注册的商标不得使用禁用标志。根据英国1994年《商标法》，任何申请注册的商标如有下列情况之一的，其申请将被拒绝：① 标志不具有显著的标志性，如声音、气味等；② 商标没有任何可识别特性；③ 商标的构成仅表明产品或服务的品种、质量、数量、用途、价值、产地、产品的生产时间、服务的提供者，或者产品或服务的其他特点的；④ 商标仅由流行习语，或仅表明诚信和商业习惯构成；⑤ 商标侵犯公共道德和良俗；⑥ 商标使用法律规定禁用标志的；⑦ 恶意注册的商标。

我国《商标法》第十条规定："下列标志不得作为商标使用：(一) 同中华人民共和国的国家名称、国旗、国徽、军旗、军徽、军歌、勋章相同或者近似的，以及同中央国家机关的名称、标志所在地特定地点的名称或者标志性建筑物的名称、图形相同的；(二) 同外国的国家名称、国旗、国徽、军旗相同或者近似的，但经该国政府同意的除外；(三) 同政府间国际组织的名称、旗帜、徽记相同或者近似的，但经该组织同意或者不易误导公众的除外；(四) 与表明实施控制、予以保证的官方标志、检验印记相同或者近似的，但经授权的除外；(五) 同"红十字"、"红新月"的名称、标志相同或者近似的；(六) 带有民族歧视性的；(七) 带有欺骗性的，容易使公众对商品的质量等特点或者产地产生误认的；(八) 有害于社会主义道德风尚或者有其他不良影响的。(九) 县级以上行政区划的地名或者公众知晓的外国地名，不得作为商标。但是，地名具有其他含义或者作为集体商标、证明商标组成部分的除外；已经注册的使用地名的商标继续有效。"

《商标法》第十一条规定："下列标志不得作为商标注册：(一) 仅有本商品的通用名称、图形、型号的；(二) 仅仅直接表示商品的质量、主要原料、功能、用途、重量、数量及其他特点的；(三) 缺乏显著特征的。前款所列标志经过使用取得显著特征，并便于识别的，可以作为商标注册。"《商标法》第十二条规定："以三维标志申请注册商标的，仅由商品自身的性质产生的形状、为获得技术效果而需有的商品形状或者使商品具有实质性价值的形状，不得注册。"

(4) 申请注册的商标不得侵犯他人现有的在先权利或合法利益。包括：① 申请注册的商标，同他人在同一种商品或者类似商品上已经注册的或者初步审定的商标相同或者近似的，由商标局驳回申请，不予公告。② 就相同或者类似商品申请注册的商标是复制、摹仿或者翻译他人未在中国注册的驰名商标，容易导致混淆的，不予注册并禁止使用。就不相同或者不相类似商品申请注册的商标是复制、摹仿或者翻译他人已经在中国注册的驰名商标，误导公众，致使该驰名商标注册人的利益可能受到损害的,不予注册并禁止使用。③ 未经授权,代理人或者代表人以自己的名义将被代理人或者被代表人的商标进行注册,被代理人或者被代表人提出异议的,不予注册并禁止使用。④ 不得以不正当手段抢先注册他人已经使用并有一定影响的商标。⑤ 不得侵犯他人的其他在先权利,如外观设计专利权、著作权、肖像权、商号权、奥林匹克标志专有权、知名商品特有名称、包装、装潢专用权等。

三、商标权的内容

英国 1994 年《商标法》第 9 节确认了商标权人的商标专有权。未经商标权人同意,任何人不能实施其专有权;对于共同商标,每个共同商标权人可以不经其他商标权同意,实施商标专用权,但对于共同商标权人以外的第三人使用其共同商标,必须取得各商标权人的同意。第 14 节规定,商标所有人可授权对其注册商标的被侵权可以起诉商标侵权人。我国《商标法》规定,商标所有人拥有以下权利:

1. 专用权

商标专用权,是指商标权人对其注册商标依法所享有的独占使用权。根据我国《商标法》,注册商标的专用权,以核准注册的商标和核定使用的商品为限。这个范围是严格限定的,法律不允许商标权人擅自改变注册商标或将注册商标用到核定商品以外的其他商品上。

2. 禁止权

禁止权是指商标权人依法享有的禁止他人未经许可而使用其注册商标和与之相近似的商标的权利。禁止权的范围不仅包括核准注册的商标和核定使用的商品,而且还扩大到核准注册商标的近似商标及核定使用商品的类似商品上,从而形成商标权人专用权与对他人的禁止权不完全一致的情况。禁止权的范围大于商标专用权是必要的,只有这样才能对商标专用权进行有效的保护,因为不同人在同一种商品或类似商品上使用与注册商标相同或近似的商标都有可能造成商品来源的误认。

3. 许可权

许可权是指商标权人依法享有的通过签订商标使用许可合同许可他人使用其注册商标的权利。许可人应当监督被许可人使用其注册商标的商品质量。被许可人应当保证使用该注册商标的商品质量。经许可使用他人注册商标的,必须在使用该注册商标的商品上标明被许可人的名称和商品产地。商标使用许可合同应当报商标局备案。

4. 转让权

商标转让权是指商标权人依法享有的将其注册商标依法定程序和条件,转让给他人的权利。根据我国《商标法》，转让注册商标的，转让人和受让人应当签订转让协议，并共同向商标局提出申请。受让人应当保证使用该注册商标的商品质量。转让注册商标经核准后，予以公告。受让人自公告之日起享有商标专用权。

5. 续展权

续展权是指商标权人在其注册商标有效期届满时，依法享有申请续展注册，从而延长其注册商标保护期的权利。注册商标的有效期为10年，自核准注册之日起计算。注册商标有效期满，需要继续使用的，应当在期满前六个月内申请续展注册；在此期间未能提出申请的，可以给予六个月的宽展期。宽展期满仍未提出申请的，注销其注册商标。每次续展注册的有效期为10年。续展注册经核准后，予以公告。

6. 标示权

标示权是指商标权人依法享有的标明"注册商标"或者注册标记的权利。

四、商标权人的义务

根据我国有关法律规定，商标所有人应承担以下义务：

（一）缴费义务

根据国务院工商管理主管部门的有关规定，商标所有人申请商标注册及从事其他商标事务时，应缴纳相应的费用。

（二）保持义务

未经授权，商标所有人不能擅自改变任何有关其注册商标的文字或设计、图形、数字、三维图形或其联合；不能擅自改变注册人的名称、地址或任何其他有关商标注册事项；未经认可，不能擅自转让注册商标。

（三）使用实施义务

商标权人应该实施其注册商标。他不能连续三年不实施其注册商标；没有正当理由连续三年不使用的，他人可以向商标局申请撤销该注册商标。

（四）保证义务

商标权人应该保证使用其注册商标的产品的质量。

案例分析

[案情]

1980年7月，天津狗不理包子饮食（集团）公司（简称狗不理包子饮食公司）取得中华人民共和国工商行政管理局第138850号狗不理牌商标注册证。1991年1月7日，被告高渊与被告黑龙江省哈尔滨市天龙阁饭店（简称天龙阁饭店）法定代表人陶德签订合作协议一份。1991年3月，被告天龙阁饭店开业后，即在该店门上方悬挂"正宗天津狗不理包子第四代传人高耀林、第五代传人高渊"为内容的牌匾一块，并聘请高渊为该店面案厨师。该店自1991年3月起经营包子。

［问题］

本案涉及商标的侵权与正当使用的问题，高渊作为"狗不理"包子创始人高贵友的第五代传人，这是其个人身份，是否可以由高渊享有正当表述的权利？

［法律依据］

《商标法》第五十七条规定："有下列行为之一的，均属侵犯注册商标专用权：（一）未经商标注册人的许可，在同一种商品上使用与其注册商标相同的商标的；（二）未经商标注册人的许可，在同一种商品上使用与其注册商标近似的商标，或者在类似商品上使用与其注册商标相同或者近似的商标，容易导致混淆的；（三）销售侵犯注册商标专用权的商品的；（四）伪造、擅自制造他人注册商标标识或者销售伪造、擅自制造的注册商标标识的；（五）未经商标注册人同意，更换其注册商标并将该更换商标的商品又投入市场的；（六）故意为侵犯他人商标专用权行为提供便利条件，帮助他人实施侵犯商标专用权行为的；（七）给他人的注册商标专用权造成其他损害的。

［法律运用及处理结果］

哈尔滨市香坊区人民法院经审理认为，两被告签订合作协议和制作、悬挂上述牌匾的行为，是宣传"狗不理"创始人高贵友的第四代和第五代传人高耀林和高渊的个人身份，均不是在包子或者类似商品上使用与原告注册商标相同或者近似的商标、商品名称或商品装潢。故原告认为两被告侵犯其注册商标使用权证据不足。

狗不理包子饮食公司不服第一审判决，提出上诉。哈尔滨市中级人民法院经审理认为，本案事实清楚，判决驳回上诉，维持原判决。

狗不理包子饮食公司仍不服，以天龙阁饭店和高渊已经构成商标侵权为理由，向黑龙江省高级人民法院申请再审。

黑龙江省高级人民法院经审理查明，原一、二审法院认定的事实基本清楚。另查明，原审被上诉人天龙阁饭店门上方悬挂的牌匾中间大字是"天津狗不理包子"，上是"正宗"下是"第四代传人高耀林、第五代传人高渊"均为小字，未悬挂天龙阁饭店牌匾。原审上诉人天津狗不理包子饮食公司于1980年7月已经取得国家工商局商标注册证；1993年3月1日，国家工商局又批准该商标续展10年。在本案审理期间，经委托国家工商局鉴定，认为天龙阁饭店和高渊签订合作协议和制作、悬挂前述牌匾已经构成了商标侵权。

黑龙江省高级人民法院认为："狗不理牌"商标是原审上诉人狗不理包子饮食公司在国家工商局注册的有效商标，依法享有专有权并受法律保护。原审被上诉人高渊虽自称为狗不理包子创始人的后代，但其不享有"狗不理"商标的使用权，原审被上诉人天龙阁饭店和高渊制作并悬挂牌匾，是为了经营饭店，不是为了宣传"狗不理"包子的传人。因此，天龙阁饭店未经狗不理包子饮食公司的许可，擅自制作并使用"狗不理"商标，属于《商标法》第五十七条第二款规定的"未经商标注册人的许可，在同一种商品上使用与其注册商标近似的商标"的侵权行为，构成对狗不理包子饮食公司的商标专用权的侵害，依照《民法通则》第一百三十四条第一款第(一)、(七)、(十)项的规定，天龙阁饭店和高渊应当停止侵害、赔礼道歉，并赔偿因此给狗不理包子饮食公司造成的损失。原判决对天龙阁饭店和高渊的行为性质认定属适用法律不当，应予纠正。1994 年 12 月 28 日判决：

一、撤销哈尔滨市中级人民法院(1993)哈经终字第 295 号民事判决和哈尔滨市香坊区人民法院(1993)香经初字第 37 号民事判决；

二、天龙阁饭店和高渊停止对狗不理包子饮食公司注册商标的侵权行为，自本判决生效之日立即摘掉悬挂于天龙阁饭店门前的牌匾并予以销毁；

三、天龙阁饭店和高渊于本判决生效之日起 30 日内在哈尔滨市级以上报纸上刊登赔礼道歉的声明，声明的内容由法院审定，其费用由天龙阁饭店和高渊负担。

四、天龙阁饭店和高渊因侵犯商标专用权应赔偿狗不理包子饮食公司 44 800 元。此项赔偿为连带责任，于判决生效 10 日内偿付，逾期按民事诉讼法第二百三十二条执行。

一、二审案件受理费 7 380 元由天龙阁饭店和高渊共同负担。

[值得注意的问题]

天龙阁饭店和高渊制作并悬挂牌匾，是为了经营饭店，不是为了宣传"狗不理"包子的传人。而且，"狗不理牌"商标是狗不理包子饮食公司在国家工商局注册的有效商标，依法享有专有权并受法律保护。如果"狗不理"被使用在饭店的牌匾上，就会造成消费者的混淆，导致误认，并最终损害商标权人的利益。

另外，2013 年《商标法》再作修改，该案法院审理时的法律条款为原《商标法》的条款，这是应该注意的。

（案例来源：110 法律咨询网，www.110.com/ziliao/article-27137.html）

第四节 版权及其他知识产权法律制度

一、版权制度

（一）版权的概念

版权是个法律概念，指政府授予原创作品创作者对其作品进入公众领域一定时间内的一种独占权利。顾名思义，它是一种“复制”(copy)的权利，包括给予版权持有人决定谁可以采取其他形式使用其作品、谁可以演出其作品、谁可以从其作品中获得财务收益的权利，以及其他相关的权利。版权是知识产权的种类之一（和专利、商标、商业秘密等共同构成“知识产权”）。

版权发端于15世纪。米兰公爵于1481年首次签署了著名的独占印刷历史作品的许可。类似的许可同期在德国、法国、意大利和西班牙也出现。随后，在1534年，英国出版商首次获得皇家特许的保护；到1556年，英国女王玛丽一世为了在迫害新教徒的过程中控制舆论，批准成立了“出版商公司”，并进而规定一切图书在出版前都必须送官方审查，同时必须在该公司登记注册。这是版权产生的第一阶段。在这一阶段，现代使用的“版权”这一概念尚未真正形成。有关的权利的专有性及地域性仅仅反映在“出版权”上，且仅是君主赐予的一种特权。

英国资产阶级革命后，要求废除君主封建特权的呼声不仅反映在处理有形财产方面，而且扩大到处理无形财产（包括知识产权）方面。这种情况下，英国下院于1709年通过了世界上第一部版权法（因当时为英国女王安娜在位，故称《安娜法》）。这部版权法的特点是：① 第一次确认了“作者”是法律保护的主体；② 规定了给予作品自出版之日起21年的保护期，如果作者尚未过世，还可以续展14年。这两个特点，使现代含义的“版权”真正形成。1793年法国颁布第一部版权法。这部法律强调作者个人的权利，提出：版权法保护的不仅是作者的经济权利，而且是作者的精神权利。今天，多数国家的版权法都同时承认作者的精神权利与经济权利。

（二）版权法保护的对象

版权同专利权一样，都是专有权，即非经权利人的许可，其他人不得加以利用。但版权保护的仅仅是作品的独创的“表达形式”，而不延及作品反映的实质内容。美国1976年《版权法》即规定：“对某一作品的版权保护，在任何情况下都不能扩大到该作品所描述的任何思想、程序、过程、操作法、概念或原则上。”版权保护的对象大致包括：

(1) 以语言文字表达的作品。包括著作、小册子、文章、手稿、打印稿、演讲、布道、讲学，等等；

(2) 音乐作品；

(3) 戏剧作品；

(4) 艺术作品。包括平面艺术，如绘画、摄影，也包括立体艺术作品，如雕塑；

(5) 哑剧及舞蹈作品；

(6) 图示、图解：

(7) 电影作品；

(8) 电视、广播作品；

(9) 录音、录像制品；

(10) 印刷版面。

上面的十个类别，只是就一般而言。有的国家版权保护的面可能再宽一些，有的国家则规定窄一些，如在有些国家，后面 4 种都不是传统版权保护的作品，而是属于版权"邻接权"所保护的对象。另外，对于上述各类中包括的具体内容，各国法律规定也有所不同。例如，演说、讲学等，是否一定要以某种物质形式体现出来(如体现在录音带、打字记录里等)，才能得到版权保护？多数国家是有这样的要求，但也有国家规定，没有稿子或记录的即席演讲，也受版权保护；又如，一般单纯报道时事的新闻，一般国家都不受版权保护，但如果报道中加了记者的评论，或加了记者对其中某些事实的特写，那就不属于纯新闻，就要受到版权保护了。

(三) 版权权利

版权所有人所享有的权利，分为经济权利和精神权利两大类：

1. 经济权利

指占有版权以便取得某些经济收益的权利，包括：

(1) 复制权。包括复印、复写、出版、录音、录像，等等；

(2) 改编、改写权，也称"演绎权"，包括翻译，将一种形式的作品改为另一种形式，如将小说改为电影剧本，将小说改为连环画，等等；

(3) 发行权。图书的出售、出租、电影的发行，等等；

(4) 公演权；

(5) 广播权；

(6) 公开展出权；

(7) 追续权。

追续权是仅作者本人(或版权的继承人)有权享受的。它指艺术品的原件而不是复制品(有时也包括名作家的文字作品原稿),在被再次出售时(即并非从作者手中,而是从原买主手中出售给第三者),原作者仍旧有权从出售的利润中取得一定的版税。这项权利在法国、德国、意大利等国受到保护,英国、美国等国法律未予承认。

2. 精神权利

版权的精神权利只有作者才能享有,而“其他版权所有人”则不能享有。精神权利也不能转让。精神权利可以不依赖经济权利而存在,在经济权利转让后,作者还保有着精神权利。精神权利一般包括:

(1) 出版权;

(2) 署名权;

(3) 保证作品内容完整权;

(4) 更改权,或叫“收回权”。

这里的“出版权”与经济权利中的“出版权”有所不同,它指作者有权决定自己的作品是否出版,采取什么形式出版,有权介绍和说明自己的作品;“署名权”指作者有权确认自己系某作品的作者,有权在自己的作品上署名以表明作者资格,有权署真名、假名或笔名,也有权不署名发表自己的作品,还包括有权禁止未参加作品创作的其他人在作品上署名;保证作品完整权,即禁止他人未经作者允许而增删或修改其作品;更改权则指在作品发表后,如果作者改变了原观点,有权收回原作,但应赔偿出版者因此而产生的经济损失。

(四) 版权的取得

在建立版权制度的国家中,作品获得版权保护的有以下四种不同形式:

(1) 自然获得,即版权随着作品被创作完毕而自然产生,不需要履行任何手续。自然获得并不是说获得版权不需要任何条件,自然获得一般都有个先决条件,即作者必须是取得版权的“合格人”。“合格人”是指:本国国民,或虽非本国国民但在本国长期居留的人;作品的第一版在本国出版的外国人。

(2) 作品必须体现在有形物上,才能获得版权。

(3) 发表的作品必须带有一定标记,才能获得版权。有许多国家虽然对于未发表的作品,承认其创作完毕后即享有版权,但对已发表的作品,却又要求必须带有一定标记才能获得版权,否则一发表就被视为“进入公有领域”,永远丧失版权。这里的“一定标记”一般包括三项内容:版权标记(文字作品上使用”c”,录音录像作品使用“R”);版权所有人姓名,有关的出版年份。

(4) 发表的作品只有履行注册手续后，才能获得版权。在西班牙及多数拉丁美洲国家，法律规定已发表的作品必须在一定时间内（半年至 2 年内）在政府的管理部门注册，否则就被视为“进入公有领域”。为了避免与国际公约不一致，这些国家都在版权法中补充规定这种注册要求不适用于在国外发表的作品。

（五）版权保护期限

版权的保护期限一般比专利保护期长，比商标保护期短（注册商标科无限制地续展）。不同国家法律规定的保护期限并不一致。即便在同一国家，对于不同作品，保护期限也是不一样的，文字作品的保护期限长些，摄影作品、印刷版面之类的保护期限就短些。对于文字作品，不同国家所规定的保护期限差别很大，长的可达作者有生之年加死后 80 年，短的一般也不会少于有生之年加死后 20 年。

版权保护期限在有些国家可通过法案予以延长，有些国家的特殊情况下，还可能是无限长的，在另一些特殊情况下又可能提前结束保护期，如作者宣布将作品献给公众或版权所有人死后既无遗嘱，又无法定继承人（对于后一种情况，有些国家将版权收归国有）。

二、秘密技术保护制度

（一）“Know-How”（秘密技术）的含义

“Know-How”一词，除称为“秘密技术”、“技术秘密”外，也有译为“专有技术”、“技术诀窍”甚至直接称为“商业秘密”的。“Know-How”的“专有权”方面，同专利权、商标权、版权基本是一样的，但可称为“专有技术”的“技术”，可分为专利技术（即公开技术）与秘密技术两种，“Know-How”属“秘密技术”；而在“秘密技术”中，除“Know-How”外，还经常提到“Trade-Secret”一词，按字面可以把它译为“商业秘密”，但它的全部含义并不仅仅是指经营商业活动的秘密，而且还指那些可以付诸生产、经营性使用、并能产生利润的专有的、秘密的技术。目前，许多国家在技术贸易中以“Know-How”统一称“秘密技术”，如日本美国等国，但也有一些国家（如英国）仍然把“Know-How”与“商业秘密”作某些区分。

国际上，《与没有有关的知识产权协定》要求，世界贸易组织的成员应该保护《协定》所称的“未公开信息”（undisclosed information），即自然人和法人必须采取合法措施防止这种信息未经持有人同意，违反商业诚信规则，公开、获取、使用该类信息，只要这种信息是秘密的、有商业价值的并受到该信息拥有人采取合理措施予以保护的。“Know-How”应属于该类“未公开信息”之一。

（二）"Know-How"（秘密技术）的特点

国际上通常会将"Know-How"列入无形财产范畴，归到知识产权系列。"Know-How"与知识产权中的专利、商标、版权、商业秘密有一些相同之处，也有明显的区别，以下将它与专利、商业秘密的区别加以说明，以显其特点：

1. "Know-How"与"专利"的不同

（1）专利通常受到专门成文立法（专利法）的保护，而"Know-How"不受专利法的保护，它依据当事人之间的合同、侵权法律及其他有关法律规则进行保护；

（2）专利技术是公开的。"patent"（专利）一词无论在英语还是拉丁语中，都是"公开"的意思，把技术内容公开出来，是取得专利必不可少的条件，"以公布技术作为换取外界对某人的专有权的承认"；而"Know-How"是不公开的技术，一般受商业秘密法保护；

（3）专利的获得必须经权威部门的审查批准，确定其为先进技术才能获得，而"Know-How"无需审批，"Know-How"建立在长期的经验基础上，由实践积累形成；

（4）专利的法律性效力有时间与地域限制，"Know-How"的效力方面则只要不泄密，其效力是永久的。

2. "Know-How"与"商业秘密"的主要区别

（1）它们出现的时间及历史背景不同。"Know-How"在西方国家最初是人们对中世纪作坊中师傅向徒弟传授的手艺的统称，它作为书面用语也出现较早，但作为法律用语出现在判例里则比较迟；"商业秘密"则从一开始就继承了古已有之的靠保密维持专有的方式，作为法律意义上对专利制度补充而出现的。它首先（1849 年）在英国判例中出现。可见，"Know-How"作为法律用语的历史比商业秘密短得多；

（2）商业秘密一般指独成一体的或一整套的专有的秘密技术，即使发明人不打算拿它去申请专利，它本身也可能具有可以获得专利的性质；而"Know-How"则一般不指那些独立的技术，它必须依附于某项专利，或依附于某项商业秘密，作为实施主要技术时所必备的经验性技巧而存在。

案例分析

[案情]

上诉人（原审被告）：广州某电子钟表厂。

被上诉人（原审原告）：日本某株式会社。

日本某株式会社于2000年9月14日向某市中级人民法院起诉称，其系“奥特曼”(ULTRAMAN)影像作品的著作权人，并对在中国境内制作、生产、销售和播放的“奥特曼”作品或产品拥有完全的著作权。广州某电子钟表厂在没有得到该社任何授权和许可之情况下，采用“奥特曼”的外观形象，擅自生产、销售“天美时”牌闹钟，其行为严重侵犯了该社的著作权，给该社造成了巨大的经济损失，故请求法院：1. 判令该钟表厂立即停止侵权；2. 判令该钟表厂在《南方日报》、《广州日报》或《羊城晚报》登报向该社赔礼道歉；3. 判令该钟表厂赔偿该社经济损失人民币30万元，赔偿该社因起诉而支付的必要费用人民币3万元；4. 判令该钟表厂承担本案的诉讼费用。

一审法院查明：原告日本某株式会社系日本国一家从事提供制作电影及承包电影制作等业务的公司。自1966年开始，原告陆续制作、播放了“奥特曼”系列影像作品。在这些系列影像作品中，原告创作了科幻英雄人物“奥特曼”(ULTRAMAN)形象。其主要特征为：头部为头盔形，两眼突起呈椭圆形，两眼中间延至头顶部有突起物，无眉，无发，有嘴，方耳。

2000年3月1日，原告在被告某钟表厂处购买到“天美时”牌白色闹钟1只。白色闹钟的外观为人物造型，其人物的头部特征与奥特曼形象相近，且白色闹钟的包装盒的正面和后面印有奥特曼简笔漫画形象，并标注 TSUBURAYA PROD. ULTRACOM，INC. ULTRAMAN，包装盒的左面和右面印有一圆形图案，图案的中间为奥特曼简笔漫画形象，图案的外环由 HERO ULTRAMAN M78 文字组成。银灰色闹钟与白色闹钟情况大致相同。另查明，原告为本案支付律师费人民币12 500元。还查明，原告的英文译名缩写为 TSUBURAYA PROD.。一审庭审后，原告表示放弃要求被告赔偿在日本为本案所花的公证费、鉴证费、认证费及交通费。

[问题]

广州某电子钟表厂是否侵犯日本某株式会社著作权？

[法律依据]

《著作权法》第二条第三款规定：“外国人在中国境外发表的作品，根据其所属国同中国签订的协议或者共同参加的国际条约享有的著作权，受本法保护。”

《著作权法》第五十二条的规定：“本法所称的复制，指以印刷、复印、临摹、拓印、录音、录像、翻录、翻拍等方式将作品制作一份或者多份的行为。按照工程设计、产品设计图纸及其说明进行施工、生产工业品，不属于本法所称的复制。”

《伯尔尼公约》第5条之1规定：“根据本公约得到保护作品的作者，在除作品起源国外的本联盟各成员国，就其作品享受各该国法律现今给予或今后将给予其国民的权利,以及本公约特别授予的权利。”

《伯尔尼公约》第9条之1规定:“受本公约保护的文学艺术作品的作者,享有授权以任何方式和采取任何形式复制这些作品的专有权利。”

[法律运用及处理结果]

一审法院认为,原告日本某株式会社系日本国法人,其制作的“杰克·奥特曼”影像作品虽发表于中国境外,但日本国与中国都是《伯尔尼保护文学和艺术作品公约》(下称《伯尔尼公约》)的成员国,1990年《中华人民共和国著作权法》第二条第三款规定:“外国人在中国境外发表的作品,根据其所属国同中国签订的协议或者共同参加的国际条约享有的著作权,受本法保护。”按照该公约第5条之1所规定的原则,作者圆谷会社在作品起源国以外的该公约成员国中享有各该国法律给予其国民的权利。该公约第2条之1明确了文学艺术作品的范围包括文学、科学和艺术领域内的一切成果,不论其表现形式或方式如何。“杰克·奥特曼”系原告制作的影像作品,该影像作品中的主人公“杰克·奥特曼”的形象与一般人有显著区别,主要表现在其头部特征方面,是其独创性所在,因此,原告对其创作的“杰克·奥特曼”形象的独创设计符合该公约文学艺术作品的条件,可以作为一种艺术作品,依据该公约规定享有著作权并受我国著作权法的保护。

将被告制造、销售的被控侵权的超人闹钟与原告的“杰克·奥特曼”作品的人物造型相比较,该被控侵权的超人闹钟的人物造型包含了原告“杰克·奥特曼”作品独创性的主要特征。被告主张其制造、销售的被控侵权的超人闹钟是自行设计制造的,其提交的二张超人闹钟与原告的“杰克·奥特曼”形象的电脑比较图,不能证明是原告独立创作的智力成果。关于被告辩称原告的作品系文学艺术作品还是工业产品,不构成对原告作品的复制的问题,原告设计的“杰克·奥特曼”形象,不论出现在影像作品中,还是出现在印制的宣传图上,均为平面作品,而被控侵权的超人闹钟是既有实用性又有艺术性的立体艺术工业品,依照我国1990年著作权法第52条的规定“本法所称的复制,指以印刷、复印、临摹、拓印、录音、录像、翻录、翻拍等方式将作品制作一份或者多份的行为。按照工程设计、产品设计图纸及其说明进行施工、生产工业品,不属于本法所称的复制。”因此,从平面到立体不是我国著作权法所指的复制。但由于《伯尔尼公约》第九条之1规定了“受本公约保护的文学艺术作品的作者,享有授权以任何方式和采取任何形式复制这些作品的专有权利。”与上述规定相反。本案系涉外民事案件,根据我国《民法通则》第142条第2款的规定,我国缔结或者参加的国际条约同我国的民事法律有不同规定的适用国际条约的规定,我国声明保留的条款除外。据此认定被告制造、销售的被控侵权的超人闹钟构成对原告设计的“杰克·奥特曼”形象的复制。被告无证据证明其复制得到原告的许可,应认定被告制造、销售的被控侵权的超人闹钟构成对原告设计的“杰克·奥特曼”作品的侵权。

一审法院作出如下判决:① 被告广州某电子钟表厂立即停止制造、销售侵害原告享有的“杰克·奥特曼”作品著作权的“天美时”超人闹钟;② 被告广州某电子钟表厂在本判决发生法律效力之日起10日内一次性赔偿原告某经济损失人民币3万元;③ 被告某电子钟表厂在本判决发生法律效力之日起10日内赔偿原告为本案所支付的律师费人民币12 500元。

[值得注意的问题]

本案著作权人系日本国法人,影像作品“杰克·奥特曼”亦首次发表于中国境外,本案属于涉外知识产权纠纷案件。知识产权具有地域性,这一属性排除了外国法的适用,而国际条约的适用则经常地大量地遇到。我国与日本国均系《伯尔尼公约》的成员国,该公约是成员国为了“尽可能有效、尽可能一致地保护作者对其文学和艺术作品所享有权利”的协议,属于国际私法条约,可以在裁判文书中适用。一审判决根据我国1990年著作权法第二条第三款、《伯尔尼公约》第2条之1及第5条之1的规定,认定圆谷会社设计的“杰克·奥特曼”形象应予保护是正确的。适用国际条约的结果,可能出现对涉外知识产权保护的水平和措施不同于我国知识产权法律规定的情况,这是不奇怪的。随着我国加入世界贸易组织,对包括著作权在内的知识产权保护,在保护的水平及执法的措施等方面,都要因应国际社会的要求,近年来我国立法机关先后对《著作权法》、《专利法》、《商标法》进行修改,就反映了这一趋势。但是,这并不意味着人民法院审理涉外知识产权案件可以直接适用世界贸易组织协议。因为世界贸易组织协议是调整成员方政府与政府之间的经济贸易关系。

(案例来源:110找法网,作者单位:广东省高级人民法院民三庭
http://www.110.com/ziliao/article-57015.html)

第五节 国际技术转让法律制度

一、国际技术转让的概念、种类

(一) 国际技术转让的概念

根据《联合国国际技术转让行动守则(草案)》的规定:技术转让是指转让关于制造一项产品、应用一项工艺或提供一项服务的系统知识,但不包括只涉及货物出

售或只涉及货物出租的交易。广义上，技术转让（Technology transfer），是指拥有技术的一方，通过某种形式（如学术交流、技术考察、人员往来或贸易等）把某项技术转移给另一方的使用行为。如果此项技术转让或转移是在不同国家的当事人之间进行的，即为“国际技术转让”（International Technology transfer）。

国际技术转让分为有偿转让与无偿的技术转让。有偿的国际技术转让往往是转让方和受让方通过国际贸易（国际技术贸易）形式进行的。国际技术贸易是不同国家供方和受方之间按照一定商业条件，以制造某项产品、应用某项工艺或提供某项服务的系统知识等使用权作为标的，进行的交易行为。

《中华人民共和国技术进口合同管理条例》第二条对技术转让定义是：“本条例所称技术进出口，是指中华人民共和国境外向中华人民共和国境内，或者从中华人民共和国境内向中华人民共和国境外，通过贸易、投资或者经济技术合作的方式转移技术的行为。本条款行为包括专利技术转让、专利申请权转让、专利实施许可、技术秘密转让、技术服务和其他方式的技术转移。”

（二）国际技术转让的种类

国际技术转让主要有三种类型：一是非商业性的技术转让，主要是指两国政府间以技术援助方式进行的技术转让；二是商业性的技术转让，即通过政府机构或自然人、企业按商业条件进行的技术转让，这是我们通常所说的国际技术贸易；三是技术作为资本进行的跨国投资，在国际直接投资中，投资方以自己的技术作为股权投资于合资企业、合作企业或独资企业中。目前，国际上的技术转让大多数是通过技术贸易和直接投资方式进行的。

国际技术贸易的对象主要涉及四大类：一是享有工业产权的技术，如发明专利、商标、实用新型与外观设计；二是当受版权保护的技术，如计算机软件和集成电路设计等；三是无工业产权的技术，主要指“Know-How”，其主要内容通过图纸、技术说明书、设计方案、技术示范（Show-how）以及口头传授的经验等；四是技术服务。

二、国际技术贸易的特点

与一般货物贸易不同，国际技术贸易有以下特点：

（一）技术贸易的标的不是有形的商品，而是无形的技术知识

在具体业务中，除单纯的技术知识交易外，也往往包含有作为技术转让中组成部分的机器设备等，通常把前者称为软件（software），把后者称为硬件（hardware），两者在交易中可以结合在一起。如果交易只涉及机器设备等，不带有任何无形技术知识，这不属于技术贸易，而是一般的货物贸易；

(二) 技术贸易转让的往往是技术的使用权,不转让所有权

在一般货物贸易中,买方购买商品即取得货物的所有权,但技术贸易则不同,技术受让方进口某项技术后,并不当然取得该技术的所有权,而仅仅是取得了在一定期限内该技术的使用权、制造产品权和销售产品权。

(三) 技术贸易中的接受提供方获得的经济效益比一般货物贸易大、时间要长,可以多次转让

技术不同于有形商品,而是一种不经再生产过程而可多次转让的特殊"商品",这一特性,使技术贸易的经济效益比一般货物贸易要高。

(四) 技术贸易和一般货物作价方法不同

国际技术贸易的价格和一般货物贸易的价格构成存在着原则区别。一般商品的价格是一种相对固定的价格,是商品的生产成本加一定的利润,而技术贸易的价格(技术使用费)则是采取一种以技术受让方所能得到的经济效益,作为函数的变量计算的。技术的价格并不等于该技术的研发费用加上所有方所预期的利润,当然,技术定价中,研发成本仍然是考虑的因素之一。

(五) 政府对技术贸易通常实施严格的管理

国际技术贸易不仅涉及交易双方的利益,而且与一个国家的战略部署和国民经济的发展有着密切的关系。因此,许多国家特别是发展中国家都采取立法与行政手段加强对技术贸易的管理与干预,以维护本国的政治、经济利益,如规定技术转让必须呈报政府主管部门审查、登记或批准后才能生效,对尖端技术的出口进行严格的控制措施等。

(六) 国际技术贸易合同比一般货物贸易合同周期长

一般货物贸易,从磋商签约到合同履行完毕,短则 3、4 个月,长则半年、1 年,即便是通过出口信贷项目下的货物买卖合同,最多不过 2、3 年,但技术贸易合同则往往都是连续性较强的长期性合同,通常期限在 1 年以上。

(七) 国际技术贸易合同条款比一般货物贸易合同复杂

技术贸易合同除了含有基本合同条款外,往往还涉及投资、外贸、价格、税收、外汇管理、劳动管理等问题,如果是涉及专利许可的合作合资经营合同,还可能要涉及土地使用、工程建设、保险、经营管理、零部件和原材料来源、动力和燃料供应、软件设备采购、产品销售等问题,而一般货物贸易则不涉及上述问题。

三、国际技术贸易方式

国际技术贸易的方式较多,主要有专利、商标和"Know-How"等工业产权的许

可贸易方式;技术咨询和技术服务贸易方式;以技术与货物(硬件)相结合的技术转让方式;与投资、合作生产、补偿贸易、工程承包等相结合的技术转让贸易方式等,具体的实施方式主要有以下:

(一) 许可贸易

专利、商标和"Know-How"的转让往往是由专利权人、商标权人或"Know-How"所有人(称为"许可方",Licensor)通过许可合同,授予技术接受方(称为"被许可方",Licensee)取得其专利、商标和专有技术的使用权、产品制造权和销售权,被许可方则须支付技术使用费。许可合同主要有以下种类:

1. 独占许可

独占许可(Exclusive License)合同,即在一定的地域和时间内,被许可方对所进口的技术具有独自的使用权,许可方和任何第三方都不能在该地域和该时期内使用该种技术制造和销售产品。

2. 独家许可

独家许可(Sole License)合同,几乎与前述"独占许可"相同,而且,Sole 和 Exclusive 在许多英汉词典中的译法也相同。区别在于:独家许可的被许可人享有排除许可人以外的一切人的权利,但许可人仍然保留着自己实施技术的权利。

3. 一般许可

如果许可合同中没有特别指出它是独占或其他特有性质的,则属于一般许可(License)合同,即许可方允许被许可人在规定的时间和地域内使用合同所指定的技术,但许可方保留自己在该时间、地域使用该技术,也可以把该时间、地域内的使用权,再出让给任何第三人的权利。

4. 部分独占许可合同

如果许可合同中不是规定被许可人在某个国家全部地域内而仅仅在其中的一个或几个地区内享有独占权;或不是在整个专利保护期内,而是在其中某个阶段享有独占权;或并非独占了全部权利,而仅仅独占了部分权利,如销售权或出口权,那么这种独占许可合同,就叫部分独占许可合同(Partially Exclusive License)。

5. 从属合同

从属许可(Sub-License)合同,也称"可转售的许可"、"分许可合同",是指允许被许可方在指定区域和时间内,将该项技术的使用权转售给任何第三方的许可合同。

6. 交叉许可合同

在技术贸易中,有的许可证合同规定:如果被许可人将来(在合同期内)以许可人的技术为基础搞出了革新发明并取得新的专利，则必须首先把新专利的使用权许可原许可人，而原许可人在发放许可证后，如果自己改革了有关技术，则也必须把它继续许可给原被许可人使用。这样的合同条款，称为“反馈条款”，按该条款而产生的互相许可实施新技术的许可合同，叫做“交叉许可”(Cross-License)合同。

对不同类型的许可合同，许可人索取的技术使用费也有所不同，一般说，对独占许可合同要价最高，独家许可合同次之，而一般许可合同要价较低。在实际交易中，具体采用哪一种类型的许可合同，主要取决于潜在的市场容量、技术的性质以及双方当事人的意图。

（二）特许专营

特许专营(franchising)是许可贸易的一种，是近几十年迅速发展起来的一种新型商业秘密转让合同。它是指由一家已经取得成功经验的企业，将其商标、商号名称、服务标志、专利、专有技术已经以及经营管理的方法或经验转让给另一家企业的一项技术转让合同，后者有权使用前者的商标、商号名称、服务标志、专利、专有技术已经以及经营管理经验，但须向前者支付一定金额的特许费(Franchise Fee)。

特许专营合同的一方称为供方或授予人，另一方称为受方或被授予人，他们经营同样的行业，出售同样的产品，提供同样的服务，使用同样的商号名称和商标(或服务标志)，甚至商店的门面装潢、用具、员工的工作服、产品的制作方法、提供的服务方式都完全一样，如美国麦当劳、肯德基的全球特许加盟店。

特许专营的一个重要特点是，各个使用同一商号名称的特许专营企业并不是由一个企业主经营的，被授予人企业不是授予人的分支机构或子公司、分公司，也不是各个独立企业的自由联合。它们都是独立经营，自负盈亏的企业，授予人不保证被授予人的企业一定能获得利润，对其盈亏也不负责。

特许专营合同往往是一种长期合同，可以适用于商业和服务行业，也可以适用于工业。

（三）技术咨询

技术咨询(Consultation of Technology)合同是指当事人一方为另一方技术项目提供可行性论证、技术预测、专题技术调查、分析评估报告所订立的合同。其中，提供咨询的一方为受托人，接受技术咨询报告并支付报酬的一方为委托人。技术咨询合同在我国是一种新型的合同，在一定意义上是软科学合同、知识服务合同。

技术咨询合同具有以下主要特征：

1. 技术咨询合同具有特点的调整对象

技术咨询合同是委托人在完成特定技术项目时提供可行性论证、技术预测、专题技术调查、分析评估报告等软科学研究活动产生的民事法律关系。

2. 技术咨询合同标的的内容具有综合性和决策参考性

技术咨询合同的标的不是技术成果，而是供委托方决策和选择的咨询报告。技术咨询合同顾问人按照经济规律，以市场为导向，就科学研究、技术开发、技术改造、成果推广、工程设计、科技管理等项目提出建议、意见和方案，作为委托人在技术项目决策时的科学依据，这些依据只是作为其参考依据，这也决定了技术咨询合同与技术服务合同的区别。

3. 技术咨询合同具有特殊的风险责任承担原则

我国《合同法》第三百五十九条第三款规定，技术咨询合同的委托人按照受托人符合约定要求的咨询报告和意见作出决策所造成的损失，由委托人承担，但当事人另有约定的除外。这一特征决定于技术咨询合同标的的决策参考性。

（四）技术服务

技术服务(Technology Service)合同，是指当事人一方以技术知识为另一方解决特定技术问题所订立的技术合同。其中，以自己的技术知识为另一方解决特定问题的是受托人，接受受托人工作成果并支付报酬的一方为委托人。技术服务合同有以下特征：

(1) 技术服务合同的受托人须具有相当的专业技术技能，具备从事一定的专业技术工作的实际能力。因此，不能把技术服务工作与一般的提供简单劳务等同。当事人的订立合同时一定要注意审查对方的主体资格。

(2) 技术服务合同的标的是智力劳动。受托人利用自己所掌握的技术知识，通过提供给是知识密集性较高的智力劳动，为委托人进行一定的专业技术服务，如编制施工方案、进行工程设计、产品及材料鉴定或培训人员等。

(3) 技术服务合同受托人向委托人提供的技术通常不包括专利技术和专有技术，而是大量日常专业技术工作中反复运用的现有技术，或称公有技术，一般不具有保密性质。如果提供的是专利技术或专有技术，则当事人应当签订技术转让合同而非技术服务合同；

(4) 技术服务合同传递的专业技术知识不涉及专利和技术秘密成果的权属问题。技术服务合同是知识、经验的传播，包括完整的产品和工艺等技术方案，但不涉及专利或技术秘密的转让，否则属于技术转让合同，而不是技术服务合同。

根据有关法律规定，以及技术服务业的具体情况，接受服务合同一般分为三类：普通技术服务合同、技术培训服务合同、技术中介服务合同。普通技术服务合同，是指当事人一方运用自己的技术知识为委托人解决特定的专业技术问题而订立的合同，即符合技术服务合同一般要求的技术服务合同。

技术培训服务合同，指培训方为委托人指定的人员进行特定的技术培训和训练所订立的合同。

技术中介服务合同，指当事人一方以自己的技术知识，为促成委托人与第三人订立技术合同而进行的介绍活动，并协助解决约定问题而订立的合同。

（五）含有技术转让工程承包

合同一方（雇主）与另一方（承包人）通过签订有关工程设计、提供设备、工程建设到投产全过程的工程承包合同，有的并订有“产品到手”协议（Product in-Hand Agreement）的方式实施技术贸易。承包人在承包工程的基础上提供生产所需技术，负责解决投产后的技术问题。这种工程承包也是进口技术的一种形式。

（六）含有专利商标和专有技术转让的补偿贸易

买方在信贷的基础上，从卖方购进成套设备和技术，然后用该设备和技术生产的产品（回购）或者其他形式的产品（互购）来偿还所进口成套设备贷款，这种贸易方式即补偿贸易。有时，买方在进口成套设备时，含有专利和专有技术的转让，这种情况的补偿贸易也是一种技术贸易的方式。

（七）含有专利商标和专有技术的合作经营与合资经营

外国投资者以工业产权和专有技术作为投资的一部分，即技术资本化。利用合资或合作经营进口技术，进口方可以同时利用外国资金和技术，双方利益紧密结合，更有利于促进供方系统地提供先进技术，使技术不断更新。

中外合资经营企业，是中外双方以现金、实物、工业产权等进行投资，按平等互利的原则，在中国境内共同设立，共同经营，按股权分担盈亏的企业。合资企业是我国吸收外国资金和技术的有效途径，也是我国进口技术和消化创新技术的好方法。

中外合作经营企业是中外合作者投资或提供合作途径，以现金、实物、土地使用权、工业产权、专利技术和其他财产权利，在中国境内举办的企业。在合作企业合同中约定投资或合作途径，收益或者产品的分配、风险和亏损的分担，经营管理的方式和合作企业终止时财产的归属等事项，一切按合同约定办理。合作企业也是扩大出口和进口高新技术的有效途径。

（八）含有专利和专有技术转让的合作生产

这里说的“合作生产”，是指本国企业和外国企业根据双方共同签订的合作生产合同，各自生产同一产品的不同零件，然后由协商好的一方或双方装配成为成品出售。合作生产过程中所采用的专利和专有技术，可由一方提供，也可以由双方按比例分摊提供，如果由一方提供，则合作的另一方可以在合作生产中达到进口技术的目的。

合作生产一般是双方在生产领域中的合作关系，但在实际业务中往往还包含在销售流通领域内、科研领域内以及新产品开发和研制领域内的合作。

案例分析

[案情]

1996年，福建省某制药厂与荷兰一家有限公司订立了一份合同。合同是关于荷兰公司向福建某制药厂提供一项技术。其中的条款有：在合同有效期间内，技术受让方在使用合同项下的技术过程中，对该技术的任何改进和发展，都应当无偿提供给出让方。受方对总机构在中华人民共和国以外注册的用户，若对技术出让方的利益无冲突，则可以利用合同项下技术生产的产品向该用户销售。

[问题]

该份技术转让合同是否与我国法律的有关规定存在相冲突的地方？

[法律依据]

《中华人民共和国技术进出口条例》第二十九条规定："技术进口合同中，不得含有下列限制性条款：(一) 要求受让人接受并非技术进口必不可少的附带条件，包括购买非必需的技术、原材料、产品、设备或者服务；(二) 要求受让人为专利权有效期限届满或者专利权被宣布无效的技术支付使用费或者承担相关义务；(三) 限制受让人改进让与人提供的技术或者限制受让人使用所改进的技术；(四) 限制受让人从其他来源获得与让与人提供的技术类似的技术或者与其竞争的技术；(五) 不合理地限制受让人购买原材料、零部件、产品或者设备的渠道或者来源；(六) 不合理地限制受让人产品的生产数量、品种或者销售价格；(七) 不合理地限制受让人利用进口的技术生产产品的出口渠道。"

[案情分析]

在本案例中，由于双方对至关重要的名词"产品销售净额"没有进行明确的定义，以至于引起了不必要的纠纷。因此，在进行国际的技术转让贸易时，当事人对相关的重要名词定义必须进行清晰的界定。

该合同存在限制性条款中的回授条款和不竞争条款两种情况：① 合同中规定“在合同有效期内，技术受让方在使用合同项下的技术过程中，对该技术的任何改进和发展，都应当无偿提供给出让方”，但并没有技术许可方将自己改进的成果提供给被许可方使用的规定，所以它属于回授条款。② 合同中规定“受方对总机构在中华人民共和国以外注册的用户，若对技术出让方的利益无冲突，则可以利用合同项下技术生产的产品向该用户销售。”它意味着如果我信息设备公司的国外用户与出让方的利益有冲突时，则不能向该用户销售产品，明显属于不正当竞争条款。即违反了缔约自由的原则。

[值得注意的问题]

在本案例中，由于双方对至关重要的名词“产品销售净额”没有进行明确的定义，以至于引起了不必要的纠纷。因此，在进行国际的技术转让贸易时，当事人对相关的重要名词定义必须进行清晰的界定。

（案例来源：http://www.niwota.com/submsg/347934/）

第六节　保护知识产权的国际公约与有关的国际惯例

一、《保护工业产权巴黎公约》

为了克服工业产权的地域性局限，促进各国之间的经济技术交流与合作，各国政府通过谈判，在工业产权的保护方面订立了一系列的国际条约。如《保护工业产权巴黎公约》(Paris Convention for the Protection of Industrial Property)（简称《巴黎公约》）、《专利合作条约》、《商标国际注册马德里协定》、《与贸易有关的知识产权协议》(TRIPs)等。其中《巴黎公约》是工业产权保护领域最早的国际多边条约，也是影响最大的国际条约。我国于 1984 年 11 月正式加入《巴黎公约》，《巴黎公约》所确立的工业产权保护的原则和规则已为国际社会广泛接受，成为工业产权国际保护的基本准则。这些原则包括：

（一）国民待遇原则

在工业产权保护方面，公约各成员国必须在法律上给予公约其他成员国相同于其本国国民的待遇；即使是非成员国国民，只要他在公约某一成员国内有住所，或有真实有效的工商营业所，亦应给予相同于本国国民的待遇。

（二）优先权原则

指成员国的国民向一个成员国提出专利申请或商标注册申请后，在一定期限内（发明、实用新型为12个月，外观设计、商标为6个月）又向其他成员国提出同样的申请，则以首次申请日作为有效申请日，享受优先权。其条件是申请人必须在成员国之一完成了第一次合格的申请，而且第一次申请的内容与日后向其他成员国所提出的申请的内容必须完全相同。

（三）独立性原则

申请和注册商标的条件，由每个成员国的本国法律决定，各自独立。对成员国国民所提出的商标注册申请，不能以申请人未在其本国申请、注册或续展为由而加以拒绝或使其注册失效。在一个成员国正式注册的商标与在其他成员国（包括申请人所在国）注册的商标无关。这就是说，商标在一成员国取得注册之后，就独立于原商标，即使原注册国已将该商标予以撤销，或因其未办理续展手续而无效，但都不影响它在其他成员国所受到的保护。同一发明在不同国家所获得的专利权彼此无关，即各成员国独立地按本国的法律规定给予或拒绝，或撤销，或终止某项发明专利权，不受其他成员国对该专利权处理的影响。这就是说，已经在一成员国取得专利权的发明，在另一成员国不一定能获得；反之，在一成员国遭到拒绝的专利申请，在另一成员国则不一定遭到拒绝。

（四）强制许可原则

《巴黎公约》规定：各成员国可以采取立法措施，规定在一定条件下可以核准强制许可，以防止专利权人可能对专利权的滥用。某一项专利自申请日起的四年期间，或者自批准专利日起三年期内（两者以期限较长者为准），专利权人未予实施或未充分实施，有关成员国有权采取立法措施，核准强制许可证，允许第三者实施此项专利。如在第一次核准强制许可特许满二年后，仍不能防止赋予专利权而产生的流弊，可以提出撤销专利的程序。《巴黎公约》还规定强制许可，不得专有，不得转让；但如果连同使用这种许可的那部分企业或牌号一起转让，则是允许的。

（五）商标使用原则

《巴黎公约》规定，某一成员国已经注册的商标必须加以使用，只有经过一定的合理期限，而且当事人不能提出其不使用的正当理由时，才可撤销其注册。凡是已在某成员国注册的商标，在一成员国注册时，对于商标的附属部分图样加以变更，而未变更原商标重要部分，不影响商标显著特征时，不得拒绝注册。如果某一商标为几个工商业公司共有，不影响它在其他成员国申请注册和取得法律保护，但是这一共同使用的商标以不欺骗公众和不造成违反公共利益为前提。

（六）驰名商标保护原则

无论驰名商标本身是否取得商标注册，公约各成员国都应禁止他人使用相同或类似于驰名商标的商标，拒绝注册与驰名商标相同或类似的商标。对于以欺骗手段取得注册的人，驰名商标的所有人的请求期限不受限制。

二、《商标注册马德里协定》

1891 年，由法国、比利时、西班牙、瑞士及突尼斯发起，缔结了《商标注册马德里协定》(Madrid Agreement Concerning the International Registration of Marks)（简称《马德里协定》），作为对《巴黎公约》中关于商标的国际保护的补充。参加这个协定的国家，必须首先是《巴黎公约》的成员国。该《协定》经多次修改，目前通常使用的是 1967 的斯德哥尔摩文本。

按照该《协定》第三、四、五条，其成员国的商标所有人只要在世界知识产权组织驻日内瓦的国际局呈交一份注册申请，就有可能再参加该协定的所有成员国中都获得商标注册。最终在各成员国中能否获得注册，还要由各国依自己的国内法去定。在国际局提出申请以及在各国待批的具体规定是：

(1) 商标所有人必须是《马德里协定》的成员之一的国民，或是在某成员国有居所或设有从事实际商业活动的营业所有人。同时，该所有人必须首先在其本国获得商标注册；

(2) 该所有人获得本国的注册后，再通过本国的商标管理部门或代理组织，向世界知识产权国际局提交一份"按照马德里协定的国际注册"申请案；

(3) 国际局对申请案进行形式审查。审查通过之后，就算是获得了"国际注册"。然后，国际局把"国际注册"予以公布，同时把申请案、审查结果及"国际注册"复印后分送申请人申请要在那里得到保护的国家；

(4) 有关国家的商标管理部门接到上述文件后，有权在一年之内，在说明理由的前提下拒绝为该商标提供保护。如果一年内未表示拒绝，那么该商标的"国际注册"就在该国自动生效，转变为国的国内注册了；

(5) 按照《马德里协定》获得的"国际注册"在任何国家生效后，保护期都是 20 年，可以无限制续展，每次展期也是 20 年。

三、《保护文学艺术作品伯尔尼公约》

1886 年 9 月，由英、法、德、意、比等十国发起，在瑞士首都伯尔尼召开了历史上第一次多边性版权会议，通过了《保护文学艺术作品伯尔尼公约》

(Berne Convention for the Protection of Literary and Artistic Works)(简称《伯尔尼公约》)。该公约也有多个文本,以下以1971年的巴黎文本为准,介绍其主要内容。

该公约对成员国的版权法的最低要求可以归纳为下面几点:

(1) 国民待遇原则。包括三方面的含义,即公约各成员国应给三种作者的作品以相当于本国国民享受的版权保护:其他成员国的国民;在任何成员国有长期住所的人;在任何成员国发表其作品的第一版权人(即使他在任何成员国中均无国籍或长期住所);

(2) 自动保护原则。各成员国在提供版权保护时,求被保护的主体履行任何手续,不得要求在被保护的客体上一定要附带任何特有标记。

(3) 版权保护的独立性原则。它的含义是:各成员国所提供的与国民待遇相等的保护,不应受作品在其本国保护状况的影响。独立性原则与《巴黎公约》中规定的专利权在各成员国中独立的原则有所不同。所以,《伯尔尼公约》在的第二条第七款、第六条第一款、第七条第八款及第十四条之三中,规定了在保护水平有差距的几种情况下适用的互惠原则。按这项原则,版权有时就不独立了,会受到在本国所受的保护水平的影响。

(4) 受保护的作品起码要包括文学、科学及艺术领域的如下内容:书、小册子及其他文字作品;演讲、布道及其他同类作品;配有或不配有文字的音乐作品;电影作品;实用艺术品;地理学、解剖学、建筑学或科学方面的图标、图示及立体作品。

(5) 作者所享有的经济上的专有权起码包括:翻译权,公演权,广播权,复制权,朗诵权,改编权,追续权。但在规定"合理使用"的延及范围时,却不一定必须包括这些权利。

(6) 作者应享有不依赖于经济权利而独立存在的精神权利。

(7) 版权有效期对于文字作品来讲一般不得少于作者有生之年加死后五十年;难以确定的情况下,不得少于自作品发表之日起五十年。

(8) 要求各国法律向其他成员国作品提供的保护必须具有追溯力。一个成员国对其参加公约之前原成员国已经保护的作品。必须给予保护,而不仅仅保护在它参加公约之后其他成员国产生的作品。

四、《与贸易有关的包括冒牌货贸易的知识产权协定》

1994年,由多国部长签署,并在1995年1月1日生效的《与贸易有关的包括冒牌货贸易的知识产权协定》(以下简称《知识产权协定》,TRIPs)是世界贸易组织的重要文件。

该协定共有 8 个部分 73 条,内容涉及知识产权的各个领域,不仅在很多方面超过了现有的国际公约水平,而且把关税与贸易总协定(GATT)关于有形货物贸易的基本原则引入知识产权保护领域,可以说这是一部知识产权保护方面的国际法典,并将是世界贸易组织各成员方需长期执行的国际准则。

(一)《知识产权协定》的三大基本原则

1. 最惠国待遇原则

《知识产权协定》第 4 条规定“任何一成员方知识产权保护提供给另一成员方国民的利益、优惠、特权或豁免应当立即、无条件地给予所有其他成员方的国民”。《知识产权协定》的最惠国待遇只适用于“知识产权”的保护方面。

《知识产权协定》要求在其管辖的知识产权范畴内,即《巴黎公约》、《伯尔尼公约》、《罗马公约》、《关于集成电路的知识产权条约》4 个知识产权公约基础上、在已有国民待遇基础上,将最惠国待遇原则纳入知识产权保护之中,对世贸组织成员间实行非歧视贸易提供了重要的法律基础。

2. 国民待遇原则

《知识产权协定》对该协定有关“国民”的特指含义加以注释。该注释指出,“本协定中所称‘国民’一词,在世贸组织成员是一个单独关税区的情况下,应被认为系指在那里有住所或有实际和有效的工业或商业场所的自然人或法人”。

根据《知识产权协定》规定,凡是符合《巴黎公约》(1967) 、《伯尔尼公约》(1971) 、《罗马公约》和《关于集成电路知识产权条约》所列明的保护标准项下的自然人或法人,是以上 4 个公约成员国的国民或世贸组织成员的国民,就应该享受《知识产权协定》的国民待遇。协定是知识产权国民待遇扩大到世贸组织所有成员的范围,大大地扩大了知识产权的保护范围。

《知识产权协定》国民待遇的适用范围是有限制的。并不覆盖知识产权的所有各个方面,为此,协定确定了在以下几个方面的例外:

(1) 已经在《巴黎公约》(1967)《伯尔尼公约》(1971)《罗马公约》和《关于集成电路知识产权条约》中规定的例外。

(2) 有关知识产权在司法和行政程序方面的例外,包括对服务的地点的指定货载某一成员司法管辖中对代理人的指定。这些例外不能对正常贸易构成变相的限制;不能与《知识产权协定》的义务相抵触。

(3) 在特定情况下,如果世贸组织成员按《知识产权协定》规定应用《伯尔尼公约》、《罗马公约》而实行“互惠待遇”是允许的。但必须在事前通知于贸易有关的知识产权理事会。

(4) 国民待遇也不适用于由世界知识产权组织主持所缔结的多边协议中有关获得及维持知识产权的程序方面的规定。

3. 权利用尽原则

《知识产权协定》规定根据本协定根据本协定进行解决争端时，在符合国民待遇和最惠国待遇规定的前提下，不得借助本协定的任何条款去涉及知识产权用尽问题。

(二)《知识产权协定》明确世贸组织成员的义务

(1) 可在其国内知识产权法律及条例与修订中，采取必要的措施保护公众的健康和营养，以促进对其社会经济的技术发展至关重要的部门的公共利益。

(2) 可以采取适当的防止知识产权持有人滥用知识产权，或凭借不正当竞争手段限制贸易，或对国际技术转让产生不利影响。但是，上述两项基本原则在实施中都不能对《知识产权协定》项下的有关规定构成冲突。

(三) 由《知识产权协定》实施的保护范围

《知识产权协定》在现阶段对知识产权实现了最广泛的保护，它可涉及如下范畴：

1. 著作权(版权)的保护

《知识产权协定》首先肯定了《伯尔尼公约》的适用性，给予作者包括出租权在内的更广泛的经济权利。

2. 商标的保护

《知识产权协定》第 15 条规定，能够使一类商品或者服务同其他各类商品或者服务相区别的任何标记或标记的组合，均能构成商标。除商品商标外，服务标记也可以作为商标注册登记。

商标首次注册保护年限为 7 年且可无限地续展。商标注册后，如无正当理由而连续 3 年不使用者，该商标权将予以取消。

3. 地理标记的保护

《知识产权协定》强调对地理标记，尤其是对酒类地理标记的保护。将由于贸易有关的知识产权理事会建立一个多边通告与登记制度，以期更有效的地保护酒类商品的地理标记。

4. 工业产品外观设计的保护

《知识产权协定》规定各成员方应对外观设计给予保护。《知识产权协定》还特别规定了对纺织品外观设计的保护。工业产品外观设计的保护期限为10年。

5. 专利技术的保护

《知识产权协定》第27条规定，专利应适用于所有领域的发明，不论其是产品发明还是方法发明，只要具有新颖性，发明高度和实用性即可。除了动植物品种、生物技术工艺等极少数发明之外，医药产品，化工产品和食品等都被明确列入专利保护的范围。

专利权的保护期，应不少于自申请日起20年。

6. 集成电路布图设计的保护

集成电路布图设计是指集成电路中至少有一个是有源元件的两个以上元件和部分或者全部互连线的三维配置，或者为制造集成电路而准备的上述三维配置。现在的《知识产权协定》则在华盛顿公约的基础上，从两个方面进一步提高了保护标准：

它对集成电路布图设计的保护范围超出了布图设计和由布图设计构成的集成电路本身，从而延伸到使用集成电路的任何物品，只要设含有非法复制的布图设计，即为非法。延长了受保护的期限，从华盛顿公约的8年到10年，起始日期自提交"注册申请之日或者在世界任何地方首次投入商业使用之日计算。允许WTO成员规定，它的保护期自布图创作之日起15年后终止。

7. 对为公开信息的保护

《知识产权协定》把未公开信息定为商业秘密和未公开的实验数据，并将其纳入保护范围。从而在国际公约中正式包括专有技术在内的商业秘密和未公开的实验数据纳入知识产权的保护体系之中。

五、中国保护知识产权的立法

我国知识产权立法起步较晚，但发展迅速，现已基本建立起一套较为完整的保护知识产权的法律法规体系。这一体系以《专利法》和《商标法》、《著作权法》为主干，还包括知识产权行政法规（如《专利法实施细则》、《商标法实施条例》等）；知识产权行政规章（如国家知识产权局制定的《专利实施强制许可办法》、国家工商行政管理局制定的《驰名商标认定和保护规定》等）；知识产权司法解释（如《最高人民法院关于审理专利纠纷案件适用法律问题的若干规定》、《最高人民法院关于审理商标民事纠纷案件适用法律若干问题的解释》等）以及知识产权地方性法规和地方政府规章。

[案情]

某化工技术开发公司向某农药厂转让一种高效氯氰菊酯制备技术秘密.在化工技术开发公司的一再要求下,双方在技术转让合同中规定了在某农药厂使用该项技术秘密时,不得对该技术秘密作任何的技术改进。后来,农药厂在使用该技术秘密中为了适应生产条件进一步提高产品质量,对该技术做了改进。某化工技术开发公司以某农药厂违约,向法院起诉要求赔偿。

[问题]

该技术转让合同中规定了在某农药厂使用该项技术秘密时,不得对该技术秘密作任何的技术改进,这样的约定是否违法?

[法律依据]

《合同法》第三百二十三条规定:"订立技术合同,应当有利于科学技术的进步,加速科学技术成果的转化、应用和推广。"第三百二十九条规定:"非法垄断技术、妨碍技术进步或者侵害他人技术成果的技术合同无效。"

[法律运用及处理结果]

某化工技术开发公司向某农药厂转让一种高效氯氰菊酯制备技术秘密的合同,合同约定了受让人不得对技术做任何改进的条款.该条款实质是对技术进步的一种限制,不利于技术竞争和技术进步,属于违反法定义务的无效条款.法院应判令驳回某化工技术开发公司的起诉.

[值得注意的问题]

虽然当事人订立合同有"契约自由"的权利,但所订立的合同不得与我国法律、行政法规的强制性规定相冲突,否则无效,这是始终应牢记的。

(案例来源:杜万华主编《合同法精解与案例评析》,法律出版社 1999 年版)

【本章思考题】

1. 知识产权的基本特征是什么?

2. 如何专利权的对象？取得专利的基本法律要求是什么？
3. 说明版权的分类。
4. 秘密技术(Know-How)与专利有哪些不同？
5. 国际技术转让的主要方式有哪些？
6. 如何理解《保护工业产权巴黎公约》的基本原则？

第七章 国际票据法

教学要求

在现代国际商务活动中，票据已经成为国际商务活动的主要支付工具。票据主要分为汇票、本票和支票。本章通过各种票据的种类、作用、特点和票据的法律实务等基础知识的介绍，提出目前在尚未建立全世界统一的票据法的情况下，在出现票据纠纷时，该如何正确适用票据法系和相关国际公约的方法。

第一节 票据法概述

一、票据的概念和特征

（一）票据的概念

在现代国际经济贸易活动中，基本上不使用现金而采用信用工具通过相互抵销的办法来结算双方的债权债务。这种信用工具就是票据。所谓票据，是指由出票人依法签发的、由自己无条件支付或委托他人无条件支付一定金额的有价证券。所谓涉外票据，就是指在出票、背书、承兑、保证、付款等行为中，既有发生在境内又有发生在境外的票据。票据有广义和狭义之分。广义的票据不但包括用于结算的信用工具，而且还包括发票、提单、保险单等商业单证；狭义的票据则是以支付金钱为目的的特种有价证券，通常包括汇票、支票和本票三种。票据法所规范的是狭义上的票据。

（二）票据的法律特征

1. 票据是完全有价证券

所谓完全有价证券，是权利的发生、转移及行使三者全部与证券有不可分离的关系的有价证券。票据权利的发生,必须作成票据;票据权利的转移,必须交付票据;票据权利的行使,必须提出票据。不占有票据,就不能主张权利。

2. 票据是设权证券

票据作成交付后,便创设了一种权利,即票据持有人主张给付一定金额的请求权,而在票据作成之前,则不存在票据上的任何权利。

3. 票据是要式证券

票据必须依照票据法规定的方式制成,不具备法定要件的票据没有法律效力。

4. 票据是文义证券

票据上的权利义务完全受票据上记载的文义制约,文义之外的任何理由、事项均不得作为变更或补充文字记载的根据。

5. 票据是无因证券

所谓无因,指票据如果具备票据法上的条件,票据权利就成立,至于票据行为赖以发生的原因,不必过问。持票人只要持有形式合法的票据,就可以行使票据上的权利。即票据产生的原因有效与否,与票据权利的存在无关。票据的这一法律特性主要是为了保护善意持票人,以维护贸易安全。

6. 票据是流通证券

票据上的权利可以经背书或交付而转移。票据的受让人获得票据的全部权利,可以以自己的名义起诉。票据转让不必向债务人发出通知,如果受让人是以善意并付对价获得票据的,则受让人不受前项权利缺陷的影响。票据的这一法律特性,是为了保护票据受让人的权利,使票据能被受让人接受,广为流通。

7. 票据是金钱证券

金钱是票据给付的标的物,票据必须具体载明一定金额,这是票据的法定要件,否则,该票据无效。

二、票据的作用

(一) 结算作用

票据的首要作用是结算作用,即票据作为一种支付工具用以结清债权债务关系。

(二) 信用作用

票据是建立在信用基础上的书面支付凭证。出票人在票据上立下了书面的支付信用保证,付款人或承兑人允诺按票面规定金额履行付款义务。

（三）流通作用

票据可以通过背书转让，在市场上广泛地流通。这样，逐步变成了一种流通工具，代替了现金的使用，扩大了流通手段。

三、票据的种类

（一）汇票

1. 汇票的概念

汇票是出票人向付款人签发的、要求即期或在一定期限内，向持票人无条件支付一定金额的票据。汇票有三个基本当事人，其一为出票人，又称为发票人，是签发汇票、委托他人付款的当事人；其二为持票人，又称为受款人，是收取汇票上规定金额的当事人；其三为付款人，又称为受票人，是汇票上记载的承担付款义务的当事人。汇票必须具备完全的各项，否则无效。中国一出口厂家，根据信用证向银行提交了汇票和有关装运单据。但是，该出口厂家所提交的汇票上，漏列了付款人和出票日期，因而遭到银行的拒付。在这种情况下，该银行是否有权进行拒付？因为按照“日内瓦统一法”和各国银行的惯例，汇票必须具备完全的各项，如果缺少其中一项就不能成立。而在本汇票中，由于出口厂家所提交的汇票漏列了付款人和出票日期，因此该汇票应视为无效，银行有权拒付。

2. 汇票的种类

(1) 汇票按出票人的不同，可分为银行汇票与商业汇票。所谓银行汇票，即指由一家银行开立的，而由另一家银行兑现的汇票。所谓商业汇票，即具有商事行为能力的企业或公司开立的汇票。

(2) 汇票按付款时间的不同，可分为即期汇票和远期汇票。所谓即期汇票，即见票即付的汇票。所谓远期汇票，即在一定期限内或特定日期付款的汇票。

(3) 汇票按是否随附单据，可分为光票汇票和跟单汇票。所谓光票汇票，即不附随其他任何单据的汇票。所谓跟单汇票，即随附有关单据的汇票。

此外，汇票还有国内汇票、国际汇票、记名汇票、无记名汇票、已受汇票、委托汇票和已付汇票等区分。

（二）本票

1. 本票的概念

本票是出票人签发的，在指定的到期日，由自己向受款人或执票人无条件支付一定金额的票据。

本票属于自付凭证，只有出票人和受款人两个当事人，因此，本票的持票人无须向出票人承兑。本票的出票人与汇票承兑人负同等责任。

2. 本票的种类

本票的主要种类有不记名本票、记名本票、商业本票、银行本票、即期本票和远期本票等。

3. 本票与汇票的主要区别

(1) 当事人不同。本票只有两个当事人：出票人和受款人；而汇票有三个当事人：出票人、付款人和受款人。

(2) 出票人的法律地位不同。本票的出票人因出票行为成为票据的主债务人，应承担绝对支付票据金额的责任；而汇票的出票人在付款人承兑前是主债务人，一旦付款人承兑汇票，则付款人成为主债务人，出票人变为从债务人。

(3) 票据的性质不同。汇票是无条件支付的委托，而本票是无条件支付的承诺。

(三) 支票

1. 支票的概念

支票是出票人签发的、委托银行在见票时向受款人无条件支付一定金额的票据。

2. 支票的主要种类

(1) 普通支票。这是指对付款既无特殊保障、也无特殊限制的支票。持票人可以依支票委托银行收款入账，也可凭支票自行提取现款。

(2) 保付支票。这是指付款银行在支票上签名并记载保付字样的支票。普通支票经银行保付后，即成为保付支票，银行承担绝对的付款责任。

(3) 划线支票。这是指由发票人或持票人在支票正面划上两条平行线，付款人仅对线内银行支付，从而对付款银行在支付上给予特殊限制的支票。划线支票可分为普通划线支票和特别划线支票两种。在平行线内记载"银行"字样，则为普通划线支票。在平行线内记载特定的银行名称，则为特别划线支票。采用划线支票能防止支票因遗失或被盗而被冒领，使支票的流通更安全可靠。

(4) 转账支票。这是指付款人不以现金支付，而以记入受款人账户的方式支付的支票。

3. 支票与汇票的主要区别

(1) 付款人不同。支票的付款人限于银行或其他金融机构，而汇票的付款人无身份限制。

(2) 资金关系不同。支票的出票人与付款人之间须有资金关系。出票人不得向无资金关系的银行开立支票；而汇票的出票人与付款人之间是一种委托关系，不强调资金关系。

(3) 支付日期不同。在支付日期上，支票为见票即付，而汇票有多种到期日。

(4) 票据行为不同。在票据行为上，支票无承兑制度，而汇票有承兑制度。

(5) 票据作用不同。在票据作用上，支票是支付工具，无信贷作用；而汇票既是支付工具，又是信贷工具。

四、票据法的概念及特点

票据法是在长期的票据使用过程中形成的有关票据规则与习惯的法律化，具体是指规定票据制度和票据上法律关系的法律。它有如下特点：

(一) 强制性

票据关系属于债权、债务关系，在票据关系中，票据法作出强行规定。首先，在票据的种类上票据法作了规定，违反票据法规定，当事人自己创设的票据不产生票据法的效力。其次，对票据上的内容即对记载事项，票据法作了严格的规定，票据法规定的绝对必要记载事项未记载，票据将为无效，票据法外的记载事项，虽有记载但不产生票据法上的效力。可见，票据法具有强制性法的特点。

(二) 技术性

票据法中的大多数规定均属技术性规定，不表示善与恶的伦理道德。票据法主要是为了便于使用，规定了一定的格式，若当事人违反了票据法规定的格式，将得不到票据法的保护。这些规定都是从技术上考虑的，是技术规范法律。

(三) 国际性

票据法应属国内法范畴，但作为国内法的商事法规都具有一定的国际性，票据法的这一特点尤为突出。因为票据是商事活动的工具，随着国际经济贸易的发展，不同国家的当事人都将更广泛、更频繁地使用票据，不同国家的票据法为方便当事人实现支付结算的票据功能，都将尽可能地趋向统一。《日内瓦统一汇票本票法》等国际性条约、公约就是为适应这种趋势而制定的。因此，从某种意义上说，票据法是国际上通用程度最高的一种法律。

第二节 票据的法律实务

一、票据关系和非票据关系

票据是一种债权证券，它在创设、使用过程中形成了各种法律关系，这些法律关系可以分为票据的法律关系与非票据的法律关系。

（一）票据关系

票据关系是指当事人间基于票据行为而发生的权利义务关系。它与非票据关系不同。票据关系是基于当事人的票据行为而直接发生的，如：基于票据行为而产生的出票人与受款人之间的担保承兑与担保付款的关系；基于背书行为而产生的背书人与被背书人的关系，被背书人与付款人的关系，背书的前手与后手的关系；基于承兑行为而产生的持票人与承兑人之间的关系等。

（二）非票据关系

非票据关系是不基于票据本身而产生，但又与票据有密切联系的一种法律关系。非票据关系又可以分为票据法上的非票据关系和民法上的非票据关系。票据法上的非票据关系。为保障票据当事人之间的基本权利义务关系，票据法特别作出一些规定，根据这些规定而产生的当事人之间的某些特定权利义务关系就是票据法上的非票据关系。比如，票据权利人对因恶意或重大过失而取得票据的持票人请求返还票据而发生的关系；付款人在付款后请求持票人交出票据的关系；因时效届满或手续欠缺而丧失票据权利的持票人对于出票人或承兑人行使利益偿还请求权而发生的关系等。

二、票据行为

（一）票据行为的概念

票据行为有广义和狭义之分。狭义的票据行为是指能产生票据债权债务关系的法律行为。它有出票、背书、承兑、参加承兑、票据保证、保付等六种。

1. 出票

出票是票据当事人签发票据的行为。所谓签发包含两层含意：一是依据票据法的规定在票据上记载票据法规定的记载事项；二是发出票据，发出票据意味着要交付。可见出票是创设票据的基本票据行为。

出票行为是基本的票据行为，汇票、本票和支票都必须有出票行为。从形式上看三种票据的出票行为是相同的，但是从票据当事人的意思表示看，三种票据又是有区别的。汇票的出票是指委托付款人无条件地在指定日期向持票人或收款人支付一定票据金额的行为，即创设汇票关系的法律行为；本票的出票是出票人自己承诺由自己无条件支付给持票人或收款人一定票据金额的行为，即创设本票关系的法律行为；支票的出票是指出票人委托银行无条件向持票人支付一定票据金额的行为，即创设支票关系的法律行为。

2. 背书

背书是指票据行为人在已发行的票据上，进行背面的文句记载，完成签章，并将其交付接受人，从而转让票据权利的行为。背书是重要的票据行为，票据流通是通过票据背书来实现的，背书交付即可进行票据转让。背书是单方面法律行为，也就是说，票据转让只需有让与人一方的意思表示即可实现。背书只需有背书人签章即可，不必由被背书人签章。有时背书人按要求记载了被背书人的姓名，但这仍是背书人的行为。不论是以背书转让还是以交付转让的票据，都无须通知债务人。票据通过背书转让后，背书人即成为票据债务人之一，仍负有担保承兑或担保付款的责任。

3. 承兑

承兑是指汇票付款人承诺在汇票到期日支付汇票金额的票据行为。票据中只有汇票才有承兑，承兑是汇票所特有的一种票据行为。汇票的承兑通常是在汇票正面，预先印制好的承兑栏中载明承兑文句，供承兑人承兑时填写。承兑有如下特点：首先，承兑是一种附属的票据行为，它是以票据已经实际存在为前提的，是票据的出票行为派生出来的。其次，承兑是汇票付款人而为的票据行为，既不同于出票，也不同于背书和保证，出票人、背书人、保证人都不是付款人，因而都不能承兑。最后，承兑是承诺负担票据金额支付的义务的票据行为。对于承兑人的承兑行为而言，承兑人有选择权，其可以承兑，也可以拒绝承兑，并不因为出票人的付款委托，便当然成为票据债务人。只有汇票付款人签章承兑后，才负绝对付款的义务。

4. 参加承兑

参加承兑是指在汇票上不获承兑，或因一定原因而无法进行承兑时，为了保护特定债务人的利益，维护票据信用，防止持票人在汇票到期日前行使追索权，由预备付款人或票据债务人以外的第三人代替承兑人承兑。参加承兑也是汇票所特有的一种票据行为。

参加承兑和承兑都是一种附属的票据行为，都是以负担票据上的债务为目的，但是两者毕竟是不同的，承兑的效力是票据关系消灭后，已付款的承兑人再无追索权，即使出票人未向承兑人提供资金，承兑人付款后也不能行使票据上的权利，只能依照票据的基础关系解决纠纷。参加承兑人付款后，票据关系并未消灭，参加承兑人仍得行使追索权。另外，承兑人是票据关系的主债务人，参加承兑人是票据关系的从债务人，只有主债务人不付款时，从债务人才负担付款的责任。

我国票据法根据我国的实际，认为参加承兑在我国的金融体制中并无实际意义,因为在我国,付款人主要是专业银行,或者是非银行的金融机构,实务中只存在拒绝承兑的情况,不存在无法进行承兑的问题。

5. 票据保证

票据保证是指票据债务人以外的第三人,为保证特定票据债务人票据债务的履行所作的、以负担同一内容的票据债务为目的的一种附属票据行为。其特点在于:首先,票据保证仅适用于汇票和本票,而不适用于支票。支票适用于保付,不适用于票据保证。其次,票据保证和其他票据行为一样具有独立性,即使被保证的债务无效,保证人仍应当承担汇票上的责任。最后,票据保证必须具备一定的形式,而且不得附有条件,附有条件的不影响对汇票的保证责任。

6. 保付

保付仅为支票上的一种法律规范,是指作为付款人的付款银行,在支票上记载照付或者保付等同字义的字样并签章的行为。

保付支票是初始于美国的一种支票,美国原有的《统一流通证券法》第一百八十七条规定,付款银行于支票上为保付时其效力与承兑同。该法第一百八十八条规定,支票经承兑或保付后,出票人及全体背书人均免其责任。美国统一商法中也规定:支票的保付就是承兑。这些规定以后为其他国家所采用。我国《票据法》中规定,支票仅限于见票即付,不得另行记载付款日期。另行记载付款日期的,该记载无效。因而,不存在保付的问题,也未规定支票的保付。

(二)票据行为的特点

1. 要式性

票据行为是一种法律行为,法律对每种票据行为均规定了必要的方式。各种票据均有一定的格式,即法定的内容和记载方式。凡违反票据法关于票据行为的要式规定,除票据法另有规定以外,票据当事人所为行为无效。

2. 抽象性

票据是无因证券,根据各国票据法规定,通常票据关系与票据的原因关系是相分离的。票据行为只需具备抽象的形式即可生效,而不问其实质如何。

3. 文义性

票据行为的内容必须以票据上的文字记载为准。即使票据上的记载与实际情况不一致,仍以文字记载为准,不允许当事人以票据外的证据加以变更或补充。

4. 独立性

同一票据上如有数个票据行为,每一行为各依其在票据上所载的文义分别独立发生效力，一行为无效，不影响其他行为的效力，这称为票据行为独立的原则。

（三）票据行为的成立要件

票据行为是一种法律行为，它的有效成立，必须具备一般法律行为应具备的要件，即票据行为的实质要件。票据行为是一种要式的法律行为，还必须具备票据法所规定的特别要件，即票据的形式要件。

1. 票据行为的实质要件

票据行为在本质上是一种民事行为，因而票据行为的实质要件，通常不在票据法上单独规定，而适用民法的一般规定，即要求行为人具备相应的票据能力，包括票据权利与票据义务的资格。

票据权利能力是指能够成为票据行为的主体、参加票据法律关系、享有票据权利与承担票据义务的资格。自然人的票据权利能力与其民事能力同一，只要有民事权利能力，就有票据权利能力。法人的票据权利能力始于登记，终于解散后清算终结。法人的民事权利能力通常要受法人章程所定的目的范围的限制。因为票据是无因证券，法人章程所订的目的范围，非一般人所知。

2. 票据行为的形式要件

采取书面形式。行为人的意思必须记载在一定的纸张上。该纸张通常是金融机构或企业已经印好的票据用纸。

必须签名。“签名”是对每个票据行为人的共同要件。凡在票据上签名的，均须负票据责任。签名是确定票据责任的基本要件。

记载有关事项。票据行为的有效成立，还必须依票据法对各种票据行为的要求记载有关事项。这些事项因其效力不同，可以分为应该记载的事项和任意记载的事项。

对于应该记载的事项，多数国家票据法规定，票据上欠缺此类事项之一的，票据无效，法律另有规定的除外。此类事项又可分为绝对应记载事项和相对应记载事项。绝对应记载事项是指票据法明文规定票据上必须记载的事项。任意记载事项是指记载与否，可由票据当事人选择，但一经记载，就发生票据法上的效力的事项。通常认为，汇票的出票人可以记载担当付款人、预备付款人、免除担保承兑、付款处所、票据金额的利息及利率等事项。背书人可以记载预备付款人，也可以记载禁止再背书事项等。

交付票据。票据依法记载后，必须由行为人将票据交付给持票人，票据行为才算完成。在完成交付之前，即票据行为尚未完成前，行为人还可以涂销自己的记载。

(四) 票据行为的代理

票据行为是一种法律行为,法律行为可以由他人代理,票据行为同样也可由他人代理。但是,为了善意第三人的权利,维护社会交易的安全,票据行为的代理除适用民法上有关代理的一般原则外,各国票据法对其都作了特别规定。据此,票据行为代理的成立,必须具备以下条件:

1. 明示本人(被代理人)的名义

代理人行使票据行为的代理时,必须在票据上表明本人的姓名。如本人是公司或其他组织,要表明该公司或其他组织的名称,本人才可承担票据上的责任。

2. 记明代理的意思

代理人在行使票据行为的代理时,必须在票据上表示代理的意思。

3. 代理人签名或盖章

票据行为的代理,必须由代理人在票据上签名或盖章才能有效。

4. 应经本人授权

代理人如果在没有授权的情况下代本人进行票据行为,本人对此不负责任,一切后果由代理人自负。

三、票据权利

(一) 票据权利的概念与特征

1. 票据权利是持票人以取得票据金额为目的,凭票据向票据行为人所行使的权利

就其本质来讲,属于债权。但它与一般民事债权相比,有其自己的特征,即:票据权利是一种证券权利,是债权在票据(有形物)上的体现。票据是完全有价证券,票据权与票据本身不可分离。行使票据权利必须持有票据。

2. 票据权利是对票据行为人行使的权利

凡实施票据行为的人都是票据上的债务人,所以票据权利是以票据行为人为对象的。

3. 票据权利是包括两次请求权的权利

普通金钱债权是一种简单的一次性的请求权,而票据权利则包括两次请求权。第一次请求权是付款请求权。如第一次请求权不能实现,债权人可以行使第二次请求权,即追索权。

(二) 票据权利的种类

1. 付款请求权

付款请求权是指持票人向票据主债务人或其他付款义务人请求支付票据上所载金额的权利。

行使付款请求权的权利人是持票人。该持票人可以是受款人,也可以是最后被背书人,还可能是汇票、本票中付款后的参加付款人。

2. 追索权

追索权又称为偿还请求权,是指在付款请求权未能实现时发生的、持票人对其前手所享有的、请求偿还票据上所载金额及其他有关金额的权利。行使追索权的权利人也是持票人。该持票人可以是最后持票人,也可以是清偿了票据金额及其他有关金额的被追索人。

(三) 票据权利的取得方式

1. 原始取得与继受取得

执票人因出票人的发行行为而取得票据权利,称为票据权利的原始取得。持票人从有正当处分权人处,依照背书转让或交付程序,或因继承、公司合并等法定因素受让票据,取得票据权利,称为票据权利的继受取得。

2. 恶意或重大过失取得

以恶意或重大过失取得票据,不得享有票据权利。所谓恶意取得是指明知其前手并无票据的权利,而受让票据的行为。所谓重大过失取得是指受让人并非明知,但若略加注意,便能明察其前手并无转让票据的权利,而受让了该票据的行为。是否以恶意或重大过失取得票据的举证责任,应由票据债务人承担。

3. 无对价或以不相当对价取得

无对价或以不相当对价取得票据的持票人,其享有的票据权利有一定的限制,即不得享有优于其前手的权利。持票人是否以无对价或以不相当对价取得票据的举证责任,应由票据债务人承担。

4. 票据权利的善意取得

善意取得即持票人从无处分票据权利的人处善意受让票据的行为。票据法上的善意取得与民法上动产的善意取得,两者在立法精神上不尽相同。例如,甲从小偷处善意地无重大过失地受让票据,该小偷在法律上无任何票据权利,然而甲作为受让人,仍享有票据上的权利。但假如甲从小偷处善意地无重大过失地受让的是除票据以外的其他物品,甲就不能享有民法上的对该物品的权利。票据权利善意取得的立法目的,在于保护票据的善意取得者,以增强票据的流通性,保障社会交易的安全。票据权利的善意取得,须具备一定条件:① 受让须按票据法规定的转让方式取得票据。② 受让人须从无票据权利人处取得票据。③ 受让人须支付相当的对价。④ 受让人须善意或无重大过失取得票据。

（四）票据权利的行使和保全

1. 票据权利的行使

所谓票据权利的行使,是指票据权利人请求票据义务人履行义务的行为。这种行为由权利人行使,其结果表现为票据权利的实现。

票据权利行使的方式为票据的提示,包括提示承兑和提示付款。票据是流通证券,其流通不需要通知债务人。为此,票据债务人无从得知最后的权利人,只有经过票据的提示,才能最终确定何人为权利人,并同时确定履行义务的具体日期。未经票据提示,即使履行期限已经到来,票据债务人也不承担迟延履行的责任。

关于票据权利行使的地点,票据法规定,债权人应主动到债务人所在地向其提示票据。

2. 票据权利的保全

票据权利的保全是指票据权利人为防止票据权利的丧失而实施的各种行为。票据权利是一种债权,债权是有时效的,票据权利如经一定时期不予行使,其即因时效完成而消灭,这就会使票据权利完全丧失。此外,票据债权人在一定时期未实施票据法规定的行为,也可能使追索权丧失。为防止票据权利的丧失,有必要对票据权利进行保全。

对票据权利保全的方法通常有两种:逾期提示票据。即按照票据法规定的期间,向票据债务人现实地出示票据,请求其履行票据债务;作成拒绝证书。按票据法规定,在票据权利人经向票据债务人提示票据而未付款时,须在规定期间内,请求公证机关等,就该事实作成拒绝证书。如未在规定期间内作成拒绝证书,即丧失对其前手的追索权。

四、票据的瑕疵与票据的抗辩

（一）票据的瑕疵

票据的瑕疵是指影响票据效力的行为,即在票据行为上存在一定的问题,使票据不再是一般意义上的票据,或者不能再作为正常票据流通使用。

票据瑕疵与票据形式上的欠缺不同。票据形式上的欠缺是指票据形式上不完备,欠缺票据法所规定的必要记载事项。形式欠缺的票据在票据法上属于无效的票据,在任何情况下均属于无效,且对任何人均得主张无效。而有瑕疵的票据是指形式以外存在着一定的问题，并不是在任何情况下均属无效，也并非对任何人均得主张无效。

票据的瑕疵包括票据的伪造、票据的变造和票据的涂销。

1. 票据的伪造

(1) 票据伪造的定义。票据的伪造是指以行使票据上权利义务为目的、假冒他人的名义而进行的票据行为。例如：某甲假冒某乙的名义签发一种汇票，或某甲假冒某乙的名义在票据上背书等，均属票据的伪造行为。

(2) 票据伪造的效力。对于被伪造人的效力。被伪造人由于自己并没有在票据上签名或盖章，所以不负任何票据责任。对于伪造人效力。由于伪造人在票据上没有签自己的名字，所以也不负票据上的责任。但是，伪造人要承担民法上规定的因给他人造成损失的民事赔偿责任，以及刑法上规定的因构成欺诈罪或伪造有价证券罪的刑事责任。对于其他真正签名人的效力。票据的伪造行为，不影响真正签名人所为的票据行为的效力。这是因为票据行为具有独立性，一行为的无效不影响其他行为继续有效。对持票人的效力。一切持票人(包括善意持票人)对于伪造者或被伪造者，都不能取得票据权利，只能依民法的方法请求伪造者赔偿，或者向票据上真正的签名人行使追索权。对付款人的效力。付款人如果没能辨认出伪造票据，而对此票据付了款，付款人的付款行为有效。付款人由此遭受的损失也只有寻求民法上的解决办法来得到补偿。

2. 票据的变造

(1) 票据变造的定义。票据变造是指没有变更权限的人在已经有效成立的票据上，变更票据上记载的除签名之外的有关事项的一种行为。例如，变更票据的日期、应付金额、付款时间、付款地点等，均属变更票据记载的行为。

(2) 票据变造的效力。票据在变造之前和变造之后都有效。多数国家认为：票据文义如有变造时，签名在变造之前的，依原有文义负责；签名在变造之后的，依变造文义负责。

3. 票据的涂销

(1) 票据涂销的定义。票据的涂销是指将票据上的签名或其他记载事项加以涂抹或消除的行为。例如，汇票的付款人某甲将其在汇票上记载的“承兑”字样涂去，持票人某乙将其前手的签名涂去等均属票据的涂销行为。

(2) 票据涂销的效力。票据涂销的效力分述如下：由权利人故意所为的票据涂销的效力。如果票据权利人故意涂销票据上记载的事项，那么，该权利人便丧失其在该涂销部分的票据上的权利。例如，持票人故意涂销背书人甲的签名，甲因此便可解除对票据所负的担保责任，持票人也不得向甲行使追索权。又如，背书人如故意涂销其前手的签名，该被涂销签名的前手即解除对该涂销人所负的担保责任。

由权利人在非故意情况下所为的票据涂销的效力。如果票据权利人涂销票据并非出于故意，则该涂销行为不影响票据的权利，以确保票据制度的严肃性和票据权利人的利益。

由非权利人所为的票据涂销的效力。由非权利人所为的票据涂销行为，无论行为人在主观上有无故意，都不影响票据的权利。此外，如果非权利人故意涂销票据上签名或其他记载事项，有时还会发生票据的伪造或变造的问题。

（二）票据的抗辩

1. 票据抗辩的定义

所谓票据抗辩，是指票据债务人对票据权利人提出一定的合法事由，以拒绝其行使权利的行为。这里的一定合法事由称为抗辩原因，债务人享有拒绝债权人行使权利的权利，称为抗辩权。

2. 票据抗辩的种类

(1) 物的抗辩。物的抗辩又称为绝对的抗辩或客观的抗辩，是指票据债务人以对抗一切持票人，并不因持票人的变更而受到影响的抗辩。这种抗辩产生于票据本身的内容，即票据上记载的事项以及票据的性质当然产生的事项，因此称为物的抗辩。根据抗辩的不同情况，物的抗辩可分为两类：

一类是指一切票据债务可以行使的物的抗辩。这类抗辩包括：① 欠缺票据上应记载事项，或记载了票据上不得记载的事项，而使票据无效的抗辩。② 票据上记载的到期日未到，或票据上记载的付款地与持票人请求付款的地点不符而对权利人行使的抗辩。③ 票据因依法付款或依法提存而使票据权利消失的抗辩。④ 票据因法院作除权判决而使票据权利失效的抗辩。

另一类是指特定票据债务人可以行使的物的抗辩。这类抗辩主要包括：① 无行为能力人或限制行为能力人所提出的欠缺票据行为能力的抗辩。② 在发生票据伪造时，被伪造人所提出的“票据伪造的抗辩”；在发生票据变造时，被伪造人所提出的“票据伪造的抗辩”。③ 如发生未经授权的人以本人的名义代理进行票据行为时，本人因此而提出的“无权代理的抗辩”。④ 持票人不在法定期限内行使和保全票据上的权利，偿还义务人因此而提出的“欠缺保全手续的抗辩”。⑤ 票据权利因时效而消灭，债务人因此而提出的“时效消灭的抗辩”。

(2) 人的抗辩。人的抗辩又称为相对的抗辩或主观的抗辩，是指票据债务人仅可以对抗特定的票据债权人的抗辩，这是一种因持票人的变更而受到影响的抗辩。这种抗辩产生于票据当事人之间的特定关系，为了保护善意持票人，持票人一经改变，这种抗辩便被切断，债务人不得以原来的事由对抗新的持票人。根据抗辩的不同情况，人的抗辩可以分为两类；

一类是指一切债务人可以行使的人的抗辩。这类抗辩包括：① 当持票人受破产宣告，或票据债权被法院扣押禁止付款时，任何票据债务人均可对持票人提出“持票人欠缺实质上的受领票据金额抗辩”。② 当票据背书不连续时，任何票据债务人均可对持票人提出“持票人欠缺形式上的受领票据金额的抗辩”。

另一类是指特定债务人可以行使的人的抗辩。这类抗辩又称直接当事人间的抗辩，主要包括：① 由于签发票据转让或转让票据的原因不合法，因而在直接当事人间所提出的“非法原因关系的抗辩”。② 由于签发票据或转让票据的原因关系自始不存在或后来消灭，因而在直接当事人间所提出的“欠缺原因关系的抗辩”。③ 由于持票人未提供相当的对价，因而在直接当事人间所提出的“欠缺对价的抗辩”。

3. 票据抗辩的限制

为了不影响票据的流通，各国票据法都对债务人的抗辩权作了一些限制：① 票据债务人不得以自己与发票人之间所存在的抗辩事由对抗持票人。② 票据债务人不得以自己与持票人的前手之间存在的抗辩事由对抗持票人。

五、票据时效与票据丧失

（一）票据时效

1. 票据时效的定义

票据时效是指票据权利的消灭时效。所谓消灭时效，就是权利人在一定时期内不行使其权利，义务人就可以拒绝他的权利请求。该“一定期间”就是指消灭时效的期间。

2. 票据时效的期间

按不同情况，票据时效的期间分述如下：持票人对汇票承兑人或本票发票人的付款请求权，多数国家规定，自到期日起算，3 年间不行使（我国 2 年），因丧失时效而消灭。

持票人对支票发票人的追索权，多数国家规定，自提示期间届满之日起算，6 个月间不行使，因丧失时效而消灭。

汇票和本票的持票人对其前手的追索权，多数国家规定，自在恰当时间内作成拒绝证书之日起算，1 年间不行使，因丧失时效而消灭。支票持票人对其前手的追索权，从提示期间届满之日起算，6个月间不行使，因丧失时效而消灭。

背书人对其前手的追索权，多数国家规定，自背书人为清偿之日或背书人自己被起诉之日起算，6个月间不行使，因丧失时效而消灭。

（二）票据丧失

1. 票据丧失的定义

票据丧失是指持票人并非出于自己的本意而丧失对票据的占有的情形。例如，票据因焚烧、撕碎以及严重涂抹而毁灭，或因遗失、被盗而失去等。

票据是完全有价证券，票据权利的行使离不开对票据本身的占有。为此，票据丧失对持票人的利益影响很大。为了保护持票人的利益，票据法设立了对票据的补救措施，即依法履行一定手续后丧失票据的当事人仍可行使票据上的权利。

2. 票据丧失的补救方法

关于票据丧失的补救方法，世界各国法律的规定存在较大差异。大陆法系国家通常采取公示催告程序，英美法系国家则大都采取诉讼方式。下面分别表述。

丧失票据的公示催告。公示催告是失票人向法庭申请，宣告票据无效，从而使票据权利与票据本身相分离的一种制度或程序。

采用公示催告这一补救方法的国家，大都在本国的民事诉讼法中规定公告的具体程序。一般情况下，公示催告要经过以下程序：

（1）由失票人向法院提出申请。失票人既包括最后的持票人，也包括清偿了后手追索权而取得票据的前手。失票人在提出申请时，应提交票据的誊本或讲述票据上的主要记载事项，并讲清票据遗失、被盗以及其他毁灭的事实经过及证明自己有申请权的事实原因。

（2）法院对失票人的申请进行裁定。法院接受了申请之后，便开始调查此申请是否符合法定条件。如果审查合格，准予申请，法院即裁定进行公示催告。

（3）公示催告。法院应采用通常的公告方法，如登报或张贴公示等，明示此公示催告的申请人及申请内容；催促现有的持票人在一定的期间内向法院申报权利，并且告知如不在该期间内申报权利，就将丧失其权利。

（4）权利的申报和对票据的检查。如果有人持票在规定期间内申报权利，法院应通知申请人，约定时间让他检查票据。如失票人与持票人就票据问题无争执，公示催告程序便可终结，如果失票人与持票人就票据权利有争执，应另行以诉讼解决后，再进行除权判决或驳回申请。

（5）除权判决。所谓除权判决，就是宣告无效的判决。丧失票据的人可以凭除权判决行使票据权利或拒绝负担票据义务。

丧失票据的诉讼。按照《美国统一商法典》的规定，丧失票据的人可以通过他对票据债务人的诉讼，以解决票据权利的问题。但是，失票人在提起这种诉讼时，要对自己的票据所有权、丧失票据的事实经过和票据的主要内容等负举证责任。此外，失票人还得提供相应担保金，以补偿一旦有善意持票人主张票据权利而使票据债务人遭受到的损失。《英国票据法》也规定，失票人在提供担保后，可以向法院通过诉讼的方法解决票据权利的问题。对于支票失票人，《美国商法典》还规定了一种"请求止付"的补救方法。即失票人有权向其存款银行发布停止支付命令（如果银行在接到该命令以前已经支付，则不受命令的约束），如果银行违反停止支付的命令而对支票持有人付款，由此使失票人遭受的损失，失票人可向该银行要求赔偿。

第三节 票据的国际统一立法与法律冲突

一、国际票据法的统一运动

（一）日内瓦公约体系的形成及与英美法系的并存

由于各国票据法存在着法国、英国和德国三个不同的法系，而且在同一法系的各个国家之间，其票据法的某些具体规定也有差异，这种状况的存在对于票据在国际上的流通使用、对于国际贸易的发展都是不利的。有鉴于此，第一次世界大战以后，经多方努力，在国际联盟的主持下，先后于 1930 年和 1931 年在日内瓦举行了两次关于统一票据法的国际会议，通过了四项关于统一票据法的日内瓦公约，即：1930 年关于统一汇票和本票的日内瓦公约；1930 年关于解决汇票和本票的若干法律冲突的公约；1931 年关于统一支票法的日内瓦公约；1931 年关于解决支票的若干法律冲突的公约。此外，还通过了关于统一汇票、本票以及支票印花税法公约。

现在，大多数欧洲国家和日本以及某些拉丁美洲国家已经采用了上述各项日内瓦公约，有些国家还以上述公约为基础，对本国的票据法进行了修订。例如，1933 年德国修订了票据法及支票法；1935 年法国修订了商业法典中关于汇票及支票的规定；1936 年瑞士修订了债务法中有关有价证券的规定等。此后，大陆法系各国的票据法逐步趋于统一，法国法系与德国法系之间的分歧正逐步消失。但是，英美等国则从一开始就拒绝参加日内瓦公约，他们认为日内瓦公约主要是按照大陆法律的传统制定的，与英美法系的传统与实践有矛盾，如果参加日内瓦公约，将会影响英美法系各国之间已经实现的统一局面。由于这个缘故，从 1930 年以后，历史上存在的票据法三大法系，逐渐演变为日内瓦统一法系与英美法系并存的局面。

（二）《国际汇票和本票公约》（草案）的通过

由于日内瓦公约并没有能够达到完全统一各国票据法的目的，票据在国际上流通使用仍有许多问题需要协调。联合国成立后，国际贸易法委员会从 1971 年起着手进行国际汇票统一化工作。经多次制定和修改，终于在 1987 年 8 月在维也纳召开的联合国国际贸易法委员会第 20 次会议上正式通过了《国际汇票和本票公约》（草案）。并于 1990 年 6 月 30 日开放签字。但迄今为止，该公约尚未生效。《国际汇票和本票公约》（草案）旨在消除日内瓦体系与英美法体系之间的分歧，使之能被不同法律体系的国家接受。因此，该公约在内容上参照并吸取了两大法系的内容和特点，它是日内瓦公约体系与英美法体系相互协调、折衷的产物。

二、涉外票据的法律适用冲突

《日内瓦国际统一汇票本票法》虽然朝着国际统一票据法的目标迈出了一大步，但是，许多国家并没有参加或批准该公约。有的国家即使参加了，也还有保留条款；《国际汇票和本票公约》（草案）则尚未生效。我国未参加票据方面的任何一项国际公约。1995 年 5 月 10 日，经第八届全国人民代表大会常务委员会第十三次会议审议，通过了《中华人民共和国票据法》，该法已于 1996 年 1 月 1 日起施行。2004 年 8 月 28 日第十届全国人民代表大会常务委员会第十一次会议通过对其进行修正，并予公布日生效。在处理涉外票据的实务时，各国的法律、公约以及我国的票据法间均存在着法律冲突的问题，主要表现在：

（一）票据行为能力的问题

票据行为能力是以自己的行为承担票据上义务的资格。对此，各国的规定不尽一致。归纳起来有三种：一是本国法主义，即认为外国人承担票据上义务的行为能力，应以其所属国的法律为依据。欧洲大陆的多数国家采取本国法主义。二是行为地法主义，即认为外国人承担票据上义务的行为能力应以其票据行为地所属国的法律为依据。采取行为地法主义的有英国、美国。三是折衷主义，即将本国法主义与行为地法主义加以折衷，认为外国人承担票据义务的行为能力，以本国法为原则，以行为地法为例外。德国等国家采取折衷主义。日内瓦国际统一票据法会议通过的旨在解决冲突的公约，采取了折衷主义的态度，规定票据行为人的票据行为能力依其本国法，但是有两点例外：一是如果其本国法律规定适用他国法律时，则适用他国法律；二是如果依其本国法票据行为人没有票据行为能力，但是依票据行为地法票据行为人有票据行为能力时，则适用票据行为地法。由于这个规定可能使票据行为人规避票据法，所以解决冲突公约又规定，缔约国有权否认票据行为人依本国票据法无票据行为能力，而在缔约国内所发生的票据行为的效力。我国票据法对票据行为人的行为能力采取折衷主义的立法态度，为确立票据法的国际冲突指出了准据法。《票据法》第九十六条规定："票据债务人的民事行为能力，适用其本国法律。票据债务人的民事行为能力，依照其本国法律为无民事行为能力或者为限制民事行为能力而依照行为地法律为完全民事行为能力的，适用行为地法律。"

（二）票据行为的方式问题

为解决票据行为方式的国际冲突，《日内瓦统一汇票本票法》规定，票据行为方式应以行为地的法律规定为准。但是亦规定了两种例外情况：一是票据行为的方式虽然没有按照票据行为地法律作成，为无效的票据行为，但是以后作成的票据行为方式符合该行为地法律规定，不因其当初票据行为方式的无效性，而影响其以后作成的票据行为方式的效力。二是本国人在外国对于本国人所为的票据行为，如果具备本国法律所规定的方式，虽不符合该外国法律的规定，但其票据行为在本国仍然有效。

我国票据法对票据行为的法律适用，认为应适用行为地法。《票据法》第九十七条规定："汇票、本票出票时的记载事项，适用出票地法律。支票出票时的记载事项，适用出票地法、经当事人协议，也可适用付款地法律。"《票据法》第九十八条规定："票据的背书、承兑、付款和保证行为，适用行为地法律。"《票据法》第九十五条规定："依据票据行为独立性的性质，如果发生票据行为方式的国际冲突，可以适用国际惯例。"即按《日内瓦统一汇票本票法》的规定适用。

（三）票据行为的效力问题

票据行为的效力是指票据上的权利义务依何国法律决定的标准。对此，各国的立法规定亦不尽相同。概括起来有三种情况：一是行为地主义，即认为应该以实施票据行为时所在地的法律为标准决定，也就是说，出票人的权利义务依出票地法律为标准，付款人的权利义务依付款地法律为标准。二是付款地主义，即认为票据最终以付款为目的，所以票据行为所产生的权利义务，应以付款地的法律为准。换句话说，出票人与付款人的权利义务，都应以付款地的法律为标准。三是折衷主义，依《日内瓦统一汇票本票法》的规定，票据行为所产生的票据权利义务，对于汇票和本票的出票人，应依付款地的法律为标准，其他在票据上签章的人，其权利义务应以行为地的法律为标准。但是对于行使追索权的，在期限内一切签章人的权利义务，都应以出票地的法律为准。只有关于支票的提示期限，及其丧失支票时进行诉讼保全，才以付款地的法律为准，采用折衷主义的国家，以日本最为典型。

我国《票据法》在确定涉外票据的法律效力时，基本上采用了折衷主义。《票据法》第九十七条、第九十八条的规定就体现了这种立法态度，汇票承兑人和本票出票人所承担的票据债务的履行，适用付款地法律；除汇票承兑人和本票出票人外，汇票、本票和支票的其他债务人所承担的票据债务的履行，适用签章地法律。

（四）我国涉外票据的其他法律适用

关于追索行使的期限。我国《票据法》第九十九条规定："票据追索权的行使期限，适用出票地法律。"我国《票据法》的这条规定与日本票据法的规定类似。

《票据法》第一百条规定："票据的提示期限、有关拒绝证明的方式，出具拒绝证明的期限，适用付款地法律。"《票据法》第一百零一条规定："票据丧失时，失票人请求保全票据权利的程序，适用付款地法律。"

为妥善解决国际票据法的法律冲突，各国都应遵循"国内法优于国际法"的原则。我国《票据法》在这一问题上特别规定："中华人民共和国缔结或参加的国际条约同本法有不同规定的，适用国际条约的规定，但是，中华人民共和国声明保留的条款除外。本法和中华人民共和国缔结或者参加的国际条约没有规定，可以适用国际惯例。"这已成为我国涉外票据法律适用冲突的一项基本准则。

案例分析

［案情］

A银行接受B公司的委托签发了一张金额为8 600元人民币的本票，收款人为某电脑公司的经理李某。李某将票据背书转让给了王某。王某将票据金额改写为8.6万元人民币后转让给了C商店，商店又将该票据背书转让给了某供销社。当该供销社向付款银行提示付款时，付款银行以票据上有瑕疵为由退票。

［问题］

(1) 涉争的本票是银行本票还是商业本票？为什么？

(2) 王某改写票据金额的行为，在票据法上叫什么行为？王某应承担哪些责任？

(3) 如果最后的持票人向前手行使追索权，除王某以外的各位前手替代承担怎样的票据责任？法律依据是什么？

［法律运用及处理结果］

(1) 涉争的本票是银行本票。因为我国《票据法》第73条第2款规定:“本法所称本票,是指银行本票。”可见,我国《票据法》只承认银行本票,不承认商业本票。本案中的本票虽然是A银行接受B公司的委托而开出的,但是本票是用A银行而不是B公司我名义开出的,因此其性质仍然是(而且只能是)银行本票。

(2) 王某改写票据金额的行为,在票据法上叫做票据的变造。票据的变造,是指无变更权的人对票据上除签章以外的有关记载事项进行变更的行为。在本案中,王某变更的不是票据的签章,而是票据的金额,因此构成票据的变造。

依照我国《票据法》第14条的规定,王某首先要承担票据责任,责任范围以其变造的金额为限。在本案中,也就是要对持票人承担8.6万元的付款责任。其次,根据我国《票据法》第103条第1款、第104条以及有关司法解释的规定,王某还应当分别承担民事赔偿责任、刑事责任和行政责任。

(3) 根据我国《票据法》第14条第3款的规定,票据上其他记载事项被变造的,在变造之前签章的人,对原记载事项负责;在变造之后签章的人,对变造之后的记载事项负责。因此,如果本案中的持票人行使追索权,在王某变造之前签章的A银行、B公司、李某,都只对原记载金额也就是8 600元负责,在王某变造之后签章的C商店,应当对变造后的金额负责,也就是8.6万元。任何一个债务人向持票人清偿之后,都可以向其前手债务人继续追索。

(案例来源:http://wenku.baidu.com/link?url=SxSqD0pe9vMKvCQs05yF-CTdVR-YlvmhFvWvM9X6SZ_kfO3gZThrrDuhy5KDjw1ZbyCuIKbx7rw5kDwVvaXY1tuznUoyxXLSXzItXfUZgyG)

【本章思考题】

1. 简述支票与汇票的区别。
2. 简述本票与汇票的区别。
3. 简述票据行为的成立要件。
4. 简述票据权利的取得方式。
5. 简述票据丧失的补救方式。

第八章　产品责任法

教学要求

产品责任法规定凡因产品质量问题造成人身伤害、财产损失，有关责任人员要承担的法律责任。通过本章的学习，读者可以了解各国产品责任法的具体规定，同时区别产品的生产者以及销售者的责任认定，维护消费者的权益。

第一节　产品责任法概述

一、产品责任的概念

（一）产品责任的含义

产品责任，是指产品的制造者或销售者因制造或经销有缺陷的产品，造成消费者或使用者的人身或财产损害所应承担的赔偿责任。从广义上讲，产品责任包括合同关系的产品责任和侵权行为的产品责任两种。合同关系的产品责任即违约责任。通常所讲的产品责任主要是指产品的侵权责任，这是狭义上的产品责任。它是因产品存在缺陷造成他人损害所应承担的责任。

（二）产品责任的构成要件

根据欧美国家有关产品责任法的规定，产品责任的构成要件是：

1. 产品存在缺陷

它是承担产品责任的前提条件。各国的产品责任法都要求受到伤害的产品使用者证明某项致人伤亡或引起财产损失的产品有缺陷，否则，就不能得到赔偿，即使是消费者依据无过错责任原则起诉时，也仍负有证明产品存在缺陷的法律义务。

产品缺陷一般是指产品具有不合理的危险性，主要包括产品设计的缺陷、原材料的缺陷、制造装配上的缺陷、指示上的缺陷。

2. 损害事实与产品缺陷有直接的因果关系

它是承担产品责任的内在条件。若发生损害是由于使用者未按要求正常合理使用，则不存在产品责任问题；若发生损害是由于第三人的原则，则生产者不承担赔偿责任；若发生损害是由于产品缺陷、受害人过错等多方原因，而产品缺陷是其中的主要原因，则生产者应承担产品责任，但应减轻其赔偿责任。

以上是构成产品责任的两个实质性要件，缺一不可。

二、产品责任法的概念及其特征

(一) 产品责任法的概念

当前，世界许多国家有几种不完全相同的立法形式处理产品责任问题。一种是民法规定产品责任；一种是刑法对于劣质产品产销责任者的处罚的规定；再一种是专门产品责任法和关于产品责任的国际公约；还有一种是我们国家的产品质量责任法律制度。

产品责任法是商品经济发达、科学技术加速发展和法律相应发展的产物。在没有产品责任法之前，生产者对其产品的责任一般是用合同调整的，也就是由买卖合同中担保责任所制约的。在第二次世界大战后，产品责任法兴起，在法律上发展成为侵权行为法律制度中一项重要内容。所谓产品责任法，即调整有关产品的生产者、销售者与消费者、使用者之间因产品缺陷所形成的侵权赔偿关系的法律规范的总和。其目的在于保护消费者的利益，确定制造者和销售者对其生产或出售的产品所应承担的责任。

(二) 产品责任法的基本特征

(1) 它调整的对象是因产品有缺陷而导致的人身或财产损害而产生的赔偿关系，不包括单纯产品本身的质量问题。产品本身的质量问题是由买卖法加以调整的，若卖方违反了对所出售货物的明示或默示的担保义务就须承担法律责任。产品责任法主要解决产品有缺陷而给他人造成人身伤害和财产损失时，受害者应向谁获取何种赔偿的问题。

(2) 它主要调整不以任何合同关系为前提的产品责任侵权行为。过去在产品责任领域中占主导地位的原则是“无合同，无责任”，即只要生产者或销售者同产品的使用没有合同关系，对生产及出售的产品一概不承担任何责任。由于这种将合同关系作为产品责任基础的理论依据极不合理，各国的产品责任法就逐渐地放弃了这一要求，规定其调整无任何合同关系的当事人之间因缺陷产品的侵权行为而产生的赔偿关系，从而扩大了产品责任法所保护的对象，也扩大了应承担赔偿责任的当事人的范围。

(3) 产品责任法的规定和原则多为强制性的。这是它与买卖法的一个区别。买卖法属于私法范畴。它所调整的是卖方与买方之间基于买卖合同所产生的权利、义务关系。它的规定大多是属于任意性的。在一般情况下，双方当事人可在他们的合同中予以排除或变更，法律不予干预；而产品责任法属于公法范畴，国家通过法律形式确定产品制造者或销售者对其生产或销售的产品所应承担的法律责任。因此，产品责任法的规定和原则多为强制的，双方当事人在订立合同时不得任意加以排除或更改。

第二节 各国的产品责任法

一、美国的产品责任法

美国的产品责任法中，有诸多受害者据该法向产品的生产者、制造者或销售者索取赔偿的理论，其中主要是疏忽责任理论、担保责任理论以及严格责任理论。原告可运用上述任何一种理论来为自己因使用有缺陷的产品受到的伤害向被告索赔，有可能的话，他可同时使用三种理论，以增加胜诉的机会。

最近几十年，保护消费者的趋势有了很大发展，因为经常发生无辜的消费者自己没有过错却被其使用的产品伤害的情况。一旦出现这种情况，是让受害的消费者个人承担产品引起的损失，还是让更有能力防止并且消化这种损失的产品生产者、批发商或零售商来承担呢？司法实践表明经常是后者承担此种责任。

如果无须承担法律责任，公司是否还有尽量生产安全产品的经济上的动力呢？事实上，如果不是畏惧损害赔偿的话，许多公司就会出于经济上的考虑生产表面上对消费者来说是安全的事实上却相当危险的产品。正因为可能被判付巨额赔偿，所以没有公司敢保证生产廉价的、但不安全的产品会给其带来巨大的利润。

(一) 产品责任法的历史发展

在过去，没有合同关系就限制了受害者获得赔偿的权利，即如果受害方要从被告取得赔偿，双方之间就必须有一合同关系。根据这种理论，生产有缺陷产品的生产商对与之有契约关系的批发商负责，因为前者将产品按合同卖给后者。受伤害的消费者不能向生产商索赔，只能起诉出售产品的零售商。在整个 19 世纪，这种契约关系的要求都占这一领域的主导地位，尽管在一些个别方面如涉及食品、药品和其他危险产品的案件中对此有所突破。

1916 年审理的著名的麦克弗森诉布克汽车公司案(MacPherson. v. Buick Moter Co)标志着对上述契约理论的重大突破。在该案中，纽约上诉法院裁决，不论一产品是否具有“内在的危险性”(inherently dangerous)，只要能证明其生产者的制造、安装过程中有疏忽，则该生产者就要对使用者因使用该产品而导致的伤害负责，即使原告无法证明自己与生产者有契约关系，该原则也仍然适用。这一判决对其他各州的法院影响极大。

1960 年在美国产品责任法的发展史上的又一个里程碑是汉宁森诉布朗姆费尔德一案(Genningsen v. Bloomfield)的审理。在该案中，原告克劳斯·汉宁森向被告布朗姆费尔德汽车公司购买了一辆普利茅斯牌轿车，克劳斯·汉宁森的妻子海伦在驾驶该车时受伤，于是他向地区法院起诉布朗姆费尔德和克莱斯乐汽车公司。法院基于默示的商业性担保理论对该案进行了审理，判决原告胜诉。被告不服判决，提起上诉，新泽西州最高法院经审理，决定维持原判，驳回被告上诉。大法官费朗西斯科在其意见中说“虽然两被告强调在他们与海伦之间无任何契约关系，因而不能以违反担保责任为由向他们索赔，但是我们坚信，在合理考虑谁是此担保的受益人时，只有承认她也有可能成为该汽车的使用者才足以维持这一法律领域的正义及公平”。

(二) 疏忽责任理论

1. 生产者的疏忽

所谓疏忽责任，是指由于粗心或没有注意，负有法律义务的一方没有履行或违反了该义务而对他们造成的损害，受害方可据此起诉疏忽方。这是侵权法中的一个主要理论。在产品责任诉讼中，如引用该理论，那么原告必须证明被告在生产、运输某产品时没有给予足够的注意。现在，按此理论提起诉讼，无须先证明合同关系。也就是说，原告不一定向被告购买了产品。但是，原告必须证明，他所受到的伤害是由被告违反了自己的义务引起的。这一义务就是被告需给予在相同情况下任何一谨慎小心的人所应当给以的注意。

在引用这一理论时原告遇到的主要麻烦是举证责任问题，原告必须证明被告在生产产品的过程中有疏忽，没有给予注意。在现代化大生产条件下，随着产品生产的日益尖端化、精密化和复杂化，普通的消费者个人有时很难证明生产者在产品生产的某个环节上有疏忽行为。

生产者的产品组装中的疏忽行为。《侵权行为重述第二编》第 395 条规定了下述标准用以判断生产者的行为:“产品的生产者应该认识到,某一产品除非被仔细制造,否则就可能会对按照要求使用该产品的人的身体造成不合理损害。”“如果一生产者在某一产品的生产中未给予足够的合理的注意,就应该对因按照生产该产品的本来目的并以合法方式使用该产品而使其身体受到伤害的人负责。”

因此该重述在第 395 条中主要讨论了由于某种原因,生产者在其产品的制造中没有给以合理的注意而使其产品处于一种不安全的状况的问题。例如,一汽车生产商没有仔细检验一辆汽车,所以他未能发现汽车安全操作必需的两只安全螺钉中少装了一只,结果,该辆汽车的买主在去公司上班行车时汽车失控,撞上公路连的电灯杆。在这种情况下,生产者在制造这辆汽车没有给予合理的注意给该汽车的使用者造成了身体伤害的不合理的危险。在该例中,汽车的购买者以一个合法的方式并按生产汽车的本来目的——即供人们驾驶之用——来使用该汽车的,因而该汽车生产者就要对因其制造汽车时的疏忽给购买者造成的伤害负责。

但需要注意,如果生产商能使法官相信,他在生产某一产品时给予了足够的注意,那么根据第 395 条之规定,他不负任何责任。

将上述例子与下面的例子加以对比:汽车没有第二只安全螺钉,是因为公司在设计汽车中没有考虑这一点,在这种情况下,如果汽车出了事故,则汽车生产者不是因产品制造中的疏忽责任而是因其设计汽车中的疏忽而负责。

现在有许多案件都与有缺陷的产品设计有关。

生产者的设计产品中的疏忽。当代产品责任法的一个重要内容是生产者对其设计有缺陷的产品承担赔偿责任的问题。生产中的疏忽可能只会影响某一个或几个产品,设计中的疏忽则可能影响整个一类产品并且可能会使生产者对成千上万的消费者负赔偿责任。几个负责管理某几种产品的联邦机构越来越多地指导强制复查作为一种促使生产者修改其设计中的缺陷的手段。

某生产者可因其低劣的设计或不合理的制造而对消费者造成的损失负责,《侵权行为重述第二编》第 398 条对产品的设计规定了下述标准:“某个由于采用某种设计方案而可能使其制造的产品对按生产该产品的本来目的加以使用的人带来危害,生产者必须对他应该估计到使用该产品或者由于该产品的可能使用,而使其安全受到威胁的人,在由于使用了生产者因缺乏足够的注意而未采纳的一方安全方案生产的产品所造成的损失负赔偿责任。”

这就是说生产者在产品的设计中也必须给以足够的注意。某一投放到市场上的产品后来被证明在作正常使用时对使用者不安全,如果该产品给使用者造成了身体的伤害,那么生产者要对他承担赔偿责任。假设某生产采纳了一显然是不安全的设计来生产产品，如生产无防扩网的电扇，一个不了解此危害的孩子将手伸入风叶里，几个手指被切掉。该生产者要对孩子受到的伤害负责，因为他没有以足够的注意采取一套安全的设计方案生产电扇。

另外，还存在对产品的错误使用的问题。生产者在产品设计中一定要保证该产品在被正确使用和不正确使用的情况下都是安全的，当然这种不正确使用必须是可以预见到的。不正确使用产品的责任问题首先出现于拉森诉通用汽车公司案之中。法院在其审理该案的意见中说："在某生产者由于设计中的疏忽而使其产品给使用者带来不合理的危险的情况下，该生产者应当对其未在该产品设计中给予合理注意而产生的伤害负责。而这些伤害作为以正常的和所期望的方式使用汽车时的附带情况应该很容易地被预见到。尽管生产汽车的目的并不是要将它们相互碰撞，但正常使用汽车时经常发生的、难以避免的意外情况会导致汽车相互碰撞并产生足以伤人的冲击力。没有合理原因将损害赔偿责任仅限于由设计或生产中的疏忽所直接引起的事故的情况下，因为事故本身及乘客与汽车内部物件之间的所谓'第二次碰撞'都是可以预见到的。在伤害是由于生产者没有给以合理的注意而给使用者带来的情况下，这种疏忽应被改正且应在产品设计中采取合理措施以最大限度地避免汽车相互碰撞时产生的致人操作的后果。"

2. 生产者有对其产品进行检查、试验和警告的义务

试验与检查。一般来说，生产者必须给以足够的注意保证其投放市场的产品安全可靠。这就要求生产者在将某一产品投放市场以前进行合理的检查与试验来发现明显的或隐蔽的缺陷。例如一椅子生产商由于本应通过检查就会发现的缺陷但未去进行必需的检查而对损失负责。

假设某灯具生产商在设计和生产灯具时给予了合理的注意，但这是否就可以免除他对因灯具可能给别人造成的伤害所应承担的责任呢？如果灯具上的电线包皮在制造灯具时已擦破，致使买主在将电灯插头插入电源时遭到电击，该怎么办呢？可以认为，生产者在检查灯线时没有给予应有的注意。

警告。一个生产者仅仅试验与检查产品是不够的，有时他还负有义务警告公众使用产品时可能发生的潜在危险。《侵权行为重述第二编》第 368 条就警告的义务提出了下述标准，供法院参考：直接由自己或通过第三方为使用目的向另一方提供产品的人，对经过产品购买者同意而使用该产品的人，以及由于它的可能使用而安全受到威胁的人，在以合理方式并根据生产此产品的本来目的而使用该产品时所造成的身体伤害负责，如果产品的提供者知道或有原因知道该产品对按提供该产品的本来目的加以使用的人造成危险或可能有危险；没有理由相信他所预期

的该产品的使用者会认识到此种危险;在向上述有关人员通报该产品的危险情况或可能使该产品发生危险的某些事实上,没有给予合理的注意。

产品的缺陷必须是引起损失的直接原因,即在缺陷与所造成的损失之间存在着直接的联系。如果一桶化学品变热后发生爆炸,但具体的伤害却是因桶砸在一个工人的脚上造成的,那么就可认为没有就这种化学物品的可燃性提出警告是造成这个工人受伤的直接原因。

上述《重述》(a)项中指明必须能够预见到其产品在正常使用时有危险性。可预见性在涉及警告义务的案件中至关重要。在使用者不正确使用产品时,“为此目的提供的”这种措辞可能会带来问题。即是否要生产者既要警告消费者在正常使用产品时存在的危险性又要警告他们在不正确使用产品时存在的危险性? 许多法院要求生产者这样做。

警告用语必须清晰易懂。即使在一警告已清楚陈述了正常和非正常使用某产品时存在的危险,还有一个向谁发出警告的问题。例如:警告只出现在生产者提交给产品购买者的印刷品中,而没有出现在危险产品上。在格里格诉弗里斯顿橡胶轮胎有限公司案(Griggs v. Fireston Tire Rubber Co. 1975)中,法院判决即使在上述情况下,也不能认为弗里斯顿充分适当履行了它应有的警告义务,因为它虽然在一危险轮辋附属的印刷品中作出警告,但还应将警告直接置于轮辋上。但是,有的案例判决却表明,只要向产品的购买者提出充分的警告就足够了。上述格里格案件阐明了这样一点:把一项警告置于所有可能被该产品伤害的人都可以看到的地方对生产者而言更为安全。

上述《重述》第 388 条(b)项讨论了产品的缺陷是否明显的问题,如果产品处于显而易见的危险状况之中,就可能没有必要提出危险警告了。但如果危险不太可能被产品使用者发现(即产品存在着隐蔽的危险),则警告义务就有存在的必要。在这种情况下,生产者要给予合理的注意就这种潜在的危险提出警告。

除了上述《侵权行为重述第二编》第 388 条之规定之外,一些成文法及法规(例如:食品、药品、化妆品法和联邦危险品法)也要求就某些产品提出警告。

3. 装配工或零部件生产者的疏忽

许多产品是由几家公司生产的部件组装而成的。在一个零部件发生故障的情况下,使用其他公司生产的零件来生产自己的产品生产者应负多大的责任。就拿飞机制造公司来说,如果一出现故障的高度表导致飞机坠毁,那么飞机的生产者是否就可以归咎高度表的生产者从而使自己逃脱责任呢?

(1) 装配工。装配工一般来讲必须对产品进行检验以发现隐蔽的缺陷。在迈克菲索诉布瑞克案(Macphaso v. Bruick 1916)中,布瑞克作为汽车生产者对安装在汽车上的有缺陷的轮胎导致的伤害负责,尽管轮胎是布瑞克从另一公司购买的。法院判决瑞克承担责任是因为如果布瑞克对这只轮胎进行了合理检查的话,此缺陷是可以被发现的。因此,装配工必须对包括产成品中的部件进行合理的检查,以免除自己的责任。

(2) 零部件的生产者。一个零部件的生产者也要对自己的疏忽负责。《侵权行为重述第二编》采纳了这一立场,指出如果成品中的某一部件"是被疏忽地制造出以致使包含它的产品在使用时发生不合理危险",那么该产品所包含的这一零部件的生产者要承担责任。同样,制造产品所用的有危险的原材料的生产者也要对自己没有给予合理注意负责,除非原材料是细心地制造出来的。在希德贝克诉案提哥电气有限公司案(Schwedbach v. Antiga electric & Gas Inc . 1965)中,一安装在锅炉上的保安装置的生产者被判负有责任,因为此装置未能正常发挥作用而造成伤害。

4. 零售商的疏忽

如果原告想就因使用一有缺陷的产品受到的伤害向零售商索赔的话,在大多数情况下,疏忽理论不是有效的理论。当一零售商从一生产商得到产品时,他并不比消费者知道更多的关于产品的情况。经常的情况是,零售商将包装好的产品原封不动地卖出。因为零售商对产品的设计和生产没有任何控制权,故没有理由认为他应该对自己的疏忽负责,零售商在产品的设计和制造上自己并不承担什么义务。

检查、试验、警告。一般地,如果零售商不知道,也没有理由知道产品是危险的话,他无需对产品进行检查或试验。在此种情况下,法院也不倾向于让他来承担此种义务。但是,如果他应当知道产品有危险,应该进行检查或试验,但他如没有这样做,就可能要承担责任。食品商和药品商应对他们出售的产品予以特别的注意。

上述情形适用于警告的义务,如果一零售商应该知道一产品有危险,且为一种不易被购买者觉察到的危险,他就应该警告购买者。

将产品描述为自己生产的情况。如果零售商以一种看上去他就是生产者的方式对产品进行广告、贴标签或包装,那么就要按生产者的标准要求零售商。

许多公司把别的公司生产的产品以自己的名义进行推销。《侵权行为重述第二编》第 400 条规定:"任何把别人生产的商品当作自己的产品进行推销的人要服从与该产品的生产者同样的标准,就像他自己是产品的生产者一样。"只要某零售商将自己的名字与产品联系起来或附上自己的商标,他就是反产品作为自己的产品在销售。如果标明该化物“为卖方制造”的字样,除非真正的生产者被明确地标出,这条规则仍然适用。在舒瓦兹诉马卡罗斯家具与室内装潢公司案(Schwatrz v. Macrose Lumber &Trim Co. 1966)中,法院判决一铁钉批发商对因铁钉断裂而致人伤害负责,铁钉的包装箱上标明铁钉专为该批发商所生产但未指明生产者是谁。相反地,如果一听罐头上标明生产者,则受到伤害的消费者就不能向销售商索赔。

违反法律规定本身就构成疏忽的证据。一些联邦或州法律,如联邦食品、药品和化妆品法,规定了某些行为标准。如果受到伤害的一方能够指出某一法律或某一法规未被得到遵守的话,就产生了独立于普通法诉讼的依成文法进行诉讼的权利。某忽视有关政府机构发布的安全标准的生产者有可能承担责任。正因为这个原因,公司必须充分了解涉及它能生产的产品质量的政府法律及法规。

5. *原告引用疏忽责任理论索偿时被告的抗辩*

(1) 原告自己的疏忽;

(2) 风险的承担;

(3) 非正常使用。

(三) 误述责任理论

没有过错的误述。有时,卖方通过口头的方式或通过广告、宣传手册等方式对产品作出不正确的介绍。如果卖者对其产品有所误述,由于使用该产品而受到伤害的买方可以基于误述原理提起诉讼。《侵权行为重述第二编》第 402 条 B 项对没有过错的误述作出了如下的解释:一从事经营商品销售的人如果通过广告、商品标签或其他形式对他销售的商品的特征或其质量的主要事实作出错误的陈述,那么他就应对因有正当理由依赖这一陈述而身体受到伤害的消费者负责,即使:① 这种错误陈述并非出于欺诈或疏忽;② 该消费者没有从卖方购买这一产品或与之没有任何合同关系。

《重述》据以要求卖方承担责任的所谓被误述的主要事实是指对买方是否购买此产品起决定作用的因素。许多陈述都被认为是对于涉及某一产品的质量或特征的主要事实的错误陈述。在亨特诉佐加兹案(Hunter v. Zogarts 1975)中,亨特因使用一专为打高尔夫球的人使用的叫做“高尔夫球新发明”的训练器材时受伤而提起诉讼。使用这一器材的第一天,在摆动球棍击球时,他被该产品严重伤害。他除依其他理论以外,还依没有过错的误述起诉被告,因为亨特依据生产者的“绝对安全,不会伤害击球者”的错误陈述购买了此产品。加州最高法院认为这是对该产品某一事实的陈述,因为这一陈述是错误的,所以亨特有权得到赔偿,尽管此产品的生产者相信这样的陈述是正确的。

(四) 抗辩

被告经常用两个理由来为自己辩护,就是吹捧和原告没有依赖这种陈述。

1. 吹捧

吹捧(puffing)只是发现意见或一般性的赞扬,如果一陈述只是对产品的吹捧,原告就得不到赔偿。例如,在伯克比尔诉布朗特利直升机制造公司案(Berlebilv. Brantly Helicopter Co. 1973)中,伯克比尔因驾驶的直升机坠毁而死亡,他的继承人起诉布朗特利。在一个广告中布朗特利将它的飞机描述为“安全、可靠”,“易操纵”,“初学驾驶者及职业飞行员一致同意该飞机极易驾驶”。宾夕法尼亚最高法院将这些陈述视为仅仅是一种吹捧,因而拒绝同意原告基于无过错的误述而得到赔偿。

判断哪些陈述是吹捧,哪些是误述常常是困难的。

2. 原告的依赖

要想依没有过错的误述为由获得赔偿,不仅生产者产品的主要事实作了错误陈述而非吹捧,而且买方还必须证明他有理由依赖这一误述。如果买方不知道这一误述或虽知道但置之不理,或者如果这种陈述并未决定他是否购买这种货物或其后的行为,买方就不能得到赔偿。被误述的必须是促使买方购买或使用某产品的主要事实。误述不一定必须用文字表述某一具体的错误,它可能仅仅是一张图片。一名叫温克勒的警官为个人使用的目的从百货商店购买了一个废弃的警用防暴头盔。在包装该头盔的纸盒上,生产商印刷的一幅图画着一个戴此头盔骑摩托车的人。温克勒据此认为此头盔是专为骑摩托车者设计的。他在头戴此盔骑摩托车时,与一辆囚车相撞。他头部受伤,因为这个头盔不适合于骑摩托车者使用。在温克勒诉病历保安设备公司案(Winkler v. American Safety Equipment Corp. 1979)中,科罗接多法院注意到有足够的证据来支持陪审团作出的从温克勒合理地依赖纸箱上的图画来看,生产者对产品有误述的裁决。

(五) 严格责任理论

侵权法中严格责任理论概述,如果一个人或公司从事某种特定的活动,他们就要承担严格责任或称绝对责任。这一点已被现代侵权法所接受。例如,一公司从事爆破业。这种爆破行为可能对某人造成伤害,法院有可能依严格责任理论判决该公司对受害者承担赔偿责任。

产品责任中的严格责任理论又不同于一般侵权法中的严格责任。产品责任法采用严格责任理论始于20世纪60年代。现在美国许多州的产品责任法都采纳了严格责任理论。严格责任理论也并非让一有缺陷的产品的销售者承担绝对的责任,受伤害的一方必须证明产品有缺陷且这种缺陷是造成其伤害的原因。严格责任理论在《侵权行为重述第二编》第 402 条 A 款中得到了阐述,它规定:凡销售任何有缺陷的产品对使用者或消费者或其财产带来不合理的危险的人,对于由此造成最终使用者或消费者的身体伤害或其财产损害负有责任,如果,① 销售者从事经营出售此种产品;② 预期转到使用者或消费者手中时,对其销售时的条件没重大改变。

尽管有下述情况,仍适用前款原则:① 销售者在准备和出售其产品时已经尽一切可能予以注意,而且,② 使用者或消费者并没有从销售者购买产品或者与销售者没有任何合同关系。

美国法律协全曾解释上述原则适用于下列情况:① 对使用者或消费者以外的人的伤害;② 产品被期望加工或以其他方式在到达使用者或消费者手中之前发生重大实质性变化的卖主;③ 造成某一产品所需的零部件的卖主。

(六) 批发商、零售商、出租人的责任

在美国,各州的法律对批发商承担严格责任的规定有很大的区别。一般说,如果批发商仅仅把产品卖给另外的人,许多法院都不要求其承担严格责任。侵权法中的严格责任理论却有可能适用于零售商。尽管没有涉及任何买卖活动,有的州法院仍判决严格责任理论法也适用于出租人。

1. 生产者

目前,许多针对生产者提起的产品责任诉讼都基于严格责任理论。与疏忽责任案件不同,严格责任案件中的原告不需要证明被告的行为是否合理。即使在储存、销售其产品时给了最大限度的注意,生产者仍要承担责任。不仅如此,侵权中的严格责任比过失疏忽责任所提到的举证责任问题为少。原告自己的疏忽行为在一疏忽理论案件中是一个很好的抗辩手段,但在运用严格责任的案件中就不是如此。作为一种起诉的理由,严格责任理论也比担保责任理论优越,因为后者要遵守买卖诉讼中繁琐的程序规定。例如,《统一商法典》要求给所有人在一定情况下发出通知,而在《重述》中却无此要求。它也可能优越于无过错的误述,因为有可能生产者没有就其产品作出错误陈述。

原告必须证明下述各点:

(1) 被告从事经营此种货物的买卖;

(2) 产品在到达受害者手中时,其在销售时的主要条件无变化;

(3) 产品有缺陷;

(4) 该缺陷给产品的使用者、消费者或其财产造成一种不合理的危险;

(5) 产品的缺陷与原告的损害之间有直接的因果关系;

(6) 这一缺陷直接导致了其人身或财产的伤害。

如果原告能证明上述各点他就能胜诉。

原告必须证明产品中存在着缺陷,并且要证明正是该缺陷导致了他的伤害。如果产品无缺陷,原告不能依此理论向被告索赔。另外,即使产品存在着缺陷,如果原告受到的伤害与该产品缺陷无关的话,他也不能胜诉。

2. 合同关系

合同关系的要求之所以发展起来是因为法院认为除非某人是合同的当事一方否则他就不能因违约而获得赔偿。由于担保索赔理论实际上是合同规定理论之延伸,所以许多年来,法院都要求原告证明他与被告有合同关系。但在侵权理论下就无需证明这种合同关系,因为这一索赔理论并不基于当事人之间的契约。目前,在因某有缺陷产品造成的身体伤害而索赔时,原告一般无需证明合同关系。但是,在有的州,对有些案件,法院仍然要求证明这种关系。

契约关系更不是侵权中的严格责任理论所要考虑的问题。《侵权行为重述第二编》第 402 条 B 款现已规定不论产品的使用者或消费者是否与销售者有合同关系,都适用严格责任理论。某受伤的消费者可依 402 条 A 款的规定对零售商、批发商、零部件制造商和总制造商提起诉讼。受伤害的买主不能起诉的唯一的卖主就是不专门从事经营销售某种产品的卖主。例如,你要把你的割草机卖给隔壁邻居,他不能依严格责任理论对你提起诉讼,因为你不被认为是专门从事经营销售割草机的人。

总制造商。很清楚,如果一制造商销售了给其使用者或消费者的人身或财产造成一种不合理的危险的有缺陷的产品,该制造商就有可能依严格责任理论被判决对受害者负责,只要该产品被预期且事实上到达消费者时其被出售时的状况未发生重大改变。

3. 零部件制造商

受伤的一方不仅可依严格责任理论对产品的制造者提起诉讼,而且还可以依此理论对被用于最后产成品中的任何有缺陷的零部件的制造商提起诉讼。

4. 旁观者

假设受伤害的人没有购买某一产品或者不是买者家庭的一员或客人,他也可以依据严格责任理论索赔。《侵权行为重述第二编》第 402 条 A 款要求卖方对"最终的使用者或其财产负责。"美国法律协会未就该条规则是否可以延伸适用于使用者及消费者以外的人发表意见。在一个密歇根州审理的案件中，法院允许一个因其同伴的火枪发生爆炸而受到伤害的猎人依严格责任理论提起诉讼；在特拉华州审理的一个案件中，法院判决汽车出租商对一名受伤的旁观者负责。

5. 警告的义务

在一生产者虽仔细制造其产品，但由于存在隐蔽的危险还可以给其使用者造成伤害的情况下，如果该生产者没有向产品使用者就这一危险提出警告，那么根据《重述》，该制造商就会被判决负有责任，因为他的产品“处于一种会给其使用者或消费者带来不合理的危险的有缺陷的状况”之中。

如果制造商没有就在一产品的使用中很可能会发生危险提出完全的、充分的警告，就不能逃脱依402条A款所应负的责任。

6. 有缺陷的状况

除了基于没有过错的误述提起的诉讼以外，其他每一个因产品责任而提起的诉讼中，证明产品有缺陷是一个必须的要求。在疏忽责任的案件中，原告需证明，缺陷是因被告未给予合理的注意而产生的；在明示担任责任的案件中，原告可以通过证明商品没有符合由卖方作出的担保的方法，证明产品有缺陷。卖方为适合某一用途违反了明示的或默示的商销性担保这一事实就足以证明产品有缺陷。

在严格责任案件中，原告必须证明产品有缺陷，且正是该缺陷才导致了他的伤害。他还须证明，被告是应对该缺陷负责的一方。《侵权行为重述第二编》第402条A款规定：“该条中所阐明的严格责任理论只适用于产品离开卖方时，最终的消费者没有考虑到的给其带来不合理危险的情况。而卖方对于交货时处于安全状况的产品，只是因后来的不当管理或其他原因才使它在被消费时具有危险性的情况不承担任何责任。产品在离开某一特定卖方时就处于有缺陷状况的举证责任由受伤害的原告承担。且，除非能提供证明产品在出售时有缺陷，否则原告就没有完成举证责任。”

要确定“缺陷”一词并非一件易事。法院经常采用的一种标准是考查人们对一产品的期望是什么，然而再决定消费者是否对与产品相联系的危险感到意外。这一领域还会继续给法院带来困难，但毫无疑问，其他判断“缺陷”的标准将来会被法院采纳的。

7. 不合理的危险

《重述》不仅要求原告提出证据证明造成其伤害的产品有缺陷，而且要求其证明由这种产品产生的危险是一种不合理的危险，即比普通消费者所能想到的更大的危险。

《重述》的制定者将这一要求包括在内,是因为一些产品尽管明显地有缺陷,但并不具有不合理的危险。一个把食品烤得过热的炉具很可能是有缺陷的,但并不一定具有不合理的危险。

(七) 担保责任理论

担保责任是指因产品有缺陷,销售者或生产者违反了对货物明示的或由法律规定默示的该产品的质量标准所承担的责任。据此,美国产品责任法将担保分为明示担保和默示担保。

1. 明示担保

明示担保是产品的生产者、销售者对产品的质量、性能所做的一种表述。在将产品出给消费者时,生产者或销售者在其对所出售产品的说明书、标签等上就该产品的用途、质量所做的陈述就是明示担保。

卖方明示担保的内容:

(1) 出售的产品在实际上必须与卖方所做的关于该产品的说明相一致;

(2) 整批商品必须与该商品样品相一致。

2. 默示担保

默示担保不取决于制造商的口头或书面表示,而是依法产生。默示担保责任对于产品责任法的发展具有重要意义。

(1) 商销性的默示担保。它指所出售的产品必须符合该产品之所以生产和销售的本来目的。《统一商法典》第 2 章 314 条(2) 款规定:"除非不予适用或加以修改,如果出售人是买卖此种商品的商人,则出售该产品的合同中应默示保证该产品适合销售。"如汽车的制造者必须保证汽车可被安全驾驶等。

(2) 适合特定用途的默示担保。《统一商法典》第 2 章 315 条规定:"如果卖方在订立合同时,有理由知道买方对货物所要求的特定用途,而且买方信赖卖方的技能和判断力来挑选或提供合适的产品,则卖方就承担了货物必须适合这种特定用途默示担保。"

必须指出,符合商销性的默示担保的货物并不一定符合特定用途的默示担保,即适合买方的特殊目的。例如,假如卖方要购买一只家用火炉,他告诉卖方他要买一只能给 2 000 平方英尺的房屋加热的火炉。但如果卖方所交付的火炉虽能完全很好地适应一较小的房屋的供热需要且性能很好,但如果它不足以给买方的房屋提供足够的热量,那么卖方就违反了他所承担的适合特定用途的默示担保。

二、欧洲主要国家的产品责任法

欧洲各国的产品责任法的发展落后于美国。除少数几个国家外，许多国家尚未建立一完备的产品责任法体系，仍处于变化和完善的过程中。在20世纪30年代前，欧洲各国都没有专门的产品责任立法。为了达到保护消费者的目的，欧洲许多国家一方面通过单行法规为许多产品规定了最低限度的安全标准，这些涉及产品安全标准的立法属于刑事立法；另一方面，法院通过引申民法典的有关规定来处理涉及产品责任的案件。从这些规定来看，欧洲有三类实行不同制度的国家：第一类是采取无过失责任原则的，如法国、卢森堡等；第二类是在某种程序上采取疏忽推定原则的，如德国、爱尔兰和英国；第三类是仍然采取疏忽责任原则的，如荷兰、意大利等国。

由于各国在产品责任制度上的差异，对欧洲领域内的贸易发展造成了一定困难，遂导致了欧洲继往开来产品责任法运动的出现。《斯特拉斯堡公约》与《产品责任指令》即这一运动的成果。它们皆采纳了无过失的严格责任原则。随着越来越多的欧洲国家加入这两个公约，可以预料，欧洲各国产品责任法的发展趋势是最终都采纳严格责任原则。

在欧洲，各国在早期对产品责任的法律规定，都未实行专门立法，实践中以民法典中有关合同和侵权行为的条款作为判决的法律依据，大都采用过失责任。1985年7月欧盟理事会正式通过了《产品责任指令》，并要求各成员国通过本国立法程序将其纳入国内法予以实施。于是，欧洲国家产品责任立法发生了根本性转折。1987年英国率先立法，其后欧盟及其欧洲自由贸易区一些国家，如比利时、丹麦、德国、卢森堡、希腊、意大利、葡萄牙、奥地利、挪威、荷兰等国也颁布了本国的产品责任法，并采取严格责任。

(一) 英国

1987年5月，英国颁布了《消费者保护法》(Consumer Protection Act 1987)和欧盟《产品责任指令》相协调。该法于1989年3月1日正式生效。该法第一章规定了产品责任，这使英国成为第一个颁布与欧盟《产品责任指令》相一致的立法的国家。第一章《产品责任》共九条，共主要内容是：

1. 产品

根据该法，英国产品责任法所指的产品指任何产品，且包括不论是作为零部件还是作为原材料或是作为其他东西组装到另一产品中的产品。

2. 产品缺陷

根据该法，如果产品无提供人们有权期待的安全，该产品即存缺陷；产品的“安全”包括组装进该产品的各种产品的安全和与财产损害、人身伤亡风险有联系的安全。在确定产品是否提供人们有权期待的安全时，应当考虑与产品有关的所有情况，包括：① 产品的出售方式，目的，产品的外观，产品所使用的标志，对于或关于产品应做什么和不得做什么的使用说明和警告；② 可合理期待的产品的用途或可合理期待的与产品有关的用途；③ 生产者向他人提供该产品的时间。但是，不能仅根据以后提供的产品比原来提供的产品更安全的事实而推定原来提供的产品有缺陷。

3. 产品责任的主体

产品责任的主体包括：① 产品的生产者；② 通过将其名称标示在产品上或使用某种产品商标或其他识别标记，以表明自己是该产品生产者的任何人；③ 为了在其商业活动中向他人提供产品而将产品从非欧盟成员国进口到欧盟成员国者；④ 产品的提供者。

4. 抗辩

在产品责任诉讼中，如果被告能够证明以下事项之一，则构成抗辩理由：① 缺陷可归因于执行法律的强制规定或履行共同体义务；② 被告未向他人供应该产品；③ 被告不是在其商业活动中将产品提供给他人；④ 在相关的时间里，产品不存在该缺陷；⑤ 在相关的时间里，科学技术尚未达到这种水平，即使该类产品的生产者能够发现所控制的产品已存在缺陷；⑥ 组装产品中的零部件或原材料缺陷是由该组装产品的设计者或生产者造成。

5. 损害赔偿

根据英国产品责任法，产品责任的损害指人身伤亡或任何财产（包括土地）的损失或损害。它不包括：① 缺陷产品本身和由缺陷产品组装的任何产品的损失；② 损害的财产不是通常用作个人使用、占有、消费的产品；遭受损失或损害的人主要不是将该产品用于个人使用、占用和消费。如经判决，判给受害人财产损失或损害的赔偿额不超过 275 英镑时，则不予判给。

（二）德国

1989 年 12 月 15 日联邦德国议会通过《产品责任法》，将欧盟《产品责任指令》纳入本国国内法。该法从 1990 年 1 月起生效。该法主要内容是：

1. 产品责任适用原则

德国《产品责任法》放弃了传统的过失责任原则采用严格责任原则。规定，如果缺陷产品造成他人残废、人身或健康伤害、财产损害，生产者应当就造成的损害对受害人予以赔偿。

2. “产品”与“缺陷”的含义

德国《产品责任法》所指的产品是指一切产品，即使已被装配在另一动产或不动产之内，包括电流。但未经初步加工的包括种植业、畜牧业、养蜂业、渔业产品在内的农产品(初级农产品)除外，狩猎产品亦然。

缺陷是指产品未提供人们有权期待的安全。

3. 产品责任的主体

(1) 生产者。包括成品中制造者，任何原材料的生产者和零部件的制造者；包括将其名字、商标或其他识别特征标示在产品上表示自己的生产者的任何人。

(2) 任何人在商业活动过程中，为销售、出租、租借或为经济目的的任何形式的分销，将产品进口到适用欧盟条约的地区，也应视为生产者。

(3) 在产品的生产者不能确认的情况下，供应者应当被视为生产者。除非他在接到要求的一个月内将产品生产者的身份或向他供应产品的人告知受害者。

4. 生产者的免责及责任的减轻

根据德国《产品责任法》规定，有下列情形之一，生产者不承担责任：① 未将产品投入流通；② 产品投入流通时，造成损害的缺陷并不存在；③ 产品既非为销售或为经济目的的任何形式的分销而制造，亦非在其商业活动过程中制造或分销；④ 产品的缺陷是由于为使产品符合投入流通时的国家强制规定而造成的；⑤ 产品投入流通时，依当时的科学技术水平尚不能发现其缺陷。

关于生产者的责任减轻问题，德国《产品责任法》规定：① 如果损害的原因可归因于受害人的过失，则适用《德国民法典》第四百二十五条；在造成财产损害的情形下，财产的实际控制者的过失应被视为相当于人身伤害中受害人的过失。② 若损害是由于产品的缺陷的第三人的作为或不作为共同造成的，不应减轻生产者的责任。

5. 损害赔偿

(1) 人身伤亡。德国《产品责任法》规定，在造成死亡的情况下，责任者应当赔偿死者生前抢救医疗费及死者生前在治疗期间因丧失或减少赚取收入的能力或增加必需费用所造成的经济损失，还应向已承担丧葬费的人员赔偿这种费用。在人身或健康受到伤害的情形下，赔偿应当包括医疗费用，以及受害人因伤害暂时地或永久地丧失或减少赚取收入的能力或增加必需费用所造成的经济损失。因人身伤害而引起的损害赔偿有最高赔偿限制。根据规定，由于某一产品或存在同样缺陷的同类产品造成人身伤害,责任的最高赔偿限额为1.6亿德国马克。

(2) 财产损害。若财产损害致使受害人损失不超过1 125德国马克,不得依本法请求赔偿,只能依民法一般规定寻求救济。

(三) 意大利

在1988年以前,意大利无单独的产品责任立法。有关产品责任诉讼案件由法院依意大利民法典处理。若受伤者是产品的购买者,他可提起违约之诉。向零售商索赔;若受伤者不是产品的购买者,他可提起侵权之诉,向产品的生产者索赔。

1988年5月,意大利总统发布法令将《指令》转化为国内法,其内容与《指令》完全相同。该法令允许被告以发展风险作为抗辩,不包括初级家产品和天然产品,同时也规定了生产者对人身伤亡的最高赔偿额。

(四) 希腊

希腊已于1988年通过立法将《指令》转化为国内法。按照希腊的法律,初级农产品和天然产品包括在产品责任法的范围;被告可以发展风险作为抗辩理由,生产者对人身伤亡的最高赔偿额为7.2亿希腊货币单位。

除上述四国外,其他欧共体成员国也已经或正在考虑将《指令》转化为本国的国内法。

三、日本的产品责任法

1994年6月22日,日本《产品责任法》经过近20年的酝酿,终于由国会审议通过,并于1995年7月1日起正式生效。该法的主要内容是:

(一) 产品责任适用原则

《产品责任法》排除了传统的过失责任原则,采用严格责任原则。只要消费者能证明产品的缺陷,无须证实厂商有无过失均可提起损害赔偿的诉讼。

(二) "产品"与"缺陷"的含义

日本《产品责任法》所指的产品是指被制造或加工的动产,而"制造"是指将原材料制成新的物品;"加工"不仅指保有该动产的本质,而且附加其新的属性,并增加其价值,亦称"准制造"。如果制造或加工的产品不能提供一般消费者有权期望得到的安全,则该产品被认为是有"缺陷"。

(三) 产品责任的主体

日本对责任主体制造业者作出了明确规定,是指"以制造、加工或进口产品为业者",因此,只要反复继续制造、加工或输入产品,即为制造业者,不论是以盈利为目的还是以公益为目的。除一般制造业者外,法律还规定对"自称的产品制造者"

(如在产品上标示姓名、商号、商标或其他足以使人误认为其系产品制造的人)可视为产品制造者。

(四) 生产者的免责情形

制造业者有下列两种情形之一,可免予承担赔偿责任:① 产品投入流通时,依当时的科学技术水平尚不能发现其缺陷;② 产品被当作其他制成品的零件或原材料使用的,其缺陷是由按照其他制成品的制造者设计而产生的。

(五) 损害赔偿

有关制造业者等因产品缺陷引起的赔偿,除依《产品责任法》外,还适用民法的有关规定。范围包括:① 人身伤害赔偿。受害人因使用缺陷产品而遭受人身伤害的情况下,责任者应当赔偿受害人的医疗费、因受伤害而丧失工作能力所导致的消极财产损失,以及精神上的智慧财产损失;② 财产损害赔偿。责任人应赔偿使用人因产品缺陷导致的有关财产的损害,但不包括缺陷产品本身。

四、澳大利亚的产品责任法

澳大利亚联邦产品责任法主要体现在1992年生效的《贸易动作法》中,该法关于产品责任的基本规定如下:

(一) 适用严格产品责任原则

只要生产者为商业目的出售的产品有缺陷、该缺陷导致消费者人身或财产损害,则不论生产者是否过错,都应承担责任。

(二) 产品责任的主体

产品责任的主体原则上为产品的实际生产者,如实际生产者在澳大利亚没有商业营业机构时,进口商可视为生产者而承担产品责任;如果产品的销售者在合理期限内不能提供真正的生产商或其他销售商,则该销售商实际生产者的产品责任。

(三) 产品缺陷

产品缺陷是指"产品的安全水平达不到人们的一般预期",其中一般预期由法院根据产品的性质、用途、销售方法、适用对象及适用说明等个案具体因素决定。

(四) 提起产品责任诉讼的原告

原告为"消费者"包括任何中间商(即批发商、零售商)以及从其他消费者那里取得货物的人。

(五) 产品责任赔偿范围

产品责任赔偿范围包括人身伤害、财产损失以及预期利益等。

五、我国的产品质量法

近年来,我国陆续颁布了一些与产品责任有关的法律、法规,如《食品卫生法》、《药品管理法》、《经济合同法》、《商品检验法》、《化妆品卫生监督条例》、《工业产品质量责任条例》等。这些法律、法规对于调整某些领域内的产品责任关系,提高产品质量,起到了明确规定因制造、销售缺陷产品而应承担的法律责任。

十分重要的是,1986 年 4 月 12 日第六届全国人民代表大会第四次会议通过了《中华人民共和国民法通则》专门规定了产品责任条款。《民法通则》第一百二十二条规定,"因产品质量不合格造成他人财产、人身损害的产品制造者、销售者应当依法承担民事责任。运输者、仓储者对此负有责任的,产品制造者、销售者有权要求赔偿损失。"《民法通则》的规定,为我国的产品责任专门立法奠定了基础,也是我国产品责任立法的重大发展。

1993 年 2 月 22 日,第七届全国人民代表大会常务委员会第三十次会议通过了《中华人民共和国产品质量法》,2000 年 7 月 8 日第九届全国人民代表大会常务委员会第十六次会议通过了《关于修改〈中华人民共和国产品质量法〉的决定》,共六章七十四条。其中第四章"损害赔偿"专门规定产品责任。该法从 2000 年 9 月 1 日起开始实施。其主要内容是:

（一）产品责任原则

我国《产品责任法》规定,因产品存在缺陷造成人身、缺陷产品以外的其他财产损失的,生产者应当承担赔偿责任。由于销售者的过错使产品存在缺陷,造成人身、他人财产损害的,销售者应当承担赔偿责任。可以认为,我国《产品质量法》对生产者实行无过错原则,对销售者实施过错原则。

（二）"缺陷"含义

我国《产品质量法》所指的产品缺陷,是指产品存在危及人身、他人财产安全的不合理的危险;产品有保险人体健康、人身及财产安全的国家标准和行业标准的,是指不符合该标准。

（三）生产者免责条件

根据我国《产品质量法》规定,生产者能证明有下列情形之一的,不承担赔偿责任:① 未将产品投入流通的;② 产品投入流通时,引起损害的缺陷尚不存在;③ 将产品投入流通时时科学技术水平尚不能发现缺陷的存在的。

（四）损害赔偿

1. 人身伤害。因产品存在缺陷造成受害人人身伤害的,侵害人应当赔偿医疗费、治疗期间的护理费、因误工减少的收入等费用；造成残疾的，还应当支付残疾者生活自助费、生活补助费、残疾赔偿金以及由其扶养的人所必需的生活费等费用；造成受害人死亡的，并应当支付丧葬费、死亡赔偿金、死者生前抚养的人必要的生活费用等费用。

2. 财产损失。因产品存在缺陷造成受害人财产损失的，侵害人应当恢复原状或者折价赔偿。受害人因此遭受其他重大损失的，侵害人应当赔偿损失。

(五) 争议解决

因产品质量发生民事纠纷时，当事人可以通过协商或调解解决，当事人不愿通过协商、调解解决或协商、调解不成的，可以根据当事人各方的协议向仲裁机构申请仲裁；当事人之间各方没有达成仲裁协议的，可以向人民法院起诉。

(六) 诉讼时效

根据我国《产品责任法》规定，因产品的缺陷造成损害要求赔偿的诉讼时效为2年，自当事人知道或应当知道其权益受到损害时起计算。因产品存在缺陷造成的损害要求赔偿的请求权，在造成损害的缺陷产品交付最初用户、消费者满10年丧失，但是，尚未超过明示的安全使用期除外。

第三节　关于产品责任法律适用的国际公约

随着国际贸易的发展，国际涉及不同国家当事人的产品责任诉讼案件逐步增多。但由于各国的产品责任法不完全相同，法院所采用的法律冲突规则也有所不同，使案件的处理结果带有相当大的不确定性。为了统一各国关于产品责任的法律冲突规则，海牙国际私法会议于1973年10月2日通过了一项《关于产品责任的法律适用公约》(简称《海牙公约》)，该公约已于1978年10月1日生效。公约共有22条，除对产品责任的法律适用规则作出规定之外，还对产品、损害和责任主体作了明确的规定，现将其主要内容简述如下：

一、《海牙公约》的适用范围

《海牙公约》主要适用于有关产品责任的国际性诉讼案件，而且仅适用于无合同关系的当事人之间所发生的纠纷。换言之，《公约》只适用于货物进口国的产品使用者而非产品购买者在因所使用产品有缺陷受到伤害后，依侵权理论起诉出口国的产品制造者或进口国的产品进口商以索取赔偿的情况。

二、《海牙公约》对产品、损害及产品责任主体的规定

（一）《海牙公约》对产品的规定

《海牙公约》规定，“产品”一词应包括天然产品和工业产品，无论是未加工的还是经过加工的，也无论是动产还是不动产。可见《公约》对产品所下的定义，比欧共体《关于对有缺陷品的责任指令》所下的产品定义更为广泛。

（二）《海牙公约》对损害的规定

《海牙公约》规定，损害发生的原因，一般是由于产品本身的缺陷，但即使产品本身没有缺陷，由于对产品的错误说明，或对其质量、特性或使用方法未提供适当说明而造成对消费者的损害，也在《海牙公约》规定的责任范围之内。

损害的种类包括对人身的伤害或财产的损害以及经济损失，但不包括产品本身的损害以及间接损失。产品本身的损害如和其他损害联系在一起，则包括在损害范围之内。

（三）《海牙公约》对产品责任主体的规定

《海牙公约》规定下列人员为承担产品责任的主体：① 成品或零部件的制造者；② 自然产品的生产者；③ 产品的供应者；④ 在产品准备或商业分配环节中的有关人员，包括修理员及仓库管理人员；⑤ 上述人员的代理人或雇员。

从上述责任人员范围中，可以发现，《海牙公约》未规定运输人员的责任。虽然运输人员在整个销售环节中是不可缺少的部分，但由于货物运输人员的责任主要是其他一些公约和国际惯例调整的，因此，《海牙公约》未将其列入责任人员范围。

三、《海牙公约》规定的法律适用原则及其内容

《海牙公约》对产品责任的法律适用采取了颇有特色的重叠连用原则，即规定某种国家的国内法为基本的适用法律，同时又规定了几个联结因素，该国内法只有同时具备其中至少一个联结因素，才能被作为准据法适用。《海牙公约》确定了以下四项法律适用规则：

第一，若以损害地所在国的国内法为基本的适用法律，则在该国同时符合下列情况之一时，才能适用损害地所在国的国内法，即：直接遭受损害的人惯常居住地；被请求承担责任的人的主要营业地；直接遭受损害人取得产品的所在地。

第二，若以直接受害人的惯常居住国家的国内法为基本的适用法律，则在该国

同时符合下列情况之一时，才适用直接受害人惯常居所国家的国内法，即：被请求承担责任的人的主营业地；直接受害人取得产品的所在地。

第三，若上述两条法院适用的规定所指定的法律都无法适用时，除非请求人根据伤害地所在国的法律提起诉讼，否则适用的法律应是被请求承担责任的人主营业地国家的国内法。

第四，若被请求承担责任的人证明他不能合理地预见该产品或他自己的同类产品经由商业渠道在伤害地所在国或直接受害人经常居住国出售时，则这两国的法律都不能适用，能适用的是被请求承担责任的人的主要营业地所在国的法律。这一规则显然考虑到了应避免过分损害被告的利益，限制了原告选择的法律。

《公约》还规定，适用的法律应确定下列基本内容：① 责任的依据和范围；② 免除、限制和划分责任的依据；③ 损害赔偿的种类；④ 赔偿的形式及其范围；⑤ 损害赔偿的权利可否转让或继承的问题；⑥ 可依自己的权利要求损害赔偿的人；⑦ 委托人对其代理人或雇主对其雇员行为所承担的责任；⑧ 举证责任；⑨ 时效规则，包括有关时效的开始、中断和中止的规则。

案例分析

[案情]

原告：黄某甲，男，无职业。

被告：孙某，女，某医疗器械经营店业主。

第三人：正安(北京)医疗设备有限公司。

原告的父亲黄某乙于2011年3月18日在宜昌市西陵区盛宏健康咨询站支付2 980元购买第三人所生产的SAS-XNIB型半导体激光治疗仪(商品名：三高治疗仪，生产编号：8013006)一套给原告使用，另支付270元购买电池一块，该站为黄某乙出具了收据。在SAS-XNIB型半导体激光治疗仪的产品包装中有中文说明书、合格证、保修卡、电池和充电器。2012年2月28日，宜昌市西陵区盛宏医疗器械经营店为原告补开了正式发票，并在收据上注明：于2012年2月28日补开发票(黄某甲)。同月原告向宜昌市食品药品监督管理局反映其购买的上述产品没有治疗效果，该局接到举报后在宜昌市西陵区盛宏医疗器械经营店随机抽取了一台同型号的仪器进行检查，经该局工作人员与原告进行比对，抽检的仪器与原告购买的型号、特征、外观均相同，经原告同意后将该仪器发往北京市药品监督管理局密云分局进行协查。2012 年 2 月 27 日，北京市药品监督管理局密云分局回函宜昌市食品药品监督管理局：1. 经第三人正安（北京）医疗设备有限公司确认，随函所附的 SAS－XNIB 型半导体激光治疗仪（产品批号：C11122101、生产编号：8029526）是正安（北京）医疗设备有限公司生产的；2. 随函所附的出库单（编号：0008935、0008940）是正安（北京）医疗设备有限公司销售部出具的。2012 年 4 月原告以他人名义向宜昌市物价局投诉宜昌市西陵区盛宏医疗器械经营店未明码标价的问题，该局当月进行调查核实，该店经营的商品已进行了明码标价，但标价内容不全，标价行为不规范，存在“不按规定的内容和方式明码标价”的违法行为，当场作出罚款 50 元的行政处罚，并责令被告限期改正。

被告系个体工商户，其经营字号为宜昌市西陵区盛宏医疗器械经营店（前称为宜昌市西陵区盛宏健康咨询站），已办理个体工商户营业执照、医疗器械经营企业许可证和税务登记证。第三人已办理企业法人营业执照、医疗器械生产企业许可证、医疗器械注册证和医疗器械质量管理体系认证证书。2010 年 1 月 1 日第三人授权宜昌市西陵区盛宏医疗器械经营店为经销商，负责湖北省宜昌市市区内产品的销售及售后服务，授权产品为 SAS－XNIB 型半导体激光治疗仪（商品名：三高治疗仪）第四代 C 款机，产品售价 2 980 元一台（一电一充），专用电池售价 300 元一块，授权时间为 2010 年 1 月 1 日至 2012 年 12 月 31 日。原告于 2011 年 11 月 12 日至 21 日因高血压病在宜昌市第一人民医院住院治疗。2012 年 1 月 5 日原告经宜昌仁和司法鉴定所鉴定为患高血压 3 级、极高危组、冠心病、心功能Ⅰ级疾病的残疾程度为七级。

［问题］

本案争议的焦点涉及本案是否属于产品质量责任纠纷以及本案中涉及的产品是否具有质量问题，黄某甲是否需要承担该产品造成其人身损害的举证责任，被告孙某、第三人正安（北京）医疗设备有限公司是否存在虚假宣传、以次充好、价格欺诈行为等一系列问题。

［法律规定］

为了解决缺陷产品致合同关系以外的第三人受到损害的赔偿问题，产品侵权责任制度是在加害给付的理论基础上发展而来，即为缺陷产品造成他人损害的，无论受害人是否合同当事人，都可以依据侵权行为制度请求损害赔偿，补偿自己受到的伤害。产品侵权责任适用无过错责任原则，但应当以产品存在质量问题即缺陷为前提，受害人对产品是否存在缺陷，是否有损害事故发生、产品缺陷与损害之间存在因果关系承担举证责任，只有当产品存在缺陷时才适用无过错责任。产品侵权责任的构成应当具备有缺陷产品、有因果关系和有人身或财产损害的事实三种要件，在此着重论述前两种。

(1) 须有缺陷产品，此为产品侵权责任的首要条件。《产品质量法》第四十六条对产品缺陷作了界定，缺陷的具体含义：一是不合理的危险；二是这种危险危及人身和他人财产安全；三是一个具有社会一般常识的普通消费者，对其购买使用产品安全性的合理期望；四是在国家和行业对某些产品制定专门标准时，要符合该标准。缺陷又分为设计缺陷、制造缺陷和指示缺陷，同时应当看到，在司法实践中认定某件产品是否具有缺陷，应将其用于其设计的用途存在不合理的危险的情况下才能作出决定，错误地使用某件产品，即使出现人身或财产损害，也不能认为该产品存在缺陷。本案中原告所使用的SAS-XNIB型半导体激光治疗仪具有合格证、产品注册号、产品标准号、生产许可证号、中文标明的产品名称、生产厂厂名和厂址、产品使用有效期限和相关警示标志、警示说明，符合《产品质量法》的相关规定。原告不能提供充分证据时，应当承担举证不能的后果。

(2) 须有因果关系，确认产品责任的因果关系，要由受害人证明，证明的内容为损害是由于使用有缺陷的产品所致，受害人证明损害时，首先要证明缺陷产品曾经被使用，其次要证明使用该缺陷产品是损害发生的原因。在证明中，对于高科技产品致害原因不易证明者，可以有条件的适用推定因果关系理论，即受害人证明使用某产品后即发生某种损害，且这种缺陷产品通常可以造成这种损害，则可以推定因果关系成立，转而由侵权人举证证明因果关系不成立，如证明属实的则可否定因果关系要件。在本案中原告曾向宜昌市食品药品监督管理局反映该产品的质量问题，但经该局查明该产品系第三人生产的合格产品，被告也是通过合法渠道进行销售，该局根据《产品质量法》的规定实行抽样检查并无不当，原告所使用的产品不存在缺陷，故与其损害后果之间不具有因果关系。

[法律运用及处理结果]

(1) 关于本案举证责任问题。产品质量责任应当以产品存在质量问题即缺陷为前提，原告对产品是否存在缺陷，是否有损害事故发生、产品缺陷与损害之间存在因果关系承担举证责任，只有当产品存在缺陷时才适用无过错责任。本案中原告所使用的SAS-XNIB型半导体激光治疗仪具有合格证、产品注册号、产品标准号、生产许可证号、中文标明的产品名称、生产厂厂名和厂址、产品使用有效期限和相关警示标志、警示说明，符合《中华人民共和国产品质量法》的相关规定。被告和第三人作为销售者和生产者均办理了各项营业证照和许可证手续。原告曾向宜昌市食品药品监督管理局反映该产品的质量问题，但经该局查明该产品系第三人生产的合格产品，被告也是通过合法渠道进行销售，原告认为该局应对其使用的产品进行检查，但《中华人民共和国产品质量法》第十五条规定，国家对产品质量实行以抽查为主要方式的监督检查制度，抽查的样品应当在市场上或企业成品仓库的待销产品中随机抽取，宜昌市食品药品监督管理局的抽样检查并无不当，故本院对该局的检查结果予以认可，即原告所使用的产品不存在缺陷，而原告却无有效证据证明其所使用的产品存在缺陷及所患高血压疾病和七级伤残与被告所销售、第三人所生产的产品有必然因果关系，应承担举证不能的后果，故对其主张的住院医疗费、伤残赔偿金、交通费、打印费、误工费、鉴定费不予支持。

(2) 关于本案是否存在欺诈行为的问题。原告使用的半导体激光治疗仪为SAS－XNIB型，其产品本身真实无缺陷，符合产品及包装上注明的产品标准，产品型号、生产编号、包装内部的部件与产品说明书相一致，被告在销售时为原告出具了收据，后应原告要求也为其开具了发票，被告作为销售者对原告没有欺诈行为。原告曾向宜昌市物价局举报被告价格欺诈，但经该局调查被告经营的商品已进行了明码标价，标价内容和行为的不规范则不属于故意告知虚假情况或者故意隐瞒真实情况，被告销售产品的价格与第三人的授权相一致，而原告无有效证据证明被告存在欺诈行为，故应认定并无欺诈行为存在。依照《中华人民共和国产品质量法》第十二条、第二十六条、第二十七条、第三十六条、《中华人民共和国民事诉讼法》第七条、第六十四条之规定，判决驳回原告黄某甲的诉讼请求。原告黄某甲不服一审法院的判决，向宜昌市中级人民法院提起上诉称：① 原审遗漏了第三人：宜昌三峡广播电视总台、湖北省广播电视总台、宜昌市食品药品监督管理局。② 本案案由不是产品责任纠纷，而是健康权纠纷、医疗损害责任纠纷。③ 正安(北京)医疗设备有限公司没有在15天答辩期内提交答辩状，严重违法。④ 原审法院2012年3月30日受理，4月6日开庭，程序违法。⑤ 价格、包装、型号、图形、发票、电池、疗效、广告、认证、代理、实物欺诈。请求撤销原判决，改判孙某、正安(北京)医疗设备有限公司连带赔偿七级伤残费38 700元，鉴定费700元，交通费、打印费、误工费700元，住院费2 900元，退还购物款3 250元并另行赔偿3 250元。

(案例来源：http://www.110.com/ziliao/article-347550.html)

【本章思考题】

1. 产品责任的概念。
2. 产品责任法的基本特征。
3. 何谓违反担保(美国《产品责任法》)?
4. 简述《海牙公约》规定的法律适用原则。

第九章　关税与贸易总协定(GATT)和世界贸易组织(WTO)规则

教学要求

学习本章内容，应领会关税与贸易总协定(GATT)和世界贸易组织(WTO)产生的时代背景和意义，了解GATT和WTO的宗旨、职能、组织机构，历次GATT多边贸易谈判，尤其"乌拉圭回合"谈判的特点，重点掌握WTO的基本制度，本章中介绍相关原理时配套的多个具体案例，学习时应多注意学习研究，好好加以消化，以便准确掌握WTO基本原则和规则。

第一节　关税与贸易总协定(GATT)简述

一、关税与贸易总协定的产生

第二次世界大战结束时，主要资本主义国家认为导致世界大战的主要原因之一是国际经济矛盾的集中爆发。战前各国采取的经济贸易政策限制了国际贸易的发展，致使经济危机频频发生，因此，为吸取教训，应在倡导贸易自由化的基础上，成立国际性的世界经济贸易组织，以规范战后的金融、投资和贸易活动。1945年11月，美国提出"扩大世界贸易与就业方案"，并进一步建议成立国际贸易组织(International Trade Organization)，提出了建立新的国际贸易体制的一系列基本原则。

1946年2月，美国拟定"国际贸易组织宪章草案"，并提经联合国经社理事会第一次会议通过决议，由联合国召开国际贸易与就业会议。会议还邀请了包括中国政府在内的 19 国政府共同组建一个筹备委员会，起草国际贸易组织宪章并拟举行世界范围内的关税减让谈判。1947 年 4—10 月，筹委会第二次会议在日内瓦召开。历经 6 个月的会议拟完成对国际贸易组织宪章的起草工作，但实际上绝大部分时间用于关税减让的谈判。10 月 30 日，会议结束时，23 个国家签订了《关税与贸易总协定》(General Agreement on Tariffs and Trade)。鉴于根据该协定条文生效之日尚不可知，美国提议以临时适用议定书形式，联合英、法、比、荷、卢、澳、加等 7 国于同年 11 月 15 日签署《关税与贸易总协定临时适用议定书》。使《关税与贸易总协定》于 1948 年 1 月 1 日起临时生效。

1948 年 3 月，53 个国家签署了《国际贸易组织宪章》(又称《哈瓦那宪章》)。但因未获多数国家政府批准，《国际贸易组织宪章》未能生效，拟议中的国际贸易组织(ITO)胎死腹中。而《关税与贸易总协定》在此后近半个世纪的历程中，几经修订、充实，并逐渐发展成为一个多边国际贸易组织——关贸总协定，并与国际货币基金组织和世界银行鼎足而立，成为世界经济的三大支柱之一。

二、关税与贸易总协定的宗旨、职能与机构

《关税与贸易总协定》是一项关于关税和贸易准则的多边国际协定，其主要宗旨是：各缔约国在处理其贸易与经济关系方面，通过达成互惠互利协议，大幅度削减关税和其他贸易障碍，取消国际贸易中的歧视待遇；达到保证充分就业，提高生活水平，保证实际收入和有效需求的巨大持续增长，扩大世界资源的充分利用，发展商品的生产和交换的目的。

关贸总协定的职能机构是在实践中逐步建立、发展的。《关税与贸易总协定临时适用议定书》对总协定的职能机构并没有明确的规定，甚至对建立职能机构的程序也未作规定。因而，总协定的职能机构是随着实践的需要而通过不同的方式建立的，这使它与其他国际经济组织有很大的区别。

(一) 缔约方全体

缔约方全体(Contracting Parties)代表作为一个整体的关贸总协定所有缔约方。只要是以缔约方全体的名义进行的任何行动，不论参与的国家的多少，都代表了全体缔约方，其行为的法律后果由总协定全体缔约方承担。与此相应，缔约方全体大会是关贸总协定的最高权力机构，总协定的一切重大事宜都在缔约方全体大会上决定的。一般情况下各成员派驻日内瓦关贸总协定总部的常驻代表作为大会代表出席缔约方全体大会，重大事项，需要各缔约国派部长级代表参加(称为部长级会议)。

关贸总协定缔约方全体大会的会议过程是保密的,这与一般的国际组织不同。

根据《关税与贸易总协定》条款,缔约方全体大会享有广泛的权力,概括起来有:

(1) 修订和解释《关税与贸易总协定》,这实际上是缔约方全体的立法权。从《关税与贸易总协定》成立后签订过 9 个附件,其中一些是对《总协定》具体条文文字的解释,另一些则实际上对条款的内容作实质性的补充规定(如附件七到附件九)。

(2) 接受新成员。GATT 第 33 条之规定,一个国家(地区)要加入协定,经由缔约方全体大会 2/3 通过,才可按程序成为总协定的成员;

(3) 监督各国政府实施《关贸总协定》的情况。如,缔约方全体,可要求一缔约方检查它在进出口税和国内税以外的任何规费、手续方面的法律和规定的执行情况等;

(4) 豁免缔约方的某项义务。在关税总协定设有具体条款规定的情况下,缔约方全体可以以参加投票国的 2/3 多数,并不少于全部缔约方的半数以上通过,豁免某个缔约方承担的某项义务;

(5) 参与调解缔约方之间的纠纷。一国认为它根据关贸总协定可以享受的利益由于他国的某种行动而受到损害,在与他国磋商无法达成满意的解决方法时,可以将问题提交缔约方全体处理。缔约方全体可进行研究,向有关缔约方提出建议,或酌情作出裁决。如其认为必要,可与缔约各国、联合国经社理事会和有关政府间组织进行协商。

(二) 代表理事会

代表理事会(The Council of Representatives)是关贸总协定于 1960 年才成立的职能机构,它由“所有愿意承担关贸总协定义务的国家的代表组成。”代表理事会的权力主要来自缔约方全体大会的授权,代表理事会“有权处理缔约方全体在大会期间可以处理的问题。”其主要权力包括:

(1) 有权在缔约方全体大会闭会后对它在会议期间所讨论的所有问题继续,进行讨论,并对闭会期间发生的任何紧急情况加以审议;

(2) 负责监督缔约方全体大会的议题和日程安排,并最后批准大会的日程;

(3) 根据需要建立附属机构,并决定它们的职权范围。审查其工作报告并负责向缔约方全体大会提出意见;

(4) 根据总协定解决争议的程序,任命专家调查小组成员,决定专家组的职权范围,审查专家组的报告;

(5) 负责对各国的贸易政策进行审查。1989年4月12日,乌拉圭回合中期评审时,缔约方部长级会议授权代表理事会对各缔约方的贸易政策进行定期审查。根据缔约方的外贸规模,每2年、4年或6年审查一次。

代表理事会对所有问题都以"协商一致"来确定,自成立以来的30多年,从未采用过投票表决的方式决定问题。

(三) 委员会、工作组和专家小组

委员会(Standing Comittees)是关贸总协定的常设机构,负责处理与各个委员会的职权范围有关的事务。

关贸总协定授权代表理事会根据工作需要,还可以成立工作组(Working Parties)。工作组根据其建立的目的和任务,在自己的职权范围内,进行深入的调查研究,认真听取各种意见,写出工作报告,作出审议结论,提交代表理事会。在其报告得到通过以后即完成其使命,即告撤销。

专家小组(Panel of Experts)是代表理事会或各委员会为解决缔约方之间在某个贸易政策问题上的纠纷而设立的临时机构。自总协定成立以来先后成立过100多个专家调查小组,解决了总协定缔约方之间的不少矛盾。

(四) 秘书处、总干事

关贸总协定秘书处由拟定的原国际贸易组织(后未成立)临时委员会演变而来。它是关贸总协定的常设机构,在总干事的领导下负责总协定的日常事务,如为总协定的各种会议进行会务安排,负责出版秘书处各种文件,对贸易政策等进行分析等等,其所有工作都是事务性的,它本身没有决策权。

1965年,关贸总协定决定设立总干事(Director - General),总干事同时兼任关贸总协定执行秘书长。由于关贸总协定没有对总干事的职责作任何规定,因此其职责也不是法律赋予的,而是在实践中逐渐发展形成的:他可以最大限度地向各缔约方施加影响,促使它们遵守总协定的原则和规则;可以不受一国国内政治事务的制约,考虑预见总协定的发展方针,为更好地实现总协定的宗旨而起引导作用;鉴于他的地位,他可以召集缔约方的非正式会谈,尽量避免争端扩大;可以使用自己能用的一切手段,帮助缔约方解决贸易争端;他负责领导秘书处的工作,管理总协定预算,处理有关行政事务。

总干事是每一轮多边贸易谈判的当然主席,当缔约方在谈判中发生利益冲突时,他要从中进行公正的裁断。由于总干事没有法定的权力,因此,他解决和处理问题只能靠自己的威信及工作技巧。

三、《关税与贸易总协定》多边贸易谈判成果

关贸总协定自 1948 年 1 月 1 日生效以来，共主持了八轮全球性多边贸易谈判，取得了较大的成果，有力推动了全球贸易的自由化过程，以下分别加以阐述：

（一）首轮谈判

第一轮多边贸易谈判(称“回合”)于 1947 年 4—10 月在日内瓦举行，谈判的主题是关税减让。23 个国家在 7 个月里达成了约 123 项关税的减让协议。参加方制定了 2 份包含关税减让和约束的减让表并绘制成总表，成为关贸总协定的一个完整独立的部分。减让表涉及了 45 000 项商品的关税减让，影响世界贸易额近 1 000 亿美元。在双边基础上达成的关税减让协议通过无条件的最惠国待遇自动适用于全体缔约方。这一规则使此轮谈判成为有史以来最大规模的多边关税减让谈判，使应税占进口值 54%的产品平均降低税率 35%。关贸总协定也随该轮谈判的成功而降世。

（二）第二轮谈判

第二轮多边谈判于 1949 年 4—10 月在法国的安南西举行，谈判除在原缔约 23 方之间进行外，又增加了瑞典、丹麦等 10 国。谈判总计达成双边关税减让协议 147 项，增加关税减让商品项目 5 000 个，使应税进口值 5. 6%的商品平均降低关税 35%。

（三）第三轮谈判

关贸总协定第三轮多边贸易谈判于 1950 年 10 月—1951 年 4 月在英国托尔基进行。此轮谈判又增加了 8 700 个关税减让商品项目，使应税进口值 11. 7%的商品平均降低关税 6%。参加谈判国家的贸易额分别占世界进出口总额的 80%和 85%以上。

（四）第四轮谈判

1956 年 1—5 月在日内瓦举行的第四轮谈判，因美国政府代表团有限的谈判授权而受到影响，参加国仅 28 个，此次关税减让商品项目达 3 000 项，但仅涉及 25 亿美元的贸易额，最终使应税进口值 16%的商品平均降低税率 15%，日本在这轮谈判中加入关贸总协定。

（五）第五轮谈判——狄龙回合

第五轮谈判 1960 年 9 月—1962 年 7 月，在日内瓦举行，共 45 国参加。谈判先后分两个阶段，前阶段自 1960 年 9 月至年底，着重讨论第四轮谈判结果的再谈判，并就 1957 年 3 月 25 日欧共体创立所引出的关税同盟和共同农业政策问题与有关

国家进行协商；后阶段于 1961 年 1 月开始，就新减让项目及新加入国减让项目进行谈判，约 44 000 项商品达成关税减让，涉及 49 亿美元的贸易额，使应税进口值 20%的商品平均降低税率 20%。然而农产品和某些政治敏感性商品大都被排除在最后协议之外。这一轮谈判以建议发动本项谈判的美国副国务卿道格拉斯·狄龙的名字命名，故亦称“狄龙回合”(Dillon Round)。

（六）第六轮谈判——肯尼迪回合

1964 年 5 月—1967 年 6 月在日内瓦举行的第六轮谈判因美国总统肯尼迪(J·F·Kennedy)根据 1962 年《贸易扩大法》提议召开的，又称“肯尼迪回合”。谈判共有 54 个国家参加。历时三年多的谈判分别列入各国税制的关税减让商品项目合计达 6 万之多。工业品进口关税率按减让表约束，自 1968 年 1 月 1 日开始，每年降低五分之一，5 年完成。到 1972 年初，工业品进口关税下降了 35%，并影响了贸易额 400 亿美元的商品关税率。此轮谈判第一次涉及了非关税壁垒。制定了第一个反倾销协议。在此轮谈判过程中，总协定新增了一个主要部分“贸易与发展”，阐明了有关发展中国家指导本国贸易政策的总目标。

（七）第七轮谈判——东京回合

第七轮谈判于 1973 年 9 月—1979 年 4 月在日内瓦举行，因谈判开始于东京，又称“东京回合”。东京回合部长会议宣言提出了一个总协定有史以来范围最广泛、目标最庞大的贸易谈判安排。99 个国家参加了谈判(含 29 个非缔约国)，关税的减让和约束涉及 3 000 多亿美元贸易额，作为 7 年以全面削减方式进行关税减让的结果，世界上，9 个主要工业市场上制成品的加权平均关税率由 7%下降到 4.7%，其中欧共体为 5%，美国为 4%，日本为 3%，减让总值相当于进口关税水平下降了 95%。发展中国家也以对其进口关税实行减让和约束的形式，在削减关税方面作出承诺。

东京回合在一些限制非关税壁垒的措施上也取得成功，在海关估价、补贴与反补贴税、政府采购、贸易技术壁垒、进口许可程序等方面均达成协议，并修订了《反倾销守则》。

东京回合也为检查和改进关贸总协定基本条款提供了一次机会。1979 年 11 月，在总协定召集的成员国年会上，做出四项重要决定并付诸实施。第一项决定认为：发达国家给予发展中国家以及发展中国家相互之间给予优惠待遇是世界贸易制度的一个长期法律特征。这一“授权条款”包含了由发达国家向发展中国家延长提供普惠制(GSP)的长期法律基础的条款。第二项决定是整理根据总协定设计的，为保障本国的对外财政和收支平衡而采用的贸易限制措施的实践和程序；第三次决定给予发展中国家以更大的灵活性，允许其为维持基本需求和谋求优先发展而采取贸易措施；第四项决定则涉及促进总协定南行运转机制的通知、协商、争端解决及监督等事项。此外，东京回合在热带产品、农产品及民用航空器等方面也达成协议。

（八）第八轮谈判——乌拉圭回合

东京回合以后，世界经济增长减缓，失业率上升，新兴工业国家的竞争压力和国内利益集团的政治压力刺激了许多国家的保护主义情绪。由于关贸总协定主持的多轮谈判大大降低并约束了关税水平，一些国家政府开始恢复使用“自动出口限制”和“适当市场安排”等歧视性非关税壁垒。基于对新贸易保护主义的忧虑，1982年总协定举行部长会议，制定了一项新的综合性工作方案，包括对非关税壁垒及东京回合后各项协议的适用和实施情况予以审查等，大部分缔约方认为，以新一轮多边贸易谈判事实来实施这一综合性的工作方案将是进一步促进和巩固总协定体制的最好方法。这样，从 1986 年 9 月，在乌拉圭的埃斯特角城，关贸总协定发动了第八轮全球性的多边贸易谈判——乌拉圭回合。共有 107 个国家和地区实际参加了这次关贸总协定有史以来范围最广、规模最大的多边贸易谈判。

1. 乌拉圭回合谈判议题

乌拉圭回合谈判共有 15 项议题，其中由部长宣言确定的第一部分货物贸易有 14 个议题。第二部分是美国等发达国家力主纳入总协定体制的服务贸易。它们分别是：

(1) 关税。谈判目标是通过适当方法削减或视情况取消关税，包括降低或取消高关税或关税升级，并强调扩大所有参加谈判各方之间关税减让的范围；

(2) 非关税壁垒。目标是减少取消这类措施，包括数量限制、原产地规则，装船前检验等均可构成限制进口的非关税壁垒；

(3) 热带产品。目标是实现热带产品(加工品和半加工品包括在内)贸易的最大限度的自由化；

(4) 自然资源产品。谈判应旨在更充分地实现包括加工品和半加工品在内的自然资源产品贸易自由化；

(5) 纺织品和服装。除了其他目标以外，纺织品和服装谈判应保证将这一部门回归到总协定的纪律和规则的约束之内，最终消除与总协定不一致的《多种纤维协定》(MFA)和其他对纺织品服装贸易的限制，实现贸易自由化；

(6) 农产品。谈判的目标是制订更有效的关贸总协定规则，通过进一步削减进口壁垒来改善市场准入的条件。削减补贴以及减少卫生和植物卫生条例、壁垒可能对农产品贸易产生的影响；

(7) 关贸总协定条款。对现行的关贸总协定条款(尤其是谈判没有包括的部分)进行审议；

(8) 保障条款。目标是达成一次综合性协议，以加强关贸总协定体制；

(9) 多边贸易谈判协议和安排，目标是改善、澄清或在合适情况下扩展东京回合多边贸易谈判所达成的协议和安排；

(10) 补贴和反补贴措施。谈判应在审议总协定第六条、第十六条以及补贴和反补贴多边贸易谈判协议的基础上进行，改善一切影响国际贸易的补贴和反补贴措施的规则；

(11) 争端解决。目标是改进和加强总协定争端解决的规则和程序，以保证及时有效地解决争端，并作出适当安排，监督执行所通过的建议程序；

(12) 与贸易有关的知识产权。谈判目标是阐明与知识产权有关的关贸总协定规则，并视情况制订新的规则和纪律。同时还就对在国际贸易中假冒商品问题的多边框架进行谈判；

(13) 与贸易有关的投资措施。在总协定对有关投资措施对贸易产生限制和扭曲影响的条文的执行情况进行审查以后，视谈判情况拟订防止对贸易带来不利影响的原则；

(14) 关贸总协定体制的作用。目标是增加谅解和拟订协议，以保证关贸总协定的监督机制能够对缔约国的贸易政策和做法及其对多边贸易体制作用的影响进行定期监视；改善关贸总协定作为一个机构的全面作用和决策能力；通过加强与其他国际货币金融组织的关系，提高总协定在实施全球经济决策方面的作用；

(15) 服务贸易。谈判应旨在制订处理服务贸易的多边原则和规则的框架，包括对服务业各个部门制订可能的规则，以便在透明度和逐步自由化的条件下扩大服务贸易，并以此作为促进所有贸易伙伴的经济增长和发展中国家经济发展的一种手段。

2. 乌拉圭回合成果

乌拉圭回合自 1986 年 9 月 15 日总协定部长级会议开始，历经发起谈判、中期评审、谈判僵持、终期会议、谈判结束等阶段，实际历时长达 7 年多，最终达成一揽子诸边、多边贸易协定协议，成果卓著：

(1) 谈判大大促进国际贸易的发展及全球经济的增长。此轮谈判的结果使各国的关税税率进一步降低，降税产品涉及贸易额达 1 万 2 千亿美元之巨，减税幅度为 40%，其中近 20 个产品部类实行零关税，与此同时，阻碍贸易自由化的非关税壁垒将逐步取消,实行关税化,如各国同意,在各项协议生效后10年内,逐步取消《多种纤维协定》项下的配额,使长期游离于关贸总协定体制的纺织品服装贸易实现自由化;削减农产品出口补贴等。据总协定秘书处估计,乌拉圭回合的成果将使世界商品贸易额在1995年协议生效后的10年中增长12%,即增加7 450亿美元,发展中国家的出口额可望增加至少500亿美元;

(2) 改善了国际贸易的规则体系,强化了国际贸易纪律,乌拉圭回合以28项契约性协议和法律文件确立起比较完整的国际贸易规则体系,涉及补贴和反补贴、反倾销、海关估价、保障条款、争端解决等各个方面,这些问题在此前一直颇有争执,而乌拉圭回合谈判的结果,将其许多内容规定得更为明确、具体,使总协定确立的多边贸易体制得以加强;

(3) 扩大了多边贸易体制的管制范围,乌拉圭回合谈判的成功扩大了全球多边贸易体制的内涵,它不仅把长期游离于自由贸易体制之外的农产品和纺织品贸易纳入关贸总协定,而且将多边贸易体制的管辖范围扩大到服务贸易,知识产权和国际投资这三个重要领域,并达成服务贸易总协定,与贸易有关的知识产权协定,与贸易有关的投资措施协定,这必将对其后的世界经济产生深刻的影响;

(4) 促成了世界贸易组织的诞生。乌拉圭回合谈判的一项重要成果是确认建立世界贸易组织(World Trade Organization, WTO),以此取代关税与贸易总协定,负责监督和实施服务贸易总协定,知识产权协定以及经过乌拉圭回合谈判修改后的关贸总协定条款。1994年4月15日在摩洛哥马拉喀什城通过的《建立世界贸易组织马拉喀什协定》(简称《世界贸易组织协定》),标志着20世纪40年代即拟议建立的三大国际经济组织之一的国际贸易组织终告成立,这在某种意义上讲可以说是此轮乌拉圭回合多边贸易谈判的最大成果,可谓功德圆满!自此,全球多边贸易合作将在世界贸易组织的主持下稳步推进。

案例分析

[案情]

法国政府于1993年3月22日公布了一个条例,限制了学名为Placopectenmagellanicus的加拿大扇贝在法国市场上贸易名称的使用。根据该条例,1995年12月31日之前,加拿大扇贝可使用法文“pétoncle(Saint-Jacques)”(意为小扇贝)的名称,此后仅授权使用法文“pétoncle”这一名称。

此项规定由于限制使用通常的产品名称，而大大削弱了加拿大扇贝产品在法国市场上的竞争力，降低了该产品的贸易量。加拿大政府认为，法国政府采取的这一措施是不公正的，损害了加拿大按 WOT 协议应得的利益。这一措施违反了 1994 年关贸总协定第 3 条规定的义务，使出口到法国的加拿大扇贝受到不同于法国本国同类产品的对待，而且还违反 1994 年关贸总协定第 1 条的规定，将来自其他成员国的扇贝称为“noixdeSaint-Jacques”，来自加拿大的同类产品则不能使用这一名称。此外，这一做法不符合技术性贸易壁垒（TBT）协定第 2 条的规定。

加拿大认为，被法文称为“noixdeSaint-Jacques”的扇贝不止 Placopectenmagellanicus 一种，但消费者不会也不能区分 Placopectenmagellanicus 和其他被称为“noixdeSanit-Jacques”的扇贝，事实上这些扇贝在颜色、大小、质地、外观和使用方面没有区别。

自 1993 年以来，加拿大政府作了几次努力与法国政府一起解决这一争端。按欧盟的有关规定，此类争端由欧盟统一对外交涉。因此，加拿大经过与欧盟的磋商，签署了一个临时解决方案。同时，加拿大明确申明，关于这一争端必须签署永久性协议。然而，事实上不但没有签署永久性协议，法国政府在 1994 年 10 月还制定修正案废除了这一临时协议。

1995 年 5 月 19 日，加拿大政府提出与欧盟进行磋商的请求，希望通过磋商，恢复扇贝的法语名称“noixdecoquilleSaint-Jacques”或“noixdeSaint-Jacques”，从而恢复其扇贝产品在法国市场上的持久竞争地位。

智利、冰岛、日本、秘鲁按照《关于争端解决规则和程序备忘录》(DSU) 第 4 条 11 款的规定，请求参加本案的磋商，欧盟同意了这些请求。本案有关方面于 1995 年 6 月 19 日在日内瓦进行了磋商。

但这次磋商未能解决这一争端，而且，加拿大认为进一步的磋商也不会取得进展，因此，请求争端解决机构（DSB）组建专家组，从而使该案件正式进入 WTO 争端解决机制。

1995 年 7 月 19 日，DSB 组建了专家组，澳大利亚、智利、冰岛、日本、秘鲁和美国等国声称保留作为第三方参加专家组的权利。

与此同时，秘鲁和智利就同样的问题——有关扇贝贸易名称问题分别于 1995 年 7 月 18 日和 24 日向欧盟提出磋商请求。1995 年 10 月 11 日，DSB 举行了会议，应秘鲁和智利的请求，根据 DSU 第 9 条第 3 款的规定，指定欧盟——加拿大扇贝贸易名称争端案专家组的专家同时担任欧盟——智利、欧盟——秘鲁扇贝贸易名称争端案的专家组成员，将对上述三个有关扇贝贸易名称争端案的调查同步进行。

[问题]

法国的国内立法规定是否与 GATT 的有关规定相冲突?

[法律依据]

1.《1994 年关贸总协定》第 1 条普遍最惠国待遇

第 1 款在对进口或出口、有关进口或出口或对进口或出口产品的国际支付转移所征收的关税和费用方面,在征收此类关税和费用的方法方面,在有关进口和出口全部规章手续方面,以及在第 3 条第 2 款和第 4 款所指的所有事项方面,任何缔约方给予来自或运往任何其他国家任何产品的利益、优惠、特权或豁免应立即无条件地给予来自或运往所有其他缔约方领土的同类产品。

2.《1994 年关贸总协定》第 3 条国内税与国内规章的国民待遇

第 4 款一缔约方领土的产品输入到另一缔约方领土时,在关于产品的国内销售、推销、购买、运输、分配或使用的全部法令、条例和规定方面,所享受的待遇应不低于相同的国内产品所享受的待遇。

3. TBT 协定第 2 条中央政府机构制定、采纳和实施的技术法规

第 1 款各成员应保证在技术法规方面,给予源自任何成员领土进口的产品不低于其给予本国同类产品或来自任何其他国家同类产品的待遇。

[法律运用及处理结果]

在专家组进行调查时,1996 年 7 月 5 日,加拿大和欧盟照会 DSB、WTO 相关理事会和委员会,称双方已达成协议。法国起草了新的条例,放弃对加拿大扇贝产品的特殊名称要求,转而规定贝壳类产品必须标有 Saint-Jacques 字样及学名、原产地,或在名称标签同侧标有清晰可见原产地国缩写的字母。新条例于 1996 年 7 月 1 日前实施,1993 年 3 月 22 日公布的条例同时废止,此方案得到了加拿大的认可。至此,本争端通过磋商圆满解决。

本案是典型的 TBT 案例,涉及的商品虽然是动物源性食品,似乎属于实施卫生与植物卫生措施(SPS)协定管辖范围,但因法国采取的措施仅是对商品名称做出规定,不符合 SPS 协定附录 I 中对 SPS 措施的定义,故本案属于 TBT 范畴。加拿大的申诉理由中也未提出法国违反了 SPS 协定的规定。

法国采取的措施带有明显的歧视性。加拿大扇贝与法国及其他国家的扇贝从颜色、大小、质地上来说基本相同,而法国只要求加拿大扇贝使用另外一个名字,违反了 WTO 最惠国待遇和国民待遇两个基本原则。因此,遭到智利、冰岛、日本、秘鲁等国的一致反对。在各方面巨大的压力下,欧盟最后不得不向加拿大作出让步,可以想象,假如本案打到最后一步,由 DSB 裁决,败诉的也必然是欧盟一方。

[值得注意的问题]

本案发生与解决的时间处在GATT与WTO运转的期间，所有分析中既运用了原GATT的相关规则，又运用了WTO有关协定的规定。

（案件来源：厦门技术性贸易措施信息网）

第二节 世界贸易组织(WTO)法律制度

一、世界贸易组织的产生、法律框架

（一）世界贸易组织的产生

1986年9月开始举行的关税与贸易总协定第八轮多边贸易谈判议定的目标之一便是：完善多边贸易体制，把更大范围的世界贸易置于各缔约方认可的、有效的和可实施的多边规则之下。为此，设立了关于完善GATT体制的谈判小组。由于此轮谈判的15个议题中涉及服务贸易、与贸易有关的知识产权和与贸易有关的投资措施等非货物贸易的新议题，而这些新议题的谈判成果很难在GATT的原有框架内实施，因此，欧洲共同体于1990年初先提出建立一个新的多边贸易组织的倡议，并得到美国、加拿大等国家的支持。同年12月，部长会议就建立多边贸易组织(MTO)进行协商。1991年12月，制定出建立多边贸易组织协定草案，总协定总干事阿瑟邓克尔将此草案和其他议案汇总，形成“邓克尔最后案文”，作为进一步谈判的基础。1993年12月，美国提议，将“多边贸易组织”改为“世界贸易组织”。1994年4月15日，谈判各方在摩洛哥城市马拉喀什通过《建立世界贸易组织马拉喀什协定》(Marrakesh Agreement Establishing the World Trade Organization，简称《WTO协定》)，标志着世界贸易组织(WTO)的建立具备了法律依据。依据《WTO协定》，WTO于1995年1月1日正式成立。

（二）世界贸易组织的法律框架

世界贸易组织的法律框架体系由《WTO协定》和四个附件组成，列举如下：

（一）《建立世界贸易组织马拉喀什协定》(《WTO协定》)

（二）附件：

附件1：

附件1A：货物贸易多边协议

1.《1994年关税与贸易总协定》：

(1)《关于解释1994年关税与贸易总协定第二条第1款(b)项的谅解》

(2)《关于解释1994年关税与贸易总协定第17条的谅解》

(3)《关于1994年关税与贸易总协定国际收支的谅解》

(4)《关于解释1994年关税与贸易总协定第24条的谅解》

(5)《关于豁免1994年关税与贸易总协定义务的谅解》

(6)《关于解释1994年关税与贸易总协定第28条的谅解》

(7)《1994年关税与贸易总协定马拉喀什议定书》

2.《农业协议》

3.《实施卫生与植物检疫措施协议》

4.《纺织品与服装协议》

5.《技术性贸易壁垒协议》

6.《与贸易有关的投资措施协议》

7.《实施1994年关税与贸易总协定第6条的协议》

8.《实施1994年关税与贸易总协定第7条的协议》

9.《装运前检验协议》

10.《原产地规则协议》

11.《进口许可程序协议》

12.《补贴与反补贴措施协议》

13.《保障措施协议》

附件1B:《服务贸易总协定》

附件1C:《与贸易有关的知识产权协定》

附件2:

《关于争端解决规则与程序的谅解》

附件3:

《贸易政策审议机制》

附件4:诸边贸易协定:

1.《民用航空器贸易协议》

2.《政府采购协议》

3.《国际奶制品协议》

4.《国际牛肉协议》

此外,组成世界贸易组织法律文件的还有多项"部长决定与宣言"。可见,世界贸易组织的法律框架是十分庞大的,有学者称之为"世界贸易法典",恐不为过。世界贸易组织法律体系有以下显著的特点:

第一,全面继承并修补GATT1947的规则。按照《WTO协定》第2条第4款,"GATT1994",除包括"GATT1947"外,还包括"在WTO协定生效以前,依GATT1947生效的下列法律文件的规定":(1)关于关税减让的议定书;(2)加入议定书;(3)按GATT1947第25条批准的免除义务的决定,凡在WTO协定生效之日仍然有效者;(4)GATT1947缔约方全体作出的其他决定;(5)GATT1994关于解释GATT第2条(b)项、第17条、第24条、28条以及国际收支、免除义务等谅解和马拉喀什议定书(即前述附件1A所有文件)。同时,《WTO协定》第16条第1款规定:"除本协定或各多边贸易协议另有规定者外,WTO要受到GATT1947的缔约方全体以及GATT1947框架内各机构所遵循决议、程序与习惯做法的指导。"这表明,除少数世界贸易组织以"另有规定"方式予以修补外,WTO全面继承了GATT1947的各项规则、制度。

第二,拓展、确立全球贸易新领域新规则。WTO法律文件附件1B、1C、附件3等系针对以前GATT所未涉及的服务贸易、贸易知识产权、贸易政策审议等新领域确立相应规则,并将它们作为"多边贸易协议"的构成部分,对"所有成员方均有约束力"。

第三,确立诸边贸易规则。前述的附件4所列的4个贸易协议属于诸边贸易协议。所谓"诸边协议",是指并非要求贸易组织的全部成员都参加的协议。作为"诸边贸易协议",只适用于WTO成员中的签字方,对于未接受它们的WTO的其他成员方不创设权利或义务。关税与贸易总协定乌拉圭回合谈判可谓成果累累,但仍有一小部分议题协议未得到全体认可,只将它们列入WTO法律框架内,称之为"诸边贸易协议"。有创举意义的是,依《WTO协定》,诸边贸易协议虽然非被全体成员认可,但应在WTO机构框架内运作。依诸边贸易协议设立的机构应定期就其活动通知WTO总理事会。这样,就避免出现原先GATT谈判达成的某些协议实际上在GATT体制外运作的情况。

第四,确立了世界贸易组织规则的强制性效力。从法律效力角度看,GATT的规则是不具有强制性约束力的,这使GATT的规则成为"弱法",有损于GATT的权威性。WTO对这种情况作了根本性的扭转。《WTO协定》第二条规定:"包括在附件1、2、3中的各项协议及附属法律文件,是本协定的组成部分,对所有成员方均具有约束力。"第16条规定,"各成员方都要保证使其法律、规章与管理办法均符合本协定附件中规定的义务。"上述规定确立了WTO法律规则优于各成员方国内立法的权威效力。

为使WTO规则、制度强制性效力提供保障的是其解决争端的规定。《WTO

协定》附件 2《关于争端解决规则与程序的谅解》(DSU,简称《争端解决规则谅解》)本身对所有成员方具有约束力。从其内容看,DSU 将 GATT 的争端解决做法加以改进,发展成为完备的司法性制度,赋予 WTO 专家组以强制性管辖或审判权,并设立上诉机构作出终审判决。为使 WTO 争端解决机构的裁决得以实施,DSU 强化 GATT 第 23 条允许的“个别报复”手段,允许“交叉报复”,即“中止履行减让”或其他义务的报复行动,不限于引起争端的协议或部门,比如可以以中止履行服务贸易的某些“义务”来报复货物贸易领域的争端。WTO 以此类规定确保 WTO 多边贸易协定规则得以执行。

二、世界贸易组织的组织机构

与关贸总协定不同,世界贸易组织的组织结构完善而别具特色,列举如下:

(一) 部长级会议

部长级会议(Ministerial Conference)是世界贸易组织的最高权力机构,由所有 WTO 成员组成,至少每两年举行一次会议。根据《WTO 协定》规定,部长级会议全权“履行 WTO 的职能,并为此采取必要的行动”,并“有权依本协定及有关多边贸易协议关于决策的具体规定,对任何多边贸易协议事项做出决定。”GATT 没有与 WTO 部长级会议相当的决策机构,尽管 GATT 的缔约方全体大会有时也是部长级的。

(二) 总理事会

总理事会(General Council)是部长级会议休会期间,履行部长级会议职能的常设机构,它由 WTO 的全体成员方组成。总理事会下设有货物贸易理事会、服务贸易理事会和知识产权理事会,分别监督《WTO 协定》附件 1A 的货物贸易多边协议,附件 1B 的服务贸易总协定和附件 1C 的知识产权协定的执行。总理事会负责 WTO 的日常事务,实行不间断管理,监督 WTO 工作的各个方面,处理最重要的紧急事务。为此,总理事会经常召开会议。出席会议的成员代表是各国常驻日内瓦代表团团长。

按《WTO 协定》,总理事会还履行两项特别的职能:争端解决和贸易政策审议职能。为此,总理事会同时兼具两项职能:争端解决机构(DSB, Dispute Settlement Body)和贸易政策审议机构(TPRB, Trade Police Review Body),分别负责 WTO 争端解决机制的运行和实施贸易政策审议的安排。可见,总理事会集行政管理、监督(TPRB)和司法(DSB)三项职能于一身,实为别具一格的设置。

(三) 专业理事会与专门委员会

依《WTO协定》规定,世界贸易组织设置了三组单独的附属机构,它们向总理事会报告。其中最重要的一组负责WTO的主要职能,由三个专业理事会组成,它们分别是"货物贸易理事会"(Council for Trade in Goods)、"服务贸易理事会"(Council for Trade in Service)和"与贸易有关的知识产权理事会"(Council for Trade-Related Aspects of Intellectual Property Rights,简称"TRIPS理事会"或"知识产权理事会")每个理事会都在总理事会指导下展开工作,行使货物贸易、服务贸易和《与贸易有关的知识产权协定》以及总理事会赋予的职能。各专业理事会向所有成员开放。专业理事会在必要时召开会议,并可再下设附属机构,如货物贸易理事会下设市场准入委员会、农业委员会等。

第二组附属常设机构负责跨部门的、更广泛的职能,称其为专门委员会,如"贸易与发展委员会"、"国际收支限制委员会"、"预算、财务与行政委员会"等。需要说明的是,属于此组的附属机构还包括使用"工作组"、"工作小组"等名称的若干机构,如"加入WTO工作组"、"贸易与投资关系工作小组"等。

第三组附属机构由在诸边贸易协议下设立的机构组成。包括"民用航空器贸易委员会"、"政府采购委员会",负责监督实施相应的诸边贸易协议。严格来讲,它们不是总理事会的附属机构,但"在WTO的组织机构内运作",并定期向总理事会报告其活动。另外两个诸边贸易工作机构为"国际奶制品理事会"和"国际牛肉理事会",它们于1997年底结束了其活动,其管辖的两个诸边贸易协议也随之废止。

(四) 秘书处、总干事

WTO设立秘书处,由总干事领导。《WTO协定》明确规定了其常设工作人员的职责和任命。总干事由部长会议任命,总干事再依照部长会议通过的条例,任命工作人员并确定他们的职责和服务条件。总干事和秘书处工作人员应独立地行使其所承担的职责,不得寻求和接受世界贸易组织之外任何政府或其他权力机关的指示。秘书处为WTO活动提供必要的技术与后勤支持,如为召开会议准备背景资料等。秘书处还专门设立法律部,为解决贸易争端提供法律服务,包括帮助专家组起草裁决报告。

总干事既是秘书处的行政首长,又是WTO各成员方集体利益的守护神。总干事负责向预算、财务与行政委员会提交世界贸易组织的年度概算和决算。《WTO协定》赋予了世界贸易组织法人资格,并给予世界贸易组织工作人员在履行职责时必要的外交特权与豁免权,其外交特权与豁免权与联合国专门机构及其工作人员享受的外交特权与豁免权相似。

三、世界贸易组织的宗旨与职能

(一) 世界贸易组织的宗旨与目标

《WTO协定》的序言明确了世界贸易组织的宗旨、目标：提高生活水平，保障充分就业，保证实际收入和有效需求的大幅度稳定增长以及扩大货物和服务的生产和贸易为目的。同时应依照可持续发展的目标，考虑对世界资源的最佳利用，寻求既保护和维护环境，又以与它们各自在不同经济发展水平的需要和关注相一致的方式，加强为此采取的措施作出积极的努力，以保证发展中国家，特别是最不发达国家，在国际贸易增长中获得与其经济需要相当的份额。因此，可以说，WTO的基本目标是对GATT基本目标的继承，即：提高生活水平，保障充分就业，扩大生产和贸易以及对世界资源的最佳利用。同时，WTO在以下方面又有了明显的发展：①"扩大生产与贸易"包括货物贸易和服务贸易。而GATT仅指货物贸易；②增加了"可持续发展"的目标。WTO要"寻求保护和维护环境"，这是WTO总结贸易发展与环境保护的经验教训的产物；③吸收GATT的发展成果，明确采取积极努力保证发展中国家，特别是最不发达国家"在国际贸易增长中获得与其经济需要相当的份额"。

《WTO协定》序言中还提出实现上述目标的基本措施：通过达成互惠互利安排，实质性削减关税和其他贸易壁垒，消除国际贸易中的歧视待遇。

(二) 世界贸易组织的基本职能

按照《WTO协定》第3条的规定，世界贸易组织的基本职能有五项：

(1) WTO的首要职能是"便利本协定和多边贸易协议的履行、管理和实施，并促进其目标的实现"，及"为诸边贸易协议的履行、管理和实施提供框架"。

(2) WTO的第二项职能是为世界贸易组织成员就多边贸易关系提供谈判场所。这里所讲的"谈判"包括两类，一类包括对《WTO协定》附件所列各项协议所涉及事项的多边谈判，即对GATT和乌拉圭回合已涉及议题的谈判；另一类谈判是WTO部长会议可能决定的，有关多边贸易关系的"进一步谈判"(further negotiations)，WTO提供使该类谈判结果得以实施的框架。

(3) WTO的第三项职能是：解决WTO成员之间可能产生的贸易争端。

(4) WTO的第四项职能为：管理《WTO协定》附件3所作的安排，即审议各成员方的贸易政策。

(5) WTO的第五项职能是"为实现全球经济决策的更大一致性"。为此，WTO将酌情与国际货币基金组织和世界银行极其所属机构进行合作。为实现这一职能，乌拉圭回合通过了《关于世界贸易组织对实现全球经济决策的更大一致性所作贡献的宣言》。

四、世界贸易组织的运行机制

(一) 世界贸易组织成员的接受、加入机制

世界贸易组织成员分两种，第一种是“创始成员”(Original Membership)，即签署设立世界贸易组织的成员；第二种是“加入”(accession)成员，即与现成员政府谈判加入条件，经必要程序获准而成为世界贸易组织的新成员。根据《关于接受和加入建立世界贸易组织协定的决定》，要想被接受成为“创始成员”，应在《WTO 协定》生效之日(1995 年 1 月 1 日)已经成为 GATT 缔约方，无保留地接受《WTO 协定》，并且已经在货物贸易和服务贸易方面作出减让和承诺。

世界贸易组织的加入是开放的，世界贸易组织对任何国家都无期限地开放。任何非 WTO“创始成员”可以按它与 WTO 议定的条件加入世贸组织。加入的程序一般为：

1. 申请与接受

申请加入方通知 WTO 总干事，表明其根据《WTO 协定》第 12 条加入 WTO 的愿望；世界贸易组织秘书处负责将申请散发给 WTO 的全体成员，并列入总理事会会议议程；总理事会审议加入申请并设立工作组。工作组对所有感兴趣的成员开放。

2. 审议与双边市场准入谈判

申请加入方应提交对外贸易制度备忘录、按照《协调制度》(HS)编制的现行关税税则以及有关法律、法规。工作组成员通常会提出书面问题，要求申请方澄清其对外贸易制度的运作情况，申请方以书面方式予以答复；工作组视情况召开会议，审议申请方提交的备忘录及关于问题与答复等文件。

在有关外贸制度的审议深入后，开始双边货物贸易和服务贸易市场准入谈判。凡是世界贸易 4 组织现有成员中提出要求双边谈判，申请加入方均须与之进行谈判。中国申请加入世界贸易组织时，有 35 个成员提出与我国进行双边谈判。之所以要进行谈判，是因为原 GATT 成员已多次进行关税减让，新加入者不能“搭免费车”(free riding)，只享受别的成员减让的好处，而不尽自己的义务，这是新加入者要付的“入门费”。

3. 多边谈判与加入文件的起草

双边谈判后期，多边谈判开始。工作组将起草工作报告书草案、加入议定书草

案,准备并多边审议货物贸易和服务贸易减让表,附在加入议定书草案之后。工作组成员协商一致通过上述文件,达成关于同意申请加入方加入的决定,提交部长级会议审议。

4. 表决与生效

世界贸易组织部长级会议或总理事会将对加入议定书、工作组报告书和决定草案进行表决,以三分之二多数通过。中国加入议定书于 2001 年 11 月 11 日在卡塔尔的多哈经部长级会议通过,决定接纳中国加入世界贸易组织。

其后,申请加入方以签署或递交批准书方式接受加入议定书。中国政府于 2001 年 11 月 11 日加入议定书通过的当天签署即批准《加入议定书》。

按《WTO 协定》,加入议定书自申请方签署或递交批准书后第 30 天起正式生效。因此,自 2001 年 12 月 11 日起,中国加入议定书生效。这表明,自此日起,中国正式成为世界贸易组织的成员。

(二) 世界贸易组织的退出、排除机制

按《WTO 协定》第 15 条规定,任何世界贸易组织成员均可退出该组织。一个成员要退出世界贸易组织,可书面通知 WTO 总干事,总干事收到通知书之日起 6 个月期满后,退出生效,该国不再是世界贸易组织的成员。退出的效力将同时适用于《WTO 协定》和其他多边贸易协议,即退出世界贸易组织的一方不再享有 WTO 多边贸易协定规定的权利,也不再履行其相应的义务。

基于某些政治或其他原因,某些 WTO 成员不同意世界贸易组织的规则在它们之间适用,即互不适用或者称为"排除",这种做法是允许的,条件是有关成员必须在自己或另一成员成为 WTO 正式成员时明确作出互不适用的表示。该表示应在部长级会议批准关于加入条件的协议之前作出,才能互不适用。

为避免"互不适用条款"(即《WTO 协定》第 13 条)被用作贸易限制的手段,按规定,WTO 的创始成员之间不能相互援引"互不适用条款",除非它们之间在《WTO 协定》生效之前已根据 GATT 第 35 条就某些规则已经相互援引"互不适用条款"。

(三) 世界贸易组织的决策机制

世界贸易组织的决策,实行 GATT 所遵循的"协商一致"原则,只有不能"协商一致"情况下才通过投票表决来决定有关事项。对此,说明如下:

1. "协商一致"原则

WTO 的决策机制以 GATT 所遵循的"决定、程序和惯例为指导"(《WTO 协定》第 16 条第 1 款),即继续实行 GATT1947 所遵循的经"协商一致"作出决定的惯例,各成员通过谈判磋商,达成"共识"(consensus)进行决策。

如何算是达成"共识"?《WTO协定》第9条的"注释",对此作出定义:在提交讨论事项的会议上,如果到会的成员没有对该拟作出的决定正式提出反对,就视为以"共识"作出了决定。对此"共识",赵维田教授精妙拆解道:第一,缺席或未出席会议者不计在内;第二,弃权或不表明态度,保持沉默者,无碍于达成"共识"。任何成员不能以当初会议上未明确表示支持该决定(保持沉默)为由,事后再反对,不执行该决定;第三,必须"正式地"(formally)提出反对,才不算达成"共识",私下摇头或不满,均不计入。

以往GATT的运作中就极少进行投票。例行做法是只有在一件事情已讨论到可以形成所有成员都支持的协议时才做出决定,或者至少是在没有成员明确反对之时再做决定。进行投票通常是走走形式而已,一般是在批准申请加入方事先谈判达成的条件、加入决定或有关义务豁免时才表表决。WTO决策时同样侧重于达成"共识",即通过协商一致,而不是进行正式投票。

2. 投票决定

就WTO的正式投票,每一成员都拥有一票。总的规则是,部长级会议或总理事会的决定应由所投票数的多数作出。但是,依《WTO协定》或有关多边贸易协议的"另有规定",涉及《WTO协定》本身及多边贸易协议的解释、修正、给予豁免或新成员减让等事项,投票决定规则较为复杂。说明如下:

(1) 关于条款解释的表决。《WTO协定》及各多边贸易协议条款的解释权归部长级会议或者总理事会。对协定、协议条款解释的决定须获得四分之三多数票的支持才能通过。

(2) 关于修正案的表决:

其一,对于提交有关修正的建议需获得协商一致的支持,如果不能协商一致,需获得三分之二多数票的支持才通过;

其二,某些保证核心重要权利的关键条款,除非全体成员同意,否则不能修改。如,《WTO协定》第9条(关于豁免的规定)、GATT第1条和第2条(关于最惠国待遇和关税减让表的规定)、GATS第2条第1款及《知识产权协定》第4条(均属最惠国待遇的规定)等。显然,如果可以对这些核心条款擅作修改,将会动摇WTO的根基!

其三,如果对《WTO协定》、GATS或《知识产权协定》的条款修正会改变成员的权利和义务,则必须经三分之二多数成员投票赞成,才能对接受这一修正的成员生效;

其四,对于未在部长级会议规定的期限内接受已生效修正的成员,经部长级会议四分之三多数成员投票表决决定,该不接受修正案的成员退出世界贸易组织,或者仍然为世界贸易组织的成员。

(3) 关于义务豁免的表决。世界贸易组织的成员既享受一定的权利,也应承担相应的成员义务。但在特殊情况下,对某一成员应承担的某项义务,部长级会议可决定给予豁免。一成员提出义务豁免的请求,部长级会议应确定一个不超过 90 天的期限进行审议。对该请求的批准,首先按协商一致原则作出决定,如果未能在确定期限内达成共识,则进行投票表决,该表决须经四分之三多数认可才予通过,并必须详细说明给予豁免的原因、给予的条件及其结束的日期。

(4) 关于新成员加入的表决。如前所述,对于新成员加入的决定,须经部长级会议三分之二以上的多数表决才予以通过。

3. 全球经济决策的一致性

世界贸易组织的职能之一是要实现全球经济决策的一致性。其要求是:世界贸易组织在经济决策方面与同 WTO 有关的政府间国际组织和非政府组织进行合作作出适当的安排。《WTO 协定》专门要求世界贸易组织与其他两个最重要的国际经济组织即国际货币基金组织与世界银行进行合作,以保证国际经济政策作为一个整体和谐地发挥作用。

过去的历史表明,国际贸易组织与国际货币基金组织、世界银行的充分合作,可以帮助克服国际货币、财政和贸易政策目的相互矛盾的情况。

GATT 乌拉圭回合达成的一个部长宣言(《关于世界贸易组织对全球经济决策更大一致性所作贡献的宣言》)对进行国际合作,实现全球经济决策一致性作了明确规划。该《宣言》指出,经济全球化已使各国推行的经济政策之间的相互作用日益增大。该《宣言》列举了汇率稳定与贸易增长之间、可持续增长与经济发展之间以及援助、投资流向与债务减免之间的联系。贸易自由化政策得到国际货币基金组织和世界银行的支持,而 WTO 的市场准入、强化贸易规则、进一步自由化以及更加有效的监督,意味着贸易政策在未来保证全球经济决策一致性方面可以发挥更重要的作用。

《宣言》提出,这种国际合作的基本原则是:遵循“一致和相互支持的政策”,应尊重“每一机构的任务、保密要求及在决策过程中的必要自主权”。

体现这种经济决策一致性、加强国际合作的初步成果是,WTO 分别于 1996 年 2 月和 1997 年 4 月与国际货币基金组织和世界银行签署了协议。

(四) 世界贸易组织的贸易政策审议机制

1. 贸易政策审议机制的概述

贸易政策审议机制(Trade Policy Review Mechanism, 简称 TPRM)是指,世

界贸易组织专设机构(贸易政策审议机构,Trade Policy Review Body,简称 TPRB)对各成员的贸易政策和做法及其对多边贸易体制运行的影响,进行定期的集体评价和评估,其目的在于通过提高各成员贸易政策和做法的透明度,更好地遵守多边贸易协议的规则,履行其在各协定下所作的承诺,从而有助于多边贸易体制更加平稳地运行。

一般来说,一个国家政府如果接受国际协议,就应实施协议的规定,并按协议的要求更改国内法律、政策和程序。但实际情形可能并非如此,一个成员政府官员或议会可能有意不去理会政府所承担的国际义务,更有可能的是,一项义务被忽视或被解释成与其他签署方理解不同的意思。WTO 各规则原本是为了给国际贸易建立一个可预测的和自由的经济法律环境,确定的规则和各成员以同样的方式实施规则十分必要。为此目的,世界贸易组织作出透明度和贸易政策审议安排,其基本手段有两种:对每一成员阶段性地进行全面的贸易政策审议,及各专门机构在各国政府通知的基础上,对具体的政策措施进行详细的审议。

2. 贸易政策审议机制的形成、作用

世界贸易组织贸易政策审议机制是在 1988 年 GATT 乌拉圭回合谈判中期评审会议上,经部长会议临时批准建立的,并于 1989 年开始运行,在乌拉圭回合结束时成为常设的制度,由《WTO 协定》附件 3《贸易政策审议机制》确定其运作。因此可以说,世界贸易组织的贸易政策审议机制先于 WTO 而建立。贸易政策审议机制的作用主要为:

(1) 为世界贸易组织审议其成员的贸易政策,评估国际贸易环境的发展变化提供场所和机会。该机制对成员的贸易和经济形势进行客观和独立的评估与“外部审计”(external audit),也是对贸易和与贸易有关的政策进行解释和讨论的场所;

(2) 对接受审议的成员提供帮助和便利。进行贸易政策审议的过程,可以为国别政策制定提供有价值的启示,审议帮助增强了成员国内各部门之间对贸易和与贸易有关的政策的讨论和合作;

(3) 对多边贸易体制的顺利运转、完善有益。贸易政策审议的过程能够帮助成员政府推行理想的贸易政策改革,也可以不断阐明至今未受到足够重视的 WTO 的义务,因而有助于促进这些义务得到重视和切实履行。

3. 国别审议

世界贸易组织对成员方贸易政策的审议的频率,取决于成员对多边贸易体制的影响程度。对 4 个世界贸易最大成员每两年审议一次;位于其后的 16 个成员每 4 年审议一次;余下的成员每 6 年审议一次,对最不发达国家成员的审议可以间隔更长时间。由于世界贸易组织成员数量已超过150个,贸易政策审议机构(TPRB)每年通常要对30个以上成员的贸易政策进行审议。

国别审议涉及成员的全部贸易政策和措施,审议范围从货物贸易扩大到服务贸易和知识产权领域。贸易政策审议在两种报告的基础上进行,即WTO秘书处详细报告和接受审议成员的"政策声明"(Policy Statement)。秘书处报告的内容包括:意见摘要、经济环境、贸易与投资政策制定机制、贸易政策与做法等4个部分,其报告的文字要经有关成员核对,但内容由秘书处最终负责;成员方的"政策声明"目的在于概述其贸易政策的目标和主要方向,也可包括对经济形势、主要趋势和问题的简要介绍等。

秘书处为制作报告要派二至三名工作人员与接受审议成员的政府部门和其他相关机构进行讨论,也可向私人企业、制造商协会和商业协会,以及有关研究机构进行咨询。正式的审议由TPRB进行,审议对所有WTO成员开放,接受审议的成员派出部长级代表团参加。为鼓励公开辩论,要从成员中选取两位"讨论人"(discussants),该两人以个人身份参加会议,不代表各自的政府。

第一次审议会议先由接受审议成员代表致辞,随后由"讨论人"发言,其后与会者发表意见;第二次会议根据第一次会议磋商的主题展开,被审议成员对已提出的问题作出答复,并进行进一步的讨论,必要时,可在一个月内作出书面补充答复,会议在主席作出总结后结束。主席和秘书处随即向新闻界作简要通报。接受审议成员也可以举行自己的新闻发布会。秘书处的审议意见摘要及主席的闭幕辞随后公布,包括通过INTERNET发布(世界贸易组织的网址为:http://www.wto.org)。

需要注意的是,对WTO成员贸易政策审议的结果,不能作为启动争端解决程序的依据,也不能据此要求成员增加新的政策承诺。

4. 国际贸易环境审议

WTO《贸易政策审议机制》还规定了对影响多边贸易体制的国际贸易体制的发展情况进行年度综述(overview),即年度审议。此审议由世界贸易组织总干事提出报告,列出世界贸易组织的主要活动,可能影响多边贸易体制运行的重大政策问题等。经验表明,每年年底进行的国际贸易环境审议意义重大,特别是在不举行部长级会议的年份里,这种审议对WTO成员就目前贸易政策和贸易环境发展趋势总体评估提供机会。

(五) 世界贸易组织的争端解决机制

1. WTO争端解决机制概述

世界贸易组织的争端解决机制是由关税与贸易总协定的第23条规定的解决

贸易争端机制，积 40 多年的实践经验及形成的习惯规定而成，并具体凝结在《WTO 协定》附件 2《关于争端解决规则与程序的谅解》(DSU，以下简称《争端谅解》)之中。《争端谅解》是世界贸易组织的基本法律文件之一。在许多方面，世界贸易组织的争端解决机制比关税与贸易总协定的贸易争端解决机制有了明显的发展与完善。

2. 世界贸易组织争端解决机制的基本特点

世界贸易组织争端解决机制具有以下基本特点：

(1) 鼓励通过磋商解决贸易。根据《争端谅解》规定，贸易争端当事方进行双边磋商是世界贸易组织争端解决的第一步，也是必经的一步。争端各方可通过磋商，寻求各方均可接受并与世界贸易组织有关协议相一致的解决办法，即便是争端进入专家组解决程序，当事方仍可通过双边磋商解决争端。世界贸易组织鼓励争端各方通过磋商，达成相互认可的解决方案，当然有关解决方案不得违反世界贸易组织的有关规则，也不得损害第三方的利益。

(2) 辅助性外交手段并举。除了争端各方通过双边磋商解决争端外，WTO 还继承并发展了 GATT 解决争端时采用的斡旋、调解、调停等外交措施。GATT 第 22 条第 2 款已包含有由缔约方全体出面进行争端调解的意思。以后据此发展出一套“斡旋、调解、调停”的规则；1979 年东京回合又达成《关于通知、协商解决争端的谅解》；世界贸易组织的《争端谅解》第 5 条更明确规定：“若争端当事方均同意，斡旋、调解与调停为自愿采用的程序(第 1 款)。而这种方式可由争端任何一方在任何时间提出、开始与结束(第 3 款)。只要争端当事方同意，即使在专家组正在审理的过程中，仍可继续使用斡旋、调解与调停程序(第 5 款)。”可见，斡旋、调解、调停等辅助外交手段是一种十分灵活的程序。除了作为争端解决中的程序性措施外，斡旋、调解与调停甚至还是 WTO 有关机构的职责性工作。《争端谅解》第 5 条第 6 款规定，“总干事得以其职务身份进行斡旋、调解与调停，以帮助成员方解决争端”。此规定即表明了 WTO 总干事对贸易争端发挥其斡旋、调解与调停的职能。

(3) 严格规定了争端解决时限。通过外交手段解决贸易争端有其本身的优点，但也存在争端各方各执一词，互不相让，导致争端久拖不决的不足。为此，《争端谅解》对解决贸易争端各程序规定了严格的时限(见本章第四节详叙)。

(4) 实行自动或强制管辖权。依传统国际法“不得强迫任何国家违反其本身意志进行诉讼”的规则，国际争端须经争端当事国自愿同意，国际法院才有权受理。而 WTO 的《争端谅解》则确立了其争端解决机构(DSB)对案件的强制管辖权(compulsory jurisdiction)，这不能不说是一个突破。

世界贸易组织对贸易争端的强制管辖权主要表现为有关决策程序的改变上。原先GATT专家组的裁决报告要经过缔约方全体或理事会以"肯定式共识"(positive consensus)程序通过,才具有效力。而《争端谅解》巧妙地将"共识"颠倒一下,构成了自动或强制管辖:即争端如经协商不能解决,只需一个当事方请求,DSB就应设立该案的专家组受理,"除非在该会上DSB以共识决定不设立专家组";而对专家组的裁决报告,"除非……DSB以共识决定不通过该报告",否则该报告即被通过(DSU第16条第4款)。《争端谅解》的这种共识程序被称为"否定式共识"(negative consensus)。在讨论不设立专家组或不通过专家组报告问题时,只要有一票反对(对"不设立专家组或不通过专家组报告"的反对),专家组就应设立,专家组报告就应算通过。这种制度一改过去("肯定式共识")的一票否决制(即只要有一票反对设立专家组或一票反对通过专家组报告,专家组就不能设立,或专家组报告就算未通过)。因此,WTO《争端谅解》的这种"否定式共识"是一种自动通过程序。

其实,《争端谅解》第2条本身即规定"DSB有权设立专家组,通过专家组和上诉机构的报告……",加上实际运作中的自动通过程序,等于授予DSB、专家组或上诉机构以审理案件的全权,即确立了WTO对争端案件的强制管辖权。

(5) 许可交叉报复,强化裁决力度。在WTO框架内,争端解决的首要目标是达成双方同意的解决办法;其次,如不能达成,则要保证撤销被认定不符合WTO某一协议的措施;第三,是使违反WTO协议的成员对造成的任何损害作出适当的补偿。而第四种结果,则是允许受害方采取报复行动,《争端谅解》的表述为"可以歧视性地针对另一成员暂停实施适用协议的减让或其他义务"(第3条第7款)。允许采取这种报复的目的,是威慑在争端中犯错误的成员政府,通过撤销违反协议的措施或通过给予补偿来解决问题。

一般来说,报复措施应限制在发生争端的同一部门或门类范围内,例如打纺织品官司者,其报复措施应限于中止纺织品方面的条约义务。WTO《争端谅解》的特别之处是,为了强化威慑力,把采取报复性措施的范围扩大到可以作跨部门的交叉报复:起诉方应首先寻求对其利益丧失或减损的部门进行报复,但是,"如该方认为在同一协议的同一部门采取中止减让或其他义务,并不实际可行或有效时",得对同一协议的另一部门,或对另一协议项下采取行动。例如,一成员的行为被认定侵害了另一成员的服务贸易领域的利益(如交通、旅游或运输等)且造成损害,受损的另一成员认为在同一领域采取报复措施不足以弥补其所受的损害,则经请DSB授权,可对侵害方成员实施知识产权(如版权)领域实行报复,如撤销对侵害方成员的版权保护义务。如侵害方成员对此反对，认为拟议采取的报复措施过分了，那么它可以请原专家组的成员或一位独立仲裁人进行仲裁，该仲裁裁决将是终局性的。

当然，争端当事方应按 WTO《争端谅解》的规定，妥善地解决争端，禁止采取任何单边的，未经授权的报复性措施。

案例分析

［案情］

1997 年 10 月 8 日，美国指责加拿大对奶制品实行出口补贴，并认为这种补贴扭曲了奶制品市场，对美国的奶制品销售造成了不利影响。具体地说，美国指控加拿大违反了 GATT 第 2 条、第 10 条、第 11 条、和《农产品协议》第 3、4、8、9、10 条，《补贴与反补贴措施协议》第 3 条，《进口许可证手续协议》第 1、2、3 条。1998 年 2 月 2 日，美国要求成立专家组。3 月 25 日，DSB 设立专家组，澳大利亚、日本保留第三方的权利。专家组裁定加拿大提供《农产品协议》9.1(a)和 9.1(c)列举的出口补贴，被申诉的措施违反了加拿大据 GATT1994 中的 2.1(b)、《农产品协议》中的 3.3 和第 8 条的义务。

新西兰对加拿大的特殊奶类别计划于 1997 年 12 月 29 日向加拿大提出了磋商要求，声称该计划违反了 GATT 第 11 条、《农产品协议》第 3、8、9、10 条。1998 年 3 月 12 日，新西兰提出了设立专家组的要求，1998 年 3 月 25 日 DSB 设立了专家组。澳大利亚和日本保留第三方的权利。根据 DSU 第 9 条第 1 款，DSB 决定由审理美国提出申诉的专家组统一审理这一案件。

［问题］

本案中加拿大相关机构的做法是否构成对 GATT 及 WTO 相关协定规则的违反?

［法律依据］

《农产品协议》第 9 条：出口补贴承诺

1. 在本协议下，下列出口补贴须作减让承诺

(a) 政府或其代理机构根据出口业绩向企业、行业、农产品生产者、由这些生产者组建的合作社或其他组织，或者向推销委员会提供的直接补贴，包括实物支付；

(c) 由政府措施融资的对农产品出口的支付，不管是否涉及公共账户开支，包

括利用对有关农产品或用于制造出口产品的农产品征收的税赋收入融资的支付;

《农产品协议》第10条:防止规避出口补贴承诺

3. 如声称没有对超出减让承诺的出口量提供补贴,该成员必须证明该出口数量方面,未给予任何出口补贴,无论第9条是否列明。

GATT1994第2条:减让表

2.1(b)一成员方领土的产品,如在另一成员方减让表的第一部分列名,当这种产品输入到这一减让表所适用的领土时,应依照减让表的规定、条件或限制,对其免征超过减让表所列的普通关税。对这种产品,也应免征超过于本协议签订之日对输入或有关输入所征收的任何其他税费,或免征超过本协议签订之日进口领土内现行法律规定以后要直接或授权征收的任何其他税费。

[法律运用及处理结果]

1999年5月17日专家组的报告分发,7月15日加拿大提出上诉。上诉机构推翻了专家组对9.1(a)的解释,从而也推翻了专家组作出的加拿大与《农产品协议》第3条第3款及第8条不符的裁定,但上诉机构维持了专家组的加拿大在《农产品协议》9.1(c)列举的出口补贴方面违反了《农产品协议》第3条第3款和第8条的裁定。另外上诉机构还部分推翻了专家组的加拿大与GATT1994中的2.1(b)不符的裁定。上诉机构的报告于1999年10月13日分发。1999年10月27日DSB通过了上诉机构的报告和上诉机构报告修订的专家组报告。

[值得注意的问题]

本案有一定的复杂性,全面了解本的处理细节应详细研究专家组及上诉机构对本案的裁决意见。

(案件来源:广东省广东商学院经贸学院)

第三节 关税与贸易总协定(GATT)和世界贸易组织(WTO)的基本原则

一、关税与贸易总协定(GATT)和世界贸易组织(WTO)的基本原则概述

WTO继承并发展、完善了GATT的基本原则。世界贸易组织的基本原则作为GATT/WTO各协定和协议的灵魂并贯穿其中。对基本原则的遵守和贯彻,是实现世界贸易组织宗旨、目标及其职能的保障。在涉及哪些属于世界贸易组织基本原则问题上,人们有不同的表述,通常提到的有最惠国待遇原则、国民待遇原则、

非歧视原则、关税减让原则、市场准入原则、互惠原则、透明度原则、取消数量限制原则等等。我们认为，作为基本原则，应该是指总体性的、贯穿于GATT/WTO各协定和协议之中、构成世界贸易组织规则灵魂的核心原则。因此，基本原则不宜过多，尤其是某局部或单独贸易领域、协议的原则不能算为整体的WTO的基本原则，如上述关税减让原则、取消数量限制原则只能是货物贸易领域的原则，市场准入原则通常单指服务贸易协议的原则，而不构成世界贸易组织的基本原则。据此，我们认为，构成世界贸易组织的基本原则的应包括：非歧视原则、透明度原则、自由贸易原则和公平竞争原则。其中，人们又通常将最惠国待遇原则、国民待遇原则纳入非歧视原则之中，即通常认为，最惠国待遇原则、国民待遇原则的实现，正体现了非歧视待遇原则。尽管此说并无大误，但从法律学说讲，非歧视待遇与最惠国待遇原则、国民待遇原则是有区别的。下文，我们依众论，就最惠国待遇原则、国民待遇原则、透明度原则、自由贸易原则和公平竞争原则五个方面来论述世界贸易组织的基本原则。

二、关税与贸易总协定(GATT)和世界贸易组织(WTO)的基本原则专述

(一) 最惠国待遇原则

1. 国际贸易组织最惠国待遇原则的来源、特征

最惠国待遇(Most Favored Nation Treatment)指国际条约中规定缔约国一方过去、现在和将来给予任何第三方的一切特权、优惠与豁免，也都给予缔约国对方。

最惠国待遇起源并主要应用于国际贸易领域，后广泛延伸到国际法的许多领域(如国际运输、外国侨民管理及国际私法中许多民事权利方面)。历史上的最惠国待遇大多以双边形式出现，而纳入多边国际贸易条约，作为国际贸易组织的基本原则，则首推世界贸易组织的前身关税与贸易总协定。GATT的最惠国待遇不是以两国双边互惠为基础，而是以所有成员的多边互惠为基础，即一个GATT的成员方给予任何第三方的贸易优惠和豁免，都应无条件地给予所有GATT的其他成员。GATT第一条第1款即规定，“……一缔约国对原产于或运往其他国家的产品所给予的利益、优待、特权或豁免，应当立即无条件给予原产于或运往所有其他缔约国的相同产品。”由此可见，多边贸易体制的最惠国待遇有以下基本特征：

(1) 多边性。即一缔约国给予任何第三国(包括作为第三国缔约国和非缔约国的第三国)的优惠，必须同样给予GATT/WTO的所有其他成员方；GATT的这种多边最惠国待遇已成为现代多边贸易体制的基石，并为世界贸易组织所继承、发展(在WTO规则中，最惠国待遇原则已不限于货物贸易领域，而是延伸到服务贸

易、知识产权等领域)。

(2) 自动、无条件性。即一缔约方给予任何所有其他成员的最惠国待遇必须是无条件的。这是多边贸易体制的最惠国待遇的内在机制。当一成员给予其他国家(any other country)的优惠超过其他成员(any other membership)享有的待遇时享有的待遇时,这种机制即立即启动,其他 GATT/WTO 成员便自动享有这种优惠,并且是无条件的享有,即无须为此再作谈判,再订立新的协议。

无条件是针对历史上存在的"有条件最惠国待遇"而言的。如,美国以往与许多国家订立双边最惠国待遇条款往往作如下表述:"……如果(优惠)给予是有条件的,则应以等量补偿(equivalent compensation)作回报。"这种表述的含义是:如果 A 国与 B 国订有最惠国待遇条款,A 方后来给 C 国(第三方)以新的优惠,比如说把从 C 国进口的汽车关税税率从 50%降为 30%,B 方如想依据其与 A 方订立的最惠国待遇条款要求 A 方对来自 B 方的汽车进口作同样的减税(优惠),则 B 方就必须向 A 方提供"等量"于汽车减税 20%的"补偿"给 A 方作为"回报",如将从 A 方进口的纺织关税税率降低 30%,否则,B 方向 A 方出口汽车不能因为有最惠国待遇条款而自然享有 C 方享有的优惠,这等于给本应自动运行的最惠国待遇机制,加上了"条件"。如此一来,B 方为享有汽车出口降税(与 C 方同等的优惠),须与 A 再作"等量补偿"谈判。这实际上是在内在运作机制上对最惠国待遇加以阻梗。GATT/WTO 的多边贸易最惠国待遇则废弃这种做,而要求其内在运行上实现无条件性、自动性。因此,如 A 与 B 同为 WTO 的成员,则如 A 对来自 C 国进口的汽车给予 20%的减税优惠,则 B 对 A 的汽车出口即自动取得同样的减税优惠。这里特别注意的是"无条件"不是指外在的环境条件(如各种政治、经济、其他条约等"条件"的影响),因此,说"无条件指不得附加条件"实际上是对无条件最惠国待遇的一种误解。

(3) 同一性。最惠国待遇条款的内容都含有特定优惠范围,一般都作明文限定或表述。只有给惠国与第三国之间条约含有相同或同类事项,受惠国的最惠国待遇才得以落实。因此,同一性一是指优惠活动范围的同一性;二是指优惠对象的同一性。GATT 第一条的表述显示,其最惠国待遇限于"原产于……的相同产品",即指对象的同一性。因此,上例中 A 对来自 C 国的汽车减税 20%,B 方依最惠国待遇原则,要求享有同等优惠的也限于对 A 的出口汽车。

(4) 互惠性。GATT/WTO 任何一方成员既是最惠国待遇的给惠方,又是受惠方,在其承担给人以最惠国待遇的义务同时,享有得到最惠国待遇之权利。

2. 最惠国待遇原则的适用

根据GATT第1条的规定，在货物贸易领域，GATT/WTO的成员方之间，在以下范围内享有最惠国待遇的优惠：

(1) 在对输出或输入，有关输出或输入及输出或输入货物的国际支付转账所征收的关税和费用方面；

(2) 在征收上述关税和费用的方法方面；

(3) 在输出和输入的规章手续方面；

(4) 在直接或间接征收的国内税或其他费用方面；

(5) 在关于产品的国内销售、购买、分销或使用的法律、条例和规章方面。

此外，GATT的其他一些条款也规定了实施最惠国待遇原则的要求，如第2条关于关税减让，第5条关于过境自由的规定，第9条关于原产地国标记规定等方面，都要求实施最惠国待遇。

(6) 在服务贸易领域，《服务贸易总协定》(GATS)要求，成员方给予任何其他国家的服务或服务提供者的优惠，应立即无条件地给予其他迟疑方的相同服务或服务提供者。服务贸易领域最惠国待遇原则适用范围既包括各成员中央政府采取的影响服务贸易的措施，也包括地方政府实施的影响服务贸易的措施。

世界贸易组织关于服务贸易最惠国待遇规定的特别之处在于，允许各成员方在进行最初承诺的谈判中，将其不符合最惠国待遇原则的措施列出清单，附在各自的承诺表之后，该例外不应超过10年。成员方日后要求增加新的不符合最惠国待遇原则的措施，需得到WTO成员方3/4以上的同意认可。

(7) 在知识产权领域，《与贸易有关知识产权协定》也要求WTO成员方相互给予最惠国待遇。

3. 最惠国待遇原则的例外

在国际贸易条约、协定中，一般都规定不适用最惠国待遇的例外或限制，即在特定情况、条件下不予适用最惠国待遇。就GATT而言，其条款规定和实际存在的种种例外，情况、原因相当复杂，有些是有现实的和正当的理由的，有些是历史传统形成的，有些则是各方经济上利害冲突中妥协的产物。因此有人说，原则与例外并存，原则性与灵活性共处是GATT的一大特色，这也是GATT得以长期运作的一个原因。

GATT最惠国待遇原则的例外有三种情形，一类是协定明文规定的例外(如一般例外、安全例外)，一类是暗含的例外(如关税同盟、国际收支失衡时的数量限制例外)，还有一类是在程序上允许作例外处理的情况(如按议定条件加入、免除成员义务等)。说明如下：

(1) 一般例外。依 GATT 第 20 条规定,只要不在条件相同的各国之间构成任意或无端的歧视,或形成伪装起来的对国际贸易的随意限制,成员方可以采取以下措施而暂离国际贸易组织规则及该成员已作承诺的约束：

① 为维护公共道德所必需之措施；

② 为保护人类及动、植物的生命或健康所必需之措施；

③ 与黄金、白银进出口有关之措施；

④ 为保证遵守与本协定不相抵触的国内法律或规章所必需的措施,包括与海关执法、实行有关国家专控贸易、保护专利、商标以及防止欺诈行为等的措施；

⑤ 有关监狱劳动产品之措施；

⑥ 为保护本国有艺术、历史或考古价值的财富而采取的措施；

⑦ 为养护可用竭的天然资源的措施,但此类措施应与限制国内生产或消费一同实施；

⑧ 为承担任何政府间商品协定义务之措施；

⑨ 作为政府稳定计划的一部分,为保证国内加工业基本的原料供应而采取的原料出口限制措施,但该类措施不得用于该国内行业增加出口或提供保护,也不得有违非歧视原则；

⑩ 在普遍或当地供应不足时,为获取或分配产品所必需的措施,但任何此类措施必须符合所有缔约方均有权得到该产品的国际供应公平份额原则,且实施此类措施的条件不复存在时即应立即停止。

(2) 安全例外。GATT 明文规定的有关最惠国待遇的“安全例外”基于其第 21 条的规定：对关系国家安全资料的公布,对核裂变物质、武器军火贸易,在战时和维持国际和平与安全而采取的行动,均作为例外。1982 年,英国和阿根廷就马尔维纳斯群岛问题发生武装冲突后,欧洲共同体成员国就以国家安全为理由,对来自阿根廷的进口产品进行限制。

(3) 国际收支失衡时的数量限制例外。数量限制是通过影响进出口数量来管制进出口贸易的行政措施,是国际贸易中一种十分迅速有效的限制进出口的非关税壁垒。GATT/WTO 一般原则是禁止成员方政府采取数量限制措施来阻碍自由贸易,如果确有必要实施数量限制,应在非歧视的最惠国待遇原则上实施。但该规则也是有例外的,GATT 第 12 条规定：任何缔约国为了保障其对外金融地位和国际收支不致严重失衡,可以限制商品进口的数量或价值。该条第 3 款(b)项规定“缔约各方依本条实施限制时,得对不同产品或不同种类产品的进出口定出不同限制程度，将进口较必需产品置于优先地位”。此规定表明，特定情况下可区别对待，实为最惠国待遇原则的一项例外做法。

(4) 外汇安排例外。GATT 第 15 条第 9 款规定，缔约国为实施与国际货币基金协定条款或缔约国间签订的外汇特别安排协定相符的外汇管制或外汇限制，可以作为最惠国待遇原则的适用例外。

(5) 历史特惠例外。这是指 GATT 第 1 条第 2 款所认可的最惠国待遇原则的例外，即凡是在总协定临时生效前，某些缔约国间通过彼此间的协议相互赋予的特惠待遇，可不给予非特惠安排成员的其他国家。因而，关税与贸易总协定订立之初曾允许若干主要殖民主义国家与其殖民地保持特殊经济贸易关系，相互实行特别优惠待遇，把英联邦、法联邦、卢比荷及其领地、美国与古巴、菲律宾等具有保护关系或宗主关系的国家或领地之间的特惠关系作为最惠国待遇原则的适用例外。而第 4 款的规定实际暗示特惠制应逐步递减直至取消。其后，在 GATT 的发展进程中，随着几个多边贸易回合谈判的关税削减，最惠国税率与残留的特惠税率之间的差距日益缩小，且原被殖民地纷纷独立，作为殖民地色彩的特惠制提出了历史舞台。

(6) 边境贸易例外。GATT/WTO 多边贸易体制框架下，边境贸易，特指在距边境线两边各 15 公里以内地带的边民从事的小额贸易活动(中国现行规定是每次交易额不超过 300 元人民币)。由于现实情况不一，如在边境线 15 公里以内地带无人居住，则边境贸易并不严格限于 15 公里范围。世界贸易组织允许成员方为便利边境贸易而只对毗邻国家给予贸易特别优惠，而不给予非毗邻国家的其他 WTO 成员，如此便构成最惠国待遇原则的例外。

(7) 区域经济一体化例外。在多边贸易体制中，最惠国待遇原则的最大例外，是区域经济一体化安排的例外，即允许在关税同盟、自由贸易区的成员之间采用比最惠国税率低很多的关税，甚至采用零税率，此特惠对非关税同盟或自由贸易区的成员不予适用，哪怕它们都是 GATT/WTO 的成员。如此，便构成最惠国待遇原则的例外。

这种区域经济安排或区域一体化为 GATT(第 24 条)、WTO 有关协定(如 GATS 第 7 条)明文允许。按 GATT 第 24 条，所允许的区域经济一体化形式有三个层次，即关税同盟、自由贸易区和自由贸易区性质的临时协议(interim agreement)，其组成的形式可以是双边贸易安排，如美国、以色列自由贸易协议，也可以是多边性的，如北美自由贸易区、欧洲共同体(欧洲联盟)等。GATT 为关税同盟、自由贸易区规定了相当严格的条件和规则。其第 24 条对关税同盟规定的规则是：它“对非其成员的(GATT)缔约各方征收的关税以及实行的其他贸易规章，大体上关税不得高于，规章不得严于该联盟成立前……的总体水平。”在履行此项要求时，若所拟增的关税不符合 GATT 第 2 条(减让表)，则应按第 28 条的修改程序，作出补偿；对自由贸易区，GATT 要求“各组成区成员保持的关税及其他贸易规章……不得高于或严于该自由贸易区成立之前，同一组成区成员现有的相应关税及其他贸易规章。”

为落实上述规则，GATT 第 24 条第 7 款还作了程序上的要求：应将各个成立或订立“临时协议”的情况“立即通知缔约方全体，并向其提供有关拟加入联盟或贸易区的资料，使之能向其认为有关各缔约方提供适当的(认可)报告或建议。”对于“临时协议”，缔约方全体要在研究了该临时协议的计划与进程表后，“经与该协议当事各方协商”和“充分考虑”，若“认为所拟期限……不合理”，得对之提出建议，“该当事各方若不打算据此建议作修改，他们就不得保持该协议或使之生效。”

GATT 第 24 条仍存在不少缺陷，导致冲击最惠国待遇原则的自由贸易区普遍成立的既成事实。对此，乌拉圭回合作了弥补性努力，达成了构成 WTO 法律文件之一的《对 1994 年关税与贸易总协定第 24 条的谅解》。该《谅解》对原 GATT 第 24 条的不足加以修补，强化了 WTO 对关税同盟、自由贸易区的管理，如《谅解》详细规定了 WTO 货物贸易理事会“对关税同盟和自由贸易区的审核”的权力。

(8) 发展中国家例外。最惠国待遇体现的是成员方之间实施平等不歧视贸易待遇，但相比于发达国家，发展中国家成员贸易竞争力悬殊，其产品难以进入发达国家缔约方的市场，却要承担与其经济发展水平不相适应的义务，导致形式上平等而实质上不平等的结果。

为此，1955 年修改 GATT 第 18 条“政府对经济发展的支持”，允许发展中国家缔约方因国际收支原因或为建立特定工业而实施贸易限制；1965 年，原《关税与贸易总协定》又增加第四部分(“贸易与发展”)，要求发达缔约方对发展中缔约方有特殊出口利益的产品出口给予优先考虑，并在贸易谈判中“对发展中缔约方作出削减或消除关税及其他贸易壁垒的承诺，不能指望得到对等”(第 36 条第 8 款)；1979 年东京回合又通过了《关于有差别与更优惠待遇、对等与发展中国家充分参与的决定》(通称“授权条款”)。根据“授权条款”，发达国家可以通过制定“普遍优惠制方案”，对原产于发展中国家的制成品、半制成品和某些初级产品，给予普遍的、非互惠的，比最惠国待遇更为优惠的关税优惠，而不要求发展中国家给予相应回报。发展中国家在履行多边达成的非关税措施协议方面，可享受差别和更为优惠的待遇。

发展中成员拥有的适用最惠国待遇原则例外，享有特殊和差别优惠待遇，在

WTO的多个协定、协议中更有不同程度缔体现。如,在服务贸易领域,发展中成员可根据本国服务业的情况,确定其开放服务市场的程度;在知识产权领域,发展中成员方可有更长的过渡期,等等。

(9) 知识产权领域的例外。根据《与贸易有关知识产权协定》第4条的规定,WTO成员方给予其他国家知识产权所有者和持有者的权利,可作为最惠国待遇原则的适用例外。包括:其一,在一般性的,并非专门限于知识产权保护的关于司法协助的国际协定所派生的权利方面;其二,在《与贸易有关知识产权协定》中未作规定的有关表演者,录音制品制作者以及广播组织的权利方面;还有,自《WTO协定》生效之前已生效的有关知识产权保护的国际协定所派生的权利方面。

(二) 国民待遇原则

1. 多边贸易体制国民待遇原则的特征

国际条约规定的国民待遇(national treatment)是指条约缔约国一方保证给予本国公民、企业和船舶享有的待遇,也给予缔约国另一方在本国境内的公民、企业和船舶。简言之,国民待遇要求缔约一方将缔约他方的国民与本国国民以同等待遇。

将国民待遇原则引入多边贸易体制的是1947年的《关税与贸易总协定》。缔结总协定的目的原本是削减关税,实行自由和无歧视的贸易政策,但西方大国担心各国以国内税费或政府规章等措施,为保护本国产品而歧视进口产品,阻碍其产品出口。因为在这些方面实行差别待遇,可以代替关税起到限制进口,保护本国产品的作用,甚至能达到关税壁垒所达不到的保护效果。总协定引入国民待遇原则,就是为保证关税减让的成果,防止各国对进口产品区别性征收国内税费或歧视性地执行国内法律、规章和细则,使进口产品处于不利的竞争地位。

比较而言,GATT的国民待遇原则含义较窄,指各缔约国在征收国内税,在有关国内销售、购买、运输、分销所适用的法律法规方面,对进口产品和国内产品一视同仁,除征收关税之外,其他税费均应是内外一致的,不得对进口产品施以歧视待遇。WTO的国民待遇原则范围广泛得多,除对进口产品外,对其他成员方的服务或服务提供者,及对知识产权的所有者和持有者给予的待遇,也不得低于本国同类服务或服务提供者及知识产权的所有者和持有者所享有的待遇。

GATT/WTO的国民待遇原则与最惠国待遇原则是多边贸易体制非歧视原则的两翼,缺失任何一翼,都将使多边贸易体制的基石倒塌。与传统的国内法中国民待遇、双边条约的国民待遇原则相比,世界贸易组织的国民待遇原则、制度,有其诸多方面的重要突破和发展:

(1) 多边性。WTO 要求所有成员方相互给予国民待遇,从而突破了传统国民待遇的双边互惠形式。WTO 的成员具备给予和享受多边国民待遇的双重身份;

(2) 广泛和普遍性。《WTO 协定》的国民待遇原则,其内容和适用范围相当广泛,涉及货物贸易、服务贸易、与贸易有关的知识产权保护和与贸易有关的投资措施诸领域,以及国内税费、政策规章等方面,形成一套较严密的规则体系。其适用对象则不仅限于 WTO 成员方,而且可以通过双边条约中的最惠国待遇条款扩及非成员方。

(3) 灵活性、主动性。《WTO 协定》中的国民待遇条款具有较大的灵活性和主动性。在国内法中和双边条约中规定的国民待遇,不可能超过给予本国人的待遇。但 WTO 的国民待遇被表述为"不低于"本国人的待遇,即可以给予优惠于本国人的待遇,只要东道国愿意;又如,在 GATS 中,国民待遇要通过具体的进一步谈判才能确定给予或享受哪些待遇,这显示了该原则实施上的主动性。

(4) 稳定性保障性。双边贸易条约及其约定的国民待遇条款是有期限的,且受双边政治、经济关系亲疏的影响,容易因政治关系紧张或破裂而终止,因此,双边国民待遇缺乏稳定可靠性。而 WTO 的国民待遇的效力则具有稳定、可靠性。作为世界贸易组织奉行的一项制度,它的效力是有保障的,对于成员中任何违背国民待遇严重的行为,受害方可根据 WTO 的争端解决机制进行申诉、裁决、执行,从而使 WTO 的国民待遇的实施有确实的保障。

2. 国民待遇原则的适用

(1) 货物贸易领域国民待遇原则的适用。在货物贸易领域,GATT/WTO 规定的国民待遇原则的适用,主要涉及以下方面:

其一,国内税费方面。根据《关税与贸易总协定》第 3 条第 2 款规定,禁止一缔约国采取对进口产品增收国内税费(或实施不同的税费征收手段)的办法来对本国国内生产提供保护,以达到限制外国进口产品的目的。据此,不应采取以下做法:1) 对进口产品征收某种国内税,而对同类国产品却不征收,或者在征收某种税时,对进口产品适用的税率高于同类国内产品。1954 年,意大利政府指控希腊政府对进口人造纤维征收 10%—20%的奢侈品税,而对本国同类产品则免征该税种。意大利政府认为,这种歧视性做法构成对 GATT 第 3 条国民待遇原则的违反;2) 对购买国产品者提供退税或免税,而对购买同类外国产品者却无此待遇。

其二,在实施国内规章方面。GATT 第 3 条第 4 款专门对在实施政府法令、规章方面进口产品的待遇作了规定:"一缔约国领土的产品输入到另一缔约国领土时,在关于产品的国内销售、购买、运输、分销或使用的全部法令、条例和规定方面,所享受的待遇不低于相同的国内产品所享受的待遇。”

据此规定，以下做法将被认为违反上述规定：1）外国产品进入本国市场时必须通过某种检验或测试，而对同类本国产品则无此规定；2）销售进口产品必须使用特定的批发、零售渠道，或特定的运输、仓储方式，而对国内产品则无此规定；3）成员方对产品的混合、加工或使用实施国内数量管理（即产品混合使用要求）时，强制性要求生产者必须使用特定数量或比例的国内产品，如要求国内生产橡胶制品的厂家必须使用一定比例的人造橡胶。

GATT 与 WTO 成立之后，涉及成员有违反国民待遇原则的争端不少。如 1952 年意大利颁布一个法律，规定：意大利农民如购买本国生产的农用拖拉机可获得低息贷款，而凡购买进口拖拉机则无此优惠。英国指控该法律违背总协定第 3 条第 4 款规定，实施了对外国同类产品的歧视。GATT 调解委员会认为，意大利这种低息贷款应向任何产地的农用拖拉机开放。显然，意大利上述法律有违国民待遇原则。

WTO 成立以来，通过专家组和上诉程序处理的第一个案件也是有关国民待遇原则的争端。委内瑞拉于 1995 年 1 月 23 日向 WTO 的争端解决机构（DSB）指控认为：美国政府颁布的“汽油与汽油添加剂规则——改良汽油与普通汽油标准”法律对外国炼油商构成歧视，有违 GATT 第 3 条第 4 款的规定。

（2）贸易投资措施领域国民待遇原则的适用。WTO《与贸易有关的投资措施协议》也规定了成员方在实施与贸易有关的投资措施方面，应贯彻国民待遇原则。在其例示清单中列举了以下两种做法有违国民待遇原则：① 要求企业必须购买或使用当地产品，购买或使用规定数量或金额的当地产品（即所谓国产化要求）；② 要求企业购买或者使用的进口产品数量或金额，以其出口当地产品的数量或金额为限。

（3）服务贸易领域的国民待遇原则。WTO《服务贸易总协定》（GATS）第 17 条标题即为“国民待遇”。据该条规定，每个 WTO 成员在所有影响服务提供的措施方面，给予任何其他成员的服务和服务提供者的待遇，不得低于其给予本国相似服务和服务提供者的待遇。综合 GATS 的有关规定，WTO 服务贸易领域的国民待遇原则有以下特点：

第一，给予其他成员国民待遇义务的具体性。在 GATT 中，国民待遇是作为一项基本原则予以规定的，是缔约各方应履行的一般义务，无须列入各方的减让表。而服务贸易领域的国民待遇是作为一项具体承诺予以规定的，作为具体义务要列入各成员方的承诺表之中。如果没有把有关服务部门列入承诺表国民待遇栏目中,有关成员可不承担在该服务部门给予其他成员的服务和服务提供者以国民待遇的义务。根据 WTO 有关服务贸易的谈判规则,有关服务贸易的承诺采取的是"准许进口清单"(肯定清单)的方法,而非"限制进口清单"(否定清单)的方法,即各成员可以根据自身的实际情况,有次序、有选择地开放其服务部门。因此,作为一项具体义务,国民待遇将只在各成员承诺对其他成员开放并给予国民待遇的服务部门或分支部门中,并根据最惠国待遇原则,向其他成员的服务和服务提供者给以国民待遇;而在那些只承诺向其他成员的服务和服务提供者提供开放但没有承诺给予国民待遇的服务部门或分支部门,有关成员的义务只是开放市场而不必给予国民待遇。

第二,国民待遇义务的差异性。由于各成员可根据本国的实际情况作不同的承诺,所以可以说,WTO 服务贸易领域的国民待遇实际是允许差异性存在的,而一旦承诺开放并给予国民待遇的服务部门或分支部门,则不可随意"倒退"、取消。该要求的用意在于敦促各成员逐步开放服务贸易领域、并给予其他成员的服务和服务提供者以国民待遇。

第三,国民待遇受惠对象的扩充性。在 GATS 中,国民待遇既适用于来自其他成员的服务,也适用于来自其他成员的服务提供者。即,服务贸易领域国民待遇既适用于贸易标的(服务),也适用于贸易标的的提供者(人),包括自然人和法人。而在 GATT 中,国民待遇只适用于进入有关缔约方境内的原产于其他缔约方的货物(贸易标的),而不适用于进口货物的提供者。该特点是与服务贸易本身的特性相关的。绝大多数服务具有无形性,且在现有的科技条件下,其可储存性较差,很难脱离服务提供人而独立存在。因此,如果只给予服务而不给予服务提供者以国民待遇,对服务提供者施以大量限制措施,势必将使服务贸易自由化的努力化为泡影。因此,WTO 全体成员均同意将国民待遇也赋予服务提供者。

第四,适用范围的广泛性。根据 GATS 规定,国民待遇的给予是在"所有影响服务提供的措施方面"。而 GATT 中,国民待遇的给予限于国内税费和规章方面,且在国内规章方面,也并非什么规章都包括在内。可见,在服务贸易领域,纳入国民待遇条款调整的内容要相对广泛一些,它将包括一切可能影响服务提供的政府行为,无论这些措施是由成员中央政府作出的,还是由其地方政府作出的。

这里所谓"所有影响服务提供的措施"如何认定?根据 GATS 第 18 条的规定,WTO 成员可以就不在第 16 条和第 17 条的列表(市场准入、国民待遇范围表)要求内但影响服务贸易的措施进行谈判并作出承诺(称为"附加承诺"),这些措施包括有关资格、标准或许可等方面。就是说,通过谈判,承诺给予服务贸易领域的国民待遇的范围、条件是可以很广泛的。

第五,实施国民待遇的灵活性。根据 GATS 第 17 条第 2 款之规定,为确保来自其他成员的服务和服务提供者能够真正享受到国民待遇,在条件允许的情况下,各成员可以给予来自其他成员的服务和服务提供者以与本国服务和服务提供者在形式上相同的待遇;而在条件不允许的情况下,则不必拘泥于形式,给来自其他成员的服务和服务提供者以与本国服务和服务提供者在形式上有所不同的待遇。可见,对于国民待遇,WTO 看重的是实质而不是形式。

(4) 知识产权领域的国民待遇原则的适用。WTO 的《与贸易有关的知识产权协定》要求 WTO 成员方给予其他成员以国民待遇,其主要内容为:① 国民待遇的适用范围是成员方所采取的知识产权保护措施,包括法律、法规、政策和措施等;② 国民待遇适用的对象包括享有专利、商标、版权、地理标识、工业设计、集成电路外观设计以及未公开信息等知识产权的所有者和持有者;③ 国民待遇适用前提。一成员给予其他成员国民在知识产权保护方面的国民待遇,以该成员在现行国际知识产权公约包括《保护工业产权的巴黎公约》、《关于文学、艺术作品的伯尔尼公约》、《罗马公约》和《关于集成电路的知识产权条约》等;④ 对于表演者、录音制品制作者和广播组织而言,国民待遇仅适用于《与贸易有关的知识产权协定》所规定的权利,包括表演权、录音、复制权。

3. 国民待遇原则的例外

国民待遇原则既是多边贸易体制所奉行的一个基本原则,但同时也允许有适用上的例外,包括:

(1) 政府采购例外。GATT 第 3 条第 8 款(a)项规定:"本条规定不适用于有关政府采购的法律、规章或细则,凡其购买产品为政府目的而不是为了商业性再销售或者为了生产作商业销售货物者。"即,为"政府目的"而非商业目的的货物采购,缔约国所订立的法律、规章或细则,可不适用国民待遇原则,即可对本国货和外国货实施差别待遇。

GATT 东京回合制定了《政府采购守则》,乌拉圭回合又对该《守则》加以改进和强化,达成《政府采购协议》。按《政府采购协议》规定,该协议的成员方应无条件地给予其他协议成员的出口产品和自然人、法人在关于政府采购的法律、规章和细则方面与本国产品或本国产品供应者同等的待遇,即要求《政府采购协议》的成员之间应相互给予国民待遇而不能作为该原则的例外。不过,由于《政府采购协议》属于诸边协议,并不能当然约束非该协议成员,故政府采购方面国民待遇原则例外仍可能被非《政府采购协议》成员的其他国家采用。

(2) 对国内生产者的补贴例外。GATT 第 3 条第 8 款(b)规定:“本条的规定不妨碍对国内生产者给予特殊的补贴,包括从按本条规定征收国内税费所得收入中及通过政府购买本国产品的办法,向国内生产者给予的补贴。”根据这一规定,国民待遇原则不适用于政府对国内生产者的补贴。这一例外的理由直观理解在于,国民待遇针对的是产品(货物)而不是产品的生产者,所以一成员方政府虽然按国民待遇原则应对进口产品和国内产品征收同等的税费,但同时又可以把税收所得的一部分以补贴形式资助其国内生产者,如帮助其修建厂房、改善生产技术条件等。这样说来,因补贴不是针对国内产品而是针对国内产品的生产者,因此甚至不能视其为违反国民待遇原则!

不过,如今 WTO 的成员方对其国内生产者提供补贴,要符合《补贴和反补贴措施协议》及《农产品协议》等的规定,比如,实行“专项补贴”就是如今世界贸易组织规则所明文禁止的了。

(3) 一般例外。GATT 第 20 条“一般例外”列举了适用各 GATT 规则的 10 项例外,其中与国民待遇原则关系最为密切的有:① 为维护公共道德所必需者;② 为保护人类,动、植物的生命所必需者;③ 为保证遵守与本协定不相抵触的,包括……专利、商标与版权以及防止欺诈行为在内的法律与规章所必需者。

尽管为防止成员方引用上述例外作为贸易保护主义的手段,GATT 特强调应“在条件相同各国间不构成任意或不公平歧视待遇的手段,或不构成对国际贸易的变相限制条件下”适用这些例外。但由于其条款措辞的含糊性,常引起争议,例如,以保护人身健康与安全为由,各国订立歧视性食品与药品“技术标准”,可以“合法”地不遵守国民待遇原则,美国即以湖水中有污染物为由拒绝加拿大捕捞的鱼类进口,而对本国人在同一个湖里捕捞的鱼却予以放行。总之,相互实施国民待遇既是多边贸易体制奉行的一个基本原则,但错综复杂的适用例外为该原则的运行带来不少难题。

(三) 透明度原则

上述非歧视原则的贯彻是需要程序性原则予以保障的,这就要求 WTO 各成员采取的各种贸易措施(立法、政策、司法及行政裁决定等)具有透明度,否则可能造成事实上的不公平和歧视,也使世界贸易环境缺失可预见性和稳定性。

1. 透明度原则的概念

透明度(Transparency)原则,也称透明性原则,指要求世界贸易组织成员正式颁行的有关贸易政策、法律、法规(包括成员方政府之间签订的影响国际贸易环境的双边协定)及其变化情况(修改、增补、废止等),都必须予以公布,并向世界贸易组织进行通知,不公布者不得实施。关税与贸易总协定有关透明度原则的规定体现在其第10条"贸易条例的公布和实施"上。GATT回合谈判中进一步达成《关于通知、磋商、争端解决和监督的谅解》;作为乌拉圭回合一揽子协议一部分的部长决定中,也有一项《关于通知程序的决定》,这些文件构成世界贸易组织透明度原则的法律性依据。

2. 透明度原则的内容

世界贸易组织透明度原则的要求包含以下主要内容:

(1) 贸易措施公布义务。关税与贸易总协定对于公布和实施有关贸易条例的要求是:

① 各缔约方彼此都应公开有关贸易法规和条例。即,透明度原则是互惠的,缔约方应相互公布;

② 所有应予公布的贸易条例应迅速对外公布,并且是现行有效的;

③ 缔约方采取的按既定统一办法提高进口货物关税或者其他费用的征收率,或者对进口货物及其支付转让实施新的或更严的规定,限制或禁止的一般适用的措施,非经正式公布,不得实施;

④ 缔约方应将其国际贸易、补贴和反补贴、许可证、保障措施等活动向总协定提出专门报告,有关本国的法规、规章和决定的副本也应及时提交秘书处理;

⑤ 缔约各方应以统一、公正和合理的方式实施所有应予公布的法律、条例、判决和决定。

对于上述要求,世界贸易组织继续予以明确、强调。并对要求WTO成员予以公布的贸易措施的内容范围作了更进一步的具体的规定:① 有关产品的海关分类和海关估价等海关事务;② 对产品征收的关税税率、国内税税率及其他费用;③ 有关对产品进出口所设立的禁止或限制等措施;④ 对进出口支付转账所设立的禁止或限制等措施;⑤ 影响进出口产品的销售、分销、运输、保险、仓储、检验、展览、加工,及与国产品混合使用等的要求;⑥ 一般援用的司法判例及行政决定,与世界贸易组织其他成员签署的影响国际贸易政策的协定;⑦ 有关服务贸易的法律、法规、政策和措施;⑧ 有关知识产权的法律、法规、行政裁定和司法判决等。

对于贸易措施公布的时间,要求是合理、迅速,最迟应在其生效之时公布或者公开。某些WTO协议,如《技术性贸易壁垒协议》还要求,在起草有关技术法规和评定处过程中,如果该法规和程序与现行国际标准不一致,或没有相应的国际标准,且其对国际贸易将产生重大影响,则成员方还应预留一段合理时间(45—60天),即提前公布,以便其他WTO成员发表意见。

对于贸易措施,除上述应迅速公布外,WTO 成员还应承担应其他成员的要求,提供有关信息和咨询的义务。

(2) 贸易措施通知义务。世界贸易组织要求成员承担就其有关贸易措施予以通知的义务。《关于通知程序的部长决定》规定了进行通知的一般性义务。一般性义务虽然将 WTO 的各项协议视为一个整体,但集中在影响货物贸易的措施上。该《决定》规定在 WTO 秘书处特设一个"通知登记中心",专门负责登记收到的所有通知,提醒成员履行通知义务,并向成员提供有关通知内容的信息。

根据《关于通知程序的部长决定》所附的例示清单,WTO 成员需履行通知义务的内容范围包括:① 关税;② 关税配额和附加税;③ 数量限制、许可程序和国产化要求等其他非关税措施,以及征收差价税的情况;④ 海关估价;⑤ 原产地规则;⑥ 政府采购;⑦ 技术性贸易壁垒;⑧ 保障措施;⑨ 反倾销;⑩ 反补贴措施;⑪ 出口税;⑫ 出口补贴、免税和出口优惠融资;⑬ 自由贸易区,包括保税货物生产的情况;⑭ 出口限制;⑮ 其他政府援助;⑯ 国家专控产品贸易企业;⑰ 与进出口有关的外汇管制措施;⑱ 政府授权进行的抵销贸易。

世界贸易组织相继制定了 100 多项有关通知的具体规则与程序,涉及通知的项目、内容、期限、通知格式等。

透明度原则的例外:

根据总协定第 10 条的规定,不要求成员公开那些会妨碍法律的贯彻执行、会违反公共利益、或会损害公私企业正常商业机密的资料。即,基于法律实施、维护公共利益、企业商业秘密的理由,成员可不公开相关信息,以此作为透明度原则适用的例外。

(四) 自由贸易原则

1. 自由贸易原则概述

关税与贸易总协定和世界贸易组织在设立和总体构思上,意在世界范围建立一种贸易自由竞争的机制,使各国资源和优势得到最佳配置,"使世界资源得以充分利用,扩大商品的生产和交换……保证充分就业,以及实际收入和有效需求的巨大持续增长"从而造福于各国国民,繁荣各国经济。为实现上述目标,就应促进实行自由贸易原则。所谓自由贸易原则意指在多边贸易体制中,通过进行多边谈判,制定规则,削减关税并减少消除其他阻碍自由贸易的非关税壁垒,增进成员间的贸易交往,繁荣各国的经济。

虽然在 GATT/WTO 的条文中未有"自由贸易原则"的直接文字表述,却在 WTO/GATT 各协定或协议具体条款、规则中蕴涵该原则的精神实质。实现自由贸易原则的思路、措施概括起来有以下一些：

(1) 以制定各成员认可的各项规则为前提。GATT/WTO 的成员通过共同制定系列协定、协议，共同遵守这些协议规则，逐步实现国际贸易自由化；

(2) 以多边(诸边)谈判为手段。各成员通过多边(诸边)谈判，相互作出承诺，推进贸易自由化；

(3) 以争端解决机制作保障。通过 WTO 争端解决机制的启动，对成员违反自由贸易有关规则行为进行裁决，并赋予争端解决机制以司法强制性(如可授权受害方进行贸易报复)，以保证自由贸易原则不被破坏；

(4) 以必要的贸易救济措施作为"安全阀"。原则是刚性的，而各成员的经济发展水平、国情有所差异，为此，WTO 允许成员合法地援引例外条款、贸易保障措施等救济手段，减轻贸易自由化的不利影响。

2. 贸易自由原则的适用

GATT/WTO 的自由贸易原则主要通过关税减让、减少或消除各非关税壁垒以及市场准入等"次原则"来实现的。说明如下：

(1) 关税减让。

多边贸易体制的关税减让(tariff concession)指 GATT/WTO 各成员方在多边贸易体制框架下，通过多边谈判，相互让步、承诺，削减关税税率，促进货物在成员之间更自由流动。关税是一国依照本国的法律，对进出其关境的货物、物品所征收的一种税。一国通过征收关税，既可增加财政收入，又可限制国外产品的进入。关税是 GATT/WTO 所允许的(成员)保护本国产业和市场的唯一合法手段。但是，由于高关税会阻碍国际贸易的自由发展，因此，GATT/WTO 要求成员方通过谈判，逐步减让各自关税，以实现国际贸易的自由化。

关税减让谈判在互惠互利基础上(符合最惠国待遇原则)进行，通过关税减让表来约束各成员的关税税率(此种情形下的税率称为"约束税率"或"约束关税"，英文表示为"bindings")，各成员政府应承担不得征收高于其在关税减让表中所承担的"约束税率"的义务。

关税减让谈判有以下特点：

一是双边谈判，多边适用。根据 GATT 第 1 条(即最惠国待遇原则)、第 2 条(减让表)的规定，一缔约方对其他缔约方产品进口所给予的待遇，不得低于本协定所附这一缔约国有关减让表所列的待遇。缔约国双边谈判达成的减让关税的协议，以列表方式公之于众，然后按最惠国待遇原则，惠及全体缔约方(依第 35 条宣布互不适用者除外)。

二是主要供应者原则。主要供应者指一缔约方在另一缔约方的贸易中是某项进口产品最大的供应者(出口国),一般是出口产品在进口缔约方市场上占有5%—10%以上份额,这一出口国即可视为是其主要供应者。作为主要供应者的缔约方有权向进口缔约方提出该产品关税应予减让的要求,如此,捉对谈判组即可形成。据1959年GATT的修订规定,主要供应者亦可以是情形相似或相同的若干缔约方,因此,作为某项产品贸易的若干缔约国,可以合成一组与该产品的进口缔约方进行减让谈判,是谈判集中在主要进出口缔约方之间进行,实现效益最大化;

三是产品对产品谈判。GATT前五轮多边谈判的关税减让谈判方式是有选择的产品对产品的谈判,这一方式符合前述双边谈判,多边适用及主要供应者原则,且体现互惠互利基础上进行谈判的要求,为绝大部分缔约方所认可。

同时,GATT也允许在某些情况下,关税减让原则可以有适用例外:

其一,第18条第7款规定,发展中国家的缔约国为"促进建立某个行业以提高其人民的一般生活水平",可以修改或撤销有关减让表所列的减让。当然,这种修改或撤销应遵守总协定的有关程序规定;

其二,第19条(紧急保障条款)规定,凡因出现"未预料的情况",一缔约方履行减让义务,使进口到该缔约方境内的产品,其数量急增,使该缔约方生产相同产品或与之有直接竞争产品的行业造成严重损害或损害威胁,该缔约方可以修改或撤回原先已作的关税减让承诺;

其三,依第25条(缔约各方联合行动)规定,经缔约方全体表决,可豁免某缔约方履行本协定的规定义务,包括豁免其关税减让义务;

其四,按第28条及其附加条款,对关税减让的修改作了规定,规定可以通过谈判及作出"补偿性"调整或对某些符合特定条件的缔约方的减让予以修改或撤销。

(2) 减少或消除非关税壁垒。通常,阻碍自由贸易的障碍(壁垒)除上述的关税以外,还有数量限制、海关手续、补贴、国家专控贸易、技术性贸易壁垒及市场准入限制等。一般把除关税措施外的贸易障碍称为非关税壁垒。目前,非关税壁垒已成为阻碍国际贸易自由化的主要障碍。对于非关税壁垒,GATT/WTO的要求是制定相关规则,逐步予以减少、消除。关于减少、消除非关税壁垒,GATT/WTO有关规则主要包括:

① 在海关手续方面,WTO《海关估价协议》规定,WTO成员应主要依据货物的实际成交价格进行估价,以合理确定对进口货物征税依据的完税价格;在对进口商提供的成交价格有疑问时,应按《海关估价协议》规定的次序采取其他估价方法;

② 在原产地规则方面,WTO《原产地规则协议》强调WTO成员要建立公正、

透明、可预见、可操作和统一的原产地规则，其原产地规则应采用“肯定标准”(positive standard)。由于目前还没有世界范围内认可的统一的原产地规则，产品是否满足原产地规则要求的不确定性本身即可成为自由贸易的障碍，《原产地规则协议》的目的就在于确立普遍原则，协调各成员所采用的原产地规则，减少因各国采用的原产地确定规则不同而资产对自由贸易的不必要障碍；

③ 装运前检验规则方面，WTO达成《装运前检验协议》，根据非歧视原则和透明度原则，建立一个权利与义务的框架，为成员政府使用检验公司及这些公司核实价格的工作提供指导原则。为了使装运前检验不对国际贸易造成不必要的迟延和不公平待遇，该《协议》规定了实施装运前检验WTO成员应遵循的原则与规则；

④ 进口许可程序方面，WTO《进口许可程序协议》确立了一套简单的原则和详细的规则，用以防止许可程序本身成为国际贸易的障碍，减少歧视性或管理部门的任意性；

⑤ 在技术性贸易壁垒方面，WTO《技术性贸易壁垒协议》规定，WTO成员有关技术法规和标准的制定不能以阻碍贸易为目的，在对进口产品实施这些法规和标准的过程中，要符合最惠国待遇、国民待遇等基本原则；各成员在制定各自的法规和标准时，应使用现有的国际标准；应相互通知各自与标准有关的活动，其测试和认证机构应避免对进口产品造成歧视，并尽可能地相互承认各自的测试和认证；

⑥ 与贸易有关的投资措施方面，《与贸易有关的投资措施协议》认识到某些投资措施(如当地含量)可能产生限制贸易和扭曲贸易的作用，规定WTO成员不得实施不符合GATT第2条(国民待遇原则)或第11条(数量限制的一般原则)的与贸易有关的投资措施，禁止贸易投资措施中的“当地含量”(local content)要求、“进出口贸易平衡”(balancing trade exports and imports)要求；

⑦ 国家专控产品贸易(state trading)方面，世贸组织要求成员方的专控产品贸易企业遵循非歧视原则，依价格等商业因素、理由作为其经营活动的依据。WTO的成员应定期向世贸组织通报其专控产品贸易企业的情况，逐步缩小专控产品贸易企业、专控或指定产品的范围；

⑧ 市场准入措施方面，各国为保护本国服务业，对国际服务贸易实施了许多限制性措施，如限制服务提供者数量、限制服务交易或资产总值等，对此，世贸组织的《服务贸易总协定》就服务贸易的市场准入问题，要求WTO成员为其他成员的服务产品和服务提供者提供更多的投资与经营机会，逐步开放各服务贸易领域，推进服务贸易的自由化。

3. 自由贸易原则的例外(安全阀)

自亚当·斯密学说以来,无限制的自由贸易是人类的理想,国际社会为此目标也作了长期的努力,建立在现实基础上的 GATT/WTO 的各项规则,也以自由贸易为宗旨。但各国经济发展的差异,保护本国弱势行业的需要,加上各国政治、外交等因素的掺杂,都使毫无限制的自由贸易无法实现。实行自由贸易有可能给成员方国内经济造成冲击,产生负面影响。为此,基于现实的考虑,GATT/WTO 在强调自由贸易各项规则的同时,允许成员方援用有关例外条款或采取保障措施进行贸易救济,以对本国产业进行合理的保护。这即所谓自由贸易原则的"安全阀",主要包括:

(1) 保障措施例外。保障措施体现为《关贸总协定》第 19 条(保障条款)的规定,其含义是:在特定紧急条件下允许的 GATT 缔约方为保护本国的经济利益,可暂时实施关税减让和其他承诺义务。在 GATT/WTO 的保障机制中,总协定的"保障条款"具有牵动全局的重要地位。GATT/WTO 为协调成员共同和长远利益与各成员暂时和眼前利益的矛盾、冲突,设置了保障条款。该条款源自美国贸易法中的"逃避条款"(escape clause),其原意在于:在正常贸易中,遇有本国"生产者"实际受到损伤时,允许该国撤销或修改已作的关税减让,以此实施救济。

根据《关税与贸易总协定》第 19 条规定,采用"保障条款"有其必要性和合理性(虽然这是对自由贸易原则的冲击),但采取这种措施时,也要遵循一定的规则:

第一,前提合理。缔约方采取保障措施须以某项产品的进口数量出现"未预料的情况"的增加,且因该进口对进口方相同产品或直接竞争产品的生产者造成严重损伤或危险为前提;

第二,采取的行动或补救措施的暂时性。进口国采取的救济措施一般为两种,一种是修改减让承诺,提高关税;另一种是实行数量限制或配额。根据 GATT 第 19 条第 1 款(a)项规定,救济措施系在"在制止或补救该损伤所需程度与时间内",因此,作为"紧急行动"的救济措施应当是暂时性的,应随着"制止或补救该损伤"措施的见效而逐步放宽或减弱。保障措施持续的时间不宜太长,不能演变成为对自由贸易原则的长久障碍;

第三,采取的行动或补救措施的适度性。同样根据 GATT 第 19 条第 1 款(a)项规定,救济行动应以与"在制止或补救该损伤所需程度"相宜为限,补救措施过激过烈是违反规则的;

第四,实施对象的非歧视性。采取保障措施行动应对该产品所有出口国一视同仁,不能有选择地只对其中某个或某些国家。

上述“非选择性”规则，GATT 第 19 条虽无直接规定，但按 GATT 法律结构和条款安排，这是不容置疑的。保障措施不外乎关税措施与数量限制两种，如采用关税措施，要受到 GATT 第 1 条的最惠国待遇原则制约，即不得带有歧视性（选择性）；如采取数量限制措施，GATT 第 13 条已明文规定不得歧视性地实施数量限制。还应说明的是，第 19 条规定的保障行动都是对特定“产品”采取的，而不是针对该产品的供应国。

2002 年 3 月 8 日，美国政府宣布：从 3 月 20 日起，对来自欧盟、俄罗斯、中国、韩国等国家的十数种进口钢铁产品，加征 8%—30%的进口关税，而对其从加拿大、墨西哥进口的钢铁制品不加税。这种有选择地实施保障措施的做法引起轩然大波，欧盟等就此向世界贸易组织总理事会提起上诉，要求美国对其行动给予损害补偿，后 WTO 争端解决机构裁决美国败诉。

第五，符合“程序规则”要求。一国采取保障措施行动，应事先通知缔约方全体（总理事会），并与有关产品的出口国进行协商，只有在“紧急情况下”才可“先斩后奏”。采取行动的成员方对因此造成的出口国损失，应作出相应补偿，否则，因其保障措施行动而受害的出口国可以进行报复。

同时，规则还要求采取保障值得的成员必须将其行动情况书面通知缔约方全体（总理事会），以使其行动置于国际监督之下。

GATT 第 19 条虽然对保障行动做了规则要求，但因条款某些表述的含糊性，或概念过于宽泛，导致执行中争议不断。对此，乌拉圭回合达成《保障措施协议》，对保障措施行动的规则加以完善，对成员采取保障措施的先决条件、实施程序、实施形式、期限等进一步加以明确、细化。世界贸易组织还专设保障措施委员会，以对 WTO 成员采取保障措施加以监督。

(2) 一般例外。《关税与贸易总协定》第 20 条通称为“一般例外条款”，该条款设置的实质是允许总协定成员例外地不受国际贸易规则的约束，也显然成了允许的自由贸易原则的适用例外。

“一般例外条款”达 10 条之多，且每项含义都十分宽泛，似乎很容易滥用，成为实施国际贸易保护主义（排斥自由贸易原则）的方便之门。其实，GATT 第 20 条条文中含有相当严格的引用条件。世界贸易组织评判成员所采取的“一般例外”措施是否正当，关键是看实施这些措施是否必需和无法替代。这使一个成员方援引第 20 条的例外条款并非轻而易举（参见本章“案例分析”“泰国烟草案”）。

除此之外，一成员援引第 20 条条款，除上述要求其措施符合“必需者”之条件外，还要符合第 20 条引言所要求的基本准则：① 其措施不能在条件相同各国之间构成“任意歧视”或“无端歧视”;② 不能构成对国际贸易“伪装起来的限制”。对此,以 WTO 上诉机构成立以来的第一个案例“美国汽油标准案”加以说明:

依 1993 年修订的《净化空气法》,美国环保署制定了实施该法案并监控汽油污染的“汽油标准规则”。该规则为测定汽油污染指标规定了两种方法:对国内炼制的汽油和 1990 年其含量为 75%对美出口的外国企业炼制汽油(称为 conventional gasoline——“惯用汽油”),按 1990 年已有指标作标准(偏低标准);而对其他的外国炼制汽油,定为“新配制汽油”(reformulated gasoline),对这种汽油设定“法定指标”(statutory baseline)(该标准比“惯用汽油”的标准高)。对此,委内瑞拉、巴西等国向世界贸易组织投诉,指控美国的“汽油标准规则”违反了 GATT 规则。美国以其“汽油规则”属 GATT 第 20 条第 7 项规定“养护可用竭的天然资源”所需,应作“例外”对待进行辩护。

WTO 上诉机构指出:美国原本应不分本国汽油外国汽油,一律采用“法定指标”,以此防止歧视。美国辩称,这样做涉及新、旧设备更替,花费很大。上诉机构轻松反驳道:那么对外国汽油采用“法定指标”,外国不同样要多花钱?因此,上诉机构作出结论:美国“汽油规则”中的指标设定规则在实施中构成“无端歧视”和对国际贸易“伪装起来的限制”。总之,指标设定规则虽然属于 GATT 第 20 条第 7 项范围,但无权引用整个第 20 条提供的保护。

(3) 安全例外。多边贸易体制推行自由贸易原则,但按 GATT 第 21 条的规定,成员方为维护国家安全的考虑,可采取对自由贸易原则加以限制的相应行动,只要这些特别行动涉及以下领域或情形:① 有关核裂变原料或者提炼它们的原料;② 有关武器、弹药与军火交易和直接间接提供军事机关的其他商品与原料的交易;③ 战时或国际关系紧急情况时采取的措施;④ 缔约方为履行其联合国宪章维护国际和平与安全义务而采取的行动。

对于上述情形的例外,各国一般没有太多的异议,唯有第②项中“直接间接提供军事机关的其他商品与原料的交易”则较多受到批评,因为“军需品”的涵盖面本来就很宽,再加上“间接”一词,其范围就更宽了。例如像军队士兵生活用的皮鞋、洗涤用品等,本是很一般的消费用品,仅仅因为供军人使用,便将它们与武器、弹药与军火、核裂变原料并列在一起,加以贸易保护,限制进口,这无论如何是欠妥当的。

(4) 服务贸易市场准入限制例外。WTO《服务贸易总协定》要求成员方为其他成员方服务产品和服务提供者提供更多的投资与经营机会,分阶段逐步开放金融、电信、分销、教育、旅游、运输等服务贸易领域(市场准入),这也是国际服务贸易快速发展的客观要求。但服务贸易的特殊性，及各国因服务业发展水平差异很大，为保护本国服务业，对服务贸易开放作了较多的限制措施，如限制服务提供者的数量、限制服务交易或资产总值、限制服务业务总数或服务产出总量、限制特定服务部门或服务提供者的雇员人数、要求通过特定类型的法律实体提供服务、限制外国资本投资总额或参与比例，乃至对最惠国待遇、国民待遇、市场准入原则加以限制。事实上，《服务贸易总协定》第1条第3款(b)本身即将“为行使政府职权而提供的服务”排除出国际服务贸易之外。因此，目前在国际服务贸易领域，与其说还存在实行自由贸易原则的例外，不如说尚难言自由贸易之原则！

(五) 公平竞争原则

1. 公平竞争原则概述

各国在其国内立法中往往有对限制性商业做法的强制性规则，这些规则针对的是诸如国际卡特尔、实施许可销售、限制性销售代理、横向联合协议(如垄断企业的价格协定)等不公平贸易行为。因此，这些立法规则显然是基于维护市场公平竞争这一基本宗旨而设立的。在立法名称上，这些方面的法律往往称为反垄断法、反托拉斯法、公平竞争法等等。最具代表性的如美国的《谢尔曼反托拉斯法》、《联邦贸易委员会法》等。除国内立法外，某些国际组织也有这方面的共同规范，如欧洲经济共同体(现为欧盟)就有不少关于公平竞争的立法规定，并约束共同体的各成员，其基本规定在《罗马条约》的第85条。该条约第85条第1款即规定：凡可能影响各成员国之间的贸易和以阻止、限制或破坏共同市场内部竞争为目的的或产生此类效果的企业间的所有协定，企业联合组织的所有决定和所有联合行动，均被视为是与共同市场相抵触的，并应予禁止。

不过，现在还未有统一的国际反垄断法，这样各国的反垄断法对国际贸易的适用就成为有争议的问题。各国反垄断法通过域外适用往往会成为保护本国产业，鼓励出口的政策手段，常带有贸易保护的色彩。而且，国内反垄断法的域外适用会有侵犯被适用国家的主权之嫌。因此，原关贸总协定和联合国一直在努力制定限制竞争的统一规则。限制国际竞争是妨碍世界贸易的扩大以及各国经济发展的严重的非关税壁垒，据统计，第二次世界大战前的1929—1933年间，世界贸易的50%受到国际卡特尔、托拉斯的限制。作为吸取当时世界性经济危机教训的举措，战后在确立多边自由贸易体制，限制非关税壁垒的不公平竞争，国际组织在制定统一的国际规则方面进行了许多尝试。

为建立国际贸易组织的多边谈判曾经达成的《国际贸易组织宪章》(又称为《哈瓦那宪章》)的第五章规定，各成员国应采取适当的措施，以防止工商企业影响国际贸易的限制性商业惯例,为此,各成员方有进行国际合作的义务。对于"限制性商业惯例(Restrictive Business Practices)",该《宪章》列举了7种,并规定了针对这些"限制性商业惯例",国际贸易组织可以采取的行动,如国际调查,成员国协商应对等。尽管《国际贸易组织宪章》最后没有生效,拟议中的国际贸易组织当时也未能成立,但是临时生效的关税与贸易总协定,根据《国际贸易组织宪章》第5章的要求,一直在努力起草统一的公平竞争国际规则方案。

按照关税与贸易总协定第29条第1款规定,总协定缔约国在行政上必须最大限度遵守《国际贸易组织宪章》第5章限制性交易惯例的限制的一般原则;为规范限制性交易惯例,1957年7月制定了《关税与贸易总协定补充协定草案》,尽管该补充协定草案最后没有通过,但已由专家组研究限制性交易惯例的国际管理措施;1960年11月18日,关税与贸易总协定缔约国大会通过决议,"国际贸易中限制竞争的贸易惯例,妨碍世界贸易的扩大和各国经济发展,抵消降低关税和废除数量限制的效益,妨碍关贸总协定目标的实现。对国际贸易不利的限制性交易惯例要进行分类限制,如果不可能制定审查规则,在任何一缔约国的要求下,两国或者多数国家之间通过适当方法,对限制性交易惯例进行协商",如果协商没有能够达到满意的结论,要向秘书处报告协商情况和结论,秘书处要向缔约国通报协商情况。

如果说关税与贸易总协定在制定限制性交易惯例应对规则方面只是作了许多尝试努力的话,那么,在总协定的一些具体规则中,公平竞争原则可以说是在逐步纳入、实施,尤其是总协定乌拉圭回合谈判达成的一揽子协定、协议中,该原则更进一步得以明确,且构成实现GATT/WTO基本宗旨的一大基本原则。

2. 公平竞争原则的适用

(1) 货物贸易领域的公平竞争原则。GATT/WTO始终强调国际货物贸易中实施公平竞争原则,在《关税与贸易总协定》及一些具体的协议、协定如《反倾销协议》、《补贴与反补贴措施协议》、《保障措施协议》、《农业协议》等之中都要求体现公平竞争精神。

出口贸易的倾销和补贴行为被认为是典型的不公平竞争行为。出口企业以低于产品的正常价值的价格对外销售(倾销),会对进口国生产相同或相似产品的企业及第三国销售相同、相似产品的出口企业构成损害,而这种损害的原因往往是低价倾销这一不公平竞争行为造成的;一国政府、公共机构对本国特定出口产品提供资助,人为增加其产品的贸易竞争优势,使进口国生产、销售相同、相似产品的企业处于不平等的竞争地位。对以上情况,《关贸总协定》第6条、《反倾销协议》、《补贴与反补贴措施协议》等都许可受损害的有关国家采取应对行动,征收反倾销、反补贴税，以抵销倾销与补贴对本国产业造成的损害。同时，对成员实施反倾销、反补贴措施，也规定了严格的条件和程序要求，以防成员方滥用反倾销、反补贴措施，过度保护本国产业，造成另一种公平竞争的障碍。

在出现国外某产品对本国进口激增，对本国相关产业造成损害或损害危险情形下，GATT/WTO允许进口成员方采取保护性措施，但是这类保障措施的运用，也很可能会对进口产品与本国产品的公平竞争局面构成破坏。因此，《保障措施协议》对成员实施保障措施的条件和程序作了严格的规定，以保护正常的公平贸易的进行。

国际货物贸易自GATT建立以来的几十年间不断得到自由化推进，唯独农产品贸易却仍然受到过多的限制和扭曲，广泛出现的对农产品进口实施更多的限制，对农产品出口提供范围更加广泛的补贴，以致无竞争力的农产品生产泛滥，使有效益的生产者受到损害。鉴此，《农业协议》在农产品贸易的市场准入、国内支持和出口补贴等方面确立规则，促使所有的WTO成员均承诺进行长期的改革，鼓励公平竞争，建立一个公平的、以市场为导向的农产品贸易体制。

(2) 与贸易有关的知识产权领域的公平竞争原则。GATT乌拉圭回合达成《与贸易有关的知识产权协定》，要求WTO的成员方尊重业已达成的保护知识产权的各国际公约，创造公平竞争的市场环境，防止含有知识产权的产品和品牌被伪造、假冒、盗版。

作为保护知识产权的一个重要内容，要求实施反不正当竞争规则。国际贸易中一些妨碍技术转让和传播的限制性商业做法，如排他性返授条款，强制性一揽子许可等，将对公平贸易产生不利影响。因此，《与贸易有关的知识产权协定》专门对国际贸易领域中涉及知识产权的限制竞争行为确立了相应规则，允许WTO成员方采取适当措施，防止不公平商业做法。

(3) 服务贸易领域的公平竞争原则。世界贸易组织要求各成员方通过相互开放服务贸易市场，逐步为外国的服务或服务提供者创造市场准入、公平竞争的机会。依《服务贸易总协定》第16条市场准入的规定，除非在减让表中明确规定可以使用，否则不得对外国服务和服务提供者实施市场准入的以下限制：① 对服务提供者数量的限制；② 对服务交易或资产总值的限制；③ 对服务业总数或服务产出总量的限制；④ 对特定服务部门或服务提供者可以雇佣的人员数量的限制；⑤ 限制或要求通过特定的法律实体或合营形式提供服务的措施；⑥ 对外国资本参与的比例限制或对外国资本投资总额的限制。

为使其他成员的服务或服务提供者在本国市场上享有同等的待遇，进行公平竞争，《服务贸易总协定》要求"每一成员对于任何其他成员的服务和服务提供者，应立即和无条件地给予不低于其给予任何其他国家同类服务和服务提供者的待遇”。WTO成员在《服务贸易总协定》下所获得的利益不受到各成员国内法规的妨碍。对某一成员已作出承诺的服务贸易部门有影响的普遍适用的措施,必须合理、客观和公正地实施;WTO服务贸易理事会应制定多边规则,以防止对服务提供者的资格、技术标准和许可发放对贸易构成不必要的限制,对服务提供者确立的资格标准,应尽可能以国际公认的标准为基础,这些规则也是为尽可能保证公平竞争环境的实现。

同时,任何WTO成员的任何一项服务的垄断提供者,其行为不能违背该成员作出的具体承诺,不能滥用其垄断地位;而如果某一成员已就某种服务的提供作出具体承诺,但后来又就该种服务授予了垄断经营权,从而使其已作的承诺生效或减损,那么它必须作出补偿。

(4) 与贸易有关的投资领域的公平竞争原则

一国政府为本国利益考虑往往会强制性要求企业生产的产品至少要达到一定比例的国产投入物(即“国产化”要求),或者要求产品必须实现一定比例的出口,诸如此类要求将影响国际贸易的公平竞争。“国产化”要求实际是阻止或限制外国投入物的使用,而出口比例要求同样可能会损害外国产品,这些外国产品在出口市场中面临着靠倾销或补贴才得以出口的竞争。对于限制或影响与国际贸易公平竞争的投资措施,GATT乌拉圭回合谈判达成了《与贸易有关的投资措施协议》(简称“TRIMS协议”)。该协议旨在促进世界贸易的扩大和逐步自由化,便利跨国投资,保证自由、公平竞争。该协议认识到某些投资措施可能产生限制贸易和扭曲贸易的作用,从而确定了有关投资措施方面WTO成员应遵循的基本规则。

为维护公平竞争环境,“TRIMS协议”禁止使用以下两类投资措施:一类是要求有关企业的产品中包含部分“当地含量”(local content);另一类是要求在某种程度上达到“进出口贸易平衡”(balancing of trade exports and imports)。基于同样的原因,在协议的“例示清单”(illustrative list)中列出不符合世界贸易组织规则具体的投资措施种类、情形,要求WTO成员不予采用。

案例分析

[案情]

2001年4月23日,日本政府以进口激增对国内工业造成严重损害为由,对大葱、鲜蘑菇、蔺草席三种主要来自中国的农产品启动临时保障措施,实施关税配额管理，对中国向日本出口的大葱、鲜蘑菇、蔺草席这三种农产品对日出口的超过限额部分分别征收256%、266%和106%的关税。作为应对措施，6月22日中国对原产于日本的汽车、手持和车载无线电话机、空调开始加征税率均100%的特别关税。此后，两国又在其他方面进行了相互禁止。

[问题]

日本政府对中国出口的上述农产品采取的贸易限制措施是否违反GATT、WTO的基本原则？

[法律依据]

《保障措施协议》第2条第1款规定：一成员只有在以下情况下才可以实施保障措施：该成员根据相关规定确认，输入其领土的产品，就国内生产而言绝对或者相对地大量增加，并在此条件下对国内生产相似或直接竞争产品的工业造成了严重损害或者严重损害威胁。

《保障措施协议》第3条第1款规定：保障措施调查应包括向所有利害关系方做出合理公告，举行进口商、出口商和其他利害关系方可提出证据及其意见的公开听证会或提供其他适当方式，包括对其他方的陈述做出答复并提出意见的机会，特别是关于保障措施的实施是否符合公共利益的意见。

《保障措施协议》第4条第2款(b)规定：除非根据客观证据证明有关产品进口增加与严重损害或严重损害威胁之间存在因果关系，否则不得做出(a)项所指(即严重损害)的确定，如进口增加之外的因素正在同时对国内工业造成损害，则此类损害不得归因于进口增加。

《保障措施协议》第8条第1款规定：提议实施保障措施或寻求延长保障措施的成员，依照第12条第3款的规定，努力在它与可能受该措施影响的出口成员之间维持在1994年GATT下存在的与实质相等的减让和其他义务水平。为实现此目标，有关成员可就该措施对其贸易造成的不利影响议定任何足够的贸易补偿。

《保障措施协议》第11条第2款规定：一成员不得在出口或进口方面寻求、采取或维持任何自愿出口限制、有序销售安排或其他任何类似措施。日方在双边磋商中要求中国政府自主限制三种农产品出口数量。

[法律运用及处理结果]

日本的措施违背了WTO非歧视原则，非歧视原则是WTO的基本原则。

日方在进口设限产品调查中采取国别歧视，选择的三种农产品90%以上来自中国，而对主要来自WTO成员国的进口激增的农产品不予调查。日本农水省最初提出设限调查的产品，还包括番茄、青椒、洋葱三个品种。根据日方统计，从

1995年到2000年,日本番茄进口增加了26倍,青椒进口增加了307%,洋葱进口增加了65%,进口主要来自三个WTO成员国,尽管日本国内这些商品的价格受到了明显影响,但日方始终均未启动调查。这表明日本从一开始就未能做到其自称的一视同仁,日本对从中国进口的农产品给予歧视性待遇。

日本的措施的实施条件不符合《保障措施协议》的规定。

1. 进口增加

农业在日本属于夕阳产业。由于农业缺乏竞争力,日本政府对农业实施了多种保护政策,非但未能解决根本问题,反而加剧了日本农产品价格的居高不下。同时,日本市场流通环节过于复杂和僵化,蔬菜从生产到消费必须经过生产、上市、批发、零售、消费等诸多环节,这进一步抬升了农产品价格。日本是全世界农产品价格最高的国家,这理所当然地给农产品进口提供了市场空间。

由此可见,日本三种农产品产业不景气的直接原因,是日本工业结构不合理、农业缺乏竞争力造成的,是日本农业缺乏比较优势的必然结果,是具有全局性和普遍性的,绝非短期内进口增加所导致的个别情况。因此,日方使用保障措施不具备WTO所规定的最基本条件——进口激增。

2. 日本的措施不符合《保障措施协议》有关调查的规定。

日本在这一点上不合理的地方在于:

(1) 在日本国内实施调查的范围极其狭窄,未能充分征求有关利害方的意见,对外则根本没有听取出口方的意见,所以这个调查结果根本不可能做到客观、公正、实事求是;

(2) 日方公布的调查结果在诸多关键问题上的论据和论证含糊其辞,甚至自相矛盾,不仅中方无法接受,连诸多WTO成员也在WTO保障措施委员会上针对其调查通报,提出了大量的反对意见。

3. 因果关系

日方仅向中方提交了在进口增加和工业不景气两方面的统计数字,而没有提供客观、公正、有说服力的调查结论,也未向中方论证进口增加与工业损害之间存在的因果关系,而这些都是《保障措施协议》规定实施保障措施所必不可少的。

4. 日本的措施不符合《保障措施协议》有关补救措施的规定。

日方多次声称,尽管中国当时还不是WTO成员,但日本愿意在WTO框架内处理两国经贸关系。在已经举行的多次双边磋商中,日方屡次提出要将已经实施的临时保障措施转为正式保障措施,但却从未提及要就保障措施对中方造成的损失协商补偿方案。这说明,日本并未像它所承诺的那样真正地按WTO规则行事。

5. 日本要中国限制出口数量不符合《保障措施协议》的规定。

《保障措施协议》第11条第2款规定,一成员不得在出口或进口方面寻求、采取或维持任何自愿出口限制、有序销售安排或其他任何类似措施日方在双边磋商中要求中国政府自主限制三种农产品出口数量。这一要求属于WTO规则所严格禁止的“灰区”措施,遭到中方的当然拒绝。

根据WTO基本原则和《保障措施协议》,可以做出判断:日本对三种农产品采取的临时保障措施无论在程序上还是在实质内容上均与WTO规则严重不符,它对三种主要来自我国的农产品启动的不是WTO规则所允许的保障措施,而是设置了WTO所排斥的贸易壁垒。

[**值得注意的问题**]

值得注意的是,本案发生时中国尚不是WTO的成员,我们根据WTO的有关规则分析,日本的做法也违背了GATT、WTO的某些基本原则。

(案例来源:法律百宝箱 http://www.lawbox.cn/2011/0121/96216.html)

第四节 世界贸易组织(WTO)的争端解决程序

一、世界贸易组织争端解决机制的形成

(一) 概述

WTO对国际贸易的重要作用与它的贸易组织争端解决机制是分不开的,正如WTO首任总干事鲁杰罗所说,“如果不提及争端解决机制,任何对WTO成就的评论都是不完整的。从许多方面讲,争端解决机制是多边贸易体制的主要支柱,是WTO对全球经济稳定做出的最独特的贡献”。如果没有一个解决争端的办法,以规则为基础的体制将因为其规则无法实施而变得毫无价值。从一定意义上说,争端解决机制的存在和加强,正是多边贸易体制比许多其他国际组织能更有效地发挥作用的重要原因之一,也是国际社会之所以重视这一多边贸易组织的重要原因之一。

(二) GATT的贸易争端解决机制

GATT的争端解决条款主要规定在其23条中。故GATT第23条可以被看作WTO争端解决机制的发端。GATT运行初期解决争端条款的适用中创造的第三方裁决专家组程序,丰富了第23条第2款缔约方全体的准司法规则,形成了不少很有价值且意义深远的案例。据对其顶峰时期1952—1958年的统计,引用23条投诉案件共40宗,有36宗获得明确结果,其中11宗是由专家组裁定的。然而

好景不长,1959年起风云突变,此后近20年,第23条规则基本上被弃置一旁。这个时期的绝大多数争端,全靠第22条协商的外交程序,即经谈判达成政治妥协来结案,解决不了的就挂起来。出现如此反复的主要原因是:(1)60—70年代GATT实质规则的混乱,使依法裁定失去了共识的法律标准;(2)以欧洲和日本为代表的传统派和以美国为首的务实派在国际经济法理论观点上的分歧尖锐化。尽管后来各缔约方又在“东京回合”达成妥协,但GATT被新的机制取代已是无法逆转的潮流,原有争端解决机制也因逐渐不适应形势发展而需要重新设计。

(三)争端解决机制的发展

从GATT的争端解决条款到WTO的争端解决机制,多边贸易体制的发展日趋完善和成熟。GATT第22条和第23条为产生贸易争端的缔约方提供了“双边磋商”和“总协定介入协商”两种程序,以期通过心平气和的方式解决争端。当双边磋商难以达成协议时,争端的申诉方可将争端提请缔约方全体进行处理。以后,GATT体制不断对这两项争端解决条款加以修订和补充:1950年总协定设立“工作组机制”,由工作组将有关争端的事实和解决写成没有约束力的报告,作为一种咨询意见提交缔约方主体;1952年总协定决定设立“专家小组程序”,以回避争端当事方;1958年总协定通过决定,提出要强化总协定理事会在协商前后的作用;1966年,总协定又对争端解决条款进行程序性机制的细分;1979年东京回合缔结了《关于通知、磋商、争端解决和监督的谅解》,对争端解决程序作了重大发展,使GATT的争端解决机制初具了“国际法院”的模式。然而,GATT争端解决与程序是属于调解和规劝性的,主要是通过“磋商”机制,利用各缔约方的合作精神来最大可能地解决争端,缔约方全体或理事会的最终裁决不具有权威性和强制性。

另外,GATT争端解决程序没有确定的时间表,裁决容易被阻挠,致使许多案件久拖不决。为了进一步强化GATT的争端解决机制,乌拉圭回合谈判比较全面、彻底地对GATT争端解决规则和程序作了改进,并最终形成了《关于争端解决规则与程序的谅解书》(DSU)。WTO的争端解决制度是保障多边贸易体制的可靠性和可预见性的核心因素。WTO成员承诺,不应采取单边行动以对抗违反贸易规则的事件,而应在多边争端解决制度下寻求救济,并遵守其规则和裁决。WTO总理事会可以以争端解决机构(DSB)的名义召集会议,以处理因乌拉圭回合最后文件中的任何协议所引起的争端。DSU对争端解决的基本方法与程序作了极为详细的规定.其基本程序包括:磋商;斡旋、调解与调停;专家小组审理;上诉审查;对争端解决机构的正式建议或裁定的监督执行;仲裁;补偿与减让的中止以及“交叉报复”等。

可见,DSU既保留了GATT历年来的有效做法,又对原来的机制作了重大改进,其核心是精细的操作程序、明确的时间限制以及严格的交叉报复机制。通过这样一个强化了的机制。WTO希望能更迅速、更有效地处理成员之间的贸易纠纷和摩擦,维护它们之间的权利与义务,督促各成员更好地履行各项协议的义务及其所作的承诺。

综上所述,从GATT到WTO,多边贸易体制的国际贸易争端解决机制,经历了一个从简单到全面、从分散到统一、从模糊不清到明确具体、从"权力本位"到"规则本位"的发展过程。《关于争端解决规则与程序的谅解》是这一发展过程的结晶。它集中了人类的睿智,设计了一套"准自动执行"的程序,人类首次找到了一种较为文明有效的解决争端方法。几年来,WTO专家小组和上诉机关对于那些在实践中出现的而DSU没有规定或规定不明确的问题进行了阐明,并形成了若干原则作法,为WTO争端解决机制的进一步完善奠定了基础。

二、世界贸易组织争端解决机制的适用范围及其一般原则

作为《建立世界贸易组织协议》附件2的《关于争端解决规则和程序的谅解》(简称DSU)确立了世界贸易组织争端解决机制。该谅解书共27条,另有4个附件,它们就世贸组织争端解决机制的适用与范围、管理与运作、一般原则、基本程序、建议与裁决的实施和监督、补偿与转让的中止、涉及最不发达成员国的特殊程序、专家组的工作程序、专家复审等,都分别作了系统的规定。

(一)世界贸易组织争端解决机制的适用范围

《DSU》第一款第一条规定:"本谅解书之各项规则和程序应适用于依照本谅解书附件1所列为各协定的协商和争端解决规定而提起的各种争端。"根据附件1所列的协定,WTO争端解决机制适用于WTO成员之间基于以下协定所产生的争端:①《建立世界贸易组织的协定》;②货物贸易多边协定;③《服务贸易总协定》;④《与贸易有关的知识产权协定》;⑤《争端解决规则和程序的谅解协议》;⑥《民用航空协定》、《政府采购协定》、《国际奶制品协定》、《国际牛肉协定》等诸边协议。此外,在下列有关协定规定的特殊或者附加规则、程序的限制之外,WTO《谅解协议》亦予适用:①《实施卫生和植物检疫措施的协定》;②《纺织品和服装协定》;③《技术性贸易堡垒协定》;④《关于实施GATT第6条的协定》;⑤《关于实施GATT第7条的协定》;⑥《关于补贴与反补贴税协定》;⑦《服务贸易协定》;⑧《服务贸易协定某些争端解决程序的决定》。

很明显的是,WTO争端解决机制的适用范围不再像GATT仅限于国际传统

的货物贸易。并且,在货物贸易中加入了农产品和纺织品贸易,还涉及与贸易有关的国际投资领域、服务贸易和与贸易有关的知识产权等领域。农业与纺织品一直是发展中国家最为重要的生产部门,发达国家称之为发展中国家的"敏感"或"破坏性"出口,并采用自动限制出口的形式(VERs)限制发展中国家出口这类产品。从WTO争端解决机制1995年1月1日生效以来,在提交该机制的争端所涉及的产品中,比率最高的是农产品、纺织品和服装。而在GATT体制下,这些争端一直游离于GATT之外,发展中国家不能通过GATT的争端解决机制来获得法律援助,WTO争端解决机制解决了这些问题投诉无门的大问题。

(二)一般原则

WTO明确提出了争端解决机制"特殊优先于一般"的原则。附件2中规定了各有关协定的特别或另外的规则和程序,当争端涉及这类特殊程序时,如该程序与争端解决的一般程序有差别,则适用特殊程序,当争端涉及不止一个特殊程序的时候也规定了具体的决定程序方法。这些规定形成了内部机制的协调性和统一性。WTO争端解决机制的一般原则集中体现在《DSU》的第3条中,概括如下:

(1) 继续遵守《1947年关贸总协定》有关处理争端的各项原则。《DSU》仅适用于世贸组织协定生效之后依据有关协定的协商规定而作出的协商请求,至于世贸组织协定生效之前依照1947年关贸总协定或有关协定的任何先前协定作出协商请求的争端,应继续适用世贸组织协定生效之前及时有效的有关争端解决规定和程序。

(2) 确保成员方之间在多边贸易制度中的各项权利和义务的平衡。争端解决机构的各项建议和裁定不得增加或减少有关协定的权利义务,并不应使任何成员方依这些协定而取得的利益受到损害或丧失,亦不得阻碍这些协定目标的实现。

(3) 对发展中成员方利益给予特殊考虑,体现在更快捷的程序:① 协商阶段;② 专家小组阶段;③监督阶段;④ 涉及最不发达成员方的利益时作出特别的规定。

DSU虽然扩大了争端领域范围,但一般原则1未明确规定在DSU生效后,因"存在着任何其他情况"而引发的争端是否也应包括在管辖范围以内,这是否意味着DSU放弃了此类争端的管辖,有的学者认为还不能下定论,而有的学者认为"《谅解书》未作出具体规定,一般不予受理"。

一般原则对发展中成员方优惠具有不确定性。争端解决机制的一个主要作用是在强成员方和弱成员方之间实现公平贸易。现行的规定体现了对发展中成员方优惠的制度框架,但这些规定太原则,可操作性差。只有进一步将其具体化,才能真正落实好这些优惠措施。

三、世界贸易组织的争端解决机制的性质

WTO的争端解决机制的宗旨，是根据国际公法的习惯规则阐明各项协定的内容，为保障缔约方享有根据有关协定产生的权利和履行相应的义务服务，并为多边贸易制度提出安全保证和可预见性。

对于WTO的争端解决机制的性质问题，学术界一直众说纷纭，有人认为该机制是一种国际仲裁体制，有的则认为应将该机制视为一种司法性的体制或准司法性的体制。中国国际私法学会副会长余先予教授在研究这一问题时指出，不应该受传统的非仲裁即司法的观点的束缚而硬性地把该机制划到“国际仲裁”或“国际司法”的范畴内。事实上，该机制兼有“国际仲裁”和“国际司法”的特点。WTO的争端解决机制既非一种国际仲裁体制，也非一种国际司法或准司法体制，而是一种兼具有两者某些特点的、具有实用价值的、集各种政治方法、法律方法和准法律方法的全新综合性争端解决机制：

（一）争端解决机构解决的争端具有特殊性

WTO的成员既包括作为国际法主体的国家和国际组织，如欧盟。也包括实行独立的关税制度的关税领土，如我国香港、澳门特别行政区。因此，WTO争端解决机构不仅要解决成员国之间的贸易争端，而且要解决成员国与国际组织及单独的关税领土之间，以及国际组织与关税领土之间或者它们相互之间的贸易争端。这样的涉案当事人范围与国际司法机构相比明显较宽，如国际法院的诉讼当事国限于国家；与国际仲裁组织相比，则略窄了一些。

（二）争端解决机制是一种滚动式的“准自动执行”程序

当事国之间协商解决争端是首要的方法，协商未果，可自愿选择斡旋、调停、调解或仲裁程序。如果这些方法仍不能解决有关争端，只要当事一方请求，有关争端就应提交给专家组程序；如果当事一方对专家组报告中的法律问题及专家组的法律解释存在疑虑，则可提交上诉程序。上诉机关的报告一经争端解决机构通过，当事方应无条件接受，否则DSB可授权申请国采取补偿或报复措施。可见，争端解决程序吸收了国际公法关于解决国家争端所采用的法律的解决方法仲裁和国际诉讼，但同时又规定了协商、斡旋、调停和调解等政治的解决方法。

（三）管辖权的强制性

除非当事方协议以其他方法来解决纠纷，否则只要任何一方因争端未决而提出建立专家组或起诉，另一方必须应诉，双方均须尊重有关机构对裁决和建议执行情况的监督。相比之下，国际法院只有在当事国自愿的条件下才有管辖权。可见，

WTO争端解决机制的管辖权,不仅强于国际仲裁组织,而且强于国际司法组织。

(四)争端解决程序体现了自力救济和法制主义并重的原则

成员国如果发生争端,应在尽量不诉诸DSB的情况下协商解决,特别是在当事一方不执行DSB的建议或上诉机关的裁决时,WTO允许另一方自己采取报复、补偿措施。同时,WTO也强调以法律方法解决贸易争端的重要性,除要求专家小组的报告和上诉机关的裁决得到遵守外,还力图在法律上规范缔约方的自力救济行为,要求任何缔约方非经规定程序不得自行认定其他缔约方违反了有关协定的义务或者对自己根据有关协定可享受的利益;任何争端当事方非经DSB授权,不得对其他当事方采取报复措施。此外,WTO鼓励缔约方以仲裁解决贸易争端。

(五)争端解决制度具有明显的实用主义特点

WTO的争端解决程序与司法程序不同。WTO虽然制定了比较完善的争端解决制度,但其目的不是为了确定争端当事方谁是谁非,也不是为了惩罚违反有关协定的行为,而是要找到争端各方都能接受的解决办法,恢复有关各方贸易利益的平衡。这一特点WTO争端解决程序中得到了充分的体现:首先,WTO强调协商解决争端,避免对抗措施;其次,专家小组在成立后仍然鼓励争端各方自行解决争端,而不是简单地适用WTO的法律确定谁是谁非;再次,在DSB审议专家小组报告时,它首先考虑的是报告中提出的建议能否为争端当事方接受;最后,即使当事方不执行DSB的建议或裁决,DSB也不是立即授权一方对另一方采取报复措施,而是促使双方再次进行协商,以找到满意的补偿办法。不难发现,WTO的争端解决机制吸收了国际仲裁的实用主义和调和主义的特点,并在此基础上进行了很大程度的发挥,这对妥善解决贸易争端、调和矛盾、避免对抗是卓有成效的。

兼收并蓄、注重实效,这也是WTO的争端解决机制与其他国际条约规定的争端解决机制相比较之最大优点所在。

四、世界贸易组织争端解决程序

(一)争端解决机构

世界贸易组织争端解决机制由"争端解决机构"(Dispute Settlement Body,简称DSB)负责监督实施。与TPRB一样。DSB实际上是WTO总理事会兼挂的另一块牌子。按《争端谅解》,DSB有权"设立专家组,通过专家组和上诉机构报告,监督裁决和建议的执行,以及授权暂停适用协议下的减让和其他义务"。专家组由DSB设立,任务完成后即解散。《争端谅解》规定了专家组的组成、授权、任务和工作程序等详细内容。

"争端解决机构"可设立上诉机构(appellate body),与GATT相比,该机构是新设的。《争端谅解》允许争端各方对专家组报告进行上诉，但上诉权限仅限于专家组报告中有关法律问题和专家组详述的法律解释。上诉机构由DSB设立，其成员应在WTO成员中具有广泛代表性。上诉机构的7名人员不附属于任何政府。上诉机构对发生争端的具体案件进行审议，可以维持、修改或撤销专家组的法律调查结果和结论，上诉机构的报告一旦经DSB通过，争端各方就必须无条件接受，这就使世界贸易组织争端解决机制具有真正的司法意义。

综上，WTO的争端解决机制下的组织机构包括：(1) 争端解决机构(DSB)，这是WTO专门负责解决其成员之间发生的贸易争端的机构，向WTO总理事会负责；(2) 专家小组(panel)，这是负责处理具体案件的、非常设的贸易争端解决机构；(3) 常设上诉机关(standing appellate body). 这是负责审理争端当事国对专家小组的报告提出的上诉的机关。

（二）争端解决方法与程序

WTO的争端解决机制提供以下争端解决方法：① 当事方自行解决。争端当事方可以采取协商、补偿和报复等三种手续解决争端；② 第三方协助解决. 其手段包括斡旋、调停、调解和仲裁；③ 提交争端解决机构解决。可采取专家小组程序直至上诉机关审议裁决。以下对WTO争端解决机制一般程序加以说明：

根据WTO《争端谅解》的规定，世界贸易组织争端解决程序一般包括：

1. 磋商

发生争端的受损害成员有权要求磋商。被要求磋商的另一成员应在10天内作出答复，并在30天内开始磋商。磋商的时限为60天。磋商要通知DSB。从接受协商请求之日起，60天内完成协商；遇有紧急情况如易腐物品等，应于接到请求之日起，10天内开始协商，20天内完成；斡旋、调解与调停则必须在接到协商请求之日起，60天内完成。凡超过上述期限者，投诉方有权要求设立专家组，从而进入司法性解决程序。

WTO争端解决机制的目的“在于确保有效地解决争端”，因此，DSU中明确规定“应优先考虑能为争端当事方都愿接受并又与各有关协议相一致的解决方法”。即磋商方法，又称磋商程序(consultation procedure)，该程序主要是通过争端双方依据有关规定通过谈判，从而解决他们之间的争端。磋商是GATT一开始就已确立并长期奉行的解决成员之间贸易纠纷的首要原则。WTO的DSU对该程序最重要的改进是对磋商规定了较为详细的时间表。一般情况下，各成员在接到磋商申请后10天内应对申请国作出答复，并在接到申请后30天内展开善意磋商，磋商是秘密进行的，并不得妨碍任何成员在任何进一步程序中的各种权利。这一程序是给予争端各方能够自行解决问题的一个机会。

WTO继承和发展了GATT的磋商程序,使其制度化,并为磋商程序作了时间限制。DSB鼓励更多地依靠双方协商,而不是裁决,体现了实用主义精神和灵活磋商以圆满解决争端的原则。

在磋商中,讨价还价能力是主导因素,实力强者,磋商解决对其有利;实力弱者则受损失。但即使通过裁决,对实力弱者造成的结果也是如此。因此,许多贸易争端是在WTO框架外解决的。如新加坡与马来西亚的关于聚乙烯和聚丙烯纠纷、美国与韩国关于使用大陆架生物规定限制包装粮食进口的纠纷以及美国和日本的汽车纠纷,这与WTO的目标宗旨是不相符的。

2. 斡旋、调解与调停程序

与磋商程序不同,这一程序是争端当事方同意而非强制选择。它也是秘密进行的,既可以在任何时候开始,也可以在任何时候结束。WTO总干事可以依其职权开展斡旋、调解和调停。一旦斡旋、调解和调停被终止,投诉方即可请求建立专家小组,并且,只要各方同意,在专家小组工作期间仍可继续进行斡旋、调解和调停。

3. 设立专家组

如果被要求磋商方未能在10天内对磋商请求作出答复,或者磋商未能在60天内获得成功,受损害方可以要求DSB设立专家组进行解决。专家组应在不迟于DSB审议此项请求的第二次会议上设立。专家组成员应在确定设立专家组后30天内组成。

4. 专家组审理

专家组在组成后一周内确定工作时间表;其后,争端各方向专家组提交陈述、证据;专家组将举行第一次实质性会议,起诉方(complainant)陈述案情,应诉方(respondent)进行辩护,其他有利害关系的成员陈述其意见。专家组可提问,要求进行澄清;

此后,专家组举行第二次实质性会议。先是应诉方,后是起诉方进行正式的反驳。专家组成员可以提问,要求澄清;

就审理事项,如有必要,专家组可以再咨询专家或专家审议小组(Expert Review Groups),专家审议小组就科学或技术性问题提供报告。其后,专家组起草审理报告。可将报告中有关事实和论辩部分(factual and argument sections)提交争端各方,各方在两周内提出意见。

专家组报告分中期报告(interim report)和最终报告(final report)。中期报告含调查结果与结论(findings and conclusions)。争端各方对此可要求审议(时限为一周)。如果请求审议,则审议不超过两周。随后,专家组提交最终报告。该报告将可散发给 WTO 全体成员。

5. 通过报告

在专家组报告提交后 60 天内,DSB 通过该报告,除非一方提出上诉,或经共识决定不通过这一报告。成员必须在 DSB 审议专家组织报告的会议召开前,提交书面反对意见。

6. 上诉

上诉通常期限为 60 天,最多不超过 90 天。上诉机构的报告在发出后 30 天内由 DSB 通过。争端各方应无条件接受上诉机构的报告。

7. 执行

有关争端各方须在有关报告(专家组最终报告或上诉机构报告)通过后 30 天内举行的 DSB 会议上,表明其执行报告的意愿。如立即执行不切实际,则应确定其执行裁决的“合理时限”(a reasonable period of time)。“合理时限”的确定方法为:由成员提议,DSB 同意;争端各方同意;或仲裁决定。

如败诉方未能在这一时限内采取措施,起诉方可要求与其磋商,确定双方可接受的补偿;如果在 20 天内未能确定满意的补偿,则起诉方可要求 DSB 授权其采取报复措施(包括交叉报复措施),如败诉方认为报复措施过分,可要求仲裁。该仲裁应在“合理时限”结束前 60 天内完成,此仲裁裁决是终局性的。DSB 将监督其通过的裁决和建议的执行。

案例分析

[案情]

从 1995 年起,来自美国、加拿大、韩国的新闻纸大量、低价地向中国出口,使中国的新闻纸产业受到严重的冲击。代表国内新闻纸产业的吉林造纸(集团)有限公司、广州造纸有限公司、宜宾纸业股份有限公司、江西纸业有限责任公司、岳阳造纸(集团)有限公司、石岘造纸厂、齐齐哈尔造纸厂、鸭绿江造纸厂、福建南平造纸厂等九大国内新闻纸生产企业达成协议,授权北京市环中律师事务所全权代理中国新闻纸产业向中华人民共和国对外贸易经济合作部提出新闻纸反倾销调查的申请。对外贸易经济合作部会商国家经济贸易委员会后,于 1997 年 12 月 10 日正式公告立案,开始对原产于美国、加拿大、韩国进口到中华人民共和国的新闻纸进行反倾销调查，调查期间为1996年12月10日至1997年12月9日。

[问题]

中国反倾销调查机构对外国新闻纸的倾销调查、处理程序符合WTO的法律程序规则吗?

[法律依据]

《中华人民共和国反倾销条例》第三条:“倾销，是指在正常贸易过程中进口产品以低于其正常价值的出口价格进入中华人民共和国市场。对倾销的调查和确定，由商务部负责。第七条：损害，是指倾销对已经建立的国内产业造成实质损害或者产生实质损害威胁，或建立国内产业造成实质阻碍。对损害的调查和确定，由商务部负责；其中，涉及农产品的反倾销国内产业损害调查，由商务部会同农业部进行。”

[法律运用及处理结果]

我国反倾销调查机构的调查、处理程序为：

(1) 倾销产品数量的增长情况：根据中华人民共和国海关统计，加拿大、韩国、美国1995—1997年每年向中华人民共和国出口被控新闻纸数量都呈递增趋势。

(2) 倾销产品的价格：国家经济贸易委员会调查发现，加拿大、韩国、美国在大量对华出口新闻纸的同时，不断降低价格，以谋取更多市场份额。

(3) 倾销产品对国内产业造成的影响：倾销进口产品导致中国国内相似产品的产量急剧萎缩，中国国内相似产品的销售量和销售收入下降，中国国内相似产品价格被迫大幅度下调，中国国内相似产品库存剧增，中国国内新闻纸产业的开工率严重不足，中国国内新闻纸产业利润下降，处于严重亏损状态。

(4) 倾销产品出口国的生产能力、出口能力和库存：国家经济贸易委员会了解到，加拿大、美国、韩国具有巨大生产能力、出口能力和相当数量的库存，存在对外进一步低价出口新闻纸的可能性。

(5) 倾销与损害的因果关系：经调查证实，加拿大、韩国和美国向中国大量倾销出口新闻纸是造成中华人民共和国新闻纸产业受到实质损害的重要原因。同时对可能使中华人民共和国新闻纸产业受到损害的其他因素进行了调查，表明新闻纸产业损害并非主要由其他国家的进口新闻纸、国内新闻纸需求变化、新闻纸消费模式变化、国内外新闻纸企业的正常竞争、不可抗力因素及东南亚金融危机的因素造成，而且国家经济贸易委员会进一步注意到，初裁后企业生产经营状况已出现变化，生产下降趋势开始得到遏制，销售量出现回升，价格下降趋势得到抑制，库存开始下降，平均开工率开始上升。鉴于上述调查分析，国家经济贸易委员会最终认定，原产于加拿大、韩国和美国向中华人民共和国大量低价倾销出口的新闻纸对中华人民共和国新闻纸产业造成了实质损害，倾销与损害之间存在因果关系。

外经贸部在终裁公告中认定各应诉公司在调查期内向中国出口的被调查产品均存在倾销；国家经贸委认定原产于美国、加拿大、韩国向中国大量低价倾销的新闻纸对中国新闻纸产业造成了实质损害，倾销与损害之间存在直接的因果关系，决定自裁决之日起海关将对原产于上述三国的进口新闻纸（海关进口税则号列为48010000）征收反倾销税（税率分别为9%—78%不等）。上述措施实施期限自1998年7月10日起为5年。

综上所述，我国的反倾销调查、处理在程序上是完全符合WTO有关《反倾销协定》的程序规则的。

［值得注意的问题］

尽管我国是WTO的成员，但本案我国反倾销调查机构直接依据的是我国的《反倾销条例》，其程序与WTO《反倾销协定》是一致的。虽然是WTO成员，但在具体处理有关案件时，并不直接适用《反倾销协定》，这并不违反我国作为WTO成员的义务。

（案例来源：陈笑影主编《国际贸易法》，立信会计出版社2003年版）

【本章思考题】

1. 说明关税与贸易总协定与世界贸易组织产生的背景与意义。
2. 关税与贸易总协定乌拉圭回合谈判的特点及成果。
3. 评述WTO的基本职能。
4. 简述GATT/WTO最惠国待遇原则。
5. 如何理解GATT/WTO基本原则的“一般例外”？
6. 案例思考题：

案例一

1992年初，波兰决定提高汽车进口关税，将原来的10%提高到35%，同时从1992年3月起根据波兰与欧盟贸易问题临时协议，对从欧洲共同体进口的汽车给予每年免税进口30 000辆的配额。印度就此事向世贸组织DSB提出申诉，指出：根据其统计1991—1992年印度向波兰出口汽车4 568辆，到1993—1994年度，出口汽车的数量减少到504辆,这一结果与波兰实施上述政策造成的。印度同时指出,成员方对波兰与欧盟贸易安排的审查还没有结果,因此GATT第24条关于自由贸易区的规定对本案不适用。印度进一步指出,免税配额是在临时协议生效之前就开始执行了,因此也是不符合GATT规定的(本案编号为WT/DS19)。

波兰指出,提高关税不是针对印度,由于进口汽车日益增长,波兰国内汽车工业的生存受到威胁,提高关税是为了保护国内汽车工业。波兰强调说提高关税并没有关闭汽车市场,1993年波兰根据最惠国待遇进口了96 000辆汽车。波兰否认提高关税与欧盟达成协议有关,它说这一问题最好通过成员方对波兰和欧盟的协议审查结果来解决,但它不反对印度要求成立专家组。1994年11月10日专家组成立。1995年9月,印度要求根据WTO的争端解决机制解决两国间的纠纷。1996年7月16日,争议双方通知DSB本案以和解方式结案。

请对波兰政府1992年的汽车政策、规定作出分析,该政策是否与GATT/WTO的有关原则不一致?请说明你的分析理由。

案例二

"泰国限制外烟进口案"

根据泰国《烟草法》第77条规定:禁止包括香烟在内的烟草及其制品进口,除非得到主管部门首先许可。作为专卖品,泰国自1966年以后只有三次许可外烟进口,且对进口外烟征收比国产烟更重的税。为此,美国指控泰国的做法违反了GATT第3条和第11条。泰国则辩称,依GATT第20条第2款(为保护人类及动、植物的生命或健康所必需之措施……)规定,泰国完全有理由限制外烟进口,因为外烟中含有许多对人体有害的物质,有损人的健康。专家组在对该案的裁决报告中指出:吸烟严重危害人的健康,因此减低香烟消费而采取措施,的确属于GATT第20条第2款的范围,该条款规定显然允许缔约方将人类健康置于比贸易自由化更优先考虑的位置;但要想使一项措施适用第20条第2款,它必须是"必需的"。专家组接着从多方面分析了泰国提出的为保护公众不受进口烟有害成分危害,并降低消费等问题,认为这些理由完全可以用不歧视地诸如标明香烟有害成分、警示公众等与总协定不冲突或最少冲突的方式来实现(如禁止刊登烟草广告、实行政府专卖等),总之,"有各种各样符合总协定而又可正常使用的措施来达到泰国政府限制外烟进口的健康政策目标",因此,泰国禁止外烟进口不符合第20条第2款"所必需者"的条件。

(案例来源:赵维田《世界贸易组织(WTO)法律制度》,
吉林人民出版社,2000年版)

第十章　国际商事仲裁

教学要求

在国际商事活动中，由于双方分处于不同的国家或地区，合同的履行在很大程度上受各国政治、经济和自然条件变化等因素的影响，情况复杂多变，双方当事人在执行合同的过程中出现这样或那样的争议，是在所难免的。国际商事仲裁是处理争议的一种常用方式。因此我们要了解在国际商事活动的交易方在采用仲裁方式处理争议时，该怎样签订国际商事仲裁协议，国际商事仲裁程序是如何规定的以及各国仲裁庭的仲裁裁决是否能得到承认和执行等相关规定。

第一节　国际商事仲裁法概述

按照国际上的习惯做法，对于国际商事活动过程中发生的争议，可以采取协商和解、仲裁和司法诉讼三种不同的方式来处理。协商和解是指在争议发生之后，由双方当事人进行磋商，双方都作出一定的让步，在彼此都认为可以接受的基础上达成和解协议，消灭纷争。这种做法的好处是，无须经过仲裁和司法诉讼程序，可以省去仲裁和诉讼和麻烦和费用，而且气氛比较友好，有利于双方贸易关系的进一步发展。但是，在某些情况下，双方当事人虽然经过协商和调解，但仍然不能达成和解协议。比如，争议所涉及的金额巨大，双方都不肯作出太大的让步；或者一方有意毁约，根本没有协商解决问题的诚意；或者双方各执一端，相持不下，虽经反复磋商，仍无法消除纷争等。遇到这种情况，就必须采取其他办法来解决，或者是进行仲裁，或者是向法院起诉。

一、国际商事仲裁的概念和特征

（一）国际商事仲裁的概念

国际商事仲裁就是双方当事人在争议发生之前或在争议发生之后，达成书面协议，自愿把他们之间的争议交给双方所同意的第三者进行裁决。

仲裁是解决对外经济贸易争议的一种使用比较普遍的方式，它既不同于友好的协商和调解，也不同于司法诉讼。同双方当事人友好协商和调解的做法相比较，仲裁的特点是有仲裁员参加，而且仲裁员是以裁判者的身份而不是以调解员的身份对双方争议的事项作出裁决。这种裁决一般是终局性的，对双方当事人都有约束力。如果败诉一方不自动执行裁决，胜诉一方有权向法院提出申请，要求予以强制执行。

（二）国际商事仲裁的特征

仲裁之与诉讼而言有其固有的特征：

1. 仲裁的民间性

司法诉讼中法院是国家机器的重要组成部分，具有法定的管辖权，当一方向法院起诉时，无须事先征得对方的同意，而由有管辖权的法院发出传票，传唤对方出庭；仲裁机构是民间组织，没有法定的管辖权；

2. 提交仲裁争议的自愿性

仲裁是在自愿的基础上进行的，如果双方当事人没有达成仲裁协议，任何一方都不能迫使另一方进行仲裁；仲裁机构只能根据双方当事人仲裁协议受理提交给它处理的案件。

3. 仲裁审理灵活、迅速性

法院的法官都是由国家任命或由选举产生的，诉讼当事人都没有任意指派或选择法官的权利，而仲裁员则是由双方当事人指定的；按照有些国家的法律，仲裁员也可不必像法院的法官那样严格地适用法律，而可以按照商业惯例或所谓“公平合理”的原则对争议事项作出裁决。因此，对双方当事人来说，仲裁比司法诉讼具有较大的灵活性，有较多的选择自由，而且由于仲裁员一般多是贸易界的知名人士或有关方面的专家，对国际贸易比较熟悉，所以处理问题一般比较迅速及时。

4. 仲裁审理的秘密性

仲裁一般是秘密进行的，不像法院那样公平进行审理，仲裁裁决也不必像法院裁决那样，在报纸或官方刊物上公布，所以，采用仲裁方式解决争议，更能适合双方当事人不愿将其商业秘密公之于从的要求，而且对双方贸易关系的损害也较少。

正是由于仲裁具有这些特点。因此,在国际经济贸易中,当争议双方通过友好协商不能解决问题时,一般都愿意采取仲裁的方式来解决他们之间的争端。

二、规范国际商事仲裁的国际公约以及示范法

(一)《承认和执行外国仲裁裁决的公约》(Convention on the Recognition and Enforcement of Foreign Arbitral Awards)

为了解决各国在承认和执行外国裁决问题上的分歧,1923 年国际联盟主持签订了《日内瓦仲裁条款》,1927 年又在日内瓦签订了《日内瓦仲裁条款议定书》。二战后,在联合国的主持下,来自 45 个国际和有关国际组织的代表在纽约召开国际商事仲裁会议,并且通过了《承认和执行外国仲裁裁决的公约》,简称《纽约公约》,它总结了前两个公约的主要内容以及国际、国内仲裁立法的得失,反映了 20 世纪各国承认与执行外国仲裁裁决的主要实践,对各国相关立法、实践及其他有关条约影响很大,被誉为是"整个商法历史上最有效的国际立法实例",是"国际仲裁大厦最重要的一根支柱"。截至 1998 年 8 月已有 145 个国家或地区批准加入和继承、适用该公约,这说明公约虽然不是完美无缺,却是行之有效的。透过国际条约这一形式,《纽约公约》实质上就是为世界各国提供了一整套简捷的承认与执行仲裁裁决的程序和条件,使得仲裁裁决的承认和执行富有效率。可以说,《纽约公约》代表了法院倾向于强制执行(pro-enforcement)仲裁裁决的国际趋势,是商事仲裁国际性和普遍性优势的最重要的保证。

(二)《联合国国际贸易法委员会国际商事仲裁示范法》(UNCITRAL Model Law on International Commercial Arbitration)

《联合国国际贸易法委员会国际商事仲裁示范法》,简称《国际商事仲裁示范法》。1985 年 6 月 21 日联合国国际贸易法委员会主持制定,1985 年 12 月 11 日联合国大会通过批准该示范法的决议,其宗旨是协调和统一世界各国调整国际商事仲裁的法律。建议各国从统一仲裁程序法的愿望和国际商事仲裁实践的特点出发,对该示范法予以适当的考虑。

《国际商事仲裁示范法》共 8 章 36 条。第一章,总则(第 1—6 条);第二章,仲裁协议(第 7—9 条);第三章,仲裁庭的组成(第 10—15 条);第四章,仲裁庭的管辖权(第 16—17 条);第五章,仲裁程序的进行(第 18—27 条);第六章,裁决的作出和程序的终止(第 28—33 条);第七章,对裁决的追诉(第 34 条);第八章,裁决的承认和执行(第 35—36 条)。

该示范法在国际商事仲裁的含义中对"国际性"进行了宽泛的解释,同时对什

么是该法所称的仲裁也做出了解释，既承认机构仲裁，又承认临时仲裁。关于“商事”一词，该示范法没有在条文中作出规定，而是在注释里做了广义的解释，指明包括契约性和非契约性的一切商事关系，以使其涵盖所有具有商业性质的关系所产生的争议。商事包括但不限于：任何提供或交换货物与服务的商业交易；销售协议；商业代理；财务代理；租赁；工程建设；咨询；工程技术应用；许可；投资；融资；银行；保险；开采协议或特许使用；合资或其他形式的工商业合作；货物或旅客的空中、海上、铁路、公路运输等。

该示范法公布后，对各国的仲裁立法产生了巨大影响，对规范国际商事仲裁起到了积极的推动作用。随着经济全球化的发展，各国关于仲裁的国内立法以及由此所确立的仲裁制度日益趋同，许多国家或地区按照示范法的规定建立健全了仲裁法律制度，代替了原有的仲裁立法。如美国的许多州、加拿大、澳大利亚、俄罗斯、意大利、新西兰、英国以及中国的香港等，都以示范法为蓝本稍加修改或直接移植使用。中国 1994 年的《仲裁法》在起草过程中也参考了该示范法。

（三）《解决国家与他国国民之间投资争议公约》《Convention on the Settlement of Investment Disputes between States and Nationals of Other States》

《解决国家与他国国民间投资争端公约》也称《华盛顿公约》，其宗旨是为国家与他国国民之间的投资争议提供便利。该公约在 1965 年 3 月 18 日，由世界银行执行董事在华盛顿通过，1966 年 10 月 4 日正式生效。截至 1995 年底，该公约共有正式缔约国 125 个。我国已于 1993 年 1 月 7 日正式加入该公约。

第二节　国际商事仲裁的机构和规则

一、我国的国际商事仲裁机构和仲裁规则

（一）我国的国际商事仲裁机构

为了适应对外经济贸易发展的需要，原中央人民政府于 1954 年通过决定，在中国国际贸易促进委委员会同设立对外贸易仲裁委员会；1958 年，国务院又作出决定，在中国国际贸易促进委员会内设立海事仲裁委员会。这是我国两个民间性质的常设仲裁机构。其中，对外贸易仲裁委员会的名称曾作过两次变更，一次是 1980 年经国务院批准改名为“对外经济贸易仲裁委员会”，另一次是 1988 年经国务院批准改名为“中国国际经济贸易仲裁委员会”，其受理案件的范围也有所扩大，包括国际经济贸易中发生的一切争议。此外，1984 年经国务院批准，对外经济贸

易仲裁委员会在广东省深圳特区设立了办事处，就近处理与深圳特区有关的涉外经济贸易案件。1990 年，中国国际经济贸易仲裁委员会又在上海设立了一个分会。

（二）中国国际经济贸易仲裁委员会的仲裁规则

我国第一个仲裁规则，是对外贸易仲裁委员会 1956 年制订的《仲裁程序暂行规则》，这个规则使用了三十多年，其中有些内容已经不能适应对外开放的要求。因此，中国国际经济贸易仲裁委员会根据我国的法律和我国缔结或者参加的国际条约（如 1958 年承认与执行外国仲裁裁决公约），并参照国际惯例，对该规则进行了重大修改，制定了一项新的仲裁规则，称为《中国国际经济贸易仲裁委员会仲裁规则》。该规则业已经 1988 年 9 月 12 日中国国际贸易促进委员会第一届第三次委员会会议通过，并于 1989 年 7 月 1 日起正式使用。该规则分为总则、仲裁程序和附则三章，全文共 43 条。

二、外国及国际性的仲裁机构和仲裁规则

当今世界有 100 多个国家和地区有常设的国际商事仲裁机构，其一般可分为国际性、地区性、国别性等仲裁机构。

（一）国际性常设仲裁机构

1. 国际商会仲裁院（The International Chamber of Commerce，简称 ICC）

该机构成立于 1923 年，是国际商会下设的常设仲裁机构。国际商会的总部设在巴黎。国际商会仲裁院是当今世界上提供国际经济贸易仲裁服务较多的和具有广泛影响的国际仲裁机构，是国际商事仲裁的一大中心。

2. 解决投资争议国际中心（The International Centre for the Settlement of Investment Dispates，简称为 ICSID）

该中心于 1965 年在国际复兴开发银行的倡导下，签订了旨在解决有关国家与其他国家国民之间投资纠纷的《解决缔约国与他国国民间投资争端公约》。该公约于 1966 年生效，目前已有近百个成员国。解决投资争议国际中心设在美国华盛顿，专门处理国际投资争议。

（二）地区性常设仲裁机构

1. 美洲国家商事仲裁委员会

该委员会是拉丁美洲国家成立的一个区域性国际仲裁组织。1975 年拉美 12 个国家签订了《美洲国家国际商事仲裁公约》。

2. 亚洲及远东经济委员会商事仲裁中心

该中心是由联合国亚洲及远东经济委员会组织设立并制定仲裁规则。该仲裁中心设在泰国曼谷。

(三) 国别性常设仲裁机构

1. 瑞典斯德哥尔摩商会仲裁院(The Arbitration Institute of Stockholm Chamber of Commerce, 简称 AISCC)

它成立于 1917 年,是瑞典全国性的仲裁机构。瑞典在政治上是中立国,国际上认为该仲裁院在解决东西方经贸争议问题方面是较理想的机构。中国国际贸易仲裁委员会已同该仲裁院建立了业务上的联系,并且建议我国的涉外经济合同双方当事人在选择第三国仲裁时,对该仲裁院以优先考虑。

2. 伦敦国际仲裁院(London Court of International Arbitration, 简称为 LCIA)

它成立于 1985 年,制定、使用了新的《伦敦国际仲裁规则》,当事人也可约定适用《联合国国际贸易法委员会仲裁规则》。

3. 瑞士苏黎世商会仲裁院

它成立于 1910 年,设在瑞士的苏黎世,有《瑞士联邦苏黎世商会调解与仲裁规则》。该仲裁院既受理国内商业和工业企业之间的争议案件,也受理涉外经济贸易争议案件。由于瑞士在政治上是中立国,国际上较多的经贸纠纷都交给它仲裁。

4. 美国仲裁协会(American Arbitration Association, 简称 AAA)

它成立于 1926 年,总部设在纽约市,并在全国各地设立分会,是全国最大的综合性常设仲裁机构。美国仲裁协会是民间常设仲裁机构,有《商事仲裁规则》。它同我国仲裁机构建立了业务联系,中美两国仲裁机构成功地联合调解解决过两国贸易中发生的争议案件。

5. 日本商事仲裁协会(Japan Commercial Arbitration Association)

它成立于 1950 年,总营业所设在东京,在神户、名古屋、大阪和横滨也设有营业所。它有《商事仲裁规则》。该仲裁协会除进行仲裁工作外,还从事对仲裁人员的培训,同外国仲裁机构进行业务合作等项工作。日本商事仲裁协会同 20 多个外国仲裁机构保持联系,并订有双边协议。

6. 香港国际仲裁中心(The Hong Kong International Arbitration Centre, 简称 HKIAC)

7. 中国国际经济贸易仲裁委员会(下称仲裁委员会)(China International Economic and Trade Arbitration Commission, 简称 CIETAC)

又称中国国际商会仲裁院。它成立于 1956 年,原名为对外贸易仲裁委员会。

仲裁委员会于1980年改名为对外经济贸易仲裁委员会，后又于1988年改为现名，并于2000年同时启用中国国际商会仲裁院的名称。仲裁委员会先后于1989年和1990年分别在深圳特区和上海市设立了深圳分会和上海分会，并于1999年在重庆、成都、长沙、福州和大连设立了5个办事处。仲裁委员会和其深圳分会和上海分会是一个整体，在整体上享有一个管辖权，适用统一的仲裁规则和仲裁员名册。

（四）仲裁规则

1. 联合国国际贸易法委员会仲裁规则

1976年在第31届联合国大会上正式通过了联合国国际贸易法委员会仲裁规则。这套规则是供双方当事人自愿选择使用的，它在任何国家都不具有普遍的法律约束力。由于联合国没有成立常设的仲裁机构，因此这项仲裁规则是供临时仲裁使用的，即适用于没有常设仲裁机构管理的仲裁。但是为了便于仲裁的进行，双方当事人也可以在仲裁协议中指定任何一个常设仲裁机构，委托它负责仲裁的行政管理工作。

2. 国际商会仲裁院和仲裁规则

国际商会仲裁院成立于1932年，它是一个处理国际性商事争议的仲裁机构。仲裁院本身并不直接处理争议案件，它的主要任务是：① 保证该院所制定的仲裁规则和调解规则的适用；② 指定仲裁员或确认当事人所指定的仲裁员；③ 决定对仲裁员的异议是否正当；④ 批准仲裁裁决的形式。该仲裁院现行仲裁规则是1975年6月1日开始生效的规则。

第三节 仲裁协议

一、仲裁协议的概念

仲裁协议是双方当事人表示愿意把他们之间的争议交付仲裁解决的一种书面协议。它是仲裁机构或仲裁员受理争议案件的依据。仲裁机构只受理有仲裁协议（或仲裁条款）的争议，不能受理无仲裁协议的争议。我国国际经济贸易仲裁委员会仲裁规则规定，仲裁委员会根据当事人在争议发生之前或者在争议发生之后达成的仲裁协议和一方当事人的书面申请，受理有关国际经济贸易的争议案件。

二、仲裁协议的种类

除有的国家，如美国并不否认仲裁协议可以口头形式存在以外，绝大多数国家的仲裁立法和实践以及国际条约都不承认所谓的“君子协定”，明确规定仲裁协议必须以书面的形式存在。在书面形式中，仲裁协议主要有以下几种类型：

（一）仲裁条款

仲裁条款（arbitration clause）是由双方当事人在争议发生之前订立的，表示愿意把将来可能发生的争议提交仲裁解决的协议，这种协议一般都包含在主合同内，作为合同的一项条款。这是目前国际商事仲裁协议普遍采用的一种形式。常设仲裁机构一般都拟定有自己的示范仲裁条款，推荐给当事人订立合同时采用。我国《中国国际经济贸易仲裁委员会仲裁规则（2000 年）》第 3 条就规定：“仲裁协议系指当事人在合同中订明的仲裁条款，……”中国国际经济贸易仲裁委员会的示范仲裁条款为：“凡因本合同引起的或与本合同有关的任何争议，均应提交中国国际经济贸易仲裁委员会，按照申请仲裁时该会先行有效的仲裁规则进行仲裁。”仲裁裁决是终局的，对双方均有约束力。

（二）仲裁协议书

仲裁协议书（arbitration agreement or submission agreement）是指双方当事人为将来某项争议交付仲裁而订立的专门协议，这种协议独立于合同，一般是在争议发生之后才达成的。在国际上也有不将上述两种类型加以区分的，统称为仲裁协议。

（三）仲裁特别约定

仲裁特别约定，即为双方当事人在往来信函，如电报、电传、电子数据交换和电子邮件中，同意交付仲裁的意思表示等，是双方当事人将争议交付仲裁的特别约定。

根据我国国际经济贸易仲裁委员会仲裁规则的规定，仲裁协议包括当事人在合同中订立的仲裁条款，或者以其他方式达成的提交仲裁的书面协议，两者具有同等法律效力。只要双方当事人在合同中订有仲裁条款，日后如果双方发生了争议，任何一方都可以根据合同中的仲裁条款提出仲裁，无需另外再签订任何同意提交仲裁的协议，只有在合同中没有订立仲裁条款的情况下，才要求双方当事人在提交仲裁之前达成一项提交仲裁的协议。世界上大多数国家的做法与我国的做法基本相同。

三、涉外仲裁协议的法律效力

仲裁协议是仲裁的基础，它的效力具体表现为仲裁协议对于仲裁当事人、仲裁机构以及仲裁裁决本身的作用和影响。主要包含以下几个方面：

（一）赋予并限制当事人的程序权利，排除法院的管辖权

当事人签订有仲裁协议的，当争议发生时，任何一方都有权提请仲裁，通过仲裁解决当事人之间的争议，这是仲裁协议赋予当事人的权利。另一方面，如果没有仲裁协议，当事人则无权请求仲裁；若一方当事人在无仲裁协议情况下提请仲裁的，仲裁机构不予受理。同时，仲裁协议也限制了当事人选择诉讼的手段解决纠纷。订有仲裁协议的，当事人只能进行仲裁，且向仲裁协议约定的仲裁机构提请仲裁，而不能在法院提起诉讼。我国《民事诉讼法》第 257 条规定："涉外经济贸易、运输和海事中发生的纠纷，当事人在合同中订有仲裁条款或者事后达成书面仲裁协议，提交中华人民共和国涉外仲裁机构或者在其他仲裁机构仲裁的，当事人不得向人民法院起诉。"各国仲裁法也都有类似规定。

（二）赋予仲裁机构及仲裁庭对争议案件的仲裁管辖权

仲裁属于协议管辖，当事人选择仲裁是自治行为。通过仲裁协议，当事人赋予特定的仲裁机构或仲裁庭对特定的争议具有管辖权，仲裁庭进行审理并作出裁决必须以仲裁协议为依据。只有存在有效仲裁协议，并且在仲裁协议规定的争议范围内，仲裁庭才有权进行审理并作出裁决。

（三）强制执行仲裁裁决的依据

当事人在仲裁协议中一般都会规定双方承认仲裁裁决的效力，承诺主动履行仲裁裁决。对于一方当事人不履行仲裁裁决的，另一方当事人可以向有关法院申请强制执行。申请强制执行时，除提交裁决书外，通常还必须提供仲裁协议的正本或经正式证明的副本。1958 年《联合国关于承认和执行外国仲裁裁决公约》第 4 条规定："为了使裁决能在另一缔约国获得承认和执行，申请人应该在申请时提供：正式认证的裁决正本或经正式证明的副本；仲裁协议正本或经正式证明的副本。只有有效的仲裁协议才具有上述作用。"我国仲裁法律也有相应规定。

四、仲裁协议的内容

对于仲裁协议的内容，国际上没有统一的要求。但有一点是明确的，即协议的内容必须是具体明确的，以便在需要提交仲裁时，有遵循的依据，而不致引起争议。除此之外，各国有关仲裁的立法和各常设仲裁机构的规则，都在原则上承认双方当事人可以自由商定仲裁协议的内容，但同时也都在不同的程度上对之进行限制。如仲裁协议的内容不得违法一国公共秩序，不准许把一国法律规定不属于仲裁管辖的事项提交仲裁，不得在协议中规定将已提交仲裁的案件再向法院起诉等。因此，仲裁协议的内容不得违反仲裁地国家和其他有关国家的禁止性和强制性的

规定。

仲裁协议的内容，无论是在合同中订立的仲裁条款还是争议发生后提交仲裁的协议，其内容主要包括：

（一）提请仲裁的事项

即提请仲裁的争议范围。仲裁事项必须订得概括而且明确，不可遗漏。如果仲裁事项有遗漏，日后发生的争议超出了范围，则仲裁庭也无权审理。

（二）仲裁地点和仲裁机构

一般地说，在哪个国家仲裁，往往就要适用那个国家的仲裁程序法规；如果当事人对适用的实体法未作约定的话，则仲裁庭将根据仲裁所在地国的冲突规则确定应适用的实体法。这将对仲裁结果产生影响。如果约定临时仲裁庭仲裁，则应订明组成仲裁庭的人数及如何指定，亦即采用什么程序审理等；如果约定在常设仲裁机构仲裁，则应写明仲裁机构的名称。

（三）仲裁程序规则以及仲裁裁决的效力

仲裁程序。主要是规定进行仲裁的程序和手续，包括如何提出申请、如何指定仲裁员组成仲裁庭、如何审理、如何做出裁决，以及如何收取仲裁费用等。仲裁裁决的效力一般应订明是终局的，对双方均具有约束力。但也有国家规定经仲裁作出裁决以后，如败诉方起诉，法院仍可以受理，前提是当事人在仲裁条款中未明确排除法院干预。

有的还包括仲裁员人数及指定方法、仲裁适用的法律、仲裁费用的承担以及仲裁使用的语言等。

第四节 国际商事仲裁程序

一、我国的国际商事仲裁程序

根据《中国国际经济贸易仲裁委员会仲裁规则》，有关仲裁程序的主要内容介绍如下：

（一）仲裁申请、答辩和反诉仲裁申请是提起仲裁的必要法律程序

根据仲裁规则的规定，仲裁委员会只受理当事人根据仲裁协议以书面方式提出仲裁申请的案件。申诉人在仲裁申请书中应写明下列内容：① 申诉人和被诉人的名称和地址；② 申诉人所依据的仲裁协议；③ 申诉人的要求及所依据的事实和证据。在提出仲裁申请时，申诉人应在仲裁委员会的仲裁员手册中指定一名仲裁

员,或者委托仲裁委员会主席代为指定。同时,申请人还应按仲裁费用表的规定,预缴仲裁费。仲裁规则第 8 条规定,被诉人应当在收到仲裁委员会送达的仲裁申请书之日起 20 天内在仲裁员名册中指定一名仲裁员,或者委托仲裁委员会主席代为指定。同时,应在收到仲裁申请书之日起 45 天内向仲裁委员会提交答辩书及有关证明文件。被拆人对仲裁委员会已经受理的案件,如要提出反诉,应在上述提交答辩书的期限内提出,在反诉书中应写明反诉的要求及所依据的事实和证据,并提交有关的证明文件。被诉人在提出反诉时,还应按仲裁费用表的规定预缴仲裁费。双方当事人都可以委托代理人向仲裁委员会办理有关仲裁事项。代理人可以由中国公民或外国公民担任。

(二) 仲裁庭的组成

仲裁庭的组成仲裁庭通常由 3 人组成。由双方当事人各自在仲裁委员会仲裁员名册中指定 1 名仲裁员,然后由仲裁委员会主席在仲裁员名册中指定第 3 名仲裁员作首席仲裁员,组成仲裁庭,共同审理案件。如果双方当事人同意,也可以仅由一名独任仲裁员审理案件。其具体做法是:由双方当事人在仲裁员名册中共同指定或者委托仲裁委员会主席指定一名仲裁员为独任仲裁员,成立仲裁庭,单独审理案件。在双方约定由一名独任仲裁员审理案件的情况下,如果被诉人在收到仲裁申请书之日起 20 天内,未能就独任仲裁员的人选达成一致意见,则由仲裁委员会主席指定一名独任仲裁员。双方当事人必须在仲裁委员会的仲裁员名册中指定他们认为合适的仲裁员。列入仲裁员名册的仲裁员是由中国国际贸易促进委员会(中国国际商会)从对国际经济、科学技术和法律等方面具有专门知识和实际经验的中外人士中聘任的。他们当中既有中国公民,也有一些外籍人士。这是新的仲裁规则的一个重大的变化。按照原来的《仲裁程序暂行规则》的规定,仲裁委员会的仲裁员只能由中国公民担任。这次修改仲裁规则时,吸取了国际商事仲裁的习惯做法,聘任了一些外籍人士为仲裁员,这就给当事人们特别是外国当事人在选定仲裁员时有更大的选择自由,从而增强其在中国进行仲裁的信心。新的仲裁规则的另一个重大的变化,是在规则中增加了有关要求仲裁员回避的内容,这也是原来的《仲裁程序暂行规则》所没有的。按照新规则第 18 条的规定,被指定的仲裁员,如果与案件有利害关系,应当自行向仲裁委员会申请回避,当事人也有权向仲裁委员会提出书面申请,要求该仲裁员回避。有关仲裁员回避的决定,由仲裁委员会主席作出。这些规定的目的,是为了确保仲裁的公正性,避免由于有利害关系的仲裁员参与仲裁而可能发生的偏差。

（三）应当开庭审理案件

仲裁审理按照仲裁规则第 22 条的规定，仲裁庭应当开庭审理案件。但是，如果双方当事人同意或提出申请，仲裁庭也可以不开庭审理，只依据书面文件进行审理，并作出裁决。仲裁庭开庭审理的日期，由仲裁庭与仲裁委员会秘书处商定，并于开庭前 30 天通知双方当事人。当事人如有正当理由，可以请求延期开庭，但必须在开庭前 12 天向仲裁委员会秘书处提出要求，由仲裁庭与仲裁委员会秘书处商议后作出决定，并通知双方当事人。仲裁地点一般应在仲裁委员会所在地——北京进行审理。但经仲裁委员会主席批准，也可以在其他地点进行审理。仲裁庭在开庭审理案件时，不公开进行，如果双方当事人要求公开审理，则由仲裁庭作出决定。仲裁规则还规定，在仲裁庭开庭时，如果一方当事人或其代理人不出席，仲裁庭可以进行缺席审理和作出缺席裁决。仲裁裁决按照仲裁规则第 32 条的规定，仲裁庭应当在案件审理终结之日起 45 天内作出仲裁裁决书。凡是由 3 名仲裁员组成仲裁庭审理的案件，裁决应依多数仲裁员的意见决定，少数仲裁员的意见可以作为记录附卷。仲裁庭对其作出的仲裁裁决，应当说明裁决所依据的理由，并由仲裁庭全体或多数仲裁员署名。仲裁裁决是终局的，任何一方当事人都不得向法院起诉，也不得向其他机构提出变更仲裁裁决的请求。

二、外国的常设仲裁机构之全国性仲裁机构的仲裁程序

（一）伦敦仲裁院成立于 1892 年，是英国最重要的常设仲裁机构。仲裁院由伦敦商会和伦敦市指定的委员组成，其行政管理权操在伦敦商会手中。该仲裁院既受理双方当事人自愿提交仲裁的案件，也可以对法院转交的商事仲裁案件进行仲裁。仲裁院备有仲裁员手册，除当事人有不同的规定外，一般是由一名仲裁员进行仲裁。该院的一个特点是设有“应急委员会”，在遇有紧急案件时，该委员会有义务立即指定一名仲裁员或公断人对有关案件进行审理。票据该院的仲裁规则，仲裁员的权力比较广泛，例如，当案件涉及外地市场价格时，仲裁员有权要求该地的商会、行业公会或政府有关部门提供物价证明书，并以此作为仲裁的依据。对于纯属商品品质方面的争议，例如关于卖方所交付的货物是否符合货样或者是否符合合同规定的标准的争议，仲裁员可进行非正式和简易的审理，即仲裁员可把货物同货样或合同规定的标准进行比较，并于审阅有关单证后，无须听取双方当事人口头提出的证据或理由，即可作出裁决。

（二）美国仲裁协会成立于 1926 年，它是由 1922 年成立的美国仲裁协会和 1925 年成立的美国仲裁基金会合并组成的。总部设在纽约，在美国其他城市设有

分会。仲裁协会备有仲裁员名册,其中载有居住在全国一千五百多个城市的一万名以上的各界人士的名单。按照该协会的仲裁规则,对仲裁员的国籍没有任何限制,而且还规定如在争议的双方当事人中有一方是美国以外国家的公民,则中立仲裁员(首席仲裁员)或独任仲裁员应由不同于双方当事人国籍的人员担任。如果双方当事人对指定仲裁员的方式没有达成协议,则由仲裁协会把仲裁员名单写成一式两份,分别送交双方当事人,双方当事人须于 7 天之内把不同意的人员从名单中划去,并在余下的名单中编列号码标明先后次序,退回仲裁协会,由仲裁协会参照双方当事人所标示的先后顺序代为指定仲裁员。如果当事人不按规定的时间退回名单,就认为是对名单全部同意没有异议。

(三) 瑞典斯德哥尔摩商会仲裁院成立于 1917 年,是瑞典全国性的仲裁机构。由于瑞典在政治上是中立国,近年来该仲裁院已逐渐发展成为所谓东西方国际贸易仲裁的中心。我国从西欧、北美进口的成套设备合同,有相当一部分是规定在瑞典进行仲裁的。斯德哥尔摩仲裁院没有统一的仲裁员名单,对仲裁员的国籍没有任何限制,双方当事人可以指定任何国家的公民为仲裁员。按照该院仲裁规则的规定,双方当事人可以在仲裁协议中自行确定仲裁员的人数,如果双方当事人对此没有作出规定,则按 3 名仲裁员组成仲裁庭,由双方当事人对此没有作出规定,则按 3 名仲裁员组成仲裁庭,由双方当事人各指定 1 名,另 1 名须由仲裁院指定,并担任仲裁庭的主席。如果双方当事人事先预定由 1 名独任仲裁员进行审理,则该独任仲裁员亦必须由仲裁院指定。这是瑞典仲裁的一个特点,其目的是使仲裁院牢牢掌握决定仲裁庭主席和独任仲裁员人选的权力。仲裁庭必须在指定仲裁员之日起 1 年内作出裁决。仲裁裁决必须说明理由,否则法院有权以裁决的形式不符合法律的要求为理由予以撤销。当事人如对裁决有异议,可在收到裁决后 60 天内向法院提出,如果超过了上述法定期限,就不能再对裁决提出异议。

三、联合国国际贸易法委员会仲裁规则的仲裁程序

根据联合国国际贸易法委员会仲裁规则的规定,仲裁员的人数得是由双方当事人事先约定。如双方未约定选任 1 名独任仲裁员,则应指定 3 名仲裁员。如双方同意指定 1 名独任仲裁员,该仲裁员的国籍应不同于双方当事人的国籍。如须指定 3 名仲裁员,则由双方当事人各指定 1 名仲裁员,然后由被指定的两名仲裁员指定第 3 名仲裁员,并由其担任首席仲裁员。首席仲裁员的国籍应当不同于双方当事人的国籍。这是国际仲裁的习惯做法,其目的是保证独任仲裁员和首席仲裁员的中立性,防止他们因与当事人的国籍相同而在仲裁员袒护本国的当事人。

联合国仲裁规则的特点之一是，它在任何情况下都不会由于双方当事人不能就仲裁人员人选达成协议而影响仲裁的进行。其办法是由一个叫做“指定仲裁员的机构”可以由双方当事人在仲裁协议中指定，也可以由双方当事人在争议发生之后指定，如果双方当事人不能就“指定仲裁员的机构”达成协议，则任何一方当事人可请求海牙常设仲裁法庭秘书长任命“指定仲裁员的机构”。它可以是一个现存的仲裁组织或商业团体，也可以是某个个人。

仲裁地点得由双方当事人在仲裁协议中规定，如双方当事人未能就仲裁地点达成协议，则应由仲裁员根据具体情况决定仲裁的地点。仲裁员应适用双方当事人规定适用于其合同的法律，如双方当事人对此未做规定，仲裁员可按其认为适用的法律冲突规则来确定应当适用的法律。但在任何情况下，仲裁员都应当考虑合同条款的规定和贸易惯例。在作出仲裁裁决以前，如双方当事人同意和解，仲裁员可以发出停止仲裁程序的命令，也可以以仲裁裁决的方式记下调解的内容。

四、国际商会仲裁院

国际商会仲裁院的仲裁程序主要包括：无论是国际商会的会员国还是非会员国都可以采用该规则进行仲裁。当事人如申请仲裁，可根据仲裁协议或仲裁条款直接向设在巴黎的国际商会仲裁院秘书处提出，也可以通过申诉人所在国的国际商会国别委员会转交该院秘书处。秘书处在收到申诉人的仲裁申请书后，应将申诉书的副本及有关文件送交被诉人。被诉人在收到上述文件后，应于 30 日内作出答复。按照国际商会仲裁规则的规定，如果双方当事人已商定由 1 名独任仲裁员来处理他们之间的争议案件，但双方当事人不能就独任仲裁员的人选达成协议，则由仲裁院代为指定 1 名仲裁员。如应指定 3 名仲裁员，则双方当事人应各指定 1 名仲裁员并提请仲裁院予以确认，第 3 名仲裁员由仲裁院指定，并担任仲裁庭的主席。如双方当事人未能就仲裁员的人数达成协议，仲裁院可指定 1 名独任仲裁员进行仲裁。如一方当事人要求采用 3 名仲裁员，仲裁院将根据案情的重要性或复杂性对是否应当指定 3 名仲裁员进行决定。为了保证仲裁员的中立性，独任仲裁员或仲裁庭主席的国籍必须不同于双方当事人的国籍。

如果一方当事人拒绝仲裁，仲裁仍应按仲裁规则的规定进行。如有人就仲裁条款是否存在及其有效性的问题提出抗辩，仲裁院只要认为有存在仲裁条款的初步证据，就可以下令进行仲裁。但这对于该项抗辩是否成立并无影响，关于这个问题应由仲裁员作出决定。仲裁规则还规定，仲裁员不因有人主张该合同无效或不存在而中止其对争议的管辖权，只要仲裁员认为仲裁条款是有效的，即使合同无效,但仲裁员仍可继续行使其管辖权,对双方当事人的权利、义务作出决定,并对他们的请求权和抗辩作出说明。在开始审理案件以前,仲裁员必须就其职责范围提出一份报告,送交仲裁院批准。除非双方当事人同意,仲裁院不能授予仲裁员作为友好调解人处理案件的权限。裁决须以书面作成,除经双方当事人明示排除外,还应附具理由。裁决书的草案须经仲裁院批准,然后才由仲裁员签名,原则上仲裁院只审查形式,虽然它也有权就实体问题提出意见,但最后取舍的权利仍属仲裁员。仲裁裁决是终局性的,当事人应当自动执行裁决,并放弃任何形式的上诉权。

第五节 国际商事仲裁裁决的承认和执行

一、承认与执行仲裁裁决的含义和方式

(一)承认与执行仲裁裁决的含义

国际商事仲裁的承认与执行是指法院或其他法定的有权机关,承认国际商事仲裁裁决的终局约束力并对不自觉执行的一方经申请予以强制执行的制度。国际商事仲裁作出后,在最理想的状况下,是当事人自动履行裁决结果。原则上当事人双方同意以仲裁方式解决纠纷,那么对于裁决结果就应该心悦诚服才是。但有些当事人在不利的裁决作出之后,会有所不平,甚至不自动履行该裁决。而在非裁决地国执行该裁决,更是困难。

仲裁裁决的承认与执行具有密切的关系。承认是执行的前提,一项外国(法域)裁决如被执行,则其效力必然已得到管辖法院的承认,从这个意义上讲,“承认”被并入“执行”。但是,承认裁决并非没有独立的价值,裁决的承认并不必然导致裁决的被执行,如一项裁决的内容成为关联诉讼案的证据,法院承认它就足够了。1958年《承认及执行外国仲裁裁决公约》(下称《纽约公约》)第3条规定:“各缔约国承认仲裁裁决具有拘束力,并依援引裁决地之程序规则及下列各条所载条件执行之。承认或执行适用本公约之仲裁裁决时,不得较承认或执行内国仲裁裁决附加过苛之条件或征收过多之费用。”显然,公约肯定承认具有独立的价值,即承认裁决的拘束力是缔约国的一项基本义务。另一方面,仲裁的一方当事人如向法院就同一争议事项提出诉讼,另一方当事人可凭有效的仲裁裁决要求法院以“一事不再理”为由终结诉讼。总之,仲裁裁决的承认在于固定、确认裁决的效力,防止当事人反言;仲裁裁决的执行则是法院根据胜方当事人的申请,以查封、扣押、强行划拨银行存款等强制手段迫使败方当事人履行裁决。正因为如此,实践中,当事人主要是

申请执行仲裁裁决。

通常说来，从一国的角度看，仲裁裁决的承认与执行包括三种情况：内国仲裁裁决在内国法院的执行、内国仲裁裁决（无论有无涉外因素）在外国的承认与执行、外国（或非内国）仲裁裁决在内国的承认与执行。就中国区际仲裁裁决而言，应只包括各法域相互执行彼此的仲裁裁决的情况。在“一国两制”的情形下，除非法律另有明确规定，确认外法域仲裁裁决的效力是不言而喻的，不必专门确立一套程序和条件。同时，各法域在执行本地仲裁裁决时，无须以与外法域协调为必要条件，不必纳入区际仲裁裁决的执行体制。

（二）承认与执行仲裁裁决的方式

从国际实践看，承认与执行外国仲裁裁决的方式主要有三种：第一种：将外国仲裁裁决视为法院判决，除适用国际条约外，基本按执行外国判决的条件和程序予以执行。如欧洲的意大利、葡萄牙等国，拉丁美洲大多数国家以及亚洲的泰国、伊朗等一些国家采用这种做法。第二种：将外国仲裁裁决视为合同之债，这种做法在英美法系国家较为普遍，执行外国裁决要由当事人基于该裁决提出普通法诉讼。在这一方式下，外国裁决的执行要较上一种方式容易。第三种：将外国裁决视为本国裁决。如法国基本上把执行内国裁决的规则扩大适用于外国裁决，日本也没有专门的承认及执行外国裁决的规则。

二、国际商事仲裁的承认与执行的法律适用问题

国际社会先后制定了多项区域性和全球性国际公约及文件，以加强统一国际商事仲裁的承认与执行的实体立法。从而更有效的解决国际商事仲裁纠纷。这些国际公约及文件主要包括：联合国先后颁布的《联合国国际贸易委员会仲裁规则》、《联合国国际贸易法委员会仲裁示范法》、世界银行 1965 年主持制定的《解决国家与他国国际民间投资争端的公约》、1958 年联合国通过的《承认与执行外国仲裁裁决公约》（简称“纽约公约”）等。其中最为重要的当属“纽约公约”，目前已有约 146 个国家及地区加入该公约。我国也于 1986 年 12 月正式加入了“纽约公约”。该公约在解决国际商事仲裁的承认与执行上具有广泛的主导性重要作用。因此对该公约的必要了解就显得尤其重要。“纽约公约”在承认与执行国际商事仲裁方面的主要内容归纳如下：

(1) 缔约国应该相互承认与执行对方国家所作出的仲裁裁决。在承认与执行对方国家的仲裁裁决时，不应该在实质上比承认与执行本国的仲裁裁决提出更为

苛刻的条件或征收更高的费用；

(2) 申请承认与执行裁决的另一方当事人应该提供原裁决的正本和经过证明的副本，以及仲裁协议的正本或通过适当证明的副本，必要时还应附具译本；

(3) 拒绝承认与执行外国仲裁裁决方面即规定凡外国仲裁裁决有下列情况之一的，被请求执行国家的法院可以依照被诉人的请求，拒绝承认与执行：

① 原仲裁协议的当事人，根据对他们适用的法律，存在某种无行为能力的情况，或根据仲裁协议所选定的准据法，该项仲裁协议无效。

② 被诉人未接到关于指定仲裁员或进行仲裁程序的适当通知，或者由于其他情况未能对案件进行申辩。

③ 裁决所处理的事实，不包括在仲裁协议之内或超出了仲裁协议的范围。

④ 仲裁庭的组成或仲裁程序与双方当事人的协议不相符，或者当事人没有这种协议时与进行仲裁国家的法律不符。

⑤ 仲裁裁决对当事人还没有发生约束力，或者裁决已经由作出裁决的国家或据其法律作出裁决的国家的管辖当局撤销或停止执行。

⑥ 如果被请求承认与执行仲裁裁决的国家的管辖当局查明依照该国的法律不可以仲裁或调解或该裁决的承认与执行将和该国家的公共秩序相抵触时，也可以拒绝执行。

另外，国际商事仲裁中有关国家间存在的互惠关系或签订相关的双边条约，也常是承认与执行对方裁决的重要条件。在参加“纽约公约”的大多数国家或地区中都作了互惠保留，即只承认与执行在另一缔约国领土内作出的裁决。中国在参加此公约时也作了同样的保留。

三、我国在涉外商事仲裁承认与执行中的法律适用问题

中国内地有关处理涉外商事仲裁的国内立法，主要是国家立法机关制定的《中华人民共和国仲裁法》和《中华人民共和国民事诉讼法》，此外，还包括国家立法机关和有立法权的国家行政机关在其他的一些民商事立法中所规定的一系列有关商事仲裁条款。其中在承认与执行涉外商事仲裁方面所规定的主要内容归纳如下：

(1) 国外任何仲裁机构的裁决，需中国法院承认与执行的，应当由当事人直接向被执行人住所地或财产所在地的中级人民法院申请，人民法院依照中华人民共和国缔结和参加的国际条约或互惠原则办理；

(2) 经涉外仲裁机构作出的裁决，当事人不得再向人民法院起诉。如一方当事人不履行仲裁裁决的，当事人可向败诉人住所地或财产所在地中级人民法院申

请执行；

(3) 胜诉的一方当事人向有管辖权的法院提出了强制执行的申请，法院在受到申请后只对裁决作形式审查。法院认为裁决在形式上和程序上符合法律要求，即发布强制执行的命令，对裁决予以强制执行。但在执行过程中，若对方当事人依法提出了有效的异议，强制执行应中止，必须经法院审查后，再决定继续执行或宣布异议成立裁决不得执行。这些有效的异议一般包括被申请人提出证据证明仲裁裁决有下列情形之一的：

① 当事人没有在合同中订立仲裁条款或事后没有达成书面仲裁协议。

② 被申请人没有得到关于指定仲裁员或进行仲裁程序的通知，或者由于其他不属于被申请人负责的原因未能陈述意见。

③ 裁决的事项，不属于仲裁协议的范围或仲裁机构无权仲裁。

④ 仲裁庭的组成或仲裁程序与仲裁规则的规定不相符。

⑤ 如执行该仲裁裁决会违背社会公共利益。

如因上诉情况，仲裁裁决被人民法院裁定不予执行的，当事人可根据双方达成的书面协议重新申请仲裁，也可以向人民法院起诉。

(4) 中华人民共和国涉外仲裁机构作出的发生法律效力的仲裁裁决，当事人请求执行的，如果被执行人或其财产不在中国领域内，应当由当事人直接向有管辖权的外国法院申请承认与执行。

中国在加入国际的条约方面。主要是包括我国在内的约 146 个国家和地区加入的“纽约公约”。另外，我国还在与一些国家的双边经贸条约或司法协助条约中规定的相互承认与执行仲裁裁决的条款。这些公约和条款成为我国(外国)法院承认与执行外国(我国)仲裁裁决的重要依据。我国在“纽约公约”中作了两项保留声明即按照互惠基础上对另一缔约国领域内作出的仲裁裁决的承认与执行适用该公约，并只对根据中国法律认为属于契约性和非契约性的商事法律关系所引起的争议适用公约。而对于在非缔约成员国领土内作出的仲裁裁决，当事人请求我国法院承认与执行的，我国可根据有关外国与我国缔结的关于承认与执行仲裁裁决的双方的规定办理。在没有这种双边条约的情况下，我国法院可按互惠原则办理。如果既无条约又无互惠的，我国法院没有承担外国仲裁裁决的义务。

四、我国香港、澳门和台湾地区仲裁裁决的承认和执行

(一) 我国香港地区承认及执行外国仲裁裁决

在我国香港，承认与执行外国仲裁裁决的立法与实践深受英国的影响，基于所

谓"债务学说",法院把外国裁决当作双方当事人之间设立的一种债务契约,依可适用的法律审查该契约是否有效,执行该契约是否会违背该地的公共秩序。按照《仲裁条例》(Arbitration Ordinance,Cap. 341),外国裁决至少可视情况选择下列方式之一申请执行:

1. 在高等法院进行普通法诉讼

双方订有仲裁协议,则被视为同意履行仲裁庭作出的裁决,反之就是违约,胜方据此可向法院起诉要求对方履约。采用这种方法或许会经过较长时间的聆讯,但相比于未经仲裁的契约之诉而言,还是要简便得多,法院不再审理当事人之间最初的争议,只对由裁决构成的新契约进行形式上的审查。

2. 按执行"外国裁决"的程序申请执行

这里的"外国裁决"是指来自同为1924年《仲裁条款议定书》、1929年《关于执行外国仲裁裁决的公约》缔约国的仲裁裁决。由于这两个条约渐为更具优势的《纽约公约》所替代,《仲裁条例》第Ⅲ部"某些外国裁决的强制执行"已于2000年初被废除。

3. 按执行"公约裁决"的程序申请执行

所谓"公约裁决",是指在香港以外的国家或地区依当事人之间达成的仲裁协议所作出的裁决,且作出该裁决的国家或地区系《纽约公约》成员国。英国于1975年加入《纽约公约》,并于1977年推广适用于香港。就目前情况来说,按照《纽约公约》的规定承认及执行外国仲裁裁决最为简便,也更能得到保障。

4. 根据《仲裁条例》第2GG条申请执行裁决

这是该条例为执行香港裁决而作的特别规定,亦可适用于以上第2、3种两种情形。依据该条规定,裁决一经法院认可,即与法院判决或决定有同等的执行力,法院可根据裁决作出判决予以执行。

(二) 我国澳门地区承认及执行外国仲裁裁决

在我国澳门地区,葡萄牙虽于1995年加入《纽约公约》,但该公约并没有延伸适用于澳门,其承认及执行外国仲裁裁决的规定在1999年《涉外商事仲裁专门制度》实施前,主要见诸澳门民事诉讼法,实际上就是葡萄牙《民事诉讼法》。根据该法的规定,外国仲裁裁决和外国法院判决可在同等条件和程序下,必须经过法院初审和认可后才能在澳门生效;认可判决必须具备:① 对含有判决的文件的可靠性或判决的可理解性无异议;② 判决依判决作出地法具有既判力;③ 判决依执行地有关管辖权冲突法的规则由主管法院作出;④ 除了它是首次提交外国法院之外,相同的案件在执行地法院未被提出或未经其审理;⑤ 除了在该案中执行地法律不要求传唤外，被告已受及时传唤；如由于被告未提交答辩而对他作出不利的判决，被告已受到传唤；⑥ 执行判决不与执行地公共政策相抵触；⑦ 如果判决是不利于执行地国国民的，并且根据该国冲突规则适用该国法律，它没有违反该国的私法规定。司法部可依以上③、⑥、⑦款对执行法院的最后裁决提出上诉。从实践情况看，澳门法院对外国判决的审查主要是形式上的，除非涉及上述第⑦项规定的情形。

按照澳门《涉外商事仲裁专门制度》，承认与执行外国仲裁裁决的条件及程序被进一步简化，与《纽约公约》的有关规定基本一致，主要内容如下：一是在任何国家或地区作出的裁决均应承认具有约束力，除非澳门法院认定该国或地区亦会拒绝承认和执行在澳门作出的裁决；二是如存在下列情形且经当事人证明，法院可拒绝承认及执行外国裁决：① 仲裁协议的当事人当时处于无行为能力状态或仲裁协议无效；② 败诉方未获关于指定或任命仲裁员或仲裁程序之适当通知，或因其他理由不能行使其权利；③ 裁决所涉争议非为仲裁协议之标的，或裁决内容含有对仲裁协议范围以外事项之决定，但裁决对提交裁决之事项的决定可与未提交裁决的事项分开者，仅可拒绝对未提交仲裁之事项的决定；④ 仲裁庭的设立或仲裁程序与当事人协议不符，或当事人无此协议时与仲裁地法律不符；⑤ 裁决对当事人仍未有约束力，或裁决被裁决地国家或地区的管辖法院或依其法律作出裁决之国家或地区的法院撤销或中止。三是如法院认定，依澳门法律争议不能通过仲裁解决的，或承认与执行裁决与公共秩序相抵触。

（三）我国台湾地区承认及执行外国仲裁裁决

在我国台湾地区，依据原来的《商务仲裁条例》，外国仲裁裁决（台湾地区称之为仲裁判断）须经申请法院作出承认裁定后，才能执行。申请承认时，应提出申请书并附上裁决书正本或经认证的副本、仲裁协议的正本或经认证的副本、仲裁地如有仲裁法规则提交其节录本。法院认为有下列情形的，可驳回申请人的申请：① 裁决违反台湾法律的强行性规定；② 裁决违背台湾的公共秩序和善良风俗；③ 依仲裁地的法规，所裁决的争议事项不能以仲裁方式解决的。对方当事人在下列情况下亦可请求法院驳回申请：一是仲裁组织或仲裁程序不符合仲裁地法；二是裁决依仲裁地法尚未生效，或者被仲裁地主管机关予以撤销或停止执行；三是裁决事项超越仲裁协议的范围（但未超越之部分仍可执行）。而按照1998年底修订实施的《仲裁法》，承认与执行外国裁决的程序与条件和《纽约公约》基本一致。

从以上叙述不难看出，三地在承认与执行外国裁决方面，程序、条件、方式及申请实现的难易程度，不完全相同。香港受普通法系的影响较大，有关的立法及司法实践较为完善，当事人有较充分的可供选择的余地；澳门、台湾则深受大陆法系的影响，但其最新的仲裁法则有进一步的改进，实际上是单方接受《纽约公约》的相关内容，除非法院认定不存在互惠。

相比之下，我国内地则较为注重有无条约依据以及互惠，在某种意义上，条约无非是书面的有保证的互惠；内地和香港都明文将《纽约公约》引入其承认及执行外国仲裁裁决的机制中，澳门和台湾地区在现阶段虽然不能在形式上适用《纽约公约》，但其仲裁法规也明显受到该公约的影响。“一国两制”实现后，设若各法域完全把外法域的仲裁裁决当作外国裁决，由于四法域均接受了《纽约公约》的内容，那么中国区际仲裁裁决的承认及执行制度反而在实质上是统一的。但问题是，在中国，基于主权观念，区际裁决性质上不是外国裁决，故此这一设想不可能实现。然而，尽管在形式上适用《纽约公约》存在观念上的障碍，将公约的实体内容作为相互执行区际裁决的依据，却未尝不可。

案例分析

［案情］

原告澳大利亚某财务有限公司与被告某美食有限公司为在澳大利亚注册成立的企业。1996 年 3 月，被告与中山市某商业服务公司签订了合作经营中山大酒店合同。为筹措合作经营的资金，被告与原告于 1996 年 9 月 5 日在澳大利亚签订贷款协议，约定：① 由原告贷款 780 万美元给被告，贷款期限为 4 年；② 贷款协议适用澳大利亚法律和中华人民共和国法律。合同订立后，被告于当月分三次从原告处共提取了贷款 780 万美元。从 1996 年 10 月 2 日起至 1997 年 2 月 27 日止，被告向原告共偿还利息 169 537.39 美元。至 2000 年 4 月 30 日止，被告欠原告到期贷款本金 6 066 666.67 美元，利息与复息 4 173 246.33 美元和罚息 834 649.27美元。原告因多次要求被告还贷不成，遂向中山市中级人民法院起诉。原告为诉讼支付了证据公证费 1 585 美元，律师费 1.1 万元人民币。被告与中山市某商业服务公司合作经营中山大酒店的合同纠纷在此之前已经提交中山仲裁委员会仲裁。原告请求根据《中华人民共和国民法通则》及中国其他法律规定，判令被告偿还本金、利息和罚息，并赔偿其为诉讼支付的诉讼受理费、公证费和聘请律师费。被告同意适用中国法律处理本案，但请求中止诉讼，待其参与的仲裁纠纷裁决后再恢复诉讼。

［问题］

(1) 本案中国法院有无管辖权？为什么？

(2) 应如何确定本案的准据法？

(3) 被告的请求应否得到支持？为什么？

(4) 有人认为，中山仲裁委员会无权受理被告与中山市某商业服务公司的涉外合同纠纷。这一看法有无道理？为什么？

(5) 有人认为，被告与中山某商业服务公司的涉外合同纠纷只能提交中国仲裁机构仲裁，不得提交外国仲裁机构仲裁。这一看法有无道理？为什么？

(6) 被告与中山市某商业服务公司的仲裁一案应适用哪一国家的法律??

［法律依据］

《中华人民共和国民事诉讼法》第二百六十五条："因合同纠纷或者其他财产权益纠纷，对在中华人民共和国领域内没有住所的被告提起的诉讼，如果合同在中华人民共和国领域内签订或者履行，或者诉讼标的物在中华人民共和国领域内，或者被告在中华人民共和国领域内有可供扣押的财产，或者被告在中华人民共和国领域内设有代表机构，可以由合同签订地、合同履行地、诉讼标的物所在地、可供扣押财产所在地、侵权行为地或者代表机构住所地人民法院管辖。"第二百六十六条："因在中华人民共和国履行中外合资经营企业合同、中外合作经营企业合同、中外合作勘探开发自然资源合同发生纠纷提起的诉讼，由中华人民共和国人民法院管辖。"

［法律运用及处理结果］

(1) 中国法院有管辖权。中山市中级人民法院依应诉管辖规定而取得管辖权。

(2) 本案中准据法应为中国的实体法。

(3) 不应得到支持。本案并不符合中止诉讼的合法情形。

(4) 这一看法并无道理。中山仲裁委员会依法可以受理涉外合同纠纷。

(5) 这一看法并无道理。中国仲裁机构对于中外合作企业合同纠纷仲裁并无专属管辖权。

(6) 应适用中国法律。

（案例来源：广东外语外贸大学 www.gdufs.edu.cn)

【本章思考题】

1. 国际商事仲裁协议的含义是什么？
2. 国际商事仲裁程序是如何规定的？
3. 各国仲裁庭的仲裁裁决是否能得到承认和执行？

参 考 文 献

1. 戚伟平:《商事组织法》,上海财经大学出版社,1997

2. 朱立芬:《国际商法》,立信会计出版社,2000

3. 施一飞等:《国际商法》,立信会计出版社,2005

4. 张文博:《英美商法指南》,复旦大学出版社,1995

5. 曹建明:《国际经济法概论》,法律出版社,1994

6. 沈四宝:国际商法教案,百度文库

7. 福布外贸论坛(FOB BUSINESS FORUM)外贸政策)

8. 宋连斌:我国内地与港澳台地区相互执行仲裁裁决若干问题探讨,中国涉外商事海事审判网,2005—5

9. 国际商事仲裁的承认与执行,法律常识网,2010—1—28

10. 江平:《中华人民共和国合同法精解》,法律出版社,1999

11. 王学先:《国际商事法》,大连理工大学出版社,1998

12. 杜万华:《合同法·精解与案例评析》,法律出版社,1999

13. 国际私法统一协会:《国际商事合同通则》,法律出版社,1996

14. [英]施米托夫:《国际贸易法文选》,中国大百科全书出版社,1993

15. 冯大同:《国际商法》,中国人民大学出版社,1994

16. 杨良宜:《国际货物买卖》,中国政法大学出版社,1999

17. 赵维田:《世界贸易组织(WTO)法律制度》,吉林人民出版社,2000

18. 王军:《美国合同法判例选评》,中国政法大学,1995

19. 曹建明:《关税与贸易总协定》,法律出版社,1994

20. 石广生:《世界贸易组织基本知识》,人民出版社,2001

21. 朱榄叶:《世界贸易组织国际贸易纠纷案例评析》,法律出版社,2000

22. 尤先迅:《世界贸易组织法》,立信会计出版社,1997

23. 郑成思:《知识产权法通论》,法律出版社,1986

24. 齐景升等：《国际技术贸易实务教程》，中国海关出版社，2003
25. 陈笑影等：《经济法》，格致出版社，2009
26. 张学森主编：《国际商法》（英文版），复旦大学出版社，2008
27. 陈慧芳：《英国商务法律》，立信会计出版社，2008
28. 江平：《西方国家民商法概要》，法律出版社，1984